Crimes internationaux

Le droit et la pratique belges

L'encyclopédie juridique *Répertoire Pratique du Droit Belge* (R.P.D.B.) se compose de verbi, publiés sous forme de monographies, rédigés par d'éminents auteurs issus de tous les horizons juridiques : universités, barreau, magistrature, notariat, juristes d'entreprises, juristes d'administration, etc.

Chaque verbo du *R.P.D.B.* propose une analyse approfondie de la législation, de la doctrine et de la jurisprudence, et est complété d'une bibliographie et d'un index alphabétique qui en facilitent la consultation.

Le *R.P.D.B.* traite de toutes les matières du droit applicables en Belgique : droits civil, judiciaire, commercial, économique et financier, fiscal, pénal, social, public et administratif, européen et international. Il est destiné à tous les praticiens du droit, qu'ils soient avocats, magistrats, notaires, huissiers de justice, (experts-)comptables, fiscalistes, conseils fiscaux, juristes d'entreprise, réviseurs d'entreprises..., mais également aux professeurs, étudiants et chercheurs.

Sous la direction de :

Robert Andersen, Premier président émérite du Conseil d'État, Professeur extraordinaire émérite de l'Université catholique de Louvain

Marie-Aude Beernaert, Professeure ordinaire à l'Université catholique de Louvain

Paul Alain Foriers, Avocat à la Cour de cassation, Professeur ordinaire émérite de l'Université libre de Bruxelles

Steve Gilson, Avocat au barreau de Namur, Maître de conférence à l'UCLouvain, Chargé de cours à l'Ichec, Juge suppléant au tribunal du travail de Liège

François Henneaux, Avocat, Professeur à l'Université libre de Bruxelles

Rafaël Jafferali, Avocat, Professeur à l'Université libre de Bruxelles

Marc Nihoul, Avocat, Professeur ordinaire à l'Université de Namur

Geneviève Schamps, Professeure ordinaire à l'Université catholique de Louvain

Sébastien Van Drooghenbroeck, Assesseur au Conseil d'État, Professeur ordinaire à l'Université Saint-Louis-Bruxelles, Co-directeur du CIRC (Centre interdisciplinaire de de recherches en droit constitutionnel et administratif)

Patrick Wautelet, Professeur ordinaire à l'Université de Liège

RÉPERTOIRE PRATIQUE
DU DROIT BELGE
Législation, Doctrine, Jurisprudence

Crimes internationaux

Le droit et la pratique belges

Christophe Deprez

LARCIER
INTERSENTIA

FSC
Papier certifié

Pour toute information sur nos fonds et nos nouveautés dans votre domaine de spécialisation, consultez nos sites web via www.larcier-intersentia.com.

Éditions Larcier-Intersentia
Rue Haute, 139/6 - 1000 Bruxelles

Achevé d'imprimer en février 2025 - Imprimé en France

Dépôt légal D/2025/06040/0014 ISBN 978-2-8079-4735-1

Avant-propos

Ce *verbo* est consacré à l'examen de la réception législative et jurisprudentielle des crimes internationaux dans l'ordre juridique belge, c'est-à-dire la mise en œuvre du droit international pénal en Belgique. Les travaux dont il est le fruit ont trouvé une impulsion particulière dans le constat suivant : alors qu'à la suite des violences armées de la fin du XXe siècle, les juridictions internationales avaient attiré à elles la plus grande part des attentes citoyennes comme de l'intérêt scientifique, les conflits plus récents semblent résolument replacer les juridictions nationales au centre du système global de justice pénale internationale[1]. À l'heure d'écrire ces lignes, par exemple, les violences liées à l'« opération militaire spéciale » russe en Ukraine, en cours depuis la fin du mois de février 2022, avaient déjà conduit à l'ouverture de plusieurs centaines d'enquêtes à l'échelon national – en Ukraine, d'abord[2], mais également en Allemagne, en France, en Suède ou encore en Belgique[3].

Depuis la réforme due à une loi du 5 août 2003, qui marqua l'abrogation de la « compétence universelle absolue » des juridictions belges en la matière, les crimes de génocide, de guerre et contre l'humanité sont incriminés dans le titre I*bis* du livre II du Code pénal. À compter de l'entrée en vigueur de la réforme de ce dernier, il s'agira du titre Ier. Les principaux aspects procéduraux

(1) Voy. ce qu'annonçaient déjà M. Ch. Bassiouni, « The Future of International Criminal Justice », *Pace International Law Review*, 1999, vol. 11, p. 315 ; J. I. Charney, « International Law and the Role of Domestic Courts », *A.J.I.L.*, 2001, vol. 95, pp. 120-124 ; W. W. Burke-White et A.-M. Slaughter, « The Future of International Law is Domestic (or, The European Way of Law) », *H.J.I.L.*, 2006, vol. 47, pp. 339-340. Confirmant aujourd'hui ces prédictions, voy. M. Langer et M. Eason, « The Quiet Expansion of Universal Jurisdiction », *Eur. J. Int. Law*, 2019, vol. 30, pp. 779-817 ; E. Van Sliedregt, « International Criminal Justice: A Bubble About to Burst? », in E. Hoven et M. Kubiciel (dir.), *Zukunftsperspektiven des Strafrechts: Symposium zum 70. Geburtstag von Thomas Weigend*, Baden-Baden, Nomos, 2020, pp. 253-276.

(2) I. Marchuk, « Domestic Accountability Efforts in Response to the Russia-Ukraine War: An Appraisal of the First War Crimes Trials in Ukraine », *J.I.C.J.*, 2023, vol. 20, pp. 787-803.

(3) S. Vasiliev, « The Future of Justice for Ukraine is Domestic », *JusticeInfo.net*, 29 mars 2022, disponible sur https://www.justiceinfo.net/en/89434-future-justice-for-ukraine-domestic.html ; M. Lartigue, « Juger les crimes de guerre en Ukraine : une mobilisation judiciaire sans précédent », *Dalloz actualité*, 15 juin 2022, disponible sur https://www.dalloz-actualite.fr/flash/juger-crimes-de-guerre-en-ukraine-une-mobilisation-judiciaire-sans-precedent.

sont quant à eux régis par le titre préliminaire du Code de procédure pénale, tel que partiellement modifié par la loi « procédure pénale I » du 9 avril 2024.

Si ce cadre normatif a fait l'objet de commentaires nourris à l'occasion de son adoption – en 1993 – puis de ses modifications successives[4], la pratique ultérieure de nos cours et tribunaux, quoiqu'abondante et particulièrement digne d'intérêt, reste largement inédite, globalement méconnue et peu commentée[5]. Sans pouvoir prétendre à l'exhaustivité, l'objectif de cet ouvrage est dès lors de dresser une synthèse transversale du droit international pénal « à la belge » qui soit, en particulier, nourrie de l'ensemble des enseignements jurisprudentiels dont nous avons pu avoir connaissance[6]. Précisons que notre examen s'est limité à la jurisprudence des juridictions ordinaires (de fond et d'instruction). Il ne couvre pas la pratique historique des juridictions militaires, dont l'hypothétique réactivation suppose la constatation formelle d'un temps de guerre et qui n'ont, en toute hypothèse, plus vocation à être aujourd'hui compétentes en matière de crimes internationaux[7].

L'accès à la jurisprudence inédite continue, en Belgique, de relever de la gageure pour le chercheur. Nos travaux doivent beaucoup à l'amabilité de praticiens du domaine, et en particulier d'avocates et d'avocats courageusement engagés dans ces dossiers, dont les clients ont eu la gentillesse d'accepter que nous soient transmises les décisions qui les concernent. Saluons également l'ouverture et le concours du parquet fédéral, et en particulier de M. le Procureur fédéral adjoint Philippe Meire, qui a souhaité faciliter la consultation de certaines archives des dossiers traités par la section « droit international humanitaire et compétences militaires » qu'il dirige.

Nous avons pu obtenir copie de certaines décisions à la condition de ne pas révéler l'identité des parties en cause. Des initiales sont systématiquement utilisées pour y faire référence. S'agissant des documents qui nous sont parvenus sans réserve de confidentialité particulière, nous avons choisi de faire également usage d'initiales pour l'ensemble des suspects, inculpés et accusés, à l'exception des personnes morales et de certaines personnalités publiques dont l'implication dans les dossiers concernés a fait l'objet d'une exposition médiatique particulière.

Nous tenons à remercier Lola Lippert pour son efficace collaboration à l'effort de collecte de certaines ressources bibliographiques, de reconstruction du chronogramme procédural de diverses affaires et d'identification des mises

(4) Nous renvoyons le lecteur à la bibliographie sélective reprise en fin d'ouvrage.
(5) Nous avons toutefois pu nous appuyer sur quelques efforts cartographiques fort utiles, en particulier le dossier électronique « Compétence universelle » du Centre de droit international de l'Université libre de Bruxelles, disponible sur https://competenceuniverselle.wordpress.com/.
(6) Nous renvoyons le lecteur aux repères jurisprudentiels repris en fin d'ouvrage.
(7) *Infra*, n° 68.

à jour requises par la réforme du livre Ier du Code pénal. Merci à Thibaud Jourdan d'avoir concouru à la finalisation de l'index. La lecture attentive de certaines parties par Farah El Karouni, Thibaud Jourdan, Lola Lippert et Fanny Royen a permis de soulager le manuscrit d'imperfections de divers ordres. Merci également, pour leurs observations enthousiastes et avisées, aux deux lecteurs anonymes désignés par le comité de rédaction du *Répertoire pratique du droit belge*, ainsi qu'à toute l'équipe de Larcier-Intersentia pour le soin apporté au suivi éditorial. Notre gratitude va aussi à l'ensemble des collègues, jeunes ou plus expérimentés, qui ont, d'une manière ou d'une autre, inspiré ou encouragé ces travaux – chacune d'elles et chacun d'eux voudra bien se reconnaître ici. La phase d'écriture a trouvé une impulsion particulière dans un séjour au *Max Planck Institute for the Study of Crime, Security and Law* au début de l'année 2023. Merci enfin à l'Université de Liège d'avoir, via son Unité de Recherche CITÉ et son Conseil sectoriel de la Recherche et de la Valorisation en Sciences humaines, favorisé la mise en œuvre de ce projet dans un cadre humainement agréable et matériellement confortable.

Christophe Deprez
Liège, août 2024

Liste des abréviations

AEP	Assemblée des États parties au Statut de la Cour pénale internationale
A.F.D.I.	Annuaire français de droit international
AGNU	Assemblée générale des Nations unies
A.J.I.L.	American Journal of International Law
A.J.T.	Algemeen juridisch tijdschrift
al.	alinéa
anc.	ancien
Ann. Dr. Louvain	Annales de Droit de Louvain
art.	article(s)
A.R.	arrêté royal
A.S.I.L.	American Society of International Law
Ass.	Assises
c.	contre
C.A.	Cour d'arbitrage
CADH	Convention américaine relative aux droits de l'homme
CADHP	Charte africaine des droits de l'homme et des peuples
CArDH	Charte arabe des droits de l'homme
Cass.	Cour de cassation
C. const.	Cour constitutionnelle
CCE	Conseil du Contentieux des Étrangers
CDI	Commission du droit international des Nations unies
C.E.	Conseil d'État
CEDH	Convention européenne de sauvegarde des droits de l'homme et des libertés fondamentales
CETC	Chambres extraordinaires chargées de poursuivre les crimes commis sous le régime du Kampuchéa démocratique
C.G. I	Convention de Genève (I) du 12 août 1949 pour l'amélioration du sort des blessés et des malades dans les forces armées en campagne
C.G. II	Convention de Genève (II) du 12 août 1949 pour l'amélioration du sort des blessés, des malades et des naufragés des forces armées sur mer
C.G. III	Convention de Genève (III) du 12 août 1949 relative au traitement des prisonniers de guerre
C.G. IV	Convention de Genève (IV) du 12 août 1949 relative à la protection des personnes civiles en temps de guerre

Ch.	Chambre
Ch. cons.	Chambre du conseil
Ch. d'appel	Chambre d'appel
Ch. pr. inst.	Chambre de première instance
Ch. prélim.	Chambre préliminaire
C.i.cr.	Code d'instruction criminelle
CICR	Comité international de la Croix-Rouge
CIJ	Cour internationale de justice (anc. CPJI)
Civ.	Tribunal de première instance, section civile
CJCE	Cour de justice des Communautés européennes
C. jud.	Code judiciaire
CJUE	Cour de justice de l'Union européenne
C.J.T.L.	Columbia Journal of Transnational Law
Com. eur. D.H.	Commission européenne des droits de l'homme
Comité D.H.	Comité des droits de l'homme des Nations unies
concl.	conclusions
Corr.	Tribunal de première instance, section correctionnelle
Cour eur. D.H.	Cour européenne des droits de l'homme
C. pén.	Code pénal
CPI	Cour pénale internationale
CPJI	Cour permanente de justice internationale
CSNU	Conseil de sécurité des Nations unies
CUP	Cambridge University Press
dir.	directeur de la publication
D.J.C.I.L.	Duke Journal of Comparative and International Law
Doc. parl.	Documents parlementaires
et al.	*et alii* (et autres)
éd.	édition
EJIL	European Journal of International Law
Éléments des crimes	Éléments des crimes de la Cour pénale internationale
gde ch.	grande chambre
H.I.L.J.	Harvard International Law Journal
H.R.L.R.	Human Rights Law Review
I.C.L.R.	International Criminal Law Review
I.C.L.Q.	International and Comparative Law Quarterly
I.L.Q.	International Law Quarterly
ISLA J. Comp. L.	ISLA Journal of Comparative Law
J.I.	juge d'instruction
J.I.C.J.	Journal of International Criminal Justice
J.L.M.B.	Revue de jurisprudence de Liège, Mons et Bruxelles
J.O.R.F.	Journal officiel de la République française

J.T.	Journal des tribunaux
L.	loi du
L. 16 juin 1993	Loi du 16 juin 1993 relative à la répression des violations graves du droit international humanitaire
L. 10 février 1999	Loi du 10 février 1999 relative à la répression des violations graves de droit international humanitaire
L. 23 avril 2003	Loi du 23 avril 2003 modifiant la loi du 16 juin 1993 relative à la répression des violations graves du droit international humanitaire et l'article 144*ter* du Code judiciaire
L. 5 août 2003	Loi du 5 août 2003 relative aux violations graves du droit international humanitaire
L. 29 mars 2004	Loi du 29 mars 2004 concernant la coopération avec la Cour pénale internationale et les tribunaux pénaux internationaux
L.G.D.J.	Librairie générale de droit et de jurisprudence
L.J.I.L.	Leiden Journal of International Law
M.B.	Moniteur belge
M.P.	Ministère public
mis. acc.	Chambre des mises en accusation
N.J.I.L.	Nordic Journal of International Law
ONU	Organisation des Nations unies
OUP	Oxford University Press
P.A. I	Protocole additionnel (I) aux Conventions de Genève du 12 août 1949 relatif à la protection des victimes des conflits armés internationaux, adopté à Genève le 8 juin 1977
P.A. II	Protocole additionnel (II) aux Conventions de Genève du 12 août 1949 relatif à la protection des victimes des conflits armés non internationaux, adopté à Genève le 8 juin 1977
P.Y.I.L.	Palestine Yearbook of International Law
p. ex.	par exemple
Pas.	Pasicrisie
PIDCP	Pacte international relatif aux droits civils et politiques
PUF	Presses Universitaires de France
R.B.D.I.	Revue belge de droit international
R.C.J.B.	Revue critique de jurisprudence belge
R.D.P.C.	Revue de droit pénal et de criminologie
req.	requête
Rev. dr. étr.	Revue de droit des étrangers
Rev. dr. mil.	Revue de droit militaire et de droit de la guerre
Rev. dr. ULiège	Revue de la Faculté de droit de l'Université de Liège
Rev. dr. ULB	Revue de droit de l'Université libre de Bruxelles
R.G.	Rôle général
R.G.D.I.P.	Revue générale de droit international public
R.I.C.R.	Revue internationale de la Croix-Rouge

R.I.D.P.	Revue internationale de droit pénal
R.P.D.P.	Revue pénitentiaire et de droit pénal
R.Q.D.I.	Revue québécoise de droit international
R.T.D.H.	Revue trimestrielle des droits de l'homme
RPP	Règlement de procédure et de preuve
R.W.	Rechtskundig Weekblad
s.	suivants
spéc.	spécialement
S.P.F.	Service public fédéral
TAP	Tribunal d'application des peines
TMI	Tribunal militaire international
TPCPP	Titre préliminaire du Code de procédure pénale
TPIR	Tribunal pénal international pour le Rwanda
TPIY	Tribunal pénal international pour l'ex-Yougoslavie
TSL	Tribunal spécial pour le Liban
TSSL	Tribunal spécial pour la Sierra Leone
T. Strafr.	Tijdschrift voor strafrecht
vol.	volume
voy.	voyez
Y.I.H.L.	Yearbook of International Humanitarian Law

Sommaire

Introduction

1 ▶ **Structure.** Cet ouvrage décrit les principaux contours du droit et de la pratique belges en matière de poursuite et de jugement des crimes internationaux. Le propos est structuré en huit temps. Dans le premier chapitre, nous posons le cadre général en nous penchant sur certains principes structurants de la matière, les sujets et les sources du droit applicable. Le chapitre 2 est consacré aux chefs de compétence des juridictions répressives belges en lien avec les crimes internationaux. Nous examinons ensuite, successivement, le droit et la pratique en matière de crime de génocide (chapitre 3), de crimes contre l'humanité (chapitre 4) et de crimes de guerre (chapitre 5). Le chapitre 6 épingle une série de spécificités que revêt le droit pénal belge matériel s'agissant des crimes internationaux. Le chapitre 7 est pour sa part consacré aux particularités procédurales, lesquelles tiennent principalement à la question des immunités et à celle de l'imprescriptibilité. Enfin, un huitième et dernier chapitre est consacré au cadre relatif à la coopération judiciaire entre la Belgique et les mécanismes internationaux.

2 ▶ **Droits ancien, nouveau et futur.** Nous avons dû composer, jusqu'aux derniers temps du processus de rédaction de ce *verbo*, avec l'adoption de réformes législatives importantes. Celles-ci concernent en particulier le livre II du Code pénal[8] et les critères de compétence extraterritoriale énoncés par le titre préliminaire du Code de procédure pénale[9]. Si le droit ancien et le droit futur sont également examinés selon les cas, la structure de l'ouvrage et les dispositions légales citées font référence aux règles en vigueur à l'heure de clore le manuscrit, soit le 1er août 2024. Sauf précision contraire, la référence aux articles du titre préliminaire du Code de procédure pénale vise ainsi la numérotation nouvelle (entrée en vigueur le 28 avril 2024) et celle aux articles du Code pénal vise la numérotation actuelle (en vigueur en tout cas jusqu'au 7 avril 2026). Des tables de concordance des principales dispositions utilisées sont reprises en fin d'ouvrage.

(8) L. 29 février 2024 introduisant le livre II du Code pénal, *M.B.*, 8 avril 2024 (vig. 8 avril 2026).
(9) L. 9 avril 2024 droit de la procédure pénale I, *M.B.*, 18 avril 2024 (vig. 28 avril 2024).

Chapitre 1
Le cadre général

Section 1.
Les principes structurants du droit des crimes internationaux

3 ▸ **Notion.** Le concept de « crime international » est polysémique[10]. Pour les besoins de cet ouvrage, nous l'entendons comme renvoyant aux « crimes les plus graves qui touchent l'ensemble de la communauté internationale »[11], soit ceux pour lesquels l'exercice des prérogatives répressives étatiques se voit doublé du mandat confié à certaines juridictions pénales internationales.

La doctrine préfère parfois, à l'expression « crimes internationaux », la notion de « crimes supranationaux »[12], ou encore celle de « crimes de droit international »[13]. L'usage législatif et judiciaire belge tend quant à lui à favoriser le concept générique de « violations graves du droit international humanitaire », lequel paraît toutefois imprécis dès lors que seuls les crimes de guerre, mais non les autres crimes internationaux, sont le fruit des Conventions de Genève de 1949 et réclament à ce titre un lien avec un conflit armé[14].

Dans l'expérience belge, il s'agit, *de lege lata*, des trois infractions couvertes par l'actuel titre I*bis* du livre II du Code pénal : le crime de génocide (actuel article 136*bis*), les crimes contre l'humanité (actuel article 136*ter*) et les crimes de guerre (actuel article 136*quater*).

---

(10) R. O'Keefe, *International Criminal Law*, Oxford, OUP, 2015, p. 47 ; I. Fouchard, *Crimes internationaux : entre internationalisation du droit pénal et pénalisation du droit international*, Bruxelles, Bruylant, 2014, p. 24 ; W. A. Schabas, *Unimaginable Atrocities: Justice, Politics, and Rights at the War Crimes Tribunals*, Oxford, OUP, 2012, p. 32.

(11) Art. 5, § 1er, du Statut de Rome et considérant 4 de son préambule.

(12) F. Bellivier, I. Fouchard et M. Eudes, *Droit des crimes internationaux*, Paris, PUF, 2018, pp. 9 et s.

(13) O. de Frouville, *Droit international pénal. Sources, incriminations, responsabilité*, Paris, Pedone, 2012, p. 11 ; I. Fouchard, *Crimes internationaux : entre internationalisation du droit pénal et pénalisation du droit international*, Bruxelles, Bruylant, 2014, p. 194.

(14) N. Colette-Basecqz et N. Blaise, *Manuel de droit pénal général*, 4e éd., Limal, Anthemis, 2019, p. 665. Voy. égal. Exposé des motifs, *Doc. parl.*, Ch. repr., sess. 2022-2023, n° 55-3518/001, p. 331 ; Amendements déposés en séance plénière, *Doc. parl.*, Ch. repr., sess. 2023-2024, n° 55-3322/014, p. 77.

4 ▶ **Relativité normative.** Dès lors qu'ils trouvent leur source dans le droit international qui dicte (en partie) leur contenu, les crimes de génocide, de guerre et contre l'humanité connaissent une certaine stabilité normative : ils sont, en général, incriminés dans des termes comparables, sinon identiques, d'un ordre juridique à un autre. En matière de génocide, par exemple, la définition consolidée dans l'article 136*bis* du Code pénal belge est empruntée, telle quelle, à l'article II de la Convention des Nations unies pour la prévention et la répression du crime de génocide du 9 décembre 1948[15]. De même, ce dernier a directement inspiré l'article 6 du Statut de Rome de la Cour pénale internationale.

Pour autant, certaines nuances, parfois fort importantes selon le crime et l'ordre juridique concernés et auxquelles il convient d'être particulièrement attentif, peuvent subsister[16]. Nous verrons par exemple que la liste des crimes de guerre aujourd'hui visés à l'article 136*quater*, paragraphe 1er, du Code pénal incrimine indifféremment les comportements posés en période de conflit armé international et de conflit armé non international – c'est une différence notable avec l'article 8 du Statut de Rome notamment[17]. De la même manière, il n'est pas certain qu'en matière de crimes contre l'humanité, l'exigence de « politique d'État ou d'organisation », requise devant la Cour pénale internationale par l'article 8, paragraphe 2, a), du Statut de Rome, mais qui ne ressort pas de l'actuel article 136*ter* du Code pénal et ne paraît pas davantage trouver un fondement dans le droit coutumier[18], doive trouver à s'appliquer devant les cours et tribunaux belges[19].

Ainsi, malgré l'influence normative évidente du droit international – et notamment du Statut de Rome – sur les contours des crimes internationaux tels qu'incriminés dans le droit belge, il ne faut pas perdre de vue la relativité partielle du contenu de ces infractions. Pour les besoins des poursuites et du jugement, en Belgique, des personnes suspectées de s'être rendues coupables de telles infractions, c'est le titre I*bis* (demain le titre Ier nouveau) du livre II du Code pénal et le reste de la législation belge pertinente qui trouvent à s'appliquer[20].

---

(15) Nations unies, *Recueil des Traités*, vol. 78, p. 277.
(16) Tel peut même être le cas en matière de génocide, pourtant réputé constituer le crime international intangible par excellence. Voy. les travaux de T. HOFFMANN, « The Crime of Genocide in Its (Nearly) Infinite Domestic Variety », in M. ODELLO et P. ŁUBIŃSKI (dir.), *The Concept of Genocide in International Criminal Law: Developments after Lemkin*, New York, Routledge, 2020, pp. 67-97.
(17) *Infra*, n° 249.
(18) G. METTRAUX, *International Crimes: Law and Practice. Volume II: Crimes Against Humanity*, Oxford, OUP, 2020, pp. 285-287.
(19) *Infra*, n° 189.
(20) *Infra*, n° 76.

Nos juridictions paraissent bien conscientes de cette réalité[21]. Au terme du cinquième dossier « Rwanda » dont eut à connaître la cour d'assises de Bruxelles-Capitale[22], par exemple, l'accusé, *F. N.*, reprochait à la cour de l'avoir reconnu coupable du crime de génocide sans avoir eu égard à l'exigence de « plan génocidaire » requise par les Éléments des crimes de la Cour pénale internationale[23]. Après avoir constaté que le fondement de l'infraction reprochée à l'accusé ne devait pas être recherché dans le Statut de Rome mais bien dans l'actuel article 136*bis* du Code pénal, et suggéré par ailleurs que l'exigence de « plan génocidaire » ainsi invoquée était propre à la Cour pénale internationale et ne trouvait pas à s'appliquer dans l'ordre juridique belge, la Cour de cassation rejeta le moyen soulevé[24]. Dans un contexte quelque peu différent mais toujours dans le même esprit, la cour d'appel de Bruxelles jugea, dans une espèce tranchée par un arrêt du 25 février 2019, que l'incompétence de la Cour pénale internationale à l'égard des personnes de moins de 18 ans n'impliquait pas *ipso facto* l'existence d'une coutume internationale, applicable dans l'ordre juridique belge, propre à empêcher la poursuite de mineurs pour le seul fait d'avoir rejoint un groupe armé[25].

Si elle constitue un outil interprétatif commode et, souvent, parfaitement justifié pour éclairer le droit belge correspondant[26], l'analogie avec l'acquis international peut ainsi, dans certains cas, présenter des limites. En bref, le droit international peut certainement servir à éclairer le droit belge, mais il ne peut faire dire à ce dernier ce qu'il ne dit (éventuellement) pas.

5 ▶ **Fragmentation judiciaire.** Il relève de l'essence même des crimes internationaux de voir la responsabilité de leur mise en œuvre partagée entre des autorités judiciaires nationales et internationales[27]. Cette « fragmentation » de la justice pénale internationale se conçoit toutefois de manière fort différente selon que sont concernés, d'une part, les rapports entre les États et les tribunaux

(21) Il en va également ainsi du Conseil d'État en sa section de législation : voy. Avis sur un projet de loi portant assentiment au Statut de Rome de la Cour pénale internationale, fait à Rome le 17 juillet 1998, n° 28.936/2, 21 avril 1999, p. 16.

(22) Voy. not. Ph. MEIRE et Ph. FABRI, « La complémentarité de l'action des juridictions internationales et nationales : la situation de la Belgique », *J.T.*, 2021, n° 6875, p. 790 ; OSJI et TRIAL INTERNATIONAL, *Droit et pratique de la compétence universelle en Belgique*, Rapport, 2022, p. 27.

(23) *Infra*, n° 189.

(24) Cass., 27 mai 2020, R.G. n° P.20.0146.F, *R.D.P.C.*, 2020, p. 959. Voy. à ce sujet notre note intitulée « À propos des fondements et éléments constitutifs du crime de génocide », *R.D.P.C.*, 2020, n°s 9-10, pp. 965-975. Voy., égal. en ce sens, Bruxelles (mis. acc.), 19 septembre 2022, n° 3813, inédit, p. 11 (jugeant que « [s]i les infractions de droit international humanitaire s'apprécient à la lumière du droit pénal international (et donc du Statut de Rome), c'est le Code pénal belge qui s'applique, et non directement le Statut »).

(25) Bruxelles fr. (30e ch. corr.), 25 février 2019, n° 714, inédit, pp. 18-19.

(26) Exposé des motifs, *Doc. parl.*, Sénat, sess. 1990-1991, n° 1317-1, p. 8.

(27) H. D. BOSLY et D. VANDERMEERSCH, *Génocide, crimes contre l'humanité et crimes de guerre face à la justice : les juridictions internationales et les tribunaux nationaux*, 2e éd., Bruxelles, Bruylant, 2012, pp. 17 et s.

pénaux internationaux (n° 6), et d'autre part, ceux entre les États et la Cour pénale internationale (n° 7). Au demeurant, des conflits de compétence peuvent le cas échéant surgir entre autorités nationales (n° 8).

6 ▶ **Principe de primauté.** Le Tribunal pénal international pour l'ex-Yougoslavie[28] et le Tribunal pénal international pour le Rwanda[29] furent institués en tant qu'organes subsidiaires du Conseil de sécurité des Nations unies et créés par ce dernier sur le fondement des pouvoirs que lui confère le chapitre VII de la Charte en matière de maintien de la paix et de la sécurité internationales[30]. Depuis qu'ils ont fermé leurs portes – le 31 décembre 2017 et le 31 décembre 2015 respectivement –, ces deux tribunaux *ad hoc* ont laissé place à un Mécanisme chargé d'exercer leurs fonctions résiduelles[31].

Les deux tribunaux *ad hoc* et le Mécanisme qui leur succède bénéficient, à l'égard des États, d'une primauté de juridiction, laquelle est inhérente à la nature contraignante de leur mode de création[32]. Ainsi l'article 5, paragraphe 2, du Statut du Mécanisme prévoit-il, comme les articles 9, paragraphe 2, et 8, paragraphe 2, des statuts respectifs des tribunaux pour l'ex-Yougoslavie et pour le Rwanda, qu'« [à] tout stade de la procédure [...], le Mécanisme peut demander officiellement aux juridictions nationales de se dessaisir en sa faveur conformément au présent Statut et à son Règlement de procédure et de preuve ». Cette figure du « dessaisissement » des juridictions belges au profit des tribunaux pénaux internationaux, qui, en Belgique, est concrétisée par les articles 47 à 49 de la loi du 29 mars 2004 concernant la coopération avec la Cour pénale internationale et les tribunaux pénaux internationaux, est examinée *infra* au sein du présent *verbo*[33].

7 ▶ **Principe de complémentarité.** Par contraste avec les tribunaux *ad hoc*, la Cour pénale internationale prend la forme d'une organisation internationale dotée de la personnalité juridique internationale[34] et dont l'existence repose sur un traité ouvert à la ratification des États : le Statut de Rome. Aussi la Cour puise-t-elle son autorité dans la volonté des États de se soumettre à son office. En règle, la Cour ne peut donc connaître d'allégations de crimes internationaux que moyennant

(28) CSNU, résolution 827 (1993) du 25 mai 1993.

(29) CSNU, résolution 955 (1994) du 8 novembre 1994.

(30) Art. 24, § 1er, et 12, § 1er, de la Charte des Nations unies. À la question de savoir si, ce faisant, le Conseil de sécurité a outrepassé les limites des pouvoirs que lui confère la Charte, le TPIY a répondu par la négative (TPIY, *Le Procureur c. Tadić*, IT-94-1-AR72, Ch. d'appel, Arrêt relatif à l'appel de la défense concernant l'exception préjudicielle d'incompétence, 2 octobre 1995, §§ 26-40).

(31) CSNU, résolution 1966 (2010) du 22 décembre 2010.

(32) Le même principe trouve à s'appliquer au bénéfice de certaines juridictions pénales dites internationalisées, telles que le Tribunal spécial pour la Sierra Leone ou le Tribunal spécial pour le Liban (voy. H. D. BOSLY et D. VANDERMEERSCH, *Génocide, crimes contre l'humanité et crimes de guerre face à la justice : les juridictions internationales et les tribunaux nationaux*, 2e éd., Bruxelles, Bruylant, 2012, p. 20).

(33) *Infra*, nos 387 et 388.

(34) Art. 4, § 1er, du Statut de Rome.

l'accord de l'État sur le territoire duquel les faits en cause se sont produits ou de celui dont les personnes suspectées sont des ressortissantes[35]. L'on compte aujourd'hui 124 États parties[36], mais aussi de nombreux absents parmi les États à l'avant-plan de la scène géopolitique mondiale, dont les États-Unis, la Chine, la Russie, Israël ou encore la Syrie[37].

Plus fondamentalement, le système de la Cour repose tout entier sur l'idée que la poursuite des crimes internationaux appartient, en premier ordre, aux États. La Cour pénale internationale a ainsi vocation à jouer un rôle de filet de sécurité et à déployer son action à l'égard des seuls cas qui échapperaient à toute réponse domestique. En pratique, cette idée est traduite par le principe de complémentarité visé aux articles 1er et 17 du Statut de Rome. En application de celui-ci, sont seules recevables devant la Cour les causes pour lesquelles les juridictions nationales normalement compétentes n'ont pas la volonté ou la capacité d'agir[38].

Aujourd'hui, les accomplissements (certes modestes) de la Cour pénale internationale ne peuvent être dissociés de ce que celle-ci suscite, indirectement, dans la sphère nationale[39]. Par le truchement du principe de complémentarité, en effet, l'existence même de la Cour semble bel et bien conduire les États (parties) à un volontarisme accru dans leurs efforts, d'abord, d'incorporation législative des crimes internationaux dans leur droit national et, ensuite, d'enquête et de poursuite à l'égard de ceux qui seraient commis sous leur juridiction[40]. Si tous ne saisissent pas cette invitation, il semble que le système du Statut de Rome a effectivement pu contribuer à (re)donner, ces dernières années, une certaine place aux violations graves du droit international humanitaire et des droits

---

(35) Art. 12 du Statut de Rome.

(36) Au 1er août 2024. La Belgique a ratifié le Statut de Rome le 28 juin 2000. Voy. L. 25 mai 2000 portant assentiment au Statut de Rome de la Cour pénale internationale, fait à Rome le 17 juillet 1998, *M.B.*, 1er décembre 2000 (vig. 11 décembre 2000).

(37) Voy. la Collection des traités des Nations unies, disponible sur https://treaties.un.org/ (au 1er août 2024).

(38) Sur ce sujet aussi central qu'abondamment couvert par la littérature, voy. not. J. K. KLEFFNER, *Complementarity in the Rome Statute and National Criminal Jurisdictions*, Oxford, OUP, 2008 ; C. STAHN et M. EL ZEIDY (dir.), *The International Criminal Court and Complementarity: From Theory to Practice*, Cambridge, CUP, 2011. Voy. égal., s'agissant des liens entre la CPI et la Belgique en particulier, *La Belgique et la Cour pénale internationale : complémentarité et coopération*, Bruxelles, S.P.F. Justice et Bruylant, 2005 ; Ph. MEIRE et Ph. FABRI, « La complémentarité de l'action des juridictions internationales et nationales : la situation de la Belgique », *J.T.*, 2021, n° 6875, pp. 787-794.

(39) M. HADI ZAKERHOSSEIN, *Situation Selection Regime at the International Criminal Court: Law, Policy, Practice*, Anvers, Intersentia, 2017, p. 405. Voy. plus avant ce que nous écrivions in « La Cour pénale internationale : bref bilan critique », *J.T.*, 2021, n° 6875, p. 768.

(40) S. VASILIEV, « National Prosecution of International Crimes », in R. CRYER, D. ROBINSON et S. VASILIEV, *An Introduction to International Criminal Law and Procedure*, 4e éd., Cambridge, CUP, 2019, pp. 80-81. S'agissant de l'expérience belge en particulier, voy. not. D. VANDERMEERSCH, « Droit belge », in A. CASSESE et M. DELMAS-MARTY (dir.), *Juridictions nationales et crimes internationaux*, Paris, PUF, 2002, p. 81.

humains au sein des agendas législatifs et judiciaires nationaux[41]. En Belgique, par exemple, nous verrons que l'introduction des crimes de génocide et contre l'humanité dans le Code pénal, en février 1999[42], fut le fruit de la volonté de ratifier ensuite le Statut de Rome[43]. Depuis lors, les dispositions pertinentes du Code pénal ont encore été ajustées pour continuer d'intégrer les évolutions intervenues au sein du système de la Cour[44].

8 ▶ **Conflits nationaux de compétence.** Dès lors que les crimes internationaux font traditionnellement l'objet de chefs extraterritoriaux de compétence, il n'est pas rare que surgissent des conflits positifs de compétence[45].

Dans l'état actuel du paysage répressif international, il n'existe pas de mécanisme spécifique de priorisation des fors éventuellement concurrents[46]. L'initiative « MLA », soutenue depuis 2011 par la Belgique et une série d'autres États[47], a conduit, le 26 mai 2023, à l'adoption d'une Convention pour la coopération internationale en matière d'enquête et de poursuite du crime de génocide, des crimes contre l'humanité, des crimes de guerre et autres crimes internationaux[48]. Si le contenu du texte est particulièrement large[49], ce dernier ne prévoit pas davantage de mécanisme de règlement d'éventuels conflits positifs de compétence.

Cela étant, dans la pratique, il semble que les autorités nationales parviennent à s'entendre sans heurt pour une distribution pragmatique des dossiers concernés[50]. Nous savons ainsi que le cinquième dossier « Rwanda » dont eut

---

(41) S. Vasiliev, « National Prosecution of International Crimes », in R. Cryer, D. Robinson et S. Vasiliev, *An Introduction to International Criminal Law and Procedure*, 4e éd., Cambridge, CUP, 2019, pp. 80-81.

(42) L. 10 février 1999 relative à la répression des violations graves de droit international humanitaire, *M.B.*, 23 mars 1999 (vig. 2 avril 1999).

(43) Rapport fait au nom de la commission de la Justice, *Doc. parl.*, Sénat, sess. 1998-1999, n° 1-749/3, p. 14.

(44) Voy. p. ex. art. 72 de la L. 5 mai 2019 portant des dispositions diverses en matière pénale et en matière de cultes, et modifiant la loi du 28 mai 2002 relative à l'euthanasie et le Code pénal social.

(45) Voy. H. D. Bosly et D. Vandermeersch, *Génocide, crimes contre l'humanité et crimes de guerre face à la justice : les juridictions internationales et les tribunaux nationaux*, 2e éd., Bruxelles, Bruylant, 2012, pp. 226-227 ; D. Vandermeersch, « Violations graves des droits de l'homme (crimes internationaux) et compétence pénale universelle », in J.-F. Flauss (dir.), *La protection internationale des droits de l'homme et les droits des victimes*, Bruxelles, Bruylant, 2009, pp. 143-145.

(46) K. Ambos, *Treatise on International Criminal Law. Volume III: International Criminal Procedure*, Oxford, OUP, 2016, pp. 235-236.

(47) Voy. la page https://www.gov.si/en/registries/projects/mla-initiative/.

(48) Convention ouverte à la ratification des États depuis le 14 février 2024.

(49) Voy. ce qu'écrivait déjà A. Bisset, « The Mutual Legal Assistance Treaty for Core Crimes: Filling the Gap? », *EJIL: Talk!*, 13 juin 2022, disponible sur https://www.ejiltalk.org/the-mutual-legal-assistance-treaty-for-core-crimes-filling-the-gap/.

(50) H. D. Bosly et D. Vandermeersch, *Génocide, crimes contre l'humanité et crimes de guerre face à la justice : les juridictions internationales et les tribunaux nationaux*, 2e éd., Bruxelles, Bruylant, 2012, p. 227.

à connaître la cour d'assises de Bruxelles-Capitale faisait initialement l'objet d'un examen préliminaire concurrent en France. Au terme de discussions entre les autorités compétentes belges et françaises, il fut décidé de poursuivre et de centraliser l'enquête au départ de la Belgique, où celle-ci paraissait plus avancée[51].

En outre, relevons d'ores et déjà qu'en matière de compétence personnelle passive comme de compétence universelle, le procureur fédéral, saisi d'une plainte pour crimes internationaux aux fins de l'exercice du filtre qui lui est dévolu par le titre préliminaire du Code de procédure pénale, peut notamment refuser d'engager des poursuites lorsqu'il ressort que, dans l'intérêt d'une bonne administration de la justice, l'affaire devrait être portée devant les juridictions de l'État territorial ou de l'État en position d'exercer une forme de compétence personnelle active (*forum non conveniens*)[52].

Pour le surplus, il faut tenir compte des effets qui s'attachent au principe *ne bis in idem*[53].

Section 2.
Les crimes internationaux futurs ou potentiels

9 ▶ **Structure.** Dans l'expérience belge, les crimes internationaux regroupent, *de lege lata*, les trois infractions couvertes par l'actuel titre I*bis* du livre II du Code pénal : le crime de génocide, les crimes contre l'humanité et les crimes de guerre. Chacun d'eux fera l'objet d'un chapitre complet au sein de ce *verbo*.

Dans le cadre de ce chapitre introductif, il est encore utile d'évoquer, quoique plus brièvement, trois autres infractions pouvant aussi être rapprochées, à un titre ou à un autre, du droit international pénal. Il s'agit, d'une part, du crime d'écocide (n°s 10 et s.) et de la disparition forcée (n°s 19 et s.), qui intégreront bientôt le nouveau livre II du Code pénal, et d'autre part, du crime d'agression, qui reste inconnu du droit belge en dépit du fait qu'il relève de la compétence matérielle de la Cour pénale internationale (n°s 26 et s.). Nous nous interrogerons par ailleurs sur le statut d'autres infractions qui, quoiqu'apparentées au droit international, ne sont généralement pas qualifiées de crimes internationaux en tant que tels (n°s 30 et s.).

(51) Voy. la page https://trialinternational.org/fr/latest-post/fabien-neretse/.
(52) Art. 13, al. 3, 4°, et art. 14/10, al. 3, 4°, du TPCPP.
(53) *Infra*, n° 111.

1. L'écocide

10 **Statut de Rome.** À l'heure actuelle, la Cour pénale internationale n'est en mesure de poursuivre et de juger les atteintes graves à l'environnement que de façon très indirecte et limitée. Elle le peut par exemple sous le prisme de l'incrimination, dans les contextes de conflit armé international, des attaques conduites en connaissance du fait qu'elles causeront incidemment « des dommages étendus, durables et graves à l'environnement naturel qui seraient manifestement excessifs par rapport à l'ensemble de l'avantage militaire concret et direct attendu »[54].

La perspective d'étendre la compétence de la Cour à l'écocide en tant que violation autonome du droit international fait toutefois l'objet de débats nourris depuis un certain temps[55]. Ceux-ci ont notamment connu un coup d'accélérateur lorsqu'en décembre 2020, la ministre belge des Affaires étrangères, Sophie Wilmès, déclara, à l'occasion de la 19e Assemblée des États Parties au Statut de Rome, « qu'il serait utile d'examiner la possibilité d'introduire les crimes dits d'"écocide" dans le système du Statut de Rome »[56]. Quelques mois plus tôt, le 8 juillet 2020, plusieurs parlementaires belges avaient déposé à la Chambre des représentants une proposition de résolution « visant à inclure le crime d'écocide dans le Statut de Rome de la Cour pénale internationale et le droit pénal belge »[57]. Le 23 juin 2021, le Parlement wallon adopta par ailleurs en séance plénière une résolution « visant à soutenir les efforts du Gouvernement fédéral dans ses démarches pour la reconnaissance de l'écocide au niveau international »[58]. Le 19 novembre 2021 finalement, une nouvelle résolution

(54) Art. 8, § 2, b), iv), du Statut de Rome.

(55) Voy. not. L. Monaco et Chr. Deprez, « Écocide et Cour pénale internationale : quelques réflexions sur la mécanique des crimes internationaux », *Rev. dr. ULiège*, 2021, n° 3, pp. 437-464 ; R. Pereira, « After the ICC Office of the Prosecutor's 2016 Policy Paper on Case Selection and Prioritisation: Towards an International Crime of Ecocide? », *Criminal Law Forum*, 2020, vol. 31, pp. 179-224 ; A. Greene, « The Campaign to Make Ecocide an International Crime: Quixotic Quest or Moral Imperative? », *Fordham Environmental Law Review*, 2019, vol. 30, pp. 1-48 ; A. Mistura, « Is There Space for Environmental Crimes under International Criminal Law: The Impact of the Office of the Prosecutor Policy Paper on Case Selection and Prioritization on the Current Legal Framework », *Columbia Journal of Environmental Law*, 2018, vol. 43, pp. 181-226 ; E. T. Cusato, « Beyond Symbolism: Problems and Prospects with Prosecuting Environmental Destruction before the ICC », *J.I.C.J.*, 2017, vol. 15, pp. 491-507.

(56) AEP, 19e session, Intervention enregistrée de Mme la vice-première ministre et ministre des Affaires étrangères Sophie Wilmès à l'occasion du débat général de la 19e session, disponible sur https://asp.icc-cpi.int/iccdocs/asp_docs/ASP19/GD.BEL.14.12.pdf.

(57) Proposition de résolution visant à inclure le crime d'écocide dans le Statut de Rome de la Cour pénale internationale et le droit pénal belge, *Doc. parl.*, Ch. repr., sess. 2019-2020, n° 55-1429/001.

(58) Résolution visant à soutenir les efforts du Gouvernement fédéral dans ses démarches pour la reconnaissance de l'écocide au niveau international, *Doc.*, Parl. w., sess. 2020-2021, n° 588, n° 5.

« demandant d'inscrire le crime d'écocide dans le droit pénal international » fut déposée à la Chambre[59].

Les efforts en faveur de la consécration de l'écocide dans le Statut de Rome ne sont, bien entendu, pas uniquement d'origine belge. À l'échelon international, l'initiative la plus notable revient certainement à la fondation « Stop Ecocide » qui, en novembre 2020, chargea un panel d'experts de rédiger une définition claire et solide de l'incrimination. En juin 2021, les travaux du comité de rédaction ont abouti à la formulation d'une proposition concrète en vue de l'introduction d'un nouvel article 8*ter* au sein du Statut de Rome[60]. La définition proposée est centrée sur la notion d'« actes illicites ou arbitraires commis en connaissance de la réelle probabilité que ces actes causent à l'environnement des dommages graves qui soient étendus ou durables »[61]. L'avenir dira si cette proposition trouvera une concrétisation dans un amendement effectif du Statut de Rome.

11 ▶ **Droit comparé.** En attendant, à défaut de standard international clair, les législateurs nationaux favorisent, d'un for à l'autre, des approches très hétéroclites de la criminalité environnementale[62]. Une quinzaine d'États a déjà souhaité ranger celle-ci au rang des crimes internationaux[63]. Il en va ainsi du Vietnam, premier à avoir, en 1990, incriminé l'écocide aux termes de l'article 278 de son Code pénal[64]. D'autres y voient des infractions de droit commun. Tel est le cas de la France qui, en août 2021, a introduit dans son arsenal législatif un délit de mise en danger de l'environnement, ainsi qu'un délit de pollution des milieux (symboliquement dit « délit d'écocide » dans les cas les plus graves identifiés par la loi)[65]. Dans nombre de systèmes nationaux, les atteintes à l'environnement ne paraissent toutefois faire l'objet d'aucune sanction pénale mais bien de simples mesures administratives[66].

(59) Proposition de loi visant à introduire le crime d'écocide dans le Code pénal, *Doc. parl.*, Ch. repr., sess. 2021-2022, n° 55-1429/005.

(60) Pour un examen critique, voy. J. DE HEMPTINNE, « Quelques réflexions au sujet de la définition du crime d'écocide et de ses rapports avec la Cour pénale internationale », *J.T.*, 2021, n° 6875, pp. 800-803.

(61) Stop Ecocide Foundation, *Independent Expert Panel for the Legal Definition of Ecocide. Commentary and Core Text*, juin 2021, disponible sur https://www.stopecocide.earth/legal-definition (la traduction française est celle proposée par la Fondation : https://www.stop-ecocide.fr/definition legale).

(62) F. BELLIVIER, I. FOUCHARD et M. EUDES, *Droit des crimes internationaux*, Paris, PUF, 2018, p. 204.

(63) Voy. la liste mise à jour sur https://ecocidelaw.com/existing-ecocide-laws/ (au 1er août 2024).

(64) F. BELLIVIER, I. FOUCHARD et M. EUDES, *Droit des crimes internationaux*, Paris, PUF, 2018, p. 205.

(65) Loi n° 2021-1104 du 22 août 2021 portant lutte contre le dérèglement climatique et renforcement de la résilience face à ses effets, *J.O.R.F.*, 24 août 2021.

(66) F. BELLIVIER, I. FOUCHARD et M. EUDES, *Droit des crimes internationaux*, Paris, PUF, 2018, p. 198.

12 ▶ **Introduction dans le droit belge.** En Belgique, la répression des atteintes à l'environnement prend actuellement la forme d'une réglementation multiple, éparse et particulièrement difficile à décoder[67]. Le cadre pertinent consiste en effet en un enchevêtrement de réglementations de nature tantôt pénale, tantôt administrative, qui s'inscrivent parfois au niveau fédéral, mais relèvent le plus souvent des compétences et missions régionales ou locales[68].

Un mouvement important fut toutefois initié, ces dernières années, en faveur de la criminalisation spécifique et autonome des atteintes les plus graves à l'environnement ayant vocation à affecter la communauté internationale dans son ensemble – pas seulement dans le Statut de la Cour pénale internationale donc, mais également dans le droit belge[69].

Par un arrêté ministériel du 22 décembre 2020, le ministre de la Justice Van Quickenborne a relancé les travaux de la Commission d'experts chargée de réfléchir à la réforme du Code pénal, mais aussi, incidemment, de « rendre un avis sur [...] l'écocide »[70]. Au mois de novembre 2021, la Commission a rendu son avis au ministre[71]. Certaines propositions formulées dans cet avis – mais pas toutes – seront finalement reprises dans le projet de loi déposé par le gouvernement à la Chambre des représentants à l'été 2023, aujourd'hui adopté et qui conduira à l'introduction d'un titre II au sein du nouveau livre II du Code pénal à compter du 8 avril 2026. Ce titre II compte une seule disposition : l'article 94, relatif au « crime d'écocide ».

13 ▶ **Détachement des autres crimes internationaux.** Le principal – et fondamental – changement de cap, avec ce futur article 94 du Code pénal, tient au détachement du crime d'écocide des autres crimes internationaux[72]. La Commission d'experts suggérait d'en faire un crime international à part

(67) Voy. sur le sujet M. FLAMENT et J. VANDEN EYNDE (dir.), *Les infractions environnementales*, Limal, Anthemis, 2015 ; H. D. BOSLY et B. LUTGEN, *La lutte contre les infractions environnementales. Journée d'études du 30 avril 2009*, Bruges, Vanden Broele, 2010.

(68) Il est frappant d'observer que, s'agissant de la Belgique, pas moins de 114 textes normatifs sont réputés assurer la transposition nationale de l'actuelle directive 2008/99/CE relative à la protection de l'environnement par le droit pénal (destinée à être remplacée, à terme, par un texte prenant actuellement la forme d'une proposition de directive du Parlement européen et du Conseil relative à la protection de l'environnement par le droit pénal et remplaçant la directive 2008/99/CE, COM/2021/851 final).

(69) Outre les initiatives déjà renseignées ci-dessus, voy. encore Proposition de loi du 1er décembre 2021 visant à introduire le crime d'écocide dans le Code pénal, *Doc. parl.*, Ch. repr., sess. 2021-2022, n° 55-2356/001.

(70) Arr. min. 22 décembre 2020 portant création de la Commission de réforme du droit pénal, *M.B.*, 20 janvier 2021 (vig. 20 janvier 2021).

(71) M. BORN, J. DE HERDT, J. ROZIE et D. VANDERMEERSCH, « Vers l'insertion d'un crime d'écocide au titre de crime de droit international dans le nouveau Code pénal », *J.T.*, 2022, n° 6898, p. 297.

(72) Voy. D. BERTAM, « Écocide à la Bruxelloise », *Verfassungsblog*, 9 mars 2024, disponible sur https://verfassungsblog.de/ecocide-a-la-bruxelloise/.

entière, et de le ranger ainsi au côté des crimes de génocide, de guerre, contre l'humanité et de disparition forcée, au sein du futur titre Ier du nouveau livre II du Code pénal (dont l'intitulé eût alors dû être complété pour viser « Les violations graves du droit international humanitaire *et l'écocide* »[73]). Tel qu'adopté le 29 février 2024, le nouveau livre II du Code pénal ne retient pas cette option. Le génocide, les crimes de guerre, les crimes contre l'humanité et la disparition forcée y intègrent un nouveau titre Ier, alors que l'écocide y est rangé, seul, dans un titre II.

En pratique, la dissociation de l'écocide du nouveau titre Ier (actuel titre I*bis*) a pour effet de rendre inapplicables à cette infraction les spécificités matérielles[74] et procédurales[75] propres aux crimes internationaux, y compris les chefs extraterritoriaux de compétence prévus pour ces crimes[76].

14 ▶ **Définition.** Afin d'anticiper l'amendement éventuel du Statut de Rome et de favoriser une certaine harmonie normative, la Commission de réforme du droit pénal suggérait de retenir une définition largement inspirée de celle proposée par la fondation « Stop Ecocide »[77]. Le législateur a, en partie seulement, suivi cette suggestion[78]. Selon le futur article 94 du Code pénal, l'écocide, qui se voit incriminé en temps de paix comme en temps de guerre, consiste « à commettre délibérément, par action ou par omission, un acte illégal causant des dommages graves, étendus et à long terme à l'environnement en sachant que cet acte cause de tels dommages, pour autant que cet acte constitue une infraction à la législation fédérale ou à un instrument international qui lie l'autorité fédérale ou si l'acte ne peut pas être localisé en Belgique ».

15 ▶ **Élément matériel.** L'élément matériel (*actus reus*) du crime tient à la commission d'un « acte illégal causant des dommages graves, étendus et à long terme » à l'environnement. Ceci est, à un triple titre, plus restrictif, c'est-à-dire moins répressif, que la proposition des experts internationaux mandatés par la fondation « Stop Ecocide ».

---

(73) M. Born, J. De Herdt, J. Rozie et D. Vandermeersch, « Vers l'insertion d'un crime d'écocide au titre de crime de droit international dans le nouveau Code pénal », *J.T.*, 2022, n° 6898, p. 300 (nos italiques).
(74) *Infra*, n°s 321 et s.
(75) *Infra*, n°s 354 et s.
(76) *Infra*, n°s 103 et s.
(77) M. Born, J. De Herdt, J. Rozie et D. Vandermeersch, « Vers l'insertion d'un crime d'écocide au titre de crime de droit international dans le nouveau Code pénal », *J.T.*, 2022, n° 6898, p. 304.
(78) Exposé des motifs, *Doc. parl.*, Ch. repr., sess. 2022-2023, n° 55-3518/001, p. 100.

Premièrement, tandis que le panel d'experts internationaux recommande d'incriminer les actes tant illégaux qu'arbitraires[79], l'écocide tel qu'il intégrera le nouveau Code pénal belge vise uniquement les actes illégaux[80]. Selon les travaux préparatoires, il peut s'agir d'un acte isolé ou d'actes cumulatifs si ceux-ci sont pris par la même personne ou par le même ensemble de personnes identifiables[81]. Est illégal tout comportement contraire au droit international ou au droit interne, y compris s'il est exercé sur autorisation d'une autorité compétente de l'État lorsque pareille autorisation a été obtenue frauduleusement ou par corruption, extorsion ou contrainte[82].

Deuxièmement, le futur article 94 du Code pénal incrimine uniquement les dommages graves, étendus *et* à long terme. Sont ainsi seuls réprimés les comportements causant des dommages environnementaux graves, qui doivent, en outre, être étendus et à long terme[83]. La proposition internationale se borne pour sa part à viser des dommages qui soient graves d'une part, et étendus *ou* durables d'autre part. Le législateur s'est ainsi écarté de la proposition de définition du panel d'experts internationaux « [a]fin de ne pas étendre considérablement le champ d'application » de l'incrimination[84].

La loi énonce que l'environnement désigne la terre, ses écosystèmes, sa biosphère, sa cryosphère, sa lithosphère, son hydrosphère, son atmosphère, ainsi que l'espace extra-atmosphérique. L'exposé des motifs précise que les dommages causés à l'environnement comprennent tant les atteintes causées aux écosystèmes pour eux-mêmes que les atteintes aux services rendus par ces écosystèmes (préjudices collectifs), ceci devant permettre d'inclure les atteintes à la santé humaine (et non uniquement à la vie) ainsi qu'à la biodiversité[85].

Selon l'article 94 du futur Code pénal, les dommages sont considérés comme graves lorsqu'ils entraînent des changements, perturbations ou atteintes négatifs hautement préjudiciables à une quelconque composante de l'environnement, y compris des répercussions substantielles sur la vie ou la santé humaine, sur la biodiversité ou sur les ressources naturelles, culturelles ou économiques

(79) Le panel propose de définir les actes arbitraires comme ceux posés de manière imprudente et sans faire cas des dommages qui seraient manifestement excessifs par rapport aux avantages sociaux et économiques attendus.
(80) Pour une critique, voy. A. SAVARD, « Belgium Recognises the Crime of Ecocide: A (Lukewarm) European First », *Oxford Human Rights Hub*, 5 mars 2024, disponible sur https://ohrh.law.ox.ac.uk/belgium-recognises-the-crime-of-ecocide-a-lukewarm-european-first/.
(81) Exposé des motifs, *Doc. parl.*, Ch. repr., sess. 2022-2023, n° 55-3518/001, p. 103.
(82) Exposé des motifs, *Doc. parl.*, Ch. repr., sess. 2022-2023, n° 55-3518/001, p. 104.
(83) Exposé des motifs, *Doc. parl.*, Ch. repr., sess. 2022-2023, n° 55-3518/001, p. 105.
(84) Exposé des motifs, *Doc. parl.*, Ch. repr., sess. 2022-2023, n° 55-3518/001, p. 105. Pour une critique, voy. K. J. HELLER, « Belgium Set to Criminalise Ecocide (Kinda Sorta) », *OpinioJuris*, 8 novembre 2022, disponible sur http://opiniojuris.org/2022/11/08/belgium-set-to-criminalise-ecocide-kinda-sorta/.
(85) Exposé des motifs, *Doc. parl.*, Ch. repr., sess. 2022-2023, n° 55-3518/001, p. 104.

pour la société[86]. Ils sont étendus lorsqu'ils s'étendent au-delà d'une zone géographique limitée, traversent les frontières d'une région ou d'un État ou sont subis par un écosystème entier, une espèce entière ou un nombre important d'êtres humains[87]. Ils s'inscrivent enfin « à long terme » lorsqu'ils sont irréversibles ou ne peuvent être réparés par régénération naturelle dans un délai raisonnable[88].

Troisièmement et enfin, les experts de la fondation « Stop Ecocide » recommandaient de criminaliser les actes causant, mais également ceux emportant une probabilité substantielle de causer, de tels dommages environnementaux. La Commission de réforme du droit pénal avait suivi cette voie – tout en notant que « le législateur pou[vait] aussi faire le choix "politique" de limiter l'incrimination aux atteintes à l'environnement, c'est-à-dire aux comportements causant effectivement des dommages graves, étendus et à long terme à l'environnement »[89]. La perche a été saisie : le texte finalement adopté se borne à incriminer les actes à l'origine de dommages environnementaux effectifs[90].

16 ▸ **Élément moral.** Le futur article 94 indique que l'élément moral (*mens rea*) du crime d'écocide est constitué dès lors que l'auteur a agi délibérément et en connaissance des conséquences dommageables de ses actes. Ainsi conçu, l'élément intentionnel se rapproche de l'élément moral par défaut visé à l'article 30 du Statut de Rome et ne couvre pas la simple négligence ni le dol éventuel[91].

17 ▸ **Répartition des compétences et périmètre de l'incrimination.** Sur la base d'un avis du Conseil d'État, qui avait épinglé une embûche de taille liée au risque de voir le projet d'incrimination empiéter sur la compétence des régions de maintenir la protection de l'environnement sur leur territoire, l'article 94 du futur Code pénal limite explicitement le domaine de l'écocide aux hypothèses dans lesquelles l'infraction a vocation à toucher aux compétences fédérales attribuées ou résiduelles (« pour autant que cet acte constitue une infraction à la législation fédérale ou à un instrument international qui lie l'autorité fédérale »), y compris l'hypothèse particulière où l'infraction

---

(86) Voy. égal. Exposé des motifs, *Doc. parl.*, Ch. repr., sess. 2022-2023, n° 55-3518/001, p. 104.
(87) Voy. égal. en ce sens Stop Ecocide Foundation, *Groupe d'experts indépendants pour la définition juridique de l'écocide. Commentaire de la définition*, juin 2021, disponible sur https://www.stop-ecocide.fr/definition-legale.
(88) Voy. égal. Exposé des motifs, *Doc. parl.*, Ch. repr., sess. 2022-2023, n° 55-3518/001, p. 104.
(89) M. Born, J. De Herdt, J. Rozie et D. Vandermeersch, « Vers l'insertion d'un crime d'écocide au titre de crime de droit international dans le nouveau Code pénal », *J.T.*, 2022, n° 6898, p. 304.
(90) Exposé des motifs, *Doc. parl.*, Ch. repr., sess. 2022-2023, n° 55-3518/001, p. 104 (« [i]l a, par ailleurs, été choisi de limiter l'incrimination aux atteintes effectives à l'environnement »).
(91) Pour une critique, voy. A. Savard, « Belgium Recognises the Crime of Ecocide: A (Lukewarm) European First », *Oxford Human Rights Hub*, 5 mars 2024, disponible sur https://ohrh.law.ox.ac.uk/belgium-recognises-the-crime-of-ecocide-a-lukewarm-european-first/.

ne peut pas être localisée en Belgique[92] (« ou si l'acte ne peut pas être localisé en Belgique »)[93].

18 **Peine.** L'article 94, paragraphe 2, du futur Code pénal attache au crime d'écocide une peine de niveau 6 (soit, en règle et pour les personnes physiques, une privation de liberté de plus de 15 ans à 20 ans au plus[94]).

2. La disparition forcée

19 **Notion.** Selon l'article 2 de la Convention internationale pour la protection de toutes les personnes contre les disparitions forcées, adoptée à New York le 23 décembre 2010 et que la Belgique a ratifiée le 2 juin 2011[95], on entend par disparition forcée « l'arrestation, la détention, l'enlèvement ou toute autre forme de privation de liberté par des agents de l'État ou par des personnes ou des groupes de personnes qui agissent avec l'autorisation, l'appui ou l'acquiescement de l'État, suivi du déni de la reconnaissance de la privation de liberté ou de la dissimulation du sort réservé à la personne disparue ou du lieu où elle se trouve, la soustrayant à la protection de la loi ».

Cette infraction, qui est historiquement associée au passé dictatorial de certains États d'Amérique du Sud[96], connaît aujourd'hui de sombres actualités, y compris sur le territoire européen – on pense en particulier au phénomène des transferts extrajudiciaires (« *extraordinary renditions* ») et des détentions au secret au sein de prisons administrées par la C.I.A. dans le cadre de la lutte contre le terrorisme[97].

(92) Ceci suppose, par essence, de prendre appui sur un chef extraterritorial de compétence des cours et tribunaux belges en application du titre préliminaire du Code de procédure pénale (Exposé des motifs, *Doc. parl.*, Ch. repr., sess. 2022-2023, n° 55-3518/001, p. 103). Nous avons toutefois observé que l'article 94 du futur Code pénal a finalement été détaché des autres crimes internationaux, de sorte qu'il ne pourra conduire à mobiliser les chefs de compétence extraterritoriaux spécifiquement prévus pour ces crimes.

(93) Exposé des motifs, *Doc. parl.*, Ch. repr., sess. 2022-2023, n° 55-3518/001, pp. 100-103. Voy. égal. à ce sujet M. BORN, J. DE HERDT, J. ROZIE et D. VANDERMEERSCH, « Vers l'insertion d'un crime d'écocide au titre de crime de droit international dans le nouveau Code pénal », *J.T.*, 2022, n° 6898, pp. 300-301.

(94) Art. 36 du futur C. pén.

(95) Voy. L. 10 avril 2010 portant assentiment à la Convention internationale pour la protection de toutes les personnes contre les disparitions forcées, adoptée à New York le 20 décembre 2006, *M.B.*, 30 juin 2011 (vig. 10 juillet 2011). Voy. égal., pour une recension de l'assentiment donné par l'ensemble des autres niveaux de pouvoirs concernés par ce traité mixte, A.-M. BALDOVIN, « La Belgique confirme son engagement dans la lutte contre les disparitions forcées », *Wereldbeeld – Tijdschrift voor de Verenigde Naties*, 2014, n° 172, p. 10 (à la note 2).

(96) F. BELLIVIER, I. FOUCHARD et M. EUDES, *Droit des crimes internationaux*, Paris, PUF, 2018, p. 182.

(97) Voy. Conseil des droits de l'homme des Nations unies, *Rapport du Groupe de travail sur les disparitions forcées ou involontaires*, A/HRC/48/57, 4 août 2021, spéc. § 41.

20 ▶ **Incrimination indirecte.** À ce jour, le phénomène est seulement incriminé de façon indirecte dans le droit belge.

En particulier, les « disparitions forcées de personnes » sont, aux termes de l'actuel article 136*ter*, 9°, du Code pénal, constitutives de crimes contre l'humanité lorsqu'elles sont commises dans le cadre d'une attaque généralisée ou systématique lancée contre une population civile et en connaissance de cette attaque[98]. C'est ainsi que, le 14 décembre 2023, la cour d'assises de Louvain a condamné plusieurs responsables de l'appareil militaire et politique guatémaltèque, notamment du chef de disparition forcée en tant que crime contre l'humanité, commis à l'encontre de missionnaires belges dans les années 1980[99].

En outre, les articles 147 et suivants du Code pénal incriminent les privations de liberté arbitraires ou illégales par des officiers publics[100].

21 ▶ **Future incrimination autonome.** Pour autant, l'article 4 de la Convention des Nations unies exige des États parties que la disparition forcée soit érigée en tant qu'infraction autonome au regard de leur droit pénal. Le Comité des disparitions forcées des Nations unies, qui est chargé de surveiller la mise en œuvre de la Convention de 2010[101], l'a rappelé à plusieurs reprises à la Belgique[102]. Aussi a-t-il été décidé de mettre la législation belge en conformité avec la Convention sur ce point[103]. Tel est l'objectif poursuivi par l'article 89 du futur Code pénal, qui incriminera dès 2026 la disparition forcée « non constitutive d'un crime contre l'humanité ». C'est le Conseil d'État qui a pressé le législateur d'inclure cette dernière précision dans l'intitulé de la disposition, de façon à marquer la distinction avec la disparition forcée en tant que crime sous-jacent des crimes contre l'humanité, au sens de l'article 136*ter*, 9°, du Code pénal[104]. La précision est à notre avis le fruit d'une prudence exagérée : il est bien entendu que les crimes de génocide, de guerre et contre l'humanité constituent par essence, pour la grande majorité de leurs actes sous-jacents à tout le moins, un crime de droit commun – le meurtre, la torture ou ici la disparition forcée, parmi bien d'autres exemples encore – commis dans un contexte particulier.

(98) Ceci est conforme à l'article 5 de la Convention précitée.
(99) Louvain (ass.), 14 décembre 2023, n° 9/2023, inédit.
(100) Quoique ceci ne relève pas formellement de la Convention précitée, notons que les articles 434 et suivants du même Code incriminent par ailleurs les atteintes à la liberté individuelle commises par des personnes privées.
(101) Voy. art. 26 à 36.
(102) Comité des disparitions forcées, *Observations finales concernant le rapport soumis par la Belgique en application du paragraphe 1 de l'article 29 de la Convention*, CED/C/BEL/CO/1, 15 octobre 2014, §§ 11-12.
(103) D. Vandermeersch, « La réforme des Codes en matière pénale : un saut nécessaire du 19e au 21e siècle », Mercuriale prononcée à l'occasion de la rentrée judiciaire de la Cour de cassation, 2020, p. 12, disponible sur https://www.cass.be/Mercuriales.html.
(104) Avis n° 72.477/3 du 9 juin 2023, p. 66.

22 ▶ **Éléments matériels.** L'article 89 du futur Code pénal est calqué sur la définition internationale de l'incrimination, issue de l'article 2 de la Convention des Nations unies de 2010. La disparition forcée, est-il donc précisé, « consiste en l'arrestation, la détention, l'enlèvement délibérés ou toute autre forme de privation de liberté délibérée par des agents de l'État ou par des personnes ou des groupes de personnes qui agissent avec l'autorisation, l'appui ou l'acquiescement de l'État, suivi du déni de la reconnaissance de la privation de liberté ou de la dissimulation du sort réservé à la personne disparue ou du lieu où elle se trouve, la soustrayant à la protection de la loi ».

Il ressort de cette définition deux éléments constitutifs matériels : d'une part, une forme de privation de liberté et, d'autre part, l'intervention des agents de l'État ou de personnes ou de groupes de personnes agissant avec l'autorisation, l'appui ou l'acquiescement de celui-ci. Les travaux préparatoires enseignent que l'élément relatif à la soustraction de la loi ne doit, quant à lui, pas être considéré comme un élément constitutif distinct, mais bien comme la conséquence des éléments matériels de l'infraction[105].

23 ▶ **Élément moral.** Sur le plan psychologique, la disposition vise toute privation de liberté « délibérée ».

24 ▶ **Peine, cause d'excuse atténuante et élément aggravant.** L'article 89 du futur Code pénal attache au crime de disparition forcée une peine de principe de niveau 6 (soit, en règle et pour les personnes physiques, une privation de liberté de plus de 15 ans à 20 ans au plus[106]). Une peine de niveau 4[107] s'attache toutefois à l'infraction en cas de cause d'excuse atténuante prise de la libération volontaire de la victime dans les cinq jours de la privation de liberté[108]. À l'inverse, différents éléments aggravants sont énoncés par la loi, qui doivent conduire à l'application d'une peine de niveau 7[109] : la mort de la victime, l'infliction d'actes de torture au cours de la privation de liberté, et l'état de minorité ou la situation de vulnérabilité de la victime[110].

25 ▶ **Un crime international à part entière.** L'article 89 du futur Code pénal est intégré au nouveau titre Ier consacré aux « violations graves du droit international

(105) Exposé des motifs, *Doc. parl.*, Ch. repr., sess. 2022-2023, n° 55-3518/001, p. 95.
(106) Art. 36 du futur C. pén.
(107) Voy. art. 36 du futur C. pén.
(108) Ceci est compatible avec l'article 7(2), a), de la Convention précitée, qui porte que tout État peut prévoir des circonstances atténuantes, « notamment en faveur de ceux qui, impliqués dans la commission d'une disparition forcée, auront contribué efficacement à la récupération en vie de la personne disparue ».
(109) Voy. art. 36 du futur C. pén.
(110) Ceci est compatible avec l'article 7(2), b), de la Convention précitée, qui porte que tout État peut prévoir des circonstances aggravantes, « notamment en cas de décès de la personne disparue, ou pour ceux qui se sont rendus coupables de la disparition forcée de femmes enceintes, de mineurs, de personnes handicapées ou d'autres personnes particulièrement vulnérables ».

humanitaire »[111]. Ce choix est justifié par « la stigmatisation que la communauté internationale associe au crime de disparition forcée », par le fait que l'incrimination vise directement les agents de l'État, et par la volonté corrélative d'étendre d'emblée aux disparitions forcées les chefs de compétence extraterritoriaux et les autres règles dérogatoires au droit pénal général propres aux crimes internationaux[112] – ce que réclame dans une certaine mesure, il est vrai, la Convention précitée[113].

Le législateur aurait toutefois pu favoriser une autre approche. Après tout, de très nombreuses autres infractions supposent de même, en vertu du droit international, une proactivité particulière ou certaines obligations répressives renforcées dans le chef des États. La Belgique s'y conforme traditionnellement de façon *ad hoc*, c'est-à-dire en faisant le nécessaire au cas par cas, sans pour autant intégrer directement lesdites infractions au catalogue des crimes internationaux. Symboliquement, ceci peut avoir pour bénéfice de maintenir une distinction claire entre les crimes qui relèvent de la compétence de la Cour pénale internationale et l'ensemble des autres crimes graves régis, à des degrés divers, par le droit international[114].

3. Le crime d'agression

26 ▶ **Généralités.** Le crime d'agression correspond à la criminalisation des violations les plus graves du *jus contra bellum* (ou *jus ad bellum*), soit les règles qui régissent – et, en règle, interdisent – le recours à la force en droit international[115]. Bien qu'au sortir de la Première Guerre mondiale, l'article 227 du Traité de Versailles esquissât déjà la possibilité d'engager des poursuites pénales internationales pour le déclenchement illicite d'une guerre – en l'espèce, à l'encontre du Kaiser allemand Guillaume II[116] –, c'est le Statut du Tribunal militaire international de Nuremberg qui, en 1945, concrétisa pour la première fois cette idée. Ce que l'on connaissait alors sous l'appellation « crime contre la paix » y est défini comme « la direction, la préparation, le déclenchement ou la poursuite d'une guerre d'agression, ou d'une guerre en violation des traités, assurances ou accords internationaux, ou la participation à un plan concerté

(111) Exposé des motifs, *Doc. parl.*, Ch. repr., sess. 2022-2023, n° 55-3518/001, p. 94. Voy. de même ce qu'écrivait déjà D. VANDERMEERSCH, « La réforme des Codes en matière pénale : un saut nécessaire du 19e au 21e siècle », Mercuriale prononcée à l'occasion de la rentrée judiciaire de la Cour de cassation, 2020, p. 11, disponible sur https://www.cass.be/Mercuriales.html.

(112) Exposé des motifs, *Doc. parl.*, Ch. repr., sess. 2022-2023, n° 55-3518/001, pp. 93-95.

(113) Voy. art. 6 et 9 en particulier.

(114) Voy. *infra*, n° 30.

(115) Art. 2, § 4, de la Charte des Nations unies en particulier. Pour un examen complet du sujet, voy. O. CORTEN, *Le droit contre la guerre*, 3e éd., Paris, Pedone, 2020.

(116) Voy. p. ex. R. CRYER, D. ROBINSON et S. VASILIEV, *An Introduction to International Criminal Law and Procedure*, 4e éd., Cambridge, CUP, 2019, pp. 297-298 ; E. DAVID, *Éléments de droit pénal international et européen*, vol. 2, 2e éd., Bruxelles, Bruylant, 2018, p. 1286.

ou à un complot pour l'accomplissement de l'un quelconque des actes qui précèdent »[117]. La Charte du Tribunal militaire international pour l'Extrême-Orient – dit « Tribunal de Tokyo » – contient une disposition similaire[118].

27 ▶ **Statut de Rome.** À l'occasion des négociations qui devaient conduire à l'adoption du Statut de la Cour pénale internationale, le crime d'agression cristallisa de nombreux désaccords[119]. Fallait-il étendre la compétence de la Cour à cette infraction éminemment politique ? Comment la définir dans des termes juridiques ? Quel rôle confier au Conseil de sécurité, auquel la Charte des Nations unies confère la responsabilité principale du maintien de la paix et de la sécurité internationales[120] ? En définitive, ces questions ne seraient pas résolues à Rome et l'introduction du crime d'agression dans le Statut de la Cour devrait attendre la première Conférence de révision du Statut, organisée à Kampala aux mois de mai et de juin 2010.

Aux termes de l'article 8*bis*, paragraphe 1er, du Statut de Rome ainsi amendé, le crime d'agression se définit comme « la planification, la préparation, le lancement ou l'exécution par une personne effectivement en mesure de contrôler ou de diriger l'action politique ou militaire d'un État, d'un acte d'agression qui, par sa nature, sa gravité et son ampleur, constitue une violation manifeste de la Charte des Nations unies »[121]. En inspiration directe de la résolution 3314 (XXIX) adoptée par l'Assemblée générale des Nations unies le 14 décembre 1974[122], le second paragraphe de la disposition liste une série d'exemples concrets et incontestables d'« actes d'agression », tels que l'invasion et le bombardement d'un État par les forces armées d'un autre État.

En application des articles 15*bis* et 15*ter* nouveaux du Statut, l'activation définitive de l'autorité de la Cour en matière d'agression fut conditionnée à une série d'exigences qui, en bref, font en sorte que la Cour n'est effectivement compétente en matière de crime d'agression que depuis le 17 juillet 2018[123],

(117) Art. 6(a) du Statut du TMI de Nuremberg tel qu'annexé à l'Accord de Londres concernant la poursuite et le châtiment des grands criminels de guerre des Puissances européennes de l'Axe, adopté le 8 août 1945.

(118) Art. 5(a) de la Charte du TMI de Tokyo telle que proclamée le 19 janvier 1946 par le Général MacArthur, Commandant suprême des forces alliées en Extrême-Orient.

(119) R. CRYER, D. ROBINSON et S. VASILIEV, *An Introduction to International Criminal Law and Procedure*, 4e éd., Cambridge, CUP, 2019, p. 300.

(120) Art. 24, § 1er, et 12, § 1er, de la Charte des Nations unies.

(121) Voy. en général C. MCDOUGALL, *The Crime of Aggression under the Rome Statute of the International Criminal Court*, 2e éd., Cambridge, CUP, 2021, 457 p.

(122) E. DAVID, « Definition, Elements and Entry into Force of the Crime of Aggression », in G. DIVE, B. GOES et D. VANDERMEERSCH (dir.), *From Rome to Kampala: The First 2 Amendments to the Rome Statute*, Bruxelles, Bruylant, 2012, pp. 13-20.

(123) AEP, 16e session, résolution ICC-ASP/16/Res.5 du 14 décembre 2017 (« Déclenchement de la compétence de la Cour à l'égard du crime d'agression »). Voy., sur le sujet, C. KRESS, « Du déclenchement de la compétence de la Cour pénale internationale à l'égard du crime d'agression », *African Journal of International and Comparative Law*, 2019, vol. 27, pp. 546-563.

et ce, uniquement lorsque tous les États en cause ont ratifié les amendements concernés[124].

28 ▶ **Positionnement dans les ordres juridiques internes.** Par comparaison avec les crimes de guerre, de génocide et contre l'humanité, l'agression constitue une infraction singulière[125], en particulier en ce qu'elle révèle un crime intrinsèquement institutionnel ayant exclusivement vocation à être imputé aux plus hautes autorités de l'État[126]. Ainsi, pour des raisons politiques comme juridiques (p. ex. le bénéfice d'immunités, dans le chef des responsables étatiques étrangers, devant les juridictions nationales[127]), le crime d'agression a, dès l'origine, été conçu comme ayant principalement vocation à être mis en œuvre par des juridictions internationales[128].

En 1996, le Projet de code des crimes contre la paix et la sécurité de l'humanité dressé par la Commission du droit international des Nations unies réservait déjà, s'agissant de l'obligation étatique d'établir une forme de compétence universelle à l'égard des infractions visées par ledit code en projet, le cas de l'agression, précisant que la compétence de connaître de celui-ci « appartient à une cour criminelle internationale » ou, éventuellement, à l'État dont les personnes responsables sont des ressortissants (c'est-à-dire l'État agresseur)[129]. Toute autre approche, avance le commentaire détaillé de la Commission en lien avec cette disposition, impliquerait « que les tribunaux d'un État puissent se prononcer sur la question de savoir si un autre État

(124) Ceci est aujourd'hui explicitement confirmé in AEP, 16e session, résolution ICC-ASP/16/Res.5 du 14 décembre 2017, pt 2. Voy., déjà en ce sens, S. Barriga, « Exercise of Jurisdiction and Entry into Force of the Amendments on the Crime of Aggression », in G. Dive, B. Goes et D. Vandermeersch (dir.), *From Rome to Kampala: The First 2 Amendments to the Rome Statute*, Bruxelles, Bruylant, 2012, p. 30 ; L. Danguy des Déserts, « La position française à propos de l'activation de la compétence de la Cour pénale internationale sur le crime d'agression », *A.F.D.I.*, 2017, vol. 63, pp. 747-748. *Contra*, voy. E. David, *Éléments de droit pénal international et européen*, vol. 2, 2e éd., Bruxelles, Bruylant, 2018, p. 1300.

(125) Pour une relativisation de ce constat, voy. A. Reisinger Coracini et P. Wrange, « The Specificity of the Crime of Aggression », in C. Kress et S. Barriga (dir.), *The Crime of Aggression: A Commentary*, Cambridge, CUP, 2016, pp. 307-350.

(126) C'est ainsi que les articles 8*bis*, § 1er, et 25, § 3*bis*, du Statut de Rome réservent sa mise en œuvre aux seules « personnes effectivement en mesure de contrôler ou de diriger l'action politique ou militaire d'un État ».

(127) F. Bellivier, I. Fouchard et M. Eudes, *Droit des crimes internationaux*, Paris, PUF, 2018, p. 108.

(128) E. David, *Éléments de droit pénal international et européen*, vol. 2, 2e éd., Bruxelles, Bruylant, 2018, p. 1299 ; N. N. Jurdi, « The Domestic Prosecution of the Crime of Aggression after the International Criminal Court Review Conference: Possibilities and Alternatives », *Melbourne Journal of International Law*, 2013, vol. 14, pp. 3-6.

(129) Art. 8 du Projet de code des crimes contre la paix et la sécurité de l'humanité, adopté par la Commission du droit international à sa quarante-huitième session, en 1996, et soumis à l'Assemblée générale dans le cadre de son rapport sur les travaux de ladite session. Le rapport, qui contient également des commentaires sur le projet d'articles, est reproduit dans l'*Annuaire de la Commission du droit international*, 1996, vol. II(2).

a commis une agression », ce qui serait « contraire au principe fondamental du droit international *par in parem imperium non habet* » et « aurait de graves répercussions pour les relations internationales et la paix et la sécurité internationales »[130].

Lors de l'adoption des amendements au Statut de Rome en matière de crime d'agression, la Conférence de révision fut par ailleurs l'occasion de joindre à la résolution conclusive sur le sujet, en guise d'annexe, une série d'« éléments d'interprétation », dont le cinquième énonce « que les amendements ne doivent pas être interprétés comme créant un droit ou une obligation d'exercer la compétence nationale à l'égard d'un acte d'agression commis par un autre État »[131]. Ce faisant, la communauté internationale souligna une fois encore les doutes qui entourent la question de savoir dans quelle mesure il est juridiquement acceptable, ou en tout cas politiquement opportun, pour un État, de poursuivre les crimes d'agression éventuellement commis par (les dirigeants) d'autres États[132]. Le débat n'est pas clos[133] et interroge les limites éventuelles du principe de complémentarité du Statut de Rome, selon lequel il revient en règle aux juridictions nationales, et non à la Cour pénale internationale, de poursuivre les crimes internationaux[134]. Cette priorité donnée aux États se conçoit-elle de façon identique s'agissant du crime d'agression ? Alors qu'une partie des commentateurs l'affirme[135], d'autres se montrent plus circonspects[136].

---

(130) Commentaire de l'article 8 du Projet de code des crimes contre la paix et la sécurité de l'humanité, § 14.

(131) Conférence de révision du Statut de Rome, résolution RC/Res.6 adoptée à la treizième séance plénière, le 11 juin 2010, par consensus, annexe III.

(132) C. RYNGAERT, « The Understandings Regarding the Amendments to the Rome Statute of the International Criminal Court on the Crime of Aggression », in G. DIVE, B. GOES et D. VANDERMEERSCH (dir.), *From Rome to Kampala: The First 2 Amendments to the Rome Statute*, Bruxelles, Bruylant, 2012, p. 24.

(133) Voy. récemment l'étude approfondie de H. VON ANNEGRET, *Making Aggression a Crime Under Domestic Law: On the Legislative Implementation of Article 8bis of the ICC Statute*, La Haye, Asser, 2023, 513 p.

(134) *Supra*, n° 7.

(135) R. S. CLARK, « Complementarity and the Crime of Aggression », in C. STAHN et M. EL ZEIDY (dir.), *The International Criminal Court and Complementarity: From Theory to Practice*, Cambridge, CUP, 2011, p. 736 ; P. WRANGE, « The Crime of Aggression, Domestic Prosecutions and Complementarity », in C. KRESS et S. BARRIGA (dir.), *The Crime of Aggression: A Commentary*, Cambridge, CUP, 2016, p. 705.

(136) J. VERHOFF, « Reconciling the Crime of Aggression and Complementarity: Unaddressed Tensions and a Way Forward », *The Yale Law Journal*, 2016, vol. 125, pp. 730-772 ; J. TRAHAN, « Is Complementarity the Right Approach for the International Criminal Court's Crime of Aggression? Considering the Problem of "Overzealous" National Court Prosecutions », *Cornell International Law Journal*, 2012, vol. 45, pp. 569-601.

29 **Droit belge.** L'ensemble de ces raisons explique sans doute pourquoi, bien que l'on compte la Belgique parmi les 45 États parties[137] aux amendements de Kampala relatifs à l'agression[138], le crime d'agression n'a pas (encore) été incorporé dans l'ordre juridique belge.

Le législateur a probablement souhaité se montrer prudent : puisque le droit international, même après l'adoption des amendements de Kampala, « n'oblige pas à introduire, dans les législations nationales des États [...], des dispositions visant à réprimer le crime d'agression »[139], la Belgique ne l'a pas fait. Le droit international l'y eût-il autorisé ? Assurément – en tout cas dans une certaine mesure. Le Projet de code des crimes contre la paix et la sécurité de l'humanité de 1994, pourtant considéré comme le reflet d'une position régressive sur la question[140], admet lui-même que les États peuvent à tout le moins juger, le cas échéant, leurs propres ressortissants suspectés de s'être rendus coupables d'un crime d'agression (principe de nationalité active)[141]. Une majorité d'auteurs estime en outre que l'État agressé peut de même poursuivre et juger le crime d'agression dont il a fait l'objet (principes de territorialité et/ou de nationalité passive)[142]. Le débat demeure beaucoup plus vif, il faut bien le constater, s'agissant de la possibilité, pour les États, d'exercer une forme de compétence universelle en la matière[143].

(137) Voy. la Collection des traités des Nations unies disponible sur https://treaties.un.org/pages/ParticipationStatus.aspx (au 1er août 2024).
(138) Voy. L. 22 novembre 2013 portant assentiment aux amendements au Statut de Rome de la Cour pénale internationale relatifs au crime d'agression, adoptés à Kampala le 11 juin 2010 lors de la Conférence de révision du Statut de Rome, *M.B.*, 3 mars 2014 (vig. 26 novembre 2014).
(139) Exposé des motifs, *Doc. parl.*, Sénat, sess. 2012-2013, n° 5-2270/1, p. 21. Ce constat paraît indiscutable ; voy. p. ex. P. WRANGE, « The Crime of Aggression, Domestic Prosecutions and Complementarity », in C. KRESS et S. BARRIGA (dir.), *The Crime of Aggression: A Commentary*, Cambridge, CUP, 2016, pp. 720-721.
(140) P. WRANGE, « The Crime of Aggression, Domestic Prosecutions and Complementarity », in C. KRESS et S. BARRIGA (dir.), *The Crime of Aggression: A Commentary*, Cambridge, CUP, 2016, p. 716.
(141) Art. 8 du Projet de code des crimes contre la paix et la sécurité de l'humanité.
(142) R. S. CLARK, « Complementarity and the Crime of Aggression », in C. STAHN et M. EL ZEIDY (dir.), *The International Criminal Court and Complementarity: From Theory to Practice*, Cambridge, CUP, 2011, p. 721 ; P. WRANGE, « The Crime of Aggression, Domestic Prosecutions and Complementarity », in C. KRESS et S. BARRIGA (dir.), *The Crime of Aggression: A Commentary*, Cambridge, CUP, 2016, p. 721.
(143) Voy., suggérant le bénéfice d'une telle liberté, E. DAVID, *Éléments de droit pénal international et européen*, vol. 2, 2e éd., Bruxelles, Bruylant, 2018, p. 1301. Pour de plus amples développements sur ce débat, voy. D. AKANDE, « Prosecuting Aggression: The Consent Problem and the Role of the Security Council », *Oxford Legal Research Paper Series*, n° 21/2011, p. 33 ; R. S. CLARK, « Complementarity and the Crime of Aggression », in C. STAHN et M. EL ZEIDY (dir.), *The International Criminal Court and Complementarity: From Theory to Practice*, Cambridge, CUP, 2011, pp. 728-736 ; P. WRANGE, « The Crime of Aggression, Domestic Prosecutions and Complementarity », in C. KRESS et S. BARRIGA (dir.), *The Crime of Aggression: A Commentary*, Cambridge, CUP, 2016, pp. 717-721.

Quoi qu'il en soit, plusieurs États ont, par contraste avec la Belgique, souhaité criminaliser l'agression dans leur ordre juridique interne[144]. Selon le site Internet du S.P.F. Justice, « [l]a justice belge n'a *pas encore* de compétence pour réprimer les crimes d'agression »[145]. Faut-il y voir une porte laissée ouverte ? D. Vandermeersch jugeait « fort probable », en 2013, « que la Belgique décide prochainement d'introduire en droit interne cette incrimination telle que définie à l'article 8*bis* du Statut de la Cour pénale internationale »[146]. Il n'en est pourtant pas question dans le nouveau livre II du Code pénal, ce qui suscite certaines critiques[147].

4. Les autres infractions graves non constitutives de crimes internationaux

30 **Distinction.** Les crimes internationaux, considérés comme affectant la communauté internationale dans son ensemble et qui relèvent classiquement du domaine de compétence de juridictions internationales telles que la Cour pénale internationale, sont habituellement distingués d'autres infractions, pouvant être qualifiées d'« internationales » elles aussi, mais dont cette qualité tient plutôt, soit au fait que leur nature même les inscrit par-delà les frontières des États, soit au fait que le droit international impose aux États certaines obligations spécifiques de mise en œuvre. L'extranéité est inhérente aux premières[148], de sorte qu'on les identifie parfois sous la dénomination « crimes transnationaux »[149]. L'on pense par exemple à la

(144) Voy., comptabilisant 25 cas dès 2008 (soit bien avant l'adoption des amendements de Kampala), A. REISINGER-CORACINI, « Evaluating Domestic Legislation on the Customary Crime of Aggression under the Rome Statute's Complementarity Regime », in C. STAHN et G. SLUITER (dir.), *The Emerging Practice of the International Criminal Court*, Leiden, Brill, 2009, p. 734. Voy. toutefois, relevant pour sa part moins de 20 cas, H. VON ANNEGRET, *Making Aggression a Crime Under Domestic Law: On the Legislative Implementation of Article 8bis of the ICC Statute*, La Haye, Asser, 2023. Sur une tentative de mise en œuvre concrète d'un tel cadre normatif domestique, voy. C. KRESS, « The German Chief Federal Prosecutor's Decision Not to Investigate the Alleged Crime of Preparing Aggression against Iraq », *J.I.C.J.*, 2004, vol. 2, pp. 245-264.

(145) Voy. la page https://justice.belgium.be/fr/themes_et_dossiers/infractions_internationales/crime_d_agression (nos italiques).

(146) D. VANDERMEERSCH, « Les violations du droit international humanitaire », in H. D. BOSLY et Chr. DE VALKENEER (dir.), *Les infractions. Volume 5 : les infractions contre l'ordre public*, Bruxelles, Larcier, 2013, p. 134.

(147) IFDH, *Avis n° 12/2023 sur le projet de loi introduisant le Livre II du Code pénal*, 5 octobre 2023, pp. 21-23, disponible sur https://institutfederaldroitshumains.be/fr/avis-sur-le-livre-ii-du-code-penal.

(148) I. FOUCHARD, *Crimes internationaux : entre internationalisation du droit pénal et pénalisation du droit international*, Bruxelles, Bruylant, 2014, p. 199 ; F. BELLIVIER, I. FOUCHARD et M. EUDES, *Droit des crimes internationaux*, Paris, PUF, 2018, p. 7.

(149) I. FOUCHARD, *Crimes internationaux : entre internationalisation du droit pénal et pénalisation du droit international*, Bruxelles, Bruylant, 2014, pp. 199 et s. ; F. BELLIVIER, I. FOUCHARD et M. EUDES, *Droit des crimes internationaux*, Paris, PUF, 2018, pp. 5 et s.

piraterie internationale[150]. Quant aux secondes, elles trouvent leur source dans le droit international qui impose aux États une proactivité particulière. Peuvent être citées, parmi d'autres, l'interdiction de la torture, de la corruption, du terrorisme ou encore du faux monnayage[151]. La mécanique normative internationale est largement commune à l'ensemble de ces infractions. A. Cassese la résume en quatre volets : la consécration d'une définition commune du comportement incriminé, l'obligation faite aux États de criminaliser ce dernier dans l'ordre juridique interne, l'obligation de l'application de certains chefs de compétence (y compris, le plus souvent, extraterritoriaux), et la mise en œuvre d'un régime renforcé sur le plan de la coopération judiciaire internationale[152].

31 ▶ **Exclusion.** Bien que pareille nuance soit étrangère à la terminologie anglaise, la littérature francophone associe le plus souvent ces deux autres catégories d'infractions au « droit pénal international » (supposé procéder d'un phénomène d'internationalisation du droit pénal national), par contraste, s'agissant des crimes internationaux, avec le « droit international pénal » (qui témoignerait pour sa part de la pénalisation du droit international)[153].

Dès lors qu'elles ne sont pas en tant que telles constitutives de « crimes internationaux » (du moins si l'on retient le critère de l'apparentement au domaine d'action des juridictions pénales internationales[154]), ces deux autres catégories d'infractions, quoiqu'internationales elles aussi en un sens, échappent aux contours du présent *verbo*.

32 ▶ **Limites de la catégorisation.** Pour autant, il est évident que ces autres infractions présentent de nombreux traits communs avec les crimes internationaux *stricto sensu*. Les infractions terroristes, par exemple, donnent lieu à des chefs de compétence élargis au bénéfice des juridictions belges[155] – d'une manière qui peut, dans une certaine mesure, être rapprochée du régime de compétence applicable aux crimes internationaux, examiné en détail ci-après[156].

---

(150) G. Mettraux, *International Crimes: Law and Practice. Volume I: Genocide*, Oxford, OUP, 2019, p. 1.

(151) Pour un examen complet de leur contenu, voy. E. David, *Éléments de droit pénal international et européen*, vol. 2, 2e éd., Bruxelles, Bruylant, 2018, pp. 1201 et s. S'agissant du champ de la lutte contre le terrorisme et de sa mise en œuvre dans le paysage belge en particulier, voy. E. Delhaise, *Infractions terroristes*, coll. R.P.D.B., Bruxelles, Larcier, 2019.

(152) A. Cassese et P. Gaeta, *Cassese's International Criminal Law*, 3e éd., Oxford, OUP, 2013, p. 19.

(153) O. de Frouville, *Droit international pénal. Sources, incriminations, responsabilité*, Paris, Pedone, 2012, p. 5 ; F. Bellivier, I. Fouchard et M. Eudes, *Droit des crimes internationaux*, Paris, PUF, 2018, pp. 3-5 ; E. David, *Éléments de droit pénal international et européen*, vol. 1, 2e éd., Bruxelles, Bruylant, 2018, p. 22.

(154) *Supra*, n° 3.

(155) Voy. R. Malagnini, « La poursuite en Belgique des infractions terroristes commises à l'étranger », *J.L.M.B.*, 2018, n° 30, pp. 1423-1429.

(156) *Infra*, nos 103 et s.

Plus fondamentalement, la limitation historique des « crimes internationaux » (au sens, toujours, où nous l'entendons pour les besoins du présent *verbo*) aux crimes contre l'humanité, crimes de guerre et crime de génocide peut certainement prêter à discussion. La communauté internationale aurait parfaitement pu choisir d'ouvrir la compétence de la Cour pénale internationale à d'autres comportements, particulièrement graves et nourris par le droit international eux aussi. Outre la disparition forcée, évoquée ci-dessus, l'interdiction de la torture et des autres formes de mauvais traitements, ainsi que les infractions terroristes, sont le plus souvent prises en exemple[157]. D'autres domaines encore du droit international sont parfois évoqués – mais de façon plus ponctuelle – en tant que candidats potentiels au statut de crime international ; il en va notamment ainsi de la violation des droits sociaux fondamentaux[158].

Section 3.
Les acteurs

1. Les personnes à l'encontre desquelles l'action publique est exercée

33 ▶ **Terminologie.** La poursuite et le jugement des crimes internationaux concernent, d'abord et avant tout, la personne à l'encontre de laquelle l'action publique est exercée. En Belgique, celle-ci est dite « suspecte » au stade de l'enquête (information ou instruction), « inculpée » dès lors qu'un juge d'instruction est saisi et décide de procéder à son inculpation[159], puis « accusée » ou « prévenue » au stade du jugement, selon que ce dernier intervient devant la cour d'assises ou – dans l'hypothèse actuelle de crimes de guerre correctionnalisables[160] – devant le tribunal correctionnel[161].

34 ▶ **Personnes physiques.** Conformément au droit commun, toute personne physique – qu'elle soit Belge ou étrangère – suspectée d'avoir contribué à un crime international est en principe susceptible de devoir en répondre pénalement[162].

---

(157) O. DE FROUVILLE, *Droit international pénal. Sources, incriminations, responsabilité*, Paris, Pedone, 2012, p. 4.
(158) Voy. O. DE SCHUTTER, « L'incrimination universelle de la violation des droits sociaux fondamentaux », *Ann. Dr. Louvain*, 2004, n°s 1-2, pp. 209-245.
(159) Voy. art. 61*bis* du C.i.cr.
(160) *Infra*, n° 313.
(161) N. COLETTE-BASECQZ et N. BLAISE, *Manuel de droit pénal général*, 4e éd., Limal, Anthemis, 2019, p. 95 ; M. FRANCHIMONT, A. JACOBS et A. MASSET, *Manuel de procédure pénale*, 4e éd., Bruxelles, Larcier, 2012, p. 59.
(162) Voy. Fr. KUTY, *Principes généraux du droit pénal belge. Tome 3 : l'auteur de l'infraction pénale*, 2e éd., Bruxelles, Larcier, 2020, p. 69.

La personne âgée de moins de 18 ans bénéficie toutefois d'une présomption légale d'absence de discernement, de sorte qu'en règle, on peut uniquement lui reprocher un « fait qualifié infraction » (et non une infraction en tant que telle). Ceci implique que la personne mineure relève en principe des juridictions de la jeunesse et non des cours et tribunaux correctionnels[163].

La personne décédée ne peut davantage être l'objet de poursuites pénales : la mort de la personne physique[164] emporte l'irrecevabilité de l'action publique[165], de même que les peines s'éteignent par le décès du condamné[166]. Notons cependant qu'en droit belge, par contraste avec ce qui prévaut traditionnellement devant les juridictions internationales[167], le décès du prévenu ou de l'accusé en cours de procès n'empêche pas la juridiction de fond régulièrement saisie – cour d'assises ou tribunal correctionnel – de statuer sur les intérêts civils à charge des ayants droit de l'accusé ou du prévenu décédé[168].

35 ▶ **Personnes morales de droit privé.** La Cour pénale internationale n'est – ce fut là une pierre d'achoppement importante en amont de l'adoption de son Statut[169] – compétente qu'à l'égard des personnes physiques[170]. Par contraste, et à l'instar de nombreux autres ordres juridiques nationaux[171], la Belgique connaît depuis 1999 la responsabilité pénale des personnes morales de droit privé[172]. Depuis l'entrée en vigueur de la loi du 11 juillet 2018 modifiant le Code pénal et le titre préliminaire du Code de procédure pénale en ce qui concerne la responsabilité pénale des personnes morales[173], celle-ci s'exerce sans préjudice de la responsabilité des personnes physiques auteurs des mêmes faits ou y ayant participé[174].

(163) Voy. Th. Moreau et D. Vandermeersch, *Éléments de droit pénal*, Bruges, la Charte, 2022, pp. 192-201.
(164) La même conséquence s'attache à la dissolution ou à la liquidation de la personne morale, sauf lorsque celle-ci a eu pour but d'éviter des poursuites ou lorsque la personne morale a été inculpée par le juge d'instruction avant la perte de la personnalité juridique (art. 20, al. 2, du TPCPP).
(165) Art. 20, al. 1er, du TPCPP.
(166) Art. 86 de l'actuel C. pén.
(167) Voy. L. Monaco et Chr. Deprez, « Commentary », *Annotated Leading Cases of International Criminal Tribunals*, 2025, vol. 74, à paraître.
(168) Cass., 27 février 1977, *Pas.*, 1977, I, p. 677 ; Cass., 6 novembre 1973, *Pas.*, I, p. 258.
(169) G. Mabanga, « Article 25 », in J. Fernandez, X. Pacreau et M. Ubéda-Saillard (dir.), *Statut de Rome de la Cour pénale internationale. Commentaire article par article*, t. I, 2e éd., Paris, Pedone, 2019, pp. 1019-1020 ; W. A. Schabas, *The International Criminal Court: A Commentary on the Rome Statute*, 2e éd., Oxford, OUP, 2016, pp. 564-566.
(170) Art. 25, § 1er, du Statut de Rome.
(171) Pour quelques cas d'application concrets en lien avec des allégations de crimes internationaux, voy. J. Kyriakakis, *Corporations, Accountability and International Criminal Law: Industry and Atrocity*, Cheltenham, Edward Elgar Publishing, 2021, pp. 163-174.
(172) Art. 5, al. 1er, de l'actuel C. pén. tel qu'issu de la L. 4 mai 1999 instaurant la responsabilité pénale des personnes morales, *M.B.*, 22 juin 1999 (vig. 2 juillet 1999).
(173) *M.B.*, 20 juillet 2018 (vig. 30 juillet 2018).
(174) Art. 5, al. 3, de l'actuel C. pén.

La pratique belge a connu et connaît encore aujourd'hui une série de dossiers révélant pareille participation alléguée de personnes morales à des crimes internationaux. L'affaire *Total*[175] en constitue certainement l'exemple historique le plus médiatisé[176].

36 ▶ **Personnes morales de droit public.** L'entrée en vigueur de la loi du 11 juillet 2018 précitée a en outre retranché l'immunité de poursuite dont bénéficiaient jusqu'alors certaines personnes morales de droit public. L'État fédéral, les Communautés, les Régions, les communes et les provinces ont dès lors vocation à faire l'objet, eux aussi, de poursuites et, le cas échéant, d'une condamnation pénale – possiblement du chef de crime international[177]. La sanction est, dans cette hypothèse, limitée à une simple déclaration de culpabilité[178].

Quoiqu'aucun dossier fondé sur des allégations de crimes internationaux ne semble avoir encore été engagé sur cette base, il y a là, à notre sens, une évolution législative tout à fait significative. Couplé aux modes de responsabilité avancés prévus par le droit belge en la matière (en particulier l'omission d'agir[179]), ce mécanisme constitue une porte ouverte à un champ contentieux potentiellement fort important – d'autant que la compétence des juridictions belges pourrait ici, par hypothèse, être fondée sur le principe de personnalité active, dont nous verrons qu'il permet la mise en mouvement directe de l'action publique par voie de constitution de partie civile.

Eu égard au principe de non-rétroactivité de la loi pénale[180], la responsabilité pénale des pouvoirs publics ne peut toutefois être recherchée pour des faits antérieurs à l'entrée en vigueur de la loi du 11 juillet 2018 précitée, soit le 30 juillet 2018. Seule demeure, pour ceux-là, l'option civile[181].

---

(175) Voy. not. S. DEWULF, « De naweeën van de *Total*-zaak: rechtspreken op grond van een vernietigde wetsbepaling », *R.W.*, 2011-2012, n° 14, pp. 653-658 ; J.-Cl. SCHOLSEM, « L'affaire "Total" : lacune ou pas ? », *J.L.M.B.*, 2006, n° 2, pp. 63-65 ; A. KETTELS, « L'affaire *Total Fina* : quand le pragmatisme prend le pas sur la réalité intellectuelle », *J.L.M.B.*, 2006, n° 34, pp. 1503-1509 ; L. HENNEBEL, « L'affaire *Total-Unocal* en Birmanie jugée en Europe et aux États-Unis », *CRIDHO Working Papers*, 2006, n° 9, 32 p.

(176) Pour l'évocation de deux autres dossiers relatifs à l'implication suspectée d'établissements bancaires belges dans des crimes internationaux, voy. L. WALLEYN, *Droits sans frontières*, Limal, Anthemis, 2023, pp. 197-198 ; S. FINNIN, *Surmonter les obstacles. L'accès à la justice en Europe pour les victimes de crimes internationaux*, Rapport publié par la FIDH, l'ECCHR et REDRESS, 2020, p. 30 et encore p. 35.

(177) Voy. Chr. MARCHAND, Cr. UWASHEMA et Chr. DEPREZ, « Possible Impediments to Justice for Colonial Crimes: A Belgian Perspective », in M. BERGSMO, W. KALECK et K. YIN HLAING (dir.), *Colonial Wrongs and Access to International Law*, Bruxelles, TOAEP, 2021, p. 429.

(178) Art. 7*bis* de l'actuel C. pén.

(179) *Infra*, n°s 336 à 341.

(180) Art. 2 de l'actuel C. pén. ; art. 7 de la CEDH ; art. 15 du PIDCP.

(181) Voy. *infra*, n° 38 et n°s 59 à 62.

Au demeurant, en raison des règles conférant aux États le bénéfice d'immunités de juridiction devant les cours et tribunaux étrangers[182], les pouvoirs publics belges sont, dans l'état actuel du droit international, seuls susceptibles de tomber sous le coup du régime de responsabilité pénale ici décrit[183].

2. Les victimes

37 ▶ **Notion et contexte international.** La place dévolue aux victimes dans le cadre de l'enquête et du procès pénal a connu une évolution significative ces dernières décennies. Ceci concerne notamment le domaine des crimes internationaux.

Au niveau international, les Principes fondamentaux et directives concernant le droit à un recours et à réparation des victimes de violations flagrantes du droit international des droits de l'homme et de violations graves du droit international humanitaire[184] sont, en 2005, venus s'ajouter utilement à la plus ancienne Déclaration des principes fondamentaux de justice relatifs aux victimes de la criminalité et aux victimes d'abus de pouvoir[185]. Bien qu'ils n'établissent, en tant que tels, aucune règle nouvelle de droit international[186], les Principes fondamentaux et directives de 2005 constituent aujourd'hui le principal cadre de référence en la matière. Les « victimes » y sont définies comme toutes les personnes qui, individuellement ou collectivement, ont subi un préjudice, notamment une atteinte à leur intégrité physique ou mentale, une souffrance morale, une perte matérielle ou une atteinte grave à leurs droits fondamentaux, en raison d'actes ou d'omissions constituant des violations flagrantes du droit international des droits de l'homme ou des violations graves du droit international humanitaire[187]. Peuvent en outre être considérées comme victimes, « [l]e cas échéant » et « conformément au droit interne », les membres de la famille proche ou les personnes à charge de la victime directe[188].

Dans le contexte de l'Union européenne, on aura également égard à la directive 2012/29/UE du 25 octobre 2012 établissant des normes minimales

(182) *Infra*, n°s 355 et s.
(183) Art. 1er*bis*, § 1er, du TPCPP.
(184) AGNU, résolution 60/147 du 16 décembre 2005.
(185) AGNU, résolution 40/34 du 29 novembre 1985.
(186) P. D'ARGENT, « Le droit de la responsabilité internationale complété ? Examen des *Principes fondamentaux et directives concernant le droit à un recours et à réparation des victimes de violations flagrantes du droit international des droits de l'homme et de violations graves du droit international humanitaire* », *A.F.D.I.*, 2005, vol. 51, pp. 36-37.
(187) Principe fondamental et directive n° V.
(188) Principe fondamental et directive n° V.

concernant les droits, le soutien et la protection des victimes de la criminalité[189]. Celle-ci est notamment inspirée des Principes fondamentaux et directives précités[190].

38 ▶ **Juridictions civiles ou pénales : option de for.** Si cet ouvrage concerne d'abord et avant tout l'expérience belge de la mise en œuvre des crimes internationaux devant les juridictions répressives, rappelons qu'en vertu de l'article 4, alinéa 1er, du titre préliminaire du Code de procédure pénale, la victime bénéficie d'une option de for[191] : elle peut certes exercer son action civile devant les juridictions pénales (conjointement et accessoirement à l'exercice de l'action publique), mais elle peut alternativement l'exercer devant les juridictions civiles (indépendamment d'éventuelles poursuites pénales)[192].

39 ▶ **Victime devant les juridictions pénales : plaignant, personne lésée, partie civile.** Dans l'ordre juridique belge, on sait que la place et les prérogatives aujourd'hui reconnues aux victimes dans le cadre de la procédure pénale sont le fruit de profondes réformes, qui sont notamment consécutives à l'affaire « Dutroux »[193]. Si toute victime a aujourd'hui le droit d'être traitée « de façon correcte et consciencieuse »[194], en pratique, trois statuts – celui de simple « plaignant », de « personne lésée » ou de « partie civile » – décrivent des réalités bien distinctes[195].

Le « plaignant » désigne la personne ayant dénoncé une infraction par le biais d'une plainte déposée devant un fonctionnaire de police ou adressée directement au ministère public[196].

S'il estime en outre avoir subi un préjudice du fait de l'infraction dénoncée, le plaignant peut, concomitamment ou ultérieurement au dépôt de sa plainte, se déclarer

(189) Pour un examen général de la compatibilité de l'expérience – notamment – belge des crimes internationaux à la directive, voy. S. Finnin, *Surmonter les obstacles. L'accès à la justice en Europe pour les victimes de crimes internationaux*, Rapport publié par la FIDH, l'ECCHR et REDRESS, 2020, 142 p.

(190) F. Bellivier, I. Fouchard et M. Eudes, *Droit des crimes internationaux*, Paris, PUF, 2018, p. 403.

(191) Pour un examen complet des paramètres susceptibles de guider ce choix, voy. E. Vanstechelman, « Introduire son action devant le juge pénal ou le juge civil ? – Mise en perspective des avantages, inconvénients et implications découlant du choix procédural posé par la victime d'une infraction pénale », in F. George et N. Colette-Basecqz (dir.), *Responsabilité civile et responsabilité pénale*, Limal, Anthemis, 2021, pp. 9-87.

(192) *Infra*, nos 59 à 62.

(193) M. Franchimont, A. Jacobs et A. Masset, *Manuel de procédure pénale*, 4e éd., Bruxelles, Larcier, 2012, pp. 166-167.

(194) Art. 3*bis*, al. 1er, du TPCPP.

(195) Voy. F. George et N. Colette-Basecqz, « La place de la victime dans le procès pénal et ses alternatives », in F. George et N. Colette-Basecqz (dir.), *Responsabilité civile et responsabilité pénale*, Limal, Anthemis, 2021, pp. 502-504. Pour un examen approfondi du sujet, voy. égal. G. Falque, *La victime dans le débat pénal*, Liège, Wolters Kluwer, 2018, 324 p.

(196) Voy. O. Michiels et G. Falque, *Principes de procédure pénale*, 2e éd., Bruxelles, Larcier, 2023, p. 100.

expressément « personne lésée » par le biais d'un formulaire *ad hoc*[197]. Celui-ci est à déposer auprès de l'officier de police qui établit le procès-verbal consignant la plainte ou à adresser par courrier recommandé au secrétariat de police ou du ministère public[198]. Pareille déclaration emporte le bénéfice des droits décrits à l'article 5*bis*, paragraphe 3, du titre préliminaire du Code de procédure pénale, tels que celui de demander à pouvoir consulter le dossier, ou celui d'être informé du classement sans suite de la plainte, de la mise à l'instruction du dossier ou encore des actes de fixation devant les juridictions d'instruction et de jugement[199].

Pour être pleinement considérée comme partie prenante à la cause et espérer obtenir la réparation de son dommage, la victime peut enfin, dans la plupart des cas, se constituer « partie civile » devant les juridictions répressives.

40 ▶ **Constitution de partie civile par action.** La constitution de partie civile est dite « par action » lorsqu'elle a pour effet de mettre en mouvement l'action publique alors qu'aucun dossier n'est encore ouvert[200].

En matière de crimes internationaux, seul peut à ce titre être conçu le dépôt de plainte avec constitution de partie civile entre les mains d'un juge d'instruction[201]. La citation directe de l'auteur présumé devant le tribunal de police ou le tribunal correctionnel, second mode de constitution de partie civile par action connu du droit belge, est en effet réservée aux *contraventions* et *délits*[202]. Elle est exclue s'agissant des *crimes*, qui relèvent de la compétence de la cour d'assises, laquelle ne peut être saisie que par un arrêt de la chambre des mises en accusation[203] (étant entendu que la victime ne peut en aucun cas admettre elle-même des circonstances atténuantes de façon à espérer correctionnaliser *proprio motu* un crime international[204] et citer ainsi directement son auteur devant le tribunal correctionnel[205]).

---

(197) Art. 5*bis*, § 1er, du TPCPP.
(198) Art. 5*bis*, § 2, al. 3, du TPCPP.
(199) Voy., plus avant, M.-A. BEERNAERT, H. D. BOSLY et D. VANDERMEERSCH, *Droit de la procédure pénale*, 9e éd., Bruges, la Charte, 2021, pp. 316-317.
(200) A. VERHEYLESONNE, *Manuel de l'action civile. L'action en réparation du dommage causé par une infraction pénale*, Liège, Wolters Kluwer, 2022, p. 114 ; M.-A. BEERNAERT, H. D. BOSLY et D. VANDERMEERSCH, *Droit de la procédure pénale*, 9e éd., Bruges, la Charte, 2021, p. 332 ; O. MICHIELS et G. FALQUE, *Principes de procédure pénale*, 2e éd., Bruxelles, Larcier, 2023, p. 124.
(201) Art. 62 et s. du C.i.cr.
(202) Art. 145 (s'agissant du tribunal de police) et art. 182 (s'agissant du tribunal correctionnel) du C.i.cr. Rappelons que cette classification tripartite des infractions est amenée à disparaître à compter de l'entrée en vigueur de la réforme du livre Ier du Code pénal (voy. J. DE HERDT, J. ROZIE et D. VANDERMEERSCH, *Le livre Ier du nouveau Code pénal. Les principes généraux du droit pénal revisités*, Bruges, la Charte, 2024, pp. 68-71).
(203) Art. 231 du C.i.cr.
(204) *Infra*, n° 313.
(205) A. VERHEYLESONNE, *Manuel de l'action civile. L'action en réparation du dommage causé par une infraction pénale*, Liège, Wolters Kluwer, 2022, p. 114 ; M. FRANCHIMONT, A. JACOBS et A. MASSET, *Manuel de procédure pénale*, 4e éd., Bruxelles, Larcier, 2012, p. 222. La Cour d'arbitrage n'a pas vu, dans cet obstacle, une différence de traitement qui soit injustifiée (C.A., 12 mars 2002, n° 51/2002).

La plainte avec constitution de partie civile entre les mains du juge d'instruction est un outil puissant au bénéfice des victimes : elle constitue un correctif au pouvoir du ministère public d'apprécier l'opportunité des poursuites et fait ainsi obstacle au classement sans suite d'un dossier[206].

La loi prévoit toutefois des exceptions à la possibilité, pour la victime, de déclencher l'exercice de l'action publique par le biais d'une constitution de partie civile entre les mains du juge d'instruction[207]. Il en va en particulier ainsi des crimes internationaux à l'égard desquels les juridictions belges pourraient être compétentes sur le fondement des principes de personnalité passive élargie (art. 13 du titre préliminaire du Code de procédure pénale)[208] ou de compétence universelle (art. 14/10 du même titre préliminaire)[209]. Le procureur fédéral est alors incontournable et la constitution de partie civile par action des victimes est irrecevable.

La mise en œuvre de ce processus de filtrage des plaintes par le ministère public est parfois extrêmement lente et source de frustration pour les victimes. Dans l'affaire *Plomb durci*, par exemple, qui concerne la plainte de chefs de crimes de guerre et de crimes contre l'humanité déposée en Belgique, le 23 juin 2010, par un collectif de victimes des opérations conduites par l'armée israélienne dans la bande de Gaza en décembre 2008 et janvier 2009, plus de huit années ont séparé le dépôt de la plainte de la saisine d'un juge d'instruction par le parquet[210].

41 ▶ **Constitution de partie civile par intervention.** La constitution de partie civile est, par contraste, dite « par intervention » lorsqu'elle se greffe sur l'action publique déjà en mouvement[211].

Trois possibilités peuvent à ce titre être distinguées : la constitution de partie civile entre les mains du juge d'instruction déjà saisi des faits (lorsque le dossier est à l'instruction), la constitution de partie civile devant les juridictions d'instruction (à l'occasion du règlement de la procédure) et la constitution de partie civile devant la juridiction de jugement (lors de l'audience au fond)[212].

---

(206) M. FRANCHIMONT, A. JACOBS et A. MASSET, *Manuel de procédure pénale*, 4e éd., Bruxelles, Larcier, 2012, p. 221.
(207) Voy. M. FRANCHIMONT, A. JACOBS et A. MASSET, *Manuel de procédure pénale*, 4e éd., Bruxelles, Larcier, 2012, p. 220.
(208) *Infra*, n° 154.
(209) *Infra*, n° 166.
(210) S. FINNIN, *Surmonter les obstacles. L'accès à la justice en Europe pour les victimes de crimes internationaux*, Rapport publié par la FIDH, l'ECCHR et REDRESS, 2020, pp. 33-34.
(211) A. VERHEYLESONNE, *Manuel de l'action civile. L'action en réparation du dommage causé par une infraction pénale*, Liège, Wolters Kluwer, 2022, p. 127 ; M.-A. BEERNAERT, H. D. BOSLY et D. VANDERMEERSCH, *Droit de la procédure pénale*, 9e éd., Bruges, la Charte, 2021, p. 235 ; O. MICHIELS et G. FALQUE, *Principes de procédure pénale*, 2e éd., Bruxelles, Larcier, 2023, p. 128.
(212) Art. 66-67 du C.i.cr. Voy. A. VERHEYLESONNE, *Manuel de l'action civile. L'action en réparation du dommage causé par une infraction pénale*, Liège, Wolters Kluwer, 2022, p. 127 ; O. MICHIELS et

Notons en outre que lorsqu'aux termes de sa décision au fond, la juridiction répressive de jugement a réservé d'office les intérêts civils conformément à l'article 4, alinéa 2, du titre préliminaire du Code de procédure pénale, toute personne qui s'estime lésée par l'infraction ainsi jugée peut déposer une requête aux fins de voir ladite juridiction statuer sur les intérêts civils[213]. Le titre préliminaire prévoit que pareille requête vaut constitution de partie civile[214]. Ce mécanisme ne semble toutefois pas pouvoir être appliqué à la cour d'assises. Si le doute a longtemps été permis[215], il nous paraît en effet que l'article 347, alinéa 2, du Code d'instruction criminelle, tel que modifié par la loi du 21 décembre 2009 relative à la réforme de la cour d'assises[216], fait aujourd'hui clairement exception à l'article 4 du titre préliminaire en portant que la partie civile est tenue de former sa demande en dommages-intérêts avant le jugement et en précisant explicitement que « plus tard, elle est non recevable »[217]. En matière de crimes internationaux, ce mécanisme de requête en fixation des intérêts civils est donc uniquement concevable en lien avec les crimes de guerre qui auraient été jugés par le tribunal correctionnel[218].

42 ▸ **Personne physique ou morale ayant qualité et intérêt à agir.** Toute victime, qu'elle soit une personne physique ou morale[219], dispose de l'action civile pour autant qu'elle justifie de la qualité et de l'intérêt généralement requis[220].

La qualité à représenter une personne morale, conformément aux règles statutaires de cette dernière, doit retenir particulièrement l'attention de la personne physique qui prétend agir en son nom, dès lors que cette exigence peut susciter certaines difficultés propres à entraîner l'irrecevabilité de la constitution de partie civile, notamment dans les dossiers de crimes internationaux[221].

G. Falque, *Principes de procédure pénale*, 2e éd., Bruxelles, Larcier, 2023, p. 129 ; M. Franchimont, A. Jacobs et A. Masset, *Manuel de procédure pénale*, 4e éd., Bruxelles, Larcier, 2012, pp. 224-225.

(213) Art. 4, al. 3, du TPCPP.

(214) Art. 4, al. 4, du TPCPP.

(215) Comp. J. de Codt, « Le règlement des intérêts civils par la juridiction pénale après la loi du 13 avril 2005 », *J.T.*, 2006, n° 6226, p. 350, et E. Brewaeys, « De Wet van 13 april 2005 tot wijziging van diverse wettelijke bepalingen met betrekking tot het strafrecht en de strafvordering, teneinde de gerechtelijke achterstand weg te werken: een wet met verstrekkende gevolgen », *T. Strafr.*, 2006, n° 1, p. 5.

(216) *M.B.*, 11 janvier 2010 (vig. 21 janvier 2010).

(217) En ce sens, voy. M.-A. Beernaert, H. D. Bosly et D. Vandermeersch, *Droit de la procédure pénale*, 9e éd., Bruges, la Charte, 2021, p. 328 ; A. Masset et D. Vandermeersch, « La loi du 21 décembre 2009 relative à la réforme de la cour d'assises : première lecture critique », *J.T.*, 2010, n° 6390, p. 229.

(218) *Infra*, n° 313.

(219) M.-A. Beernaert, H. D. Bosly et D. Vandermeersch, *Droit de la procédure pénale*, 9e éd., Bruges, la Charte, 2021, p. 305 ; O. Michiels et G. Falque, *Principes de procédure pénale*, 2e éd., Bruxelles, Larcier, 2023, p. 102 ; M. Franchimont, A. Jacobs et A. Masset, *Manuel de procédure pénale*, 4e éd., Bruxelles, Larcier, 2012, p. 174.

(220) Art. 17, al. 1er, du C. jud.

(221) Voy. ainsi Bruxelles (mis. acc.), 9 janvier 2020, n° 153, inédit.

Quant à l'intérêt, il peut être décrit comme tout avantage matériel ou moral, effectif mais non théorique, que le demandeur peut retirer de la demande qu'il intente au moment où il la forme[222]. Justifie ainsi de l'intérêt requis pour exercer devant une juridiction pénale l'action civile prise d'un crime international, quiconque peut se prétendre personnellement lésé par un tel crime, objet de l'action publique, c'est-à-dire toute personne qui justifie avoir pu être victime de cette infraction dans sa personne, dans ses biens ou dans son honneur[223].

L'intérêt peut être de nature tant matérielle que morale[224].

Conformément au droit commun de la procédure civile, l'intérêt doit être légitime, concret, personnel, direct, né et actuel[225].

Les membres de la famille ou proches devraient à ce titre pouvoir postuler la réparation du dommage propre que leur cause, par répercussion, le crime international dirigé à l'encontre d'une victime directe[226]. Au demeurant, outre la poursuite d'un tel préjudice propre, les héritiers de la personne décédée sont en tout état de cause fondés à intenter ou à poursuivre l'action prise du droit à la réparation du *de cujus*[227].

43 ▶ **Action d'intérêt collectif.** L'on enseigne classiquement que la recevabilité de la constitution de partie civile d'une personne morale suppose que celle-ci ait, conformément au droit commun, subi *personnellement* un dommage résultant de l'infraction[228]. Dans la pratique, ce principe a toutefois laissé place à une jurisprudence pour le moins variable, en particulier s'agissant de l'intérêt de groupements à ester en justice aux fins de protéger la finalité pour la défense

(222) G. DE LEVAL et H. BOULARBAH, « L'action en justice », in G. DE LEVAL (dir.), *Droit judiciaire – Tome 2. Procédure civile. Volume 1. Principes directeurs du procès civil*, 2e éd., Bruxelles, Larcier, 2021, p. 243.

(223) Cass., 22 juin 2016, R.G. n° P.15.0001.F, disponible sur Juportal.

(224) M.-A. BEERNAERT, H. D. BOSLY et D. VANDERMEERSCH, *Droit de la procédure pénale*, 9e éd., Bruges, la Charte, 2021, p. 304 ; M. FRANCHIMONT, A. JACOBS et A. MASSET, *Manuel de procédure pénale*, 4e éd., Bruxelles, Larcier, 2012, p. 169.

(225) Voy. G. DE LEVAL et H. BOULARBAH, « L'action en justice », in G. DE LEVAL (dir.), *Droit judiciaire – Tome 2. Procédure civile. Volume 1. Principes directeurs du procès civil*, 2e éd., Bruxelles, Larcier, 2021, pp. 244 et s.

(226) Voy., sur le sujet, N. ESTIENNE, « Le préjudice par répercussion en cas de décès ou de blessures », *Revue générale des assurances et des responsabilités*, 2013, vol. 86, nos 14973-14993. Sur l'exclusion, par la Cour de cassation, des victimes indirectes pour fonder la compétence des juridictions belges à connaître de crimes internationaux sur le pied du principe de personnalité passive, voy. toutefois ce que nous écrirons *infra*, n° 148.

(227) M.-A. BEERNAERT, H. D. BOSLY et D. VANDERMEERSCH, *Droit de la procédure pénale*, 9e éd., Bruges, la Charte, 2021, pp. 307-308 ; O. MICHIELS et G. FALQUE, *Principes de procédure pénale*, 2e éd., Bruxelles, Larcier, 2023, pp. 102-103 ; M. FRANCHIMONT, A. JACOBS et A. MASSET, *Manuel de procédure pénale*, 4e éd., Bruxelles, Larcier, 2012, p. 181.

(228) Voy. l'étude très détaillée de J. VAN COMPERNOLLE, *Le droit d'action en justice des groupements*, Bruxelles, Larcier, 1971, 436 p.

de laquelle ils ont été constitués[229]. Sommé par la Cour constitutionnelle de lever ces incertitudes[230], le législateur a finalement introduit, par une loi du 21 décembre 2018[231], un régime de droit commun de l'action d'intérêt collectif à l'article 17, alinéa 2, du Code judiciaire[232].

Aux termes de celui-ci, « [l]'action d'une personne morale, visant à protéger des droits de l'homme ou des libertés fondamentales reconnus dans la Constitution et dans les instruments internationaux qui lient la Belgique, est également recevable ». Il en découle quatre conditions voulant que :

— l'objet social de la personne morale soit d'une nature particulière, distincte de la poursuite de l'intérêt général ;
— la personne morale poursuive cet objet social de manière durable et effective ;
— la personne morale agisse en justice dans le cadre de cet objet social, en vue d'assurer la défense d'un intérêt en rapport avec cet objet ; et
— seul un intérêt collectif soit poursuivi par la personne morale à travers son action.

Une (relative) incertitude subsiste quant à la question de savoir si ce nouveau régime de recevabilité des actions d'intérêt collectif a vocation à s'étendre à l'action civile conduite devant les juridictions répressives[233]. D'un côté, il est certain que le Code judiciaire s'applique à toutes les procédures, et donc notamment, à défaut de disposition contraire, à celles conduites devant les juridictions pénales[234]. D'un autre côté, d'aucuns pourraient peut-être arguer que l'article 3 du Code d'instruction criminelle, en ce qu'il prévoit toujours sans autre précision que « [l]'action pour la réparation du dommage causé par une infraction appartient à ceux qui ont souffert de ce dommage »[235], continuerait à faire exception à la règle nouvelle aujourd'hui consolidée dans l'article 17, alinéa 2, du Code judiciaire. Assurément, pareille lecture emporterait une situation peu souhaitable et contraire à l'objectif de

(229) Voy. C. ROMAINVILLE et F. DE STEXHE, « L'action d'intérêt collectif », *J.T.*, 2000, n° 6807, pp. 189-201.
(230) C. const., 10 octobre 2013, n° 133/2013. Voy. not. à ce sujet P. MARTENS, « Action d'intérêt collectif et droits fondamentaux », *J.L.M.B.*, 2013, n° 27, pp. 1428-1430.
(231) L. 21 décembre 2018 portant des dispositions diverses en matière de justice, *M.B.*, 31 décembre 2018 (vig. 10 janvier 2019).
(232) La législation belge reconnaissait déjà auparavant, çà et là et à titre dérogatoire, l'intérêt à agir en justice de certaines associations spécifiques au bénéfice des causes au cœur de leur mission. Voy. M.-A. BEERNAERT, H. D. BOSLY et D. VANDERMEERSCH, *Droit de la procédure pénale*, 9e éd., Bruges, la Charte, 2021, pp. 305-306.
(233) Soulevant un même doute, voy. « Belgique », in S. FINNIN, *Surmonter les obstacles. L'accès à la justice en Europe pour les victimes de crimes internationaux*, Rapport publié par la FIDH, l'ECCHR et REDRESS, 2020, p. 31.
(234) Art. 2 du C. jud.
(235) Voy. égal. art. 63, al. 1er, du C.i.cr.

standardisation poursuivi par la Cour constitutionnelle et par le législateur à travers la réforme de 2018. Gageons dès lors que nos juridictions pénales, lorsqu'elles seront saisies de la question, ne verront pas de contradiction entre l'une et l'autre disposition, ni donc de difficulté à appliquer l'article 17, alinéa 2, du Code judiciaire[236].

44 ▶ **Assistance, protection et anonymat.** Dans le cadre de poursuites et de procès pénaux en Belgique, y compris lorsque ceux-ci sont en lien avec des crimes internationaux, les victimes peuvent faire appel à ou être orientées vers différentes structures d'assistance spécialisées. Il s'agit en particulier des services d'accueil des victimes qui sont chargés d'informer et d'accompagner celles-ci tout le long de la procédure judiciaire, et des services d'aide aux victimes destinés à leur apporter un soutien social et psychologique[237].

Il n'existe en revanche pas, en l'état actuel du droit belge, de mesures de protection qui puissent être spécifiquement indiquées au profit de victimes menacées dans le cadre de la procédure judiciaire en tant que telle – ce qui pose question au regard des articles 18 à 24 de la directive 2012/29/UE précitée[238].

La situation précaire des victimes peut à cet égard être contrastée avec celle des témoins, soit les personnes ayant fait ou s'apprêtant à faire des déclarations dans le cadre de l'information ou de l'instruction[239]. Le statut de témoin ouvre en effet droit au bénéfice d'une série de règles destinées, d'une part, à permettre dans certains cas le témoignage anonyme, et, d'autre part, à accorder le cas échéant une protection spécifique aux témoins menacés et à leurs proches.

---

(236) Voy., en faveur de cette solution, M.-A. BEERNAERT, H. D. BOSLY et D. VANDERMEERSCH, *Droit de la procédure pénale*, 9e éd., Bruges, la Charte, 2021, p. 306. Voy. égal., implicitement, O. MICHIELS et G. FALQUE, *Principes de procédure pénale*, 2e éd., Bruxelles, Larcier, 2023, p. 120.

(237) Voy. A. MASSET, « Les droits des victimes », in V. FRANSSEN et A. MASSET (dir.), *Les droits du justiciable face à la justice pénale*, coll. CUP, vol. 171, Liège, Anthemis, 2017, p. 65 ; M. DECOCK et K. LAUWAERT, « Les services mis en place en faveur des victimes d'actes délinquants », in A. JACOBS et K. LAUWAERT (dir.), *Le droit des victimes*, Louvain-la-Neuve, Anthemis, 2010, pp. 97-116. Voy. égal. la circulaire 16/2012 commune du ministre de la Justice et du Collège des procureurs généraux près les cours d'appel relative à l'accueil des victimes au sein des parquets et des tribunaux. Pour une évaluation de la mise en œuvre de ces mesures d'assistance dans le cadre des cinq premiers procès « Rwanda » en Belgique, voy. S. FINNIN, *Surmonter les obstacles. L'accès à la justice en Europe pour les victimes de crimes internationaux*, Rapport publié par la FIDH, l'ECCHR et REDRESS, 2020, pp. 38-39.

(238) A. MASSET, « Les droits des victimes », in V. FRANSSEN et A. MASSET (dir.), *Les droits du justiciable face à la justice pénale*, coll. CUP, vol. 171, Liège, Anthemis, 2017, p. 71. Pour une analyse en lien spécifique avec les crimes internationaux, voy. S. FINNIN, *Surmonter les obstacles. L'accès à la justice en Europe pour les victimes de crimes internationaux*, Rapport publié par la FIDH, l'ECCHR et REDRESS, 2020, p. 40.

(239) Art. 102, 1°, du C.i.cr.

Les premières sont principalement issues de la loi du 8 avril 2002 relative à l'anonymat des témoins[240]. Elles permettent, à certaines conditions, d'entendre une personne sans que soit divulgué tout ou partie de ses données d'identité telles que son nom, son prénom, son âge, sa profession ou encore son domicile. La loi prévoit à cet égard une distinction entre le témoignage totalement et partiellement anonyme : alors que seul le juge d'instruction est habilité à conduire le premier[241], la juridiction de jugement – tribunal correctionnel ou président de la cour d'assises – peut, elle aussi, décider qu'il ne soit pas fait mention, lors de l'audience et dans le procès-verbal de celle-ci, de certaines données d'identité normalement requises pour l'audition de témoins[242]. Il semble toutefois qu'il n'ait encore jamais été fait recours à cette possibilité dans le cadre des premiers procès belges pour crimes internationaux[243].

La loi du 7 juillet 2002 contenant des règles relatives à la protection des témoins menacés et d'autres dispositions[244] a quant à elle introduit une procédure et une batterie de mesures destinées à permettre la protection d'un témoin et, le cas échéant, de ses proches qui seraient en danger en raison de déclarations faites dans le cadre du processus judiciaire[245]. Une Commission de protection des témoins est compétente pour octroyer, modifier et, s'il y a lieu, retirer pareilles mesures à la demande du juge d'instruction ou du ministère public (mais non du témoin lui-même)[246]. La Commission peut accorder des mesures dites « ordinaires » (telles que la protection physique ou la relocalisation de la personne concernée pendant maximum 45 jours) ou « spéciales » (p. ex., la relocalisation pour une période de plus de 45 jours ou le changement d'identité)[247]. Ces dernières ont uniquement vocation à être indiquées au profit de témoins dont les déclarations concernent une infraction ou une tentative d'infraction qui autorise le recours aux écoutes téléphoniques, soit celles visées à l'article 90*ter*, paragraphes 2 et suivants, du Code d'instruction criminelle – parmi lesquelles figurent les crimes internationaux[248]. Moyennant l'autorisation du ministre de la Justice, le changement d'identité de la personne

---

(240) *M.B.*, 31 mai 2002 (vig. 1er novembre 2002). Voy. M.-A. Beernaert et D. Vandermeersch, « La loi du 8 avril 2002 relative à l'anonymat des témoins », *R.D.P.C.*, 2002, nos 7-8, pp. 715-744 ; M. Nève, Fr. Kuty et S. Berbuto, « Le témoignage anonyme », *J.T.*, 2003, n° 6093, pp. 277-287.
(241) Art. 86*bis* du C.i.cr.
(242) Art. 155*bis* et art. 296 du C.i.cr.
(243) S. Finnin, *Surmonter les obstacles. L'accès à la justice en Europe pour les victimes de crimes internationaux*, Rapport publié par la FIDH, l'ECCHR et REDRESS, 2020, p. 40.
(244) *M.B.*, 10 août 2002 (vig. 20 août 2002).
(245) Voy. M. Franchimont, A. Jacobs et A. Masset, *Manuel de procédure pénale*, 4e éd., Bruxelles, Larcier, 2012, pp. 338-342 ; P. Monville, « Témoignages et lutte contre la criminalité organisée », in A. Jacobs (dir.), *Actualités de droit pénal et de procédure pénale (II)*, coll. CUP, vol. 69, Bruxelles, Larcier, 2004, pp. 52-65.
(246) Art. 105 du C.i.cr.
(247) Art. 104, § 1er, et § 2, respectivement, du C.i.cr.
(248) Art. 90*ter*, § 2, 2°, du C.i.cr.

concernée peut, à l'égard des seuls ressortissants belges, s'étendre aux nom, prénom, date et lieu de naissance[249].

Le statut de partie civile étant incompatible avec celui de témoin[250], les victimes – à tout le moins lorsqu'elles décident de participer activement à la procédure – sont exclues du bénéfice de ces deux groupes de mécanismes. En pratique, en matière de crimes internationaux, ceci conduit parfois à des choix difficiles s'agissant de la décision de se constituer partie civile ou non[251]. La récente réforme de l'article 17 du Code judiciaire, décrite ci-dessus[252], constitue à ce titre un net progrès puisque cet article offre dorénavant un cadre juridique clair pour permettre à des associations de défense des droits humains de prendre elles-mêmes l'initiative de la conduite de tels dossiers au titre d'une action d'intérêt collectif[253].

45 ▶ **Indemnisation.** Le droit belge de la responsabilité civile[254] pose le principe de la réparation intégrale du dommage[255], y compris lorsque celui-ci résulte d'une infraction pénale[256]. Lorsque la victime exerce l'option dont elle dispose à la faveur des juridictions répressives[257], celles-ci sont compétentes pour statuer sur l'action civile, à la condition que le prévenu (devant le tribunal correctionnel) ou l'accusé (devant la cour d'assises) soit reconnu coupable de l'infraction constitutive, au civil, de la faute postulée[258]. Par exemple, à l'issue du cinquième procès « Rwanda » tenu devant la cour d'assises de Bruxelles[259], 18 parties civiles se sont

(249) Art. 106 du C.i.cr.

(250) S. FINNIN, *Surmonter les obstacles. L'accès à la justice en Europe pour les victimes de crimes internationaux*, Rapport publié par la FIDH, l'ECCHR et REDRESS, 2020, p. 40 ; A. MASSET, « Les droits des victimes », in V. FRANSSEN et A. MASSET (dir.), *Les droits du justiciable face à la justice pénale*, coll. CUP, vol. 171, Liège, Anthemis, 2017, p. 71 ; M. FRANCHIMONT, A. JACOBS et A. MASSET, *Manuel de procédure pénale*, 4e éd., Bruxelles, Larcier, 2012, p. 339.

(251) Voy. S. FINNIN, *Surmonter les obstacles. L'accès à la justice en Europe pour les victimes de crimes internationaux*, Rapport publié par la FIDH, l'ECCHR et REDRESS, 2020, p. 40. Pour un récit concret, voy. égal. L. WALLEYN, *Droits sans frontières*, Limal, Anthemis, 2023, p. 188.

(252) *Supra*, n° 43.

(253) S. FINNIN, *Surmonter les obstacles. L'accès à la justice en Europe pour les victimes de crimes internationaux*, Rapport publié par la FIDH, l'ECCHR et REDRESS, 2020, p. 40.

(254) Encore faut-il que celui-ci soit applicable, ce qui ne sera pas toujours le cas, en vertu des règles pertinentes du droit international privé, s'agissant de crimes internationaux commis à l'étranger. Voy. p. ex. Bruxelles (ass.), 7 juillet 2005, *J.L.M.B.*, 2006, p. 975.

(255) Art. 1382 de l'anc. C. civ. Voy. I. DURANT, « La réparation dite intégrale du dommage. Rapport belge », in B. DUBUISSON et P. JOURDAIN (dir.), *Le dommage et sa réparation dans la responsabilité contractuelle et extracontractuelle. Études de droit comparé*, Bruxelles, Bruylant, 2015, pp. 441-491.

(256) Art. 3 du TPCPP ; art. 44 de l'actuel C. pén.

(257) Voy. *supra*, n° 38.

(258) A. VERHEYLESONNE, *Manuel de l'action civile. L'action en réparation du dommage causé par une infraction pénale*, Liège, Wolters Kluwer, 2022, pp. 75-77.

(259) Voy. not. Ph. MEIRE et Ph. FABRI, « La complémentarité de l'action des juridictions internationales et nationales : la situation de la Belgique », *J.T.*, 2021, n° 6875, p. 790 ; OSJI et TRIAL INTERNATIONAL, *Droit et pratique de la compétence universelle en Belgique*, Rapport, 2022, p. 27, disponible sur https://trialinternational.org/wp-content/uploads/2022/05/UJ-Belgium-FR-1.pdf.

vu reconnaître le droit à une réparation pour des montants allant de 5.000 euros à 37.000 euros (représentant un total de 317.000 euros)[260].

En application du droit commun des sûretés tel que modifié en 2014, la victime-personne physique et ses ayants droit jusqu'au deuxième degré jouissent d'un privilège général sur les biens du condamné pour le recouvrement des montants accordés, aux termes d'une décision coulée en force de chose jugée, à titre de dommages et intérêts en réparation du préjudice résultant directement d'un acte intentionnel de violence constitutif d'une infraction pénale[261]. Ceci concerne les biens tant meubles qu'immeubles du condamné (sous réserve d'une formalité d'inscription dans ce dernier cas)[262]. Quoiqu'elle nous paraisse être devenue superfétatoire depuis lors[263], notons encore l'existence d'une loi du 9 juillet 1951 établissant un privilège en faveur des créances de dommages-intérêts des victimes de crimes de guerre et de leurs ayants droit[264]. Contrairement à ce que suggère son intitulé, le privilège spécifique prévu par cette loi « dictée par les circonstances »[265] ne concerne toutefois pas les crimes de guerre en tant que tels (du moins au sens contemporain du terme), mais bien les crimes et délits contre la sûreté extérieure de l'État, visés par le chapitre II du titre Ier de l'actuel livre II du Code pénal[266].

En pratique, la mission de recouvrement du montant octroyé à titre de réparation auprès de la ou des personnes condamnées reste toutefois éminemment périlleuse. Tel est notamment le cas lorsque, à l'instar du deuxième procès « Rwanda »[267], les avoirs des personnes condamnées se trouvent à l'étranger[268]. Selon des consultations menées par un consortium d'associations de défense des droits humains, en 2020, aucune partie civile dans les cinq premiers procès « Rwanda » conduits en Belgique n'avait été effectivement indemnisée par les responsables[269].

---

(260) Bruxelles (ass.), 30 janvier 2020, n° 691, inédit.
(261) L. 21 février 2014 modifiant la loi hypothécaire du 16 décembre 1851 afin d'instaurer des privilèges en faveur des victimes d'infractions pénales, *M.B.*, 15 mai 2014 (vig. 25 mai 2014).
(262) Art. 19, 3°*ter*, et art. 27, 5°*bis*, respectivement, de la loi hypothécaire du 16 décembre 1851, *M.B.*, 22 décembre 1851 (vig. 2 janvier 1852).
(263) L'on ignore pourquoi son abrogation, qui avait été initialement envisagée à cette occasion (Proposition de loi modifiant la loi hypothécaire du 16 décembre 1851 afin d'établir un privilège en faveur des victimes d'infractions pénales, *Doc. parl.*, Ch. repr., sess. 2012-2013, n° 53-2436/001, pp. 4-5), n'a finalement pas été mise en œuvre.
(264) *M.B.*, 15 juillet 1951 (vig. 15 juillet 1951).
(265) Rapport fait au nom de la commission de la Justice, *Doc. parl.*, Ch. repr., sess. 1950-1951, n° 35-338, p. 2.
(266) Art. 1er de la loi de 1951.
(267) L. WALLEYN, *Droits sans frontières*, Limal, Anthemis, 2023, pp. 188-189.
(268) P. WAUTELET, « Compétence universelle et droit international privé : un délicat mélange », *J.L.M.B.*, 2006, n° 22, p. 979.
(269) S. FINNIN, *Surmonter les obstacles. L'accès à la justice en Europe pour les victimes de crimes internationaux*, Rapport publié par la FIDH, l'ECCHR et REDRESS, 2020, p. 42.

À travers la création d'un Fonds spécial pour l'aide financière aux victimes d'actes intentionnels de violence, une loi du 1er août 1985[270] pallie certaines de ces difficultés en permettant aux victimes d'actes intentionnels de violence de postuler, à certaines conditions et en particulier en cas d'insolvabilité de l'auteur, à une indemnité auprès d'une Commission *ad hoc*[271]. Parmi d'autres limites, il faut cependant observer que, sauf l'hypothèse particulière d'un fait subi par des Belges en service à l'étranger, le mécanisme est uniquement destiné à couvrir des infractions commises en Belgique[272].

46 ▶ **Parcours d'obstacles.** Il est certain que les victimes, ainsi que les associations qui les accompagnent bien souvent, constituent un moteur essentiel – sinon la pierre angulaire[273] – de l'expérience belge de la poursuite et du jugement des crimes internationaux. Elles sont à l'initiative de nombre des affaires passées et en cours[274], et, dans un contexte judiciaire et policier qui manque cruellement de moyens et est dès lors clairement contraint à prioriser les causes[275], leur détermination et leur persévérance sont souvent indispensables à la progression des dossiers[276]. Quoique ce constat ne puisse être limité au contexte belge, il est clair que leur quête de justice à la suite de crimes internationaux reste aujourd'hui parsemée de trop nombreuses embûches[277].

(270) L. 1er août 1985 portant des mesures fiscales et autres, *M.B.*, 6 août 1985 (vig. 16 août 1985).
(271) A. CATALDO et Ch. DEVILLERS, « La Commission pour l'aide financière aux victimes d'actes intentionnels de violence : limites et réalités pratiques », in F. GEORGE et N. COLETTE-BASECQZ (dir.), *Responsabilité civile et responsabilité pénale*, Limal, Anthemis, 2021, pp. 333-389 ; L.-H. OLDENHOVE DE GUERTECHIN et P. VERHOEVEN, « L'aide financière aux victimes d'actes intentionnels de violence et aux sauveteurs occasionnels », in *Préjudice, indemnisation et compensation*, Limal, Anthemis, 2012, pp. 63-122.
(272) Art. 31*bis*, § 1er, de la loi de 1985.
(273) S. FINNIN, *Surmonter les obstacles. L'accès à la justice en Europe pour les victimes de crimes internationaux*, Rapport publié par la FIDH, l'ECCHR et REDRESS, 2020, p. 27.
(274) K. FORTIN, « Interview with Luc Walleyn, Victims' Representative in the Case against Martina Johnson », *Armed Groups and International* Law, 7 octobre 2014, disponible sur https://armedgroups-internationallaw.org/2014/10/07/interview-with-luc-walleyn-victims-representative-in-the-case-against-martina-johnson/.
(275) S. FINNIN, *Surmonter les obstacles. L'accès à la justice en Europe pour les victimes de crimes internationaux*, Rapport publié par la FIDH, l'ECCHR et REDRESS, 2020, p. 27 (relayant le propos suivant attribué au procureur fédéral : « [a]u niveau des ressources et des moyens, nous n'en avons clairement pas assez. Il y a donc des choix à faire en termes de priorités »). Voy. égal. H. D. BOSLY et D. VANDERMEERSCH, *Génocide, crimes contre l'humanité et crimes de guerre face à la justice : les juridictions internationales et les tribunaux nationaux*, 2e éd., Bruxelles, Bruylant, 2012, p. 243.
(276) H. D. BOSLY et D. VANDERMEERSCH, *Génocide, crimes contre l'humanité et crimes de guerre face à la justice : les juridictions internationales et les tribunaux nationaux*, 2e éd., Bruxelles, Bruylant, 2012, p. 231.
(277) Voy. les conclusions détaillées de S. FINNIN, *Surmonter les obstacles. L'accès à la justice en Europe pour les victimes de crimes internationaux*, Rapport publié par la FIDH, l'ECCHR et REDRESS, 2020, pp. 25-44.

3. Les acteurs de l'information et de l'instruction

47 ▶ **Ministère public.** Il revient au ministère public de diriger l'information – définie comme l'ensemble des actes destinés à rechercher les infractions, leurs auteurs et les preuves – et d'exercer l'action publique[278]. S'agissant des crimes internationaux, le procureur fédéral bénéficie à ce titre, depuis l'entrée en vigueur de la loi du 5 août 2003[279], d'une compétence exclusive[280]. En conséquence, il revient aux procureurs du Roi de transmettre automatiquement au procureur fédéral tout dossier relatif à cette matière que connaîtrait leur parquet[281].

Le parquet fédéral est structuré en quatre sections, dont la section « droit international humanitaire et compétences militaires ». Celle-ci est compétente en matière de crimes internationaux, mais aussi en ce qui concerne les infractions commises par des militaires belges à l'étranger, la piraterie maritime et la corruption internationale commise en dehors de l'Union européenne[282]. Elle compte actuellement, en plus de son chef de section – par ailleurs adjoint du procureur fédéral – trois magistrats fédéraux. Pour l'heure, la section bénéficie en outre de l'appui d'un juriste à temps plein et d'un juriste à temps partiel[283].

Conformément au droit commun, le procureur fédéral est saisi d'une plainte ou entame une information de sa propre initiative. En matière de crimes internationaux, cette dernière hypothèse peut notamment faire suite à des informations communiquées par le Commissariat général aux réfugiés et aux apatrides[284], que la clause d'exclusion visée à l'article 1.F de la Convention internationale de 1951 relative aux réfugiés rend attentif à la possible

(278) Art. 28*bis*, § 1er, du C.I.cr.
(279) L. 5 août 2003 relative aux violations graves du droit international humanitaire, *M.B.*, 7 août 2003 (vig. 7 août 2003).
(280) Art. 144*quater* du C. jud. Sur les motifs sous-jacents d'une telle exclusivité, voy. Ph. Meire et Ph. Fabri, « La complémentarité de l'action des juridictions internationales et nationales : la situation de la Belgique », *J.T.*, 2021, n° 6875, p. 788. Selon Ph. Meire et Ph. Fabri, il faut voir, dans l'article 144*ter*, § 1er, alinéa 1er, du Code judiciaire, un tempérament à la compétence exclusive du procureur fédéral à l'égard des membres des gouvernements de communauté ou de région (Ph. Meire et Ph. Fabri, « La complémentarité de l'action des juridictions internationales et nationales : la situation de la Belgique », *J.T.*, 2021, n° 6875, p. 788). Selon une lecture littérale du Code, il nous semble toutefois que cette réserve concerne les seules compétences non exclusives du procureur fédéral, visées par l'article 144*ter*, et n'a pas vocation à être étendue à l'article 144*quater*.
(281) Ph. Meire et Ph. Fabri, « La complémentarité de l'action des juridictions internationales et nationales : la situation de la Belgique », *J.T.*, 2021, n° 6875, p. 788.
(282) Parquet fédéral, *Rapport annuel 2021*, pp. 65-66, disponible sur https://www.om-mp.be/ ; Ph. Meire et Ph. Fabri, « La complémentarité de l'action des juridictions internationales et nationales : la situation de la Belgique », *J.T.*, 2021, n° 6875, p. 788.
(283) Voy. S. Finnin, *Surmonter les obstacles. L'accès à la justice en Europe pour les victimes de crimes internationaux*, Rapport publié par la FIDH, l'ECCHR et REDRESS, 2020, p. 27.
(284) Voy. Parquet fédéral, *Rapport annuel 2021*, p. 182, disponible sur https://www.om-mp.be/.

participation de demandeurs de protection internationale à de tels crimes[285]. L'information *proprio motu* du procureur fédéral peut également résulter du signalement international du suspect. Elle peut encore être le fruit de la mise en œuvre du principe *aut dedere aut judicare* dans l'hypothèse d'un refus, par la Belgique, en tant qu'État requis, de procéder à l'extradition d'un suspect présent sur son territoire. Telle est probablement, par exemple, l'origine d'une partie des dossiers « Rwanda » actuellement à l'information ou à l'instruction[286], la Belgique n'ayant pas conclu de traité d'extradition avec cet État[287].

À l'issue de son information préliminaire, le ministère public apprécie souverainement – du moins en règle[288] – l'opportunité des poursuites[289]. Il peut ainsi décider, notamment, de mettre le dossier à l'instruction ou choisir de le classer sans suite[290]. Selon le dernier rapport annuel disponible du parquet fédéral, 14 dossiers fondés sur des allégations de crimes internationaux ont ainsi fait l'objet d'un classement sans suite au cours de l'année 2021[291]. À défaut d'instruction et moyennant l'admission de circonstances atténuantes, le ministère public peut encore, dans l'état actuel du droit et s'agissant de certains crimes de guerre[292], citer directement le prévenu devant le tribunal correctionnel[293].

En raison de la forte insuffisance des moyens alloués à ce type d'enquêtes, y compris s'agissant du nombre de magistrats[294], le ministère public est actuellement contraint d'établir des priorités fort restrictives dans le traitement des dossiers de crimes internationaux. Le parquet fédéral ne s'en cache pas et ses rapports annuels assurent au processus un certain degré de transparence. Outre la circonstance que la cause concerne des personnes

---

(285) *Infra*, n° 253.
(286) *Infra*, n° 177.
(287) Voy. D. VANDERMEERSCH, « Évolution pénale de la répression du génocide. Les pratiques judiciaires et la compétence universelle : l'expérience belge », *Histoire de la justice*, 2022, n° 33, p. 149.
(288) Nous verrons qu'en matière de compétence personnelle passive et de compétence universelle, par exception, la décision de classer sans suite est limitée par certains critères énoncés dans le TPCPP (*infra*, n°s 153 et 166).
(289) Art. 28*quater*, al. 1er, du C.i.cr.
(290) M.-A. BEERNAERT, H. D. BOSLY et D. VANDERMEERSCH, *Droit de la procédure pénale*, 9e éd., Bruges, la Charte, 2021, pp. 688-697 ; O. MICHIELS et G. FALQUE, *Principes de procédure pénale*, 2e éd., Bruxelles, Larcier, 2023, pp. 247-248 ; M. FRANCHIMONT, A. JACOBS et A. MASSET, *Manuel de procédure pénale*, 4e éd., Bruxelles, Larcier, 2012, p. 431.
(291) Parquet fédéral, *Rapport annuel 2021*, p. 180, disponible sur https://www.om-mp.be/.
(292) *Infra*, n° 313.
(293) Art. 2, al. 2, de la L. 4 octobre 1867, *M.B.*, 5 octobre 1867 (vig. 15 octobre 1867). Rappelons que l'article 35 de la loi du 29 février 2024 introduisant le livre Ier du Code pénal prévoit d'abroger la loi du 4 octobre 1867 et le mécanisme actuel de la correctionnalisation des crimes (et celui de la contraventionnalisation des délits) par l'admission de circonstances atténuantes (voy. à ce sujet J. DE HERDT, J. ROZIE et D. VANDERMEERSCH, *Le livre Ier du nouveau Code pénal. Les principes généraux du droit pénal revisités*, Bruges, la Charte, 2024, pp. 68-71).
(294) Ph. MEIRE et Ph. FABRI, « La complémentarité de l'action des juridictions internationales et nationales : la situation de la Belgique », *J.T.*, 2021, n° 6875, p. 793.

détenues, le dernier rapport annuel disponible dévoile ainsi les éléments de priorisation suivants :

— premièrement, les dossiers relatifs à des personnes se trouvant sur le territoire belge faisant l'objet d'un mandat d'arrêt international mais que l'on ne peut légalement extrader et pour lesquels la Belgique est tenue au respect de l'obligation internationale *aut dedere aut judicare* ;

— deuxièmement, les dossiers relatifs à des actes de torture, pour lesquels les États sont tenus à l'exercice d'une proactivité particulière en vertu des articles 6 et 7 de la Convention contre la torture et autres peines ou traitements cruels, inhumains ou dégradants de 1987 (principes que la Belgique connaît bien pour les avoir fait rappeler par la Cour internationale de justice dans le cadre de l'affaire *Hissène Habré*)[295] ; et

— troisièmement, selon un critère dont il faut bien dire qu'il réserve au procureur fédéral une marge de manœuvre quasiment illimitée[296], les dossiers relatifs à des faits « d'une particulière gravité », et « en particulier ceux relatifs au génocide des Tutsis et des Yezidis »[297].

Au 31 décembre 2023, l'on comptait, en Belgique, 96 dossiers à l'information en matière de crimes internationaux[298].

48 ▸ **Juge d'instruction.** Le juge d'instruction dirige et assume la responsabilité de l'instruction, soit l'ensemble des actes qui ont pour objet de rechercher les auteurs d'infractions, de rassembler les preuves et de prendre les mesures destinées à permettre aux juridictions de statuer en connaissance de cause[299]. Il instruit à charge et à décharge[300]. Son intervention est requise pour la plupart des actes de contrainte ou susceptibles de porter atteinte aux libertés et aux droits individuels. Il en va ainsi, au premier chef, de l'émission éventuelle d'un mandat d'arrêt[301].

La saisine du juge d'instruction est obligatoire pour les crimes non susceptibles de correctionnalisation en vertu du régime actuel de la loi du

(295) CIJ, *Questions concernant l'obligation de poursuivre ou d'extrader (Belgique c. Sénégal)*, arrêt du 20 juillet 2012, spéc. §§ 83-88 et 94-95.

(296) Sur ce débat (en particulier dans le contexte de la CPI), voy. M. DEGUZMAN, « How Serious Are International Crimes? The Gravity Problem in International Criminal Law », *Columbia Journal of Transnational Law*, 2012, vol. 51, pp. 18-68 ; W. A. SCHABAS, « Prosecutorial Discretion and Gravity », in C. STAHN et G. SLUITER (dir.), *The Emerging Practice of the International Criminal Court*, La Haye, Martinus Nijhoff, 2009, pp. 229-246.

(297) Parquet fédéral, *Rapport annuel 2021*, p. 183, disponible sur https://www.om-mp.be/.

(298) Actualisation, fondée sur nos propres informations, du nombre de 78 repris in Parquet fédéral, *Rapport annuel 2021*, p. 322, disponible sur https://www.om-mp.be/.

(299) Art. 55 et art. 56, § 1er, al. 1er, du C.i.cr.

(300) Art. 56, § 1er, al. 1er, du C.i.cr.

(301) Art. 56, § 1er, al. 2 et 3, du C.i.cr.

4 octobre 1867 sur les circonstances atténuantes[302]. Elle est en revanche facultative s'agissant des délits et des crimes actuellement correctionnalisables[303], de sorte qu'il est théoriquement possible qu'un dossier révélant des allégations de crime de guerre de moindre gravité échappe à l'instruction. Un tel dossier demeurerait alors à l'information avant de faire l'objet, le cas échéant et selon le régime actuellement en vigueur, d'une citation directe devant le tribunal correctionnel au bénéfice de l'admission de circonstances atténuantes[304]. Rappelons toutefois que l'article 35 de la loi du 29 février 2024 introduisant le livre Ier du Code pénal prévoit d'abroger la loi du 4 octobre 1867 et le mécanisme actuel de la correctionnalisation des crimes[305].

L'on comptait en Belgique, au 31 décembre 2023, 74 dossiers à l'instruction en matière de crimes internationaux[306]. Si Bruxelles concentre la plupart, on sait que certains relèvent d'autres arrondissements judiciaires dont ceux de Liège, de Namur, de Gand et d'Anvers.

Étant donné que les premiers procès « Rwanda » ont été conduits à Bruxelles, quelques juges d'instruction y ont développé une expertise en la matière et se voient, au sein de cet arrondissement judiciaire, préférentiellement confier ce type de dossiers (outre bien d'autres)[307]. Il n'existe toutefois pas de juges d'instruction spécialisés à proprement parler : seuls le terrorisme et les infractions relevant de la compétence du parquet européen (soit celles qui portent atteinte aux intérêts financiers de l'Union européenne) connaissent pour l'heure cette figure[308]. Ph. Meire et Ph. Fabri – auteurs et praticiens de première ligne – plaident, à raison selon nous, en faveur de l'institutionnalisation de tels magistrats spécialisés en matière de crimes internationaux (ceux-ci pourraient être comparés, par exemple, aux cinq juges d'instruction relevant, en France, du pôle spécialisé dans la lutte contre les crimes de guerre et contre l'humanité attaché au parquet

(302) M.-A. BEERNAERT, H. D. BOSLY et D. VANDERMEERSCH, *Droit de la procédure pénale*, 9e éd., Bruges, la Charte, 2021, p. 411 (*a contrario*) ; O. MICHIELS et G. FALQUE, *Principes de procédure pénale*, 2e éd., Bruxelles, Larcier, 2023, p. 254.
(303) M.-A. BEERNAERT, H. D. BOSLY et D. VANDERMEERSCH, *Droit de la procédure pénale*, 9e éd., Bruges, la Charte, 2021, p. 411 ; O. MICHIELS et G. FALQUE, *Principes de procédure pénale*, 2e éd., Bruxelles, Larcier, 2023, pp. 253-254 ; M. FRANCHIMONT, A. JACOBS et A. MASSET, *Manuel de procédure pénale*, 4e éd., Bruxelles, Larcier, 2012, p. 439.
(304) *Supra*, n° 47.
(305) Voy. à ce sujet J. DE HERDT, J. ROZIE et D. VANDERMEERSCH, *Le livre Ier du nouveau Code pénal. Les principes généraux du droit pénal revisités*, Bruges, la Charte, 2024, pp. 68-71.
(306) Actualisation, fondée sur nos propres informations, du nombre de 55 repris in Parquet fédéral, *Rapport annuel 2021*, p. 322, disponible sur https://www.om-mp.be/.
(307) S. FINNIN, *Surmonter les obstacles. L'accès à la justice en Europe pour les victimes de crimes internationaux*, Rapport publié par la FIDH, l'ECCHR et REDRESS, 2020, p. 27.
(308) Art. 62*bis*, al. 4-7, du C.i.cr.

national antiterroriste de Paris[309]). Les auteurs proposent deux voies de mise en œuvre :

— l'obligation, pour les candidats juges spécialisés, de suivre une formation spécifique en matière de droit international humanitaire (qui devrait être créée à l'initiative de l'Institut de formation judiciaire) ; et

— l'attribution exclusive des dossiers relevant de cette matière aux magistrats instructeurs composant le groupe ainsi créé, lequel serait ainsi compétent pour l'ensemble du territoire belge[310].

49 ▶ **Police judiciaire.** C'est aux services de police judiciaire qu'il revient, sous l'autorité du ministère public ou du juge d'instruction, de rechercher les infractions et d'en rassembler les preuves, de la manière et dans les formes déterminées par la loi[311]. L'on compte notamment, parmi les devoirs d'enquête les plus courants à la suite de l'ouverture d'un dossier lié à de possibles crimes internationaux, la localisation du suspect, l'examen de sa situation administrative, l'audition des plaignants, l'étude des structures exécutives des personnes morales éventuellement impliquées, l'audition de témoins en Belgique, ou encore la réalisation de devoirs à l'étranger par le biais de commissions rogatoires internationales[312].

S'agissant des crimes internationaux, une section « DIPH » (droit international pénal humanitaire) a été créée au sein du 7e service d'enquêtes de la police judiciaire fédérale de Bruxelles (« DR7 »)[313]. Celle-ci s'est toutefois construite de façon empirique et officieuse, au gré des premiers dossiers belges en la matière ; elle n'est pas officiellement instituée en tant qu'unité d'enquête spécialisée[314] (contrairement, singulièrement, à ce que connaît chacun des cinq ressorts de cours d'appel en matière de terrorisme[315]). Selon l'avis éclairé de Ph. Meire et

(309) Voy. M. Guillaume, « Alléger la dette de la société par une action de justice ? Entretien avec Myriam Fillaud », *Mémoires*, 2021, n° 81, p. 8.

(310) Ph. Meire et Ph. Fabri, « La complémentarité de l'action des juridictions internationales et nationales : la situation de la Belgique », *J.T.*, 2021, n° 6875, p. 793.

(311) Art. 15, 1°, de la L. 5 août 1992 sur la fonction de police, *M.B.*, 22 décembre 1992 (vig. 1er janvier 1993).

(312) Voy. plus avant Ph. Meire, « Considérations quant à certains aspects politiques et techniques de dossiers judiciaires portant sur des violations graves du droit international humanitaire », *Ann. Dr. Louvain*, 2004, nos 1-2, pp. 339-342.

(313) S. Finnin, *Surmonter les obstacles. L'accès à la justice en Europe pour les victimes de crimes internationaux*, Rapport publié par la FIDH, l'ECCHR et REDRESS, 2020, p. 27. Voy. égal. Police fédérale, « Première condamnation en Belgique pour génocide », 23 décembre 2019, disponible sur https://www.police.be/5998/fr/presse/premiere-condamnation-en-belgique-pour-genocide.

(314) Ph. Meire et Ph. Fabri, « La complémentarité de l'action des juridictions internationales et nationales : la situation de la Belgique », *J.T.*, 2021, n° 6875, p. 793.

(315) Commission d'enquête « attentats terroristes 22 mars 2016 » de la Chambre des représentants, *Résumé des travaux et recommandations*, 2021, pp. 51-52.

Ph. Fabri, une solution plus structurelle et pérenne devrait être recherchée[316]. Ces derniers proposent plusieurs alternatives : soit l'officialisation de l'actuelle section « DIPH », soit la création d'équipes spécialisées au sein de chaque police judiciaire fédérale décentralisée, soit encore la création d'une unité spécialisée au sein même de la direction générale de la police judiciaire fédérale (à l'instar de la *Federal Computer Crime Unit* en matière informatique, p. ex.)[317].

Au-delà de la spécialisation requise, c'est surtout le nombre d'effectifs qui pose question. La section « DPIH » de la police judiciaire fédérale de Bruxelles compte actuellement neuf enquêteurs et un commissaire responsable d'équipe[318]. Vu le nombre et la complexité des dossiers concernés, ceci est manifestement insuffisant – même si, en fonction de la nature des dossiers, d'autres services d'enquête de la police judiciaire fédérale de Bruxelles sont parfois amenés à prêter leur concours, en particulier la « DR3 » pour les dossiers de crimes internationaux étant par ailleurs assimilables à du terrorisme[319]. Précisons en outre que, bien souvent, la section « DPIH », qui constitue l'unité de référence à l'échelle du Royaume dans cette matière, est amenée à prendre en charge les dossiers de crimes internationaux ouverts dans des arrondissements judiciaires autres que Bruxelles (cette situation connaît toutefois une évolution : désormais, certains dossiers sont aussi traités avec l'appui des ou directement par les polices judiciaires fédérales territorialement concernées – en pratique et à ce jour, Namur, Brabant wallon, Anvers, Flandre occidentale et Flandre orientale).

Quoi qu'il en soit, le cadre policier demeure cruellement insuffisant. Il constitue un frein évident, dans la pratique, à la progression des dossiers[320]. Le dernier rapport annuel disponible du parquet fédéral relève à cet égard : « [é]tant donné que la Belgique a été l'une des pionnières en matière de droit international humanitaire, le volume de dossiers en cette matière a considérablement augmenté. La plupart des enquêtes à mener impliquent des déplacements à l'étranger. Malgré ce développement, la [section "droit international humanitaire et compétences

(316) Ph. Meire et Ph. Fabri, « La complémentarité de l'action des juridictions internationales et nationales : la situation de la Belgique », *J.T.*, 2021, n° 6875, p. 793.

(317) Ph. Meire et Ph. Fabri, « La complémentarité de l'action des juridictions internationales et nationales : la situation de la Belgique », *J.T.*, 2021, n° 6875, p. 793.

(318) Actualisation, fondée sur nos propres informations, du nombre de sept enquêteurs évoqué in S. Finnin, *Surmonter les obstacles. L'accès à la justice en Europe pour les victimes de crimes internationaux*, Rapport publié par la FIDH, l'ECCHR et REDRESS, 2020, p. 27.

(319) Voy. p. ex. ce que rapportait L. Colart, « Crimes contre les Yézidis : l'enquête belge fait un bond en avant », *Le Soir*, 27 mai 2022, disponible sur https://www.lesoir.be/445012/article/2022-05-27/crimes-contre-les-yezidis-lenquete-belge-fait-un-bond-en-avant.

(320) Ph. Meire et Ph. Fabri, « La complémentarité de l'action des juridictions internationales et nationales : la situation de la Belgique », *J.T.*, 2021, n° 6875, p. 793 ; S. Finnin, *Surmonter les obstacles. L'accès à la justice en Europe pour les victimes de crimes internationaux*, Rapport publié par la FIDH, l'ECCHR et REDRESS, 2020, p. 27.

militaires" du parquet fédéral] a toujours dû faire face au problème récurrent de la capacité d'enquête très limitée pour traiter ce genre d'affaires »[321].

L'on sait que le parquet fédéral a formellement attiré l'attention de la direction de la police judiciaire, du Collège des procureurs généraux et du ministre de la Justice sur cette problématique. L'on sait également que les crimes internationaux figurent parmi les priorités affichées du collège du ministère public[322]. Une note approuvée le 17 juin 2021 étayerait cette priorisation à la lumière de la gravité intrinsèque de ces crimes, des engagements internationaux de la Belgique en la matière et de l'atteinte à l'ordre public belge et international que représenterait l'impunité accordée aux auteurs[323]. En pratique, au 1er août 2024, le cadre policier n'avait toutefois pas encore été adapté à l'augmentation du nombre de dossiers de crimes internationaux.

50 ▶ **Ministre de la Justice.** Les articles 151, paragraphe 1er, de la Constitution et 364 du Code d'instruction criminelle consacrent le droit d'injonction positive du ministre de la Justice à l'égard du ministère public. Le ou la ministre peut ainsi donner instruction au parquet de poursuivre certaines infractions (mais en aucun cas, à l'inverse, de s'en abstenir). Cette prérogative est très peu utilisée dans les faits, sinon dans certaines affaires suscitant un intérêt public particulier ou pour lesquelles il est considéré que l'inaction des autorités judiciaires mettrait en péril des intérêts essentiels de l'État[324]. Aussi le champ des crimes internationaux fournit-il, singulièrement, quelques cas d'application de ce mécanisme.

Les deux premiers procès « Rwanda » qu'a connus la cour d'assises de Bruxelles-Capitale, dans l'affaire dite des *Quatre de Butare*[325] et l'affaire

(321) Parquet fédéral, *Rapport annuel 2021*, p. 65, disponible sur https://www.om-mp.be/.

(322) Collège des procureurs généraux – collège du ministère public, *Rapport annuel 2021*, p. 9, disponible sur https://www.om-mp.be/ (notons que le diagramme a été retranché dans le dernier rapport annuel en date, couvrant l'année 2022).

(323) Inédit, cité in Ph. Meire et Ph. Fabri, « La complémentarité de l'action des juridictions internationales et nationales : la situation de la Belgique », *J.T.*, 2021, n° 6875, p. 794.

(324) D. Van Daele, « Het injunctierecht van de minister van Justitie ten aanzien van het openbaar ministerie », *Vigiles*, 1996, n° 4, p. 7.

(325) Voy. not. P. May, *Quatre Rwandais aux Assises Belges : la compétence universelle à l'épreuve*, Paris, l'Harmattan, 2001 ; Fr. Digneffe, « Réflexions sur quelques difficultés du jugement pénal en situation. À propos du procès d'assises des quatre accusés rwandais », *R.D.P.C.*, 2001, n° 11, pp. 970-981 ; Ph. Meire et Ph. Fabri, « La complémentarité de l'action des juridictions internationales et nationales : la situation de la Belgique », *J.T.*, 2021, n° 6875, p. 790 ; S. Finnin, *Surmonter les obstacles. L'accès à la justice en Europe pour les victimes de crimes internationaux*, Rapport publié par la FIDH, l'ECCHR et REDRESS, 2020, p. 29 ; Ph. Meire et D. Vandermeersch, *Génocide rwandais : le récit de quatre procès devant la cour d'assises de Bruxelles*, Bruges, la Charte, 2011, pp. 21-64 ; D. A. Tallman, « Universal Jurisdiction: Lessons from Belgium's Experience », in J. E. Stromseth (dir.), *Accountability for Atrocities: National and International Responses*, New York, Transnational, 2003, pp. 383-388 ; L. Reydams, « Belgium's First Judicial Application of Universal Jurisdiction: the *Butare Four* Case », *J.I.C.J.*, 2003, vol. 1, pp. 428-436 ; « Compétence universelle », Dossier électronique du Centre de droit international de l'Université libre de Bruxelles, disponible sur https://competenceuniverselle.wordpress.com/ ;

S. N. & E. N.[326], sont ainsi le fruit de l'injonction faite au procureur général de Bruxelles, par le ministre de la Justice, en février 1995, d'engager des poursuites à l'encontre des personnes suspectées d'avoir participé aux massacres commis au Rwanda en 1994 et ayant depuis lors trouvé refuge en Belgique[327]. Au-delà des affaires déjà jugées, cette injonction conduisit à l'ouverture de dix dossiers d'instruction à Bruxelles, sélectionnés par le ministère public en fonction de l'existence de liens particuliers avec la Belgique[328].

La ministre de la Justice – pour l'occasion représentée par le ministre de la Défense faisant fonction – fit encore un double usage de son droit d'injonction positive dans l'affaire *Total*. Sans retracer ici en détail l'ensemble des rétroactes particulièrement complexes de ce dossier[329], rappelons que celui-ci trouva sa source dans la plainte avec constitution de partie civile déposée, le 25 avril 2002, par quatre ressortissants birmans du chef de crimes contre l'humanité et de complicité aux crimes contre l'humanité commis par la junte militaire. Peu de temps après le dépôt de la plainte, la loi du 5 août 2003 abrogea toutefois la compétence universelle absolue des juridictions belges qui avait permis l'introduction de cette action[330]. Ceci conduisit à un dialogue judiciaire aux multiples rebondissements sur la question de savoir si les juridictions belges devaient être dessaisies, ou si les plaignants pouvaient voir leur dossier maintenu au bénéfice du régime transitoire prévu par la loi du 5 août 2003[331]. Alors que la Cour d'arbitrage (aujourd'hui Cour constitutionnelle) avait constaté l'inconstitutionnalité dudit régime en ce qu'il n'était – en substance – pas ouvert

Y. CARTUYVELS, « La justice belge face au génocide rwandais : la symbolique de la compétence universelle en question », *Oñati Socio-Legal Series*, 2018, vol. 8, pp. 419-436.

(326) Voy. not. Ph. MEIRE et Ph. FABRI, « La complémentarité de l'action des juridictions internationales et nationales : la situation de la Belgique », *J.T.*, 2021, n° 6875, p. 790 ; S. FINNIN, *Surmonter les obstacles. L'accès à la justice en Europe pour les victimes de crimes internationaux*, Rapport publié par la FIDH, l'ECCHR et REDRESS, 2020, p. 29 ; Ph. MEIRE et D. VANDERMEERSCH, *Génocide rwandais : le récit de quatre procès devant la cour d'assises de Bruxelles*, Bruges, la Charte, 2011, pp. 65-97 ; « Compétence universelle », Dossier électronique du Centre de droit international de l'Université libre de Bruxelles, disponible sur https://competenceuniverselle.wordpress.com/.

(327) Ph. MEIRE et D. VANDERMEERSCH, *Génocide rwandais : le récit de quatre procès devant la cour d'assises de Bruxelles*, Bruges, la Charte, 2011, p. 22 et p. 65. Voy. égal. Y. CARTUYVELS, « La justice belge face au génocide rwandais : la symbolique de la compétence universelle en question », *Oñati Socio-Legal Series*, 2018, vol. 8, pp. 426-427.

(328) Ph. MEIRE et D. VANDERMEERSCH, *Génocide rwandais : le récit de quatre procès devant la cour d'assises de Bruxelles*, Bruges, la Charte, 2011, p. 22.

(329) Voy. not. S. DEWULF, « De naweeën van de *Total*-zaak: rechtspreken op grond van een vernietigde wetsbepaling », *R.W.*, 2011-2012, n° 14, pp. 653-658 ; J.-Cl. SCHOLSEM, « L'affaire "Total" : lacune ou pas ? », *J.L.M.B.*, 2006, n° 2, pp. 63-65 ; A. KETTELS, « L'affaire *Total Fina* : quand le pragmatisme prend le pas sur la réalité intellectuelle », *J.L.M.B.*, 2006, n° 34, pp. 1503-1509 ; L. HENNEBEL, « L'affaire *Total-Unocal* en Birmanie jugée en Europe et aux États-Unis », *CRIDHO Working Papers*, 2006, n° 9, 32 p.

(330) Art. 27 de la L. 5 août 2003.

(331) *Infra*, n°s 92 et s.

aux plaignants malgré la qualité de réfugié dont justifiait l'un d'entre eux[332], la Cour de cassation ne s'estima pas habilitée à pallier le défaut de la loi ainsi constaté, de sorte qu'elle prononça le dessaisissement[333]. Le mécanisme transitoire inconstitutionnel serait ensuite ajusté par une loi réparatrice du 22 mai 2006[334] – mais trop tard pour les plaignants. C'est cet imbroglio procédural et législatif fort particulier qui conduisit le (ministre de la Défense faisant fonction de) ministre de la Justice à intervenir, le 4 janvier 2007, en donnant injonction au ministère public de demander la rétractation[335] de l'arrêt de dessaisissement du 29 juin 2005. Par un arrêt du 28 mars 2007, la Cour de cassation jugea toutefois que cette voie de recours extraordinaire devait être réservée aux décisions ayant des effets préjudiciables pour la personne visée par l'action publique (ici, l'entreprise Total), ce qui n'était pas le cas en l'espèce. La Cour de cassation rejeta donc la demande en rétractation de son arrêt initial[336]. À ce stade, le ministre de la Justice fit un nouvel usage de son droit d'injonction positive en réclamant malgré tout du parquet, par courrier du 26 avril 2007, la remise de l'affaire à l'instruction. Cette démarche devait toutefois se heurter, de façon définitive, à l'autorité de la chose jugée reconnue à l'arrêt de dessaisissement du 29 juin 2005[337].

51 ▶ **Juridictions d'instruction – Clôture de l'instruction.** Les juridictions d'instruction – chambre du conseil et chambre des mises en accusation – assurent la supervision juridictionnelle générale de l'instruction. Au terme de cette dernière, la chambre du conseil (puis, le cas échéant, la chambre des mises en accusation statuant en degré d'appel) est amenée, à l'issue de l'audience de règlement de la procédure, à se prononcer sur les suites qu'il convient de réserver au dossier ainsi instruit[338]. Elle prononce le non-lieu lorsqu'il n'existe

(332) C.A., 13 avril 2005, n° 68/2005.

(333) Cass., 29 juin 2005, R.G. n° P.04.0482.F, *Pas.*, 2005, n° 381. Pour un commentaire, voy. J.-Cl. Scholsem, « L'affaire "Total" : lacune ou pas ? », *J.L.M.B.*, 2006, n° 2, pp. 63-65. Voy. égal., nettement plus critique, E. David, *Éléments de droit pénal international et européen*, vol. 1, 2e éd., Bruxelles, Bruylant, 2018, pp. 247-248.

(334) Art. 4 de la L. 22 mai 2006 modifiant certaines dispositions de la loi du 17 avril 1878 contenant le Titre préliminaire du Code de procédure pénale, ainsi qu'une disposition de la loi du 5 août 2003 relative aux violations graves de droit international humanitaire, *M.B.*, 7 juillet 2006 (vig. 31 mars 2006).

(335) Sur cette procédure très particulière visée aux articles 10 et suivants de la loi spéciale du 6 janvier 1989 sur la Cour constitutionnelle, voy. M.-A. Beernaert, H. D. Bosly et D. Vandermeersch, *Droit de la procédure pénale*, 9e éd., Bruges, la Charte, 2021, pp. 1883-1885 ; M. Franchimont, A. Jacobs et A. Masset, *Manuel de procédure pénale*, 4e éd., Bruxelles, Larcier, 2012, pp. 1081-1086.

(336) Cass., 28 mars 2007, R.G. n° P.07.0031.F, *Pas.*, 2007, n° 157. Pour un commentaire, voy. A. De Nauw, « La rétractation d'une décision pénale fondée sur une règle annulée par la Cour d'arbitrage », *R.D.P.C.*, 2007, nos 9-10, pp. 871-876.

(337) Bruxelles (mis. acc.), 8 mars 2008, inédit, confirmé par Cass., 29 octobre 2008, R.G. n° P.08.0547.F, *Pas.*, 2008, n° 594.

(338) Art. 127 du C.i.cr.

aucune charge contre l'inculpé[339]. Dans l'hypothèse où les charges sont au contraire suffisantes, elle peut en principe ordonner son renvoi devant le tribunal correctionnel[340]. En matière de crimes internationaux, toutefois, sauf l'hypothèse particulière des crimes de guerre correctionnalisables selon le régime actuel (et qui seraient effectivement correctionnalisés), l'intervention de la chambre des mises en accusation est indispensable dès lors qu'elle seule est habilitée à ordonner le renvoi d'un accusé devant la cour d'assises[341].

52 **Juridictions d'instruction – Contrôle de l'instruction.** L'intervention des juridictions d'instruction ne se limite pas au règlement de la procédure. En cours d'instruction, la chambre des mises en accusation peut – entre autres canaux de contrôle – être saisie à tout moment, par le ministère public, d'une demande de contrôle de la légalité ou de la régularité de la procédure[342]. Ce mécanisme anticipatif fait, en pratique, l'objet de cas d'application relativement fréquents en matière de crimes internationaux – ce qui, en général, paraît être d'assez bonne politique pour éviter de consacrer du temps et des moyens importants à l'instruction d'un dossier éventuellement voué à se heurter à une difficulté procédurale.

Dans l'affaire *Lumumba*[343], par exemple, une discussion s'est rapidement nouée en lien avec la qualification précise de l'infraction postulée par la partie civile, discussion qui était susceptible d'avoir un impact immédiat sur la recevabilité de l'action publique. Selon la partie civile, la procédure était régulière car les faits devaient être qualifiés de crimes de guerre commis dans le contexte d'un conflit armé international. Le ministère public estimait de même la procédure régulière, mais avançait pour sa part que les faits devaient être qualifiés de crimes de guerre commis dans le cadre d'un conflit armé non international – ajoutant que ceux-là étaient, à son estime, suffisamment couverts par le droit international coutumier. Il est certain qu'à l'inverse, une qualification autre que celle de crime de guerre aurait conduit à l'irrecevabilité immédiate de la procédure, dès lors que les faits, datant de 1961, eussent alors été prescrits. Sans trancher définitivement ces questions, la chambre des mises en accusation de la cour d'appel de Bruxelles considéra que les qualifications et arguments en faveur de la régularité de la procédure étaient, *prima facie*, susceptibles d'emporter la conviction du juge du fond. Elle ordonna dès lors la poursuite de l'instruction[344].

---

(339) Art. 128 du C.i.cr.
(340) Art. 130 du C.i.cr.
(341) Art. 231 du C.i.cr.
(342) Art. 136*bis*, al. 2, du C.i.cr.
(343) Voy. not. Chr. MARCHAND, Cr. UWASHEMA et Chr. DEPREZ, « Possible Impediments to Justice for Colonial Crimes: A Belgian Perspective », in M. BERGSMO, W. KALECK et K. YIN HLAING (dir.), *Colonial Wrongs and Access to International Law*, Bruxelles, TOAEP, 2021, pp. 411-430 ; P. D'HUART, « Affaire *Lumumba* : vers un non-lieu ? », *J.T.*, 2013, n° 6517, pp. 282-285.
(344) Bruxelles (mis. acc.), 12 décembre 2012, n° 4358, inédit. Pour des commentaires contrastés, voy. P. D'HUART, « Affaire *Lumumba* : vers un non-lieu ? », *J.T.*, 2013, n° 6517, pp. 282-285 ; J. B. MBOKANI, « Le lien de connexité entre le crime et le conflit armé dans la définition des

Dans une affaire *A. T. M. & F. T. M.*[345], par contraste, la saisine immédiate de la chambre des mises en accusation, sur le pied de l'article 136*bis*, alinéa 2, du Code d'instruction criminelle, conduisit au constat de l'irrecevabilité de l'action publique. Ce dossier concernait principalement des allégations de crimes de guerre et de crimes contre l'humanité commis en République démocratique du Congo, que les parties civiles imputaient à *A. T. M.*, domicilié en Belgique. Au terme d'un raisonnement qui nous paraît critiquable[346], la chambre des mises en accusation, se référant aux réquisitions du ministère public sur ce point, crut devoir dire les juridictions belges incompétentes, même sur le pied de l'ancien article 12*bis* du titre préliminaire du Code de procédure pénale (art. 14/10 actuel)[347].

53 ▶ **Juridictions d'instruction – Supervision du filtre exercé sur certaines plaintes (principes).** Dans le cadre du processus de filtrage des plaintes pour crimes internationaux fondées sur la compétence personnelle passive ou la compétence universelle des juridictions belges, la chambre des mises en accusation doit en outre, dans certaines hypothèses, être saisie par le parquet fédéral lorsque celui-ci estime qu'il n'y a pas lieu à poursuivre ou que l'action publique n'est pas recevable[348]. Il s'agit des cas dans lesquels le procureur fédéral estime que :

— la plainte est manifestement non fondée ;

— les faits ne correspondent pas à une qualification de crime international ; ou

— une action publique recevable ne pourrait résulter de la plainte[349].

A contrario, le refus du procureur fédéral d'engager des poursuites au motif spécifique que, dans l'intérêt d'une bonne administration de la justice, l'affaire devrait à son estime être portée devant les juridictions de l'État territorial ou de l'État en position d'exercer une forme de compétence personnelle active (*forum non conveniens*)[350], ne fait l'objet d'aucun contrôle judiciaire[351]. Celui-là doit simplement être notifié au ministre de la Justice, à charge pour ce dernier

---

crimes de guerre », in D. Bernard et D. Scalia (dir.), *Vingt ans de justice internationale pénale*, Bruxelles, la Charte, 2014, p. 44 ; Chr. Marchand, Cr. Uwashema et Chr. Deprez, « Possible Impediments to Justice for Colonial Crimes: A Belgian Perspective », in M. Bergsmo, W. Kaleck et K. Yin Hlaing (dir.), *Colonial Wrongs and Access to International Law*, Bruxelles, TOAEP, 2021, pp. 412-417.

(345) Voy. not. Trial International, *Universal Jurisdiction Annual Review 2021*, 2022, p. 23, disponible sur https://trialinternational.org/latest/reports-and-publications/.

(346) *Infra*, n° 163.

(347) Bruxelles (mis. acc.), 9 janvier 2020, n° 153, inédit.

(348) Art. 13, al. 4, et art. 14/10, al. 4, du TPCPP.

(349) Art. 13, al. 3, 1° à 3°, et art. 14/10, al. 3, 1° à 3°, du TPCPP.

(350) Voy. S. Fulton *et al.*, *La compétence extraterritoriale dans l'Union européenne. Étude des lois et des pratiques dans les 27 États membres de l'Union européenne*, Rapport publié par la FIDH et REDRESS, 2010, p. 97.

(351) Art. 13, al. 3, 4°, et al. 8, et art. 14/10, al. 3, 4°, et al. 8, du TPCPP.

d'informer la Cour pénale internationale des faits lorsque ceux-ci ont été commis après le 30 juin 2002[352].

À l'origine, le contrôle judiciaire ainsi organisé, dans certaines hypothèses, par le titre préliminaire, n'était pas prévu[353]. Il fut inséré par une loi réparatrice du 22 mai 2006[354], après que la Cour d'arbitrage a jugé la loi du 5 août 2003, qui avait originellement introduit ce processus de filtrage des plaintes[355], discriminatoire sur ce point[356].

54 ▸ **Juridictions d'instruction – Supervision du filtre exercé sur certaines plaintes (procédure).** La procédure établie pour l'exercice de ce contrôle juridictionnel est singulière. Le titre préliminaire prévoit que le procureur fédéral est seul entendu[357]. Autrement dit, les plaignants ne sont pas convoqués à l'audience et n'ont qualité ni à être entendus, ni à participer autrement à la procédure devant la chambre des mises en accusation. Dans la pratique, il arrive que certains plaignants, informés fortuitement de la saisine de la chambre des mises en accusation, déposent spontanément des conclusions au greffe de la cour d'appel. Celle-ci ne doit toutefois pas y répondre et rien ne permet de penser qu'elle y aurait égard dans les faits[358].

Le législateur justifie notamment la non-participation des victimes à la procédure par l'intérêt d'éviter des mesures de publicité et d'éventuelles « dérives » susceptibles de nuire aux relations internationales de la Belgique[359]. Saisie d'un recours en annulation à l'encontre de certaines dispositions de la loi du 22 mai 2006 précitée, la Cour constitutionnelle a estimé que l'impossibilité, pour les plaignants, d'être entendus serait disproportionnée et contraire à la Constitution uniquement si elle avait pour effet que la chambre des mises en accusation statue sans avoir connaissance des arguments invoqués ni des

(352) Art. 13, al. 3, 4°, et al. 8, et art. 14/10, al. 3, 4°, et al. 8, du TPCPP.
(353) V. Guerra et A. Berrendorf, « Droit international humanitaire », in *Postal Memorialis. Lexique du droit pénal et des lois spéciales*, Liège, Wolters Kluwer, suppl. août 2020, n° D 250, p. 665.
(354) Art. 2 et 3 de la L. 22 mai 2006 modifiant certaines dispositions de la loi du 17 avril 1878 contenant le Titre préliminaire du Code de procédure pénale, ainsi qu'une disposition de la loi du 5 août 2003 relative aux violations graves de droit international humanitaire, *M.B.*, 7 juillet 2006 (vig. 31 mars 2006).
(355) Art. 16 et 18 de la L. 5 août 2003 relative aux violations graves du droit international humanitaire, *M.B.*, 7 août 2003 (vig. 7 août 2003).
(356) C.A., 23 mars 2005, n° 62/2005. Voy. W. Verrijdt, « Universele jurisdictie na de Genocidewet. Invloed van de recente rechtspraak van het Arbitragehof en het Hof van Cassatie », *Chroniques de Droit Public/Publiekrechtelijke Kronieken*, 2006, n° 1, pp. 84-118 ; N. Benaïssa, « La loi de compétence universelle. Commentaire des arrêts rendus les 23 mars et 13 avril 2005 par la Cour d'arbitrage », *J.T.*, 2005, n° 6184, pp. 389-391. Voy. *infra*, n° 98.
(357) Art. 13, al. 4, et art. 14/10, al. 4, du TPCPP.
(358) Voy. égal. en ce sens S. Finnin, *Surmonter les obstacles. L'accès à la justice en Europe pour les victimes de crimes internationaux*, Rapport publié par la FIDH, l'ECCHR et REDRESS, 2020, p. 33.
(359) Exposé des motifs, *Doc. parl.*, Ch. repr., sess. 2005-2006, n° 51-2305/001, p. 11.

pièces éventuellement déposées par les plaignants. Tel n'est pas le cas, aux yeux de la Cour, puisque la chambre des mises en accusation dispose du dossier répressif et peut donc vérifier si les réquisitions du procureur fédéral sont justifiées au regard des éléments qui le composent[360]. Aussi la Cour valida-t-elle le mécanisme mis en place par la loi.

Si, à l'issue de la procédure, la chambre des mises en accusation constate qu'aucun des motifs de classement sans suite prévus par le titre préliminaire n'est rencontré, elle désigne le juge d'instruction territorialement compétent et indique les faits sur lesquels portera l'instruction[361] ; le procureur fédéral peut former un pourvoi en cassation dans les 15 jours de pareille décision[362]. Dans le cas inverse, la chambre des mises en accusation déclare, selon les cas, qu'il n'y a pas lieu à poursuivre ou que l'action publique est irrecevable[363].

Dans la pratique actuelle, la chambre des mises en accusation fait presque systématiquement droit aux réquisitions du parquet fédéral tendant à ne pas saisir un juge d'instruction[364]. En novembre 2021, Ph. Meire et Ph. Fabri relevaient une seule décision contraire[365].

L'une des ramifications de l'affaire *Plomb durci* précitée peut être évoquée parmi les dossiers qui conduisirent à la mise en œuvre du contrôle, par la chambre des mises en accusation de Bruxelles, de la décision du procureur fédéral de ne pas engager des poursuites. Le 17 mars 2017, de nouveaux plaignants tentèrent en effet de se joindre à l'action initiale. Au sein de la famille concernée, deux filles de deux et sept ans avaient été tuées par balle, tandis qu'une troisième fillette de quatre ans avait été grièvement blessée, de même que la grand-mère. Le reste de la famille avait ensuite fui en Belgique, obtenu le statut de réfugié et, pour certains d'entre eux, la nationalité belge. Trop tard, toutefois, pour fonder la compétence personnelle passive de la Belgique, qui, selon les termes de l'ancien article 10, 1°*bis*, du titre préliminaire du Code de procédure pénale (actuel article 13), doit être recherchée et eût dû être établie *au moment des faits*. Le procureur fédéral estima dès lors la plainte irrecevable. Il fut rejoint en cet avis par la chambre des mises en accusation de la cour d'appel de Bruxelles[366].

(360) C. const., 21 février 2008, n° 21/2008, B.5.5.
(361) Art. 13, al. 5, et art. 14/10, al. 5, du TPCPP.
(362) Art. 13, al. 6, et art. 14/10, al. 6, du TPCPP.
(363) Art. 13, al. 4, et art. 14/10, al. 4, du TPCPP.
(364) Voy. ainsi Bruxelles (mis. acc.), 19 mai 2010, n° 2135, inédit ; Bruxelles (mis. acc.), 11 juin 2009, n° 2509, inédit ; Bruxelles (mis. acc.), 10 janvier 2019, n° 142, inédit ; Bruxelles (mis. acc.), 14 octobre 2020, n° 3513, inédit ; Bruxelles (mis. acc.), 14 octobre 2020, n° 3514, inédit.
(365) Bruxelles (mis. acc.), 19 décembre 2019, n° 4645, inédit, cité par Ph. MEIRE et Ph. FABRI, « La complémentarité de l'action des juridictions internationales et nationales : la situation de la Belgique », *J.T.*, 2021, n° 6875, p. 789.
(366) Bruxelles (mis. acc.), 10 janvier 2019, n° 143, inédit. La Cour européenne des droits de l'homme ne vit dans cette décision aucune violation, au détriment des plaignants, du droit d'accès

4. Les juridictions répressives

55 ▶ **Cour d'assises – Droit actuel.** Les crimes internationaux ont, sauf l'hypothétique cas de la correctionnalisation de certains crimes de guerre en vertu du droit actuel[367], vocation à être jugés par l'une des onze cours d'assises du Royaume, siégeant respectivement à Anvers, Arlon, Bruges, Bruxelles, Gand, Liège, Louvain, Mons, Namur, Nivelles et Tongres[368]. La cour d'assises se distingue en ce qu'elle siège avec l'assistance d'un jury populaire de douze jurés[369], mais également par son caractère non permanent : c'est au premier président de la cour d'appel concernée qu'il appartient, sur réquisitions du procureur général, de programmer les sessions et de fixer la date d'ouverture des débats[370].

Pour l'heure, sept des huit procès que compte l'expérience belge se sont tenus devant la cour d'assises de Bruxelles-Capitale[371]. Le dernier est intervenu devant la cour d'assises du Brabant flamand siégeant à Louvain[372]. On sait que plusieurs autres sessions relatives à des crimes internationaux, pour des faits commis au Rwanda en particulier[373], sont encore en attente au niveau de la cour d'assises de Bruxelles-Capitale[374].

Les délais pour obtenir une fixation aux assises – que les commentateurs avertis qualifient avec nuance de « difficilement acceptables »[375] – seraient principalement dus à l'arriéré généralisé de la cour d'appel de Bruxelles, lui-même lié au manque de magistrats et de greffiers. Il s'agit manifestement là d'un des principaux obstacles à l'efficacité du processus judiciaire belge en matière de crimes internationaux[376].

à un juge au sens de l'article 6, § 1er, de la CEDH : Cour eur. D.H., 3 octobre 2019 (irrecev.), *K. A. et autres c. Belgique*, req. n° 37256/19, inédit.

(367) S'agissant du droit futur, voy. en détail *infra*, n° 314.

(368) Art. 114 et 115 du C. jud.

(369) Art. 119 du C. jud.

(370) Art. 117 du C. jud.

(371) Bruxelles (ass.), 8 juin 2001, inédit (aff. des *Quatre de Butare* ou « Rwanda I ») ; Bruxelles (ass.), 29 juin 2005, inédit (aff. *S. N. & E. N.* ou « Rwanda II ») ; Bruxelles (ass.), 5 juillet 2007, n° 5417, inédit (aff. *B. N.* ou des *Casques bleus belges* ou « Rwanda III ») ; Bruxelles (ass.), 1er décembre 2009, n° 1848/10, inédit, non définitif car frappé d'opposition (aff. *E. N.* ou « Rwanda IV ») ; Bruxelles (ass.), 19 décembre 2019, n° 30025, inédit (aff. *F. N.* ou « Rwanda V ») ; Bruxelles (ass.), 19 décembre 2023, n° 7445, inédit (aff. *S. T. & P. B.* ou « Rwanda VI ») ; Bruxelles (ass.), 6 juin 2024, n° 4093, inédit (aff. *E. N.* ou « Rwanda VII »).

(372) Louvain (ass.), 14 décembre 2023, n° 9/2023, inédit (aff. *Guatemala*).

(373) Bruxelles (mis. acc.), 6 décembre 2018, n° 7082, inédit ; Bruxelles (mis. acc.), 12 décembre 2018, n° 7083, inédit.

(374) Parquet fédéral, *Rapport annuel 2021*, p. 180, disponible sur https://www.om-mp.be/.

(375) Ph. Meire et Ph. Fabri, « La complémentarité de l'action des juridictions internationales et nationales : la situation de la Belgique », *J.T.*, 2021, n° 6875, p. 793.

(376) Voy. Parquet fédéral, *Rapport annuel 2021*, pp. 179-180, disponible sur https://www.om-mp.be/.

56 ▶ **Cour d'assises – Droit futur.** La classification tripartite des peines et le mécanisme de la correctionnalisation des crimes sont amenés à disparaître avec l'entrée en vigueur de la loi du 29 février 2024 introduisant le livre Ier du Code pénal[377].

Ceci impliquait de redéfinir la compétence de la cour d'assises, ce que le législateur propose, demain, de faire sur la base d'une liste positive d'infractions. L'article 10 de la loi du 29 février 2024 introduisant le livre Ier du Code pénal insère ainsi un nouvel article 216*novies* au sein du Code d'instruction criminelle, aux termes duquel les affaires criminelles (pour lesquelles la Cour d'assises est constitutionnellement compétente[378]) seront désormais celles qui concernent :

— les infractions punies d'une peine de niveau 8 (soit, en règle et s'agissant des personnes physiques, la privation de liberté à perpétuité) ;
— le meurtre ;
— la torture ayant entraîné la mort ;
— l'atteinte à l'intégrité sexuelle et le viol ayant entraîné la mort ; et
— la prise d'otage ayant entraîné la mort.

Les crimes de génocide et contre l'humanité, auxquels la réforme du livre II du Code pénal continue d'attacher une peine de privation de liberté à perpétuité (soit de niveau 8 selon la nouvelle échelle), continueront de relever de la compétence exclusive de la cour d'assises.

La réforme aura en revanche un impact fort important sur la compétence du tribunal correctionnel qui, demain, pourra connaître des nombreux crimes de guerre auxquels s'attachera une peine de niveau 7 ou inférieur. Par contraste, selon le droit actuel, la correctionnalisation ne peut être envisagée pour les crimes de guerre dont la peine excède 20 ans de réclusion. En pratique, cela signifie que les crimes de guerre punis d'une peine privative de liberté de 20 à 30 ans (ce qui correspond, à un jour près, à la future peine de niveau 7) relèvent, aujourd'hui, de la compétence de la cour d'assises, mais relèveront, à compter de l'entrée en vigueur de la réforme, de celle du tribunal correctionnel[379].

57 ▶ **Tribunal correctionnel – Droit actuel.** La compétence d'attribution du tribunal correctionnel couvre principalement, selon la terminologie d'usage *de lege lata*, les délits et les crimes correctionnalisés[380].

(377) Art. 35 de la L. 29 février 2024 (vig. 8 avril 2026). Voy. J. De Herdt, J. Rozie et D. Vandermeersch, *Le livre Ier du nouveau Code pénal. Les principes généraux du droit pénal revisités*, Bruges, la Charte, 2024, pp. 68-71.
(378) Art. 150 de la Constitution.
(379) *Infra*, nos 313 et 314.
(380) M. Franchimont, A. Jacobs et A. Masset, *Manuel de procédure pénale*, 4e éd., Bruxelles, Larcier, 2012, pp. 884-885.

Rappelons que la loi « pot-pourri II » du 5 février 2016 avait autorisé la correctionnalisation de la totalité des crimes (à l'exception des crimes politiques[381] qui, avec les délits de presse n'étant pas inspirés par le racisme ou la xénophobie, relèvent de la compétence exclusive de la cour d'assises en vertu de l'article 150 de la Constitution)[382]. Les crimes internationaux (parmi d'autres) pouvaient ainsi, moyennant l'admission de circonstances atténuantes par le ministère public ou par les juridictions d'instruction, être soumis au tribunal correctionnel. Fallait-il y voir une (quasi) suppression de fait de la cour d'assises ? La Cour constitutionnelle estima en tout cas que cette initiative législative revenait à détourner du jury d'assises les crimes les plus graves, lesquels lui sont pourtant réservés par la Constitution[383]. Cette disposition de la loi « pot-pourri II » fut donc, avec d'autres, annulée[384].

Ainsi rétabli dans son pristin état, l'article 2, alinéa 3, 1°, de la loi du 4 octobre 1867 sur les circonstances atténuantes prévoit actuellement que sont notamment susceptibles de correctionnalisation les crimes dont la peine (théorique) n'excède pas 20 ans de réclusion. Aux termes de l'article 136*quinquies* de l'actuel Code pénal, certains crimes de guerre sont punis d'une peine de réclusion de 10 à 15 ans ou de 15 à 20 ans selon les cas[385]. Ceux-là sont donc admissibles à la correctionnalisation et susceptibles d'être portés devant le tribunal correctionnel.

À ce jour, aucun crime de guerre n'a toutefois été correctionnalisé dans la pratique belge[386].

Par contraste avec les crimes de guerre actuellement punis d'une peine de réclusion de 10 à 15 ans ou de 15 à 20 ans, le crime de génocide (passible de la réclusion à perpétuité), les crimes contre l'humanité (de même punis de la réclusion à perpétuité), ainsi que l'ensemble des autres chefs de crime de guerre (ceux auxquels l'article 136*quinquies* du Code pénal actuel attache des peines de réclusion à perpétuité ou de 20 à 30 ans selon les cas) échappent à toute possibilité de correctionnalisation[387]. Ils ne peuvent donc être présentés au tribunal correctionnel et relèvent nécessairement de la compétence de la cour d'assises.

---

(381) Voy. Th. Moreau et D. Vandermeersch, *Éléments de droit pénal*, Bruges, la Charte, 2022, pp. 74-78.
(382) Art. 121 de la L. 5 février 2016 modifiant le droit pénal et la procédure pénale et portant des dispositions diverses en matière de justice, *M.B.*, 19 février 2016.
(383) C. const., 21 décembre 2017, n° 148/2017, B.10 en particulier.
(384) Voy. à ce sujet M.-A. Beernaert et D. Vandermeersch, « La Cour constitutionnelle recadre le législateur "pot-pourri II" : l'arrêt 148/2017 du 21 décembre 2017 », *J.T.*, 2018, n° 6718, pp. 81-89.
(385) Voy. *infra*, n° 315, ainsi que le tableau récapitulatif repris au n° 238.
(386) Ph. Meire et Ph. Fabri, « La complémentarité de l'action des juridictions internationales et nationales : la situation de la Belgique », *J.T.*, 2021, n° 6875, p. 787.
(387) Voy. Th. Moreau et D. Vandermeersch, *Éléments de droit pénal*, Bruges, la Charte, 2022, p. 356 (à la note 49).

58 ▶ **Tribunal correctionnel – Droit futur.** Comme nous l'avons déjà relevé, la classification tripartite des infractions et le mécanisme de la correctionnalisation des crimes sont amenés à disparaître avec l'entrée en vigueur de la loi du 29 février 2024 introduisant le livre Ier du Code pénal[388]. L'insertion d'un nouvel article 216*novies* dans le Code d'instruction criminelle doit, à compter du 8 avril 2026, déterminer la compétence de la cour d'assises sur la base d'une liste positive d'infractions. Comme nous l'observions il y a un instant, ceci aura un impact fort important sur la compétence du tribunal correctionnel pour connaître de certains crimes de guerre[389].

5. Les juridictions civiles

59 ▶ **Généralités.** Ce *verbo* est principalement consacré à l'étude du droit et de la pratique des juridictions répressives en matière de crimes internationaux. Rappelons toutefois que tout fait qualifié infraction constitue en règle, en droit belge de la responsabilité civile, une faute[390]. Partant, vu l'option de for dont dispose la victime pour tenter d'obtenir réparation d'une telle faute constitutive d'une infraction pénale[391], le domaine des crimes internationaux connaît également certains développements intéressants devant les juridictions civiles.

60 ▶ **Précédents.** Dans l'affaire dite de l'*ETO*, par exemple, la responsabilité de l'État belge et de trois militaires belges fut recherchée en lien avec l'abandon, à l'aube du génocide de 1994, par le contingent belge de la Mission d'assistance des Nations unies au Rwanda (MINUAR), de son point de stationnement à l'École technique officielle Don Bosco de Kigali. Ce départ a été suivi du massacre de plusieurs centaines de Rwandais qui avaient trouvé refuge dans l'enceinte de cette école[392]. La responsabilité des parties citées était notamment postulée du chef de la faute prise de l'omission d'agir visée à l'article 136*septies*, 5°, de l'actuel Code pénal – un mécanisme propre aux crimes internationaux sur lequel nous reviendrons plus tard dans cet ouvrage[393]. Appelée à se prononcer à la suite de l'appel d'un premier jugement interlocutoire du 8 décembre 2010 par le tribunal de première instance francophone de Bruxelles[394], la cour d'appel de Bruxelles,

(388) Art. 35 de la L. 29 février 2024 (vig. 8 avril 2026). Voy. J. DE HERDT, J. ROZIE et D. VANDERMEERSCH, *Le livre Ier du nouveau Code pénal. Les principes généraux du droit pénal revisités*, Bruges, la Charte, 2024, pp. 68-71.
(389) *Supra*, n° 56.
(390) Voy. R. O. DALCQ, « Faute civile – faute pénale », *Ann. Dr. Louvain*, 1983, nos 1-2, pp. 74-77.
(391) *Supra*, n° 38.
(392) Voy. E. DAVID, « 8 décembre 2010 : premier jugement belge dans l'affaire dite de l'ETO (École technique officielle) au Rwanda », *Justice en ligne*, 10 janvier 2011, disponible sur https://www.justice-en-ligne.be/8-decembre-2010-premier-jugement.
(393) *Infra*, nos 336 à 341.
(394) Civ. Bruxelles (71e ch.), 8 décembre 2010, n° 268, *J.L.M.B.*, 2011, p. 1527. Voy. E. DAVID, « 8 décembre 2010 : premier jugement belge dans l'affaire dite de l'ETO (École technique officielle) au Rwanda », *Justice en ligne*, 10 janvier 2011, disponible sur https://www.justice-en-ligne.

dans un arrêt du 8 juin 2018, débouta les demandeurs. Elle jugea en effet que l'action du contingent belge sur place devait être exclusivement imputée à la MINUAR, et non à l'État belge, les militaires cités pouvant pour leur part se prévaloir de l'immunité de juridiction prévue par le statut de la MINUAR[395].

L'affaire des *Hotspots grecs* peut encore être prise en exemple. Dans cette espèce, la Ligue des droits humains faisait grief à l'État belge d'être resté en défaut d'accueillir sur son territoire un nombre de demandeurs d'asile équivalent au contingent promis dans le cadre de la politique de relocalisations mise en œuvre par l'Union européenne à partir de 2015, qui avait pour but de soulager les afflux massifs de migrants en Grèce et en Italie. La partie demanderesse y voyait une faute constitutive de participation, par omission, à un crime contre l'humanité déduit des conditions de vie dans les « hotspots » grecs. Le tribunal de première instance francophone de Bruxelles jugea incontestable « qu'à partir de 2015 et pendant plusieurs années, les centres d'accueil pour demandeurs de protection internationale en Grèce et en Italie (dénommés "hotspots") sont devenus des zones surpeuplées, ingérables et aux conditions de vie inhumaines »[396]. Il estima toutefois que les éléments qui lui étaient soumis ne lui permettaient pas de constater que « [c]es conditions indignes dans les camps (malnutrition, manque d'infrastructure de logement, promiscuité, accès insuffisant à des soins médicaux adaptés, pénuries d'eau, insécurité, insalubrité, etc.) [...] étaient le résultat d'une volonté délibérée de causer des atteintes graves à l'intégrité physique ou à la santé physique ou mentale d'une population civile »[397]. Aussi le tribunal jugea-t-il que l'élément intentionnel du crime contre l'humanité faisait défaut[398].

61 ▶ **Intérêt particulier de l'option civile.** Au-delà de l'ensemble des paramètres susceptibles d'orienter le choix d'une victime de crime international de porter son action devant les juridictions civiles ou devant les juridictions répressives[399], il faut observer que, dans certains cas particuliers, l'option de for que nous décrivions plus tôt[400] n'en est pas vraiment une.

---

be/8-decembre-2010-premier-jugement. Voy. égal. O. MICHIELS, « L'immunité pénale de certaines personnes morales de droit public et ses incidences sur le délai de prescription de l'action civile née d'une infraction », *J.L.M.B.*, 2011, n° 31, pp. 1542-1550.

(395) Bruxelles (18e ch. civ.), 8 juin 2018, n° 5083, inédit. Voy. E. DAVID, « L'affaire dite de l'ETO (École technique officielle) au Rwanda : la Cour d'appel disculpe la Belgique – Commentaire critique », *Justice en ligne*, 10 novembre 2018, disponible sur https://www.justice-en-ligne.be/L-affaire-dite-de-l-ETO-Ecole ; L. WALLEYN, *Droits sans frontières*, Limal, Anthemis, 2023, pp. 201-207.

(396) Civ. Bruxelles fr. (4e ch.), 26 octobre 2023, n° 27859, inédit, p. 14.

(397) Civ. Bruxelles fr. (4e ch.), 26 octobre 2023, n° 27859, inédit, pp. 15-16.

(398) Voy. pourtant ce que nous écrirons *infra*, nos 228 et 340.

(399) Voy. en détail E. VANSTECHELMAN, « Introduire son action devant le juge pénal ou le juge civil ? – Mise en perspective des avantages, inconvénients et implications découlant du choix procédural posé par la victime d'une infraction pénale », in F. GEORGE et N. COLETTE-BASECQZ (dir.), *Responsabilité civile et responsabilité pénale*, Limal, Anthemis, 2021, pp. 9-87.

(400) *Supra*, n° 38.

Il en va par exemple ainsi de la participation à des crimes internationaux qu'une victime souhaiterait imputer à l'État belge pour la période antérieure au mois d'août 2018. Sa responsabilité pénale ne pouvant être recherchée pour des faits antérieurs à l'entrée en vigueur de la loi du 11 juillet 2018 évoquée plus tôt[401], seule demeure, dans cette hypothèse, l'option civile. C'est ainsi que, face à des faits de 1994, les demandeurs, dans l'affaire de l'*ETO*, n'eurent d'autre choix que de porter leur cause dirigée (notamment) contre l'État belge devant les juridictions civiles.

L'affaire dite des *Enfants métis* illustre encore ce point. Celle-ci concerne la politique d'enlèvement et de placement forcé, dans des institutions, d'enfants métis – nés d'un père blanc et d'une mère noire – durant la période coloniale au Congo[402]. Cinq victimes assignèrent l'État belge devant le tribunal de première instance francophone de Bruxelles, estimant que le comportement de l'État belge était fautif car susceptible d'épouser les contours d'une participation à un crime contre l'humanité. Le tribunal jugea pour sa part que, pour inacceptable que serait pareille pratique ségrégative à l'heure actuelle, les demanderesses échouaient à démontrer que cette dernière fût déjà considérée comme un crime contre l'humanité relevant du droit coutumier à l'époque des faits[403]. Quoi qu'il en soit, il est certain qu'en raison de l'ancienneté des faits, les demanderesses n'auraient, dans cette espèce, pas pu porter leur action devant les juridictions pénales.

L'option civile peut encore revêtir un certain intérêt s'agissant de crimes internationaux inconnus du droit belge, ou encore de violations du droit international n'étant pas, en tant que telles, constitutives de crimes internationaux. Rappelons à ce titre l'affaire des bombardements, par l'OTAN, de certains ponts serbes sur le Danube, en 1999, dans le cadre de la guerre du Kosovo. Les sociétés de transport fluvial *Touax*, dont les activités s'étaient vu affecter par ces bombardements, intentèrent une action civile à l'encontre de l'État belge. Celui-ci avait, à leur avis, commis une faute au sens de l'article 1382 de l'ancien Code civil en contribuant à une action de l'OTAN menée en violation, notamment, de l'interdiction du recours à la force en droit international au sens de

(401) *Supra*, n° 36.
(402) Voy. Résolution relative à la ségrégation subie par les métis issus de la colonisation belge en Afrique, *Doc. parl.*, Ch. repr., sess. 2017-2018, 29 mars 2018, n° 55-2952/007 (qui reconnaît, à la p. 7, « la ségrégation ciblée dont les métis ont été victimes sous l'administration coloniale du Congo belge et du Ruanda-Urundi jusqu'en 1962 et suite à la décolonisation, ainsi que la politique d'enlèvements forcés y afférente »).
(403) Civ. Bruxelles fr. (4e ch.), 8 décembre 2021, n° 282, *J.L.M.B.*, 2022, p. 984 (dont appel). Voy. F. ROYEN, « La politique de placement d'enfants métis à l'épreuve du temps : juger aujourd'hui selon la vision du monde "à l'époque des faits" », *J.L.M.B.*, 2022, n° 22, pp. 990-996 ; J. VERVOORT, « La Belgique face à son passé colonial : l'affaire des enfants métis et la qualification de crime contre l'humanité », *Revue des droits de l'homme*, 2023, n° 23, disponible sur https://journals.openedition.org/revdh/17004.

l'article 2, paragraphe 4, de la Charte des Nations unies[404]. Dans un arrêt du 16 mai 2013, la cour d'appel de Bruxelles débouta les demanderesses, jugeant que la faute civile des pouvoirs publics pouvait certes, sur le principe, être recherchée – entre autres – dans la violation d'une règle de droit international conventionnel, mais uniquement dans l'hypothèse où celle-ci serait dotée d'un effet direct en droit interne (*quod non*, dit la Cour, s'agissant de l'article 2, paragraphe 4, de la Charte des Nations unies)[405]. Dans son arrêt du 9 février 2017, la Cour de cassation confirma cette approche : « [l]a faute de l'autorité administrative pouvant, sur la base des articles 1382 et 1383 du Code civil, engager sa responsabilité consiste en un comportement qui, ou bien s'analyse en une erreur de conduite devant être appréciée suivant le critère de l'autorité normalement soigneuse et prudente, placée dans les mêmes conditions, ou bien, sous réserve d'une erreur invincible ou d'une autre cause de justification, viole une norme de droit national ou d'un traité international ayant des effets directs dans l'ordre interne qui impose à cette autorité de s'abstenir ou d'agir d'une manière déterminée »[406].

62 ▶ **Prescription de l'action civile née d'un crime international (renvoi).** La nature d'une faute en tant que fait qualifié crime international n'est pas sans incidence sur les rouages généraux de l'action civile fondée sur celle-ci. Nous verrons ainsi que, par le truchement de l'article 26, alinéa 2, du titre préliminaire du Code de procédure pénale, l'imprescriptibilité du crime international contamine l'action civile née d'une telle infraction[407].

6. Les juridictions militaires

63 ▶ **Incompétence et exclusion.** Depuis 2003, les juridictions militaires ont cessé d'exister en temps de paix et ont uniquement vocation à être réactivées en temps de guerre. Viendraient-elles même à renaître – perspective qui, nous le

(404) Voy. L. WALLEYN, *Droits sans frontières*, Limal, Anthemis, 2023, pp. 108-109 ; P. D'ARGENT, « Jurisprudence belge relative au droit international public (2004-2007) », *R.B.D.I.*, 2007, n° 1, pp. 174-175.

(405) Bruxelles (2e ch. civ.), 16 mai 2013, § 14, partiellement reproduit in A. LAGERWALL (dir.), *Les juges belges face aux actes adoptés par les États étrangers et les organisations internationales*, Bruxelles, Bruylant, 2016, pp. 58-67. Voy. égal. Civ. Bruxelles (4e ch.), 18 mai 2006, inédit. À ce sujet : N. ANGELET, « Les juges belges face aux actes des organisations internationales », in A. LAGERWALL (dir.), *Les juges belges face aux actes adoptés par les États étrangers et les organisations internationales*, Bruxelles, Bruylant, 2016, pp. 29-30 et p. 43.

(406) Cass., 9 février 2017, R.G. n° C.13.0528.F, *J.T.*, 2019, p. 33, avec concl. M.P. Voy. à ce sujet Fr. AUVRAY, « La violation d'un traité est-elle une faute ? Incidence de l'absence d'effet direct sur la responsabilité extracontractuelle de l'État », *J.T.*, 2019, n° 6756, pp. 21-28 ; P. D'ARGENT *et al.*, « Jurisprudence belge relative au droit international public (2012-2017) », *R.B.D.I.*, 2018, n° 1, pp. 222-223. Notons que ceci n'empêche pas, le cas échéant, que l'erreur de conduite appréciée suivant le critère de l'autorité normalement soigneuse et prudente soit pour sa part recherchée au départ de la violation de normes conventionnelles dépourvues d'effet direct.

(407) *Infra*, n° 366.

verrons[408], paraît aujourd'hui assez théorique –, les juridictions militaires ont en tout état de cause été rendues incompétentes, à la faveur des juridictions ordinaires, en matière d'infractions visées au titre I*bis* du livre II du Code pénal actuel (futur titre Ier)[409]. Leur action ne relève ainsi plus du droit positif et s'inscrit au-delà du champ d'examen du présent *verbo*.

Pour autant, l'apport de la jurisprudence militaire belge en matière de crimes internationaux présente un intérêt historique certain[410]. Retraçons-le ici à grands traits, jusqu'à la mise en œuvre de la réforme de 2003.

64 ▸ **Binarité historique du paysage répressif belge.** Historiquement, la justice répressive belge était organisée selon un schéma binaire. À côté des juridictions pénales ordinaires, des juridictions militaires étaient compétentes à l'égard de l'ensemble des personnes faisant partie de l'armée[411], et ce tant pour les infractions de droit commun (y compris les crimes internationaux) que pour les infractions militaires spécifiquement prévues par le Code militaire de 1870 (citons la trahison, l'insubordination, l'espionnage ou encore la désertion)[412]. Ces juridictions d'exception étaient structurées sur deux niveaux, avec plusieurs conseils de guerre en guise de juridictions de première instance et une unique Cour militaire en degré d'appel[413].

65 ▸ **Jurisprudence militaire antérieure à la loi du 16 juin 1993 – Les périodes d'après-guerre.** Au fil de leur histoire, les juridictions militaires ont été amenées à examiner à diverses occasions des faits que l'on pourrait aujourd'hui qualifier de crimes internationaux. Tel fut en particulier le cas au sortir de l'un et l'autre conflits mondiaux qu'a connus le XXe siècle. Selon les conclusions d'un récent projet de recherche sur l'héritage des juridictions militaires belges, ces dernières se seraient ainsi vu présenter quelque 130 affaires relatives à des violations du droit des conflits armés au sortir de la Première Guerre mondiale, et 35 à la suite

---

(408) *Infra*, n° 68.

(409) Art. 77 de la L. 10 avril 2003 réglant la suppression des juridictions militaires en temps de paix ainsi que leur maintien en temps de guerre, *M.B.*, 7 mai 2003 (vig. 1er janvier 2004).

(410) Celui-ci a été fort utilement mis en lumière dans le cadre du projet de recherche « JUSINBELLGIUM », dont les résultats sont résumés in P. LAGROU (dir.), *A Century of Pioneering Case-Law. A Digital Database of Belgian Precedents of International Justice, 1914-2014*, Bruxelles, Belspo, 2020, disponible sur https://www.belspo.be/belspo/brain-be/projects/FinalReports/JUSINBELLGIUM_FinRep.pdf. Voy. égal. P. LAGROU, « "Poor Little Belgium ?" Les procès belges de criminels de guerre allemands, 1944-1951 », in J.-M. BERLIÈRE *et al.* (dir.), *Justices militaires et guerres mondiales. Europe 1914-1950*, Louvain-la-Neuve, Presses universitaires de Louvain, 2013, pp. 337-361.

(411) Art. 1er de la L. 15 juin 1899 comprenant les titres Ier et II du Code de procédure pénale militaire, *M.B.*, 30 juin 1899 (vig. 10 juillet 1899).

(412) L. 27 mai 1870 contenant le Code pénal militaire, *M.B.*, 4 juin 1870 (vig. 1er janvier 1871). Les juridictions ordinaires demeuraient toutefois compétentes à l'égard des militaires en lien avec une série limitée d'infractions bien spécifiques, en matière fiscale ou de roulage par exemple (N. B. BERNARD, *Défense nationale*, coll. R.P.D.B., Bruxelles, Larcier, 2022, p. 95).

(413) Voy., pour un exposé beaucoup plus détaillé, P. D'ARGENT, « Military Law in Belgium », in G. NOLTE (dir.), *European Military Law Systems*, Berlin, De Gruyter, 2003, pp. 183-231.

de la Seconde Guerre mondiale. Dans l'un et l'autre cas, ces dossiers visaient très majoritairement des individus de nationalité ou d'allégeance allemande[414].

Comme le droit belge ne connaissait pas encore la figure juridique du crime de guerre, ces procès d'après-guerre furent principalement emmenés au départ de chefs d'accusation de droit commun (l'homicide ou les mauvais traitements, p. ex.). Les principes du droit international humanitaire furent également souvent convoqués à ces occasions, mais au travers d'un raisonnement combinatoire ou en guise de simple renfort discursif[415]. La terminologie utilisée s'en ressent : après la Première Guerre mondiale en particulier, les personnes condamnées étaient traditionnellement qualifiées de « coupables de guerre » (et non de « criminels de guerre » à proprement parler)[416].

Après la Seconde Guerre mondiale, les juridictions militaires purent certes s'appuyer sur la loi du 20 juin 1947 relative à la compétence des juridictions militaires en matière de crimes de guerre[417], qui, comme son intitulé l'indique, marqua la première apparition du concept de crime de guerre dans l'ordre juridique belge. Cet acte de naissance est toutefois timide : tel qu'alors conçu par la loi, le « crime de guerre » ne pouvait être poursuivi qu'à la double condition qu'il tombe, d'abord et avant tout, sous le coup d'une incrimination prévue par le droit commun, et qu'il soit en sus constitutif d'une violation des lois et coutumes de la guerre[418]. L'on ne peut donc pas encore parler, à cette époque, de crime international autonome.

---

(414) P. LAGROU (dir.), *A Century of Pioneering Case-Law. A Digital Database of Belgian Precedents of International Justice, 1914-2014*, Bruxelles, Belspo, 2020, pp. 8 et 10, disponible sur https://www.belspo.be/belspo/brain-be/projects/FinalReports/JUSINBELLGIUM_FinRep.pdf. À ces chiffres propres aux violations des lois de la guerre s'ajoutent les milliers de dossiers et de condamnations pour collaboration (voy., retenant le nombre vertigineux de 405.493 dossiers ouverts et de quelque 53.005 condamnations pour la Seconde Guerre mondiale, K. AERTS, « La répression d'État en chiffres », *BELGIUM WWII : une plateforme virtuelle sur la Belgique et ses habitants durant la Seconde Guerre mondiale*, disponible sur https://www.belgiumwwii.be/.

(415) P. LAGROU (dir.), *A Century of Pioneering Case-Law. A Digital Database of Belgian Precedents of International Justice, 1914-2014*, Bruxelles, Belspo, 2020, pp. 30-31, disponible sur https://www.belspo.be/belspo/brain-be/projects/FinalReports/JUSINBELLGIUM_FinRep.pdf.

(416) P. LAGROU (dir.), *A Century of Pioneering Case-Law. A Digital Database of Belgian Precedents of International Justice, 1914-2014*, Bruxelles, Belspo, 2020, p. 16, disponible sur https://www.belspo.be/belspo/brain-be/projects/FinalReports/JUSINBELLGIUM_FinRep.pdf.

(417) *M.B.*, 26 juin 1947 (vig. 26-27 juin 1947). Voy., parmi les principaux commentaires contemporains de l'adoption de la loi, R. GREVY, « La répression des crimes de guerre en droit belge », *R.D.P.C.*, 1947, n° 9, pp. 806-823 ; M. RIGAUX et P.-E. TROUSSE, « La qualification des crimes de guerre en droit pénal belge », *J.T.*, 1948, n° 3764, pp. 229-232.

(418) R. GREVY, « La répression des crimes de guerre en droit belge », *R.D.P.C.*, 1947, n° 9, p. 808 ; N. LANGE et Th. WERTS, « Les missions de la défense à l'étranger », in V. DE SAEDELEER *et al.* (dir.), *Questions juridiques d'actualité en lien avec la défense – Actuele juridische vraagstukken met betrekking tot defensie*, Bruges, la Charte, 2017, pp. 179-180.

66 **Jurisprudence militaire antérieure à la loi du 16 juin 1993 – Autres affaires.** Outre les procès d'après-guerres, quatre affaires plus tardives peuvent encore être identifiées, qui virent les juridictions militaires se prononcer sur la responsabilité de membres de l'armée pour des « crimes de guerre » – formellement fondés, à cette époque et à titre principal à tout le moins, sur une ou plusieurs infractions de droit commun.

Dans l'affaire du *Sergent W.*, le conseil de guerre de Bruxelles condamna en 1966 un sous-officier belge à une peine de cinq ans de réclusion pour avoir, dans le cadre d'activités menées pour le compte de l'armée congolaise (dans le contexte d'un mécanisme de coopération militaire entre la Belgique et le Congo), abattu une personne civile[419]. Si le prévenu était formellement poursuivi, et fut finalement condamné, du chef de meurtre, le conseil de guerre associa par ailleurs son acte à « une violation flagrante des lois et coutumes de la guerre et des lois de l'humanité »[420]. La condamnation fut confirmée quelques mois plus tard par la Cour militaire, laquelle réduisit toutefois la peine à trois années de réclusion[421].

Dans les affaires *Korad Kalid c. V. J.* et *Osman Somow c. D. A.*, la Cour militaire fut amenée à apprécier la responsabilité de deux soldats belges qui avaient pris part à la mission de maintien de la paix UNOSOM en Somalie en 1993. Dans la première, V. J. était poursuivi du chef d'homicide volontaire pour avoir abattu un enfant suspecté d'appartenance à une milice locale[422]. Dans la seconde, D. A. faisait face à une prévention d'homicide involontaire après qu'un tir de sommation eut accidentellement touché et tué un civil[423]. Dans l'un et l'autre cas, tenant compte du contexte opérationnel en Somalie, des règles d'engagement du contingent belge et de la cause de justification prise de l'ordre de la loi ou du commandement de l'autorité légitime au sens de l'article 70 du Code pénal, la Cour militaire acquitta les prévenus[424].

De même, dans une dernière affaire en cause de *Marchal*, la Cour militaire acquitta, le 4 juillet 1996, le commandant du contingent belge de la MINUAR, en lien avec sa décision d'ordonner une opération qui conduirait au décès de dix Casques bleus belges[425].

---

(419) Conseil de guerre de Bruxelles (fr.), 18 mai 1966, disponible sur http://www.legal-tools.org/.
(420) Conseil de guerre de Bruxelles (fr.), 18 mai 1966, disponible sur http://www.legal-tools.org/.
(421) Cour militaire (fr.), 14 juillet 1966, disponible sur http://www.legal-tools.org/.
(422) Voy. J. F. R. BODDENS HOSANG, *Rules of Engagement and the International Law of Military Operations*, Oxford, OUP, 2020, pp. 283-284.
(423) J. F. R. BODDENS HOSANG, *Rules of Engagement and the International Law of Military Operations*, Oxford, OUP, 2020, p. 284.
(424) Cour militaire (nl.), 24 mai 1995, *R.D.P.C.*, 1996, p. 45 ; Cour militaire (nl.), 24 mai 1995, disponible sur https://ihl-databases.icrc.org/.
(425) Cour militaire (fr.), 4 juillet 1996, disponible sur https://ihl-databases.icrc.org/.

67 ▶ **Jurisprudence militaire de la loi du 16 juin 1993 à la réforme de 2003.** Le crime de guerre fut ensuite introduit dans le droit belge, en 1993, en tant qu'infraction autonome[426]. Dix années devaient encore séparer ce moment de la suppression des juridictions militaires en temps de paix. Au cours de cette décennie, seule une poignée d'affaires fut à notre connaissance portée devant ces juridictions du chef de crime de guerre. Le dossier en cause de *C. & B.* en est un exemple[427]. Il concerne deux paras-commandos belges qui, dans le cadre des opérations onusiennes de maintien de la paix en Somalie, avaient menacé et causé des blessures à des civils – notamment, selon leurs propres dires, en « faisant voltiger » un enfant au-dessus d'un feu « pour jouer »[428]. À la suite de l'acquittement prononcé par le conseil de guerre de Bruxelles[429], la Cour militaire examina la prévention de crime de guerre telle que nouvellement introduite en droit belge mais considéra que le droit international humanitaire n'était pas applicable, en Somalie, au moment des faits. Pour parvenir à cette conclusion, la Cour militaire estima, en particulier, que les milices locales ne présentaient pas le niveau d'organisation requis pour être considérées comme des parties à un conflit armé non international. Il ne pouvait donc, selon la Cour, y avoir de crime de guerre, de sorte que l'acquittement des prévenus fut confirmé[430].

68 ▶ **Régime actuel.** Le régime répressif d'exception à l'égard des militaires a fait l'objet de nombreuses critiques[431] – notamment, sur certains points, par la Cour européenne des droits de l'homme[432]. Aussi la Constitution fut-elle finalement amendée en 2002, pour prévoir désormais à l'article 157 que l'activité

(426) L. 16 juin 1993 relative à la répression des violations graves de droit international humanitaire, *M.B.*, 5 août 1993 (vig. 15 août 1993).

(427) Pour une autre affaire issue du même contexte, voy. encore Conseil de guerre de Bruxelles, 30 avril 1998, inédit, et Cour militaire, 7 avril 1998, inédit. Au sujet de ces décisions, voy. L. WALLEYN, *Droits sans frontières*, Limal, Anthemis, 2023, pp. 117-121 ; O. DUBOIS, « Mise en œuvre du droit international humanitaire : chronique semestrielle de législation et de jurisprudence nationales – janvier-juin 1998 », *R.I.C.R.*, 1998, n° 832, pp. 792-793.

(428) Voy. CICR, Base de données de la mise en œuvre nationale du DIH, *Ministère public et Centre pour l'égalité des chances et la lutte contre le racisme c. C. & B.*, disponible sur https://ihl-databases.icrc.org/.

(429) Conseil de guerre de Bruxelles, 30 juin 1997, inédit. Voy. ce qui en fut dit à l'occasion des séances du 10 juillet 1997, *Ann. parl.*, Sénat, sess. 1996-1997, n° 1-128, p. 3333.

(430) Cour militaire (nl.), 17 décembre 1997, *J.T.*, 1998, p. 286. Voy. A. WEYEMBERGH, « La notion de conflit armé, le droit international humanitaire et les forces des Nations unies en Somalie (à propos de l'arrêt de la Cour militaire du 17 décembre 1997) », *R.D.P.C.*, 1999, pp. 177-201 ; L. WALLEYN, *Droits sans frontières*, Limal, Anthemis, 2023, pp. 117-121 ; E. DAVID, « Le droit international humanitaire devant les juridictions nationales », in J.-F. FLAUSS (dir.), *Les nouvelles frontières du droit international humanitaire*, Bruxelles, Bruylant et Nemesis, 2003, p. 137.

(431) H. D. BOSLY et Th. MOREAU, « Les Tribunaux militaires en Belgique », in E. LAMBERT-ABDELGAWAD (dir.), *Juridictions militaires et tribunaux d'exception en mutation : perspectives comparées et internationales*, Paris, Contemporary Publishing International, 2007, pp. 36-38 ; Ministère de la Défense, *Manuel de droit opérationnel*, Bruxelles, House of Defense, 2017, pp. 480-481.

(432) Cour eur. D.H., 26 mai 1988, *Pauwels c. Belgique*, req. n° 10208/82, §§ 37-38 en particulier.

des juridictions militaires suppose un « état de guerre », dont il appartient au Roi (c'est-à-dire au gouvernement[433]), aux termes de l'article 167, paragraphe 1er, de la Constitution, de constater l'existence. Cette réforme constitutionnelle ouvrit la voie à l'adoption de deux lois du 10 avril 2003 qui concrétisèrent la suppression des juridictions militaires en temps de paix[434]. Depuis lors, les juridictions ordinaires sont compétentes pour toutes les infractions commises par les militaires, y compris les crimes internationaux et les infractions au Code militaire[435].

Il est certes prévu que les juridictions militaires ont vocation à être réactivées en temps de guerre[436]. En pratique, toutefois, l'état de guerre n'a plus été formellement constaté depuis la fin de la Seconde Guerre mondiale (bien que les troupes belges aient, dans les faits, été régulièrement déployées dans le cadre de conflits armés)[437]. Aussi, la réactivation des juridictions militaires paraît aujourd'hui tenir d'une perspective assez théorique.

Au demeurant, depuis la réforme de 2003, les juridictions militaires ont, en tout état de cause, été rendues incompétentes en matière d'infractions visées au titre I*bis* du livre II du Code pénal, à la faveur des juridictions ordinaires[438].

7. La *Belgian Task Force for International Criminal Justice*

69 ▶ **Nature et missions.** Afin de faciliter la coordination entre les diverses autorités belges concernées par les dossiers de crimes internationaux, une coupole a été créée au sein du S.P.F. Justice : la *Belgian Task Force for International Criminal Justice* (« BTF ICJ »). Cet organe, qui s'est, au départ, constitué de

(433) Voy. l'article 106 de la Constitution, dont il est aujourd'hui unanimement accepté qu'il s'applique en toutes circonstances, y compris la guerre (voy. à ce sujet Chr. BEHRENDT et M. VRANCKEN, *Principes de droit constitutionnel belge*, 2e éd., Bruxelles, la Charte, 2021, pp. 384-386 ; Chr. BEHRENDT, « Le commandement de l'armée et la notion d'état de guerre », in C. JENART [dir.], *De Grondwet en Jan Velaers, Een vriendschapsgewijze commentaar*, Bruges, la Charte, 2022, pp. 518-521).

(434) L. 10 avril 2003 réglant la suppression des juridictions militaires en temps de paix ainsi que leur maintien en temps de guerre, *M.B.*, 7 mai 2003 (vig. 1er janvier 2004) ; L. 10 avril 2003 réglant la procédure devant les juridictions militaires et adaptant diverses dispositions légales suite à la suppression des juridictions militaires en temps de paix, *M.B.*, 7 mai 2003 (vig. 1er janvier 2004).

(435) Art. 77 de la L. 10 avril 2003 réglant la suppression des juridictions militaires en temps de paix ainsi que leur maintien en temps de guerre (*a contrario*). Voy. N. B. BERNARD, *Défense nationale*, coll. R.P.D.B., Bruxelles, Larcier, 2022, p. 98.

(436) Sur la différence, à cet égard, entre le libellé de la Constitution (« état de guerre ») et celui des lois du 10 avril 2003 (« temps de guerre »), voy. N. B. BERNARD, *Défense nationale*, coll. R.P.D.B., Bruxelles, Larcier, 2022, pp. 81-83.

(437) V. MOYSE et A. DUMOULIN, « Le processus décisionnel belge en matière d'opérations civilo-militaires », *Courrier hebdomadaire du CRISP*, 2011, nos 1-2, p. 25.

(438) Art. 77 de la L. 10 avril 2003 réglant la suppression des juridictions militaires en temps de paix ainsi que leur maintien en temps de guerre.

façon empirique[439], a été consacré normativement par un arrêté royal du 23 août 2014[440]. Il s'agit d'une plateforme de coordination, de concertation et d'échange d'informations réunissant les points de contact des différentes administrations et autorités belges susceptibles d'être intéressées par les questions de justice pénale internationale : Justice, Affaires étrangères, Défense, Office des étrangers, Commissariat général aux réfugiés et aux apatrides, service de protection des témoins de la police fédérale et services de renseignements civils et militaires, notamment[441]. La « BTF ICJ » a ainsi pour objectif de permettre aux acteurs compétents de relayer et d'échanger des informations en lien avec le droit international humanitaire ainsi que la poursuite et le jugement des crimes internationaux[442]. Elle constituerait un modèle du genre au niveau international[443].

Les réunions de la « BTF ICJ » concernent soit des questions transversales se rapportant à la justice pénale internationale, soit un dossier ou un ensemble de dossiers portant sur une problématique particulière[444]. Dans ce dernier cas, il s'agit en particulier de questions relatives à la coopération entre la Belgique et les juridictions pénales internationales, ou à des demandes d'entraide interétatique concernant des allégations de crimes internationaux[445].

La « BTF ICJ » est convoquée et présidée par l'autorité centrale en matière de coopération belge avec les mécanismes pénaux internationaux, soit le service de droit international humanitaire du S.P.F. Justice, en la personne de son chef de service[446].

En précisant que son action ne peut porter préjudice aux compétences attribuées spécifiquement au ministre de la Justice et au ministère public, l'article 14 de l'arrêté royal du 23 août 2014 vise à rappeler que les activités de la « BTF ICJ » ne peuvent avoir pour objet d'influer sur des procédures judiciaires en cours ni porter atteinte au secret de l'instruction[447].

---

(439) A.R. 23 août 2014 portant organisation de la « *Belgian Task Force for International Criminal Justice (BTF ICJ)* », *M.B.*, 5 septembre 2014.
(440) A.R. 23 août 2014 portant organisation de la « *Belgian Task Force for International Criminal Justice (BTF ICJ)* », *M.B.*, 5 septembre 2014.
(441) Art. 1er et art. 2 de l'A.R. 23 août 2014.
(442) Rapports annuels 2015 et 2016 de la *Belgian Task Force for International Criminal Justice*, *Doc. parl.*, Sénat, sess. 2017-2018, n° 6-374/1, p. 5.
(443) Rapports annuels 2015 et 2016 de la *Belgian Task Force for International Criminal Justice*, *Doc. parl.*, Sénat, sess. 2017-2018, n° 6-374/1, p. 3.
(444) Art. 7 et art. 9 de l'A.R. 23 août 2014.
(445) Art. 9, § 1er, de l'A.R. 23 août 2014.
(446) Art. 2, § 1er, et 9, § 1er, de l'A.R. 23 août 2014. Voy. égal. art. 3, § 7, de l'A.R. 17 septembre 2005 relatif à la création d'un service de droit international humanitaire, *M.B.*, 31 mars 2006.
(447) A.R. 23 août 2014, Rapport au Roi. Voy. égal., sur les liens entre la « BTF ICJ » et l'autorité centrale, Conseil d'État, Avis sur un projet d'arrêté royal « portant organisation de la *Belgian Task Force for International Criminal Justice* (BTF ICJ) », n° 56.336/3, 3 juillet 2014, p. 16.

8. La Commission interministérielle de droit humanitaire

70 ▶ **Nature et missions.** Un autre organe de coopération important doit encore être mentionné : la Commission interministérielle de droit humanitaire. Alors que l'action de la « BTF ICJ » concerne spécifiquement la coopération pénale internationale en matière de crimes internationaux, le mandat de la Commission interministérielle s'étend aux questions de mise en œuvre et de développement du droit international humanitaire de façon plus large. En vertu de l'article 1er commun aux quatre Conventions de Genève de 1949, les États parties doivent en effet agir aux fins de « respecter » et de « faire respecter » ces instruments. La chose n'est pas nécessairement aisée en Belgique, dès lors que les compétences de plusieurs niveaux de pouvoir et départements sont concernées. C'est pour faciliter la coordination de ces différents acteurs qu'une Commission interministérielle (qui était initialement dite « interdépartementale ») de droit international humanitaire fut créée par décision du Conseil des ministres du 20 février 1987[448].

Par décision du 23 décembre 1994[449], le Conseil des ministres a clarifié et étendu la mission de la Commission interministérielle, à telle enseigne qu'elle a vocation à faire fonction – en bref – d'organe consultatif permanent du gouvernement pour toutes les questions liées au développement et à la mise en œuvre nationale du droit international humanitaire[450]. Le 6 décembre 2000, un arrêté royal vint consacrer l'existence de la Commission interministérielle[451]. Cet arrêté royal fut modifié en 2016 pour prévoir la publicité de ses rapports annuels et étendre sa composition[452].

71 ▶ **Composition.** La Commission interministérielle est aujourd'hui composée d'un représentant du Premier ministre et d'un représentant pour chacun des membres du gouvernement ayant les attributions suivantes : Affaires

---

(448) A.R. 6 décembre 2000 portant réorganisation de la Commission interdépartementale de droit humanitaire, *M.B.*, 12 décembre 2000, Rapport au Roi.

(449) A.R. 6 décembre 2000 portant réorganisation de la Commission interdépartementale de droit humanitaire, *M.B.*, 12 décembre 2000, Rapport au Roi.

(450) Art. 3 de l'A.R. 6 décembre 2000 portant réorganisation de la Commission interdépartementale de droit humanitaire (*M.B.*, 12 décembre 2000) tel que modifié par l'arrêté royal du 22 juin 2016 modifiant l'arrêté royal du 6 décembre 2000 portant réorganisation de la Commission interdépartementale de droit humanitaire (*M.B.*, 19 août 2016). Voy. sur le sujet Fr. CASIER et A. JANSSENS, « La Commission interministérielle de droit humanitaire de Belgique : un organe consultatif devenu incontournable dans la mise en œuvre et la promotion du droit international humanitaire », *R.I.C.R.*, 2014, vol. 96, pp. 209-227 ; M. OFFERMANS, « La Commission interdépartementale de droit humanitaire de Belgique », *R.I.C.R.*, 1991, vol. 73, pp. 164-177. Voy. égal. la page Internet de la Commission interministérielle, disponible sur https://cidh.be/.

(451) A.R. 6 décembre 2000 portant réorganisation de la Commission interdépartementale de droit humanitaire, *M.B.*, 12 décembre 2000.

(452) A.R. 22 juin 2016 modifiant l'arrêté royal du 6 décembre 2000 portant réorganisation de la Commission interdépartementale de droit humanitaire, *M.B.*, 19 août 2016.

étrangères, Justice, Défense, Sécurité et Intérieur, Santé publique, Coopération au développement et Asile et Migration[453]. Le parquet fédéral, les gouvernements de Communauté et de Région et la Croix-Rouge de Belgique sont également invités à désigner des représentants pour participer aux travaux[454]. Enfin, la Commission interministérielle peut être – et est effectivement – assistée par les experts permanents qu'elle désigne[455].

Section 4.
Les sources du droit applicable

72 ▸ **Schéma et structure.** Si la logique normative des crimes internationaux est complexe et varie pour partie d'une infraction à une autre, on peut poser sommairement qu'elle s'apparente à un mouvement de balancier entre les instruments du droit international, d'une part, et le droit national appelé à mettre en œuvre ces derniers, d'autre part.

Au point de départ, en effet, un crime international suppose en règle une norme internationale primaire – généralement de nature conventionnelle – qui consacre l'interdiction du comportement concerné en tant qu'obligation internationale des États. Bien souvent, les États ne sont pas seulement titulaires d'une obligation négative : ils doivent en outre, en vertu du droit international, lutter activement au sein de leur ordre juridique contre les comportements tombant sous le coup du crime international concerné, en légiférant puis en actionnant les poursuites qui s'imposent. La Convention des Nations unies de 1948 pour la prévention et la répression du crime de génocide[456], par exemple, engage notamment les États à prendre les mesures législatives et sanctions pénales nécessaires (art. V), ainsi qu'à traduire devant leurs tribunaux nationaux les personnes suspectées d'avoir commis une telle infraction (art. VI).

Parfois, à défaut de convention spécifique, la source normative internationale d'un crime international doit plutôt être recherchée dans la coutume. Pour l'heure, il en va ainsi, en particulier, en matière de crimes de contre l'humanité[457].

(453) Art. 4, § 1er, de l'A.R. 6 décembre 2000 tel que modifié par l'arrêté royal du 22 juin 2016 (tous deux précités).
(454) Art. 4, § 2, de l'A.R. 6 décembre 2000 tel que modifié par l'arrêté royal du 22 juin 2016 (tous deux précités).
(455) Art. 6 de l'A.R. 6 décembre 2000 tel que modifié par l'arrêté royal du 22 juin 2016 (tous deux précités).
(456) Nations unies, *Recueil des Traités*, vol. 78, p. 277.
(457) M. SCHARF, « *Aut dedere aut judicare* », in A. PETERS et R. WOLFRUM (dir.), *Max Planck Encyclopedia of Public International Law*, version en ligne, Oxford, OUP, 2008, §§ 6-7.

Dans un second temps, qui constitue le corollaire immédiat du premier, les crimes internationaux ont vocation à être incriminés dans la législation nationale, et le cas échéant à être réprimés par les tribunaux internes. Pour reprendre l'exemple du génocide, la Belgique ayant souscrit à la Convention de 1948[458], il lui revenait de légiférer en la matière. Elle le fit – tardivement – en adoptant la loi du 10 février 1999 relative à la répression des violations graves de droit international humanitaire[459]. Ainsi l'infraction de génocide fut-elle inscrite dans le droit belge (elle l'est actuellement à l'article 136*bis* du Code pénal).

Ce schéma est certes, dans une large mesure, simpliste. Le processus d'émergence et d'ancrage normatif des crimes internationaux répond à une logique qui est moins linéaire et invariable. Pour autant, ce cadre général nous permettra, dans les pages qui suivent, de passer successivement en revue les trois principales sources du droit belge des crimes internationaux : le droit international conventionnel (*infra*, pt 1), le droit international coutumier (*infra*, pt 2) et le droit belge en tant que tel (*infra*, pt 3).

1. Le droit international conventionnel

73 ▶ **Illustrations.** Le droit international pénal puise sa source première dans les traités. Peuvent ainsi être évoqués, parmi les instruments les plus directement pertinents en la matière :

— la Convention des Nations unies du 9 décembre 1948 pour la prévention et la répression du crime de génocide ;

— les quatre Conventions de Genève du 12 août 1949 ;

— la Convention européenne du 25 janvier 1974 sur l'imprescriptibilité des crimes contre l'humanité et des crimes de guerre ;

— le premier Protocole additionnel du 8 juin 1977 aux Conventions de Genève du 12 août 1949 relatif à la protection des victimes des conflits armés internationaux ;

— le deuxième Protocole additionnel du 8 juin 1977 aux Conventions de Genève du 12 août 1949 relatif à la protection des victimes des conflits armés non internationaux ;

— le Statut de Rome de la Cour pénale internationale du 17 juillet 1998 ;

(458) Voy. la L. 26 juin 1951 portant approbation de la Convention internationale pour la prévention et la répression du crime de génocide, adoptée à Paris le 9 décembre 1948, par l'Assemblée générale des Nations unies, au cours de sa troisième session, *M.B.*, 11 janvier 1952 (vig. 21 janvier 1952).
(459) *M.B.*, 23 mars 1999 (vig. 2 avril 1999).

— l'amendement du 10 juin 2010 à l'article 8 du Statut de Rome de la Cour pénale internationale (ajout des points xiii), xiv), et xv), à l'article 8, paragraphe 2, e), du Statut) ;
— les amendements du 11 juin 2010 au Statut de Rome de la Cour pénale internationale relatifs au crime d'agression ;
— l'amendement du 14 décembre 2017 à l'article 8 du Statut de Rome de la Cour pénale internationale (ajout du point xxvii), à l'article 8, paragraphe 2, b), et du point xvi), à l'article 8, paragraphe 2, e), du Statut – armes qui utilisent des agents microbiens ou autres agents biologiques, ainsi que des toxines) ;
— l'amendement du 14 décembre 2017 à l'article 8 du Statut de Rome de la Cour pénale internationale (ajout du point xxviii), à l'article 8, paragraphe 2, b), et du point xvii), à l'article 8, paragraphe 2, e), du Statut – armes ayant comme principal effet de blesser par des éclats qui ne sont pas localisables par rayons X dans le corps humain) ;
— l'amendement du 14 décembre 2017 à l'article 8 du Statut de Rome de la Cour pénale internationale (ajout du point xxix), à l'article 8, paragraphe 2, b), et du point xviii), à l'article 8, paragraphe 2, e), du Statut – armes à laser aveuglantes) ; et
— l'amendement du 6 décembre 2019 à l'article 8 du Statut de Rome de la Cour pénale internationale (ajout du point xix), à l'article 8, paragraphe 2, e), du Statut – fait d'affamer délibérément des civils).

Outre ces conventions – qui, selon les cas, touchent à un thème bien spécifique ou sont principalement conçues pour donner compétence à la Cour pénale internationale –, mention doit être faite d'un projet plus transversal, initié dès après la Deuxième Guerre mondiale, de consolidation des crimes internationaux tels qu'ils se sont développés au départ du procès de Nuremberg[460]. Si cette initiative ne déboucha pas sur l'adoption d'une véritable convention, elle conduisit à la présentation, par la Commission du droit international, en 1996, d'un Projet de code des crimes contre la paix et la sécurité de l'humanité[461]. Ce Projet compte 20 articles et incrimine l'agression (art. 16), le génocide (art. 17), les crimes contre l'humanité (art. 18), les crimes contre le personnel des Nations unies et le personnel associé (art. 19) et les crimes de guerre (art. 20)[462].

---

(460) A.-M. LA ROSA, *Dictionnaire de droit international pénal*, Genève, Graduate Institute Publications, 1998, pp. 14-16.
(461) Projet de code des crimes contre la paix et la sécurité de l'humanité, adopté par la Commission du droit international à sa quarante-huitième session, en 1996, et soumis à l'Assemblée générale dans le cadre de son rapport sur les travaux de ladite session (*Annuaire de la Commission du droit international*, 1996, vol. II(2)).
(462) J. ALLAIN et J. JONES, « A Patchwork of Norms: A Commentary on the 1996 Draft Code of Crimes against the Peace and Security of Mankind », *EJIL*, 1997, vol. 1, pp. 100-117.

74 ▶ **Mise en œuvre en droit interne – Applicabilité immédiate.** Les questions liées à l'accueil et à la mise en œuvre du droit international dans l'ordre juridique interne sont complexes et source de nombreuses discussions[463]. Il est toutefois certain que la mobilisation d'un traité (entré en vigueur au niveau international et à l'égard de la Belgique) par les juges nationaux suppose, d'abord et avant tout, que ledit traité ait fait l'objet d'une *réception* formelle dans l'ordre juridique interne[464]. L'on dit alors parfois du traité concerné qu'il justifie d'une « applicabilité immédiate » en Belgique[465]. En pratique, en Belgique, ceci passe par l'assentiment parlementaire prévu aux articles 167, paragraphes 2 et 3, de la Constitution[466].

Parmi les traités cités au numéro précédent, il a ainsi été porté assentiment à la Convention des Nations unies pour la prévention et la répression du crime de génocide[467], aux quatre Conventions de Genève de 1949[468], à la Convention européenne sur l'imprescriptibilité des crimes contre l'humanité et des crimes de guerre[469], aux deux premiers Protocoles additionnels aux Conventions de Genève[470], au Statut de Rome de la Cour pénale

(463) S'agissant du droit international pénal en particulier, voy. l'étude détaillée de W. FERDINANDUSSE, *Direct Application of International Criminal Law in National Courts*, La Haye, Asser, 2006, 338 p. S'agissant de la position belge à l'égard du droit international général, voy. Fr. DOPAGNE, « Engagement of Belgian Courts with International Law », in A. NOLLKAEMPER, Y. SHANY et A. TZANAKOPOULOS (dir.), *The Engagement of Domestic Courts with International Law*, Oxford, OUP, 2024, pp. 209-226.

(464) H. BRIBOSIA, « Applicabilité directe et primauté des traités internationaux et du droit communautaire. Réflexions générales sur le point de vue de l'ordre juridique belge », *R.B.D.I.*, 1996, n° 1, pp. 33-89.

(465) Voy., soulignant le risque d'ambiguïté lié au recours à cette expression, Fr. AUVRAY, « La violation d'un traité est-elle une faute ? Incidence de l'absence d'effet direct sur la responsabilité extracontractuelle de l'État », *J.T.*, 2019, n° 6756, p. 23.

(466) J. WOUTERS et D. VAN EECKHOUTTE, « Doorwerking van het internationaal recht in de Belgische rechtsorde: een overzicht van bronnen en instrumenten », in J. WOUTERS et D. VAN EECKHOUTTE (dir.), *Doorwerking van internationaal recht in de Belgische rechtsorde*, Anvers, Intersentia, 2006, pp. 6-12.

(467) L. 26 juin 1951 portant approbation de la Convention internationale pour la prévention et la répression du crime de génocide, adoptée à Paris le 9 décembre 1948, par l'Assemblée générale des Nations unies, au cours de sa troisième session, *M.B.*, 11 janvier 1952 (vig. 21 janvier 1952).

(468) L. 3 septembre 1952 portant approbation des [quatre Conventions] signées à Genève le 12 août 1949, *M.B.*, 26 septembre 1952.

(469) L. 27 février 2003 portant assentiment à la Convention européenne sur l'imprescriptibilité des crimes contre l'humanité et des crimes de guerre, faite à Strasbourg le 25 janvier 1974, *M.B.*, 30 juillet 2003 (vig. 9 août 2003).

(470) L. 16 avril 1986 portant approbation des [deux Protocoles additionnels aux Conventions de Genève du 12 août 1949] adoptés à Genève le 8 juin 1977, *M.B.*, 7 novembre 1986.

internationale[471], à ses amendements de 2010[472], ainsi qu'à ses amendements de 2017 et de 2019[473].

75 **Mise en œuvre en droit interne – Effet direct.** La réception, ou l'applicabilité immédiate, d'un traité international en droit belge n'est pas tout. Pour être susceptible de sortir ses effets dans l'ordre juridique interne, encore faut-il que la disposition conventionnelle concernée bénéficie d'un effet direct, ou encore d'un caractère « *self-executing* », c'est-à-dire qu'elle soit intrinsèquement propre à créer des droits ou des obligations pour les particuliers[474].

Dès son arrêt *Thonon*, la Cour de cassation enseigna à ce titre que « [l'effet direct] d'un traité envers les nationaux de l'État qui l'a conclu implique que l'obligation assumée par cet État soit exprimée d'une manière complète et précise et que les parties aient eu l'intention de donner au traité l'objet de conférer des droits subjectifs ou d'imposer des obligations aux individus »[475].

Sur la base de cet arrêt, la doctrine attache habituellement deux conditions à l'effet direct de la norme conventionnelle : une condition objective (le caractère suffisamment complet et précis de la norme) et une condition subjective (l'intention des parties au traité de conférer des droits ou d'imposer des obligations aux individus)[476] – même s'il est admis que, sous l'influence du droit européen, la seconde tend à perdre en importance au profit de la première[477].

(471) L. 25 mai 2000 portant assentiment au Statut de Rome de la Cour pénale internationale, fait à Rome le 17 juillet 1998, *M.B.*, 1er décembre 2000 (vig. 11 décembre 2000).

(472) L. 22 novembre 2013 portant assentiment aux Amendements au Statut de Rome de la Cour pénale internationale relatifs au crime d'agression, adoptés à Kampala le 11 juin 2010 lors de la Conférence de révision du Statut de Rome, *M.B.*, 3 mars 2014 (vig. 26 novembre 2014) ; L. 22 novembre 2013 portant assentiment à l'Amendement à l'article 8 du Statut de Rome de la Cour pénale internationale, adopté à Kampala le 10 juin 2010 lors de la Conférence de révision du Statut de Rome, *M.B.*, 3 mars 2014 (vig. 26 novembre 2014).

(473) L. 2 juin 2024 portant assentiment aux amendements à l'article 8-2-b) et e) du Statut de Rome de la Cour pénale internationale, adoptés par consensus le 14 décembre 2017, par la Résolution ICC-ASP/16/Res.4, lors de la 12ème séance plénière de la 16ème session de l'Assemblée des États Parties au Statut de Rome, et à l'amendement à l'article 8-2-e) du Statut de Rome de la Cour pénale internationale, adopté par consensus le 6 décembre 2019, par la Résolution ICC-ASP/18/Res.5, lors de la 9ème séance plénière de la 18ème session de l'Assemblée des États Parties au Statut de Rome, *M.B.*, 28 août 2024 (vig. 7 septembre 2024).

(474) Fr. DOPAGNE, « L'effet direct est-il une condition de la primauté du droit international sur le droit belge ? », *R.B.D.I.*, 2012, n° 2, p. 463.

(475) Cass., 21 avril 1983, *J.T.*, 1984, p. 212.

(476) W. J. GANSHOF VAN DER MEERSCH, « Le juge belge et le droit international », *R.B.D.I.*, 1970, n° 2, pp. 421-431 ; M. WAELBROEK, « Portée et critères de l'applicabilité directe des traités internationaux », *R.C.J.B.*, 1985, n° 1, pp. 27-42 ; E. CLAES et A. VANDAELE, « L'effet direct des traités internationaux. Une analyse en droit positif et en théorie du droit axée sur les droits de l'homme », *R.B.D.I.*, 2001, n° 2, pp. 411-491.

(477) Fr. AUVRAY, « La violation d'un traité est-elle une faute ? Incidence de l'absence d'effet direct sur la responsabilité extracontractuelle de l'État », *J.T.*, 2019, n° 6756, p. 23.

En pratique, faut-il voir, dans les principales conventions précitées, des normes pénales internationales bénéficiant d'un effet direct en Belgique (et dans les autres ordres juridiques nationaux) ? Si le débat demeure ouvert et les pratiques nationales variables[478], les commentateurs tendent à estimer que la plupart des dispositions de ces instruments pénaux internationaux sont dépourvues de caractère *self-executing* et ne peuvent dès lors, en l'absence de législation nationale de mise en œuvre, suffire à asseoir une incrimination et à y associer une peine[479]. Les principes de légalité et de prévisibilité de la loi pénale sont souvent centraux dans le raisonnement – même si, en soi, la règle *nullum crimen, nulla poena sine lege* ne s'oppose pas à ce qu'une infraction trouve sa source dans une norme de droit international (pourvu que cette dernière soit suffisamment claire et précise)[480].

76 ► **Mise en œuvre en droit interne – Effet direct du Statut de Rome en particulier (non).** S'agissant du Statut de Rome en particulier, le constat de l'absence d'effet direct nous paraît conforté par la nature même de cet instrument qui, d'abord et avant tout, vise à donner compétence à une juridiction spécifique qu'est la Cour pénale internationale[481]. Ainsi, pour peu que l'élément subjectif traditionnellement associé à l'effet direct des traités conserve quelque pertinence, il nous paraît difficile d'affirmer que les États, en adoptant le Statut de Rome, auraient eu pour intention de conférer des droits ou d'imposer des obligations aux individus dans l'ordre juridique belge (ce qui n'est pas à dire que les dispositions du Statut ne peuvent refléter, par ailleurs, des normes

(478) R. CRYER, D. ROBINSON et S. VASILIEV, *An Introduction to International Criminal Law and Procedure*, 4e éd., Cambridge, CUP, 2019, p. 78 ; L. ZEGVELD, « Remedies for Victims of Violations of International Humanitarian Law », *R.I.C.R.*, 2003, vol. 85, pp. 507-513.

(479) Chr. VAN DEN WYNGAERT, « Le droit pénal belge et la répression des délits internationaux : problèmes légaux surgissant de la mise en œuvre de délits internationaux », *R.D.P.C.*, 1988, n° 6, p. 603 ; A. ANDRIES, « *De maximis non curat praetor.* Le droit pénal des conflits armés : un droit sans tribunal », in *Liber amicorum Jules D'Haenens*, Gand, Mys et Breesch, 1993, p. 9 ; A. ANDRIES, « Genèse et enjeux du droit pénal et des conflits armés », *Rev. dr. mil.*, 1997, vol. 36, p. 108 ; D. VANDERMEERSCH, « Violations graves des droits de l'homme (crimes internationaux) et compétence pénale universelle », in J.-F. FLAUSS (dir.), *La protection internationale des droits de l'homme et les droits des victimes*, Bruxelles, Bruylant, 2009, p. 131. *Contra*, s'agissant des infractions graves énoncées par les Conventions de Genève, voy. F. DAVID, « Le droit international humanitaire devant les juridictions nationales », in J.-F. FLAUSS (dir.), *Les nouvelles frontières du droit international humanitaire*, Bruxelles, Bruylant et Nemesis, 2003, p. 142.

(480) Selon l'article 7, § 1er, de la CEDH, p. ex., « [n]ul ne peut être condamné pour une action ou une omission qui, au moment où elle a été commise, ne constituait pas une infraction d'après le droit national *ou international* » (nos italiques).

(481) C'est également l'avis du Conseil d'État. Voy. ainsi son Avis sur un projet de loi portant assentiment au Statut de Rome de la Cour pénale internationale, fait à Rome le 17 juillet 1998, n° 28.936/2, 21 avril 1999, p. 16 (observant que le Statut « n'empêch[e] pas le ministère public belge d'engager des poursuites et le juge belge de condamner pour crime de guerre sans être liés par [un texte] qui ne concerne que la compétence de la Cour [pénale internationale] ». Pour un raisonnement comparable s'agissant du Règlement de procédure et de preuve du TPIR, voy. Cass., 9 janvier 2002, R.G. n° P.01.1035.F, *Pas.*, 2002, n° 17.

susceptibles de revêtir un caractère coutumier[482], propre alors à les rendre applicables, à cet autre titre, en Belgique[483]).

Dans le cadre de l'affaire *F. N.*, ou « Rwanda V », cette question a donné lieu à d'intéressantes discussions. À l'appui de son pourvoi en cassation, l'accusé relevait en effet qu'aux termes des Éléments des crimes de la Cour pénale internationale – instrument qui vient préciser le contenu de chacun des crimes énoncés par le Statut de Rome[484] –, l'infraction de génocide réclame, outre les éléments constitutifs traditionnellement reconnus dans la pratique pénale internationale, un « plan génocidaire »[485]. Partant de ce constat, l'accusé et demandeur en cassation reprochait à la cour d'assises de l'avoir reconnu coupable sans avoir eu égard à cet élément constitutif, c'est-à-dire, à son avis, en étendant les contours du crime de génocide et en méconnaissant la portée de l'article 6 du Statut de Rome.

Pour écarter le moyen, la Cour de cassation constata que le fondement de l'infraction reprochée à l'accusé ne devait pas être recherché dans le Statut de Rome, mais bien dans l'article 136*bis* du Code pénal, et que l'exigence de « plan génocidaire » était étrangère à cette dernière disposition[486]. Faut-il y voir, comme l'avançait le demandeur, une violation de l'article 6 du Statut de Rome (tel que clarifié par les Éléments des crimes) ? Nous ne le pensons pas car, s'il est incontestable que la règle de droit international (ici l'article 6 du Statut) a vocation à primer la loi interne (ici l'article 136*bis* du Code pénal)[487], encore faut-il qu'un conflit existe entre l'une et l'autre. Il ne nous paraît pas que tel était le cas en l'espèce dès lors que la disposition conventionnelle en cause ne bénéficie pas, selon nous, d'un effet direct dans l'ordre juridique belge : comme l'article 136*bis* du Code pénal définit la compétence des juridictions belges en matière de génocide, l'article 6 du Statut de Rome se borne à préciser celle de la Cour pénale internationale. En d'autres termes, à notre avis, l'article 6 du Statut a, en tant que tel, pour seule ambition de délimiter la compétence matérielle de la Cour pénale internationale, sans imposer d'obligations ni conférer

(482) *Infra*, n° 77.
(483) Voy., *mutatis mutandis*, E. DAVID, *Éléments de droit pénal international et européen*, vol. 2, 2e éd., Bruxelles, Bruylant, 2018, p. 1555 (observant que « le caractère non directement applicable de la répression conventionnelle [du génocide par la Convention du 9 décembre 1948] n'exclut pas l'effet direct de l'incrimination fondée sur le droit de Nuremberg »).
(484) L'existence des Éléments des crimes est fondée sur les articles 9 et 21, § 1er, a), du Statut de Rome.
(485) On doit l'expression à la CPI, *Le Procureur c. Al Bashir*, ICC-02/05-01/09-3-tFRA, Ch. prélim. I, Décision relative à la requête de l'Accusation aux fins de délivrance d'un mandat d'arrêt à l'encontre d'Omar Hassan Ahmad Al Bashir, 4 mars 2009, § 119.
(486) Cass., 27 mai 2020, R.G. n° P.20.0146.F, *R.D.P.C.*, 2020, p. 959. Dans un même ordre d'idées, voy. Cass., 12 février 2003, R.G. n° P.02.1139.F, *Pas.*, 2003, n° 98, *J.T.*, 2003, p. 243, avec concl. M.P. (constatant que l'article 27 du Statut de Rome, qui dispose que les immunités ne font pas obstacle à la poursuite de leurs titulaires, ne concerne que la Cour pénale internationale et est étranger à l'ordre juridique belge).
(487) Cass., 27 mai 1971, *Pas.*, 1971, I, p. 886, avec concl. M.P.

de droits aux individus qui soient propres à être mis en œuvre de façon directe par les juridictions belges[488].

Insistons sur le fait qu'à notre avis, l'absence d'effet direct de l'article 6 du Statut de Rome est sans influence sur le caractère éventuellement – et en l'espèce indubitablement – coutumier de l'interdiction générale du génocide qu'elle renferme[489]. Rien ne permettait toutefois à la Cour de cassation de penser que l'exigence de « plan génocidaire », spécifiquement réclamée dans le système de la Cour pénale internationale pour constituer un tel crime, bénéficiât, elle aussi, d'une telle portée coutumière[490].

77 ▶ **Influence du Statut de Rome sur le droit interne.** Ceci n'est certainement pas à dire que le Statut de Rome de la Cour pénale internationale serait sans influence sur le droit des crimes internationaux tel que mis en œuvre à l'échelon national.

D'abord et avant tout, certaines dispositions du Statut de Rome révèlent indiscutablement des règles de nature coutumière[491]. Celles-ci ont alors vocation, le cas échéant[492], à être appliquées en Belgique à ce titre.

Au demeurant, bien qu'il ne s'agisse pas à strictement parler d'une obligation qui découlerait du Statut de Rome[493], le principe de complémentarité emporte certainement une invitation implicite, destinée aux États parties, à incorporer les crimes internationaux dans leur droit national[494]. Si tous ne

(488) Voy., égal. en ce sens, Bruxelles (mis. acc.), 19 septembre 2022, n° 3813, inédit, p. 11 (« [s]i les infractions de droit international humanitaire s'apprécient à la lumière du droit pénal international (et donc du Statut de Rome), c'est le Code pénal belge qui s'applique, et non directement le Statut »).

(489) *Infra*, n° 172.

(490) Voy. ce que nous écrivions plus en détail in « À propos des fondements et éléments constitutifs du crime de génocide », *R.D.P.C.*, 2020, n°s 9-10, pp. 971-973. Eût-ce même été le cas, la solution n'aurait, nous semble-t-il, pas dû être différente. En effet, la solution retenue par le Code pénal – soit l'absence de condition de plan génocidaire – est moins restrictive (c'est-à-dire plus répressive) que l'article 6 du Statut de Rome. Or, l'esprit du droit international pénal ne nous paraît pas s'opposer à ce que les États décident de favoriser, dans leur ordre juridique interne, des définitions plus amples des crimes internationaux que celles prévues par le droit international conventionnel ou, ici, coutumier (voy. dans cet esprit E. DAVID, « Les conséquences de la Cour pénale internationale pour la répression en droit belge », in H. D. BOSLY *et al.* [dir.], *Actualité du droit international humanitaire*, Bruges, la Charte, 2001, p. 83 et encore p. 85).

(491) Voy. Y. TAN, *The Rome Statute as Evidence of Customary International Law*, La Haye, Brill/Nijhoff, 2021, 420 p.

(492) *Infra*, n° 79.

(493) P. AKHAVAN, « Whither National Courts? The Rome Statute's Missing Half: Towards an Express and Enforceable Obligation for the National Repression of International Crimes », *J.I.C.J.*, 2010, vol. 8, pp. 1248-1250 ; O. BEKOU, « Crimes at Crossroads: Incorporating International Crimes at the National Level », *J.I.C.J.*, 2012, vol. 10, p. 678. *Contra*, voy. E. DAVID, « Les conséquences de la Cour pénale internationale pour la répression en droit belge », in H. D. BOSLY *et al.* (dir.), *Actualité du droit international humanitaire*, Bruges, la Charte, 2001, p. 82, p. 84 et encore p. 92.

(494) D. VANDERMEERSCH, « Droit belge », in A. CASSESE et M. DELMAS-MARTY (dir.), *Juridictions nationales et crimes internationaux*, Paris, PUF, 2002, p. 81 ; K. DOHERTY et Th. MCCORMACK, « Complementarity as a Catalyst for Comprehensive Domestic Penal Legislation », *U. C. Davis Journal of International Law & Policy*, 1999, vol. 5, pp. 147-180. Voy. égal. Exposé des motifs,

saisissent pas cette invitation, le Statut de Rome a clairement eu pour effet de (re)donner, ces dernières années, une certaine place aux violations graves du droit humanitaire et des droits humains au sein des agendas législatif et judiciaire nationaux[495]. En Belgique, par exemple, l'introduction des crimes de génocide et contre l'humanité dans le Code pénal, par la loi du 10 février 1999, est le fruit avoué de la volonté belge de ratifier le Statut de Rome[496]. Depuis lors, les dispositions pertinentes du Code pénal ont encore été ajustées pour continuer d'intégrer les évolutions propres à la Cour pénale internationale[497].

Du reste, l'influence du Statut de Rome sur la sphère interne est parfois plus indirecte. Il arrive en effet que nos juridictions, appelées à appliquer le droit international humanitaire ou certains champs juridiques voisins, s'inspirent de ou s'en réfèrent directement à l'acquis de la Cour pénale internationale. Dans plusieurs décisions, par exemple, les juridictions belges ont convoqué l'article 8 du Statut de Rome (relatif aux crimes de guerre) aux fins d'éclairer – avec plus ou moins de succès[498] – la notion de « conflit armé » inscrite à l'actuel article 141*bis* du Code pénal[499]. Ainsi, le Statut de Rome et la jurisprudence de la Cour pénale internationale ont vocation à constituer, *a minima*, un guide interprétatif particulièrement utile pour la compréhension et la mise en œuvre des crimes internationaux dans l'ordre juridique national.

2. Le droit international coutumier

78 ▶ **Notion.** La coutume est une source non écrite du droit international dont les deux éléments essentiels – la pratique constante et uniforme des États (élément matériel) et l'*opinio juris* (élément subjectif) – ont été empruntés à la jurisprudence de la Cour suprême des États-Unis[500] et articulés par la

---

Doc. parl., Sénat, sess. 1999-2000, n° 2-329/1, p. 7 (évoquant la mise en concordance du droit national comme « conséquence logique de la règle de la complémentarité »).

(495) S. VASILIEV, « National Prosecution of International Crimes », in R. CRYER, D. ROBINSON et S. VASILIEV, *An Introduction to International Criminal Law and Procedure*, 4e éd., Cambridge, CUP, 2019, pp. 80-81.

(496) Rapport fait au nom de la commission de la Justice, *Doc. parl.*, Sénat, sess. 1998-1999, n° 1-749/3, p. 14.

(497) Voy. ainsi l'article 72 de la L. 5 mai 2019 portant des dispositions diverses en matière pénale et en matière de cultes, et modifiant la loi du 28 mai 2002 relative à l'euthanasie et le Code pénal social.

(498) Voy. not. Ph. JACQUES et R. VAN STEENBERGHE, « L'article 141*bis* du Code pénal : première application dans l'affaire du PKK. À propos de l'interaction entre la législation antiterroriste et le droit international humanitaire », *J.T.*, 2019, n° 6763, pp. 178-181.

(499) Voy. p. ex. Corr. Bruxelles fr. (70e ch.), 6 novembre 2015, n° 4601, inédit, p. 10. Voy. *infra*, n° 252.

(500) Cour suprême des États-Unis, *The Paquete Habana*, 175 U.S. 677, 8 janvier 1900.

Cour internationale de justice dans les affaires du *Plateau continental de la mer du Nord*[501].

Le droit coutumier prête le flanc à de nombreux débats et incertitudes, qui tiennent notamment à la place et au poids respectif des éléments matériel et subjectif dans son processus de formation[502]. La littérature échoue en effet à s'accorder sur l'importance respective de ces deux éléments constitutifs. Certains relativisent la portée de l'*opinio juris*, préférant à celle-ci un examen objectif de la pratique concrète des États[503]. D'autres voient au contraire dans l'élément subjectif – c'est-à-dire la conscience, par les États, du fait d'être liés par une obligation juridique – le cœur intellectuel de la coutume[504].

Cette dernière tendance, majoritaire dans la littérature contemporaine[505], est aujourd'hui rejointe par la Cour internationale de justice. Alors que son approche traditionnelle, révélée dans les affaires du *Plateau continental de la mer du Nord* susmentionnées, accordait une importance équivalente à l'un et l'autre élément, depuis l'arrêt rendu dans l'affaire *Nicaragua*[506], l'*opinio juris* – tel que mis en évidence, notamment, par le contenu des résolutions de l'Assemblée générale des Nations unies – constitue, aux yeux de la Cour, l'élément central dans la méthode de détermination du droit coutumier[507].

79 ▶ **Mise en œuvre en droit interne.** La question de la réception du droit coutumier en Belgique ne se pose pas dans les mêmes termes que pour les traités. L'exigence d'assentiment parlementaire ne pouvant se concevoir s'agissant de droit non écrit, il est admis que la coutume s'applique automatiquement dans

---

(501) CIJ, *Plateau continental de la mer du Nord (République fédérale d'Allemagne c. Danemark ; République fédérale d'Allemagne c. Pays-Bas)*, arrêt du 20 février 1969, § 77.

(502) Voy. à ce sujet M. H. Mendelson, « The Formation of Customary International Law », *Recueil des cours de l'Académie de droit international de La Haye*, 1998, vol. 272, pp. 170-171.

(503) Voy. not. H. Kelsen, « Théorie du droit international coutumier », *Revue internationale de la théorie du droit*, 1939, vol. 10, repris in C. Leben, *Hans Kelsen : écrits français de droit international*, Paris, PUF, 2001, pp. 72-73 ; B. Simma et Ph. Alston, « The Sources of Human Rights Law: Custom, *Jus Cogens*, and General Principles », *Australian Yearbook of International Law*, 1988-1989, vol. 12, p. 107.

(504) Voy. not. A. A. Cançado Trindade, *International Law for Humankind: Towards a New Jus Gentium*, La Haye, Martinus Nijhoff, 2013, pp. 137-138.

(505) Voy. O. De Schutter, « Human Rights and the Rise of International Organisations: The Logic of Sliding Scale in the Law of International Responsibility », in J. Wouters *et al.* (dir.), *Accountability for Human Rights Violations by International Organisations*, Anvers, Intersentia, 2010, p. 70.

(506) CIJ, *Activités militaires et paramilitaires au Nicaragua et contre celui-ci (Nicaragua c. États-Unis d'Amérique)*, arrêt du 27 juin 1986, §§ 184-192.

(507) Th. Meron, *Human Rights and Humanitarian Norms as Customary Law*, Oxford, Clarendon, 1989, pp. 107 et 113. Pour une critique de cette jurisprudence, voy. not. S. Talmon, « Determining Customary International Law: The ICJ's Methodology between Induction, Deduction and Assertion », *EJIL*, 2015, vol. 26, pp. 417-443.

l'ordre juridique belge. « *International law is part of the law of the land* »[508], porte la maxime anglo-saxonne, à laquelle souscrivait déjà la Cour de cassation au début du siècle dernier[509].

Il reste qu'à l'instar du traité, la coutume, pour sortir ses effets dans l'ordre juridique interne à l'égard de particuliers[510], doit être dotée d'un effet direct. Cette exigence, incontestée en théorie[511], semble toutefois donner lieu en pratique à un examen assez souple – voire purement implicite – de la part des cours et tribunaux belges.

Dans le cadre de l'affaire *Sharon & Yaron*[512], par exemple, pour confirmer – quoique pour un autre motif – la décision par laquelle la chambre des mises en accusation de Bruxelles avait, le 26 juin 2002[513], déclaré irrecevables les poursuites à l'encontre de l'ex-Premier ministre israélien Sharon, la Cour de cassation s'appuya sur le « principe de droit pénal coutumier international » s'opposant « à ce que les chefs d'État et de gouvernement en exercice puissent [...] faire l'objet de poursuites devant les juridictions pénales d'un État étranger »[514]. L'effet direct de cette règle de droit coutumier n'est toutefois pas constaté explicitement.

---

(508) D. Van Eeckhoutte et J. Wouters, « Le droit international devant le juge belge », *Revue belge de droit constitutionnel*, 2013, n° 3, p. 303 ; E. David, « Le droit international humanitaire devant les juridictions nationales », in J.-F. Flauss (dir.), *Les nouvelles frontières du droit international humanitaire*, Bruxelles, Bruylant et Nemesis, 2003, p. 140 ; A. Henkes, « La Cour de cassation et la coutume internationale – Des agressions territoriales aux immunités d'États – Propos d'actualité », Mercuriale prononcée à l'occasion de la rentrée judiciaire de la Cour de cassation, 2022, p. 28, disponible sur https://www.cass.be/Mercuriales.html.

(509) Cass., 25 janvier 1906, *Pas.*, 1906, I, p. 109.

(510) La question de savoir si l'effet direct conditionne la possibilité, pour un État ou une organisation internationale, d'invoquer une règle coutumière à son profit est plus complexe. Voy. l'analyse de Fr. Dopagne, « L'effet direct est-il une condition de la primauté du droit international sur le droit belge ? », *R.B.D.I.*, 2012, n° 2, pp. 463-471.

(511) D. Van Eeckhoutte et J. Wouters, « Le droit international devant le juge belge », *Revue belge de droit constitutionnel*, 2013, n° 3, p. 315 ; A. Henkes, « La Cour de cassation et la coutume internationale – Des agressions territoriales aux immunités d'États – Propos d'actualité », Mercuriale prononcée à l'occasion de la rentrée judiciaire de la Cour de cassation, 2022, pp. 31-33 et encore p. 43, disponible sur https://www.cass.be/Mercuriales.html.

(512) Voy. généralement D. Hurwitz, « Universal Jurisdiction and the Dilemmas of International Criminal Justice: The *Sabra and Shatila* Case in Belgium », in D. Hurwitz, M.-L. Satterthwaite et D. Ford (dir.), *Human Rights Advocacy Stories*, Eagan, Foundation Press, 2009, pp. 267-314.

(513) Bruxelles (mis. acc.), 26 juin 2002, *J.T.*, 2002, p. 539.

(514) Cass., 12 février 2003, R.G. n° P.02.1139.F, *Pas.*, 2003, n° 98, *J.T.*, 2003, p. 243, avec concl. M.P. Voy. J. Kirkpatrick, « À propos de l'arrêt de la Cour de cassation du 12 février 2003 relatif à la compétence universelle de la justice pénale belge en matière de violations graves du droit international humanitaire et à l'immunité de juridiction des chefs d'État et de gouvernement étrangers », *Journal des procès*, 2003, n° 455, pp. 16-23 ; H. Panken, C. Ryngaert et D. Van Eeckhoutte, « Het arrest *Sharon* van het Hof van Cassatie: bouwstenen voor de verdere rol van universele jurisdictie, internationale immuniteiten en de doorwerking van het internationaal gewoonterecht », *R.B.D.I.*, 2004, vol. 37, pp. 211-254.

L'ordonnance du 6 novembre 1998, par laquelle le juge d'instruction Vandermeersch reconnut sa compétence en lien avec la plainte déposée contre l'ancien président chilien Pinochet, est un peu plus explicite. Elle nous semble toutefois suggérer, là encore, à certains égards, que le caractère coutumier d'une règle emporterait automatiquement son effet direct :

> « La question doit être posée ici de savoir si l'incrimination de crime contre l'humanité, telle que consacrée en droit international, doit être considérée comme applicable directement dans notre ordre juridique interne. [...] Si l'on admet que la coutume résulte d'une pratique où les États concernés montrent qu'ils ont le sentiment de se conformer à ce qui équivaut à une règle juridique, l'incrimination du crime contre l'humanité apparaît comme coutumière. [...] Le droit coutumier international est une source de droit international au même titre que le traité et elle peut s'appliquer directement dans l'ordre juridique belge [...] »[515].

Pourrait encore être cité, un arrêt du 10 novembre 2022 rendu (par défaut) dans l'affaire des crimes contre l'humanité commis à l'encontre de missionnaires belges au *Guatemala*. Pour les besoins de cette décision de renvoi à la cour d'assises, la chambre des mises en accusation de la cour d'appel de Bruxelles s'est appuyée sur la figure de l'entreprise criminelle commune[516]. Celle-ci étant inconnue du droit belge, on doit supposer – l'arrêt étant silencieux sur ce point – que les magistrats ont vu, dans ce mode de responsabilité issu d'une certaine pratique pénale internationale[517], une règle de droit international coutumier qui serait dotée d'un effet direct en droit belge.

Quoi qu'il en soit, en dépit de l'applicabilité automatique du droit international coutumier (ayant un effet direct) dans l'ordre juridique belge, il est clair que le législateur tend en pratique, par souci de sécurité juridique, à mettre – le plus souvent – le droit belge en conformité explicite avec la coutume internationale[518]. Après l'arrêt de la Cour internationale de justice dans l'affaire

---

(515) J.I. Bruxelles, 6 novembre 1998, *R.D.P.C.*, 1999, p. 286. Voy. à ce sujet J. Goffin *et al.*, « La mise en œuvre du droit pénal international dans l'ordre juridique belge : perspectives au regard de l'ordonnance du 6 novembre 1998 », *Rev. dr. étr.*, 1999, n° 104, pp. 413-437 ; J. Burnéo Labrin et H. D. Bosly, « L'extradition pour crime contre l'humanité d'un ancien chef d'État étranger », *R.D.P.C.*, 1999, n° 2, pp. 278-290 ; J. Verhoeven, « M. Pinochet, la coutume internationale et la compétence universelle », *J.T.*, 1999, n° 5924, pp. 311-318 ; A. Bailleux, *La compétence universelle au carrefour de la pyramide et du réseau : de l'expérience belge à l'exigence d'une justice pénale transnationale*, Bruxelles, Bruylant, 2005, pp. 34-37.

(516) Bruxelles (mis. acc.), 10 novembre 2022, inédit.

(517) Voy. p. ex. L. Yanev, « Joint Criminal Enterprise », in J. de Hemptinne, R. Roth et E. van Sliedregt (dir.), *Modes of Liability in International Criminal Law*, Oxford, OUP, 2019, pp. 121-170.

(518) N. Colette-Basecqz et N. Blaise, *Manuel de droit pénal général*, 4e éd., Limal, Anthemis, 2019, p. 665. Pour un examen détaillé du procédé et de ses effets sur l'action judiciaire, voy. N. Angelet, « Le pouvoir judiciaire face aux dispositions législatives incorporant des règles de la coutume internationale », *R.B.D.I.*, 2012, n° 2, pp. 452-462.

Yerodia[519], par exemple, le législateur aurait pu se contenter d'abroger – voire même pas[520] – l'article 5, paragraphe 3, de l'ancienne loi du 16 juin 1993, qui portait alors que l'immunité attachée à la qualité officielle d'une personne n'empêchait pas l'application de ladite loi. La règle coutumière octroyant le bénéfice d'une telle immunité au profit de certains représentants d'États étrangers – telle que constatée par la Cour de cassation dans son arrêt *Sharon* précité – aurait, en théorie, pu continuer à s'appliquer automatiquement en Belgique. Le législateur souhaita toutefois aller un pas plus loin en substituant à la disposition litigieuse l'article 1er*bis* actuel du titre préliminaire du Code de procédure pénale, qui exclut explicitement notamment les poursuites à l'égard des chefs d'État, chefs de gouvernement et ministres des Affaires étrangères étrangers en exercice.

80 ▶ **Coutume et principe de légalité.** La coutume n'en entretient pas moins, avec le droit des crimes internationaux, une relation tout en tension.

D'un côté, rien ne s'oppose en théorie à ce qu'un crime, un mode de responsabilité ou une peine trouve sa source dans du droit international non écrit : une telle approche n'est pas, *a priori*, incompatible avec les standards internationaux de protection des droits humains[521].

Le recours au droit coutumier s'est d'ailleurs révélé essentiel pour le développement d'une justice pénale internationale qui, à l'instar de Nuremberg ou des deux tribunaux pénaux internationaux *ad hoc*, a récurremment été conçue selon une mécanique *ex post*, tant dans la mise en place des juridictions internationales qu'en lien avec certains aspects du droit matériel appliqué[522]. Les

(519) CIJ, *Mandat d'arrêt du 11 avril 2000 (République démocratique du Congo c. Belgique)*, arrêt du 14 février 2002. Voy. not. J. D'ASPREMONT LYNDEN et Fr. DOPAGNE, « La loi "de compétence universelle" devant la Cour internationale de justice », *J.T.*, 2002, n° 6050, pp. 284-288 ; Ph. VINCENT, « L'arrêt *Yerodia* de la Cour internationale de justice et les avatars de la loi belge de compétence universelle », *Rev. dr. ULiège*, 2004, n° 4, pp. 387-407 ; P. MORLET, « Quelques considérations sur le statut pénal des gouvernants étrangers d'après l'arrêt de la Cour internationale de justice du 14 février 2002 ("YERODIA") », *R.D.P.C.*, 2002, n° 11, pp. 979-1003 ; J. SALMON, « Libres propos sur l'arrêt de la C.I.J. du 14 février 2002 dans l'affaire relative au *Mandat d'arrêt du 11 avril 2000 (R.D.C. c. Belgique)* », *R.B.D.I.*, 2002, n° 1-2, pp. 512-517.

(520) *Infra*, n° 358.

(521) Voy., avec diverses références, D. SCALIA, *Du principe de légalité des peines en droit international pénal*, Bruxelles, Bruylant, 2011, pp. 64-69. En matière de crimes internationaux en particulier, voy. not. Cour eur. D.H. (gde ch.), 20 octobre 2015, *Vasiliauskas c. Lituanie*, req. n° 35343/05, §§ 165-191 ; Cour eur. D.H., 10 avril 2012, *Šimšić c. Bosnie-Herzégovine*, req. n° 51552/10 (irrecev.), §§ 23-25. Voy. encore, en matière de crimes internationaux toujours, la très spécifique et controversée « clause de Nuremberg » contenue aux paragraphes 2 de l'article 7 de la CEDH ainsi que de l'article 15 du PIDCP (pour un éclairage, voy. p. ex. T. MARINIELLO, « The "Nuremberg Clause" and Beyond: Legality Principle and Sources of International Criminal Law in the European Court's Jurisprudence », *N.J.I.L.*, 2013, vol. 82, pp. 221-248).

(522) S'agissant du TPIY, voy. p. ex. *Le Procureur c. Tadić*, IT-94-1-AR72, Ch. d'appel, Arrêt relatif à l'appel de la défense concernant l'exception préjudicielle d'incompétence, 2 octobre 1995, §§ 128-129 ; TPIY, *Le Procureur c. Hadžihasanović et consorts*, IT-01-47-AR72, Ch. d'appel,

juges ont ainsi, dans l'histoire du droit international pénal, fait un large recours à la possibilité que leur offre le droit international de voir dans la coutume le fondement normatif de crimes internationaux – au point de flirter parfois avec les limites bien délicates entre l'élucidation supposée du droit coutumier existant et la création de règles nouvelles de droit international[523].

D'un autre côté, on peut difficilement masquer la friction naturelle qui existe entre le processus coutumier et les exigences d'accessibilité et de prévisibilité inhérentes aux principes de légalité et de non-rétroactivité de la loi pénale[524]. Certains auteurs ont tenté de réconcilier ces réalités en attachant au principe de légalité une portée binaire : celui-ci réclamerait, en règle, que toute infraction justifie d'un fondement strictement légal (*nullum crimen sine lege scripta*)[525], mais ne s'accommoderait pas moins, s'agissant des crimes internationaux spécifiquement, d'expressions normatives conventionnelles ou coutumières (*nullum crimen sine jure*)[526].

Le droit international pénal coutumier, s'il demeure une source importante dans le champ des crimes internationaux, constitue ainsi un outil relativement fragile. Il faut bien constater que la doctrine contemporaine tend aujourd'hui majoritairement à préconiser, sinon l'abandon pur et simple d'une source jugée trop volatile en matière pénale, à tout le moins une prudence et une rigueur accrues dans l'usage susceptible d'en être fait[527].

Décision relative à l'exception d'incompétence (Responsabilité du supérieur hiérarchique), 16 juillet 2003, §§ 35, 44 à 46 et 55. S'agissant du TPIR, voy. p. ex. *Le Procureur c. Akayesu*, ICTR-96-4-T, Ch. pr. inst. I, Jugement, 2 septembre 1998, § 495. S'agissant du Tribunal de Nuremberg, voy. l'éclairage de H. KELSEN, « Will the Judgment in the Nuremberg Trial Constitute a Precedent in International Law? », *Int. Law Quarterly*, 1947, vol. 1, pp. 164-165.

(523) W. A. SCHABAS, « Customary Law or "Judge-Made Law": Judicial Creativity at the UN Criminal Tribunals », in J. DORIA *et al.* (dir.), *The Legal Regime of the International Criminal Court: Essays in Honour of Professor Igor Blishchenko*, La Haye, Martinus Nijhoff, 2009, pp. 99-100 ; L. GRADONI, « L'attestation du droit international pénal coutumier dans la jurisprudence du Tribunal pour l'ex-Yougoslavie. "Régularités" et "règles" », in M. DELMAS-MARTY *et al.* (dir.), *Les sources du droit international pénal*, Paris, Société de législation comparée, 2005, pp. 25-74.

(524) Pour un examen détaillé du sujet, voy. Th. RAUTER, *Judicial Practice, Customary International Criminal Law and Nullum Crimen Sine Lege*, New York, Springer, 2017, 261 p. Voy. égal. J. VERHOEVEN, « M. Pinochet, la coutume internationale et la compétence universelle », *J.T.*, 1999, n° 5924, p. 312 ; L. DE SMET et Fr. NAERT, « Making or Breaking International Law? An International Law Analysis of Belgium's Act Concerning the Punishment of Grave Breaches of International Humanitarian Law », *R.B.D.I.*, 2002, n°s 1-2, pp. 487-488.

(525) Voy. A. CASSESE et P. GAETA, *Cassese's International Criminal Law*, 3e éd., Oxford, OUP, 2013, p. 23.

(526) Voy. ainsi K. GALLANT, *The Principle of Legality in International and Comparative Criminal Law*, New York, CUP, 2009, p. 358.

(527) P. AKHAVAN, « The Perils of Progressive Jurisprudence: The *Nullum Crimen Sine Lege* Principle in International Criminal Law », *Current Legal Problems*, 2022, vol. 75, pp. 45-70 ; L. VAN DEN HERIK, « The Decline of Customary International Law as a Source of International Criminal Law », in C. BRADLEY (dir.), *Custom's Future: International Law in a Changing World*, Cambridge, CUP, 2016, pp. 230-252.

81 **Expérience belge – Coutume comme source autonome d'incrimination.** Ces questions ont donné lieu à quelques développements jurisprudentiels intéressants dans la pratique belge. L'affaire *Pinochet*, précitée, révèle certainement l'exemple le plus marquant. Pour s'estimer compétent en matière de crimes contre l'humanité, à un moment où ces derniers n'étaient pas encore incriminés dans le droit belge, le juge d'instruction Vandermeersch s'appuya en effet directement sur le fondement coutumier de l'incrimination[528].

82 **Expérience belge – Coutume comme auxiliaire correctif de la loi nationale.** Dans la plupart des cas, la coutume internationale n'a toutefois pas été mobilisée, dans la pratique belge, au titre de source principale ou autonome de droit international pénal, mais plutôt comme auxiliaire destiné à pallier l'imperfection de la loi nationale. Cette méthode de recours indirect à la coutume concerne, singulièrement, une série d'affaires dans lesquelles les juges purent certes s'appuyer sur une loi belge d'incrimination, mais qui avait pour particularité d'être postérieure aux faits en cause.

L'affaire *F. N.* est un exemple évocateur[529]. L'intéressé se vit poursuivre (et condamner) du chef de génocide commis en 1994 au Rwanda, soit une période antérieure à l'incrimination de ce comportement, dans le droit belge, par la loi du 10 février 1999. Dans un tel contexte, le recours au droit international coutumier paraît indispensable pour qui souhaite s'affranchir de la critique prise de la violation du principe de non-rétroactivité de la loi pénale.

Deux conceptions assez différentes peuvent alors être envisagées. D'un côté, l'on pourrait considérer que, vu l'exigence de non-rétroactivité, les faits antérieurs à l'entrée en vigueur de la loi nouvelle doivent être poursuivis sur la base du droit international pénal coutumier en tant que source autonome d'incrimination. D'un autre côté, l'on pourrait affirmer que la loi pénale nouvelle doit pouvoir trouver à s'appliquer, sans qu'il faille y voir une violation du principe de non-rétroactivité dès lors qu'une règle coutumière peut être identifiée comme palliatif du défaut « temporel » de la loi.

La nuance est, concédons-le, en partie théorique. Que l'infraction soit conçue comme principalement coutumière (avec un éclairage législatif *ex post*) ou principalement légale (au bénéfice d'un sparadrap coutumier), les mêmes

(528) J.I. Bruxelles, 6 novembre 1998, *R.D.P.C.*, 1999, p. 289. Voy. J. GOFFIN *et al.*, « La mise en œuvre du droit pénal international dans l'ordre juridique belge : perspectives au regard de l'ordonnance du 6 novembre 1998 », *Rev. dr. étr.*, 1999, n° 104, pp. 413-437 ; J. BURNÉO LABRIN et H. D. BOSLY, « L'extradition pour crime contre l'humanité d'un ancien chef d'État étranger », *R.D.P.C.*, 1999, n° 2, pp. 278-290 ; J. VERHOEVEN, « M. Pinochet, la coutume internationale et la compétence universelle », *J.T.*, 1999, n° 5924, pp. 311-315.

(529) Voy. not. Ph. MEIRE et Ph. FABRI, « La complémentarité de l'action des juridictions internationales et nationales : la situation de la Belgique », *J.T.*, 2021, n° 6875, p. 790 ; OSJI et TRIAL INTERNATIONAL, *Droit et pratique de la compétence universelle en Belgique*, Rapport, 2022, p. 27, disponible sur https://trialinternational.org/wp-content/uploads/2022/05/UJ-Belgium-FR-1.pdf.

sources secondaires doivent permettre d'élucider sa portée – en particulier l'acquis conventionnel et jurisprudentiel international. Il n'en demeure pas moins qu'à la marge, l'identification du fondement réel de l'incrimination peut conserver une certaine importance en ce qu'il détermine, à tout le moins, le point de départ du cadre d'analyse : la pratique constante et uniforme des États dans un cas, la lettre du Code pénal dans l'autre.

Comme l'indique notamment le précédent *F. N.*, cette seconde approche a les faveurs de la pratique belge. Dans cette affaire, il ressort en effet tant du visa de l'arrêt de renvoi du 6 décembre 2018[530], de l'arrêt de motivation de la cour d'assises du 19 décembre 2019[531], de l'arrêt pénal de cette même cour du 20 décembre 2019[532], que de l'arrêt de la Cour de cassation du 27 mai 2020[533], que l'intéressé fut poursuivi *sur la base de l'article 136*bis *du Code pénal* (tel qu'issu de la loi de 1999). Le droit coutumier ne devait, quant à lui, avec les infractions de droit commun, être conçu qu'en tant qu'outil secondaire permettant de gommer l'imperfection de la loi belge d'incrimination.

Cette technique de mobilisation prétorienne du droit coutumier est le fruit immédiat des travaux préparatoires de la loi du 10 février 1999, selon lesquels :

> « il est à noter que la nouvelle loi sera de toute façon applicable aux violations du droit humanitaire international commises avant son entrée en vigueur [...] parce que l'incrimination de ces violations trouve son fondement dans les principes généraux du droit pénal reconnus par toutes les nations civilisées par, entre autres, la ratification de conventions internationales et qui constituent le droit coutumier pénal international [et] parce que le génocide et les crimes contre l'humanité sont par définition constitutifs d'infractions au droit commun (meurtre, coups et blessures volontaires, viol, privation illégitime de la liberté...) et peuvent dès lors toujours être poursuivis sur cette base »[534].

L'arrimage normatif principal, ainsi suggéré par les travaux préparatoires, à la loi belge (quoique postérieure) est depuis lors favorisé de façon constante par les juridictions belges[535].

Assurément, en prenant le droit écrit pour base, cette solution a le mérite de la lisibilité. En affirmant le Code pénal comme cadre de référence premier, elle

---

(530) Bruxelles (mis. acc.), 6 décembre 2018, n° 4279, inédit.
(531) Bruxelles (ass.), 19 décembre 2019, n° 30025, inédit.
(532) Bruxelles (ass.), 20 décembre 2019, n° 30026, inédit.
(533) Cass., 27 mai 2020, R.G. n° P.20.0146.F, *R.D.P.C.*, 2020, p. 959.
(534) Rapport fait au nom de la commission de la Justice, *Doc. parl.*, Sénat, sess. 1998-1999, n° 1-749/3, p. 3 ; Rapport fait au nom de la commission de la Justice, *Doc. parl.*, Ch. repr., sess. 1998-1999, n° 1863/2, p. 3.
(535) J.I. Bruxelles, 11 avril 2000, inédit ; Bruxelles (mis. acc.), 26 juin 2002, *J.T.*, 2002, p. 540 ; Bruxelles (mis. acc.), 20 mai 2009, n° 2634, inédit ; Bruxelles (mis. acc.), 30 avril 2010, inédit ; Cass., 8 décembre 2010, R.G. n° P.10.0890.F, *Pas.*, 2010, n° 715, avec concl. M.P. ; Corr. Bruxelles fr. (ch. cons.), 20 octobre 2017, *J.L.M.B.*, 2018, p. 259 ; Civ. Bruxelles fr. (4e ch.), 8 décembre 2021, n° 282, *J.L.M.B.*, 2022, p. 984.

facilite par ailleurs d'éventuelles discussions relatives à la peine. L'alternative, qui consisterait à aller jusqu'au bout de la logique en recourant plus directement, lorsque le principe de non-rétroactivité de la loi belge le réclame, au droit international pénal coutumier en tant que source directe d'incrimination, serait toutefois probablement plus orthodoxe.

3. Le droit belge

83 ▶ **Rétroactes – Cadre normatif jusqu'en 1993.** Les crimes internationaux ne connaissaient, avant 1993, pas d'assise normative autonome en droit belge. Cela n'empêcha pas le développement d'une certaine pratique des juridictions militaires en matière de violations graves du droit international humanitaire, en particulier après la Première Guerre puis la Seconde Guerre mondiales. Cette pratique, toutefois, était alors principalement construite sur le fondement de chefs d'accusation de droit commun, les principes du droit international humanitaire n'étant convoqués qu'à l'appui de ou en combinaison avec ces derniers[536].

Après la Seconde Guerre mondiale, la loi du 20 juin 1947 relative à la compétence des juridictions militaires en matière de crimes de guerre[537] marqua certes la première apparition littérale du concept de « crime de guerre » dans l'ordre juridique belge. Toutefois, son incrimination supposait alors, d'une part, que le comportement tombât sous le coup d'une infraction de droit commun et, d'autre part, qu'il fût constitutif d'une violation des lois et coutumes de la guerre[538]. L'on ne peut donc encore parler, à cette époque, de crime international autonome. D'ailleurs, les juridictions, amenées à mettre en œuvre cette loi historique, ont estimé qu'elle énonçait uniquement des « dispositions de compétence et de procédure »[539]. Dans cette conception, la loi ne créait pas, en tant que telle, d'incrimination nouvelle, et sa mise en œuvre à l'égard de faits commis au cours de la Seconde Guerre mondiale ne pouvait être considérée comme rétroactive[540].

---

(536) *Supra*, n° 65.
(537) *M.B.*, 26 juin 1947 (vig. 26-27 juin 1947).
(538) R. GREVY, « La répression des crimes de guerre en droit belge », *R.D.P.C.*, 1947, n° 9, p. 808 ; N. LANGE et Th. WERTS, « Les missions de la défense à l'étranger », in V. DE SAEDELEER *et al.* (dir.), *Questions juridiques d'actualité en lien avec la défense – Actuele juridische vraagstukken met betrekking tot defensie*, Bruges, la Charte, 2017, pp. 179-180.
(539) Cass., 4 juillet 1949, *Pas.*, 1949, I, p. 517.
(540) E. DAVID, *Éléments de droit pénal international et européen*, vol. 2, 2e éd., Bruxelles, Bruylant, 2018, p. 727.

84 ▶ **Rétroactes – Loi du 16 juin 1993.** Produit d'un long et laborieux travail initié dès les années 1950[541], et fruit de la volonté de la Belgique de rencontrer ses obligations issues des Conventions de Genève[542], la loi du 16 juin 1993 relative à la répression des violations graves du droit international humanitaire[543] incorpora pour la première fois, en droit belge, les crimes internationaux en tant que tels – limités à cette époque à une série d'infractions graves au droit international humanitaire, soit certains crimes de guerre[544].

Trait matériel remarquable de la loi, que l'on doit à un amendement introduit dans le cadre des travaux au Sénat[545], en règle, la liste des (à l'époque 20) chefs de crime de guerre incriminés par la loi ne concerne pas uniquement les conflits armés internationaux, mais rend également répréhensibles les comportements concernés dans le contexte des conflits armés non internationaux[546]. Ce positionnement est novateur à l'époque, puisqu'il va au-delà de ce que réclament les instruments internationaux dont la mise en œuvre était recherchée[547], et qu'il faudrait encore attendre quelque deux années supplémentaires pour que, par une décision bien connue du 2 octobre 1995, le Tribunal pénal international pour l'ex-Yougoslavie procède à son tour, et pour la première fois s'agissant d'une juridiction internationale, à l'extension du registre des crimes de guerre aux conflits internes[548].

Mais l'on se souvient davantage encore de cette première strate législative belge comme de la loi de « compétence universelle absolue et par défaut »[549]. L'article 7, alinéa 1er, de la loi donnait en effet, sans autre réserve, compétence

(541) Exposé des motifs, *Doc. parl.*, Sénat, sess. 1990-1991, n° 1317-1, pp. 1-6.

(542) Exposé des motifs, *Doc. parl.*, Sénat, sess. 1990-1991, n° 1317-1, pp. 2-3 ; Rapport fait au nom de la commission de la Justice, *Doc. parl.*, Sénat, sess. 1991-1992, n° 481-2, pp. 1-2 ; Rapport fait au nom de la commission de la Justice, *Doc. parl.*, Ch. repr., sess. 1992-1993, n° 877/2, p. 1. Voy. égal. à ce sujet A. BAILLEUX, *La compétence universelle au carrefour de la pyramide et du réseau : de l'expérience belge à l'exigence d'une justice pénale transnationale*, Bruxelles, Bruylant, 2005, pp. 32-33.

(543) *M.B.*, 5 août 1993 (vig. 15 août 1993).

(544) Art. 1er de la L. 16 juin 1993.

(545) Amendement proposé par M. Lallemand et consorts, *Doc. parl.*, Sénat, sess. 1991-1992, n° 481-4.

(546) *Infra*, n° 249.

(547) E. DAVID, « L'application aux conflits armés non internationaux de l'article 1er de la loi belge du 16 juin 1993 relative à la répression des infractions graves au droit international humanitaire », *Rev. dr. mil.*, 1997, vol. 36, pp. 115-117 ; A. BAILLEUX, *La compétence universelle au carrefour de la pyramide et du réseau : de l'expérience belge à l'exigence d'une justice pénale transnationale*, Bruxelles, Bruylant, 2005, p. 33 ; Ph. MEIRE et D. VANDERMEERSCH, *Génocide rwandais : le récit de quatre procès devant la cour d'assises de Bruxelles*, Bruges, la Charte, 2011, p. 16.

(548) TPIY, *Le Procureur c. Tadić*, IT-94-1-AR72, Ch. d'appel, Arrêt relatif à l'appel de la défense concernant l'exception préjudicielle d'incompétence, 2 octobre 1995, §§ 100-102 en particulier.

(549) Voy., parmi de très nombreuses analyses, L. REYDAMS, « Prosecuting crimes under international law on the basis of universal jurisdiction – The experience of Belgium », in H. FISCHER, C. KRESS et S. ROLF LÜDER (dir.), *International and National Prosecution of Crimes under International Law – Current Developments*, Berlin, Spitz Verlag, 2001, pp. 800-801.

aux juridictions répressives belges pour connaître des infractions qu'elle désignait « indépendamment du lieu où celles-ci [ont] été commises ». La présence de l'inculpé en Belgique n'était en outre pas requise[550], pas plus que, s'agissant des infractions commises à l'étranger et contre un étranger, le dépôt préalable d'une plainte par la victime ou sa famille ni l'avis officiel de l'autorité du lieu de commission de l'infraction[551]. La loi de 1993 établissait ainsi la compétence des juridictions belges à l'égard de tout crime de guerre (repris dans la liste) quel qu'il fût, y compris en l'absence de tout lien de rattachement avec la Belgique[552].

85 **Rétroactes – Loi du 10 février 1999.** À l'été 1998, l'adoption du Statut de la Cour pénale internationale marquait un tournant décisif pour la justice pénale internationale, mais également, par un effet de contagion, pour l'arrimage des crimes internationaux dans de nombreux ordres juridiques nationaux. Il en va ainsi de la Belgique qui, en prévision de la ratification du Statut de Rome[553], mais aussi pour se conformer finalement à ses obligations issues de la Convention de 1948 pour la prévention et la répression du crime de génocide[554], souhaita étendre le champ d'application de la loi de 1993[555] aux deux autres crimes pour lesquels la nouvelle Cour pénale internationale venait de se voir donner compétence : le crime de génocide et les crimes contre l'humanité[556]. Tel fut l'objet principal de la loi du 10 février 1999[557].

L'autre modification essentielle apportée par la loi du 10 février 1999 tint à l'écartement du bénéfice de toute immunité : aux termes de l'article 5 de la loi de 1993, ainsi complété d'un troisième paragraphe, « [l]'immunité attachée à la qualité officielle d'une personne n'empêche pas l'application de la présente loi »[558].

86 **Rétroactes – Difficultés liées à la mise en œuvre des lois de 1993/1999.** Dans les premières années, la loi de 1993 (telle que modifiée en 1999) fit l'objet d'une attention relativement limitée[559]. C'est probablement le premier procès

---

(550) Exposé des motifs, *Doc. parl.*, Sénat, sess. 1990-1991, n° 1317-1, p. 16. Voy. égal. Cass., 12 février 2003, R.G. n° P.02.1139.F, *Pas.*, 2003, n° 98, *J.T.*, 2003, p. 243, avec concl. M.P. Voy. égal., rendue sans objet par l'arrêt de cassation précité, Proposition de loi interprétative de l'article 7, alinéa 1er, de la loi du 16 juin 1993 relative à la répression des violations graves du droit international humanitaire, *Doc. parl.*, Sénat, sess. 2001-2002, n° 2-1237/1.

(551) Art. 7, al. 2, de la L. 16 juin 1993.

(552) Exposé des motifs, *Doc. parl.*, Sénat, sess. 1990-1991, n° 1317-1, p. 15.

(553) Amendements, *Doc. parl.*, Sénat, sess. 1998-1999, n° 1-749/2, p. 5 ; Rapport fait au nom de la commission de la Justice, *Doc. parl.*, Sénat, sess. 1998-1999, n° 1-749/3, p. 14.

(554) Développements, *Doc. parl.*, Sénat, sess. 1997-1998, n° 1-749/1, pp. 1-3 ; Rapport fait au nom de la commission de la Justice, *Doc. parl.*, Sénat, sess. 1998-1999, n° 1-749/3, p. 3.

(555) L'adoption d'une loi distincte avait été initialement envisagée (Rapport fait au nom de la commission de la Justice, *Doc. parl.*, Ch. repr., sess. 1998-1999, n° 1863/2, p. 2).

(556) Art. 1er de la L. 16 juin 1993, tel que modifié par la L. 10 février 1999.

(557) *M.B.*, 23 mars 1999 (vig. 2 avril 1999).

(558) Art. 5 de la L. 10 février 1999.

(559) H. D. Bosly, « La compétence universelle : la perspective du droit de la procédure pénale », *Ann. Dr. Louvain*, 2005, nos 1-2, p. 254.

« Rwanda », dit des *Quatre de Butare*[560], tenu devant la cour d'assises de Bruxelles en 2001, très remarqué et du reste accueilli de façon généralement favorable[561], qui changea la donne et fit (re)découvrir les généreuses potentialités de la compétence universelle belge.

Une série de plaintes furent alors déposées sur le fondement de la loi, à l'égard de personnalités telles que Georges H. W. Bush, Colin Powell, Laurent Gbagbo, Fidel Castro, Yasser Arafat, Saddam Hussein, Ariel Sharon, Laurent-Désiré Kabila, Paul Kagame ou encore Hissène Habré[562]. Nombre d'entre elles susciteraient des critiques virulentes ainsi qu'une pression diplomatique considérable à l'égard de la Belgique, les États-Unis menaçant notamment de faire déplacer le siège de l'OTAN[563].

Les difficultés rencontrées ne furent pas seulement d'ordre politique ou diplomatique mais également juridique[564]. L'affaire engagée à l'encontre d'Abdulaye Yerodia, alors ministre des Affaires étrangères en exercice de la République démocratique du Congo, et plus particulièrement le mandat d'arrêt décerné à son encontre le 11 avril 2002, conduisit la Belgique devant la

(560) Voy. not. P. MAY, *Quatre Rwandais aux Assises Belges : la compétence universelle à l'épreuve*, Paris, l'Harmattan, 2001 ; Fr. DIGNEFFE, « Réflexions sur quelques difficultés du jugement pénal en situation. À propos du procès d'assises des quatre accusés rwandais », *R.D.P.C.*, 2001, n° 11, pp. 970-981 ; Ph. MEIRE et D. VANDERMEERSCH, *Génocide rwandais : le récit de quatre procès devant la cour d'assises de Bruxelles*, Bruges, la Charte, 2011, pp. 21-64 ; D. A. TALLMAN, « Universal Jurisdiction: Lessons from Belgium's Experience », in J. E. STROMSETH (dir.), *Accountability for Atrocities: National and International Responses*, New York, Transnational, 2003, pp. 383-388 ; L. REYDAMS, « Belgium's First Judicial Application of Universal Jurisdiction: the *Butare Four* Case », *J.I.C.J.*, 2003, vol. 1, pp. 428-436.

(561) V. GUERRA et A. BERRENDORF, « Droit international humanitaire », in *Postal Memorialis. Lexique du droit pénal et des lois spéciales*, Liège, Wolters Kluwer, suppl. août 2020, n° D 250, p. 633.

(562) V. GUERRA et A. BERRENDORF, « Droit international humanitaire », in *Postal Memorialis. Lexique du droit pénal et des lois spéciales*, Liège, Wolters Kluwer, suppl. août 2020, n° D 250, p. 634 ; S. FULTON *et al.*, *La compétence extraterritoriale dans l'Union européenne. Étude des lois et des pratiques dans les 27 États membres de l'Union européenne*, Rapport publié par la FIDH et REDRESS, 2010, p. 101.

(563) R. BRODY, *La traque de Hissène Habré. Juger un dictateur dans un monde d'impunité*, Paris, Karthala, 2024, p. 115 ; Ph. MEIRE et D. VANDERMEERSCH, *Génocide rwandais : le récit de quatre procès devant la cour d'assises de Bruxelles*, Bruges, la Charte, 2011, p. 18 ; S. RATNER, « Belgium's War Crimes Statute: A Postmortem », *A.J.I.L.*, 2003, vol. 97, p. 890 ; A. BAILLEUX, « L'histoire de la loi belge de compétence universelle. Une valse à trois temps : ouverture, étroitesse, modestie », *Droit et Société*, 2005, n° 59, pp. 125-126.

(564) Voy., parmi les commentaires juridiques critiques de la loi de 1993, J. VERHOEVEN, « M. Pinochet, la coutume internationale et la compétence universelle », *J.T.*, 1999, n° 5924, pp. 311-315 ; J. VERHOEVEN, « Prétentieuse et bricolée », *Politique : revue belge d'analyse et de débat*, 2002, n° 23, pp. 18-21 ; P. D'ARGENT et J. D'ASPREMONT LYNDEN, « La loi de compétence universelle revue mais pas corrigée », *J.T.*, 2003, n° 23, pp. 480-481 ; P. D'ARGENT, « L'expérience belge de la compétence universelle : beaucoup de bruit pour rien », *R.G.D.I.P.*, 2004, n° 3, pp. 597-632 ; P. D'ARGENT, « La loi du 10 février 1999 relative à la répression des violations graves du droit international humanitaire », *J.T.*, 1999, n° 5935, pp. 549-555.

Cour internationale de justice, et cette dernière à juger que « l'émission dudit mandat a constitué une violation d'une obligation de la Belgique à l'égard du Congo, en ce qu'elle a méconnu l'immunité de ce ministre et, plus particulièrement, violé l'immunité de juridiction pénale et l'inviolabilité dont il jouissait alors en vertu du droit international »[565].

87 ▶ **Rétroactes – Loi du 23 avril 2003.** La Belgique devait revoir sa copie. Elle le fit, dans un premier temps, par une loi du 23 avril 2003[566] qui, sur ce dernier point, fit machine arrière en consacrant explicitement le retour, « dans les limites établies par le droit international », des immunités attachées à la qualité officielle d'une personne[567].

La loi du 23 avril 2003 avait également pour objectif d'affiner la mise en conformité du catalogue des crimes de guerre, de génocide et contre l'humanité réprimés par le droit belge avec le Statut de Rome de la Cour pénale internationale[568].

Enfin mais surtout, sans souhaiter toucher au principe même de la compétence universelle – laquelle pouvait, à ce moment, toujours être exercée *in absentia* et en l'absence de tout facteur de rattachement avec la Belgique –, la loi du 23 avril 2003 balisa drastiquement les conditions de sa mise en œuvre[569]. Ceci fut fait par deux principaux moyens.

Premièrement, la loi prévoyait qu'en l'absence de tout lien de rattachement avec la Belgique (soit l'hypothèse d'une infraction commise à l'étranger, par un étranger n'étant pas en outre trouvé en Belgique, à l'encontre d'une victime étrangère ne résidant pas en Belgique depuis au moins trois ans), la constitution de partie directe par action n'était plus admise et les plaintes devaient être adressées au procureur fédéral, lequel pouvait, dans certaines circonstances, refuser de requérir un juge d'instruction[570].

---

(565) CIJ, *Mandat d'arrêt du 11 avril 2000 (République démocratique du Congo c. Belgique)*, arrêt du 14 février 2002, § 70. Voy. not. J. D'ASPREMONT LYNDEN et Fr. DOPAGNE, « La loi "de compétence universelle" devant la Cour internationale de justice », *J.T.*, 2002, n° 6050, pp. 284-288 ; Ph. VINCENT, « L'arrêt *Yerodia* de la Cour internationale de justice et les avatars de la loi belge de compétence universelle », *Rev. dr. ULiège*, 2004, n° 4, pp. 387-407 ; P. MORLET, « Quelques considérations sur le statut pénal des gouvernants étrangers d'après l'arrêt de la Cour internationale de justice du 14 février 2002 ("YERODIA") », *R.D.P.C.*, 2002, n° 11, pp. 979-1003 ; J. SALMON, « Libres propos sur l'arrêt de la C.I.J. du 14 février 2002 dans l'affaire relative au *Mandat d'arrêt du 11 avril 2000 (R.D.C. c. Belgique)* », *R.B.D.I.*, 2002, n°s 1-2, pp. 512-517.

(566) L. 23 avril 2003 modifiant la loi du 16 juin 1993 relative à la répression des violations graves du droit international humanitaire et l'article 144*ter* du Code judiciaire, *M.B.*, 7 mai 2003 (vig. 17 mai 2003).

(567) Art. 4 de la L. 23 avril 2003. Voy. à ce sujet *supra*, n° 79.

(568) Art. 2 et 3 de la L. 23 avril 2003.

(569) Art. 7 de la L. 23 avril 2003.

(570) Art. 7, § 1er, de la L. 23 avril 2003.

Deuxièmement, la loi établissait, à certaines conditions, un mécanisme de dessaisissement des juridictions belges, au départ d'une décision du ministre de la Justice, au profit soit de la Cour pénale internationale[571], soit de juridictions étrangères[572].

Si tous (y compris les partisans de la compétence universelle belge) s'accordaient à dire qu'un balisage des potentialités de la loi de 1993 était devenu nécessaire[573], le mécanisme ainsi mis en place – à la hâte[574] – par la loi du 23 avril 2003 ne fit pas moins l'objet de critiques unanimes[575]. La volonté de conserver le principe d'une compétence universelle absolue, tout en la conjuguant à des correctifs particulièrement limitatifs, donnait l'impression d'un bien étrange mariage, dont la conformité au principe de la séparation des pouvoirs avait d'ailleurs d'emblée été mise en cause par le Conseil d'État[576]. Substantiellement insuffisante et techniquement imparfaite, la réforme du 23 avril 2003 ne parviendrait pas à sauver la compétence universelle absolue des juridictions belges en matière de crimes internationaux.

88 ▶ **Loi du 5 août 2003 – Objectifs.** C'est ce qui conduisit à l'abrogation – ou plus exactement à la profonde atténuation[577] – de la compétence universelle et, au-delà de celle-ci, à la refonte complète du droit belge des crimes internationaux par une loi du 5 août 2003[578]. Selon les travaux préparatoires, cette réforme était rendue nécessaire par les « nombreux problèmes » suscités par les premières lois relatives à la répression des violations graves du droit international humanitaire, soit en particulier « l'utilisation abusive et parfois

---

(571) Art. 7, § 2, de la L. 23 avril 2003.

(572) Art. 7, §§ 3-4, de la L. 23 avril 2003.

(573) E. DAVID, « Une règle à valeur de symbole », *Politique : revue belge d'analyse et de débat*, 2002, n° 23, p. 15 ; D. VANDERMEERSCH, « La compétence universelle en droit belge », in S. BRAMMERTZ, Chr. DE VALKENEER et A. MASSET (dir.), *Poursuites pénales et extraterritorialité*, Bruges, la Charte, 2002, pp. 56-57.

(574) Ph. MEIRE, « Considérations quant à certains aspects politiques et techniques de dossiers judiciaires portant sur des violations graves du droit international humanitaire », *Ann. Dr. Louvain*, 2004, n°s 1-2, p. 317.

(575) P. D'ARGENT et J. D'ASPREMONT LYNDEN, « La loi de compétence universelle revue mais pas corrigée », *J.T.*, 2003, n° 23, pp. 480-481 ; Ph. MEIRE, « Considérations quant à certains aspects politiques et techniques de dossiers judiciaires portant sur des violations graves du droit international humanitaire », *Ann. Dr. Louvain*, 2004, n°s 1-2, pp. 317-318.

(576) Avis sur une proposition de loi modifiant la loi du 16 juin 1993 relative à la répression des violations graves du droit international humanitaire, n° 34.154/VR/2, 16 décembre 2002, p. 4 ; Avis sur un projet de loi modifiant la loi du 16 juin 1993 relative à la répression des violations graves du droit international humanitaire et l'article 144*ter* du Code judiciaire, n° 35.252/2, 4 avril 2003, p. 7.

(577) *Infra*, n° 158.

(578) L. 5 août 2003 relative aux violations graves du droit international humanitaire, *M.B.*, 7 août 2003 (vig. 7 août 2003). Voy. à ce sujet les diverses contributions reprises in *La compétence universelle*, numéro commun *Ann. Dr. Louvain* (2004, n°s 1-2) et *Rev. dr. ULB* (2004, n° 2), 350 p.

absurde »[579], ou encore l'« utilisation politique manifestement abusive »[580] qui en auraient été faites. L'abrogation de la loi ancienne, au profit de mécanismes plus circonscrits et réintégrés au droit commun, devait ainsi « permettre à la Belgique de développer une politique étrangère active et dynamique »[581].

89 ▸ **Loi du 5 août 2003 – Création du titre I*bis* du livre II du Code pénal actuel.** La loi de 2003 crée et rassemble ainsi, au sein d'un titre I*bis* du livre II du Code pénal, l'ensemble des incriminations et dispositions qui étaient jusqu'alors énoncées dans la loi du 16 juin 1993, telle que successivement modifiée par les lois du 10 février 1999 et du 23 avril 2003. Il s'agit des articles 136*bis* à 136*octies* de l'actuel Code pénal.

90 ▸ **Loi du 5 août 2003 – Limitation des critères de compétence extraterritoriale.** La loi de 2003 modifie également le titre préliminaire du Code de procédure pénale en prévoyant la compétence des juridictions répressives belges pour connaître de crimes internationaux commis à l'étranger dans trois cas : lorsque l'infraction est commise par un Belge ou par une personne ayant sa résidence principale en Belgique (compétence personnelle active élargie – ancien article 6, 1°*bis*, et actuel article 8, 1°, du titre préliminaire), lorsqu'elle est commise contre un Belge ou une personne séjournant effectivement, habituellement et légalement en Belgique depuis au moins trois ans au moment des faits (compétence personnelle passive élargie – ancien article 10, 1°*bis*, et actuel article 13 du titre préliminaire) et, en dehors de ces deux hypothèses, lorsqu'une règle internationale conventionnelle ou coutumière liant la Belgique lui impose de soumettre l'affaire à ses autorités compétentes pour l'exercice des poursuites (compétence universelle revue et limitée – ancien article 12*bis* et actuel article 14/10 du titre préliminaire).

91 ▸ **Loi du 5 août 2003 – Filtrage de certaines plaintes.** La loi prolonge en outre, dans l'hypothèse où la compétence des juridictions belges est fondée sur l'ancien article 10, 1°*bis*, ou l'ancien article 12*bis* du titre préliminaire, le système de filtrage des plaintes initialement énoncé – mais alors pour la seule compétence universelle par défaut – par la loi du 23 avril 2003[582]. Ces deux dispositions du titre préliminaire (aujourd'hui inscrites aux articles 13 et 14/10, respectivement) ne permettent en effet l'exercice de l'action publique que par le biais du ministère public. S'agissant des crimes internationaux, la constitution de partie civile par action n'est donc plus recevable en matière de compétence personnelle passive ni de compétence

(579) Rapport fait au nom de la commission de la Justice, *Doc. parl.*, Ch. repr., sess. extr. 2003, n° 51-0103/003, p. 3.
(580) Exposé des motifs, *Doc. parl.*, Ch. repr., sess. extr. 2003, n° 51-0103/001, p. 3.
(581) Rapport fait au nom de la commission de la Justice, *Doc. parl.*, Ch. repr., sess. extr. 2003, n° 51-0103/003, p. 3.
(582) Voy. art. 5 de la L. 23 avril 2003.

universelle : les plaintes doivent être adressées au procureur fédéral qui, seul, est habilité à mettre le dossier à l'instruction. La loi le réclame, sauf lorsque, selon l'appréciation du procureur fédéral :

1° la plainte est manifestement non fondée ;

2° les faits visés dans la plainte ne correspondent pas à un crime international ;

3° l'action publique est irrecevable ;

4° l'affaire devrait, dans l'intérêt d'une bonne administration de la justice et dans le respect des obligations internationales de la Belgique, être soumise à des juridictions internationales ou aux juridictions compétentes d'un autre État.

92 ▸ **Loi du 5 août 2003 – Droit transitoire (généralités).** La loi du 5 août 2003 est entrée en vigueur le jour de sa publication au Moniteur belge, soit le 7 août 2003. Comme la loi énonce des critères de compétence plus restrictifs que par le passé, il convenait de régler le sort des affaires valablement introduites sous l'empire de la loi ancienne mais ne répondant plus aux nouveaux critères de compétence[583]. Un mécanisme de droit transitoire fut ainsi prévu à l'article 29, paragraphe 3, de la loi, lequel prévoit le maintien des affaires respectant les nouvelles règles de compétence[584] et, pour celles qui ne les rencontrent pas, un régime distinct selon qu'il s'agit d'affaires à l'information ou à l'instruction.

93 ▸ **Loi du 5 août 2003 – Droit transitoire (affaires à l'information).** S'agissant des affaires pendantes à l'information à la date d'entrée en vigueur de la loi – le 7 août 2003 –, un classement sans suite par le procureur fédéral devait intervenir dans les trente jours lorsqu'elles ne rencontraient pas les critères visés aux anciens articles 6, 1°*bis*, 10, 1°*bis*, et 12*bis* du titre préliminaire du Code de procédure pénale. Avaient ainsi vocation à être classées sans suite en vertu du régime de droit transitoire, les affaires pendantes à l'information ne rencontrant aucun des critères suivants :

— auteur présumé de nationalité belge ou ayant sa résidence principale en Belgique au moment des faits ou au moment de l'engagement des poursuites ;

(583) Le fait que certaines affaires en cours fussent tombées, en vertu du droit nouveau, sous le coup du mécanisme de filtrage revenant au parquet fédéral, mais qu'elles y aient échappé en vertu du droit ancien, est indifférent : Rapport fait au nom de la commission de la Justice, *Doc. parl.*, Ch. repr., sess. extr. 2003, n° 51-0103/003, p. 10 (« [i]l ne convient pas de prendre en considération dans cet examen le fait que la possibilité de se constituer partie civile a été réduite par rapport au régime juridique antérieur »).

(584) Art. 29, § 3, al. 5, de la L. 5 août 2003. Voy. égal. Rapport fait au nom de la commission de la Justice, *Doc. parl.*, Ch. repr., sess. extr. 2003, n° 51-0103/003, p. 10 (« la philosophie générale est que les affaires pendantes qui respectent les nouvelles règles de compétences territoriale ou extraterritoriale sont maintenues »).

— victime de nationalité belge ou séjournant effectivement, habituellement et légalement en Belgique depuis au moins trois ans au moment des faits ;
— existence d'une règle de droit international conventionnelle ou coutumière imposant à la Belgique d'exercer des poursuites.

94 ▶ **Loi du 5 août 2003 – Droit transitoire (affaires à l'instruction).** S'agissant des affaires pendantes à l'instruction à la date d'entrée en vigueur de la loi – le 7 août 2003 –, et ne rencontrant pas les critères visés aux anciens articles 6, 1°*bis*, 10, 1°*bis*, et 12*bis* du titre préliminaire, un mécanisme de dessaisissement par la Cour de cassation fut mis en place. La reproduction d'extraits de l'article 29, paragraphe 3, de la loi de 2003, tel qu'il est toujours en vigueur à ce jour, permet de rendre compte de cette procédure très particulière :

> « Les affaires pendantes à l'instruction à la date d'entrée en vigueur de la présente loi et portant sur des faits visés au titre I*bis*, du livre II, du Code pénal, sont transférées par le procureur fédéral au procureur général près la Cour de cassation endéans les trente jours après la date d'entrée en vigueur de la présente loi [...].
> Dans le même délai, le procureur fédéral transmet un rapport portant sur chacune des affaires transférées, dans lequel il indique leur non-conformité avec les critères visés aux articles 6, 1°*bis*, 10, 1°*bis* et 12*bis* du titre préliminaire du Code de procédure pénale.
> Endéans les quinze jours suivant ce transfert, le procureur général requiert la Cour de cassation de prononcer dans les trente jours, le dessaisissement de la juridiction belge après avoir entendu le procureur fédéral ainsi que, à leur demande, les plaignants et les personnes inculpées par le juge d'instruction saisi de l'affaire. La Cour de cassation se prononce sur base des critères visés aux articles 6, 1°*bis*, 10, 1°*bis et* 12*bis* du titre préliminaire du Code de procédure pénale ».

L'article 29, paragraphe 3, prévoyait, dans sa mouture d'origine, deux exceptions à ce principe du dessaisissement, au profit :

1° des affaires ayant déjà fait l'objet d'un acte d'instruction au 7 août 2003 et pour lesquelles au moins un plaignant était de nationalité belge au moment de l'engagement initial de l'action publique (ce qui ne se confond pas nécessairement avec la compétence personnelle passive de l'article 13 (nouveau) du titre préliminaire, laquelle suppose d'apprécier la nationalité au moment des faits[585]) ;

2° des affaires ayant déjà fait l'objet d'un acte d'instruction au 7 août 2003 et pour lesquelles au moins un auteur présumé a sa résidence principale en Belgique au 7 août 2003 (ce qui ne se confond pas nécessairement avec la compétence personnelle active de l'article 8, 1° (nouveau), du titre préliminaire, laquelle suppose d'apprécier la résidence principale au moment des faits ou de l'engagement des poursuites[586]).

(585) *Infra*, n° 149.
(586) *Infra*, n° 128.

Selon le législateur, le maintien, dans ces deux hypothèses, des affaires concernées ayant déjà fait l'objet d'un acte d'instruction, se justifiait en raison du « lien objectif » créé avec la Belgique[587].

La mise en œuvre de ce régime transitoire conduisit rapidement au dessaisissement des juridictions belges dans une série importante de dossiers, dont ceux engagés à l'encontre de *Georges H. W. Bush et consorts*[588], *Ariel Sharon et consorts*[589], *Amos Yaron et consorts*[590], *Abdelaziz Al Marrakchi*[591], *Fidel Castro et consorts*[592], *Saddam Hussein et consorts*[593], *Khaled Nezzar et consorts*[594] ou encore *Paul Biya et consorts*[595].

Il faut toutefois constater que, dans la pratique, la mise en œuvre du régime transitoire emporta une série de difficultés. Les principales d'entre elles concernent la différence de traitement qu'emportait la mouture initiale du mécanisme entre les plaignants de nationalité belge et ceux s'étant vu reconnaître le statut de réfugié en Belgique (n° 95), l'interprétation à donner à la notion d'« acte d'instruction » (n° 96) et la question de la compatibilité du dessaisissement avec le droit d'accès des plaignants à un tribunal au sens de l'article 6, paragraphe 1er, de la Convention européenne des droits de l'homme (n° 97). Chacune de ces trois difficultés a nourri un contentieux important, que tentent de résumer les numéros qui suivent.

95 ▸ **Loi du 5 août 2003 – Droit transitoire (réfugiés reconnus en Belgique).** Le nouveau régime de compétences extraterritoriales ainsi introduit par la loi du 5 août 2003 prévoyait, dans sa mouture d'origine, une forme de compétence personnelle active au seul profit des nationaux et résidents belges de longue durée. De la même manière, le mécanisme transitoire régi par l'article 29, paragraphe 3, de la loi énonçait, comme nous l'avons vu, une exception au dessaisissement devant bénéficier aux plaignants de nationalité belge.

Le législateur n'avait, en revanche, pas prévu l'extension de ces faveurs aux réfugiés reconnus en Belgique – auxquels l'article 16, paragraphe 2, de la Convention de Genève de 1951 relative au statut de réfugiés garantit pourtant

(587) Rapport fait au nom de la commission de la Justice, *Doc. parl.*, Ch. repr., sess. extr. 2003, n° 51-0103/003, p. 10.

(588) Cass., 24 septembre 2003, R.G. n° P.03.1216.F, *Pas.*, 2003, n° 451, avec concl. M.P.

(589) Cass., 24 septembre 2003, R.G. n° P.03.1217.F, *Pas.*, 2003, n° 452, avec concl. M.P.

(590) Cass., 24 septembre 2003, R.G. n° P.03.1218.F, inédit (cité, comme toutes les références suivantes au sein de ce paragraphe, par Ph. MEIRE, « Considérations quant à certains aspects politiques et techniques de dossiers judiciaires portant sur des violations graves du droit international humanitaire », *Ann. Dr. Louvain*, 2004, nos 1-2, pp. 335).

(591) Cass., 10 décembre 2003, R.G. n° P.03.1469.F, inédit.

(592) Cass., 24 septembre 2003, R.G. n° P.03.1506.F, inédit.

(593) Cass., 10 mars 2004, R.G. n° P.04.0231.F, inédit.

(594) Cass., 17 décembre 2003, R.G. n° P.03.1475.F, inédit.

(595) Cass., 17 décembre 2003, R.G. n° P.03.1517.F, *Pas.*, 2003, n° 656. Voy. encore Cass., 17 décembre 2003, R.G. n° P.03.1476.F (en cause de *Service A. et consorts*), inédit.

un « même traitement qu'un ressortissant en ce qui concerne l'accès aux tribunaux ». Fallait-il y voir une différence de traitement non justifiée ? La question s'est notamment posée dans l'affaire *Total* évoquée plus tôt[596]. Rappelons, en bref, que cette affaire trouve sa source dans la plainte déposée, au bénéfice de la loi ancienne, par quatre ressortissants birmans. À la suite de l'entrée en vigueur de la loi du 5 août 2003, le dossier, qui ne tombait *a priori* sous le coup d'aucune des deux exceptions précitées, fut présenté à la Cour de cassation en vue du dessaisissement des juridictions belges. À la demande des plaignants – dont l'un avait le statut de réfugié au moment de l'engagement initial de l'action publique –, la Cour de cassation adressa toutefois une question de constitutionnalité à la Cour d'arbitrage[597]. La Cour d'arbitrage fut par ailleurs saisie d'un renvoi préjudiciel similaire dans une autre affaire, en cause de *Paul Kagame et consorts*[598].

Dans un arrêt du 13 avril 2005, la Cour d'arbitrage jugea qu'en ce qu'il imposerait le dessaisissement des juridictions belges bien qu'un plaignant soit un réfugié reconnu en Belgique au moment de l'engagement initial de l'action publique, l'article 29, paragraphe 3, alinéa 2, de la loi du 5 août 2003 viole les articles 10, 11 et 191 de la Constitution[599]. Comme la Cour de cassation ne s'estimait pas en mesure de remédier à l'inconstitutionnalité constatée – c'est-à-dire d'interpréter l'article 29, paragraphe 3, par analogie, comme bénéficiant également aux personnes reconnues réfugiées en Belgique – sans tordre le cou au principe de légalité de la loi pénale au détriment des personnes poursuivies[600], la Cour d'arbitrage, saisie à nouveau (dans le cadre d'un recours en annulation cette fois), prononça, le 21 juin 2006, l'annulation des dispositions transitoires relatives aux dossiers à l'instruction[601]. Une loi réparatrice avait pourtant été adoptée le 22 mai 2006[602], soit postérieurement à l'introduction de la requête en annulation mais

(596) *Supra*, n° 50.
(597) Cass., 5 mai 2004, R.G. n° P.04.0482.F, *Pas.*, 2004, n° 237.
(598) Cass., 19 mai 2004, R.G. n° P.04.0352.F, *Pas.*, 2004, n° 270.
(599) C.A., 13 avril 2005, n° 68/2005, dispositif.
(600) Cass., 29 juin 2005, R.G. n° P.04.0482.F, *Pas.*, 2005, n° 381. Pour un commentaire, voy. J.-Cl. SCHOLSEM, « L'affaire "Total" : lacune ou pas ? », *J.L.M.B.*, 2006, n° 2, pp. 63-65.
(601) C.A., 21 juin 2006, n° 104/2006, dispositif. Voy. N. BENAÏSSA, « La loi sur la compétence universelle, acte III », *J.T.*, 2006, n° 6241, pp. 662-664 ; A. KETTELS, « L'affaire *Total Fina* : quand le pragmatisme prend le pas sur la réalité intellectuelle », *J.L.M.B.*, 2006, n° 34, pp. 1503-1509 ; H. D. BOSLY, « La jurisprudence de la Cour d'arbitrage et la notion de compétence extra-territoriale en matière pénale », in *En hommage à Francis Delpérée. Itinéraires d'un constitutionnaliste*, Bruxelles, Bruylant, 2007, pp. 237-240.
(602) L. 22 mai 2006 modifiant certaines dispositions de la loi du 17 avril 1878 contenant le Titre préliminaire du Code de procédure pénale, ainsi qu'une disposition de la loi du 5 août 2003 relative aux violations graves de droit international humanitaire, *M.B.*, 7 juillet 2006 (vig. 31 mars 2006).

antérieurement à l'arrêt de la Cour d'arbitrage, aux fins d'étendre le champ d'application de l'exception litigieuse comme suit :

> « [...] à l'exception des affaires ayant fait l'objet d'un acte d'instruction à la date d'entrée en vigueur de la présente loi, dès lors que, soit au moins un plaignant était de nationalité belge (ou réfugié reconnu en Belgique et y ayant sa résidence habituelle, au sens de la Convention de Genève de 1951 relative au statut des réfugiés et son Protocole additionnel) au moment de l'engagement initial de l'action publique, soit au moins un auteur présumé a sa résidence principale en Belgique, à la date d'entrée en vigueur de la présente loi ».

La situation était alors pour le moins singulière : l'article 29, paragraphe 3, alinéa 2, de la loi du 5 août 2003 s'était vu, d'une part, annulé par la Cour d'arbitrage, mais, d'autre part, modifié par le législateur – avec un effet rétroactif au 31 mars 2006, soit avant l'arrêt d'annulation intervenu[603]. Quel sort convenait-il de réserver à cette loi annulée puis (rétroactivement) modifiée ? Saisie de la question, la Cour de cassation jugea que l'annulation partielle de la loi du 5 août 2003 ne mettait pas en échec l'application du régime transitoire tel que modifié par la loi réparatrice du 22 mai 2006, dès lors que cette dernière n'était pas visée par les motifs ni le dispositif de l'annulation décidée par la Cour d'arbitrage[604].

96 ▶ **Loi du 5 août 2003 – Droit transitoire (« actes d'instruction »).** L'article 29, paragraphe 3, de la loi du 5 août 2003 ne précise pas ce qu'il y a lieu d'entendre par « acte d'instruction ». L'éclairage de la notion a connu un important flottement prétorien qu'illustre particulièrement bien l'affaire *Koweït*. La cause concerne la plainte introduite, le 20 décembre 2001, pour le compte de plusieurs milliers de personnes jordano-palestiniennes qui résidaient au Koweït mais avaient été expulsées vers la Jordanie à l'issue de la première guerre du Golfe (1990-1991). Les plaignants reprochaient à 74 personnes, pour la plupart des hauts dignitaires koweïtiens, des actes constitutifs de génocide au sens de la loi de 1993 telle que modifiée en 1999.

Le dossier fit, pendant plusieurs années à compter de son dépôt, l'objet d'échanges de procédure divers entre le juge d'instruction et le parquet fédéral, sans toutefois que le juge d'instruction fasse procéder à des actes d'enquête concrets[605]. Après l'entrée en vigueur de la loi du 5 août 2003, le parquet fédéral estima qu'eu égard à la présence d'au moins un plaignant de nationalité belge au moment de l'engagement initial de l'action publique, le dossier devait échapper à la procédure de dessaisissement énoncée par le régime transitoire de la loi nouvelle. Le parquet général près la Cour de cassation avait en effet

(603) Art. 5 de la L. 22 mai 2006.
(604) Cass., 8 décembre 2010, R.G. n° P.10.0890.F, *Pas.*, 2010, n° 715, avec concl. M.P ; Cass., 30 octobre 2013, R.G. n° P.13.1573.F, *R.D.P.C.*, 2014, p. 213, avec concl. M.P.
(605) Pour un résumé complet, voy. Cour eur. D.H., 16 mars 2021, *Hussein et autres c. Belgique*, req. n° 45187/12, §§ 5-23.

considéré à plusieurs reprises, dans les premières affaires pour lesquelles la question d'un dessaisissement s'était posée, que le procès-verbal de constitution de partie civile constituait un « acte d'instruction » au sens du dispositif transitoire de la loi[606] ; il semblait avoir été suivi par la Cour sur ce point[607].

Les deux conditions pour échapper au dessaisissement étant ainsi, *prima facie*, satisfaites, l'instruction du dossier *Koweït* put, à ce stade, se poursuivre. Le 19 octobre 2006, le parquet adressa au juge d'instruction des réquisitions tendant à l'exécution de différents devoirs. Appelée ensuite à se prononcer sur la recevabilité de l'action publique, la chambre des mises en accusation de la cour d'appel de Bruxelles, dans un arrêt du 30 avril 2010, jugea la constitution de partie civile irrecevable en ce qu'elle visait notamment des personnes titulaires d'immunités internationales, mais déclara les juridictions belges compétentes pour le surplus[608]. La Cour de cassation, à la censure de laquelle l'arrêt fut présenté, considéra que la chambre des mises en accusation, en soustrayant l'affaire à la procédure de dessaisissement alors même qu'elle avait constaté dans son arrêt qu'aucun acte d'instruction véritable n'avait été accompli avant les réquisitions prises à cette fin par le ministère public le 19 octobre 2006, n'avait pas légalement justifié sa décision. La Cour de cassation cassa partiellement l'arrêt du 30 avril 2010 et renvoya la cause à la chambre des mises en accusation autrement composée[609].

De retour devant la chambre des mises en accusation, le procureur fédéral – quoiqu'il plaidât en faveur de l'irrecevabilité de l'action publique pour d'autres motifs – estima que les juridictions belges devaient être déclarées compétentes au motif qu'aux yeux de son office, le procès-verbal de constitution de partie civile du 20 décembre 2001 pouvait être considéré comme un « acte d'instruction » au sens du dispositif transitoire de la loi du 5 août 2003. Ce ne fut pas l'avis de la chambre des mises en accusation qui, par un arrêt du 9 juin 2011, endossa une conception étroite de la notion d'« acte d'instruction » et constata qu'aucun acte de la sorte n'avait encore été accompli, en l'espèce, au moment de l'entrée en vigueur de la loi le 7 août 2003 :

> « Dans le cas d'espèce, aucun acte d'instruction au sens usuel du terme, à savoir tout acte ayant pour objet la recherche des auteurs d'infractions ou la collecte de preuves, n'a été accompli avant l'entrée en vigueur de la loi du 5 août 2003 ; ni le procès-verbal de constitution de partie civile, ni le procès-verbal de transfert du dossier au parquet fédéral et le procès-verbal de saisine du parquet fédéral, ni la décision prise par le juge d'instruction sur

(606) Voy. ainsi Cass., 24 septembre 2003, R.G. n° P.03.1216.F, *Pas.*, 2003, n° 451, concl. av. gén. J. SPREUTELS du 29 août 2003.
(607) Voy. Cass., 24 septembre 2003, R.G. n° P.03.1216.F, *Pas.*, 2003, n° 451 ; Cass., 24 septembre 2003, R.G. n° P.03.1217.F, *Pas.*, 2003, n° 452.
(608) Bruxelles (mis. acc.), 30 avril 2010, inédit.
(609) Cass., 8 décembre 2010, R.G. n° P.10.0890.F, *Pas.*, 2010, n° 715, avec concl. M.P.

> pied de l'article 61*ter* du code d'instruction criminelle, ni la demande de paiement de caution, ni l'enquête sur l'immunité diplomatique, ni les différents courriers aux réunions de concertation repris en page 22 des conclusions des parties civiles, ne peuvent être considérés, fussent-ils interruptifs de la prescription de l'action publique, comme des actes d'instruction au sens visé par la loi du 5 août 2003 »[610].

À l'appui du pourvoi introduit à l'encontre de cet arrêt, les plaignants et demandeurs en cassation faisaient notamment grief à la chambre des mises en accusation d'avoir favorisé une interprétation déraisonnablement stricte et *contra legem* de la notion d'« acte d'instruction ». Le pourvoi fut rejeté par la Cour de cassation au terme d'un arrêt du 18 janvier 2012[611].

La Cour européenne des droits de l'homme, finalement saisie de la cause dans une affaire *Hussein et autres contre Belgique*, ne verrait pas dans ces développements une position arbitraire des juridictions belges ni une violation de l'obligation de motivation issue de l'article 6, paragraphe 1er, de la Convention européenne des droits de l'homme :

> « En l'espèce, la Cour observe que la chambre des mises en accusation et la Cour de cassation ont écarté la compétence des juridictions belges au départ d'une même interprétation de la notion d'"acte d'instruction", au sens de tout acte par lequel le juge d'instruction, agissant dans l'exercice de sa mission de recherche de la vérité, recueille les informations pertinentes pour le jugement de la cause. C'est également l'interprétation retenue par l'avocat général à la Cour de cassation. De cette définition, que la chambre des mises en accusation a estimé correspondre "au sens usuel du terme", étaient exclus, selon elle, les actes de procédure posés en l'espèce. De même, la Cour de cassation a estimé que ni le procès-verbal de constitution de partie civile, ni le procès-verbal de transfert du dossier au parquet, ni le procès-verbal de saisine du parquet fédéral, ne constituait un commencement de l'instruction proprement dite et n'entrait donc pas dans la notion d'acte d'instruction telle qu'elle résultait de l'économie de la loi du 5 août 2003. [...] la Cour considère que les juridictions internes ont donné une réponse spécifique et explicite au moyen soulevé par les requérants et qu'il ne saurait être jugé qu'elles ont manqué à leur obligation de motivation à cet égard. [...] En outre, la Cour n'aperçoit rien d'arbitraire ou de manifestement déraisonnable dans l'interprétation donnée par les juridictions internes de la notion d'acte d'instruction »[612].

Le flottement important qu'a connu la compréhension de la notion d'« acte d'instruction » n'a pas moins conduit à certaines situations malheureuses et, dans certains cas, à la frustration manifeste des attentes légitimes de certains plaignants. L'affaire *Taya* peut être prise en exemple. Elle concerne la

(610) Bruxelles (mis. acc.), 9 juin 2011, inédit.
(611) Cass., 18 janvier 2012, R.G. n° P.11.1163.F, *Pas.*, 2012, n° 48, avec concl. M.P.
(612) Cour eur. D.H., 16 mars 2021, *Hussein et autres c. Belgique*, req. n° 45187/12, §§ 50-52.

plainte introduite, le 31 janvier 2002, à l'encontre de l'ancien président de la République islamique de Mauritanie. Les plaignants reprochaient à l'intéressé des tortures et des actes de barbarie constitutifs de crimes contre l'humanité et de génocide, qui auraient été commis en Mauritanie durant la période de 1989 à 1991. Le traitement de la plainte a, en synthèse, connu des lenteurs considérables et, après l'arrêt de la Cour de cassation intervenu le 18 janvier 2012 dans l'affaire *Koweït* précitée, le ministère public a dû constater qu'aucun « acte instruction » – au sens restrictif ainsi élucidé par la Cour de cassation – n'avait encore été accompli dans ce dossier au moment de l'entrée en vigueur du dispositif transitoire de la loi du 5 août 2003, soit bien plus tôt, le 7 août 2003. Le dessaisissement devait dès lors être prononcé par la Cour de cassation le 30 octobre 2013[613], plus de dix années après l'entrée en vigueur du dispositif transitoire.

À la suite de ce dessaisissement pour le moins tardif, une action en responsabilité civile fut introduite à l'encontre de l'État belge, par laquelle les demandeurs souhaitaient faire examiner les effets négatifs des modifications législatives et du flottement prétorien intervenus en la matière, ainsi que de l'inertie des juges d'instruction successifs dans le traitement du dossier. Après avoir vu leurs prétentions rejetées par le tribunal de première instance[614], la cour d'appel de Bruxelles, dans un arrêt du 26 avril 2022, réforma le jugement et jugea que « sans l'inertie fautive du magistrat instructeur, la Cour de cassation n'aurait pu prononcer le dessaisissement [des] juridictions belges ; il eût suffi que le magistrat instructeur procède à l'audition des plaignants [le 7 août 2003 au plus tard] pour que l'appelant [...] échappe au dessaisissement et puisse espérer d'autres devoirs d'instruction »[615]. Les plaignants, jugea la cour d'appel, furent ainsi injustement privés de leur droit d'accès au juge, ce qui justifia la condamnation de l'État belge au paiement d'un euro au titre de réparation symbolique[616].

97 ▶ **Loi du 5 août 2003 – Droit transitoire (droit d'accès à un tribunal).** Dans l'affaire *Hussein et autres contre Belgique* précitée, outre la question spécifique de l'interprétation de la notion d'« acte d'instruction », la Cour européenne des droits de l'homme confirma, de façon plus générale, la validité du régime transitoire de la loi du 5 août 2003 au regard de la Convention européenne des droits de l'homme. La Cour estima en synthèse que le rejet, à la suite de l'abrogation de la loi du 16 juin 1993 et dans le cadre de la procédure de dessaisissement, de la constitution de partie civile valablement introduite sous l'empire de la loi ancienne, poursuivait un objectif légitime et ne constituait pas une ingérence disproportionnée dans le droit d'accès des plaignants à un tribunal au sens de l'article 6, paragraphe 1er, de la Convention. Les motifs de l'arrêt – en partie confus

(613) Cass., 30 octobre 2013, R.G. n° P.13.1573.F, *R.D.P.C.*, 2014, p. 213, avec concl. M.P.
(614) Civ. Bruxelles fr. (4e ch.), 29 septembre 2017, n° 23592, inédit.
(615) Bruxelles (18e ch. civ.), 26 avril 2022, n° 3100, inédit, § 35.
(616) Bruxelles (18e ch. civ.), 26 avril 2022, n° 3100, inédit, § 35.

à notre avis – nous semblent toutefois révéler un certain embarras des juges strasbourgeois face aux importants flottements législatifs et jurisprudentiels qui ont entouré l'abrogation de la loi du 16 juin 1993[617].

98 ▸ **Loi du 22 mai 2006.** Nous savons déjà[618] que la loi du 22 mai 2006 visait notamment à étendre aux réfugiés reconnus en Belgique les faveurs respectivement énoncées à l'ancien article 10, 1°*bis*, du titre préliminaire du Code de procédure pénale (compétence personnelle passive étendue aux réfugiés reconnus en Belgique[619]) et à l'ancien article 29, paragraphe 3, de la loi du 5 août 2003 (extension, aux réfugiés reconnus en Belgique, de la possibilité d'échapper, à certaines conditions, au dessaisissement[620]).

La loi comporte un dernier aspect qui concerne le mécanisme de filtrage de certaines plaintes par le procureur fédéral. Dans le système initialement établi par la loi du 23 avril 2003, l'éventuelle décision de classement sans suite du procureur fédéral devait être notifiée à la partie plaignante et pouvait faire l'objet d'un recours devant la chambre des mises en accusation[621]. Rien de tel ne fut en revanche repris dans la loi du 5 août 2003, qui ne soumettait la décision du procureur fédéral à aucun contrôle judiciaire[622]. Seul un mécanisme d'information – qui demeure jusqu'à ce jour – fut alors mis en place : lorsque la décision de classement sans suite est fondée sur le point 3° (action publique irrecevable) ou le point 4° (*forum non conveniens*), le ministre de la Justice informe la Cour pénale internationale lorsque les faits relèvent de sa compétence *ratione temporis* (c'est-à-dire lorsqu'ils ont été commis à partir du 1er juillet 2002)[623].

Un recours en annulation fut porté devant la Cour d'arbitrage, par la Ligue des droits de l'homme et la *Liga voor Mensenrechten*, à l'encontre de ce point précis de la loi du 5 août 2003. Les requérantes soutenaient qu'en réservant au procureur fédéral le pouvoir d'engager des poursuites, et en excluant toute voie de recours contre la décision du procureur fédéral de ne pas poursuivre, les dispositions concernées généraient une différence de traitement injustifiée et disproportionnée entre les victimes de crimes internationaux (qui se voient privées de la capacité de mettre en mouvement l'action publique et de toute

(617) Cour eur. D.H., 16 mars 2021, *Hussein et autres c. Belgique*, req. n° 45187/12, §§ 69-71 en particulier.
(618) *Supra*, n° 95.
(619) Art. 2 de la L. 22 mai 2006 modifiant certaines dispositions de la loi du 17 avril 1878 contenant le Titre préliminaire du Code de procédure pénale, ainsi qu'une disposition de la loi du 5 août 2003 relative aux violations graves de droit international humanitaire, *M.B.*, 7 juillet 2006 (vig. 31 mars 2006).
(620) Art. 4 de la L. 22 mai 2006.
(621) Art. 5 de la L. 23 avril 2003.
(622) Voy. V. GUERRA et A. BERRENDORF, « Droit international humanitaire », in *Postal Memorialis. Lexique du droit pénal et des lois spéciales*, Liège, Wolters Kluwer, suppl. août 2020, n° D 250, p. 665.
(623) Art. 10, 1°*bis*, al. 7 et 8, anc. et art. 12*bis*, al. 7 et 8, anc., du TPCPP.

forme de contrôle judiciaire) et les victimes d'infractions de droit commun (à la faveur desquelles la constitution de partie civile reste admise).

Dans un arrêt du 23 mars 2005, la Cour d'arbitrage leur donna partiellement raison[624]. Elle estima qu'en raison des problèmes suscités par l'application de la loi du 16 juin 1993, le législateur avait valablement pu souhaiter limiter les possibilités de mise en mouvement de l'action publique et conférer un monopole au procureur fédéral[625]. Elle jugea toutefois que l'absence de tout contrôle juridictionnel de la décision de classement sans suite outrepassait l'objectif poursuivi par la loi, et était dès lors incompatible avec la Constitution, s'agissant des *trois premiers motifs de refus* (défaut manifeste de fondement, erreur de qualification ou irrecevabilité de l'action publique)[626]. La situation, estima la Cour, est différente pour le quatrième et dernier motif (*forum non conveniens*), qui répond au souci d'écarter des plaintes propres à « nuire gravement aux relations internationales de la Belgique »[627] ou à « susciter artificiellement un débat politique mettant en cause des personnalités étrangères »[628]. En définitive, le moyen des requérantes fut ainsi jugé fondé dans la mesure où les dispositions attaquées ne prévoyaient pas que la décision de ne pas engager des poursuites soit prise par un juge indépendant et impartial dans les hypothèses visées aux 1°, 2° et 3° des (anciens) articles 10, 1°*bis*, alinéa 3, et 12*bis*, alinéa 3, du titre préliminaire du Code de procédure pénale, tels que modifiés par la loi du 5 août 2003. La Cour annula ces dispositions, avec maintien de leurs effets jusqu'au 31 mars 2006, afin de laisser au législateur le temps nécessaire pour modifier la loi.

Vu cet arrêt d'annulation, mais également en raison de la différence de traitement relevée plus tôt entre les réfugiés et les nationaux, une intervention législative était résolument nécessaire. C'est ce qui conduisit à l'adoption de la loi réparatrice du 22 mai 2006[629], bien tardive mais compensée – de façon certes cavalière – par une entrée en vigueur rétroactive au 31 mars 2006[630]. Tels que modifiés par cette loi, les (anciens) articles 10, 1°*bis*, et 12*bis* du titre préliminaire opèrent une distinction en fonction des motifs de classement sans suite, conformément au vœu de la Cour d'arbitrage. Aucun contrôle judiciaire n'est

(624) C.A., 23 mars 2005, n° 62/2005. Voy. W. VERRIJDT, « Universele jurisdictie na de Genocidewet. Invloed van de recente rechtspraak van het Arbitragehof en het Hof van Cassatie », *Chroniques de Droit Public/Publiekrechtelijke Kronieken*, 2006, n° 1, pp. 84-118 ; N. BENAÏSSA, « La loi de compétence universelle. Commentaire des arrêts rendus les 23 mars et 13 avril 2005 par la Cour d'arbitrage », *J.T.*, 2005, n° 6184, pp. 389-391.
(625) C.A., 23 mars 2005, n° 62/2005, B.7.3 et B.7.4.
(626) C.A., 23 mars 2005, n° 62/2005, B.7.8.
(627) C.A., 23 mars 2005, n° 62/2005, B.7.6.
(628) C.A., 23 mars 2005, n° 62/2005, B.7.7.
(629) L. 22 mai 2006 modifiant certaines dispositions de la loi du 17 avril 1878 contenant le Titre préliminaire du Code de procédure pénale, ainsi qu'une disposition de la loi du 5 août 2003 relative aux violations graves de droit international humanitaire, *M.B.*, 7 juillet 2006 (vig. 31 mars 2006).
(630) Donnant effet au caractère rétroactif de la loi, voy. Bruxelles (mis. acc.), 11 juin 2009, n° 2508, inédit. Voy. à ce sujet, L. WALLEYN, *Droits sans frontières*, Limal, Anthemis, 2023, pp. 178-180.

organisé s'agissant de la décision de ne pas engager de poursuites sur la base du quatrième motif (*forum non conveniens*). Si, en revanche, le procureur fédéral est d'avis que l'un des trois premiers motifs est rencontré (défaut manifeste de fondement, erreur de qualification ou irrecevabilité de l'action publique), il prend des réquisitions devant la chambre des mises en accusation tendant à faire déclarer par cette dernière, selon les cas, qu'il n'y a pas lieu à poursuivre ou que l'action publique n'est pas recevable[631]. Sur les contours de cette procédure singulière, nous renvoyons à ce que nous avons exposé plus tôt[632].

99 ▶ **Réforme des livres Ier et II du Code pénal.** La réforme des livres Ier et II du Code pénal a été adoptée à travers deux lois du 29 février 2024, dont les principales dispositions doivent entrer en vigueur le 8 avril 2026[633]. La réforme du livre Ier modifie en profondeur une série importante de principes généraux du droit pénal, en lien notamment avec l'ensemble des infractions visées par le livre II, y compris les crimes internationaux[634]. À la suite de la réforme du livre II, les crimes de génocide, contre l'humanité et de guerre seront réorganisés au sein d'un titre Ier consacré aux « violations graves du droit international humanitaire ». Celui-ci se verra complété d'un crime de disparition forcée (articles 82 à 93 futurs). Le titre II du livre II accueillera quant à lui un nouveau crime d'écocide (article 94 futur).

Sauf précision contraire, la référence aux articles du Code pénal au sein de ce *verbo* vise la numérotation actuelle (en vigueur en tout cas jusqu'au 7 avril 2026). Une table de concordance des principales dispositions actuelles et futures est reprise en fin d'ouvrage.

100 ▶ **Réforme du titre préliminaire du Code de procédure pénale.** Le 9 avril 2024 était adoptée la loi « procédure pénale I »[635]. Celle-ci réorganise – moins sur le fond que sur la forme[636] – les dispositions du titre préliminaire du Code de procédure pénale relatives aux critères de compétence extraterritoriale des juridictions belges.

Sauf précision contraire, le présent *verbo* renvoie à la numérotation nouvelle, entrée en vigueur le 28 avril 2024. Une table de concordance des principales dispositions anciennes et nouvelles est reprise en fin d'ouvrage.

101 ▶ **Normes réglementaires.** Plusieurs arrêtés royaux sont également pertinents pour l'étude du paysage institutionnel ou procédural belge en matière de poursuite et de jugement des crimes internationaux. Relevons ainsi :

— l'arrêté royal du 6 décembre 2000 portant réorganisation de la Commission interdépartementale de droit humanitaire, *M.B.*, 12 décembre 2000 ;

(631) Art. 10, 1°*bis*, al. 4, anc., et art. 12, al. 4, anc., du TPCPP.
(632) *Supra*, n° 53.
(633) L. 29 février 2024 introduisant le livre Ier du Code pénal, *M.B.*, 8 avril 2024 (vig. 8 avril 2026) ; L. 29 février 2024 introduisant le livre II du Code pénal, *M.B.*, 8 avril 2024 (vig. 8 avril 2026).
(634) Art. 77 du futur C. pén., tel qu'introduit par la L. 29 février 2024 introduisant le livre Ier du Code pénal, *M.B.*, 8 avril 2024 (vig. 8 avril 2026).
(635) L. 9 avril 2024 droit de la procédure pénale I, *M.B.*, 18 avril 2024 (vig. 28 avril 2024).
(636) Exposé des motifs, *Doc. parl.*, Ch. repr., sess. 2022-2023, n° 55-3514/001, pp. 4-5.

— l'arrêté royal du 17 septembre 2005 relatif à la création d'un service de droit international humanitaire, *M.B.*, 31 mars 2006 ;
— l'arrêté royal du 23 août 2014 portant organisation de la « *Belgian Task Force for International Criminal Justice (BTF ICJ)* », *M.B.*, 5 septembre 2014 ;
— l'arrêté royal du 22 juin 2016 modifiant l'arrêté royal du 6 décembre 2000 portant réorganisation de la Commission interdépartementale de droit humanitaire, *M.B.*, 19 août 2016 ;
— l'arrêté royal du 12 août 2022 portant exécution des articles de la loi du 17 mai 2006 relative au statut juridique externe des personnes condamnées à une peine privative de liberté et aux droits reconnus à la victime dans le cadre des modalités d'exécution de la peine, qui portent sur les règles selon lesquelles les victimes peuvent demander à être informées, à être entendues et à formuler des conditions dans leur intérêt, *M.B.*, 24 août 2022[637].

102 ▶ **Circulaires.** Enfin, les circulaires suivantes sont pertinentes, en lien avec l'expérience belge de la poursuite et du jugement des crimes internationaux :
— circulaire n° COL 16/2003 du Collège des procureurs généraux : loi du 5 août 2003 – violations graves du droit international humanitaire ou autres crimes de droit international – compétence exclusive du procureur fédéral – gestion des plaintes[638] ;
— circulaire n° COL 7/2005 du Collège des procureurs généraux : *addendum* à la circulaire n° COL 16/2003 relative aux violations graves du droit international humanitaire ou autres crimes de droit international – modification de loi – arrêts de la Cour d'arbitrage[639] ;
— circulaire n° COL 4/2008 du Collège des procureurs généraux : deuxième *addendum* à la circulaire n° COL 16/2003 relative aux violations graves du droit international humanitaire ou autres crimes de droit international – modification légale – arrêt de la Cour constitutionnelle[640].

Rappelons que les circulaires ne produisent pas d'effets juridiques à l'égard des tiers mais que leurs auteurs sont tenus de s'y conformer en vertu du principe *patere legem quam ipse fecisti* (il faut souffrir de la loi que l'on a faite soi-même)[641].

(637) Voy. art. 2, § 1er, 1°, premier tiret.
(638) Indisponible sur https://www.om-mp.be/ mais disponible à la demande (sdaomp-comm@just.fgov.be).
(639) Disponible sur https://www.om-mp.be/.
(640) Disponible sur https://www.om-mp.be/.
(641) Voy. p. ex. Civ. Bruxelles fr. (4e ch.), 26 février 2020, inédit.

Chapitre 2

Les chefs de compétence des juridictions répressives

Section 1. Notions générales

103 ▶ **Aperçu et structure.** Les juridictions répressives belges sont compétentes à l'égard des crimes internationaux commis sur le territoire du Royaume (n°s 112 et s.). Depuis l'entrée en vigueur de loi du 5 août 2003, elles demeurent en outre compétentes dans trois hypothèses extraterritoriales énoncées par le titre préliminaire du Code de procédure pénale. Sont ainsi visés, en synthèse, les cas dans lesquels l'infraction est commise à l'étranger par un Belge ou par une personne ayant sa résidence principale en Belgique (compétence personnelle active élargie – n°s 118 et s.), contre un Belge, un réfugié reconnu en Belgique ou une personne résidant en Belgique depuis au moins trois ans (compétence personnelle passive élargie – n°s 137 et s.) et, en dehors de ces hypothèses, lorsqu'une règle de droit international liant la Belgique lui impose de soumettre l'affaire à ses autorités compétentes pour l'exercice des poursuites (compétence universelle basée sur le droit international – n°s 156 et s.).

104 ▶ **Verrous.** S'il déroge au droit commun avec pour vœu de réduire les espaces d'impunité, le régime belge des compétences juridictionnelles en matière de violations graves du droit international n'est pas moins soumis au respect d'une série de conditions et de verrous procéduraux qui, en pratique, constituent bien souvent des obstacles difficiles à franchir pour les victimes[642]. Ces obstacles et conditions, qui ne sont pas identiques selon le

(642) Voy. S. Finnin, *Surmonter les obstacles. L'accès à la justice en Europe pour les victimes de crimes internationaux*, Rapport publié par la FIDH, l'ECCHR et REDRESS, 2020, pp. 25-44.

chef de compétence concerné, peuvent être résumés et comparés au droit commun comme suit :

	Recevabilité de la constitution de partie civile par action	**Exigence de présence du suspect en Belgique**	**Exigence de double incrimination**
Personnalité active (droit commun)	Oui/non (selon les cas)	Oui	Oui
Personnalité active (crimes internationaux)	Oui	Non	Non
Personnalité passive (droit commun)	Oui	Oui	Oui
Personnalité passive (crimes internationaux)	Non	Non	Non
Compétence universelle	Non	Oui/non (selon le droit international)	Non

105 ▶ **Incidence sur la pratique.** Les vecteurs extraterritoriaux de compétence des juridictions belges exercent naturellement une influence directe sur le panel des dossiers qui leur sont présentés. Ainsi, le dernier rapport annuel du parquet fédéral relève qu'en matière de crimes internationaux, outre quelque 46 dossiers relatifs au Rwanda et 12 relatifs aux crimes commis à l'égard des Yézidis, d'autres sont en cours qui concernent des faits qui se seraient déroulés notamment en République démocratique du Congo, au Cambodge, au Guatemala, au Congo-Brazzaville, en Côte d'Ivoire, en Bosnie-Herzégovine, au Liberia, en Turquie, au Liban, en Palestine, en Russie (Tchétchénie et Daghestan), au Burundi, en Sierra Leone, en Somalie, en Syrie, en Guinée, en Irak, en Iran ou encore en Israël[643].

106 ▶ **Application de la loi de compétence extraterritoriale dans le temps – Position du problème.** Nous verrons que le régime des compétences extraterritoriales des juridictions belges en matière de crimes internationaux a fait l'objet de plusieurs modifications législatives. Comment articuler ceci avec le principe de non-rétroactivité de la loi pénale ? Prenons un exemple concret : le principe de personnalité active a, en Belgique, été étendu aux résidents belges

(643) Parquet fédéral, *Rapport annuel 2021*, p. 182, disponible sur https://www.om-mp.be/. Voy. égal. Ph. MEIRE et Ph. FABRI, « La complémentarité de l'action des juridictions internationales et nationales : la situation de la Belgique », *J.T.*, 2021, n° 6875, p. 791.

par la loi du 5 août 2003 (alors qu'il ne concernait, au départ, que les nationaux)[644]. Que convient-il dès lors de décider face à des crimes internationaux qui auraient été commis à l'étranger, par une personne résidant en Belgique, *avant* l'entrée en vigueur de ladite loi le 7 août 2003 ?

Plusieurs lectures sont possibles. La première consiste à considérer que les compétences juridictionnelles pénales relèvent de pures questions de procédure auxquelles l'exigence de non-rétroactivité ne trouve pas à s'appliquer – les lois de procédure étant en règle revêtues d'un effet immédiat[645], y compris en matière pénale[646].

Une autre position est d'affirmer qu'en conférant une base légale à des poursuites lorsqu'il n'en existait auparavant pas, et en ouvrant ainsi la porte à l'application d'éventuelles sanctions pénales, la loi nouvelle qui établit ou étend la compétence extraterritoriale des juridictions belges doit être assimilée à une loi d'incrimination, laquelle ne peut alors, eu égard à l'impératif de non-rétroactivité, être appliquée à des faits anciens[647].

La jurisprudence internationale de protection des droits humains ne permet pas, pour l'heure, de trancher définitivement le débat : s'il est certain que le principe de non-rétroactivité de la loi pénale s'oppose, en droit international[648], à l'application rétroactive de dispositions définissant des infractions[649] ou déterminant des peines[650], la Cour européenne des droits de l'homme et les autres organes internationaux compétents n'ont, à notre connaissance[651], pas encore eu à trancher spécifiquement la question de savoir si la loi déterminant la compétence extraterritoriale de juridictions répressives doit être apparentée à pareilles catégories de règles[652].

---

(644) Art. 14 et 15 de la L. 5 août 2003 relative aux violations graves du droit international humanitaire, *M.B.*, 7 août 2003 (vig. 7 août 2003).

(645) Art. 3 du C. jud.

(646) Art. 2 du C. jud.

(647) Art. 2, al. 2, du C. pén.

(648) Art. 7 de la CEDH et art. 15 du PIDCP notamment.

(649) Cour eur. D.H. (gde ch.), 20 octobre 2015, *Vasiliauskas c. Lituanie*, req. n° 35343/05, §§ 165-166.

(650) Cour eur. D.H., 15 décembre 2009, *Gurguchiani c. Espagne*, req. n° 16012/06, § 29.

(651) Pour un même constat, voy. B. SWART, « La place des critères traditionnels de compétence dans la poursuite des crimes internationaux », in A. CASSESE et M. DELMAS-MARTY (dir.), *Juridictions nationales et crimes internationaux*, Paris, PUF, 2002, p. 585.

(652) Dans l'affaire *Jorgic c. Allemagne*, relative à une condamnation pour des actes de génocide commis en Bosnie-Herzégovine, la Cour européenne des droits de l'homme a apprécié la question de la compétence extraterritoriale des juridictions répressives allemandes sous l'angle du droit à un tribunal établi par la loi plutôt qu'à l'aune du principe de non-rétroactivité de la loi pénale (Cour eur. D.H., 12 juillet 2017, *Jorgic c. Allemagne*, req. n° 74613/01, §§ 64-72).

La pratique des juridictions belges, lorsque celles-ci ont affronté le problème[653], manque pour sa part de constance[654], comme nous le verrons en détail dans les numéros qui suivent.

107 ▶ **Application de la loi de compétence extraterritoriale dans le temps – Solution 1 : règle procédurale susceptible d'application immédiate.** En faveur de la première approche, qui voit dans la compétence extraterritoriale une pure question de procédure susceptible d'application immédiate, on épinglera :

- deux arrêts de la Cour de cassation des 4 juillet 1949 et 5 juin 1950, respectivement. Au cœur de la Seconde Guerre mondiale, la compétence personnelle active de droit commun des juridictions belges avait été étendue de manière à faciliter le jugement des infractions commises par des Belges, à l'étranger, à l'encontre de ressortissants de pays alliés de la Belgique[655]. Cette réforme avait-elle vocation à s'appliquer aux faits commis avant son entrée en vigueur ? La Cour de cassation l'affirma en jugeant : « que la loi du 30 avril 1947 ne punit pas des faits qui antérieurement n'étaient pas punissables et n'apporte aucune modification aux peines établies précédemment ; qu'[...] elle a uniquement pour but d'attribuer aux juridictions belges une compétence extraordinaire en matière de certains crimes et délits commis hors du territoire national et en temps de guerre ; qu'elle constitue une disposition relative à la compétence à laquelle le principe légal de la non-rétroactivité des lois pénales inscrit dans l'article 2 du Code pénal n'est pas applicable »[656] ;
- l'ordonnance du 6 novembre 1998 en l'affaire dirigée contre l'ancien président chilien Pinochet : « [s]'agissant d'une règle de compétence, l'article 7 de la loi du 16 juin 1993 [conférant une compétence universelle aux juridictions belges en matière de crimes internationaux] est d'application immédiate : il s'applique aux infractions commises avant [son] entrée en vigueur »[657] ;
- un arrêt prononcé par la chambre des mises en accusation de la cour d'appel de Bruxelles dans un dossier en cause de *M. D.* (affaire dite des *Diamants de sang*) : « les dispositions relatives à la procédure sont

(653) Tel n'est pas toujours le cas. Voy. p. ex. Bruxelles (mis. acc.), 10 novembre 2022, inédit.

(654) Voy. déjà ce qu'écrivait Chr. VAN DEN WYNGAERT, « Le droit pénal belge et la répression des délits internationaux : problèmes légaux surgissant de la mise en œuvre de délits internationaux », *R.D.P.C.*, 1988, n° 6, p. 609. Voy. encore Fr. KUTY, *Principes généraux du droit pénal belge. Tome 1 : la loi pénale*, 3e éd., Bruxelles, Larcier, 2018, p. 342 (et les nombr. réf. citées à la note n° 1926) et encore p. 443.

(655) L. 30 avril 1947 modifiant l'arrêté-loi du 5 août 1943 conférant compétence exceptionnelle aux juridictions belges concernant certains crimes ou délits commis en temps de guerre hors du territoire national, *M.B.*, 15 mai 1947 (vig. 15 mai 1947). *Infra*, n° 123.

(656) Cass., 5 juin 1950, *Pas.*, 1950, I, p. 696. Voy. de même Cass., 4 juillet 1949, *Pas.*, 1949, I, p. 506.

(657) J.I. Bruxelles, 6 novembre 1998, *R.D.P.C.*, 1999, p. 281. Pour un éclairage comparé à l'aune de la pratique espagnole dans la même affaire, voy. L. REYDAMS, « Universal Criminal Jurisdiction: The Belgian State of Affairs », *Criminal Law Forum*, 2000, vol. 11, p. 210. Voy. en outre, en des termes identiques, J.I. Bruxelles, 11 avril 2000, inédit.

d'application immédiate en application de l'article 3 du Code judiciaire. Elles ne sont pas à confondre avec les dispositions incriminant les crimes contre l'humanité »[658].

108 ▶ **Application de la loi de compétence extraterritoriale dans le temps – Solution 2 : disposition de droit matériel ne pouvant rétroagir.** En faveur de la deuxième approche, qui paraît majoritaire et voit dans les questions de compétence extraterritoriale des lois d'incrimination ne pouvant rétroagir, on notera ceci :

— la compétence personnelle active de droit commun des juridictions belges fit l'objet d'une réforme en application d'une loi du 16 mars 1964, qui eut notamment pour effet d'ouvrir plus largement la porte à la poursuite des infractions commises par un Belge, à l'étranger, contre un étranger[659]. Par un arrêt du 12 octobre 1964, la Cour de cassation censura l'application de cette extension de la compétence extraterritoriale des juridictions belges à des faits antérieurs à l'entrée en vigueur de la loi[660] ;

— on se souvient que, peu après le dépôt d'une plainte à l'encontre de la société Total par des ressortissants birmans, la loi du 5 août 2003 abrogea la compétence universelle absolue des juridictions belges qui avait permis l'introduction de cette action[661]. Dans le cadre du débat judiciaire qui s'ensuivit, consacré à la question de savoir si les plaignants pouvaient se prévaloir, au bénéfice du maintien de l'affaire, du régime transitoire prévu par l'article 29, paragraphe 3, de ladite loi du 5 août 2003, la Cour de cassation vit dans ce mécanisme transitoire « une règle de droit pénal matériel parce qu'il a notamment pour objet d'empêcher, aux conditions qu'il précise, que certaines violations graves du droit international humanitaire cessent d'être punissables en Belgique »[662]. À ce titre, jugea la Cour, le mécanisme transitoire devait être considéré comme soumis au principe de la légalité des incriminations[663] ;

— dans une autre espèce, en matière de terrorisme cette fois, la Cour d'arbitrage jugea de façon comparable : « l'article 10, 6° [article 14/1 nouveau] du titre préliminaire du Code de procédure pénale, en ce qu'il étend la compétence extraterritoriale des juridictions belges, donne une base légale à une poursuite exercée en Belgique. Alors qu'il n'existait auparavant

(658) Bruxelles (mis. acc.), 10 novembre 2015, n° 1975, inédit, p. 3 (réf. omise).
(659) L. 16 mars 1964 modifiant la loi du 17 avril 1878 contenant le titre préliminaire du Code de procédure pénale, *M.B.*, 20 mars 1964 (vig. 30 mars 1964).
(660) Cass., 12 octobre 1964, *Pas.*, 1964, I, p. 154.
(661) Art. 27 de la L. 5 août 2003.
(662) Cass., 29 juin 2005, R.G. n° P.04.0482.F, *Pas.*, 2005, n° 381. Pour une critique, voy. H. D. BOSLY, « La jurisprudence de la Cour d'arbitrage et la notion de compétence extra-territoriale en matière pénale », in *En hommage à Francis Delpérée. Itinéraires d'un constitutionnaliste*, Bruxelles, Bruylant, 2007, p. 239.
(663) Cass., 29 juin 2005, R.G. n° P.04.0482.F, *Pas.*, 2005, n° 381.

aucune base légale de poursuite ni donc, *a fortiori*, de sanction en Belgique pour de tels faits, tel est bien le cas depuis [l'insertion de cette disposition, au sein du titre préliminaire, par] la loi du 13 mars 2003. Par conséquent, la loi du 13 mars 2003 doit être considérée comme une disposition de droit pénal matériel »[664] ;

— la chambre des mises en accusation de la cour d'appel de Bruxelles a de même jugé, dans le contexte de l'exécution d'un mandat d'arrêt européen, que les dispositions du titre préliminaire fondant la compétence extraterritoriale des juridictions belges ne peuvent trouver à s'appliquer immédiatement à des faits commis avant leur entrée en vigueur[665].

109 ▶ **Application de la loi de compétence extraterritoriale dans le temps – Solution 3 : disposition de droit matériel susceptible d'application immédiate à certaines conditions.** À notre avis[666], il serait artificiel de voir, dans l'adoption ou l'extension d'une loi de compétence extraterritoriale, autre chose qu'une règle nouvelle permettant, en pratique, la criminalisation et la sanction d'un comportement – c'est-à-dire une règle devant être assimilée au champ matériel de la loi pénale et tomber à ce titre sous le coup du principe de non-rétroactivité.

Est-ce à dire que la loi de compétence extraterritoriale nouvelle ne peut jamais trouver à s'appliquer *ex post facto* ? Pas nécessairement selon nous, car il se peut que le caractère répréhensible, en Belgique, de faits anciens ait été suffisamment prévisible, au moment de leur commission, sur la base *d'autres* chefs de compétence alors en vigueur. Ainsi, à notre avis, on doit pouvoir accepter que la poursuite de crimes internationaux soit conduite sur la base d'un titre de compétence énoncé dans une règle postérieure aux faits concernés pour autant qu'une autre base de compétence puisse être identifiée, qui fut, elle, en vigueur au moment des faits. Dans un tel contexte, en effet, la base de compétence ancienne était propre à rendre l'exercice de poursuites suffisamment prévisible au moment des faits, et est ainsi de nature à couvrir, en quelque sorte, l'application rétroactive de la règle de compétence nouvelle. C'est un raisonnement de cet ordre que nos cours et tribunaux appliquent, *mutatis mutandis*, pour

(664) C.A., 20 avril 2005, n° 73/2005, B.7. Pour une critique, voy. H. D. BOSLY, « La jurisprudence de la Cour d'arbitrage et la notion de compétence extra-territoriale en matière pénale », in *En hommage à Francis Delpérée. Itinéraires d'un constitutionnaliste*, Bruxelles, Bruylant, 2007, pp. 234-236.
(665) Bruxelles (mis. acc.), 11 décembre 2008, *T. Strafr.*, 2009, n° 2, p. 108.
(666) Voy. de même Fr. KUTY, *Principes généraux du droit pénal belge. Tome 1 : la loi pénale*, 3e éd., Bruxelles, Larcier, 2018, pp. 442-443. *Contra*, voy. H. D. BOSLY, « La jurisprudence de la Cour d'arbitrage et la notion de compétence extra-territoriale en matière pénale », in *En hommage à Francis Delpérée. Itinéraires d'un constitutionnaliste*, Bruxelles, Bruylant, 2007, pp. 234-236 ; E. DAVID, *Éléments de droit pénal international et européen*, vol. 1, 2e éd., Bruxelles, Bruylant, 2018, p. 247 ; B. SWART, « La place des critères traditionnels de compétence dans la poursuite des crimes internationaux », in A. CASSESE et M. DELMAS-MARTY (dir.), *Juridictions nationales et crimes internationaux*, Paris, PUF, 2002, p. 585.

justifier la qualification, en tant que crimes de guerre, de génocide ou contre l'humanité, de faits commis avant l'entrée en vigueur de la loi de 1993 ou de celle de 1999, selon les cas[667].

Dans l'affaire *Total*, à rebours de sa jurisprudence antérieure précitée, la Cour d'arbitrage s'est engagée dans cette direction (quoique selon des termes ambigus à notre avis, car nous pensons que la Cour aurait pu atteindre le même résultat sans revenir fondamentalement sur la conception des règles de compétence en tant que dispositions de droit matériel). Pour annuler les dispositions transitoires de la loi du 5 août 2003 relatives aux dossiers à l'instruction[668], la Cour considéra :

> « La disposition annulée ne crée aucune incrimination et ne commine aucune peine, son objet étant uniquement de déterminer la compétence des juridictions belges. L'annulation de cette disposition n'a pas non plus pour effet ni de créer une incrimination nouvelle ou d'établir une peine, ni de rétablir une incrimination ou une peine abrogées. L'annulation ne porte en effet que sur la compétence des juridictions belges, et elle a pour effet de rétablir une règle de compétence qui avait été adoptée par une assemblée délibérante élue avant que les faits reprochés aient été commis.
>
> Contrairement aux circonstances décrites dans l'arrêt n° 73/2005, dans lequel la Cour a considéré que la loi en cause était une disposition de droit pénal matériel parce qu'elle donnait une base légale à une poursuite exercée en Belgique alors qu'il n'existait auparavant aucune base légale de poursuite ni de sanction en Belgique pour les faits commis à l'étranger qui étaient reprochés à la requérante, en l'espèce, l'annulation prononcée n'a pas pour effet de rendre passibles de poursuites et de sanctions des faits qui ne l'étaient pas en Belgique au moment où ils auraient été commis. En effet, au moment où les faits qui font l'objet de la plainte déposée entre les mains du juge d'instruction belge auraient été commis, et sous réserve de la vérification, qui relève des juridictions pénales, que ces faits étaient visés par la loi du 16 juin 1993, les juridictions belges étaient compétentes pour en connaître, de sorte que leurs auteurs pouvaient prévoir les conséquences éventuelles de leurs actes au moment où ils les auraient commis.
>
> Il découle de ce qui précède que, contrairement à ce qu'affirment les parties intervenantes, la disposition en cause ne contient pas, et son annulation n'équivaut pas à instaurer une règle de droit pénal matériel. La circonstance que les juridictions belges aient été, un moment, dessaisies, et qu'elles puissent, le cas échéant, être saisies à nouveau, si elle a certes pour effet de déjouer les espoirs que les intervenants avaient pu concevoir à la suite de l'entrée en vigueur de la loi du 5 août 2003, ne porte pas atteinte à leur droit fondamental au respect du principe de légalité du droit pénal »[669].

---

(667) *Supra*, n° 82.

(668) *Supra*, n° 95.

(669) C.A., 21 juin 2006, n° 104/2006, B.16 et B.17. Voy. N. BENAÏSSA, « La loi sur la compétence universelle, acte III », *J.T.*, 2006, n° 6241, pp. 662-664 ; A. KETTELS, « L'affaire *Total Fina* : quand le pragmatisme prend le pas sur la réalité intellectuelle », *J.L.M.B.*, 2006, n° 34, pp. 1503-1509.

Il est permis de penser qu'aux prémices de l'affaire *P. B.* (qui a donné lieu au procès d'assises « Rwanda VI » à la fin de l'année 2023[670]), la Cour de cassation a pu endosser ce raisonnement. On sait en effet que ce dossier, qui concerne la participation d'un ressortissant rwandais aux événements de 1994, était conduit sur le fondement de la compétence personnelle active élargie (prise de la résidence principale du prévenu en Belgique). Dans un arrêt du 4 novembre 2020[671], la Cour de cassation rejeta le pourvoi formé à l'encontre d'une décision adoptée par la chambre des mises en accusation de Bruxelles le 21 octobre 2020[672] dans le cadre du premier contrôle du mandat d'arrêt émis quelques semaines plus tôt à l'encontre de l'inculpé. L'un des moyens invoqués à l'appui du pourvoi concernait la compétence extraterritoriale des juridictions belges et reprochait à la chambre des mises en accusation d'avoir apprécié la condition de résidence de l'inculpé en Belgique au moment de l'engagement des poursuites et non au moment des faits – moyen dont la Cour considéra qu'il manquait en droit[673].

Mais le demandeur en cassation aurait peut-être pu soulever un autre moyen pris de la violation du principe de non-rétroactivité de la loi pénale. Le principe de personnalité active, en effet, a seulement été étendu aux résidents belges par la loi du 5 août 2003[674]. En 1994, l'intéressé ne pouvait donc s'attendre à faire l'objet de poursuites, en Belgique, sur le fondement de la compétence personnelle active, alors limitée aux ressortissants. Cela étant, l'exigence de non-rétroactivité se borne à réclamer, à notre avis, qu'il ait été suffisamment accessible et prévisible pour l'intéressé, au moment des faits, qu'il pût à l'avenir, *en fonction de chefs de compétence quels qu'ils soient*, faire l'objet de poursuites devant les juridictions belges. Tel était le cas à notre avis puisqu'en 1994, à défaut de connaître le principe de personnalité active élargie aux résidents, la loi belge énonçait encore l'ancienne compétence universelle absolue, en manière telle que, *arguendo*, la poursuite de l'inculpé en Belgique demeurait en tout état de cause suffisamment prévisible. Sans prétendre lui faire dire ce qu'elle n'a pas dit, il n'est pas impossible que la Cour de cassation ait souhaité adhérer implicitement à cette approche puisque, dans l'hypothèse contraire, l'opportunité (et même, en théorie, l'obligation) lui était donnée de soulever un moyen de cassation d'office sur ce point[675].

---

(670) Bruxelles (ass.), 19 décembre 2023, n° 7445, inédit ; Bruxelles (ass.), 22 décembre 2023, n° 7447, inédit ; Bruxelles (ass.), 22 décembre 2023, n° 7448, inédit.

(671) Cass., 4 novembre 2020, R.G. n° P.20.1061.F, *J.L.M.B.*, 2022, p. 965.

(672) Bruxelles (mis. acc.), 21 octobre 2020, inédit.

(673) Cass., 4 novembre 2020, R.G. n° P.20.1061.F, *J.L.M.B.*, 2022, p. 965.

(674) Art. 14 et 15 de la L. 5 août 2003 relative aux violations graves du droit international humanitaire, *M.B.*, 7 août 2003 (vig. 7 août 2003).

(675) Voy. Chr. DEPREZ, « Crimes internationaux et compétence personnelle active : à quel moment apprécier la nationalité ou la résidence principale ? », *J.L.M.B.*, 2022, n° 22, pp. 966-970.

110 ▶ **Droit applicable.** L'article 14/15 du titre préliminaire du Code de procédure pénale énonce que, dans tous les cas où l'action publique est exercée en Belgique sur le fondement des compétences extraterritoriales des juridictions belges, l'inculpé est poursuivi et jugé d'après les dispositions des lois belges. Ainsi, c'est l'application de la loi belge – tant matérielle que procédurale –, et non celle du lieu de commission de l'infraction, qui s'impose lorsque des poursuites sont diligentées en Belgique en lien avec des crimes internationaux commis à l'étranger[676].

111 ▶ ***Ne bis in idem.*** Tel qu'il est généralement conçu en droit international, le principe *ne bis in idem* s'oppose uniquement à ce que le mécanisme pénal soit mis en œuvre deux fois (*bis*), à l'égard d'une même personne et à raison des mêmes circonstances (*idem*), au sein d'un même ordre répressif national[677]. Il s'agit donc uniquement d'une protection contre les condamnations ou les poursuites multiples *par les juridictions d'un même État*[678].

L'article 14/14 du titre préliminaire du Code de procédure pénale va toutefois plus loin puisqu'il énonce qu'en règle, les chefs de compétence extraterritoriale des juridictions pénales belges ne sont pas applicables lorsque l'inculpé, jugé en pays étranger du chef de la même infraction, a été acquitté ou lorsqu'après avoir été condamné il a subi ou prescrit sa peine ou a été gracié ou amnistié. Le principe remonte à la loi du 17 avril 1878 contenant le titre préliminaire du Code de procédure pénale[679]. Il suppose l'existence d'une décision judiciaire définitive, de sorte que le simple fait d'être l'objet de poursuites à l'étranger ne peut suffire à ouvrir le bénéfice de la règle[680]. La loi « procédure pénale I » du 9 avril 2024 a complété la règle en y introduisant une clause de sauvegarde inspirée du Statut de Rome de la Cour pénale internationale[681]. Ainsi, l'article 14/14 est inopérant lorsque la première procédure avait pour but de soustraire la personne concernée à sa responsabilité pénale, ou encore lorsqu'elle n'a pas été menée de manière indépendante ou impartiale, dans le respect des garanties d'un procès équitable, mais d'une manière qui, dans les circonstances, était incompatible avec l'intention de traduire l'intéressé en justice.

---

(676) Pour une critique de la logique qui sous-tend cette règle, voy. J. VERHOEVEN, « Vers un ordre répressif universel ? Quelques observations », *A.F.D.I.*, 1999, vol. 45, pp. 66-67.
(677) Art. 14, § 7, du PIDCP ; art. 4 du Protocole n° 7 à la CEDH ; art. 8, § 4, de la CADH, notamment.
(678) Pour un rappel de la protection plus étendue, car s'étendant aux contextes interjuridictionnels, dans l'espace européen, voy. Chr. VAN DEN WYNGAERT et G. STESSENS, « The International *Non Bis In Idem* Principle: Resolving Some of the Unanswered Questions », *I.C.L.Q.*, 1999, vol. 48, p. 804).
(679) *M.B.*, 25 avril 1878 (vig. 5 mai 1878).
(680) Cass., 19 juin 2001, R.G. n° P.010362.N, *Pas.*, 2001, n° 377. En ce sens, voy. déjà P. MAHILLON, « Des extensions récentes à la possibilité de poursuites à raison d'infractions commises hors du territoire du Royaume », *R.D.P.C.*, 1948-1949, n° 6, p. 536.
(681) Exposé des motifs, *Doc. parl.*, Ch. repr., sess. 2022-2023, n° 55-3514/001, p. 38.

Cette disposition trouve uniquement à s'appliquer aux infractions commises à l'étranger[682]. Autrement dit, elle concerne les seules compétences répressives extraterritoriales et ne s'oppose en rien à l'exercice des poursuites, en Belgique, sur le fondement du principe de territorialité, quand bien même l'intéressé aurait déjà été jugé en pays étranger du chef de la même infraction.

La disposition réserve enfin spécifiquement le cas des infractions commises en temps de guerre, de sorte que celles-là, quoique déjà jugées à l'étranger, peuvent donner lieu à de nouvelles poursuites en Belgique sur le pied des articles 6 et suivants du titre préliminaire du Code de procédure pénale[683]. Cette exclusion, introduite par l'article 4 de l'arrêté-loi du 5 août 1943 conférant compétence exceptionnelle aux juridictions belges concernant certains crimes ou délits commis en temps de guerre hors du territoire national[684], trouve son fondement historique dans les circonstances qui prévalaient au cours de la Seconde Guerre mondiale[685]. Elle ne demeure pas moins applicable jusqu'à ce jour.

Section 2. La compétence territoriale

112 ▶ **Cadre international.** L'exercice de la compétence répressive à l'égard des infractions commises sur le territoire national est classiquement considéré comme l'un des attributs centraux de la souveraineté de l'État[686]. S'agissant des

(682) Cass., 20 juin 1977, *Pas.*, 1977, I, p. 1070 ; Cass., 22 février 1994, *Pas.*, 1994, I, p. 195. Voy. égal. Chr. Hennau et J. Verhaegen, *Droit pénal général*, 3ᵉ éd., Bruxelles, Bruylant, 2003, p. 79.

(683) Il faut toutefois composer, dans certains cas, avec les obligations conventionnelles de la Belgique qui seraient de nature à réclamer, le cas échéant, une mise en œuvre plus protectrice du principe *ne bis in idem*. Pour un rappel général sur le sujet, voy. G. Falque et O. Michiels, « Le principe *non bis in idem* : quand le droit belge intègre les soubresauts du droit européen ? », in V. Franssen et A. Masset (dir.), *Actualités de droit pénal et de procédure pénale*, coll. CUP, vol. 194, Liège, Anthemis, 2019, pp. 325-375.

(684) *M.B.*, 20 septembre 1943 (vig. 20 septembre 1943).

(685) Voy. Ministère de la Justice, Rapport au Conseil, *M.B. (série L.)*, 20 septembre 1943, p. 321 (« [la disposition] ne se justifi[e] pas à l'égard de certains crimes ou délits commis, en temps de guerre, alors que l'extension de compétence qui résulte du présent arrêté-loi frappera des étrangers en faveur desquels un gouvernement ennemi ou satellite de l'ennemi peut avoir provoqué des décisions d'acquittement ou de condamnation insuffisante ou avoir fait obstacle à l'exécution de condamnations sérieuses, par l'exercice du droit de grâce »).

(686) O. Michiels et G. Falque, *Principes de procédure pénale*, 2ᵉ éd., Bruxelles, Larcier, 2023, p. 822 ; Fr. Tulkens, M. Van de Kerchove, Y. Cartuyvels et Chr. Guillain, *Introduction au droit pénal : aspects juridiques et criminologiques*, 10ᵉ éd., Bruxelles, Kluwer, 2014, p. 294 ; M.-A. Beernaert, H. D. Bosly et D. Vandermeersch, *Droit de la procédure pénale*, 9ᵉ éd., Bruges, la Charte, 2021, p. 95 ; F. Bellivier, I. Fouchard et M. Eudes, *Droit des crimes internationaux*, Paris, PUF, 2018, p. 302 ; K. S. Gallant, *International Criminal Jurisdiction: Whose Law Must We Obey?*, Oxford, OUP, 2022, p. 187 ; E. David, *Éléments de droit pénal international et européen*, vol. 1, 2ᵉ éd., Bruxelles, Bruylant, 2018, p. 33.

crimes internationaux, il faut en outre y voir, dans une large mesure, la mise en œuvre d'une obligation internationale :

— selon l'article VI de la Convention de 1948 pour la prévention et la répression du crime de génocide, « [l]es personnes accusées de génocide [...] seront traduites devant les tribunaux compétents de l'État sur le territoire duquel l'acte a été commis » ;
— selon l'article 7, paragraphe 1er, a), du Projet d'articles de la Commission du droit international sur la prévention et la répression des crimes contre l'humanité, tout État prend les mesures nécessaires pour établir sa compétence aux fins de connaître des crimes contre l'humanité « [q]uand l'infraction a été commise sur tout territoire sous sa juridiction ou à bord d'un navire ou d'un aéronef immatriculé dans cet État » ;
— en matière de violations graves du droit international humanitaire, l'article 49/50/129/146 commun aux quatre Conventions de Genève de 1949, dès lors qu'il impose aux États l'exercice d'une forme de compétence universelle, implique *a fortiori* l'obligation de déployer les chefs de compétence plus classiques, dont la compétence territoriale[687] ;
— l'article 8 de la Convention de La Haye-Ljubljana pour la coopération internationale en matière d'enquête et de poursuite du crime de génocide, des crimes contre l'humanité, des crimes de guerre et autres crimes internationaux[688] énonce une obligation, pour chaque État partie, de prendre les mesures nécessaires pour établir sa compétence à l'égard des crimes de guerre, de génocide et contre l'humanité qui seraient « commis sur tout territoire sous la juridiction dudit État ou à bord d'aéronefs ou de vaisseaux immatriculés dans cet État ».

113 ▸ **Article 3 du Code pénal.** En vertu de l'actuel article 3 du Code pénal, toute infraction commise sur le territoire du Royaume, par des Belges ou par des étrangers, est punie conformément aux dispositions des lois belges. L'article 3, alinéa 1er, du nouveau Code pénal reprend une formule identique[689]. Le champ d'application du droit pénal belge dans l'espace est ainsi régi, en règle, par l'adage *locus delicti commissi*[690].

---

(687) CICR, Commentaire de l'article 49 de la C.G. I, 2016, en ligne, § 2846 et § 2864. Voy. égal. K. S. Gallant, *International Criminal Jurisdiction: Whose Law Must We Obey?*, Oxford, OUP, 2022, p. 333.
(688) Convention adoptée le 26 mai 2023 et ouverte à la ratification des États depuis le 14 février 2024.
(689) L. 29 février 2024 introduisant le livre Ier du Code pénal, *M.B.*, 8 avril 2024 (vig. 8 avril 2026).
(690) Fr. Kuty, *Principes généraux du droit pénal belge. Tome 1 : la loi pénale*, 3e éd., Bruxelles, Larcier, 2018, p. 397.

114 **Contours du territoire.** Le « territoire », au sens de l'article 3 du Code pénal, comprend :

— le territoire terrestre déterminé selon les frontières du Royaume ;
— le territoire maritime tel que délimité en vertu des règles pertinentes du droit international ;
— l'espace aérien tel que délimité en vertu des règles pertinentes du droit international ;
— les navires battant pavillon belge en haute mer ;
— les aéronefs en vol immatriculés en Belgique[691].

115 **Localisation de l'infraction (ubiquité objective et par-delà).** L'adage *locus delicti commissi* commande de déterminer le lieu de commission de l'infraction. Face au silence de la loi, la Cour de cassation, à l'instar de ce qui prévaut dans d'autres ordres juridiques[692], applique la théorie dite de l'« ubiquité objective ». En vertu de celle-ci, les juridictions belges sont compétentes dès lors que l'un des éléments constitutifs ou aggravants matériels – et non purement intentionnels – de l'infraction a été réalisé en Belgique[693]. L'article 3, alinéa 3, au sein du nouveau livre Ier du Code pénal retient lui aussi que « [l]'infraction est commise sur le territoire du royaume dès lors qu'un de ses éléments constitutifs ou aggravants a eu lieu matériellement sur ce territoire »[694].

La jurisprudence a parfois ouvert la porte – mais pas toujours de façon constante – à des interprétations plus larges de la théorie de l'ubiquité, ou à d'autres formes d'extension de la compétence réputée territoriale des juridictions belges en lien avec des faits commis partiellement ou totalement

(691) Fr. KUTY, *Principes généraux du droit pénal belge. Tome 1 : la loi pénale*, 3e éd., Bruxelles, Larcier, 2018, pp. 403-410 ; E. DAVID, *Éléments de droit pénal international et européen*, vol. 1, 2e éd., Bruxelles, Bruylant, 2018, pp. 66-83 ; M.-A. BEERNAERT, H. D. BOSLY et D. VANDERMEERSCH, *Droit de la procédure pénale*, 9e éd., Bruges, la Charte, 2021, p. 96. Voy. égal. l'article 36 de la L. 27 juin 1937 portant révision de la loi du 16 novembre 1919 relative à la réglementation de la navigation aérienne, *M.B.*, 26 juillet 1937 (vig. 31 mars 1954).

(692) Dans la pratique internationale, voy. ainsi CPI, ICC-RoC46(3)-01/18, Ch. prélim. I, Decision on the "Prosecution's request for a ruling on jurisdiction under article 19(3) of the Statute", 6 septembre 2018, §§ 62-72 ; CPI, *Situation au Bangladesh/Myanmar*, ICC-01/19-27, Ch. prélim. III, Decision pursuant to article 15 of the Rome Statute on the authorisation of an investigation into the Situation in the People's Republic of Bangladesh/Republic of the Union of Myanmar, 14 novembre 2019, §§ 42-62. Voy. sur le sujet A. PAYER, « The Territorial Principle as a Basis for State Criminal Jurisdiction: Particularly with Regard to Cross-Border Offences and Attempts, and to Multiple Parties to an Offence Acting in Different Countries », *I.C.L.R.*, 2023, vol. 23, pp. 175-238.

(693) Cass., 23 janvier 1979, *Pas.*, 1979, I, p. 582 ; Cass., 4 février 1986, *Pas.*, 1986, I, p. 664.

(694) L. 29 février 2024 introduisant le livre Ier du Code pénal, *M.B.*, 8 avril 2024 (vig. 8 avril 2026).

à l'étranger[695]. Ces développements jurisprudentiels, combinés à la théorie de l'ubiquité objective, permettent de retenir en synthèse que :

— l'infraction dont un élément constitutif matériel est réalisé en Belgique relève de la juridiction belge[696] ;
— la jurisprudence et la doctrine demeurent divisées sur la question de savoir si ceci peut également trouver à s'appliquer à l'élément constitutif matériel prenant la forme – non d'un comportement mais plutôt – d'une conséquence, telle que la survenance d'un préjudice en matière de faux et usage de faux (« théorie de l'effet »)[697] ;
— l'infraction dont un élément aggravant matériel est réalisé en Belgique relève de la juridiction belge[698] ;
— l'infraction consistant en une omission relève de la juridiction belge dès lors que l'obligation non respectée devait être exécutée en Belgique (il importe peu, à cet égard, que l'abstention coupable se soit matérialisée à l'étranger, pourvu que le comportement requis dût être posé en Belgique)[699] ;
— l'infraction continue relève de la juridiction belge dès lors que la situation délictueuse s'est produite, à un moment donné, sur le territoire du Royaume[700] ;
— les actes de participation, réalisés à l'étranger, à une infraction principale commise en Belgique relèvent de la juridiction belge[701] ;
— les actes de participation, réalisés en Belgique, à une infraction principale commise à l'étranger relèvent de la juridiction belge[702] ;
— plus délicate est la question de savoir si la compétence des juridictions belges pour connaître des actes de participation, réalisés en Belgique, à une infraction principale localisée à l'étranger emporte leur compétence pour

(695) Fr. KUTY, *Principes généraux du droit pénal belge. Tome 1 : la loi pénale*, 3e éd., Bruxelles, Larcier, 2018, pp. 419-427 ; Fr. KUTY, « Le critère de la compétence territoriale des juridictions pénales », *J.L.M.B.*, 2011, n° 25, p. 1126 ; M.-A. BEERNAERT, H. D. BOSLY et D. VANDERMEERSCH, *Droit de la procédure pénale*, 9e éd., Bruges, la Charte, 2021, p. 98 ; O. MICHIELS et G. FALQUE, *Principes de procédure pénale*, 2e éd., Bruxelles, Larcier, 2023, pp. 821-822 ; M. FRANCHIMONT, A. JACOBS et A. MASSET, *Manuel de procédure pénale*, 4e éd., Bruxelles, Larcier, 2012, p. 1445.

(696) Cass., 23 janvier 1979, *Pas.*, 1979, I, p. 582 ; art. 3, al. 3, du futur C. pén.

(697) Comp. Cass., 23 janvier 1979, *Pas.*, 1979, I, p. 582, et Cass., 7 juin 2011, *Pas.*, 2011, p. 1625. Voy. ce qu'écrit Fr. KUTY, « Le critère de la compétence territoriale des juridictions pénales », *J.L.M.B.*, 2011, n° 25, p. 1126. Il semble clair, par contraste, que l'infraction commise à l'étranger ne peut relever de la juridiction belge du seul fait que ses effets, *ne faisant pas partie des éléments constitutifs ni aggravants* de l'incrimination, se seraient manifestés en Belgique (M.-A. BEERNAERT, H. D. BOSLY et D. VANDERMEERSCH, *Droit de la procédure pénale*, 9e éd., Bruges, la Charte, 2021, p. 100).

(698) Cass., 24 janvier 2001, *Pas.*, 2001, p. 168 ; art. 3, al. 3, du futur C. pén.

(699) Cass., 31 octobre 2001, *Pas.*, 2001, p. 1762.

(700) M.-A. BEERNAERT, H. D. BOSLY et D. VANDERMEERSCH, *Droit de la procédure pénale*, 9e éd., Bruges, la Charte, 2021, p. 100.

(701) Cass., 20 février 1961, *Pas.*, 1961, I, p. 664.

(702) Cass., 20 juin 1977, *Pas.*, 1977, I, p. 1070 ; Cass., 16 janvier 1996, *Pas.*, 1996, I, p. 75.

connaître de l'infraction commise à l'étranger elle-même. Quoique la doctrine s'y oppose majoritairement[703], la Cour de cassation a pu l'affirmer[704] ;

— en cas de concours d'infractions commises pour partie en Belgique et pour partie à l'étranger, les faits commis à l'étranger relèvent de la juridiction belge à la condition qu'ils forment un tout indivisible avec ceux commis en Belgique (théorie de l'indivisibilité)[705] ;

— en revanche, la connexité[706] et la théorie de l'infraction collective ne peuvent suffire à justifier, en dehors des cas d'indivisibilité, une prorogation de la compétence pénale des juridictions belges. Ainsi, l'infraction commise par un étranger sur le territoire du Royaume ne permet pas de le poursuivre en Belgique du chef des infractions qu'il aurait réalisées à l'étranger, fussent-elles connexes ou reliées à la première par une même intention délictueuse[707] ;

— les actes matériels préparatoires[708], posés en Belgique, à une infraction commise à l'étranger pourraient relever, selon une certaine jurisprudence de la Cour de cassation, de la juridiction belge[709]. S'agissant des crimes internationaux, cette extension nous semble *a fortiori* devoir trouver à s'appliquer dès lors que les actes préparatoires spécifiquement visés aux

(703) Chr. HENNAU et J. VERHAEGEN, *Droit pénal général*, 3e éd., Bruxelles, Bruylant, 2003, p. 77 ; L. KERZMANN, « La compétence territoriale des juridictions répressives : vers une théorie de l'ubiquité matérielle extensive ? », *Droit pénal de l'entreprise*, 2022, n° 1, p. 37 ; M.-A. BEERNAERT, H. D. BOSLY et D. VANDERMEERSCH, *Droit de la procédure pénale*, 9e éd., Bruges, la Charte, 2021, p. 100 ; Fr. TULKENS, M. VAN DE KERCHOVE, Y. CARTUYVELS et Chr. GUILLAIN, *Introduction au droit pénal : aspects juridiques et criminologiques*, 10e éd., Bruxelles, Kluwer, 2014, p. 297 ; Fr. KUTY, *Principes généraux du droit pénal belge. Tome 1 : la loi pénale*, 3e éd., Bruxelles, Larcier, 2018, pp. 435-436.

(704) Cass., 16 janvier 1996, *Pas.*, 1996, I, p. 75.

(705) Cass., 24 janvier 2001, R.G. n° P.00.16270.F, *R.D.P.C.*, 2001, p. 721 ; Cass., 22 janvier 2014, R.G. n° P.14.0065.F, *Pas.*, 2014, n° 55 (concl. M.P.). Voy. égal. Chr. HENNAU et J. VERHAEGEN, *Droit pénal général*, 3e éd., Bruxelles, Bruylant, 2003, p. 77 ; M.-A. BEERNAERT, H. D. BOSLY et D. VANDERMEERSCH, *Droit de la procédure pénale*, 9e éd., Bruges, la Charte, 2021, p. 100.

(706) Art. 227 du C.i.cr.

(707) Cass., 22 janvier 2014, R.G. n° P.14.0065.F, *Pas.*, 2014, n° 55, avec concl. M.P. Voy. égal. Chr. HENNAU et J. VERHAEGEN, *Droit pénal général*, 3e éd., Bruxelles, Bruylant, 2003, p. 78 ; Fr. KUTY, *Principes généraux du droit pénal belge. Tome 1 : la loi pénale*, 3e éd., Bruxelles, Larcier, 2018, p. 436 ; N. COLETTE-BASECQZ et N. BLAISE, *Manuel de droit pénal général*, 4e éd., Limal, Anthemis, 2019, p. 186.

(708) Sont ici visés les actes par lesquels l'auteur se procure et apprête les moyens qui doivent servir à la réalisation de son projet criminel (L. KERZMANN, « La compétence territoriale des juridictions répressives : vers une théorie de l'ubiquité matérielle extensive ? », *Droit pénal de l'entreprise*, 2022, n° 1, p. 39).

(709) Cass., 10 mars 2021, R.G. n° P.20.1295.F, *J.L.M.B.*, 2021, p. 1122. Voy. à ce sujet L. KERZMANN, « La compétence territoriale des juridictions répressives : vers une théorie de l'ubiquité matérielle extensive ? », *Droit pénal de l'entreprise*, 2022, n° 1, pp. 34-40. *Contra*, voy. Fr. KUTY, *Principes généraux du droit pénal belge. Tome 3 : la loi pénale*, 2e éd., Bruxelles, Larcier, 2020, p. 433 (et les réf. y citées).

articles 136*sexies* et 136*septies* du Code pénal sont, dans cette matière, incriminés au titre de comportements autonomes[710] ;

— la tentative – c'est-à-dire l'acte qui, plus avancé qu'un simple acte préparatoire, révèle un commencement d'exécution de l'infraction –, localisée en Belgique, portant sur une infraction commise à l'étranger, relève de la juridiction belge[711].

116 ▶ **Exception : l'incompétence territoriale.** Dans certains cas exceptionnels[712], un crime international, quoique commis sur le territoire du Royaume au sens précisé ci-avant, pourrait échapper à la juridiction belge[713]. Peut notamment avoir cet effet, le jeu de certains accords internationaux régissant la présence et le statut, sur le territoire national, de forces armées étrangères – les « SOFA » (*Status of Forces Agreement*). Il est en effet fréquent que pareils accords énoncent des règles dérogatoires de répartition des compétences pénales entre l'État d'envoi et l'État de séjour[714]. Tel est le cas dans le contexte des activités de l'OTAN[715], comme de celles des forces militaires mises à la disposition de l'Union européenne[716].

117 ▶ **Exception : la compétence extraterritoriale.** Selon l'article 4 du Code pénal actuel (art. 3, al. 2, futur), l'infraction commise hors du territoire du Royaume, par des Belges ou par des étrangers, n'est punie, en Belgique, que dans les cas déterminés par la loi. L'exercice, par les juridictions belges, d'une forme de compétence extraterritoriale est ainsi réputé exceptionnel ; les dispositions qui la fondent – soit les articles 6 à 14/15 du titre préliminaire du Code de procédure pénale – sont à ce titre supposées devoir être interprétées de façon

---

(710) *Infra*, n°s 323 et s. Voy. à ce titre Fr. KUTY, *Principes généraux du droit pénal belge. Tome 1 : la loi pénale*, 3e éd., Bruxelles, Larcier, 2018, p. 437 (notant que « s'ils constituent une infraction distincte en soi, [les actes préparatoires posés sur le territoire du Royaume] peuvent être réprimés en Belgique »).

(711) Cass., 16 janvier 1996, *Pas.*, 1996, I, p. 75. Voy. déjà J. J. HAUS, *Droit pénal belge*, t. I, 3e éd., Gand, Hoste, 1879, p. 172.

(712) Art. 3, al. 3, du futur C. pén. (« [s]auf les exceptions prévues par la loi »).

(713) Voy. plus en détail E. DAVID, *Éléments de droit pénal international et européen*, vol. 1, 2e éd., Bruxelles, Bruylant, 2018, pp. 83-182.

(714) Voy. à ce sujet J. VERHOEVEN, « Le statut des bases militaires étrangères et des quartiers généraux interalliés implantés en Belgique », *R.B.D.I.*, 1969, n° 2, pp. 565-596 ; J. M. SNEE et K. A. PYE, *Status of Forces Agreement: Criminal Jurisdiction*, New York, Oceana, 1957, 167 p. ; J. VOETELINK, *Status of Forces: Criminal Jurisdiction over Military Personnel Abroad*, La Haye, Asser, 2015, 270 p.

(715) Art. VII de la Convention entre les États parties au Traité de l'Atlantique Nord sur le statut de leurs forces, adoptée à Londres le 19 juin 1951. Voy. la L. 9 janvier 1953 portant approbation de ladite Convention, *M.B.*, 15 mars 1953.

(716) Art. 17 de l'Accord entre les États membres de l'Union européenne relatif au statut du personnel militaire et civil détaché auprès des institutions de l'Union européenne, des quartiers généraux et des forces pouvant être mis à la disposition de l'Union européenne dans le cadre de la préparation et de l'exécution des missions visées à l'article 17, paragraphe 2, du traité sur l'Union européenne, y compris lors d'exercices, et du personnel militaire et civil des États membres mis à la disposition de l'Union européenne pour agir dans ce cadre, conclu le 19 novembre 2003. Voy. la L. 24 septembre 2006 portant assentiment audit Accord, *M.B.*, 11 décembre 2006.

restrictive[717]. Dans la suite de ce chapitre, nous nous pencherons en particulier sur l'article 8, 1°, sur l'article 13 et sur l'article 14/10 du titre préliminaire du Code de procédure pénale qui fondent, respectivement, une certaine forme de compétence personnelle active, de compétence personnelle passive et de compétence universelle des juridictions belges en matière de crimes internationaux.

Précisons que les différents chefs de compétence extraterritoriale des juridictions répressives belges ne sont plus aujourd'hui[718] sujets à aucune hiérarchie[719]. Lorsque l'exercice des poursuites devant les juridictions belges peut se fonder sur plusieurs dispositions, le choix de la compétence personnelle active, de la compétence personnelle passive, ou encore de la compétence universelle basée sur le droit international est laissé aux initiateurs de la procédure : plaignants ou ministère public selon les cas[720].

Notons enfin que, d'un point de vue conceptuel, l'approche jurisprudentielle de la possibilité – ou non – de poursuivre une infraction commise à l'étranger manque de constance[721]. La Cour de cassation a en effet pu considérer qu'il s'agissait là d'une question ayant trait, tantôt, à la compétence juridictionnelle des juridictions belges[722], tantôt, à la recevabilité de l'action publique[723], tantôt encore, au pouvoir de juridiction des juges belges[724]. Dans d'autres cas encore, la Cour de cassation a davantage insisté sur la nature des chefs de compétence extraterritoriale du juge belge en tant que véritables règles de droit pénal matériel, dès lors que celles-ci ont pour effet, en pratique, de déterminer des comportements répréhensibles et de fonder leur éventuelle sanction[725]. Nous avons vu que cette question n'est pas sans conséquence sur la possibilité, ou non, d'appliquer des régimes nouveaux de compétence extraterritoriale à des faits anciens[726].

(717) Cass., 22 janvier 2014, R.G. n° P.14.0065.F, *Pas.*, 2014, n° 55 (concl. M.P.) ; C. const., 7 mars 2024, n° 28/2024, B.1.2.
(718) Voy. *infra*, n° 164.
(719) Voy., livrant un constat identique dans le cadre d'une étude comparée, B. SWART, « La place des critères traditionnels de compétence dans la poursuite des crimes internationaux », in A. CASSESE et M. DELMAS-MARTY (dir.), *Juridictions nationales et crimes internationaux*, Paris, PUF, 2002, pp. 570-571.
(720) Exposé des motifs, *Doc. parl.*, Ch. repr., sess. 2022-2023, n° 55-3514/001, p. 10.
(721) Fr. KUTY, « Chronique semestrielle de jurisprudence 1/2023 – 1re partie : principes généraux du droit pénal », *R.D.P.C.*, 2023, n° 5, pp. 476-477.
(722) Voy. p. ex. Cass., 10 mars 2021, R.G. n° P.20.1295.F, *J.L.M.B.*, 2021, p. 1122.
(723) Voy. p. ex. Cass., 17 mai 2022, R.G. n° P.22.0188.N, *N.C.*, 2022, p. 405.
(724) Voy. p. ex. Cass., 15 septembre 2021, R.G. n° P.21.446.F, cité par Fr. KUTY, « Chronique semestrielle de jurisprudence 1/2023 – 1re partie : principes généraux du droit pénal », *R.D.P.C.*, n° 5, 2023, p. 477.
(725) Cass., 29 juin 2005, R.G. n° P.04.0482.F, *Pas.*, 2005, n° 381. Voy. Fr. KUTY, *Principes généraux du droit pénal belge. Tome 1 : la loi pénale*, 3e éd., Bruxelles, Larcier, 2018, pp. 442-443.
(726) *Supra*, nos 106 à 109.

Section 3.
La compétence personnelle active

118 ▶ **Notion.** Le principe de personnalité active désigne la compétence des juridictions répressives pour connaître d'infractions aux lois nationales commises à l'étranger par une personne ayant un lien de rattachement avec l'État exerçant l'action publique – la nationalité ou, selon une conception éventuellement plus étendue, la résidence habituelle[727]. La mise en œuvre d'une forme de compétence personnelle active est généralement justifiée par le principe de non-extradition des nationaux[728] et présentée comme son corollaire logique[729]. La Cour de cassation y voit par ailleurs le vœu de prévenir « le scandale que pourrait causer l'impunité d'un Belge dans son pays alors qu'il a commis à l'étranger un délit prévu par sa loi nationale »[730].

119 ▶ **Cadre international.** Par contraste avec d'autres infractions régies par le droit international – telles que la torture[731] –, ni les Conventions de Genève de 1949, ni la Convention de 1948 pour la prévention et la répression du crime de génocide n'énoncent expressément une obligation, pour les États, de doter leurs juridictions nationales d'une forme de compétence personnelle active en matière de crimes de guerre ou de crime de génocide[732].

Le droit international est toutefois amené à connaître une évolution sur ce point, puisque l'article 8 de la Convention de La Haye-Ljubljana pour la coopération internationale en matière d'enquête et de poursuite du crime de génocide, des crimes contre l'humanité, des crimes de guerre et autres crimes internationaux[733] énonce une obligation, pour chaque État partie, de prendre

(727) Voy. en général « The Nationality Principle », in K. S. GALLANT, *International Criminal Jurisdiction: Whose Law Must We Obey?*, Oxford, OUP, 2022, pp. 345-407 ; E. DAVID, *Éléments de droit pénal international et européen*, vol. 1, 2e éd., Bruxelles, Bruylant, 2018, pp. 224-240.

(728) En droit belge, art. 1er de la L. 15 mars 1874 sur les extraditions, *M.B.*, 17 mars 1874 (vig. 27 mars 1874). Voy. à ce sujet M. CORHAY, « Extradition (hors mandat d'arrêt européen) », in *Postal Memorialis. Lexique du droit pénal et des lois spéciales*, Liège, Wolters Kluwer, suppl. décembre 2020, n° E 220, pp. 745-746.

(729) Chr. HENNAU et J. VERHAEGEN, *Droit pénal général*, 3e éd., Bruxelles, Bruylant, 2003, p. 81 ; M.-A. BEERNAERT, H. D. BOSLY et D. VANDERMEERSCH, *Droit de la procédure pénale*, 9e éd., Bruges, la Charte, 2021, p. 102 ; M. FRANCHIMONT, A. JACOBS et A. MASSET, *Manuel de procédure pénale*, 4e éd., Bruxelles, Larcier, 2012, p. 1448. Voy. égal. Rapport fait au nom de la commission de la Justice, *Doc. parl.*, Ch. repr., sess. extr. 2003, n° 51-0103/003, p. 4.

(730) Cass., 9 janvier 1911, *Pas.*, 1911, I, p. 79.

(731) Art. 5, § 1er, b), de la Convention du 10 décembre 1984 contre la torture et autres peines ou traitements cruels, inhumains ou dégradants.

(732) H. D. BOSLY et D. VANDERMEERSCH, *Génocide, crimes contre l'humanité et crimes de guerre face à la justice : les juridictions internationales et les tribunaux nationaux*, 2e éd., Bruxelles, Bruylant, 2012, p. 203.

(733) Convention adoptée le 26 mai 2023 et ouverte à la ratification des États depuis le 14 février 2024.

les mesures nécessaires pour établir sa compétence à l'égard des crimes de guerre, de génocide et contre l'humanité « lorsque l'auteur présumé est un ressortissant dudit État ». La même disposition indique en outre que chaque État partie « peut » en faire de même « lorsque l'auteur présumé est une personne apatride qui a sa résidence habituelle sur le territoire de cet État ».

Dans la même veine, selon l'article 7, paragraphe 1er, b), du Projet d'articles de la Commission du droit international sur la prévention et la répression des crimes contre l'humanité, tout État prend les mesures nécessaires pour établir sa compétence aux fins de connaître des crimes contre l'humanité « [q]uand l'auteur présumé de l'infraction est un ressortissant dudit État ou, si cet État le juge approprié, un apatride qui réside habituellement sur son territoire ».

120 ▶ **Droit belge : personnalités actives de droit commun et propre aux crimes internationaux – Principe.** Jusqu'à son reformatage par la loi « procédure pénale I » du 9 avril 2024[734], le titre préliminaire du Code de procédure pénale conférait un double fondement à la compétence personnelle active des juridictions belges en matière de crimes internationaux.

D'un côté, en effet, l'article 7 ancien (art. 6 nouv.) du titre préliminaire, qui constitue le droit commun de la compétence personnelle active, énonce que tout Belge ou toute personne ayant sa résidence principale sur le territoire du Royaume qui, hors du territoire du Royaume, se sera rendu coupable d'un fait qualifié crime ou délit par la loi belge, pourra être poursuivi en Belgique si le fait est puni par la législation du pays où il a été commis. La disposition précise que si l'infraction a été commise contre un étranger, la poursuite ne pourra avoir lieu que sur réquisition du ministère public et devra, en outre, être précédée d'une plainte de l'étranger offensé ou de sa famille ou d'un avis officiel donné à l'autorité belge par l'autorité du pays où l'infraction a été commise.

D'un autre côté, l'article 6, alinéa 1er, 1°*bis*, ancien (art. 8, 1°, nouv.) du titre préliminaire prévoit la compétence des juridictions belges pour la poursuite et le jugement des violations graves du droit international humanitaire – c'est-à-dire les crimes de guerre, de génocide et contre l'humanité – dont se serait rendu coupable, en dehors du territoire du Royaume, tout Belge ou toute personne ayant sa résidence principale sur le territoire du Royaume. Ce fondement spécifique de compétence personnelle active des juridictions belges en matière de crimes internationaux se démarque à différents titres du régime de la personnalité active de droit commun[735]. En effet, comme mieux exposé ci-après, pour les besoins de l'article 8, 1°, nouveau du titre préliminaire :

— il n'est pas requis que l'étranger ait été trouvé en Belgique ;
— le principe de double incrimination ne trouve pas à s'appliquer ;

(734) L. 9 avril 2024 droit de la procédure pénale I, *M.B.*, 18 avril 2024 (vig. 28 avril 2024).
(735) Rapport fait au nom de la commission de la Justice, *Doc. parl.*, Ch. repr., sess. extr. 2003, n° 51-0103/003, p. 4.

— la constitution de partie civile est toujours recevable (y compris s'agissant d'une infraction commise contre un étranger) ;
— la poursuite ne doit pas être précédée d'une plainte de l'étranger offensé ou de sa famille ni d'un avis officiel donné à l'autorité belge par l'autorité du pays où l'infraction a été commise (pas même s'agissant d'une infraction commise contre un étranger).

121 ▶ **Droit belge : personnalités actives de droit commun et propre aux crimes internationaux – Fin du libre choix ?** Cette dualité du régime impliquait que, face à un auteur belge ou ayant sa résidence principale sur le territoire belge, l'action publique pouvait être fondée, soit sur le droit commun (art. 7 anc. du titre préliminaire), soit sur le régime spécifique aux crimes de guerre, de génocide et contre l'humanité (art. 6, al. 1er, 1°*bis*, anc. du titre préliminaire)[736]. Traditionnellement, la victime de crimes internationaux qui souhaitait se constituer partie civile pouvait ainsi se prévaloir soit du droit commun, soit du régime propre aux crimes internationaux[737].

Il se pourrait qu'il en aille désormais différemment. Selon son exposé des motifs, la loi « procédure pénale I » a en effet vocation à établir une hiérarchie entre la compétence personnelle de principe et la compétence personnelle spécifique aux crimes internationaux, en manière telle que cette dernière primerait les règles de droit commun, dont la mobilisation serait ainsi exclue dans cette matière[738]. Dans le titre préliminaire du Code de procédure pénale tel que modifié par la loi du 9 avril 2024, cette idée se concrétise par l'insertion des mots « [s]ous réserve de l'application des articles 7 à 11 » en guise de chapeau à la personnalité active de droit commun désormais visée à l'article 6. L'article 12 nouveau prévoit une réserve identique en matière de personnalité passive.

On ne perçoit pas bien l'intérêt d'une telle exclusion du bénéfice, le cas échéant, du régime de personnalité (active ou passive) de droit commun pour la mise en œuvre des crimes internationaux – d'autant moins qu'en pratique, il est toujours possible de contourner le problème en retenant une qualification de droit commun pour désigner ces derniers (meurtre, torture, etc.). Si la question demeure plutôt théorique s'agissant du principe de personnalité active (il ne semble en effet y avoir aucun intérêt pratique, pour une victime, à invoquer la compétence personnelle active de droit commun plutôt que son pendant spécifique aux crimes internationaux), nous verrons qu'il en va autrement en matière de personnalité passive[739].

(736) M.-A. BEERNAERT, H. D. BOSLY et D. VANDERMEERSCH, *Droit de la procédure pénale*, 9e éd., Bruges, la Charte, 2021, p. 103.
(737) Rapport fait au nom de la commission de la Justice, *Doc. parl.*, Ch. repr., sess. extr. 2003, n° 51-0103/003, p. 17 (*mutatis mutandis*).
(738) Exposé des motifs, *Doc. parl.*, Ch. repr., sess. 2022-2023, n° 55-3514/001, pp. 10-11.
(739) *Infra*, n° 141.

122 ▸ **Focus sur l'article 8, 1°, du TPCPP.** La suite de cette section est consacrée à l'examen des paramètres du principe de personnalité active spécifique aux crimes internationaux, soit l'article 8, 1°, du titre préliminaire du Code de procédure pénale[740].

Des trois chefs extraterritoriaux de compétence des juridictions belges en matière de crimes internationaux, c'est certainement le régime de la compétence personnelle active qui se veut *a priori* le plus direct, clair et accessible. L'article 8, 1°, du titre préliminaire prévoit ainsi, sans autre condition, que peut notamment être poursuivi en Belgique, tout Belge ou toute personne ayant sa résidence principale sur le territoire du Royaume qui, hors de celui-ci, se sera rendu coupable d'une « violation grave du droit international humanitaire ».

C'est ce chef de compétence qui concentrerait actuellement la majorité des dossiers belges en matière de crimes internationaux[741].

123 ▸ **Évolution législative.** L'introduction d'un 1°*bis* au sein de l'article 6, alinéa 1er, ancien du titre préliminaire – aujourd'hui devenu son article 8, 1° – est le fait de la loi du 5 août 2003[742]. Avant cela, le droit belge ne connaissait pas de régime de personnalité active spécifique aux crimes internationaux.

La compétence personnelle active de droit commun des juridictions belges remonte pour sa part, pour l'essentiel[743], à l'adoption de la loi du 17 avril 1878 contenant le titre préliminaire du Code de procédure pénale[744]. La loi visait alors les seuls ressortissants belges et prévoyait déjà une distinction – plus significative encore qu'aujourd'hui – entre l'infraction commise contre un Belge et celle commise contre un étranger. Dans le premier cas, l'article 7 originel du titre préliminaire énonçait simplement, sans autre condition que celle de trouver l'inculpé en Belgique[745] : « [t]out Belge qui, hors du territoire du Royaume, se sera rendu coupable d'un crime ou d'un délit contre un Belge, pourra être poursuivi en Belgique ». Dans le second cas, le régime de l'article 8 originel du titre préliminaire, bien plus restrictif, limitait la compétence des

(740) Pour un meilleur aperçu du régime de droit commun visé à l'article 6 du titre préliminaire, voy. M.-A. BEERNAERT, H. D. BOSLY et D. VANDERMEERSCH, *Droit de la procédure pénale*, 9e éd., Bruges, la Charte, 2021, pp. 102-104 ; M. FRANCHIMONT, A. JACOBS et A. MASSET, *Manuel de procédure pénale*, 4e éd., Bruxelles, Larcier, 2012, pp. 1449-1451 ; O. MICHIELS et G. FALQUE, *Principes de procédure pénale*, 2e éd., Bruxelles, Larcier, 2023, p. 824 ; E. DAVID, *Éléments de droit pénal international et européen*, vol. 1, 2e éd., Bruxelles, Bruylant, 2018, pp. 224-240.

(741) Gouvernement belge, *Plan national de sécurité 2022-2025*, présenté le 10 mars 2022, p. 93, disponible sur https://www.police.be/5998/sites/5998/files/files/2022-04/PNS2022-2025.pdf.

(742) Art. 14 de la L. 5 août 2003, *M.B.*, 7 août 2003 (vig. 7 août 2003).

(743) Sur les bribes de personnalité active en vigueur auparavant, en application du Code d'instruction criminelle de 1808, voy. J. J. HAUS, *Droit pénal belge*, t. I, 3e éd., Gand, Hoste, 1879, pp. 161-163 ; P. MAHILLON, « Des extensions récentes à la possibilité de poursuites à raison d'infractions commises hors du territoire du Royaume », *R.D.P.C.*, 1948-1949, n° 6, p. 515.

(744) *M.B.*, 25 avril 1878 (vig. 5 mai 1878).

(745) Art. 12 du TPCPP tel qu'en vigueur au 5 mai 1878.

juridictions belges à une série de crimes et délits identifiés soit par renvoi à l'article 1er de la loi sur les extraditions (qui a été réformé dans l'intervalle mais visait alors notamment l'assassinat, le meurtre, le viol, l'enlèvement, ou encore certains coups ou blessures)[746], soit par l'ancien article 8 du titre préliminaire lui-même (délits en matière de duel)[747].

Au cours du deuxième conflit mondial, il est apparu nécessaire d'adapter le régime de l'ancien article 8 pour permettre aux juridictions belges de réprimer l'ensemble des infractions commises par des Belges, à l'étranger, à l'encontre de ressortissants de pays alliés de la Belgique. La volonté était de mettre sur un pied d'égalité, en termes de personnalité active, les victimes belges et les victimes appartenant à une nation alliée, s'agissant des infractions ne tombant pas sous le coup de la loi d'extradition (telles que la dénonciation à l'ennemi)[748]. C'est ce qui conduisit à l'adoption d'un arrêté loi du 5 août 1943 conférant compétence exceptionnelle aux juridictions belges concernant certains crimes ou délits commis en temps de guerre hors du territoire national[749]. Ce dernier serait rapidement remplacé, pour une meilleure qualité légistique[750], par la loi du 30 avril 1947 modifiant l'arrêté-loi du 5 août 1943 conférant compétence exceptionnelle aux juridictions belges concernant certains crimes ou délits commis en temps de guerre hors du territoire national[751]. C'est ainsi qu'un second paragraphe, spécifique au temps de guerre, fut ajouté à ce qui était alors l'article 8 du titre préliminaire :

> « Le Belge qui, en temps de guerre, a commis hors du territoire du royaume, contre un ressortissant d'un pays allié de la Belgique, au sens de l'alinéa 2 de l'article 117 du Code pénal, un crime ou un délit, même non prévu par la loi d'extradition, peut être poursuivi en Belgique, soit sur plainte de l'étranger offensé ou de sa famille, soit sur un avis officiel donné à l'autorité belge par l'autorité du pays où l'infraction a été commise, ou de celui dont l'étranger lésé est ou était ressortissant ».

Le principe de personnalité active de droit commun fut entièrement réformé par une loi du 16 mars 1964 qui supprima la limitation historique du domaine

---

(746) L. 15 mars 1874 sur les extraditions, *M.B.*, 17 mars 1874 (vig. 27 mars 1874).
(747) Ce volet de la disposition était déjà considéré comme « sorti des mœurs » au milieu du siècle dernier (P. Mahillon, « Des extensions récentes à la possibilité de poursuites à raison d'infractions commises hors du territoire du Royaume », *R.D.P.C.*, 1948-1949, n° 6, p. 520).
(748) P. Mahillon, « Des extensions récentes à la possibilité de poursuites à raison d'infractions commises hors du territoire du Royaume », *R.D.P.C.*, 1948-1949, n° 6, p. 518 et p. 523. Voy. égal. ministère de la Justice, Rapport au Conseil, *M.B. (série L.)*, 20 septembre 1943, p. 320 (« [i]l importe, vu l'étroite solidarité existant entre les Nations unies, d'accorder à cet égard aux ressortissants alliés, victimes d'agissements commis par des Belges hors du territoire du royaume, les mêmes possibilités de réparation judiciaire qu'aux ressortissants belges »).
(749) *M.B.*, 20 septembre 1943 (vig. 20 septembre 1943).
(750) Exposé des motifs, *Doc. parl.*, Ch. repr., sess. 1945-1946, n° 19, pp. 1-2.
(751) *M.B.*, 15 mai 1947 (vig. 15 mai 1947).

de la personnalité active aux infractions visées par la loi d'extradition, introduisit en lieu et place de celle-ci une exigence plus générique de double incrimination, rassembla les hypothèses d'infractions commises contre un Belge et contre un étranger au sein de l'article 7, réserva le monopole de l'engagement des poursuites au ministère public dans cette dernière hypothèse, et abrogea en conséquence l'ancien article 8 du titre préliminaire[752]. L'article 7 du titre préliminaire, tel qu'ainsi réformé, se lisait alors comme suit :

> « § 1er. Tout Belge qui, hors du territoire du Royaume, se sera rendu coupable d'un fait qualifié crime ou délit par la loi belge pourra être poursuivi en Belgique si le fait est puni par la législation du pays où il a été commis.
> § 2. Si l'infraction a été commise contre un étranger, la poursuite ne pourra avoir lieu que sur réquisition, du ministère public et devra, en outre, être précédée d'une plainte de l'étranger offensé ou de sa famille ou d'un avis officiel donné à l'autorité belge par l'autorité du pays où l'infraction a été commise.
> Dans le cas où l'infraction a été commise, en temps de guerre, contre un ressortissant d'un pays allié de la Belgique au sens du deuxième alinéa de l'article 117 du Code pénal, l'avis officiel peut également être donné par l'autorité du pays dont cet étranger est ou était ressortissant ».

La disposition ne sera plus guère modifiée par la suite, sinon pour élargir, avec la loi du 5 août 2003, la compétence personnelle active aux faits commis par des personnes ayant leur résidence principale en Belgique[753]. Enfin, avec la loi « procédure pénale I », l'article 7 ancien est devenu l'actuel article 6 du titre préliminaire.

Parallèlement à cela, c'est la même loi du 5 août 2003 qui a introduit, avec l'ajout d'un 1°*bis* au sein de l'ancien article 6, alinéa 1er, du titre préliminaire, une compétence personnelle spécifique (et moins conditionnelle) en matière de crimes internationaux – objet principal de la présente section[754]. Cette disposition est devenue l'article 8, 1°, à la suite de l'entrée en vigueur de la loi « procédure pénale I » du 9 avril 2024.

124 ▶ **Ressortissants.** La compétence personnelle active de l'article 8, 1°, du titre préliminaire du Code de procédure pénale vise (notamment) tout Belge. Les Belges sont les ressortissants du Royaume, soit toutes celles et tous ceux qui disposent de la nationalité belge. Il n'y a pas lieu de considérer que les binationaux, qui sont titulaires (notamment) de la nationalité belge à part entière, seraient susceptibles d'échapper à la règle[755]. L'article 8, 1°, du titre préliminaire ne peut en revanche être étendu, à notre avis, aux apatrides – d'une part

---

(752) L. 16 mars 1964 modifiant la loi du 17 avril 1878 contenant le titre préliminaire du Code de procédure pénale, *M.B.*, 20 mars 1964 (vig. 30 mars 1964).
(753) Art. 14 et 15 de la L. 5 août 2003.
(754) Art. 14 de la L. 5 août 2003.
(755) En ce sens, voy. E. DAVID, *Éléments de droit pénal international et européen*, vol. 1, 2e éd., Bruxelles, Bruylant, 2018, p. 225.

parce que les chefs de compétence extraterritoriale des juridictions répressives belges sont d'interprétation stricte[756], et d'autre part parce que l'extradition des apatrides est permise[757], de sorte que le fondement classiquement avancé pour justifier l'exercice d'une compétence personnelle active (à savoir le principe de non-extradition des nationaux) est sans objet dans cette hypothèse.

La qualité de ressortissant est déterminée selon les règles du Code de la nationalité belge du 28 juin 1984[758]. Celui-ci énonce que la preuve de la nationalité belge est faite en établissant l'existence des conditions et formalités requises par la loi belge[759]. Le Code distingue, sur le fond, entre différents modes d'obtention de la nationalité, par attribution d'une part[760], et par acquisition d'autre part[761].

125 ▸ **Personnes morales de droit privé.** L'activité infractionnelle d'une entreprise belge – soit, plus précisément, une personne morale dont le siège social ou le siège d'exploitation est établi en Belgique[762] – peut donner lieu à des poursuites en Belgique sur le fondement de la personnalité active[763]. La pratique belge a connu et connaît encore aujourd'hui plusieurs dossiers révélant la participation alléguée, à des crimes internationaux, de personnes morales de droit privé établies en Belgique[764].

Notons que la loi « procédure pénale I » du 9 avril 2024 a introduit une extension particulière de la compétence des juridictions belges à l'égard de toute

(756) Art. 4 du C. pén. ; Cass., 22 janvier 2014, R.G. n° P.14.0065.F, *Pas.*, 2014, n° 55 (concl. M.P.).
(757) Cass., 30 juin 1987, *Pas.*, 1987, I, n° 658.
(758) *M.B.*, 12 juillet 1984 (vig. 24 juillet 1984). S'agissant toutefois des demandes et déclarations qui auraient été introduites avant l'entrée en vigueur dudit Code, voy. la disposition transitoire prévue dans son article 26, § 1er.
(759) Art. 4 du Code de la nationalité belge.
(760) Art. 8 à 12 du Code de la nationalité belge.
(761) Art. 12*bis* à 21 du Code de la nationalité belge.
(762) Art. 24 et 62*bis* du C.i.cr.
(763) Cass., 5 mai 2004, R.G. n° P.04.0482.F, *Pas.*, 2004, n° 237 (considérant que le seul établissement d'un centre de coordination en Belgique, au sens de l'A.R. n° 187 du 30 décembre 1982 relatif à la création de centres de coordination, ne peut suffire, pour les besoins du principe de personnalité active, à considérer une entreprise comme « belge »).
(764) Sur l'iconique affaire *Total*, voy. not. S. Dewulf, « De naweeën van de *Total*-zaak: rechtspreken op grond van een vernietigde wetsbepaling », *R.W.*, 2011-2012, n° 14, pp. 653-658 ; J.-Cl. Scholsem, « L'affaire "Total" : lacune ou pas ? », *J.L.M.B.*, 2006, n° 2, pp. 63-65 ; A. Kettels, « L'affaire *Total Fina* : quand le pragmatisme prend le pas sur la réalité intellectuelle », *J.L.M.B.*, 2006, n° 34, pp. 1503-1509 ; L. Hennebel, « L'affaire *Total-Unocal* en Birmanie jugée en Europe et aux États-Unis », *CRIDHO Working Papers*, 2006, n° 9, 32 p. Pour l'évocation de deux autres dossiers relatifs à l'implication suspectée d'établissements bancaires belges dans des crimes internationaux, voy. L. Walleyn, *Droits sans frontières*, Limal, Anthemis, 2023, pp. 197-198 ; S. Finnin, *Surmonter les obstacles. L'accès à la justice en Europe pour les victimes de crimes internationaux*, Rapport publié par la FIDH, l'ECCHR et REDRESS, 2020, p. 30 et encore p. 35.

personne qui commet une infraction pour le compte d'une personne morale dont le siège social est situé sur le territoire belge[765].

126 ▶ **Personnes morales de droit public.** La loi du 11 juillet 2018 a retranché l'immunité de poursuite dont bénéficiaient jusqu'alors certaines personnes morales de droit public. Aussi les juridictions belges pourraient-elles être amenées à connaître, sur la base du principe de personnalité active, de faits de participation alléguée, par quelque pouvoir public belge que ce soit, à des crimes internationaux commis à l'étranger[766].

Quoiqu'aucun dossier n'ait, à notre connaissance, encore été engagé sur cette base, il y a assurément là une nouvelle porte ouverte à un champ contentieux potentiellement fort important – d'autant que ceci doit être lu en conjonction avec les modes de responsabilité avancés prévus par le droit belge en matière de crimes internationaux (en particulier l'omission d'agir[767]).

127 ▶ **Résidents.** La loi définit la résidence principale comme soit le lieu où vivent habituellement les membres d'un ménage composé de plusieurs personnes, unies ou non par des liens de parenté, soit le lieu où vit habituellement une personne isolée[768]. La résidence principale est donc une situation de fait, qui tient à la constatation d'un séjour effectif dans une commune durant la plus grande partie de l'année[769]. Cette constatation s'effectue sur la base de différents éléments, notamment le lieu que rejoint l'intéressé après ses occupations professionnelles, le lieu de fréquentation scolaire des enfants, le lieu de travail, les consommations énergétiques et les frais de téléphone, ou encore le séjour habituel du conjoint ou des autres membres du ménage[770].

La chambre des mises en accusation de la cour d'appel de Bruxelles a considéré, dans un dossier pris d'allégations de crimes internationaux en République démocratique du Congo, que le fait de séjourner quelques jours par an en Belgique ne suffisait pas à établir la résidence principale d'un suspect en Belgique[771].

La notion de résidence principale n'est pas limitée aux situations de résidence légale en Belgique mais peut trouver à s'appliquer à un séjour irrégulier[772].

(765) *Infra*, n° 133.
(766) *Supra*, n° 36.
(767) *Infra*, n°s 336 et s.
(768) Art. 3 de la L. 19 juillet 1991 relative aux registres de la population, aux cartes d'identité, aux cartes des étrangers et aux documents de séjour, *M.B.*, 3 septembre 1991 (vig. 13 septembre 1991).
(769) Art. 16, § 1er, de l'A.R. 16 juillet 1992 relatif aux registres de la population et au registre des étrangers, *M.B.*, 15 août 1992 (vig. 1er novembre 1992). Voy. égal. Exposé des motifs, *Doc. parl.*, Ch. repr., sess. extr. 2003, n° 51-0103/001, p. 4.
(770) Exposé des motifs, *Doc. parl.*, Ch. repr., sess. extr. 2003, n° 51-0103/001, p. 4.
(771) Bruxelles (mis. acc.), 9 janvier 2020, n° 153, inédit.
(772) Rapport fait au nom de la commission de la Justice, *Doc. parl.*, Ch. repr., sess. extr. 2003, n° 51-0103/003, p. 5 ; Exposé des motifs, *Doc. parl.*, Ch. repr., sess. extr. 2003, n° 51-0103/001, p. 5. Pour un cas d'application concret, voy. Corr. Hainaut (div. Charleroi), 27 septembre 2017, *J.L.M.B.*, 2018, n° 30, p. 1421.

128 **Moment auquel s'apprécie la nationalité ou la résidence**[773]. À quel moment se placer pour apprécier la nationalité ou la résidence principale d'un suspect ? Convient-il de se référer aux circonstances qui prévalaient au moment des faits, d'apprécier plutôt celles qui existaient lors de l'engagement des poursuites, ou l'une et l'autre hypothèses permettent-elles de fonder la compétence des juridictions belges ?

Les travaux préparatoires de la loi du 5 août 2003 suggèrent que l'un et l'autre cas de figure puissent être vecteurs de compétence[774]. La doctrine fait généralement sienne cette position[775].

Dans un arrêt du 4 novembre 2020, aux prémices de ce qui conduirait au procès « Rwanda VI », la Cour de cassation a explicitement confirmé le fait que le titre préliminaire du Code de procédure pénale ne réclame pas que les paramètres de la personnalité active – ici, la résidence principale – fussent déjà rencontrés au moment des faits[776]. Il est, autrement dit, suffisant qu'ils l'aient été au moment de l'engagement des poursuites (c'est-à-dire le moment où le juge d'instruction est saisi, soit par le dépôt d'une plainte avec constitution de partie civile, soit par réquisition du procureur fédéral[777]). La décision de la Cour est cohérente au regard du fondement classiquement invoqué pour justifier l'établissement d'une compétence personnelle active – à savoir la nécessité de compenser l'impossibilité d'extrader des nationaux[778] –, la nationalité s'appréciant, dans ce domaine, au moment de la demande d'extradition et non au moment des faits[779]. S'agissant des ressortissants, ceci trouve d'ailleurs

(773) Sur cette question, voy. Chr. Deprez, « Crimes internationaux et compétence personnelle active ? : à quel moment apprécier la nationalité ou la résidence principale », *J.L.M.B.*, 2022, n° 22, pp. 966-970.

(774) Rapport fait au nom de la commission de la Justice, *Doc. parl.*, Ch. repr., sess. extr. 2003, n° 51-0103/003, p. 5 (voy. égal. pp. 8 et 25). Voy. de même Exposé des motifs, *Doc. parl.*, Ch. repr., sess. extr. 2003, n° 51-0103/001, p. 5.

(775) M.-A. Beernaert, H. D. Bosly et D. Vandermeersch, *Droit de la procédure pénale*, 9e éd., Bruges, la Charte, 2021, p. 104 ; Ph. Meire, « Considérations quant à certains aspects politiques et techniques de dossiers judiciaires portant sur des violations graves du droit international humanitaire », *Ann. Dr. Louvain*, 2004, nos 1-2, p. 320 ; P. d'Argent, « L'expérience belge de la compétence universelle : beaucoup de bruit pour rien ? », *R.G.D.I.P.*, 2004, n° 3, pp. 611-612 ; Ph. Meire et Ph. Fabri, « La complémentarité de l'action des juridictions internationales et nationales : la situation de la Belgique », *J.T.*, 2021, n° 6875, p. 788.

(776) Pour une même solution – mais d'origine légale celle-là – dans l'ordre juridique français, voy. art. 116-6, al. 4, du C. pén. (fr.).

(777) Rapport fait au nom de la commission de la Justice, *Doc. parl.*, Ch. repr., sess. extr. 2003, n° 51-0103/003, p. 25.

(778) Rapport fait au nom de la commission de la Justice, *Doc. parl.*, Ch. repr., sess. extr. 2003, n° 51-0103/003, p. 5 ; Exposé des motifs, *Doc. parl.*, Ch. repr., sess. extr. 2003, n° 51-0103/001, p. 4.

(779) M. Corhay, « Extradition (hors mandat d'arrêt européen) », in *Postal Memorialis. Lexique du droit pénal et des lois spéciales*, Liège, Wolters Kluwer, suppl. décembre 2020, n° E 220, p. 745.

une confirmation explicite dans la loi du 15 mars 1874 sur les extraditions. Son article 11 énonce en effet que l'étranger qui, après avoir commis une infraction hors du territoire du Royaume, acquerra ou recouvrera la qualité de Belge pourra, s'il se trouve en Belgique, y être poursuivi, jugé et puni dans les limites déterminées par le titre préliminaire du Code de procédure pénale.

L'arrêt de la Cour de cassation du 4 novembre 2020 ne règle pas explicitement le sort de la situation inverse, soit celle dans laquelle une personne, ressortissante ou résidente belge au moment des faits, viendrait à changer de nationalité, à être déchue de sa nationalité belge ou à modifier le lieu de sa résidence principale. La nationalité ou la résidence au moment des faits – mais plus au moment de l'engagement des poursuites – permet-elle seule d'asseoir la compétence personnelle active des juridictions belges (en dépit du fait que le fondement pris du principe de non-extradition des nationaux ne trouve alors plus à s'appliquer) ? Nous avons vu que la doctrine[780] et les travaux préparatoires[781] le suggèrent. J. J. Haus écrivait dès 1879 : « [i]l peut arriver que, après avoir commis une infraction au dehors, l'agent change de nationalité. L'inculpé qui a abdiqué sa nationalité de Belge reste justiciable de nos tribunaux, s'il l'était avant le changement d'état ; car il ne peut leur enlever, par le seul effet de sa volonté, le droit qu'ils ont acquis, au temps de l'action, de le juger et de le punir »[782]. Une certaine pratique de nos juridictions va également dans cette direction[783]. Certains tribunaux étrangers ont de même eu l'occasion de se positionner en ce sens[784].

La jurisprudence de la Cour de cassation enseigne en revanche qu'il est sans pertinence qu'une plainte ait été dirigée contre X et que certains auteurs, non encore identifiés mais susceptibles de l'être à l'avenir, puissent le cas

---

(780) Not. V. Guerra et A. Berrendorf, « Droit international humanitaire », in *Postal Memorialis. Lexique du droit pénal et des lois spéciales*, Liège, Wolters Kluwer, suppl. août 2020, n° D 250, pp. 662 ; Ph. Meire, « Considérations quant à certains aspects politiques et techniques de dossiers judiciaires portant sur des violations graves du droit international humanitaire », *Ann. Dr. Louvain*, 2004, n°s 1-2, p. 320 ; M.-A. Beernaert, H. D. Bosly et D. Vandermeersch, *Droit de la procédure pénale*, 9e éd., Bruges, la Charte, 2021, p. 104 (quoique ces derniers auteurs, après avoir indiqué que le critère de nationalité ou de résidence principale peut être indifféremment apprécié au moment des faits ou de l'engagement des poursuites, paraissent nuancer en ajoutant : « [s]i l'on considère que le principe de la personnalité active est un corollaire du principe de non-extradition des nationaux, il est logique d'apprécier le critère de nationalité plus particulièrement au moment de l'engagement des poursuites »).

(781) Rapport fait au nom de la commission de la Justice, *Doc. parl.*, Ch. repr., sess. extr. 2003, n° 51-0103/003, p. 5, p. 8 et encore p. 25 ; Exposé des motifs, *Doc. parl.*, Ch. repr., sess. extr. 2003, n° 51-0103/001, p. 5.

(782) J. J. Haus, *Droit pénal belge*, t. I, 3e éd., Gand, Hoste, 1879, p. 173 (on peut toutefois se demander si le raisonnement de l'auteur trouve à s'appliquer à un cas de déchéance – par hypothèse non volontaire – de nationalité).

(783) Corr. Hainaut (div. Charleroi), 27 septembre 2017, *J.L.M.B.*, 2018, n° 30, p. 1421.

(784) Voy. E. David, *Éléments de droit pénal international et européen*, vol. 1, 2e éd., Bruxelles, Bruylant, 2018, pp. 225-226 (et les jurisprudences française et néerlandaise citées).

échéant satisfaire à cette condition de résidence[785]. Autrement dit, la nationalité belge ou la résidence sur le territoire belge trouve à s'apprécier au plus tard au moment de l'engagement des poursuites ; elle ne peut être purement éventuelle.

129 ▶ **Tentative.** La compétence des juridictions belges pour connaître des crimes internationaux commis, à l'étranger, par un Belge ou par une personne ayant sa résidence principale en Belgique s'étend à la tentative de commettre de tels crimes[786]. Selon la Cour de cassation, en effet, la tentative d'une infraction est implicitement comprise dans la qualification principale dont elle n'est qu'une atténuation[787]. L'article 14/12 nouveau du titre préliminaire du Code de procédure pénale le confirme aujourd'hui de façon explicite.

130 ▶ **Participation.** La compétence des juridictions belges pour connaître de crimes internationaux commis, à l'étranger, par un Belge ou par une personne ayant sa résidence principale en Belgique s'étend aux actes et omissions constitutifs de formes de participation à pareils crimes[788]. Selon la Cour de cassation, en effet, l'acte de complicité n'est qu'une modalité de l'infraction principale étant virtuellement comprise dans celle-ci[789].

131 ▶ **Auteurs belges et étrangers – Article 14/11 du TPCPP.** Tout autre est la question de savoir si la participation d'un Belge à un crime international commis à l'étranger peut avoir pour effet d'étendre la compétence des juridictions belges aux éventuels coauteurs ou complices étrangers. L'article 14/11 du titre préliminaire du Code de procédure pénale le prévoit expressément, moyennant le respect de certaines conditions. La disposition énonce ainsi que l'étranger coauteur ou complice d'un crime commis hors du territoire du Royaume peut être poursuivi en Belgique, soit conjointement avec le Belge inculpé, soit après la condamnation de celui-ci. Cette solution est réputée répondre à un impératif d'équité[790]. Sa mise en œuvre suppose que les conditions de recevabilité de l'action publique requises par la loi dans le chef de l'auteur principal soient également rencontrées s'agissant du coauteur ou complice étranger[791].

---

(785) Cass., 19 mai 2004, R.G. n° P.04.0352.F, *Pas.*, 2004, n° 270.
(786) Fr. Kuty, *Principes généraux du droit pénal belge. Tome 1 : la loi pénale*, 3e éd., Bruxelles, Larcier, 2018, p. 444 ; E. David, *Éléments de droit pénal international et européen*, vol. 1, 2e éd., Bruxelles, Bruylant, 2018, pp. 229-230.
(787) Cass., 6 janvier 1913, *Pas.*, 1913, I, p. 55.
(788) Cass., 31 mars 1998, R.G. n° P.97.0104.N, *Pas.*, 1998, I, n° 179. Voy. égal. Fr. Kuty, *Principes généraux du droit pénal belge. Tome 1 : la loi pénale*, 3e éd., Bruxelles, Larcier, 2018, p. 445 et encore p. 455 ; E. David, *Éléments de droit pénal international et européen*, vol. 1, 2e éd., Bruxelles, Bruylant, 2018, p. 230.
(789) Cass., 14 février 1944, *Pas.*, 1944, I, p. 204.
(790) Chr. Hennau et J. Verhaegen, *Droit pénal général*, 3e éd., Bruxelles, Bruylant, 2003, p. 83 ; Fr. Kuty, *Principes généraux du droit pénal belge. Tome 1 : la loi pénale*, 3e éd., Bruxelles, Larcier, 2018, pp. 456-457.
(791) Cass., 31 mars 1998, R.G. n° P.97.0104.N, *Pas.*, 1998, I, n° 179. Voy. égal. Fr. Kuty, *Principes généraux du droit pénal belge. Tome 1 : la loi pénale*, 3e éd., Bruxelles, Larcier, 2018, p. 463 et encore p. 464.

Il est curieux que la loi du 5 août 2003, qui a étendu le domaine de la personnalité active aux personnes ayant leur résidence principale sur le territoire du Royaume[792], n'ait pas modifié l'article 14/11 actuel (ex-article 11) du titre préliminaire, de façon à viser également les coauteurs et complices étrangers d'un crime commis, à l'étranger, par un résident belge. Un commentateur averti estime que ceci pourrait soulever un problème de discrimination[793]. À l'occasion de la refonte du titre préliminaire par la loi « procédure pénale I » du 9 avril 2024, ce point n'a pas été ajusté. À défaut d'intervention du législateur, la règle de l'article 14/11 du titre préliminaire ne peut à notre avis donner lieu à une interprétation analogique, les chefs de compétence extraterritoriale des juridictions répressives étant d'interprétation stricte[794].

132 ▸ **Auteurs belges et étrangers – Indivisibilité (non).** Au-delà de l'article 14/11 du titre préliminaire, est-il permis d'espérer convaincre un juge que, face à un crime international commis par des Belges et par des étrangers, l'indivisibilité[795] entre la participation des uns et celle des autres doive être constatée, de façon à proroger la compétence (personnelle active) des juridictions belges aux coauteurs étrangers ? Nous avons vu[796] que cette solution ne pose, sur le principe, pas de difficulté lorsque le crime est commis, en tout ou en partie, sur le territoire belge (mais ce n'est alors pas à proprement parler d'une prorogation de compétence personnelle active, mais bien de compétence territoriale, qu'il s'agit)[797]. *Quid* face à des faits (entièrement) commis à l'étranger ? La compétence personnelle active peut-elle, à elle seule, être source de prorogation de compétence au bénéfice d'un constat d'indivisibilité ? Une certaine doctrine le suggère[798] mais la Cour de cassation ne l'a, à notre connaissance, jamais décidé. On peut douter qu'elle souhaite s'engager sur ce terrain car la conception majoritaire consiste à voir dans la théorie de l'indivisibilité un lien

(792) Art. 14 et 15 de la L. 5 août 2003 relative aux violations graves du droit international humanitaire, *M.B.*, 7 août 2003 (vig. 7 août 2003).
(793) E. DAVID, *Éléments de droit pénal international et européen*, vol. 1, 2e éd., Bruxelles, Bruylant, 2018, p. 230.
(794) Art. 4 du C. pén. ; Cass., 22 janvier 2014, R.G. n° P.14.0065.F, *Pas.*, 2014, n° 55 (concl. M.P.).
(795) Sur la notion, voy. G. DEMANET, « De l'incidence du concours, de la connexité et de l'indivisibilité sur la compétence des juridictions répressives », *R.D.P.C.*, 1991, n° 2, pp. 91-95.
(796) *Supra*, n° 115.
(797) Cass., 24 janvier 2001, R.G. n° P.00.16270.F, *R.D.P.C.*, 2001, p. 721 ; Cass., 22 janvier 2014, R.G. n° P.14.0065.F, *Pas.*, 2014, n° 55 (concl. M.P.). Voy. égal. Chr. HENNAU et J. VERHAEGEN, *Droit pénal général*, 3e éd., Bruxelles, Bruylant, 2003, p. 77 ; M.-A. BEERNAERT, H. D. BOSLY et D. VANDERMEERSCH, *Droit de la procédure pénale*, 9e éd., Bruges, la Charte, 2021, p. 100.
(798) E. DAVID, *Éléments de droit pénal international et européen*, vol. 1, 2e éd., Bruxelles, Bruylant, 2018, p. 227 (notant toutefois également, à l'examen de la jurisprudence actuelle de la Cour de cassation, que « l'extraterritorialité de la compétence du juge ressort moins d'une conception élargie de la compétence personnelle active que de la territorialité de l'infraction principale et de sa connexité [il faut, à notre avis, lire "indivisibilité"] avec des faits commis à l'étranger »).

entre des *faits* et non des personnes[799]. L'indivisibilité serait ainsi inadaptée en matière de participation criminelle[800], laquelle relèverait plutôt d'un cas typique de connexité (dont on sait toutefois qu'elle ne peut justifier une prorogation de la compétence extraterritoriale des juridictions belges[801]).

133 ▶ **Commission d'une infraction pour le compte d'une personne morale dont le siège social est établi en Belgique.** La loi « procédure pénale I » du 9 avril 2024 a introduit dans le titre préliminaire du Code de procédure pénale un article 7 aux fins d'étendre la compétence des juridictions belges à toute personne qui commet une infraction pour le compte d'une personne morale dont le siège social est établi sur le territoire belge[802]. Il ne s'agit pas ici de viser la personne morale établie en Belgique elle-même (laquelle relève déjà de la compétence des juridictions belges sur le fondement de la personnalité active), mais bien, en sus[803], la personne agissant pour son compte – c'est-à dire celle qui agit, soit individuellement, soit en tant que membre d'un organe de la personne morale qui exerce un pouvoir de direction en son sein en vertu d'un mandat de représentation, d'un pouvoir de prendre des décisions au nom de la personne morale ou d'un pouvoir d'exercer un contrôle en son sein[804]. Les travaux préparatoires précisent que la personne agissant ainsi pour le compte de l'entreprise établie en Belgique peut, le cas échéant, être elle-même une personne morale – telle une filiale[805].

Cette disposition nouvelle est le fruit de la volonté d'aligner plus explicitement le droit belge sur le droit pénal européen[806]. S'agissant spécifiquement des crimes internationaux, sa valeur ajoutée nous paraît relativement limitée

(799) J. Dillenbourg et J. Moinil, « Indivisibilité, saisine du juge et circonstances atténuantes : l'accessoire et le principal », *R.D.P.C.*, 2009, n° 12, p. 1207 ; M.-A. Beernaert, H. D. Bosly et D. Vandermeersch, *Droit de la procédure pénale*, 9e éd., Bruges, la Charte, 2021, p. 1297.
(800) J. Dillenbourg et J. Moinil, « Indivisibilité, saisine du juge et circonstances atténuantes : l'accessoire et le principal », *R.D.P.C.*, 2009, n° 12, p. 1207 ; M.-A. Beernaert, H. D. Bosly et D. Vandermeersch, *Droit de la procédure pénale*, 9e éd., Bruges, la Charte, 2021, p. 1297. *Contra* : M. Franchimont, A. Jacobs et A. Masset, *Manuel de procédure pénale*, 4e éd., Bruxelles, Larcier, 2012, p. 765.
(801) Cass., 22 janvier 2014, R.G. n° P.14.0065.F, *Pas.*, 2014, n° 55, avec concl. M.P. Voy. égal. Chr. Hennau et J. Verhaegen, *Droit pénal général*, 3e éd., Bruxelles, Bruylant, 2003, p. 78 ; Fr. Kuty, *Principes généraux du droit pénal belge. Tome 1 : la loi pénale*, 3e éd., Bruxelles, Larcier, 2018, p. 136 ; N. Colette-Basecqz et N. Blaise, *Manuel de droit pénal général*, 4e éd., Limal, Anthemis, 2019, p. 186.
(802) Projet de loi : procédure pénale I, *Doc. parl.*, Ch. repr., sess. 2022-2023, n° 55-3514/001, p. 108.
(803) Art. 5, al. 3, du C. pén.
(804) Exposé des motifs, *Doc. parl.*, Ch. repr., sess. 2022-2023, n° 55-3514/001, p. 19.
(805) Exposé des motifs, *Doc. parl.*, Ch. repr., sess. 2022-2023, n° 55-3514/001, p. 19.
(806) Exposé des motifs, *Doc. parl.*, Ch. repr., sess. 2022-2023, n° 55-3514/001, pp. 17-18.

dès lors qu'indépendamment de l'article 7 nouveau, des solutions existent qui permettaient déjà de couvrir la plupart des hypothèses :

— si la personne physique qui commet un crime international pour le compte d'une personne morale dont le siège social est établi en Belgique est elle-même Belge ou a sa résidence principale en Belgique, elle relève de la juridiction belge en application du principe de personnalité active[807] ;
— si la personne morale (filiale) qui commet un crime international pour le compte d'une personne morale dont le siège social est établi en Belgique a son siège social ou son siège d'exploitation en Belgique, elle relève de la juridiction belge en application du principe de personnalité active[808] ;
— si l'intervention infractionnelle de la personne physique ou morale concernée peut être localisée, en tout ou en partie, en Belgique, elle relève de la juridiction belge en application du principe de territorialité[809] ;
— si l'intervention infractionnelle de la personne physique ou morale concernée forme un tout indivisible avec, ou est constitutive d'une forme de participation à, une infraction principale commise en Belgique (en particulier, par la personne morale dont le siège social est établi en Belgique), elle relève, même posée à l'étranger, de la juridiction belge[810] ;
— si l'intervention délictueuse de la personne physique ou morale concernée est constitutive d'une participation, réalisée en Belgique, à une infraction principale commise à l'étranger (en particulier, par la personne morale dont le siège social est établi en Belgique), elle relève de la juridiction belge[811] ;
— si la personne physique ou morale concernée peut être considérée comme complice ou coauteure de la personne morale dont le siège social est établi en Belgique, elle peut être poursuivie en Belgique, soit conjointement avec cette dernière, soit après sa condamnation[812].

La plus-value de cette proposition tient donc *a priori* aux seules situations ne rencontrant aucune de ces circonstances. Ainsi, il faudrait concevoir l'hypothèse dans laquelle la personne physique ou morale concernée ne peut être considérée comme « Belge » (pas de personnalité active), ne pose aucun acte sur le territoire belge ni aucun acte qui puisse être considéré comme indivisible d'une infraction principale commise en Belgique ou comme une forme de participation à une telle infraction (pas de territorialité même élargie), et ne peut être considérée comme complice ou coauteure de la personne morale « belge »

(807) Art. 8, 1°, du TPCPP.
(808) Art. 8, 1°, du TPCPP.
(809) *Supra*, n° 115.
(810) *Supra*, n° 115.
(811) *Supra*, n° 115.
(812) Art. 14/11 du TPCPP.

et poursuivie conjointement avec elle ou postérieurement à sa condamnation (pas d'application de l'article 14/11 du titre préliminaire).

134 ▶ **Exigence de présence en Belgique (non).** Alors que l'exercice de la compétence personnelle active de droit commun suppose en règle que l'étranger ait été « trouvé en Belgique »[813], cette circonstance n'est pas requise en matière de crimes internationaux[814].

135 ▶ **Recevabilité de la constitution de partie civile par action.** La constitution de partie civile est recevable sur le fondement de l'article 8, 1°, du titre préliminaire du Code de procédure pénale, lequel ne prévoit pas de mécanisme de filtrage des plaintes par le ministère public. Les victimes de crimes internationaux commis, à l'étranger, par des Belges ou par des personnes résidant habituellement en Belgique peuvent ainsi mettre en mouvement l'action publique[815]. Ceci tranche tant avec la compétence personnelle active de droit commun[816] qu'avec les deux autres chefs extraterritoriaux de compétence des juridictions belges en matière de crimes internationaux[817].

136 ▶ **Exigence de double incrimination (non).** Le principe de double incrimination ne trouve pas à s'appliquer à l'hypothèse de l'exercice, par les juridictions belges, de la compétence personnelle active en matière de crimes internationaux[818]. Il n'est donc pas nécessaire de vérifier que les crimes en cause sont également incriminés par la législation du pays où ils ont été commis. Ceci distingue, à nouveau, l'article 8, 1°, du titre préliminaire du Code de procédure pénale de la compétence personnelle active de droit commun visée à l'article 6 du même titre préliminaire[819].

---

(813) Art. 6, § 3, du TPCPP.

(814) Art. 8 du TPCPP. Voy. D. VANDERMEERSCH, « Les violations du droit international humanitaire », in H. D. BOSLY et Chr. DE VALKENEER (dir.), *Les infractions. Volume 5 : les infractions contre l'ordre public*, Bruxelles, Larcier, 2013, p. 153 ; V. GUERRA et A. BERRENDORF, « Droit international humanitaire », in *Postal Memorialis. Lexique du droit pénal et des lois spéciales*, Liège, Wolters Kluwer, suppl. août 2020, n° D 250, p. 662 ; Ph. MEIRE, « Considérations quant à certains aspects politiques et techniques de dossiers judiciaires portant sur des violations graves du droit international humanitaire », *Ann. Dr. Louvain*, 2004, n°s 1-2, p. 320.

(815) D. VANDERMEERSCH, « Les violations du droit international humanitaire », in H. D. BOSLY et Chr. DE VALKENEER (dir.), *Les infractions. Volume 5 : les infractions contre l'ordre public*, Bruxelles, Larcier, 2013, p. 153 ; V. GUERRA et A. BERRENDORF, « Droit international humanitaire », in *Postal Memorialis. Lexique du droit pénal et des lois spéciales*, Liège, Wolters Kluwer, suppl. août 2020, n° D 250, p. 662 ; Ph. MEIRE, « Considérations quant à certains aspects politiques et techniques de dossiers judiciaires portant sur des violations graves du droit international humanitaire », *Ann. Dr. Louvain*, 2004, n°s 1-2, p. 320.

(816) *Supra*, n° 120.

(817) *Infra*, n°s 154 et 166.

(818) Exposé des motifs, *Doc. parl.*, Ch. repr., sess. extr. 2003, n° 51-0103/001, p. 4. Voy. égal. T. VANDER BEKEN, « Nieuwe Genocidewet, nieuwe regels inzake rechtsmacht. Het actief en het passief personaliteitsbeginsel », *Jura Falconis*, 2003, vol. 40, p. 47 ; V. GUERRA et A. BERRENDORF, « Droit international humanitaire », in *Postal Memorialis. Lexique du droit pénal et des lois spéciales*, Liège, Wolters Kluwer, suppl. août 2020, n° D 250, p. 662.

(819) *Supra*, n° 120.

Section 4.
La compétence personnelle passive

137 ▶ **Notion.** Le principe de personnalité passive désigne la compétence des juridictions répressives à connaître d'infractions aux lois nationales commises à l'étranger, par un étranger, à l'encontre d'une personne témoignant d'un lien de rattachement avec l'État exerçant l'action publique – la nationalité ou, selon une conception éventuellement plus étendue, la résidence habituelle ou la qualité de réfugié[820]. La mise en œuvre d'une forme de compétence personnelle passive est traditionnellement justifiée par le vœu de protéger ses nationaux à l'étranger[821]. Les États qui la mettent en œuvre la limitent généralement à une série d'infractions considérées comme particulièrement graves, pour lesquelles des considérations supérieures justifieraient l'extension du périmètre habituel de la compétence juridictionnelle pénale. Ainsi J. J. Haus écrivait-il, dès 1879 :

> « [s]uivant la théorie pénale, les étrangers qui ont commis des infractions hors du territoire du royaume, ne sont pas justiciables de nos tribunaux à raison de ces faits ; car le juge belge ne peut appliquer que la loi belge, qui n'oblige pas les étrangers en pays étrangers. Mais la loi, dérogeant au principe par des considérations d'ordre public, permet de poursuivre en Belgique l'étranger qui a commis, hors du territoire du royaume, [certaines infractions limitativement énumérées par le titre préliminaire du Code de procédure pénale] »[822].

138 ▶ **Cadre international.** Ni les Conventions de Genève de 1949, ni la Convention de 1948 pour la prévention et la répression du crime de génocide n'énoncent une obligation, pour les États, de doter leurs juridictions nationales d'une forme de compétence personnelle passive. Il semble que, dans l'état actuel du droit international de façon générale, la compétence personnelle passive demeure relativement exceptionnelle et, lorsqu'elle est énoncée, facultative[823]. En matière de torture, par exemple, il est prévu – à titre superfétatoire selon nous[824] – que

(820) Voy. en général « The Passive Personality Principle », in K. S. GALLANT, *International Criminal Jurisdiction: Whose Law Must We Obey?*, Oxford, OUP, 2022, pp. 441-460 ; E. DAVID, *Éléments de droit pénal international et européen*, vol. 1, 2e éd., Bruxelles, Bruylant, 2018, pp. 240-254.

(821) H. DONNEDIEU DE VABRES, « Le système de la personnalité passive ou de la protection des nationaux », *R.I.D.P.*, 1950, vol. 21, p. 511.

(822) J. J. HAUS, *Droit pénal belge*, t. I, 3e éd., Gand, Hoste, 1879, p. 168.

(823) H. D. BOSLY et D. VANDERMEERSCH, *Génocide, crimes contre l'humanité et crimes de guerre face à la justice : les juridictions internationales et les tribunaux nationaux*, 2e éd., Bruxelles, Bruylant, 2012, p. 204 ; K. S. GALLANT, *International Criminal Jurisdiction: Whose Law Must We Obey?*, Oxford, OUP, 2022, pp. 458-459. Voy. égal. E. DAVID, *Éléments de droit pénal international et européen*, vol. 1, 2e éd., Bruxelles, Bruylant, 2018, p. 251.

(824) Les États ont, à notre avis, la liberté d'accorder à leurs juridictions répressives une compétence personnelle passive indépendamment de telles dispositions conventionnelles (CPJI, *Affaire du « Lotus » (France c. Turquie)*, arrêt du 7 septembre 1927, *Recueil des arrêts*, série A, n° 10, pp. 18-19 ; CIJ, *Mandat d'arrêt du 11 avril 2000 (République démocratique du Congo c. Belgique)*, arrêt du 14 février 2002, opinion individuelle commune de Mme Higgins et MM. Kooijmans et Buergenthal, § 47).

tout État prend les mesures nécessaires pour établir sa compétence aux fins de connaître de faits de torture, notamment, « [q]uand la victime est un ressortissant dudit État *et que ce dernier le juge approprié* »[825].

L'article 8, paragraphe 2, b), de la Convention de La Haye-Ljubljana pour la coopération internationale en matière d'enquête et de poursuite du crime de génocide, des crimes contre l'humanité, des crimes de guerre et autres crimes internationaux[826] s'aligne sur cette formule. Y est en effet énoncée la *possibilité* (« [t]out État peut ») de prendre les mesures nécessaires pour établir une compétence à l'égard des crimes de guerre, de génocide et contre l'humanité « lorsque la victime est un ressortissant » de l'État de for. De même, selon l'article 7, paragraphe 1er, c), du Projet d'articles de la Commission du droit international sur la prévention et la répression des crimes contre l'humanité, tout État prend les mesures nécessaires pour établir sa compétence aux fins de connaître des crimes contre l'humanité « [q]uand la victime est un ressortissant dudit État si cet État le juge approprié ».

139 ▶ **Droit belge : personnalités passives de droit commun et propre aux crimes internationaux – Principe.** Comme pour la compétence personnelle active, le titre préliminaire du Code de procédure pénale conférait classiquement, en matière de crimes internationaux, un double fondement principal[827] à l'exercice d'une compétence personnelle passive. La compétence personnelle passive de droit commun, qui était consignée à l'article 10, 5° (actuel article 12), était en effet conçue comme pleinement indépendante de la compétence personnelle passive spécifique aux crimes internationaux, pour sa part visée à l'article 10, 1°*bis* (actuel article 13), du titre préliminaire.

Chacun des deux régimes présente des avantages. Le régime spécifique aux crimes internationaux se distingue favorablement de la personnalité passive de droit commun en lien avec les points suivants :

— il n'est pas requis que l'étranger ait été trouvé en Belgique ; et

— le principe de double incrimination ne trouve pas à s'appliquer (il n'est pas nécessaire que le fait soit punissable, en vertu de la législation du

(825) Art. 5, § 1er, c), de la Convention du 10 décembre 1984 contre la torture et autres peines ou traitements cruels, inhumains ou dégradants (nos italiques).

(826) Convention adoptée le 26 mai 2023 et ouverte à la ratification des États depuis le 14 février 2024.

(827) Pourrait également être mobilisé dans certains cas, moyennant le recours à une qualification de droit commun, l'article 14/2 du TPCPP, qui confère aux juridictions belges une compétence à l'égard de l'étranger qui aura commis, hors du territoire du Royaume, « [e]n temps de guerre, contre un ressortissant belge, un étranger résidant en Belgique au moment de l'ouverture des hostilités, ou un ressortissant d'un pays allié de la Belgique [...], une infraction d'homicide ou de lésion corporelle volontaires, de viol, d'attentat à la pudeur ou de dénonciation à l'ennemi ». Voy. à ce sujet P. Mahillon, « Des extensions récentes à la possibilité de poursuites à raison d'infractions commises hors du territoire du Royaume », *R.D.P.C.*, 1948-1949, n° 6, pp. 525-530 ; J. Fierens, *Droit humanitaire pénal*, Bruxelles, Larcier, 2014, pp. 505-506.

pays où il a été commis, d'une peine dont le maximum dépasse cinq ans de privation de liberté).

D'un autre côté, la compétence personnelle passive propre aux crimes internationaux présente les désavantages suivants par rapport au régime de droit commun :

— la qualité de ressortissant belge s'apprécie uniquement au moment des faits (alors que l'on considère généralement que, pour les besoins de l'article 10, 5°, ancien, aujourd'hui devenu l'article 12 du titre préliminaire, la qualité de ressortissant belge est appréciée soit au moment des faits, soit au moment de l'engagement des poursuites[828]) ;
— la constitution de partie civile n'est pas recevable, l'exercice de l'action publique devant nécessairement passer par le procureur fédéral (alors que rien ne l'exige sur le fondement de la personnalité passive de droit commun)[829].

140 ▸ **Droit belge : personnalités passives de droit commun et propre aux crimes internationaux – Paradoxe.** Il est à notre avis curieux de soumettre ainsi l'action des victimes de crimes internationaux à un important obstacle – le filtrage des plaintes par le procureur fédéral – qui est inconnu des victimes d'infractions ordinaires[830]. En pratique, ceci peut avoir pour effet paradoxal de pousser des victimes de crimes internationaux à préférer libeller leur plainte du chef d'infractions de droit commun – ce qui est, le plus souvent, parfaitement concevable dès lors que la plupart des crimes de guerre, de génocide et contre l'humanité constituent, par essence, des infractions dites ordinaires (meurtre, viol, etc.) commises dans un contexte particulier. Ce procédé permet alors d'ouvrir la voie à un dépôt de plainte avec constitution de partie civile.

D'un autre côté, il faut tenir compte de la dispense, en matière de crimes internationaux – mais non d'infractions de droit commun –, de la charge de rapporter la présence de l'inculpé en Belgique.

En définitive, les plaignants doivent donc, pour décider de la qualification à retenir, opérer un choix stratégique en fonction de ces deux paramètres : exigence de trouver l'inculpé en Belgique pour la personnalité passive de droit commun, et existence d'un mécanisme de filtrage par le ministère public pour la personnalité passive spécifique aux crimes internationaux.

---

(828) M.-A. BEERNAERT, H. D. BOSLY et D. VANDERMEERSCH, *Droit de la procédure pénale*, 9e éd., Bruges, la Charte, 2021, p. 106 (à la note 649).

(829) Art. 13, al. 2, du TPCPP.

(830) Voy., déjà en ce sens, Rapport fait au nom de la commission de la Justice, *Doc. parl.*, Ch. repr., sess. extr. 2003, n° 51-0103/003, p. 17. Interrogeant la compatibilité de ce système avec le principe d'égalité et de non-discrimination, voy. M.-A. BEERNAERT, H. D. BOSLY et D. VANDERMEERSCH, *Droit de la procédure pénale*, 9e éd., Bruges, la Charte, 2021, p. 105 ; E. DAVID, *Éléments de droit pénal international et européen*, vol. 1, 2e éd., Bruxelles, Bruylant, 2018, pp. 253-254.

Lorsqu'une plainte avec constitution de partie de civile est déposée sur le fondement de la personnalité passive de droit commun mais que la chambre des mises en accusation constate, à l'occasion d'un contrôle de régularité de la procédure, que la condition de présence en Belgique n'est pas rencontrée, il est vain de prétendre régulariser la situation en sollicitant de la cour qu'elle requalifie les faits de crime international. Pareil procédé, est-il jugé, « reviendrait à pouvoir contourner le filtre voulu par le législateur, le vidant ainsi de toute substance, en [permettant de] se constitu[er] malgré tout partie civile devant un magistrat instructeur alors même que cette éventualité a été expressément exclue »[831]. Il revient donc à la partie civile, dans pareille hypothèse, de prendre acte de l'irrecevabilité de sa plainte initiale et de déposer, si elle le souhaite, une nouvelle plainte entre les mains du procureur fédéral, du chef de violation grave du droit international humanitaire cette fois[832].

141 ▶ **Droit belge : personnalités passives de droit commun et propre aux crimes internationaux – Fin du libre choix ?** Jusqu'à récemment, la victime d'un crime international qui souhaitait se prévaloir de la personnalité passive pouvait fonder librement son action, soit sur le droit commun, soit sur la disposition propre aux crimes internationaux[833].

Par la loi « procédure pénale I » du 9 avril 2024, le législateur a toutefois souhaité établir une hiérarchie entre la compétence personnelle de principe et celle spécifique aux crimes internationaux, en manière telle que, s'agissant de ces derniers, le bénéfice de l'article 12 serait exclu au profit de l'application obligatoire de l'article 13 du titre préliminaire[834]. Cette idée est concrétisée par l'insertion des mots « [s]ous réserve de l'application des articles 13 à 14/2 » au début de l'article 12 du titre préliminaire. Cette modification législative nous paraît problématique. D'une part, elle est artificielle car, bien souvent, comme nous l'avons écrit, un crime international constitue par essence une infraction de droit commun, commise dans un contexte particulier. On ne voit dès lors pas bien ce qui pourrait empêcher, en pratique, un plaignant de préférer une qualification de droit commun à une qualification en tant que crime international, de façon à contourner *de facto* la hiérarchie ainsi proposée. Plus fondamentalement, l'étrange asymétrie tenant au fait que le titre préliminaire organise un processus de filtrage des plaintes sur le pied de l'article 13, mais non en lien avec l'article 12 du titre préliminaire[835], nous semble à tout le moins réclamer, au risque de contrevenir résolument au principe d'égalité et de

(831) Bruxelles (mis. acc.), 24 novembre 2021, n° 4806, inédit.
(832) Bruxelles (mis. acc.), 24 novembre 2021, n° 4806, inédit.
(833) Rapport fait au nom de la commission de la Justice, *Doc. parl.*, Ch. repr., sess. extr. 2003, n° 51-0103/003, p. 17. Voy. de même M.-A. Beernaert, H. D. Bosly et D. Vandermeersch, *Droit de la procédure pénale*, 9e éd., Bruges, la Charte, 2021, p. 105.
(834) Exposé des motifs, *Doc. parl.*, Ch. repr., sess. 2022-2023, n° 55-3514/001, pp. 10-11.
(835) *Supra*, n° 139.

non-discrimination[836], que les victimes de crimes internationaux conservent le libre choix de mobiliser l'un ou l'autre titre de personnalité passive[837].

142 ▶ **Focus sur l'article 13 du TPCPP.** La suite de cette section est consacrée à l'examen des paramètres du principe de personnalité passive spécifique aux crimes internationaux, soit l'article 13 du titre préliminaire du Code de procédure pénale[838]. Celui-ci a pour effet de rendre les juridictions belges compétentes en lien avec les crimes de guerre, de génocide et contre l'humanité commis contre une personne qui, au moment des faits, est un ressortissant belge ou un réfugié reconnu en Belgique et y ayant sa résidence habituelle, ou une personne qui, depuis au moins trois ans, séjourne effectivement, habituellement et légalement en Belgique.

143 ▶ **Évolution législative.** Pendant longtemps, le droit belge ne connaissait pas de régime de personnalité passive spécifique aux crimes internationaux. C'est la loi du 5 août 2003 qui a introduit ce mécanisme[839]. Dans son libellé d'origine, le titre préliminaire visait uniquement les ressortissants belges et les personnes séjournant en Belgique depuis au moins trois ans – non les réfugiés reconnus en Belgique. À la suite d'un arrêt de la Cour d'arbitrage[840], une loi modificatrice fut adoptée, le 22 mai 2006, qui étendit le bénéfice du mécanisme aux réfugiés reconnus en Belgique et y ayant leur résidence habituelle[841].

(836) Voy. déjà ce qu'écrivaient, à la lumière du droit ancien, M.-A. Beernaert, H. D. Bosly et D. Vandermeersch, *Droit de la procédure pénale*, 9e éd., Bruges, la Charte, 2021, p. 105 (« chacun de ces régimes est soumis à des conditions propres, ce qui pose question au regard du principe d'égalité et de non-discrimination »).

(837) C'est d'ailleurs cet argument qui, à l'occasion des travaux préparatoires de 2003, fut avancé pour défendre le projet sur ce point : Rapport fait au nom de la commission de la Justice, *Doc. parl.*, Sénat, sess. extr. 2003, n° 3-136/3, p. 28 (« le fait que, dans certains cas, la victime belge ait la possibilité de déposer plainte, par exemple pour viol, sur base du droit commun ou sur base du droit international, avec dans un cas la possibilité de se constituer partie civile et dans l'autre non, ne signifie pas qu'il y ait discrimination. Il s'agit de deux régimes différents ayant leur logique propre. La victime ayant la liberté de choisir entre les deux, elle ne peut se dire discriminée »).

(838) Pour un meilleur aperçu du régime de droit commun visé à l'article 12 du titre préliminaire, voy. M.-A. Beernaert, H. D. Bosly et D. Vandermeersch, *Droit de la procédure pénale*, 9e éd., Bruges, la Charte, 2021, pp. 105-106 ; O. Michiels et G. Falque, *Principes de procédure pénale*, 2e éd., Bruxelles, Larcier, 2023, pp. 827-828 ; E. David, *Éléments de droit pénal international et européen*, vol. 1, 2e éd., Bruxelles, Bruylant, 2018, pp. 242-244.

(839) Art. 16 de la L. 5 août 2003, *M.B.*, 7 août 2003 (vig. 7 août 2003).

(840) C.A., 13 avril 2005, n° 68/2005 ; C.A., 21 juin 2006, n° 104/2006, dispositif. Voy. N. Benaïssa, « La loi sur la compétence universelle, acte III », *J.T.*, 2006, n° 6241, pp. 662-664 ; A. Kettels, « L'affaire *Total Fina* : quand le pragmatisme prend le pas sur la réalité intellectuelle », *J.L.M.B.*, 2006, n° 34, pp. 1503-1509 ; H. D. Bosly, « La jurisprudence de la Cour d'arbitrage et la notion de compétence extra-territoriale en matière pénale », in *En hommage à Francis Delpérée. Itinéraires d'un constitutionnaliste*, Bruxelles, Bruylant, 2007, pp. 237-240.

(841) Art. 2, 1°, de la L. 22 mai 2006 modifiant certaines dispositions de la loi du 17 avril 1878 contenant le Titre préliminaire du Code de procédure pénale, ainsi qu'une disposition de la loi du 5 août 2003 relative aux violations graves de droit international humanitaire, *M.B.*, 7 juillet 2006 (vig. 31 mars 2006).

La compétence personnelle passive de droit commun remonte pour sa part, pour l'essentiel[842], à l'adoption de la loi du 17 avril 1878 contenant le titre préliminaire du Code de procédure pénale[843]. L'article 10 ancien (art. 12 actuel) se limitait alors à viser un groupe très limité d'infractions : les crimes contre la sûreté de l'État et certains crimes et délits contre la foi publique. C'est seulement à la suite de l'entrée en vigueur d'une loi du 12 juillet 1984 que la personnalité passive fut étendue à l'ensemble des crimes assortis d'une peine dont le maximum dépasse cinq ans de privation de liberté en vertu de la législation de l'État où l'infraction a été commise (principe de double incrimination)[844].

Quelques décennies plus tôt, à l'issue de la Seconde Guerre mondiale, une disposition spécifique avait en outre été introduite par l'arrêté-loi du 5 août 1943[845], puis retouchée par une loi du 2 avril 1948[846]. Cette disposition, qui figure à l'heure actuelle à l'article 14/2 du titre préliminaire, établit une compétence personnelle passive pour les infractions d'homicide, de lésion corporelle volontaires, de viol, d'attentat à la pudeur et de dénonciation à l'ennemi, commises en temps de guerre contre un ressortissant belge, un étranger résidant en Belgique au moment de l'ouverture des hostilités ou un ressortissant d'un pays allié de la Belgique[847].

144 ▶ **Ressortissants (renvoi).** Nous avons vu[848] que les ressortissants belges, au sens de l'article 13 du titre préliminaire du Code de procédure pénale, sont toutes celles et tous ceux qui disposent de la nationalité belge. Ceci inclut les binationaux, qui sont titulaires de la nationalité belge à part entière[849]. La qualité de ressortissant est déterminée selon les règles du Code de la nationalité belge du 28 juin 1984[850], lequel énonce que la preuve en est rapportée en établissant l'existence des conditions et formalités requises par la loi belge[851]. Le

(842) Voy. J. J. HAUS, *Droit pénal belge*, t. I, 3e éd., Gand, Hoste, 1879, p. 163 ; P. MAHILLON, « Des extensions récentes à la possibilité de poursuites à raison d'infractions commises hors du territoire du Royaume », *R.D.P.C.*, 1948-1949, n° 6, p. 515.

(843) *M.B.*, 25 avril 1878 (vig. 5 mai 1878).

(844) Art. 1er de la L. 12 juillet 1984 modifiant les articles 10 et 13 de la loi du 17 avril 1878 contenant le titre préliminaire du Code de procédure pénale, *M.B.*, 31 août 1984 (vig. 10 septembre 1984).

(845) Art. 2 de l'arrêté-loi du 5 août 1943 conférant compétence exceptionnelle aux juridictions belges concernant certains crimes ou délits commis en temps de guerre hors du territoire national, *M.B.*, 20 septembre 1943 (vig. 20 septembre 1943).

(846) Art. 1er de la L. 2 avril 1948 modifiant l'article 10 de la loi du 17 avril 1878 contenant le titre préliminaire du Code de procédure pénale, *M.B.*, 26 avril 1948 (vig. 26 avril 1948).

(847) Voy. P. MAHILLON, « Des extensions récentes à la possibilité de poursuites à raison d'infractions commises hors du territoire du Royaume », *R.D.P.C.*, 1948-1949, n° 6, pp. 525-530 ; J. FIERENS, *Droit humanitaire pénal*, Bruxelles, Larcier, 2014, pp. 505-506.

(848) *Supra*, n° 124.

(849) Bruxelles (mis. acc.), 24 novembre 2021, n° 4806, inédit (implicite).

(850) *M.B.*, 12 juillet 1984 (vig. 24 juillet 1984). S'agissant toutefois des demandes et déclarations qui auraient été introduites avant l'entrée en vigueur dudit Code, voy. la disposition transitoire prévue dans son article 26, § 1er.

(851) Art. 4 du Code de la nationalité belge.

Code distingue, sur le fond, entre différents modes d'obtention de la nationalité par attribution[852] et par acquisition[853].

145 ▶ **Résidents de longue durée.** La compétence personnelle passive des juridictions répressives belges s'étend aux résidents de longue durée, soit toutes les personnes qui, depuis au moins trois ans, séjournent effectivement, habituellement et légalement en Belgique.

La condition de résidence de trois ans au minimum repose sur le principe d'un séjour effectif, habituel et légal en Belgique. Elle ne pourrait être remplie par une personne ayant, sur une période de plus de trois ans, séjourné à plusieurs reprises en Belgique, de telle sorte que l'ensemble de ces séjours atteindrait une durée de trois ans[854]. Satisfait en revanche la condition requise, la personne qui, habituellement, réside depuis au moins trois ans en Belgique, même si cette personne se rend occasionnellement à l'étranger, par exemple pour des raisons professionnelles ou de détente[855].

Dans l'affaire en cause de *Kagame et consorts*, la Cour de cassation a estimé qu'il n'y avait pas lieu d'interroger la Cour d'arbitrage sur la compatibilité, à la Constitution, de la différence de traitement entre le ressortissant belge et l'étranger séjournant légalement en Belgique – lequel se voit, seul, appliquer une condition de résidence d'une durée de trois ans au minimum[856].

146 ▶ **Réfugiés reconnus en Belgique et y ayant leur résidence habituelle.** Depuis l'entrée en vigueur (rétroactive), le 31 mars 2006, de la loi du 22 mai 2006[857], la compétence personnelle des juridictions belges vise également les crimes internationaux commis contre tout « réfugié reconnu en Belgique et y ayant sa résidence habituelle, au sens de la Convention de Genève de 1951 relative au statut des réfugiés et son Protocole additionnel matière de crimes internationaux »[858].

Sera considéré comme « réfugié reconnu en Belgique », au regard de l'article 49, paragraphe 1er, de la loi du 15 décembre 1980 sur l'accès au territoire, le séjour, l'établissement et l'éloignement des étrangers[859] :

1° l'étranger qui, en vertu des accords internationaux antérieurs à la Convention de Genève de 1951, possédait en Belgique la qualité de

(852) Art. 8 à 12 du Code de la nationalité belge.
(853) Art. 12*bis* à 21 du Code de la nationalité belge.
(854) Exposé des motifs, *Doc. parl.*, Ch. repr., sess. extr. 2003, n° 51-0103/001, pp. 6-7.
(855) Exposé des motifs, *Doc. parl.*, Ch. repr., sess. extr. 2003, n° 51-0103/001, p. 3.
(856) Cass., 19 mai 2004, R.G. n° P.04.0352.F, *Pas.*, 2004, n° 270.
(857) L. 22 mai 2006 modifiant certaines dispositions de la loi du 17 avril 1878 contenant le Titre préliminaire du Code de procédure pénale, ainsi qu'une disposition de la loi du 5 août 2003 relative aux violations graves de droit international humanitaire, *M.B.*, 7 juillet 2006 (vig. 31 mars 2006).
(858) Pour les rétroactes, voy. *supra*, n° 95.
(859) *M.B.*, 31 décembre 1980 (vig. 1er juillet 1981). Voy. égal. Exposé des motifs, *Doc. parl.*, Ch. repr., sess. 2005-2006, n° 51-2305/001, p. 9.

réfugié avant l'entrée en vigueur de la loi du 26 juin 1953 portant approbation de ladite convention ;

2° l'étranger auquel la qualité de réfugié a été reconnue par le ministre des Affaires étrangères ou par l'autorité internationale à laquelle le ministre des Affaires étrangères a délégué sa compétence ;

3° l'étranger auquel la qualité de réfugié a été reconnue par le Commissaire général aux réfugiés et aux apatrides ;

4° l'étranger auquel la qualité de réfugié a été reconnue par la Commission permanente de recours des étrangers[860] ;

5° l'étranger auquel la qualité de réfugié a été reconnue par le Conseil du contentieux des étrangers ;

6° l'étranger qui, après avoir été reconnu comme réfugié alors qu'il se trouvait sur le territoire d'un autre État partie à la Convention de Genève de 1951, a été autorisé par le ministre ou son délégué, à séjourner ou à s'établir dans le Royaume, à condition que sa qualité de réfugié soit confirmée par l'autorité visée au 2° ou au 3°.

L'exigence de résidence habituelle en Belgique découle directement de la Convention de Genève de 1951, dont l'article 16, paragraphe 2, subordonne explicitement à cette circonstance le bénéfice, par les réfugiés, du traitement identique à celui des nationaux en ce qui concerne l'accès aux tribunaux.

147 ▶ **Personnes morales (non).** Par contraste avec la compétence personnelle active (pour laquelle l'article 8 du titre préliminaire renvoie aux notions générales de « Belge » et de « personne ayant sa résidence principale sur le territoire du Royaume »), rien ne permet, à notre avis, de considérer que les crimes internationaux dont serait victime une personne morale de droit belge pourraient relever de la juridiction belge au titre de la compétence personnelle passive[861]. Les chefs de compétence extraterritoriale des juridictions répressives belges sont d'interprétation stricte[862] et une personne morale n'est ni un « ressortissant belge », ni un « réfugié reconnu en Belgique », ni une personne qui « séjourne » en Belgique depuis trois ans au moins[863].

---

(860) Notons que cette Commission a été supprimée et son contentieux repris par le CCE à la suite de l'entrée en vigueur de la loi du 15 septembre 2006 réformant le Conseil d'État et créant un Conseil du Contentieux des Étrangers (*M.B.*, 6 octobre 2006). Voy. J.-Y. CARLIER et S. SAROLÉA, *Droit des étrangers*, Bruxelles, Larcier, 2016, p. 645.

(861) À l'inverse, le droit et la pratique d'autres États le permettent. Voy. K. S. GALLANT, *International Criminal Jurisdiction: Whose Law Must We Obey?*, Oxford, OUP, 2022, p. 448 ; E. DAVID, *Éléments de droit pénal international et européen*, vol. 1, 2e éd., Bruxelles, Bruylant, 2018, p. 244.

(862) Art. 4 du C. pén. ; Cass., 22 janvier 2014, R.G. n° P.14.0065.F, *Pas.*, 2014, n° 55 (concl. M.P.).

(863) En ce sens : E. DAVID, *Éléments de droit pénal international et européen*, vol. 1, 2e éd., Bruxelles, Bruylant, 2018, p. 244. Voy. toutefois ce que l'auteur écrit ensuite, à tort selon nous, à la page 244 (voulant probablement se référer à la personnalité active).

148 **Victimes indirectes.** La Cour de cassation et les juridictions d'instruction estiment, de façon constante à l'heure d'écrire ces lignes, que seule une « victime directe » – soit celle même contre laquelle une violation grave du droit international humanitaire a été commise – peut déclencher la compétence des juridictions belges sur le fondement du principe de personnalité passive[864]. Elles rejoignent en cela la jurisprudence également constante de la Cour de cassation française[865]. K. Gallant y voit un débat apparenté à la question de savoir si la « théorie de l'effet » peut justifier une prorogation de la compétence territoriale de la juridiction nationale[866]. L'auteur s'oppose en définitive à la conception d'une personnalité passive qui permette de fonder la compétence de la juridiction nationale sur la nationalité de victimes par ricochet, y voyant une source d'insécurité juridique[867].

En Belgique, la distinction entre les victimes directes et celles qui ne le seraient pas ne nous paraît pas résulter implacablement du libellé de l'article 13 du titre préliminaire. L'infraction doit-elle avoir été *commise contre* la victime en ce sens que cette dernière dût être touchée « dans sa chair » (mais comment régler alors le cas des crimes internationaux ne prenant pas la forme de faits de violence contre les personnes ?), ou est-il seulement requis que la victime ait été *personnellement affectée* par l'infraction concernée (c'est-à-dire, qu'elle ait subi un dommage propre – mais potentiellement indirect – en raison de celle-ci) ? Le libellé de la disposition nous paraît laisser place au débat. Et ce dernier est assurément délicat.

D'un côté, la distinction entre les victimes directes et les victimes indirectes est inconnue du droit belge de la responsabilité civile : toute personne ayant subi un dommage (direct ou indirect) est, en règle, en droit de prétendre à sa réparation. En outre, au niveau international, les Principes fondamentaux et directives concernant le droit à un recours et à réparation des victimes de violations

---

(864) Cass., 17 décembre 2003, R.G. n° P.03.1517.F, *Pas.*, 2003, n° 656 (la condition « visée à l'article 10, 1°*bis*, du titre préliminaire du Code de procédure pénale [article 13 actuel] doit être réalisée, non dans le chef du plaignant, mais dans celui de la personne même contre laquelle a été commise une violation grave du droit international humanitaire ») ; Bruxelles (mis. acc.), 10 janvier 2019, n° 142, inédit ; Bruxelles (mis. acc.), 9 février 2022, n° 642, inédit ; Bruxelles (mis. acc.), 2 novembre 2022, n° 4596, inédit.

(865) Cass. crim. (fr.), 12 juin 2018, pourvoi n° 17-86.640 ; Cass. crim. (fr.), 31 janvier 2001, pourvoi n° 00-82.984 ; Cass. crim. (fr.), 21 janvier 2009, pourvoi n° 07-88.330. Pour un commentaire plutôt critique, voy. D. BRACH-THIEL, « La victime d'une infraction extraterritoriale », *Revue de science criminelle et de droit pénal comparé*, 2010, n° 4, pp. 819-830. Voy. égal. sur cette question E. DAVID, *Éléments de droit pénal international et européen*, vol. 2, 2e éd., Bruxelles, Bruylant, 2018, p. 244.

(866) K. S. GALLANT, *International Criminal Jurisdiction: Whose Law Must We Obey?*, Oxford, OUP, 2022, p. 449. Sur l'incidence de cette théorie sur la compétence territoriale de la juridiction belge, voy. *supra*, n° 115.

(867) K. S. GALLANT, *International Criminal Jurisdiction: Whose Law Must We Obey?*, Oxford, OUP, 2022, p. 449.

flagrantes du droit international des droits de l'homme et de violations graves du droit international humanitaire[868] définissent les victimes comme toutes les personnes qui, individuellement ou collectivement, ont subi un préjudice, notamment une atteinte à leur intégrité physique ou mentale, une souffrance morale, une perte matérielle ou une atteinte grave à leurs droits fondamentaux[869]. Les Principes fondamentaux et directives ajoutent que peuvent être considérées comme victimes, « [l]e cas échéant » et « conformément au droit interne », les membres de la famille proche ou les personnes à charge de la victime directe[870]. L'article 2, a), ii), de la directive 2012/29/UE du 25 octobre 2012 confère pour sa part explicitement le statut de victime aux « membres de la famille d'une personne dont le décès résulte directement d'une infraction pénale et qui ont subi un préjudice du fait du décès de cette personne ». Ceci est conforme à la pratique strasbourgeoise puisque la Cour européenne des droits de l'homme considère, de façon bien établie, que si la victime (directe) d'une violation est décédée, une personne ayant l'intérêt légitime requis en tant que proche du défunt peut elle-même se prétendre victime « indirecte » et agir devant la Cour – en particulier s'agissant de questions liées au droit à la vie[871]. S'agissant des crimes internationaux, qui supposent dans bien des cas le décès des victimes directes, la reconnaissance de capacités d'action autonomes au profit des membres de la famille revêt certainement une importance symbolique particulière.

D'un autre côté, il ne faut pas donner à la jurisprudence de la Cour de cassation (suivie par les juridictions d'instruction) une portée qu'elle n'a pas. Son effet n'est pas d'exclure la victime « indirecte » du droit de poursuivre la réparation de son préjudice dans le cadre d'une action pendante devant les juridictions belges, mais uniquement de faire obstacle à ce que la nationalité de cette victime « indirecte » suffise, à elle seule, à fonder leur compétence. Rien n'empêche ainsi, à notre avis, la victime indirecte de se constituer partie civile dans le cadre d'un dossier révélant, par exemple, des crimes internationaux commis sur le territoire belge. La Cour européenne des droits de l'homme a estimé, sur ce terrain, que des limitations relatives à la possibilité de se constituer partie civile dans une procédure pénale conduite sur le fondement de chefs extraterritoriaux de compétence pouvaient poursuivre des buts légitimes propres et, partant, être conformes au droit d'accès à un juge[872]. Quant à la Cour constitutionnelle, elle n'a pas considéré qu'en excluant les réfugiés du domaine de la personnalité passive, le libellé d'origine de l'article 10, 1°*bis*, du titre

(868) AGNU, résolution 60/147 du 16 décembre 2005.
(869) Principe fondamental et directive n° V.
(870) Principe fondamental et directive n° V.
(871) Cour eur. D.H., 17 septembre 2020, *Kotilainen et autres c. Finlande*, req. n° 62439/12, §§ 51-52.
(872) Cour eur. D.H., 16 mars 2021, *Hussein et autres c. Belgique*, req. n° 45187/12, §§ 59-74. Voy. égal. Cour eur. D.H. (gde ch.), 15 mars 2018, *Naït-Liman c. Suisse*, req. n° 51357/07, § 122.

préliminaire – aujourd'hui devenu l'article 13 – emportait une différence de traitement qui ne pût être justifiée[873]. D'un point de vue strictement juridique, il n'est donc pas certain que l'interprétation actuelle, par nos juridictions, de l'article 13 du titre préliminaire, soit critiquable.

La Cour de justice de l'Union européenne sera bientôt amenée à apporter un nouvel éclairage sur le débat. Dans une affaire en cours, les deux sœurs d'une personne victime de crimes internationaux en Arabie saoudite ont en effet porté plainte en Belgique sur le fondement de la compétence personnelle passive (les deux plaignantes, sœurs de la victime « directe », résident en Belgique, l'une d'elles ayant en outre la nationalité belge). Saisie d'une demande de contrôle de la régularité de la procédure, la chambre des mises en accusation de la cour d'appel de Bruxelles a interrogé la Cour de justice de l'Union européenne, à titre préjudiciel, sur la compatibilité de la jurisprudence belge actuelle sur les victimes « indirectes » à la directive 2012/29/UE du 25 octobre 2012[874].

149 ▶ **Moment auquel s'apprécie la nationalité, la qualité de réfugié ou la résidence.** La loi énonce que la nationalité, la qualité de réfugié résidant en Belgique ou celle de résident de longue durée s'apprécie au moment des faits. Les travaux préparatoires[875], la jurisprudence[876] et la doctrine[877] ne disent pas autre chose.

Cette limite pourrait à nouveau, dans certains cas (très) particuliers, conduire la victime d'un crime international à préférer se constituer partie civile du chef d'infraction ordinaire. Pour la personnalité passive de droit commun visée à l'article 12 du titre préliminaire du Code de procédure pénale, en effet, la nationalité est réputée pouvoir être appréciée soit au moment des faits, soit au moment du dépôt de la plainte[878].

---

(873) C.A., 13 avril 2005, n° 68/2005, B.9. On sait toutefois que la loi litigieuse a été considérée comme discriminatoire en ce que son mécanisme transitoire imposait le dessaisissement des juridictions belges bien qu'un plaignant fût un réfugié reconnu en Belgique au moment de l'engagement initial de l'action publique (C.A., 13 avril 2005, n° 68/2005, dispositif).

(874) Bruxelles (mis. acc.), 12 décembre 2023, inédit. Voy. B. LOOS, « Plainte à Bruxelles contre l'Arabie saoudite : une bonne nouvelle pour les deux plaignantes », *Le Soir*, 14 décembre 2023, disponible sur https://www.lesoir.be/555570/article/2023-12-14/plainte-bruxelles-contre-larabie-saoudite-une-bonne-nouvelle-pour-les-deux ; M. ALIÉ et Chr. DEPREZ, « Chronique de droit international pénal 2023/2 », *R.D.P.C.*, 2024, n° 4, pp. 413-414.

(875) Rapport fait au nom de la commission de la Justice, *Doc. parl.*, Ch. repr., sess. extr. 2003, n° 51-0103/003, p. 8.

(876) Bruxelles (mis. acc.), 10 janvier 2019, n° 142, inédit, p. 2 ; Bruxelles (mis. acc.), 10 janvier 2019, n° 143, inédit, p. 3. Voy. égal. C.A., 13 avril 2005, n° 68/2005, B.8.2.

(877) V. GUERRA et A. BERRENDORF, « Droit international humanitaire », in *Postal Memorialis. Lexique du droit pénal et des lois spéciales*, Liège, Wolters Kluwer, suppl. août 2020, n° D 250, p. 664.

(878) D. VANDERMEERSCH, « Les violations du droit international humanitaire », in H. D. BOSLY et Chr. DE VALKENEER (dir.), *Les infractions. Volume 5 : les infractions contre l'ordre public*, Bruxelles, Larcier, 2013, p. 134 (à la note 182). Voy. de même M.-A. BEERNAERT, H. D. BOSLY et D. VANDERMEERSCH, *Droit de la procédure pénale*, 9e éd., Bruges, la Charte, 2021, p. 106 (à la note 649).

150 ▶ **Tentative.** La compétence des juridictions belges pour connaître de crimes internationaux commis, à l'étranger, contre un ressortissant belge, un réfugié reconnu en Belgique et y résidant, ou un résident de longue durée s'étend à la tentative de commettre de tels crimes[879]. Selon la Cour de cassation, en effet, la tentative d'une infraction est implicitement comprise dans la qualification principale dont elle n'est qu'une atténuation[880]. L'article 14/12 nouveau du titre préliminaire du Code de procédure pénale le confirme aujourd'hui de façon explicite.

151 ▶ **Participation.** La compétence des juridictions belges pour connaître de crimes internationaux commis, à l'étranger, contre un ressortissant belge, un réfugié reconnu en Belgique et y résidant, ou un résident de longue durée s'étend aux actes et omissions constitutifs de formes de participation à de tels crimes[881]. Selon la Cour de cassation, en effet, l'acte de complicité n'est qu'une modalité de l'infraction principale étant virtuellement comprise dans celle-ci[882].

152 ▶ **Pluralité de victimes dont certaines justifient d'un lien de rattachement avec la Belgique.** Dès lors que les juridictions belges sont légalement compétentes, sur le fondement du principe de personnalité passive par exemple, à l'égard de faits infractionnels, l'ensemble des victimes alléguées peuvent, à notre avis, prétendre à la réparation de leur préjudice devant les juridictions belges – indépendamment de l'existence, pour chacune d'entre elles, d'un lien de rattachement avec la Belgique. Autrement dit, il est à notre avis suffisant, pour asseoir la compétence personnelle passive des juridictions belges, que *l'une* des victimes alléguées puisse justifier, au moment des faits, de la nationalité belge, du statut de réfugié reconnu en Belgique ou de la qualité de résident belge de longue durée[883]. En décider autrement serait selon nous artificiel, d'autant qu'en cas de présence de l'inculpé en Belgique, la compétence universelle est en tout état de cause propre à constituer un fondement supplémentaire à la compétence des juridictions belges, sans qu'il y ait lieu de distinguer, sur ce terrain, selon qu'un quelconque lien unisse les victimes à la Belgique.

---

(879) Fr. KUTY, *Principes généraux du droit pénal belge. Tome 1 : la loi pénale*, 3e éd., Bruxelles, Larcier, 2018, p. 444.

(880) Cass., 6 janvier 1913, *Pas.*, 1913, I, p. 55.

(881) Fr. KUTY, *Principes généraux du droit pénal belge. Tome 1 : la loi pénale*, 3e éd., Bruxelles, Larcier, 2018, p. 445.

(882) Cass., 14 février 1944, *Pas.*, 1944, I, p. 204.

(883) Voy. ainsi Bruxelles (mis. acc.), 9 janvier 2020, n° 153, inédit (implicite – déclarant l'action publique irrecevable au motif qu'« aucun des plaignants ne pouvait, au moment des faits, se prévaloir de la nationalité belge, d'un statut de réfugié reconnu en Belgique ou d'un séjour habituel en Belgique »). Voy. égal., quoique plus implicitement encore, dans l'affaire *F. N.*, Corr. Bruxelles fr. (ch. cons.), 20 octobre 2017, *J.L.M.B.*, 2018, p. 259 ; Bruxelles (mis. acc.), 6 décembre 2018, n° 4279, inédit ; Bruxelles (ass.), 30 janvier 2020, n° 691, inédit.

153 **Exigence de présence en Belgique (non).** L'exercice de la compétence personnelle passive de droit commun suppose en règle que l'étranger ait été « trouvé en Belgique »[884]. Par contraste, cette circonstance n'est pas requise en matière de crimes internationaux.

154 **Irrecevabilité de la constitution de partie civile par action.** La compétence personnelle passive spécifique aux crimes internationaux implique un processus de filtrage des plaintes par le ministère public – qui, il faut bien l'écrire, se révèle parfois assez laborieux en pratique[885]. S'agissant des crimes internationaux, la constitution de partie civile devant un juge d'instruction n'est donc pas recevable lorsque la compétence des juridictions belges repose sur le principe de personnalité passive : les plaintes doivent alors être adressées au procureur fédéral qui est seul habilité à mettre le dossier à l'instruction[886]. La loi le réclame – faisant ainsi obstacle, par contraste avec le droit commun, au classement sans suite en pure opportunité[887] –, sauf lorsque l'une des quatre hypothèses suivantes est rencontrée[888] :

1° la plainte est manifestement non fondée ;

2° les faits visés dans la plainte ne correspondent pas à un crime international ;

3° l'action publique est irrecevable[889] ;

4° l'affaire devrait, dans l'intérêt d'une bonne administration de la justice et dans le respect des obligations internationales de la Belgique, être soumise à des juridictions internationales ou aux juridictions compétentes d'un autre État.

Depuis l'entrée en vigueur de la loi du 22 mai 2006[890], le procureur fédéral doit saisir la chambre des mises en accusation lorsqu'il estime qu'il n'y a pas lieu à poursuivre ou que l'action publique n'est pas recevable en raison de l'une des *trois premières circonstances* énumérées ci-dessus[891]. En revanche, le refus du procureur fédéral d'engager des poursuites au motif spécifique que,

(884) Art. 12, § 2, du TPCPP.
(885) *Supra*, n° 40.
(886) Art. 13, al. 2, du TPCPP. Sur la *ratio legis*: Rapport fait au nom de la commission de la Justice, *Doc. parl.*, Ch. repr., sess. extr. 2003, n° 51-0103/003, pp. 5-6.
(887) Ph. MEIRE, « Considérations quant à certains aspects politiques et techniques de dossiers judiciaires portant sur des violations graves du droit international humanitaire », *Ann. Dr. Louvain*, 2004, n°s 1-2, pp. 322-323 et encore p. 331 ; E. DAVID, *Éléments de droit pénal international et européen*, vol. 1, 2e éd., Bruxelles, Bruylant, 2018, p. 250.
(888) Art. 13, al. 3, du TPCPP.
(889) Cette hypothèse est notamment rencontrée lorsque l'inculpé jouit d'une immunité (Cass., 8 décembre 2010, R.G. n° P.10.0890.F, *Pas.*, 2010, n° 715, avec concl. M.P.).
(890) L. 22 mai 2006 modifiant certaines dispositions de la loi du 17 avril 1878 contenant le titre préliminaire du Code de procédure pénale, ainsi qu'une disposition de la loi du 5 août 2003 relative aux violations graves de droit international humanitaire, *M.B.*, 7 juillet 2006 (vig. 31 mars 2006).
(891) Art. 13, al. 4, du TPCPP.

dans l'intérêt d'une bonne administration de la justice, l'affaire devrait à son estime être portée devant les juridictions d'un autre État compétent (*forum non conveniens*) – qui est assurément le plus délicat des quatre motifs de rejet[892] et confère, en pratique, un pouvoir d'appréciation assez étendu au ministère public[893] – ne fait l'objet d'aucun contrôle judiciaire[894]. Ainsi justifié, le refus du procureur fédéral doit simplement être notifié au ministre de la Justice, à charge pour celui-ci d'informer la Cour pénale internationale lorsque les faits ont été commis après le 30 juin 2002[895].

Le procureur fédéral est seul entendu par la chambre des mises en accusation[896]. Les plaignants ne sont donc pas convoqués à l'audience et n'ont pas, selon le titre préliminaire, qualité à être entendus ni à participer autrement à la procédure. Le législateur justifie ceci par l'intérêt d'éviter des mesures de publicité et d'éventuelles « dérives » susceptibles de nuire aux relations internationales de la Belgique[897]. La Cour constitutionnelle n'y a point vu d'inconstitutionnalité[898].

Si, à l'issue de la procédure, la chambre des mises en accusation constate qu'aucun motif de classement prévu par le titre préliminaire n'est rencontré, elle désigne le juge d'instruction territorialement compétent et indique les faits sur lesquels portera l'instruction[899]. Un pourvoi en cassation peut être formé par le procureur fédéral dans les 15 jours d'une telle décision[900]. Dans le cas contraire, la chambre des mises en accusation déclare, selon les cas, qu'il n'y a pas lieu à poursuivre ou que l'action publique est irrecevable[901].

Dans la pratique actuelle, la chambre des mises en accusation fait presque systématiquement droit aux réquisitions du parquet fédéral tendant à ne pas

---

(892) Ph. Meire, « Considérations quant à certains aspects politiques et techniques de dossiers judiciaires portant sur des violations graves du droit international humanitaire », *Ann. Dr. Louvain*, 2004, n°s 1-2, p. 324 ; M.-A. Beernaert, H. D. Bosly et D. Vandermeersch, *Droit de la procédure pénale*, 9e éd., Bruges, la Charte, 2021, p. 108.

(893) Rapport fait au nom de la commission de la Justice, *Doc. parl.*, Ch. repr., sess. extr. 2003, n° 51-0103/003, p. 7.

(894) La Cour d'arbitrage n'a pas vu à y redire : C.A., 23 mars 2005, n° 62/2005, B.7.6 et B.7.7 (se fondant sur le souci d'écarter des plaintes propres à « nuire gravement aux relations internationales de la Belgique » ou à « susciter artificiellement un débat politique mettant en cause des personnalités étrangères »). Voy. W. Verrijdt, « Universele jurisdictie na de Genocidewet. Invloed van de recente rechtspraak van het Arbitragehof en het Hof van Cassatie », *Chroniques de Droit Public/Publiekrechtelijke Kronieken*, 2006, n° 1, pp. 84-118 ; N. Benaïssa, « La loi de compétence universelle. Commentaire des arrêts rendus les 23 mars et 13 avril 2005 par la Cour d'arbitrage », *J.T.*, 2005, n° 6184, pp. 389-391.

(895) Art. 13, al. 9, du TPCPP.

(896) Art. 13, al. 4, du TPCPP.

(897) Exposé des motifs, *Doc. parl.*, Ch. repr., sess. 2005-2006, n° 51-2305/001, p. 11.

(898) C. const., 21 février 2008, n° 21/2008, B.5.5.

(899) Art. 13, al. 5, du TPCPP.

(900) Art. 13, al. 7, du TPCPP.

(901) Art. 13, al. 4, du TPCPP.

saisir un juge d'instruction[902]. En novembre 2021, Ph. Meire et Ph. Fabri relevaient une seule décision contraire[903].

155 ▶ **Exigence de double incrimination (non).** L'exercice de la compétence personnelle passive de droit commun suppose que le fait soit passible d'une peine dont le maximum dépasse cinq ans de privation de liberté en vertu de la législation du pays où il a été commis[904]. Par contraste, le droit belge[905] de la personnalité passive en matière de crimes internationaux ne fait état d'aucune exigence de double incrimination[906].

Section 5.
La compétence universelle basée sur le droit international

156 ▶ **Notion.** Dans son acception stricte, la compétence universelle désigne, dans le domaine pénal, la compétence des juridictions nationales pour connaître d'infractions aux lois nationales commises à l'étranger, par un étranger et à l'encontre d'un étranger – soit des infractions ne présentant aucun lien de rattachement, territorial ou personnel, avec l'État de for[907]. Dans le langage courant, l'expression est parfois utilisée de façon plus générique pour désigner l'ensemble des chefs extraterritoriaux de compétence des juridictions

(902) Voy. ainsi Bruxelles (mis. acc.), 19 mai 2010, n° 2135, inédit ; Bruxelles (mis. acc.), 11 juin 2009, n° 2509, inédit ; Bruxelles (mis. acc.), 10 janvier 2019, n° 142, inédit ; Bruxelles (mis. acc.), 14 octobre 2020, n° 3513, inédit ; Bruxelles (mis. acc.), 14 octobre 2020, n° 3514, inédit.

(903) Bruxelles (mis. acc.), 19 décembre 2019, n° 4645, inédit (cité par Ph. MEIRE et Ph. FABRI, « La complémentarité de l'action des juridictions internationales et nationales : la situation de la Belgique », *J.T.*, 2021, n° 6875, p. 789).

(904) Art. 12 du TPCPP.

(905) Sur le débat que ceci serait propre à nourrir, selon certains, sur le terrain du principe de légalité de la loi pénale, voy. K. S. GALLANT, *International Criminal Jurisdiction: Whose Law Must We Obey?*, Oxford, OUP, 2022, p. 447 ; K. AMBOS, *Treatise on International Criminal Law. Volume III: International Criminal Procedure*, Oxford, OUP, 2016, pp. 222-223. Voy. égal. sur le sujet Chr. VAN DEN WYNGAERT, « Double Criminality as a requirement to jurisdiction », *Nordisk Tidsskrift for Kriminalvidenskab*, 1989, vol. 76, pp. 43-56. Voy. encore *infra*, n° 167.

(906) Art. 13 du TPCPP. Voy. égal. Exposé des motifs, *Doc. parl.*, Ch. repr., sess. extr. 2003, n° 51-0103/001, p. 5 ; Rapport fait au nom de la commission de la Justice, *Doc. parl.*, Ch. repr., sess. extr. 2003, n° 51-0103/003, p. 7.

(907) Voy. en général « The Universality Principle », in K. S. GALLANT, *International Criminal Jurisdiction: Whose Law Must We Obey?*, Oxford, OUP, 2022, pp. 461-528 ; L. REYDAMS, « The Rise and Fall of Universal Jurisdiction », in W. A. SCHABAS et N. BERNAZ (dir.), *Handbook of International Criminal Law*, Londres, Routledge, 2010, pp. 337-354 ; G. DE LA PRADELLE, « La compétence universelle », in H. ASCENSIO, E. DECAUX et A. PELLET (dir.), *Droit international pénal*, Paris, Pedone, 2000, pp. 905-918 ; R. O'KEEFE, « Universal Jurisdiction: Clarifying the Basic Concept », *J.I.C.J.*, 2004, vol. 2, pp. 735-760.

répressives[908]. Dans cette section et le présent *verbo* plus généralement, nous l'entendons au sens restrictif du terme.

Lorsqu'elle est appliquée, la compétence universelle est traditionnellement limitée à une petite série de crimes particulièrement graves – les crimes internationaux en particulier – et justifiée par la volonté de réduire les espaces d'impunité et de protéger des valeurs et intérêts jugés essentiels pour la communauté internationale dans son ensemble[909]. Généralement, et à l'exception notoire de l'expérience belge de 1993 à 2003[910], les États dont les juridictions pénales connaissent une forme de compétence universelle soumettent son exercice à une série de conditions, telles que la présence du suspect sur le territoire national ou la satisfaction du principe de double incrimination[911].

157 ▶ **Cadre international.** Sur les plans de la légitimité et de l'opportunité, le mécanisme de la compétence universelle a toujours donné lieu à des débats nourris que nous ne pouvons prétendre résumer ici[912].

Sur le plan du droit, certaines conventions internationales *réclament* l'exercice, à certaines conditions, d'une forme de compétence universelle pénale[913]. L'adage *aut dedere aut judicare* en décrit une déclinaison courante : l'État concerné, sur le territoire duquel est présent le suspect d'une infraction et qui se voit adresser une demande d'extradition par un État tiers, peut décider soit de consentir à l'extradition (*aut dedere*), soit de déférer le suspect à ses propres

(908) Voy., parmi de nombreux exemples, Trial International, *Universal Jurisdiction Annual Review 2024*, Rapport, 2023, disponible sur https://trialinternational.org/wp-content/uploads/2024/04/UJAR-2024_digital.pdf.

(909) H. D. Bosly et D. Vandermeersch, *Génocide, crimes contre l'humanité et crimes de guerre face à la justice : les juridictions internationales et les tribunaux nationaux*, 2e éd., Bruxelles, Bruylant, 2012, pp. 205-206 ; D. Vandermeersch, « La compétence universelle », in A. Cassese et M. Delmas-Marty (dir.), *Juridictions nationales et crimes internationaux*, Paris, PUF, 2002, p. 589 ; G. Werle et F. Jessberger, *Principles of International Criminal Law*, 4e éd., Oxford, OUP, 2020, pp. 95-96 ; K. Ambos, *Treatise on International Criminal Law. Volume III: International Criminal Procedure*, Oxford, OUP, 2016, pp. 222-226.

(910) *Infra*, n° 158.

(911) A. Srovin Coralli, « Universal Jurisdiction: Time to Revisit the Basics », *Questions of International Law*, 2024, vol. 105, p. 43.

(912) Voy. not. A. Bailleux, « L'histoire de la loi belge de compétence universelle. Une valse à trois temps : ouverture, étroitesse, modestie », *Droit et Société*, 2005, n° 59, pp. 107-134 ; O. Corten, « De quel droit ? Place et fonction du droit comme registre de légitimité dans le discours sur la "compétence universelle" », *Ann. Dr. Louvain*, 2004, nos 1-2, pp. 51-82 ; N. Ghislain, « Belgique, justicière du monde... », *Journal du juriste*, 2001, n° 4, pp. 2-3 ; R. Rydberg, « Les tracas de la compétence universelle », *La Revue Nouvelle*, 2003, n° 8, pp. 7-13 ; M. Singleton, « De l'incompétence universelle », *Politique : revue belge d'analyse et de débat*, 2002, n° 23, pp. 33-37 ; M. Halberstam, « Belgium's Universal Jurisdiction Law: Vindication of International Justice or Pursuit of Politics? », *Cardozo Law Review*, 2003, vol. 25, pp. 247-266.

(913) Voy. E. Brems, « Universal Criminal Jurisdiction for Grave Breaches of International Humanitarian Law: The Belgian Legislation », *Singapore Journal of International & Comparative Law*, 2002, vol. 6, pp. 914-916 ; A. Lagerwall, « Que reste-t-il de la compétence universelle au regard de certaines évolutions législatives récentes ? », *A.F.D.I.*, 2009, vol. 55, p. 745.

tribunaux (*aut judicare*)[914]. L'article 8, paragraphe 1er, de la Convention internationale pour la répression des attentats terroristes à l'explosif en constitue un exemple[915].

Dans une variante parfois distinguée de ce qui précède et alors désignée par l'adage *judicare vel dedere*, l'obligation d'agir faite à l'État de for n'est pas subordonnée à l'existence d'une demande préalable d'extradition : dès lors qu'un suspect est trouvé sur son territoire, l'État doit le déférer à ses juridictions répressives (*judicare*), à moins de l'extrader si d'aventure une demande en ce sens lui est présentée par un État tiers également compétent (*vel dedere*)[916]. Telle est, par exemple, la portée reconnue à l'article 7, paragraphe 2, de la Convention du 10 décembre 1984 contre la torture et autres peines ou traitements cruels, inhumains ou dégradants[917], qui porte que « [l]'État partie sur le territoire sous la juridiction duquel l'auteur présumé [...] est découvert, s'il n'extrade pas ce dernier, soumet l'affaire, dans les cas visés à l'article 5, à ses autorités compétentes pour l'exercice de l'action pénale »[918]. Il en va de même de l'article 9, paragraphe 2, de la Convention internationale du 23 décembre 2010 pour la protection de toutes les personnes contre les disparitions forcées[919].

S'agissant des crimes internationaux visés par le présent *verbo*, retenons en synthèse ce qui suit :

— en matière de génocide, la Convention de 1948 pour la prévention et la répression du crime de génocide est muette quant à l'établissement et l'exercice d'une possible compétence universelle ;
— en matière de crimes de guerre commis en période de conflit armé international, l'article 49/50/129/146 commun aux quatre Conventions de Genève de 1949 et, à leur suite, l'article 85 de leur premier Protocole additionnel de 1977 imposent aux États l'exercice d'une compétence universelle de type *judicare vel dedere*[920] ;

(914) Voy. CDI, Obligation d'extrader ou de poursuivre (*aut dedere aut judicare*), Rapport final, *Annuaire de la Commission du droit international*, 2014, vol. II(2). Voy. égal., au sein d'une littérature foisonnante, K. Kittichaisaree, *The Obligation to Extradite or Prosecute*, Oxford, OUP, 2018, 400 p.
(915) La disposition énonce notamment que « l'État Partie sur le territoire duquel se trouve l'auteur présumé de l'infraction est tenu, s'il ne l'extrade pas, de soumettre l'affaire, sans retard excessif et sans aucune exception, que l'infraction ait été ou non commise sur son territoire, à ses autorités compétentes pour l'exercice de l'action pénale selon une procédure conforme à la législation de cet État ».
(916) Voy. CIJ, *Questions concernant l'obligation de poursuivre ou d'extrader (Belgique c. Sénégal)*, arrêt du 20 juillet 2012, opinion individuelle de M. le juge Yusuf, §§ 19-22.
(917) Voy. égal. l'art. 5, § 2, de la même Convention.
(918) CIJ, *Questions concernant l'obligation de poursuivre ou d'extrader (Belgique c. Sénégal)*, arrêt du 20 juillet 2012, §§ 94-95.
(919) AGNU, Portée et application du principe de compétence universelle, Rapport du Secrétaire général établi sur la base d'observations de gouvernements, A/65/18, 29 juillet 2010, § 22.
(920) CDI, Obligation d'extrader ou de poursuivre (*aut dedere aut judicare*), Rapport final, *Annuaire de la Commission du droit international*, 2014, vol. II(2), § 9 et § 40 ; CICR, Commentaire de l'article 2 de la C.G. I, 2016, en ligne, §§ 2863-2867 ; AGNU, Portée et application du principe de

— en matière de crimes contre l'humanité, les articles 7, paragraphe 2, et 10 du Projet d'articles de la Commission du droit international sur la prévention et la répression des crimes contre l'humanité prévoient de même l'obligation d'exercer une compétence universelle de type *judicare vel dedere*[921] ;
— bien que, *de lege lata*, le droit international conventionnel n'énonce donc pas (encore) une obligation d'exercer une forme de compétence universelle en matière de crime de génocide, de crimes contre l'humanité ni de crimes de guerre commis en période de conflit armé non international, il est largement accepté que le droit international coutumier *autorise* les États qui le souhaitent à doter leurs juridictions répressives d'une telle compétence à l'égard de ces infractions[922] ;
— plus controversée est la question de savoir si les États ont, en vertu du droit international coutumier, l'*obligation* de doter leurs juridictions d'une forme de compétence universelle à l'égard de ces mêmes infractions (crime de génocide, crimes contre l'humanité et crimes de guerre commis en période de conflit armé non international)[923] ;

---

compétence universelle, Rapport du Secrétaire général établi sur la base d'observations de gouvernements, A/65/18, 29 juillet 2010, § 22 ; Observations de la Belgique sur la portée et l'application du principe de compétence universelle, 2010, § 10, disponible sur www.un.org/en/ga/sixth/65/ScopeAppUniJuri_StatesComments/Belgium.pdf. Voy. égal. E. David, *Éléments de droit pénal international et européen*, vol. 1, 2e éd., Bruxelles, Bruylant, 2018, p. 289 ; E. David, « Que reste-t-il de la compétence universelle dans la loi du 5 août 2003 ? », *Jura Falconis*, 2003, vol. 40, p. 61 ; H. D. Bosly, « La compétence extraterritoriale relative aux crimes de droit international humanitaire : évolution du droit belge pendant une décennie », in *Le droit pénal à l'aube du troisième millénaire. Mélanges offerts à Jean Pradel*, Paris, Cujas, 2006, p. 1031. *Contra*, mais à tort selon nous, voy. Cass., 12 février 2003, R.G. n° P.02.1139.F, *Pas.*, 2003, n° 98, *J.T.*, 2003, p. 243, avec concl. M.P. (« [a]ttendu qu'il suit du texte même de l'article 12*bis* précité [actuel article 14/10 du TPCPP] que la compétence ainsi conférée aux juridictions belges concerne les infractions prévues dans tout traité ratifié par la Belgique et contenant une règle obligatoire d'extension de compétence dérogeant à la territorialité du droit pénal ; [a]ttendu que ni les articles V et VI de la Convention pour la prévention et la répression du crime de génocide, ni le Statut de Rome, ni les articles 49-50-129-146 des quatre Conventions de Genève du 12 août 1949, ne comportent une telle règle »). Voy. *infra*, n° 160.

(921) Commentaires du Royaume de Belgique sur le projet d'articles sur la prévention et la répression des crimes contre l'humanité, 78e session de l'AGNU (6e Commission), septembre 2023, p. 4, disponible sur https://www.un.org/en/ga/sixth/78/cah/belgium_f.pdf.

(922) F. Bellivier, I. Fouchard et M. Eudes, *Droit des crimes internationaux*, Paris, PUF, 2018, p. 309 ; E. David, *Éléments de droit pénal international et européen*, vol. 1, 2e éd., Bruxelles, Bruylant, 2018, pp. 290-291 ; J.-M. Henckaerts et L. Doswald-Beck (dir.), *Droit international humanitaire coutumier. Volume I : Règles*, Bruxelles, Bruylant, 2006 (règle 157). Voy. toutefois K. S. Gallant, *International Criminal Jurisdiction: Whose Law Must We Obey?*, Oxford, OUP, 2022, pp. 487-489.

(923) Voy. H. D. Bosly et D. Vandermeersch, *Génocide, crimes contre l'humanité et crimes de guerre face à la justice : les juridictions internationales et les tribunaux nationaux*, 2e éd., Bruxelles, Bruylant, 2012, p. 210 ; E. David, *Éléments de droit pénal international et européen*, vol. 1, 2e éd., Bruxelles, Bruylant, 2018, pp. 302-304. La position de la Belgique semble être de l'affirmer, à tout le moins s'agissant des crimes contre l'humanité (Observations de la Belgique sur la portée et l'application du principe de compétence universelle, 2010, § 11, disponible sur www.un.org/en/ga/sixth/65/ScopeAppUniJuri_StatesComments/Belgium.pdf).

— lorsqu'elle entrera en vigueur, la Convention de La Haye-Ljubljana pour la coopération internationale en matière d'enquête et de poursuite du crime de génocide, des crimes contre l'humanité, des crimes de guerre et autres crimes internationaux[924] aura pour effet de relativiser l'importance du débat (du moins s'agissant des États qui y auront souscrit sans formuler de réserve sur le fondement de l'article 92, paragraphe 3, de la Convention). L'article 8(3) de la Convention énonce en effet désormais une obligation conventionnelle claire, pour les États parties, d'établir une compétence universelle de type *judicare vel dedere* en matière de crimes de guerre (indépendamment de la qualification du conflit), de génocide et contre l'humanité[925].

Dans quelle mesure les États qui le souhaiteraient sont-ils autorisés à outrepasser ce cadre international, c'est-à-dire à doter éventuellement leurs juridictions répressives d'une forme de compétence universelle qui soit plus étendue que celle décrite par les adages *aut dedere aut judicare* ou *judicare vel dedere*[926] ? Le droit international fait-il obstacle à la mise en œuvre, en particulier, d'une compétence universelle *par défaut* ? Sur ce terrain, on affirme le plus souvent qu'aucune règle de droit international conventionnel ou coutumier n'a pour effet d'interdire l'exercice d'une compétence universelle *in absentia*[927]. Après tout, l'exigence de présence du suspect sur le territoire ne constitue pas un chef de compétence en soi, mais plutôt une modalité d'exercice de la compétence universelle, dont nous avons vu qu'elle est permise et même, dans une certaine mesure, obligatoire en vertu du droit international[928]. Cette question, qui n'a pas été définitivement tranchée par

(924) Convention adoptée le 26 mai 2023 et ouverte à la ratification des États depuis le 14 février 2024.
(925) Voy. B. de Oliveira Biazatti et E. Amani, « The Ljubljana – The Hague Convention on Mutual Legal Assistance: Was the Gap Closed? », *EJIL: Talk!*, 12 juin 2022, disponible sur https://www.ejiltalk.org/the-ljubljana-the-hague-convention-on-mutual-legal-assistance-was-the-gap-closed/.
(926) Voy. D. Vandermeersch, « La compétence universelle », in A. Cassese et M. Delmas-Marty (dir.), *Juridictions nationales et crimes internationaux*, Paris, PUF, 2002, pp. 600-602 ; E. David, *Éléments de droit pénal international et européen*, vol. 1, 2e éd., Bruxelles, Bruylant, 2018, pp. 293-301.
(927) E. David, *Éléments de droit pénal international et européen*, vol. 1, 2e éd., Bruxelles, Bruylant, 2018, pp. 299-301 ; K. S. Gallant, *International Criminal Jurisdiction: Whose Law Must We Obey?*, Oxford, OUP, 2022, pp. 491 ; Ph. Gautier, « Le législateur belge et la compétence universelle », *Ann. Dr. Louvain*, 2004, nos 1-2, spéc. p. 188. *Contra*, voy. R. Baker, « Universal Jurisdiction and the Case of Belgium: A Critical Assessment », *ISLA J. Comp. L.*, 2009, vol. 16, pp. 164-165.
(928) R. O'Keefe, « Universal Jurisdiction: Clarifying the Basic Concept », *J.I.C.J.*, 2004, vol. 2, p. 750 ; Ph. Grant, « National Prosecution of International Crimes and Universal Jurisdiction », in R. Kolb et D. Scalia (dir.), *Droit international pénal : précis*, 2e éd., Bâle, Helbing Lichtenhahn, 2012, p. 603. Voy. égal. Observations de la Belgique sur la portée et l'application du principe de compétence universelle, 2010, § 8, disponible sur www.un.org/en/ga/sixth/65/ScopeAppUniJuri_StatesComments/Belgium.pdf.

la Cour internationale de justice dans l'affaire du *Mandat d'arrêt*[929], demeure toutefois débattue[930].

158 ▶ **Évolution législative.** Le 16 juin 1993, la Belgique adoptait sa loi de compétence universelle « automatique et absolue ». En vertu de son article 7, en effet, les juridictions répressives belges étaient compétentes pour connaître des crimes de guerre énoncés par la loi indépendamment du lieu de leur commission. Aucune autre condition ni aucun obstacle n'étaient énoncés : la constitution de partie civile par action demeurait autorisée conformément au droit commun[931], la présence de l'inculpé en Belgique n'était pas nécessaire[932] et, s'agissant des infractions commises à l'étranger et contre un étranger, le dépôt préalable d'une plainte par la victime ou sa famille n'était pas requise, pas plus que l'avis officiel de l'autorité du lieu de commission de l'infraction[933]. La loi du 16 juin 1993 établissait ainsi la compétence des juridictions pénales belges à l'égard de tout crime de guerre (repris dans la liste), quel qu'il fût, y compris en l'absence de tout lien de rattachement avec la Belgique[934]. On sait que, quelques années plus tard, le domaine de la compétence universelle serait étendu au génocide et aux crimes contre l'humanité par la loi du 10 février 1999[935], laquelle écarterait en outre le bénéfice de toute immunité[936].

La compétence universelle automatique et absolue des juridictions belges constituait, pour certains[937], un mécanisme irréaliste, prétentieux, théorique ou

(929) Comp. CIJ, *Mandat d'arrêt du 11 avril 2000 (République démocratique du Congo c. Belgique)*, arrêt du 14 février 2002, opinion dissidente de Mme Van den Wyngaert, §§ 52-58 et opinion individuelle commune de Mme Higgins et MM. Kooijmans et Buergenthal, § 47, d'une part, et opinion individuelle de M. Guillaume, président, § 9 et § 12, d'autre part.
(930) M. El Zeidy, « Universal Jurisdiction *in Absentia*: Is It a Legally Valid Option for Repressing Heinous Crimes? », *The International Lawyer*, 2003, vol. 37, pp. 835-861.
(931) V. Guerra et A. Berrendorf, « Droit international humanitaire », in *Postal Memorialis. Lexique du droit pénal et des lois spéciales*, Liège, Wolters Kluwer, suppl. août 2020, n° D 250, p. 632.
(932) Exposé des motifs, *Doc. parl.*, Sénat, sess. 1990-1991, n° 1317-1, p. 16. Voy. égal. Cass., 12 février 2003, R.G. n° P.02.1139.F, *Pas.*, 2003, n° 98, *J.T.*, 2003, p. 243, avec concl. M.P. Voy. égal., rendue sans objet par l'arrêt précité de la Cour de cassation, Proposition de loi interprétative de l'article 7, alinéa 1er, de la loi du 16 juin 1993 relative à la répression des violations graves du droit international humanitaire, *Doc. parl.*, Sénat, sess. 2001-2002, n° 2-1237/1.
(933) Art. 7, al. 2, de la L. 16 juin 1993.
(934) Exposé des motifs, *Doc. parl.*, Sénat, sess. 1990-1991, n° 1317-1, p. 15.
(935) Art. 1er de la L. 16 juin 1993, tel que modifié par la L. 10 février 1999.
(936) Art. 5 de la L. 10 février 1999.
(937) Voy., parmi les commentaires critiques de la loi de 1993, J. Verhoeven, « M. Pinochet, la coutume internationale et la compétence universelle », *J.T.*, 1999, n° 5924, pp. 311-315 ; J. Verhoeven, « Prétentieuse et bricolée », *Politique : revue belge d'analyse et de débat*, 2002, n° 23, pp. 18-21 ; P. d'Argent et J. d'Aspremont Lynden, « La loi de compétence universelle revue mais pas corrigée », *J.T.*, 2003, n° 23, pp. 480-481 ; P. d'Argent, « L'expérience belge de la compétence universelle : beaucoup de bruit pour rien », *R.G.D.I.P.*, 2004, n° 3, pp. 597-632 ; P. d'Argent, « La loi du 10 février 1999 relative à la répression des violations graves du droit international humanitaire », *J.T.*, 1999, n° 5935, pp. 549-555.

autrement critiquable et, pour d'autres[938], un coup d'accélérateur spectaculaire à la lutte contre l'impunité des auteurs de crimes internationaux à l'échelle mondiale. Il est en tout cas certain que l'expérience belge tout entière en matière de poursuite et de jugement des crimes internationaux demeure définitivement marquée par ce dispositif législatif inédit et par l'activité judiciaire et diplomatique qu'il entraîna dans son sillage.

Il est parfois affirmé que l'adoption de la loi de 1993 aurait immédiatement suscité le dépôt d'une pléthore de plaintes en Belgique[939]. Un coup d'œil plus attentif révèle que, dans les premiers temps, le mécanisme passa plutôt inaperçu[940]. Le génocide rwandais de 1994 devait toutefois, progressivement, réveiller l'intérêt porté à la loi de 1993. En 2001, le procès des *Quatre de Butare* (ou « Rwanda I »)[941] – le premier et unique qui fût jamais conduit sur le fondement exclusif de la compétence universelle des juridictions belges en tant que tel – vit la Belgique globalement saluée pour sa contribution à la lutte contre l'impunité des auteurs de crimes internationaux[942].

Le coup de projecteur ainsi braqué sur la loi allait toutefois la rendre victime de son succès comme de ses limites[943]. Une série de plaintes – dont on dit

---

(938) Voy. L. WALLEYN, *Droits sans frontières*, Limal, Anthemis, 2023, p. 155 ; E. GILLET, « La compétence universelle », in A. DESTEXHE et M. FORET (dir.), *Justice internationale. De Nuremberg à La Haye et Arusha*, Bruxelles, Bruylant, 1997, pp. 113-120.

(939) L. DE SMET et Fr. NAERT, « Making or Breaking International Law? An International Law Analysis of Belgium's Act Concerning the Punishment of Grave Breaches of International Humanitarian Law », *R.B.D.I.*, 2002, n°s 1-2, p. 474 ; L. REYDAMS, « Prosecuting crimes under international law on the basis of universal jurisdiction – The experience of Belgium », in H. FISCHER, C. KRESS et S. ROLF LÜDER (dir.), *International and National Prosecution of Crimes under International Law – Current Developments*, Berlin, Spitz Verlag, 2001, p. 814.

(940) H. D. BOSLY, « La compétence universelle : la perspective du droit de la procédure pénale », *Ann. Dr. Louvain*, 2005, n°s 1-2, p. 254.

(941) Voy. not. P. MAY, *Quatre Rwandais aux Assises Belges : la compétence universelle à l'épreuve*, Paris, l'Harmattan, 2001 ; Ph. MEIRE et Ph. FABRI, « La complémentarité de l'action des juridictions internationales et nationales : la situation de la Belgique », *J.T.*, 2021, n° 6875, p. 790 ; S. FINNIN, *Surmonter les obstacles. L'accès à la justice en Europe pour les victimes de crimes internationaux*, Rapport publié par la FIDH, l'ECCHR et REDRESS, 2020, p. 29 ; Ph. MEIRE et D. VANDERMEERSCH, *Génocide rwandais : le récit de quatre procès devant la cour d'assises de Bruxelles*, Bruges, la Charte, 2011, pp. 21-64 ; D. A. TALLMAN, « Universal Jurisdiction: Lessons from Belgium's Experience », in J. E. STROMSETH (dir.), *Accountability for Atrocities: National and International Responses*, New York, Transnational, 2003, pp. 383-388 ; L. REYDAMS, « Belgium's First Judicial Application of Universal Jurisdiction: the *Butare Four* Case », *J.I.C.J.*, 2003, vol. 1, pp. 428-436 ; « Compétence universelle », Dossier électronique du Centre de droit international de l'Université libre de Bruxelles, disponible sur https://competenceuniverselle.wordpress.com/ ; Y. CARTUYVELS, « La justice belge face au génocide rwandais : la symbolique de la compétence universelle en question », *Oñati Socio-Legal Series*, 2018, vol. 8, pp. 419-436.

(942) V. GUERRA et A. BERRENDORF, « Droit international humanitaire », in *Postal Memorialis. Lexique du droit pénal et des lois spéciales*, Liège, Wolters Kluwer, suppl. août 2020, n° D 250, p. 633.

(943) R. BRODY, *La traque de Hissène Habré. Juger un dictateur dans un monde d'impunité*, Paris, Karthala, 2024, p. 116.

certaines plus politiques ou moins documentées que d'autres[944] – furent déposées sur le fondement de la loi, à l'encontre de personnalités telles que Georges H. W. Bush, Colin Powell, Donald Rumsfeld, Laurent Gbagbo, Ange-Félix Patassé, Fidel Castro, Yasser Arafat, Saddam Hussein, Ariel Sharon, Laurent-Désiré Kabila, Paul Kagame ou encore Hissène Habré[945]. Les critiques ne se feraient plus attendre et la Belgique allait subir une importante pression diplomatique. Les États-Unis suggérèrent le déplacement du siège de l'OTAN[946], Israël rappela son ambassadeur à Bruxelles[947], le Saint-Siège réagit vigoureusement à la condamnation de deux religieuses rwandaises[948] et la Fédération des Entreprises de Belgique relaya les inquiétudes appuyées de diverses multinationales[949].

La condamnation de la Belgique, le 14 février 2002, par la Cour internationale de justice[950], devait précipiter la révision du généreux mécanisme. La loi du 23 avril 2003 fut adoptée[951], qui consacra le retour du bénéfice des immunités reconnues

(944) Voy. ce qu'écrivent L. Walleyn, *Droits sans frontières*, Limal, Anthemis, 2023, p. 157 et p. 159, ainsi que R. Brody, *La traque de Hissène Habré. Juger un dictateur dans un monde d'impunité*, Paris, Karthala, 2024, p. 117.

(945) V. Guerra et A. Berrendorf, « Droit international humanitaire », in *Postal Memorialis. Lexique du droit pénal et des lois spéciales*, Liège, Wolters Kluwer, suppl. août 2020, n° D 250, p. 634 ; S. Fulton *et al.*, *La compétence extraterritoriale dans l'Union européenne. Étude des lois et des pratiques dans les 27 États membres de l'Union européenne*, Rapport publié par la FIDH et REDRESS, 2010, p. 101.

(946) Ph. Meire et D. Vandermeersch, *Génocide rwandais : le récit de quatre procès devant la cour d'assises de Bruxelles*, Bruges, la Charte, 2011, p. 18 ; V. Guerra et A. Berrendorf, « Droit international humanitaire », in *Postal Memorialis. Lexique du droit pénal et des lois spéciales*, Liège, Wolters Kluwer, suppl. août 2020, n° D 250, p. 634 ; A. Bailleux, « L'histoire de la loi belge de compétence universelle. Une valse à trois temps : ouverture, étroitesse, modestie », *Droit et Société*, 2005, n° 59, pp. 125-126.

(947) L. Walleyn, *Droits sans frontières*, Limal, Anthemis, 2023, p. 155.

(948) V. Guerra et A. Berrendorf, « Droit international humanitaire », in *Postal Memorialis. Lexique du droit pénal et des lois spéciales*, Liège, Wolters Kluwer, suppl. août 2020, n° D 250, p. 634.

(949) V. Guerra et A. Berrendorf, « Droit international humanitaire », in *Postal Memorialis. Lexique du droit pénal et des lois spéciales*, Liège, Wolters Kluwer, suppl. août 2020, n° D 250, p. 634.

(950) CIJ, *Mandat d'arrêt du 11 avril 2000 (République démocratique du Congo c. Belgique)*, arrêt du 14 février 2002. Voy. not. J. d'Aspremont Lynden et Fr. Dopagne, « La loi "de compétence universelle" devant la Cour internationale de justice », *J.T.*, 2002, n° 6050, pp. 284-288 ; Ph. Vincent, « L'arrêt *Yerodia* de la Cour internationale de justice et les avatars de la loi belge de compétence universelle », *Rev. dr. ULiège*, 2004, n° 4, pp. 387-407 ; P. Morlet, « Quelques considérations sur le statut pénal des gouvernants étrangers d'après l'arrêt de la Cour internationale de justice du 14 février 2002 ("Yerodia") », *R.D.P.C.*, 2002, n° 11, pp. 979-1003 ; J. Salmon, « Libres propos sur l'arrêt de la C.I.J. du 14 février 2002 dans l'affaire relative au *Mandat d'arrêt du 11 avril 2000 (R.D.C. c. Belgique)* », *R.B.D.I.*, 2002, n°s 1-2, pp. 512-517.

(951) L. 23 avril 2003 modifiant la loi du 16 juin 1993 relative à la répression des violations graves du droit international humanitaire et l'article 144*ter* du Code judiciaire, *M.B.*, 7 mai 2003 (vig. 17 mai 2003).

par le droit international[952] et balisa plus strictement les conditions de mise en œuvre de la compétence universelle. D'une part, en effet, la loi énonçait qu'en l'absence de tout lien de rattachement avec la Belgique (soit l'hypothèse d'une infraction commise à l'étranger, par un étranger n'étant pas trouvé en Belgique, à l'encontre d'une victime étrangère ne résidant pas en Belgique depuis au moins trois ans), la constitution de partie civile par action n'était plus admise et les plaintes devaient être adressées au procureur fédéral, lequel pouvait, dans certaines circonstances, refuser de requérir un juge d'instruction[953]. D'autre part, la loi mettait en place, à certaines conditions, un mécanisme de dessaisissement de la juridiction belge au départ d'une décision du ministre de la Justice, au profit soit de la Cour pénale internationale[954], soit de juridictions étrangères[955].

Le mécanisme ainsi révisé – à la hâte[956] – par la loi du 23 avril 2003 essuya toutefois de très nombreuses critiques[957]. Le maintien d'un principe de compétence universelle absolue, associé à des correctifs très restrictifs (et dont la compatibilité au principe de la séparation des pouvoirs était mise en cause[958]), manquait de lisibilité et ne contentait au fond ni les partisans, ni les détracteurs de la compétence universelle. C'est ainsi que la loi du 5 août 2003 finit par « abroger » la compétence universelle absolue des juridictions belges[959], moyennant un mécanisme transitoire dont nous avons vu qu'il fut lui-même source de bien des difficultés et péripéties judiciaires[960].

D'« abrogation », il n'est toutefois pas exactement question, puisqu'en termes de compétence universelle, la loi du 5 août 2003 ajuste le contenu de et s'en remet à l'ancien article 12*bis* du titre préliminaire du Code de procédure pénale (aujourd'hui devenu l'article 14/10), qui énonce une clause générale fondant la compétence des juridictions belges à l'égard de l'ensemble des infractions commises hors du territoire du Royaume et pour lesquelles le droit

(952) Art. 4 de la L. 23 avril 2003.
(953) Art. 7, § 1er, de la L. 23 avril 2003.
(954) Art. 7, § 2, de la L. 23 avril 2003.
(955) Art. 7, §§ 3-4, de la L. 23 avril 2003.
(956) Ph. MEIRE, « Considérations quant à certains aspects politiques et techniques de dossiers judiciaires portant sur des violations graves du droit international humanitaire », *Ann. Dr. Louvain*, 2004, nos 1-2, p. 317.
(957) P. D'ARGENT et J. D'ASPREMONT LYNDEN, « La loi de compétence universelle revue mais pas corrigée », *J.T.*, 2003, n° 23, pp. 480-481 ; Ph. MEIRE, « Considérations quant à certains aspects politiques et techniques de dossiers judiciaires portant sur des violations graves du droit international humanitaire », *Ann. Dr. Louvain*, 2004, nos 1-2, pp. 317-318.
(958) Conseil d'État, Avis sur une proposition de loi modifiant la loi du 16 juin 1993 relative à la répression des violations graves du droit international humanitaire, n° 34.154/VR/2, 16 décembre 2002, p. 4 ; Conseil d'État, Avis sur un projet de loi modifiant la loi du 16 juin 1993 relative à la répression des violations graves du droit international humanitaire et l'article 144*ter* du Code judiciaire, n° 35.252/2, 4 avril 2003, p. 7.
(959) Art. 27 de la L. 5 août 2003.
(960) *Supra*, nos 92 à 97.

international conventionnel ou coutumier prévoit une obligation d'exercer des poursuites. Dans sa mouture initiale, cette clause générale avait été introduite par une loi du 18 juillet 2001[961]. Auparavant, la pratique législative consistait à doter systématiquement les juridictions belges d'une compétence universelle au cas par cas, c'est-à-dire de façon distincte et spécifique, à chaque fois qu'une convention internationale le réclamait[962]. L'article 12*bis* ancien du titre préliminaire devait répondre à un objectif de simplification et d'automatisation : en renvoyant aux obligations internationales – présentes et à venir – de la Belgique, la disposition « vise à transformer cet article en disposition d'application générale, de façon à éviter de devoir adapter la rédaction de cet article chaque fois que la Belgique devient partie à une convention de droit international pénal contenant des obligations à caractère juridictionnel »[963].

Tel que modifié par la loi du 5 août 2003, le premier alinéa de l'article 12*bis* ancien du titre préliminaire portait alors : « [h]ormis les cas visés aux articles 6 à 11, les juridictions belges sont également compétentes pour connaître des infractions commises hors du territoire du Royaume et visées par une règle de droit international conventionnelle ou coutumière liant la Belgique, lorsque cette règle lui impose, de quelque manière que ce soit, de soumettre l'affaire à ses autorités compétentes pour l'exercice des poursuites ». L'article 378 de la loi-programme du 22 décembre 2003[964] ajouta une référence aux règles de droit dérivé de l'Union européenne qui, il est vrai, ne peuvent être assimilées à des règles de droit international conventionnelles ou coutumières à proprement parler.

Avec l'adoption de la loi « procédure pénale I » du 9 avril 2024, l'article 14/10, alinéa 1er, du titre préliminaire reprend l'essentiel de la disposition mais retranche le caractère jusqu'ici subsidiaire de la compétence universelle (ou, telle que plus précisément nommée par l'intitulé de la section concernée du titre préliminaire, la « compétence basée sur le droit européen ou international »).

159 ▶ **Article 14/10 du TPCPP – Généralités.** Depuis l'entrée en vigueur de la loi du 5 août 2003, le domaine de la compétence universelle des juridictions belges en matière de crimes internationaux se confond avec – et se limite à – la clause générale aujourd'hui énoncée à l'article 14/10 du titre préliminaire du Code de procédure pénale :

> « Les juridictions belges sont compétentes pour connaître des infractions commises hors du territoire du Royaume et visées par une règle de droit international conventionnelle ou coutumière ou une règle de droit dérivé de l'Union européenne liant la Belgique, lorsque cette règle lui impose, de quelque

(961) L. 18 juillet 2001 portant modification de l'article 12*bis* de la loi du 17 avril 1878 contenant le Titre préliminaire du Code de procédure pénale, *M.B.*, 1er septembre 2001 (vig. 11 septembre 2001).
(962) Exposé des motifs, *Doc. parl.*, Ch. repr., sess. 2000-2001, n° 50-1178/001, p. 3.
(963) Exposé des motifs, *Doc. parl.*, Sénat, sess. 2012-2013, n° 5-2270/1, p. 21.
(964) *M.B.*, 31 décembre 2003 (vig. 10 janvier 2004).

manière que ce soit, de soumettre l'affaire à ses autorités compétentes pour l'exercice des poursuites ».

Le droit commun de la compétence universelle belge[965] est ainsi limité, aujourd'hui, à l'hypothèse et à la stricte mesure dans laquelle une règle de droit international ou européen *réclame* l'exercice de poursuites[966]. La clause de l'article 14/10 du titre préliminaire a ainsi pour effet d'importer en droit belge les obligations pesant sur la Belgique en vertu du droit international – ni plus, ni moins[967].

160 **Article 14/10 du TPCPP – Crimes de guerre (conflits armés internationaux).** La disposition ainsi comprise, il découle du cadre rappelé ci-avant[968] que, sur le terrain des crimes internationaux, l'article 14/10 du titre préliminaire fonde à tout le moins la compétence des juridictions belges à connaître du crime de guerre commis, en période de conflit armé international, par un suspect trouvé sur le territoire belge, sauf à extrader ce dernier vers un autre État compétent pour l'exercice des poursuites (principe *judicare vel dedere* énoncé à l'article 49/50/129/146 commun aux quatre Conventions de Genève de 1949 et à l'article 85 de leur premier Protocole additionnel).

Sur le principe, que les Conventions de Genève énoncent une obligation *judicare vel dedere* ne prête guère à la discussion[969]. La Belgique le reconnaît

(965) Les juridictions belges demeurent en outre dotées d'une compétence universelle spécifique à d'autres infractions, telles que la traite et le trafic des êtres humains (art. 14/6 du TPCPP).

(966) E. DAVID, « Règles de compétence en droit interne belge et régime de complémentarité, y compris les règles d'immunité après l'adoption de la loi du 29 mars 2004 », in *La Belgique et la Cour pénale internationale : complémentarité et coopération*, Bruxelles, S.P.F. Justice et Bruylant, 2005, p. 81 ; Ph. GAUTIER, « Le législateur belge et la compétence universelle », *Ann. Dr. Louvain*, 2004, n°s 1-2, p. 178.

(967) Rapport fait au nom de la commission de la Justice, *Doc. parl.*, Sénat, sess. extr. 2003, n° 3-136/3, p. 7 (« il s'agit de respecter les règles de droit international conventionnelles ou coutumières, dans les conditions établies par ce droit, sans aller au-delà. »). Voy. égal. P. D'ARGENT, « Monsieur Sharon et ses juges belges », *J.T.*, 2003, n° 6091, p. 249.

(968) *Supra*, n° 157.

(969) CDI, Obligation d'extrader ou de poursuivre (*aut dedere aut judicare*), Rapport final, *Annuaire de la Commission du droit international*, 2014, vol. II(2), § 9 et § 40 ; CICR, Commentaire de l'article 49 de la C.G. I, 2016, en ligne, §§ 2863-2867 ; AGNU, Portée et application du principe de compétence universelle, Rapport du Secrétaire général établi sur la base d'observations de gouvernements, A/65/18, 29 juillet 2010, § 22 ; D. VANDERMEERSCH, « La compétence universelle en droit belge », in S. BRAMMERTZ *et al.* (dir.), *Poursuites pénales et extraterritorialité*, Bruges, la Charte, 2002, pp. 42-43 ; E. DAVID, *Éléments de droit pénal international et européen*, vol. 1, 2e éd., Bruxelles, Bruylant, 2018, p. 289 ; E. DAVID, « Que reste-t-il de la compétence universelle dans la loi du 5 août 2003 ? », *Jura Falconis*, 2003, vol. 40, p. 61 ; H. D. BOSLY et D. VANDERMEERSCH, *Génocide, crimes contre l'humanité et crimes de guerre face à la justice : les juridictions internationales et les tribunaux nationaux*, 2e éd., Bruxelles, Bruylant, 2012, p. 209.

pleinement, que ce soit dans le cadre de son activité parlementaire[970] ou des relations diplomatiques[971].

À ce titre, on continue d'être troublé par un attendu de l'arrêt *Sharon* de la Cour de cassation, certes ancien et isolé, mais qui ne paraît jamais avoir été explicitement dédit. Aux termes de celui-ci, « les articles 49-50-129-146 des quatre Conventions de Genève du 12 août 1949, ne comportent [pas] une telle règle [obligatoire d'extension de compétence dérogeant à la territorialité du droit pénal] »[972]. Comment comprendre ceci ? Une lecture consiste à dire que la Cour de cassation se trompe[973] et eût été mieux inspirée de suivre les conclusions de son avocat général[974] : les Conventions de Genève et leur premier Protocole additionnel n'énoncent pas seulement une faculté mais plus encore une *obligation*, pour les États, de poursuivre les suspects de crimes de guerre commis en période de conflit armé international (à défaut de les extrader). Une autre interprétation, plus accommodante quoique moins proche de la lettre de l'arrêt, consiste à lire dans l'attendu le simple refus de voir dans les Conventions de Genève l'obligation d'établir une compétence universelle *par défaut*, c'est-à-dire alors même que le suspect ne serait pas « territorialement » présent[975]. À notre avis, la pratique ultérieure de la Cour ouvre résolument la porte à une telle interprétation de l'arrêt[976].

(970) Exposé des motifs, *Doc. parl.*, Ch. repr., sess. extr. 2003, n° 51-0103/001, p. 8.

(971) Observations de la Belgique sur la portée et l'application du principe de compétence universelle, 2010, § 10, disponible sur www.un.org/en/ga/sixth/65/ScopeAppUniJuri_StatesComments/Belgium.pdf.

(972) Cass., 12 février 2003, R.G. n° P.02.1139.F, *Pas.*, 2003, n° 98, *J.T.*, 2003, p. 243, avec concl. M.P.

(973) H. PANKEN, C. RYNGAERT et D. VAN EECKHOUTTE, « Het arrest *Sharon* van het Hof van Cassatie: bouwstenen voor de verdere rol van universele jurisdictie, internationale immuniteiten en de doorwerking van het internationaal gewoonterecht », *R.B.D.I.*, 2004, vol. 37, p. 220 (« [d]eze interpretatie van de Conventies van Geneve door het Hof van Cassatie lijkt ons niet houdbaar »). Voy., plus subtilement, P. D'ARGENT, « Monsieur Sharon et ses juges belges », *J.T.*, 2003, n° 6091, p. 249 (observant que « [l]a Cour ne semble même pas [...] trouver [dans les quatre Conventions de Genève de 1949] la trace de l'obligation alternative *aut dedere, aut judicare*, que l'on cite le plus souvent à l'appui du fondement de la compétence universelle »).

(974) Cass., 12 février 2003, R.G. n° P.02.1139.F, concl. M.P. du 23 janvier 2003 (« les Conventions de Genève prévoient pour les États contractants l'obligation d'exercer leur compétence pénale à titre extraterritorial »).

(975) Voy., s'engageant (prudemment) sur cette voie, P. D'ARGENT, « L'expérience belge de la compétence universelle : beaucoup de bruit pour rien », *R.G.D.I.P.*, 2004, n° 3, p. 161.

(976) Cass., 14 janvier 2004, R.G. n° P.03.1310.F, *Pas.*, 2004, n° 19 (« [l'article 49/50/129/146 commun aux Conventions de Genève du 12 août 1949], par lequel les États contractants s'engagent à poursuivre ou extrader les criminels de guerre, [...] n'impose pas à l'État signataire de s'attribuer une compétence universelle par défaut »). Voy. de même Cass., 19 mai 2004, R.G. n° P.04.0352.F, *Pas.*, 2004, n° 270 (« les articles 146 et 147 de la Convention de Genève du 12 août 1949 n'imposent actuellement [pas] aux juridictions belges une compétence universelle par défaut »).

161 **Article 14/10 du TPCPP – Autres crimes internationaux.** Si l'on considère qu'une même obligation *judicare vel dedere* est dictée par le droit international coutumier en lien avec les autres crimes internationaux (ou certains d'entre eux)[977], alors il faut admettre que l'article 14/10 du titre préliminaire du Code de procédure pénale fonde également la compétence des juridictions belges pour connaître (selon les cas) du crime de guerre commis en période de conflit armé non international, du crime contre l'humanité et/ou du crime de génocide commis par un suspect trouvé sur le territoire belge (sauf à l'extrader vers un autre État compétent pour l'exercice des poursuites).

La position diplomatique de la Belgique semble aller en ce sens, s'agissant des crimes contre l'humanité à tout le moins[978]. Le parquet fédéral a pu soutenir la même idée, en matière de crimes contre l'humanité toujours, mais également en matière de crimes de guerre commis dans le contexte d'un conflit armé non international[979].

Rappelons que l'intérêt de la question sera bientôt théorique puisque l'article 8, paragraphe 3, de la Convention de La Haye-Ljubljana énonce en règle une obligation conventionnelle claire, pour les États parties, d'établir une compétence universelle de type *judicare vel dedere* en matière de crimes de guerre (indépendamment de la qualification du conflit), de génocide et contre l'humanité.

162 **Exigence de présence en Belgique – Principe.** En lien avec la plupart des chefs de compétence extraterritoriale des juridictions belges – mais pas précisément la compétence universelle, nous y venons –, le titre préliminaire du Code de procédure pénale prévoit que la poursuite des infractions concernées n'aura lieu que si l'inculpé est trouvé en Belgique. Il s'agit d'une condition de présence et non de résidence[980], qui est entendue de façon assez

(977) Sur cette question, voy. CDI, Obligation d'extrader ou de poursuivre (*aut dedere aut judicare*), Rapport final, *Annuaire de la Commission du droit international*, 2014, vol. II(2), §§ 49-55. Voy. égal. H. D. BOSLY et D. VANDERMEERSCH, *Génocide, crimes contre l'humanité et crimes de guerre face à la justice : les juridictions internationales et les tribunaux nationaux*, 2e éd., Bruxelles, Bruylant, 2012, p. 210 ; E. DAVID, *Éléments de droit pénal international et européen*, vol. 1, 2e éd., Bruxelles, Bruylant, 2018, pp. 302-304.

(978) Observations de la Belgique sur la portée et l'application du principe de compétence universelle, 2010, § 11, disponible sur www.un.org/en/ga/sixth/65/ScopeAppUniJuri_StatesComments/Belgium.pdf.

(979) Concl. M.P., 20 novembre 2019, inédites, p. 9, avant Bruxelles (mis. acc.), 9 janvier 2020, n° 153, inédit (« [p]armi les extensions de compétences tombant sous l'application de l'article 12*bis* [anc.] TPCPP, il y a lieu de citer, en ce qui concerne les crimes de guerre, les Conventions de Genève du 12 août 1949 [...] (Conventions de Genève I/II/III/IV, article commun 49/50/129/146). L'article 85 du Premier protocole additionnel à ces Conventions contient une règle semblable pour les crimes de guerre qu'il prévoit, et la coutume internationale fait de même pour les crimes de guerre commis dans des conflits armés non internationaux. Une obligation similaire existe en ce qui concerne la poursuite des crimes contre l'humanité »).

(980) Bruxelles, 26 juin 2003, *J.T.*, 2002, p. 539.

large[981]. Il faut mais il suffit, juge la Cour de cassation, qu'après l'infraction dont il est soupçonné, l'individu soit venu en Belgique et y ait été rencontré ou trouvé, même s'il a quitté le territoire avant les premiers actes de procédure[982]. Il a pu être observé, à la lumière des travaux préparatoires et de la *ratio legis*, que le séjour devrait tout de même être suffisamment prolongé pour que la présence du suspect sur le sol belge ait pu être de nature à susciter un sentiment d'injustice et de scandale[983]. La satisfaction de cette exigence de présence est une question de fait laissée à l'appréciation souveraine du juge du fond[984]. L'article 14/13 du titre préliminaire du Code de procédure pénale, issu de la loi « procédure pénale I » du 9 avril 2024, énonce désormais : « [u]n suspect est trouvé en Belgique lorsqu'il est rencontré ou trouvé sur le territoire du Royaume, postérieurement à la commission de l'infraction et au plus tard au moment de l'exercice de l'action publique, même s'il a quitté le territoire avant les premiers actes ».

Comme pour la compétence personnelle active et la compétence personnelle passive spécifiques aux crimes internationaux[985], la loi fait échapper la compétence universelle dictée par le droit international à toute condition de présence en Belgique.

Tel est à tout le moins le cas en apparence[986] car, comme nous l'avons vu, la clause de l'article 14/10 est interprétée de façon stricte, comme étant de nature à fonder la compétence juridictionnelle pénale des tribunaux belges *dans la stricte mesure requise* par le droit international[987]. Or, le droit international – par exemple, s'agissant des crimes de guerre commis en période de conflit armé international, l'article 49/50/129/146 commun aux Conventions de Genève de 1949 et l'article 85 de leur premier Protocole additionnel – ne réclame *pas* des

(981) M.-A. Beernaert, H. D. Bosly et D. Vandermeersch, *Droit de la procédure pénale*, 9e éd., Bruges, la Charte, 2021, p. 117 ; Fr. Kuty, *Principes généraux du droit pénal belge. Tome 1 : la loi pénale*, 3e éd., Bruxelles, Larcier, 2018, p. 448 ; M. Franchimont, A. Jacobs et A. Masset, *Manuel de procédure pénale*, 4e éd., Bruxelles, Larcier, 2012, p. 1447.
(982) Cass., 30 mai 2007, R.G. n° P.07.0216.F, *Pas.*, 2007, n° 282, avec concl. M.P. Voy. égal. Cass., 17 juin 2020, R.G. n° P.19.1223.N, *Pas.*, 2020, avec concl. M.P. ; C. const., 7 mars 2024, n° 28/2024, B.1.6 ; Bruxelles (mis. acc.), 9 novembre 2000, *R.D.P.C.*, 2001, p. 761.
(983) Cass., 30 mai 2007, R.G. n° P.07.0216.F, *Pas.*, 2007, n° 282, concl. M.P, p. 1033.
(984) M.-A. Beernaert, H. D. Bosly et D. Vandermeersch, *Droit de la procédure pénale*, 9e éd., Bruges, la Charte, 2021, p. 117 (et les réf. y citées).
(985) *Supra*, nos 134 et 153 respectivement.
(986) Pour une critique du risque de confusion induit par le TPCPP sur ce point, voy. P. d'Argent, « L'expérience belge de la compétence universelle : beaucoup de bruit pour rien », *R.G.D.I.P.*, 2004, n° 3, pp. 614-615.
(987) Rapport fait au nom de la commission de la Justice, *Doc. parl.*, Sénat, sess. extr. 2003, n° 3-136/3, p. 7 (« il s'agit de respecter les règles de droit international conventionnelles ou coutumières, dans les conditions établies par ce droit, sans aller au-delà »). Voy. égal., notamment, P. d'Argent, « Monsieur Sharon et ses juges belges », *J.T.*, 2003, n° 6091, p. 249.

États la mise en œuvre d'une compétence universelle *in absentia*[988]. Partant, l'article 14/10 du titre préliminaire ne peut davantage fonder la compétence des juridictions belges à connaître de crimes internationaux commis par une personne n'étant pas présente sur le territoire du Royaume[989].

163 ▶ **Exigence de présence en Belgique – Simple présence ou résidence ?** Reste à élucider l'intensité de la « présence » – au sens du droit international pertinent, importé au travers de l'article 14/10 du titre préliminaire – propre à déclencher l'obligation, pour les États, d'exercer une compétence universelle de type *judicare vel dedere*. Le droit international manque à cet égard de clarté, et la pratique des États d'uniformité : alors qu'une présence ponctuelle est généralement considérée comme suffisante, certains États ne se sentent tenus à une obligation d'exercice de la compétence universelle qu'en cas de présence plus pérenne du suspect sur leur territoire[990].

En France, par exemple, la compétence universelle pour les crimes internationaux est subordonnée à une exigence de résidence habituelle du suspect sur le territoire français. Dans ce contexte, la résidence habituelle est définie comme un lien de « rattachement suffisant » avec la France, lequel est apprécié notamment au regard de la durée actuelle ou prévisible de la présence de l'intéressé sur le territoire français, des conditions et des raisons de cette présence, de la volonté manifestée par l'intéressé de s'y installer ou de s'y maintenir ou de ses liens familiaux, sociaux, matériels ou professionnels[991]. La Belgique, à l'inverse, exprime avec constance la position selon laquelle le simple fait d'être trouvé sur le territoire suffit à réclamer l'exercice de poursuites au titre de l'adage *judicare vel dedere*[992].

---

(988) Cass., 14 janvier 2004, R.G. n° P.03.1310.F, *Pas.*, 2004, n° 19 ; Cass., 19 mai 2004, R.G. n° P.04.0352.F, *Pas.*, 2004, n° 270. Voy. égal. E. DAVID, « Que reste-t-il de la compétence universelle dans la loi du 5 août 2003 ? », *Jura Falconis*, 2003, vol. 40, p. 56. C'est pourtant cette croyance erronée qui, en 1993, avait motivé la mise en place d'une compétence universelle absolue des juridictions belges (Exposé des motifs, *Doc. parl.*, Sénat, sess. 1990-1991, n° 1317-1, p. 16).

(989) Exposé des motifs, *Doc. parl.*, Ch. repr., sess. extr. 2003, n° 51-0103/001, pp. 8-9 ; Rapport fait au nom de la commission de la Justice, *Doc. parl.*, Ch. repr., sess. extr. 2003, n° 51-0103/003, p. 8.

(990) F. LAFONTAINE, « Universal Jurisdiction – the Realistic Utopia », *J.I.C.J.*, 2012, vol. 10, pp. 1280-1286.

(991) Art. 689-11 du Code de procédure pénale (fr.), tel que modifié par l'article 22 de la loi n° 2023-1059 du 20 novembre 2023 d'orientation et de programmation du ministère de la Justice 2023-2027, *J.O.R.F.*, n° 0269 du 21 novembre 2023.

(992) Observations de la Belgique sur la portée et l'application du principe de compétence universelle, 2010, §§ 9 et 11, disponible sur www.un.org/en/ga/sixth/65/ScopeAppUniJuri_StatesComments/Belgium.pdf. Voy. aussi ce qui est rapporté par OSJI et TRIAL INTERNATIONAL, *Droit et pratique de la compétence universelle en Belgique*, Rapport, 2022, p. 27 ; S. FINNIN, *Surmonter les obstacles. L'accès à la justice en Europe pour les victimes de crimes internationaux*, Rapport publié par la FIDH, l'ECCHR et REDRESS, 2020, p. 30 ; S. FULTON *et al.*, *La compétence extraterritoriale dans l'Union européenne. Étude des lois et des pratiques dans les 27 États membres de l'Union européenne*, Rapport publié par la FIDH et REDRESS, 2010, p. 97 (spéc. à la note 521).

On peut toutefois se demander si une certaine jurisprudence de la cour d'appel de Bruxelles – que l'on peine à comprendre sinon en ce sens – ne tente pas d'induire un rapprochement avec l'approche française. Par un arrêt du 9 janvier 2020, qui l'amena à rejeter le fondement pris de l'article 14/10 (alors 12*bis*) du titre préliminaire pour asseoir la compétence des juridictions belges à l'égard d'allégations de crimes de guerre commis en République démocratique du Congo, la chambre des mises en accusation a en effet cru devoir juger que les Conventions de Genève et leur Protocole additionnel « ne permettent pas d'élargir la compétence des juridictions belges alors que les conditions prévues aux articles 6 à 11 [anciens] du titre préliminaire du Code d'instruction criminelle ne sont pas réunies »[993]. L'arrêt fait ainsi siennes les conclusions du ministère public, selon lesquelles « [l]es Conventions de Genève du 12 août 1949 ne permettent pas d'élargir la compétence des juridictions belges alors que les conditions prévues aux articles 6 à 11 du TPCPP ne sont pas réunies. Dès lors qu'il n'apparaît pas [que le suspect] a une résidence principale en Belgique, les juridictions belges n'ont pas de compétence juridictionnelle pour connaître de ces faits »[994].

La portée de cette décision et des conclusions qui la fondent nous paraît d'autant plus difficile à élucider que le ministère public avait estimé, quelques paragraphes plus tôt dans ses conclusions, en sens apparemment inverse : « [p]armi les extensions de compétences tombant sous l'application de l'article 12*bis* [actuel article 14/10 du] TPCPP, il y a lieu de citer, en ce qui concerne les crimes de guerre, les [...] Conventions de Genève I/II/III/IV, article commun 49/50/129/146 [...]. L'article 85 du Premier protocole additionnel à ces Conventions contient une règle semblable pour les crimes de guerre qu'il prévoit ». La chambre des mises en accusation avait emboîté le pas en observant dans un premier temps que « [l]a compétence universelle telle que visée à l'article 12*bis* [article 14/10 actuel] du titre préliminaire du Code d'instruction criminelle impose l'obligation de poursuivre des violations graves du droit international humanitaire »[995].

Comment réconcilier ces motifs *a priori* contradictoires, sinon en supposant que le ministère public et la cour s'appuient ici implicitement sur la position restrictive selon laquelle l'événement déclencheur de l'obligation *judicare vel dedere* énoncée par les Conventions de Genève tiendrait, non à la simple présence du suspect sur le territoire du for, mais bien à l'établissement d'une forme de

---

(993) Bruxelles (mis. acc.), 9 janvier 2020, n° 153, inédit, p. 7. Voy., peut-être dans le même sens quoique de façon moins explicite, Bruxelles (mis. acc.), 10 janvier 2019, n° 143, p. 3, inédit (« [l]a cour observe en outre[, s'agissant de l'article 12*bis* du titre préliminaire, qu']en vertu de l'article 4 du Code pénal, la compétence extraterritoriale des juridictions belges est limitée aux cas déterminés par la loi qui doivent être interprétés de façon restrictive »).
(994) Concl. M.P., 20 novembre 2019, inédites, p. 10.
(995) Bruxelles (mis. acc.), 9 janvier 2020, n° 153, inédit, p. 7.

résidence pérenne sur celui-ci ? À admettre cette approche, en effet, il est alors vrai que l'article 14/10 n'ajoute rien aux autres chefs de compétence prévus par les articles 6 et suivants du titre préliminaire, et en particulier à la compétence personnelle active visée à l'article 8, 1°, du titre préliminaire, dont on a vu qu'elle s'étend déjà aux personnes ayant leur résidence principale en Belgique.

Pour autant, cette interprétation, outre le fait qu'elle ne soit guère audacieuse sur le plan de la lutte contre l'impunité des auteurs de crimes internationaux, paraît retrancher tout effet utile à l'article 14/10 du titre préliminaire. Ceci ne nous paraît pas correspondre à l'intention du législateur qui, au moment de la réforme du 5 août 2003, a vu dans l'article 14/10 (alors 12*bis*) du titre préliminaire un résidu « effectif » de compétence universelle, propre à voir la Belgique continuer à se conformer à ses obligations issues des Conventions de Genève notamment[996]. À notre avis, la seule interprétation de l'adage *judicare vel dedere* qui soit utile au regard du droit belge, conforme à la volonté du législateur et en phase avec le positionnement de la Belgique sur la scène internationale consiste plutôt à y voir une obligation de poursuivre *dès l'instant où le suspect est présent sur le territoire* (indépendamment de son lieu de résidence). Ainsi compris, l'article 14/10 du titre préliminaire a résolument pour effet, à nos yeux, d'étendre la compétence des juridictions belges à une situation non couverte par les articles 6 et suivants du même texte : celle où l'étranger n'ayant pas sa résidence en Belgique, et suspecté d'avoir commis un crime international à l'étranger contre une personne qui, au moment des faits, n'est ni un ressortissant belge, ni un réfugié reconnu en Belgique et y ayant sa résidence habituelle, ni une personne séjournant en Belgique depuis au moins trois ans, est trouvé sur le territoire belge et n'est pas extradé vers un autre for compétent pour l'exercice des poursuites.

Admettons que la discussion est en partie théorique. L'article 14/10 du titre préliminaire, nous le verrons, n'admet en effet pas la plainte avec constitution de partie civile mais suppose l'exercice d'un filtre par le ministère public[997]. Or, nous avons déjà relevé le fait que la mise en œuvre de ce processus de filtrage prend un temps certain en pratique[998]. Aussi y a-t-il fort à parier qu'au moment où un dossier adressé au ministère public sur le fondement de l'article 14/10 viendra à être effectivement examiné, soit le suspect ne sera plus présent sur le territoire – ce qui serait propre à rendre très incertain le sort de l'enquête[999] –,

(996) Rapport fait au nom de la commission de la Justice, *Doc. parl.*, Ch. repr., sess. extr. 2003, n° 51-0103/003, pp. 8-9.
(997) *Infra*, n° 166.
(998) *Supra*, n° 40.
(999) On peut toutefois se demander si pareille situation ne serait pas propre à emporter une violation de ses obligations internationales par la Belgique. Dans l'affaire *Belgique c. Sénégal*, la Cour internationale de justice a jugé que l'adage *judicare vel dedere* « requiert que des mesures soient prises *aussitôt que le suspect est identifié sur le territoire de l'État*, afin de conduire une enquête au sujet de ladite affaire » : CIJ, *Questions concernant l'obligation de poursuivre ou d'extrader (Belgique c. Sénégal)*, arrêt du 20 juillet 2012, § 86 (nos italiques).

soit il le sera toujours, auquel cas on peut imaginer l'établissement d'une résidence principale en Belgique dans l'intervalle, propre à justifier alors l'application de l'article 8, 1°, plutôt que de l'article 14/10 du titre préliminaire.

164 ▶ **Caractère subsidiaire.** C'est probablement ce paradoxe procédural qui explique qu'en pratique, aucune enquête pour des allégations de crimes internationaux n'ait encore été ni ne soit, à notre connaissance, actuellement conduite sur le (seul) fondement de l'article 14/10 du titre préliminaire[1000].

Il faut ajouter que, jusqu'à l'entrée en vigueur de la réforme « procédure pénale I » du 9 avril 2024, la disposition était en outre conçue comme subsidiaire aux autres chefs de compétence[1001]. Cette idée était traduite dans le libellé même de l'ancien article 12*bis* : « [h]ormis les cas visés aux articles 6 à 11, les juridictions belges sont également compétentes [...] ». Ceci n'était pas exactement conforme au caractère autonome du principe *judicare vel dedere* en droit international[1002], et la réforme « procédure pénale I » a supprimé toute idée de hiérarchie en retranchant cet élément du libellé de l'actuel article 14/10 du titre préliminaire.

165 ▶ **Tentative.** La compétence des juridictions belges pour connaître, au titre d'une forme de compétence universelle dont l'exercice serait requis par le droit international, des crimes commis à l'étranger par un suspect présent sur le territoire belge, s'étend à la tentative de tels crimes[1003]. Selon la Cour de cassation, en effet, la tentative d'une infraction est implicitement comprise dans la qualification principale dont elle n'est qu'une atténuation[1004]. Depuis la réforme « procédure pénale I », ceci connaît une traduction explicite dans l'article 14/12 du titre préliminaire du Code de procédure pénale.

166 ▶ **Irrecevabilité de la constitution de partie civile par action.** Sur l'irrecevabilité de la constitution de partie civile directe et le monopole du procureur fédéral pour l'exercice de l'action publique en matière de compétence universelle, il est renvoyé à ce que nous avons écrit en matière de compétence personnelle passive[1005], l'analyse trouvant à s'appliquer ici *mutatis mutandis*.

167 ▶ **Exigence de double incrimination (non).** L'exercice d'une forme de compétence universelle – c'est-à-dire d'une compétence à l'égard de crimes ne présentant pas d'autre lien de rattachement avec l'État de for que la simple présence du suspect sur son territoire – est-il nécessairement subordonné, en droit international, à la satisfaction d'une condition de double incrimination ?

(1000) OSJI et TRIAL INTERNATIONAL, *Droit et pratique de la compétence universelle en Belgique*, Rapport, 2022, p. 17. Voy. égal. en ce sens S. FINNIN, *Surmonter les obstacles. L'accès à la justice en Europe pour les victimes de crimes internationaux*, Rapport publié par la FIDH, l'ECCHR et REDRESS, 2020, p. 26.
(1001) Exposé des motifs, *Doc. parl.*, Ch. repr., sess. extr. 2003, n° 51-0103/001, p. 8.
(1002) Exposé des motifs, *Doc. parl.*, Ch. repr., sess. 2022-2023, n° 55-3514/001, p. 36.
(1003) Fr. KUTY, *Principes généraux du droit pénal belge. Tome 1 : la loi pénale*, 3e éd., Bruxelles, Larcier, 2018, p. 444.
(1004) Cass., 6 janvier 1913, *Pas.*, 1913, I, p. 55.
(1005) *Supra*, n° 154.

Autrement dit, le droit international exige-t-il des États qui souhaitent doter leurs juridictions pénales d'une telle forme de compétence juridictionnelle pénale qu'ils s'assurent, aux fins de poursuites éventuelles, que le crime concerné est également incriminé dans le droit de l'État du lieu de l'infraction ? Il est généralement affirmé qu'en matière de crimes de guerre, de génocide et de crimes contre l'humanité – soit des infractions supposées connaître un fondement juridique international –, tel n'est pas le cas et que, si les États sont certes libres de subordonner l'exercice de la compétence universelle à pareille exigence, rien ne les y oblige[1006].

Suivant l'approche majoritaire[1007] – que l'on retrouve en Allemagne[1008] et en Suède notamment[1009] –, l'article 14/10 du titre préliminaire ne conditionne l'exercice de la compétence universelle à aucune condition de double incrimination[1010]. Les cours et tribunaux ne disent pas autre chose[1011].

Dans l'expérience française, la double incrimination, à l'inverse, était encore de mise il y a peu pour justifier la poursuite extraterritoriale des crimes de guerre et des crimes contre l'humanité. Par deux arrêts du 12 mai 2023, la Cour de cassation française a toutefois assoupli sa compréhension historique de cette exigence en jugeant suffisant de constater que les faits concernés tombent sous le coup de

(1006) K. S. GALLANT, *International Criminal Jurisdiction: Whose Law Must We Obey?*, Oxford, OUP, 2022, p. 498 ; Chr. VAN DEN WYNGAERT, « Double Criminality as a requirement to jurisdiction », *Nordisk Tidsskrift for Kriminalvidenskab*, 1989, vol. 76, pp. 47-48 ; D. VANDERMEERSCH, « La compétence universelle en droit belge », in S. BRAMMERTZ *et al.* (dir.), *Poursuites pénales et extraterritorialité*, Bruges, la Charte, 2002, p. 75.

(1007) Chr. VAN DEN WYNGAERT, « Double Criminality as a requirement to jurisdiction », *Nordisk Tidsskrift for Kriminalvidenskab*, 1989, vol. 76, p. 48.

(1008) OSJI et TRIAL INTERNATIONAL, *Universal Jurisdiction Law and Practice in Germany*, Briefing Paper, 2019, p. 17, disponible sur https://trialinternational.org/wp-content/uploads/2019/05/Universal-Jurisdiction-Law-and-Practice-in-Germany.pdf.

(1009) OSJI et TRIAL INTERNATIONAL, *Universal Jurisdiction Law and Practice in Sweden*, Briefing Paper, 2020, p. 14, disponible sur https://trialinternational.org/wp-content/uploads/2022/05/UJ-Sweden.pdf.

(1010) T. VANDER BEKEN, « Nieuwe Genocidewet, nieuwe regels inzake rechtsmacht. Het actief en het passief personaliteitsbeginsel », *Jura Falconis*, 2003, vol. 40, p. 51. Voy. toutefois, s'agissant des crimes internationaux visés par le droit belge sans l'être par le droit international (ici, en particulier, les crimes de guerre commis en période de conflit armé non international), A. ANDRIES, E. DAVID, Chr. VAN DEN WYNGAERT et J. VERHAEGEN, « Commentaire de la loi du 16 juin 1993 relative à la répression des infractions graves au droit international humanitaire », *R.D.P.C.*, 1994, n° 11, p. 1175 (« [o]n estimera néanmoins que les poursuites fondées sur la loi du 16 juin 1993 et exercées en Belgique pour infractions au droit humanitaire commises à l'étranger par un étranger *dans le cadre d'un conflit armé non international* devront rester strictement soumises au principe de légalité et plus précisément à la condition de *double incrimination* »). Voy. égal. à ce sujet D. VANDERMEERSCH, « Évolution pénale de la répression du génocide. Les pratiques judiciaires et la compétence universelle : l'expérience belge », *Histoire de la justice*, 2022, n° 33, p. 146. Voy. encore Développements, *Doc. parl.*, Sénat, sess. 2001-2002, n° 2-1256/1, p. 6 ; Rapport fait au nom de la commission de la Justice, *Doc. parl.*, Ch. repr., sess. 2002-2003, n° 50-2265/003, p. 31.

(1011) Cass., 12 février 2003, R.G. n° P.02.1139.F, *Pas.*, 2003, p. 317. Voy. toutefois J.I. Bruxelles, 6 novembre 1998, *R.D.P.C.*, 1999, p. 282.

la loi pénale étrangère, indépendamment de leur qualification juridique[1012]. Le fait que le droit étranger ne connaisse pas, en tant que tel, les crimes de guerre ou les crimes contre l'humanité ne devait ainsi plus empêcher l'exercice de poursuites en France du chef de ces crimes, pour autant que la double incrimination demeure rencontrée au travers d'une infraction de droit commun – le meurtre, le viol ou la torture, par exemple[1013]. Prenant acte du changement d'approche initié par la Cour de cassation, le législateur français décida de franchir un pas supplémentaire pour finalement supprimer complètement, en novembre 2023, l'exigence de double incrimination dans cette matière[1014].

Section 6.
Cas particuliers

168 ▶ **Compétence réelle.** La compétence réelle permet à un État de poursuivre et, le cas échéant, de réprimer certaines infractions considérées comme propres à porter atteinte aux intérêts primordiaux de l'État[1015]. Les exemples classiquement énoncés concernent les crimes contre la sûreté de l'État ou certains crimes et délits contre la foi publique tels que l'émission de fausse monnaie[1016]. En droit belge, ce titre de compétence ne trouve pas à s'appliquer en tant que tel en lien avec les crimes internationaux. Le même constat peut être posé à l'échelle comparée, bien qu'il existe une tendance à l'appliquer à certains actes de terrorisme, lesquels peuvent, dans certains cas, coïncider avec des crimes internationaux[1017].

(1012) Cass. crim. (fr.), 12 mai 2023, pourvoi n° 22-82.468 ; Cass. crim. (fr.), 12 mai 2023, pourvoi n° 22-80.057.

(1013) W. Mahmoud et M. Ghyoot, « Universal Jurisdiction: Arguments for a More "Universal" Double Criminality Requirement in France », *EJIL: Talk!*, 21 juillet 2023, disponible sur https://opiniojuris.org/2023/07/21/universal-jurisdiction-arguments-for-a-more-universal-double-criminality-requirement-in-france/.

(1014) Art. 689-11 du Code de procédure pénale (fr.), tel que modifié par l'article 22 de la loi n° 2023-1059 du 20 novembre 2023 d'orientation et de programmation du ministère de la Justice 2023-2027, *J.O.R.F.*, n° 0269 du 21 novembre 2023.

(1015) Voy. en général « The Protective Principle », in K. S. Gallant, *International Criminal Jurisdiction: Whose Law Must We Obey?*, Oxford, OUP, 2022, pp. 409-440 ; E. David, *Éléments de droit pénal international et européen*, vol. 1, 2e éd., Bruxelles, Bruylant, 2018, pp. 275-280.

(1016) M.-A. Beernaert, H. D. Bosly et D. Vandermeersch, *Droit de la procédure pénale*, 9e éd., Bruges, la Charte, 2021, p. 101 ; H. D. Bosly et D. Vandermeersch, *Génocide, crimes contre l'humanité et crimes de guerre face à la justice : les juridictions internationales et les tribunaux nationaux*, 2e éd., Bruxelles, Bruylant, 2012, p. 202.

(1017) B. Swart, « La place des critères traditionnels de compétence dans la poursuite des crimes internationaux », in A. Cassese et M. Delmas-Marty (dir.), *Juridictions nationales et crimes internationaux*, Paris, PUF, 2002, p. 573.

169 **Loi du drapeau.** L'article 10 du titre préliminaire du Code de procédure pénale, fruit d'une loi du 14 juillet 1951 complétant la loi du 17 avril 1878 contenant le titre préliminaire du Code de procédure pénale[1018], énonce la « loi du drapeau »[1019]. Selon cette règle ancienne[1020], le comportement des forces armées en mission à l'étranger ressortit de la compétence de leurs juridictions nationales. Le titre préliminaire prévoit ainsi que « [t]oute personne soumise aux lois militaires qui aura commis une infraction quelconque sur le territoire d'un État étranger, pourra être poursuivie en Belgique ». Il est ajouté qu'il en va de même « des personnes qui sont attachées, à quelque titre que ce soit, à une fraction de l'armée se trouvant en territoire étranger », comme des personnes « qui sont autorisées à suivre un corps de troupe qui en fait partie ».

Les personnes soumises aux lois militaires sont celles visées par les articles 14 à 14*quater* du Code pénal militaire[1021]. Quant à la notion d'attachement à une fraction de l'armée, elle est interprétée de façon large : il suffit de constater que les personnes concernées se trouvent sur le territoire étranger « en raison de la présence de troupes belges sur celui-ci »[1022].

Selon les travaux préparatoires, la loi du drapeau vise à réduire les espaces d'impunité afin, d'une part, de protéger la réputation de la Belgique sur la scène internationale et, d'autre part, d'assurer le maintien de la discipline au sein de l'armée[1023]. Eu égard aux objectifs ainsi poursuivis, la Cour d'arbitrage a vu dans la loi du drapeau une règle adéquate n'emportant pas de discrimination selon que les personnes y sont ou non soumises[1024].

La mise en œuvre de ce chef de compétence ne réclame pas la présence de l'inculpé en Belgique, pas plus que l'existence d'une plainte ou d'un avis officiel préalable[1025]. La double incrimination n'est pas non plus exigée[1026].

La loi du drapeau est, naturellement, sans préjudice de la compétence des juridictions de l'État sur le territoire duquel les forces armées sont déployées. À cet égard, nous avons relevé plus tôt que, s'il n'existe pas de règle générale destinée à solutionner l'ensemble des conflits positifs de compétence potentiels

(1018) *M.B.*, 9 août 1951 (vig. 19 août 1951).
(1019) Voy. sur le sujet G. Wailliez, « Règles et principes de base relatifs à l'application extra-territoriale du droit pénal aux militaires belges et aux civils à la suite des troupes », *R.D.P.C.*, 1994, n°s 7-8, pp. 840-846 ; E. David, *Éléments de droit pénal international et européen*, vol. 1, 2e éd., Bruxelles, Bruylant, 2018, pp. 265-275.
(1020) Fr. Kuty, *Principes généraux du droit pénal belge. Tome 3 : l'auteur de l'infraction pénale*, 2e éd., Bruxelles, Larcier, 2020, p. 415. Voy. égal. Exposé des motifs, *Doc. parl.*, Ch. repr., sess. 1950-1951, n° 374, p. 2.
(1021) L. 27 mai 1870 contenant le Code pénal militaire, *M.B.*, 4 juin 1870 (vig. 1er janvier 1871).
(1022) Cass., 28 septembre 1977, *R.D.P.C.*, 1978, p. 95.
(1023) Exposé des motifs, *Doc. parl.*, Ch. repr., sess. 1950-1951, n° 374, p. 3.
(1024) C.A., 10 novembre 1999, n° 115/99, B.10.2.
(1025) Exposé des motifs, *Doc. parl.*, Ch. repr., sess. 1950-1951, n° 374, p. 3.
(1026) Cass., 6 mai 1998, *Pas.*, 1998, I, p. 517.

en matière de crimes internationaux[1027], certains « SOFA » (*Status of Forces Agreement*) règlent la question de façon spécifique[1028]. Il en va ainsi, notamment, en lien avec les activités des forces de l'OTAN[1029] comme de celles des forces militaires mises à la disposition de l'Union européenne[1030].

170 ▶ **For de nécessité.** La notion de for de nécessité, qui est empruntée au droit international privé, désigne la compétence exceptionnelle dont se doteraient des juridictions pour connaître d'un litige en raison du fait que celui-ci ne pourrait être traité dans aucun autre for[1031]. Il s'agit donc d'un mécanisme désignant la compétence exceptionnelle (ou résiduelle) des juridictions d'un État qui ne seraient normalement pas compétentes pour connaître du litige selon les règles de compétence prévues par le droit de cet État, lorsqu'une procédure à l'étranger se révélerait impossible ou excessivement et déraisonnablement difficile en droit ou en fait[1032].

Dans l'affaire *Naït-Liman c. Suisse*, qui concernait un contentieux civil pris d'actes de torture commis en Tunisie, la Cour européenne des droits de l'homme a jugé que le refus des juridictions suisses de se déclarer compétentes sur la base d'un tel fondement n'avait pas emporté de restriction excessive ou illégitime au droit d'accès à un juge au sens de l'article 6, paragraphe 1er, de la Convention européenne des droits de l'homme. La Cour a estimé que dans l'état actuel du droit international, aucune règle n'avait pour effet d'obliger les États à se doter d'une telle compétence universelle civile, fût-ce en lien avec des actes de torture[1033].

(1027) *Supra*, n° 8.

(1028) *Supra*, n° 116. Voy. à ce sujet J. M. Snee et K. A. Pye, *Status of Forces Agreement: Criminal Jurisdiction*, New York, Oceana, 1957, 167 p. ; J. Voetelink, *Status of Forces: Criminal Jurisdiction over Military Personnel Abroad*, La Haye, Asser, 2015, 270 p.

(1029) Art. VII de la Convention entre les États parties au Traité de l'Atlantique Nord sur le statut de leurs forces, adoptée à Londres le 19 juin 1951. Voy. la L. 9 janvier 1953 portant approbation de ladite Convention, *M.B.*, 15 mars 1953. Voy. H. D. Bosly et Th. Moreau, « Les Tribunaux militaires en Belgique », in E. Lambert-Abdelgawad (dir.), *Juridictions militaires et tribunaux d'exception en mutation : perspectives comparées et internationales*, Paris, Contemporary Publishing International, 2007, pp. 39-40.

(1030) Art. 17 de l'Accord entre les États membres de l'Union européenne relatif au statut du personnel militaire et civil détaché auprès des institutions de l'Union européenne, des quartiers généraux et des forces pouvant être mis à la disposition de l'Union européenne dans le cadre de la préparation et de l'exécution des missions visées à l'article 17, paragraphe 2, du traité sur l'Union européenne, y compris lors d'exercices, et du personnel militaire et civil des États membres mis à la disposition de l'Union européenne pour agir dans ce cadre, conclu le 19 novembre 2003. Voy. la L. 24 septembre 2006 portant assentiment audit Accord, *M.B.*, 11 décembre 2006.

(1031) Voy. p. ex. S. Othenin-Girard, « Quelques observations sur le for de nécessité en droit international privé suisse (art. 3 LDIP) », *Revue suisse de droit international et européen*, 1999, vol. 35, p. 252.

(1032) Cour eur. D.H. (gde ch.), 15 mars 2018, *Naït-Liman c. Suisse*, req. n° 51357/07, § 180.

(1033) Cour eur. D.H. (gde ch.), 15 mars 2018, *Naït-Liman c. Suisse*, req. n° 51357/07, §§ 182-198.

La chambre des mises en accusation de la cour d'appel de Bruxelles s'est sans doute positionnée implicitement dans le même sens, sur le terrain de la compétence des juridictions répressives belges en matière de crimes internationaux. Dans ce volet de l'affaire *Plomb durci*, une plainte avait été introduite, le 17 mars 2017, par la famille de deux fillettes qui avaient été tuées à Gaza dans le cadre d'opérations militaires conduites par l'armée israélienne. La famille avait ensuite fui en Belgique et obtenu le statut de réfugié ou, pour certains de ses membres, la nationalité belge. Ceci ne devait toutefois pas permettre de fonder « rétroactivement » la compétence personnelle passive des juridictions pénales belges, pour laquelle la nationalité ou la qualité de réfugié doit, selon les termes de l'article 13 du titre préliminaire du Code de procédure pénale, être établie au moment des faits. Par voie de conclusions (dont la cour d'appel n'avait toutefois pas formellement à tenir compte puisque le procureur fédéral est seul entendu à ce stade de la procédure[1034]), les plaignants avaient développé un argumentaire pris du for de nécessité qui, à leur avis, devait dans ce cas précis permettre de fonder la compétence subsidiaire et résiduelle des juridictions belges pour connaître des faits. La chambre des mises en accusation jugea toutefois la plainte irrecevable[1035]. La Cour européenne des droits de l'homme ne vit dans cette décision aucune violation du droit des plaignants d'accéder à un juge au sens de l'article 6, paragraphe 1er, de la Convention[1036].

(1034) *Supra*, n° 54.
(1035) Bruxelles (mis. acc.), 10 janvier 2019, n° 143, inédit.
(1036) Cour eur. D.H., 3 octobre 2019 (irrecev.), *K. A. et autres c. Belgique*, req. n° 37256/19, inédit.

Chapitre 3
Le crime de génocide

Section 1.
Notions générales

171 ▶ **Structure.** Le génocide et les autres crimes internationaux, tels qu'ils sont incriminés dans le livre II du Code pénal, trouvent leur fondement premier dans le droit international. La loi belge, source d'incrimination certes autonome[1037], peut donc être utilement lue à la lumière de ce dernier[1038]. Aussi la présente section se décline-t-elle en deux temps : un premier qui replace le génocide dans le paysage normatif international, et un second qui examine plus avant sa réception dans le droit belge. Cette division sera reproduite pour les deux prochains chapitres, respectivement consacrés aux crimes contre l'humanité et aux crimes de guerre.

1. Le crime de génocide en droit international

172 ▶ **Origine et définition.** Le génocide[1039], souvent désigné comme « le crime des crimes » ou le « crime absolu » en droit international[1040], trouve ses

(1037) Voy. ce que nous écrivions *supra*, n° 4.

(1038) G. Schamps, « L'incrimination du crime de génocide, du crime contre l'humanité et des crimes de guerre en droit belge à la lumière du droit international humanitaire », in A. Jacobs (dir.), *Actualités de droit pénal et de procédure pénale (II)*, coll. CUP, vol. 69, Bruxelles, Larcier, 2004, p. 352 ; L. De Smet et Fr. Naert, « Making or Breaking International Law? An International Law Analysis of Belgium's Act Concerning the Punishment of Grave Breaches of International Humanitarian Law », *R.B.D.I.*, 2002, n°s 1-2, p. 474.

(1039) Voy. en général Chr. Tams, L. Berster et B. Schiffbauer (eds.), *The Genocide Convention: Article-by-Article Commentary*, Londres, Nomos/Hart, 2023, 544 p. ; K. Ambos, *Treatise on International Criminal Law. Volume II: The Crimes and Sentencing*, 2e éd., Oxford, OUP, 2022, pp. 1-45 ; G. Mettraux, *International Crimes: Law and Practice. Volume I: Genocide*, Oxford, OUP, 2019, 554 p. ; G. Boas, J. L. Bischoff et N. L. Reid, *International Criminal Law Practitioner Library. Volume 2: Elements of Crimes under International Law*, Cambridge, CUP, 2009, pp. 138-212 ; O. de Frouville, *Droit international pénal. Sources, incriminations, responsabilité*, Paris, Pedone, 2012, pp. 83-118 ; W. A. Schabas, *Genocide in International Law: The Crime of Crimes*, 2e éd., Cambridge, CUP, 2009, 760 p. ; P. Gaeta, *The UN Genocide Convention: A Commentary*, Oxford, OUP, 2009, 616 p.

(1040) CIJ, *Activités armées sur le territoire du Congo (nouvelle requête : 2002) (République démocratique du Congo c. Rwanda)*, arrêt du 3 février 2006, Opinion dissidente de M. Koroma, § 26.

racines historiques dans la Seconde Guerre mondiale et est né du rapprochement, attribué au juriste Raphael Lemkin, du terme grec *genos* (le peuple ou la race) et du suffixe « cide » issu du latin *caedere* (tuer)[1041]. Jadis considéré comme une catégorie particulière de crime contre l'humanité[1042], il présente aujourd'hui des fondements normatifs et des éléments constitutifs tout à fait propres, qui en font un crime international indubitablement distinct du premier.

En droit international, la source de la matière doit être recherchée dans la Convention des Nations unies pour la prévention et la répression du crime de génocide du 9 décembre 1948[1043], à laquelle la Belgique a souscrit[1044]. Son article II définit le génocide comme « l'un quelconque des actes ci-après, commis dans l'intention de détruire, ou tout ou en partie, un groupe national, ethnique, racial ou religieux, comme tel :

a) Meurtre de membres du groupe ;

b) Atteinte grave à l'intégrité physique ou mentale de membres du groupe ;

c) Soumission intentionnelle du groupe à des conditions d'existence devant entraîner sa destruction physique totale ou partielle ;

d) Mesures visant à entraver les naissances au sein du groupe ;

e) Transfert forcé d'enfants du groupe à un autre groupe ».

Ceci reflète les contours de l'incrimination du génocide par le droit international coutumier[1045].

De façon classique en matière de crimes internationaux[1046], la définition de l'infraction est construite autour de deux axes : d'une part, un élément contextuel générique ou « chapeau » (le dol spécial tenant à l'intention de

(1041) R. LEMKIN, *Axis Rule in Occupied Europe: Laws of Occupation, Analysis of Government, Proposals for Redress*, Clark, Lawbook Exchange, 1944, p. 79.
(1042) D. VANDERMEERSCH, « Les violations du droit international humanitaire », in H. D. BOSLY et Chr. DE VALKENEER (dir.), *Les infractions. Volume 5 : les infractions contre l'ordre public*, Bruxelles, Larcier, 2013, p. 96 ; G. SCHAMPS, « L'incrimination du crime de génocide, du crime contre l'humanité et des crimes de guerre en droit belge à la lumière du droit international humanitaire », in A. JACOBS (dir.), *Actualités de droit pénal et de procédure pénale (II)*, coll. CUP, vol. 69, Bruxelles, Larcier, 2004, p. 354.
(1043) Nations unies, *Recueil des Traités*, vol. 78, p. 277.
(1044) Voy. la L. 26 juin 1951 portant approbation de la Convention internationale pour la prévention et la répression du crime de génocide, adoptée à Paris le 9 décembre 1948, par l'Assemblée générale des Nations unies, au cours de sa troisième session, *M.B.*, 11 janvier 1952 (vig. 21 janvier 1952).
(1045) CIJ, *Réserves à la convention pour la prévention et la répression du crime de génocide*, avis consultatif du 28 mai 1951, *Recueil*, 1951, p. 23.
(1046) Voy. O. DE FROUVILLE, *Droit international pénal. Sources, incriminations, responsabilité*, Paris, Pedone, 2012, pp. 71-73.

détruire, en tout ou en partie, un groupe protégé comme tel) et, d'autre part, différents crimes sous-jacents (le meurtre, p. ex.) qui, commis dans un tel contexte et avec l'intention qui leur est propre, sont susceptibles de constituer le crime de génocide. Le crime de génocide suppose ainsi, outre les éléments matériels, un « double dol » : d'une part, le dol spécial contextuel qui est commun à toutes les formes de génocide et, d'autre part, l'élément moral en lien avec le ou les actes sous-jacents spécifiquement concernés[1047]. Nous reviendrons tour à tour sur ces différents éléments dans les sections 2 et 3 du présent chapitre.

173 ▶ **Le génocide dans le statut des juridictions pénales internationales.** La définition de l'article II de la Convention des Nations unies de 1948 a été successivement reprise, telle quelle, à l'article 4 du Statut du Tribunal pénal international pour l'ex-Yougoslavie[1048], à l'article 2 du Statut du Tribunal pénal international pour le Rwanda[1049], puis à l'article 6 du Statut de la Cour pénale internationale[1050]. Par contraste avec les crimes de guerre et les crimes contre l'humanité, le crime de génocide constitue donc un beau cas de stabilité normative à travers l'histoire de la justice pénale internationale[1051].

174 ▶ **Le génocide dans le contentieux interétatique.** Dans le cadre de sa mission, la Cour internationale de justice est habilitée à constater l'existence de « faits internationalement illicites » et à ordonner les mesures de réparation qu'elle juge appropriées[1052]. Constituent de tels faits internationalement illicites, toutes les violations du droit international[1053], y compris, bien entendu, les violations de la Convention des Nations unies de 1948. L'exercice, par la Cour internationale de justice, de sa compétence contentieuse dans ce domaine est facilité par le fait que quelque 153 États sont parties à la Convention, dont l'article IX contient une clause compromissoire au profit de la Cour[1054]. C'est ainsi que, le 27 février 2022, l'Ukraine a attrait la Fédération de Russie devant la Cour à la suite du déclenchement de l'« opération

(1047) Cass., 27 mai 2020, R.G. n° P.20.0146.F, *R.D.P.C.*, 2020, p. 959. Voy. égal. CPI, *Le Procureur c. Al Bashir*, ICC-02/05-01/09-3-tFRA, Ch. prélim. I, Décision relative à la requête de l'Accusation aux fins de délivrance d'un mandat d'arrêt à l'encontre d'Omar Hassan Ahmad Al Bashir, 4 mars 2009, §§ 138-139.

(1048) CSNU, résolution 827 (1993) du 25 mai 1993.

(1049) CSNU, résolution 955 (1994) du 8 novembre 1994.

(1050) Adopté à Rome le 17 juillet 1998, Nations unies, *Recueil des Traités*, vol. 2187, p. 3.

(1051) J. Fierens, « Le problème de la définition internationale des crimes contre l'humanité », *J.T.*, 2021, n° 6875, p. 763.

(1052) Voy. CDI, Projet d'articles sur la responsabilité de l'État pour fait internationalement illicite, 2001, *Documents officiels de l'Assemblée générale*, 56e session, supplément n° 10, A/56/10.

(1053) Art. 1er du Projet d'articles sur la responsabilité de l'État pour fait internationalement illicite.

(1054) Voy. art. 36 du Statut de la Cour internationale de justice. Notons toutefois que, parmi ces 153 États, certains ont formulé une réserve à l'égard de l'article IX.

militaire spéciale » russe sur son territoire. Dès lors que la Russie a affirmé lancer son offensive en réaction au génocide qui serait prétendument commis en Ukraine contre certaines minorités russophones, la compétence de la Cour pour constater l'absence d'un tel génocide repose sur la clause attributive de compétence visée à l'article IX de la Convention de 1948 (à laquelle la Russie a souscrit)[1055].

2. Le crime de génocide dans le Code pénal belge

175 **Évolution législative.** Dans l'ordre juridique belge, l'incrimination du génocide remonte à la loi du 10 février 1999 relative à la répression des violations graves de droit international humanitaire[1056]. Celle-ci est en effet venue compléter le cadre initialement tracé par la loi de 1993[1057] en ajoutant notamment, à l'incrimination de certains crimes de guerre, celle du crime de génocide[1058]. L'objectif du législateur était essentiellement double : préparer le terrain à la ratification imminente du Statut de Rome[1059] et veiller à permettre à la Belgique de finalement se conformer à ses obligations issues de la Convention des Nations unies de 1948[1060]. Les travaux préparatoires rapportent une démarche « d'autant plus nécessaire suite à l'importan[t]e prise d'ampleur d'un phénomène inquiétant : la Belgique apparaît aux yeux des génocidaires rwandais comme un lieu de refuge privilégié. Le mouvement d'exil vers la Belgique

(1055) CIJ, *Allégations de génocide au titre de la convention pour la prévention et la répression du crime de génocide (Ukraine c. Russie)*, Arrêt (exceptions préliminaires), 2 février 2024. Pour d'autres cas d'application de la Convention dans le contentieux interétatique, voy. les affaires *Application de la convention pour la prévention et la répression du crime de génocide (Croatie c. Serbie)* ; *Application de la convention pour la prévention et la répression du crime de génocide (Bosnie-Herzégovine c. Serbie-et-Monténégro)* ; *Application de la convention pour la prévention et la répression du crime de génocide (Gambie c. Myanmar)* ; et *Application de la convention pour la prévention et la répression du crime de génocide dans la bande de Gaza (Afrique du Sud c. Israël)*.

(1056) *M.B.*, 23 mars 1999 (vig. 2 avril 1999). Voy. P. D'ARGENT, « La loi du 10 février 1999 relative à la répression des violations graves du droit international humanitaire », *J.T.*, 1999, n° 5935, pp. 549-555.

(1057) L'adoption d'une loi distincte avait initialement été envisagée (Rapport fait au nom de la commission de la Justice, *Doc. parl.*, Ch. repr., sess. 1998-1999, n° 1863/2, p. 2 ; voy. égal. G. SCHAMPS, « L'incrimination du crime de génocide, du crime contre l'humanité et des crimes de guerre en droit belge à la lumière du droit international humanitaire », in A. JACOBS (dir.), *Actualités de droit pénal et de procédure pénale (II)*, coll. CUP, vol. 69, Bruxelles, Larcier, 2004, p. 351).

(1058) Art. 3, § 1er, de la L. 10 février 1999.

(1059) Amendements, *Doc. parl.*, Sénat, sess. 1998-1999, n° 1-749/2, p. 5 ; Rapport fait au nom de la commission de la Justice, *Doc. parl.*, Sénat, sess. 1998-1999, n° 1-749/3, p. 14.

(1060) Développements, *Doc. parl.*, Sénat, sess. 1997-1998, n° 1-749/1, pp. 1-3 ; Rapport fait au nom de la commission de la Justice, *Doc. parl.*, Sénat, sess. 1998-1999, n° 1-749/3, p. 3. Voy. G. SCHAMPS, « L'incrimination du crime de génocide, du crime contre l'humanité et des crimes de guerre en droit belge à la lumière du droit international humanitaire », in A. JACOBS (dir.), *Actualités de droit pénal et de procédure pénale (II)*, coll. CUP, vol. 69, Bruxelles, Larcier, 2004, p. 348.

s'est en effet accru considérablement suite au bouleversement politique intervenu en Afrique et notamment au Congo (ex-Zaïre) »[1061].

L'incrimination du génocide dans le droit belge est depuis lors inchangée quant au contenu. Elle a fait l'objet d'un transfert dans le Code pénal à l'occasion de la refonte globale du droit belge des crimes internationaux par la loi du 5 août 2003[1062]. C'est à l'article 136*bis* qu'elle figure aujourd'hui, lequel deviendra prochainement l'article 82 au sein du futur titre Ier du nouveau livre II du Code pénal[1063].

176 ▶ **Article 136*bis* du Code pénal.** À l'instar de l'article II de la Convention des Nations unies de 1948, l'actuel article 136*bis* du Code pénal définit le génocide comme l'un des actes suivants, « commis dans l'intention de détruire, en tout ou en partie, un groupe national, ethnique, racial ou religieux comme tel :

1° meurtre de membres du groupe ;

2° atteinte grave à l'intégrité physique ou mentale de membres du groupe ;

3° soumission intentionnelle du groupe à des conditions d'existence devant entraîner sa destruction physique totale ou partielle ;

4° mesures visant à entraver les naissances au sein du groupe ;

5° transfert forcé d'enfants du groupe à un autre groupe ».

177 ▶ **Précédents.** En relation avec l'expérience belge, le crime de génocide rappelle immanquablement les événements qu'a connus le Rwanda au printemps et à l'été 1994. L'on sait en effet qu'à cette époque, fortes de la loi du 16 juin 1993 relative à la répression des violations graves du droit international humanitaire[1064], plusieurs victimes déposèrent plainte en Belgique[1065].

C'est ainsi qu'en 2001[1066], 2005[1067], 2007[1068] puis 2009[1069], la cour d'assises de Bruxelles-Capitale eut à se pencher sur certaines violations graves du droit international humanitaire et des droits humains commises dans le contexte

(1061) Développements, *Doc. parl.*, Sénat, sess. 1997-1998, n° 1-749/1, p. 3.
(1062) L. 5 août 2003 relative aux violations graves du droit international humanitaire, *M.B.*, 7 août 2003 (vig. 7 août 2003).
(1063) L. 29 février 2024 introduisant le livre II du Code pénal, *M.B.*, 8 avril 2024 (vig. 8 avril 2026).
(1064) *M.B.*, 5 août 1993 (vig. 15 août 1993).
(1065) Ph. MEIRE et D. VANDERMEERSCH, *Génocide rwandais : le récit de quatre procès devant la cour d'assises de Bruxelles*, Bruges, la Charte, 2011, p. 21.
(1066) Bruxelles (ass.), 8 juin 2001, inédit (aff. *Quatre de Butare*).
(1067) Bruxelles (ass.), 29 juin 2005, inédit (aff. *S. N. & E. N.*).
(1068) Bruxelles (ass.), 5 juillet 2007, n° 5417, inédit (aff. *B. N.* ou *Casques bleus belges*).
(1069) Bruxelles (ass.), 1er décembre 2009, n° 1848/10, inédit, non définitif car frappé d'opposition (aff. *E. N.*).

rwandais[1070]. Au cours de ces quatre premiers procès, les faits – remontant donc à 1994 – ont toutefois été appréhendés uniquement sous l'angle des crimes de guerre[1071], incrimination expressément consacrée dans l'ordre juridique belge depuis l'entrée en vigueur de la loi du 16 juin 1993.

C'est finalement dans un cinquième dossier « Rwanda », à charge de *F. N.*, que, par un arrêt du 19 décembre 2019, pour la première fois dans l'histoire judiciaire belge, la cour d'assises de Bruxelles-Capitale condamna un accusé (de différents chefs de crime de guerre, mais aussi) du chef de génocide[1072]. Le lendemain, 20 décembre 2019, une peine de 25 années de réclusion fut prononcée à l'encontre de l'intéressé[1073].

À l'heure de clore cet ouvrage, deux autres procès peuvent encore être comptés qui ont poursuivi sur la voie ainsi tracée. Le 19 décembre 2023, la cour d'assises de Bruxelles-Capitale a condamné *S. T. & P. B.* de plusieurs chefs de crimes de guerre et de crime de génocide[1074]. S'agissant du génocide, les crimes sous-jacents retenus étaient le meurtre (art. 136*bis*, 1°, de l'actuel C. pén.), mais également, pour la première fois dans l'histoire judiciaire belge, les violences sexuelles en tant qu'atteinte grave à l'intégrité physique ou mentale de membres du groupe (art. 136*bis*, 2°, de l'actuel C. pén.). Le 22 décembre 2023, la cour d'assises a, comme cela pouvait être pressenti vu l'âge et l'état de santé de l'intéressé[1075], prononcé l'internement de *P. B.*[1076]. *S. T.* a quant à lui été condamné à la réclusion à perpétuité[1077].

C'est enfin le 6 juin 2024 qu'au terme d'un procès « Rwanda VII », la cour d'assises de Bruxelles-Capitale a retenu la responsabilité d'*E. N.* de différents chefs de génocide et de crimes de guerre[1078]. Une peine de 25 années de réclusion a été imposée aux termes d'un arrêt pénal du 10 juin 2024[1079].

On sait par ailleurs que, des 135 dossiers qui étaient pendants à l'information ou à l'instruction, au 31 décembre 2021[1080], en matière de violations graves

(1070) Pour un récit détaillé, voy. Ph. MEIRE et D. VANDERMEERSCH, *Génocide rwandais : le récit de quatre procès devant la cour d'assises de Bruxelles*, Bruges, la Charte, 2011.
(1071) Ph. MEIRE et D. VANDERMEERSCH, *Génocide rwandais : le récit de quatre procès devant la cour d'assises de Bruxelles*, Bruges, la Charte, 2011, p. 160.
(1072) Bruxelles (ass.), 19 décembre 2019, n° 30025, inédit (aff. *F. N.*).
(1073) Bruxelles (ass.), 20 décembre 2019, n° 30026, inédit.
(1074) Bruxelles (ass.), 19 décembre 2023, n° 7445, inédit (aff. *S. T. & P. B.*).
(1075) Voy. G. PONSELET, « Pierre Basabosé "ne comprend plus rien" mais son procès aura lieu, 21 août 2023 », *JusticeInfo.net*, disponible sur https://www.justiceinfo.net/fr/120416-pierre-basabose-ne-comprend-plus-rien-mais-son-proces-aura-lieu.
(1076) Bruxelles (ass.), 22 décembre 2023, n° 7448, inédit.
(1077) Bruxelles (ass.), 22 décembre 2023, n° 7447, inédit.
(1078) Bruxelles (ass.), 6 juin 2024, n° 4093, inédit (aff. *E. N.*).
(1079) Bruxelles (ass.), 10 juin 2024, n° 4210, inédit.
(1080) Ce nombre s'élevait à 170 au 31 décembre 2023.

du droit international humanitaire et des droits humains, 46 étaient relatifs au génocide rwandais[1081].

178 ▸ **Droit coutumier et rétroactivité.** Dans la perspective du quatrième dossier « Rwanda », qui a donné lieu à un arrêt d'assises du 1er décembre 2009[1082], le ministère public avait déjà souhaité poursuivre l'accusé du chef de génocide. S'agissant d'une infraction qui remonte en droit belge à la loi du 10 février 1999 (postérieure aux faits de 1994), la chambre des mises en accusation de la cour d'appel de Bruxelles s'y était toutefois opposée, eu égard au principe de non-rétroactivité de la loi pénale[1083].

Dans l'affaire *F. N.* ou « Rwanda V », la chambre du conseil du tribunal de première instance francophone de Bruxelles a pour sa part considéré, dans une ordonnance du 20 octobre 2017, que le principe de non-rétroactivité n'affectait pas la recevabilité des poursuites engagées à l'encontre de l'inculpé pour crime de génocide. Le tribunal a constaté, en synthèse, que l'incrimination du génocide trouvait déjà son fondement, au moment des faits, dans le droit international conventionnel et coutumier, et a considéré que ces normes internationales préexistantes étaient suffisamment accessibles et prévisibles à l'inculpé dès 1994. Pour parvenir à cette conclusion, le tribunal s'est appuyé en particulier sur le contenu de la Convention des Nations unies de 1948, sur les travaux préparatoires de la loi du 10 février 1999 (qui évoquent expressément le droit international coutumier en tant qu'outil susceptible de permettre la poursuite de comportements antérieurs à l'entrée en vigueur de la loi[1084]) et sur le fait que les actes sous-jacents du crime de génocide – dont, en l'espèce, le meurtre – constituaient en tout état de cause, dès 1994, des infractions de droit commun[1085].

Dans son arrêt de renvoi du 8 décembre 2018, la chambre des mises en accusation n'est pas revenue sur cette analyse[1086]. Dans son arrêt du 27 mai 2020, la Cour de cassation n'a pas davantage été amenée à se prononcer

---

(1081) Parquet fédéral, *Rapport annuel 2021*, p. 182, disponible sur https://www.om-mp.be/.

(1082) Bruxelles (ass.), 1er décembre 2009, n° 1848/10, inédit (aff. *E. N.*). Cette condamnation ne peut être considérée comme définitive dans la mesure où l'accusé est décédé après qu'une opposition a été formée et reçue à l'encontre de l'arrêt (« Décédé, l'ancien banquier du génocide ne sera pas rejugé », *JusticeInfo.net*, 24 juin 2010, disponible sur https://www.justiceinfo.net/fr/12243-240610-rwandabelgique-decede-lancien-banquier-du-genocide-ne-sera-pas-rejuge9051.html).

(1083) Bruxelles (mis. acc.), 21 mai 2008, n° 1919, inédit. Voy. Ph. MEIRE et D. VANDERMEERSCH, *Génocide rwandais : le récit de quatre procès devant la cour d'assises de Bruxelles*, Bruges, la Charte, 2011, p. 160. Sur ce débat, voy. de façon générale W. A. SCHABAS, « Retroactive Application of the Genocide Convention », *University of St. Thomas Journal of Law & Public Policy*, 2010, vol. 4, pp. 36-59.

(1084) Rapport fait au nom de la commission de la Justice, *Doc. parl.*, Sénat, sess. 1998-1999, n° 1-749/3, pp. 18-20 ; Rapport fait au nom de la commission de la Justice, *Doc. parl.*, Ch. repr., sess. 1998-1999, n° 1863/2, p. 3.

(1085) Corr. Bruxelles fr. (ch. cons.), 20 octobre 2017, *J.L.M.B.*, 2018, pp. 262-263. Voy. égal., quoique de façon implicite, Bruxelles (mis. acc.), 26 juin 2002, *J.T.*, 2002, p. 540 ; Bruxelles (mis. acc.), 30 avril 2010, inédit ; Cass., 8 décembre 2010, R.G. n° P.10.0890.F, *Pas.*, 2010, n° 715, avec concl. M.P.

(1086) Bruxelles (mis. acc.), 6 décembre 2018, n° 4279, inédit.

explicitement sur cette question du droit coutumier en tant que fondement, ou en tout cas en tant qu'auxiliaire normatif, à des poursuites pour crime international (la défense de l'accusé n'avait pas soulevé de moyen sur ce point)[1087].

Section 2.
Les éléments constitutifs contextuels

179 ▶ **Structure.** Le cœur de toute forme de crime de génocide tient à l'existence d'un dol spécial révélant une intention de détruire, en tout ou en partie, un groupe protégé en tant que tel (n°s 180 et s.). Eu égard aux Éléments des crimes de la Cour pénale internationale, il convient par ailleurs de déterminer dans quelle mesure le génocide, tel qu'il est incriminé dans le droit belge, suppose l'existence d'un « plan génocidaire » (n°s 186 et s.). La question du lien éventuel avec un conflit armé sera enfin abordée (n° 190).

1. Une intention génocidaire

180 ▶ **Notion.** La définition internationale du génocide, telle que reprise à l'article 136*bis* du Code pénal, est tout entière construite autour d'un élément subjectif commun à toutes les formes de crime de génocide : l'intention de détruire, en tout ou en partie, un groupe national, ethnique, racial ou religieux comme tel. Ce dol spécial trouve indubitablement à s'appliquer à l'infraction de génocide telle que connue de l'ordre juridique belge[1088].

181 ▶ **Intention de détruire.** Le crime de génocide vise une intention d'anéantissement « physique » ou « biologique », c'est-à-dire une intention de détruire matériellement le groupe protégé (même si les actes posés peuvent être destinés à y parvenir de façon indirecte)[1089]. En ce sens, le droit international et, à sa suite, le droit belge ne connaissent pas la figure du génocide culturel ou sociologique, par exemple[1090].

182 ▶ **En tout ou en partie.** L'infraction réclame une intention de viser le groupe protégé « en tout ou en partie ». Elle ne doit donc pas nécessairement porter sur la destruction de la totalité du groupe, pourvu que l'anéantissement d'une

(1087) Voy. ce que nous écrivions *supra*, n° 82.

(1088) Cass., 27 mai 2020, R.G. n° P.20.0146.F, *R.D.P.C.*, 2020, p. 959. Voy. encore, p. ex., Bruxelles (ass.), 6 juin 2024, n° 4093, inédit, p. 19.

(1089) TPIY, *Le Procureur c. Krstić*, IT-98-33-A, Ch. d'appel, Arrêt, 19 avril 2004, § 25 ; TPIY, *Le Procureur c. Mladić*, IT-09-92-T, Ch. pr. inst. I, Jugement, 22 novembre 2017, § 3435.

(1090) Pour l'examen d'une approche plus souple par les juridictions allemandes, voy. F. ROYEN, « Des montagnes irakiennes du Sinjar à Karlsruhe : à propos de la consécration prétorienne du génocide des Yézidis », *Rev. dr. ULiège*, 2023, n° 3, p. 450. Voy. égal., s'agissant des expériences française et lithuanienne, F. BELLIVIER, M. EUDES et I. FOUCHARD, *Droit des crimes internationaux*, Paris, PUF, 2018, pp. 156-157.

partie au moins substantielle de ses membres ait été recherché[1091]. On peut à ce titre tenir compte, non seulement, de l'importance quantitative de la fraction du groupe visée, mais aussi de sa place au sein du groupe concerné. Ainsi, si une partie donnée est représentative du groupe dans son ensemble, ou essentielle à sa survie, on peut en conclure qu'elle est substantielle[1092].

Aucun seuil quantitatif de victimes effectives ne saurait être requis puisque l'élément contextuel ici étudié s'inscrit dans le registre de l'*intention*[1093]. Aussi, un acte isolé commis contre une seule victime pourrait parfaitement suffire à constituer le crime de génocide, pourvu que l'auteur ait été animé de l'intention générale de détruire tout ou partie du groupe[1094].

183 ▸ **Un groupe national, racial, ethnique ou religieux.** Sont concernés par l'incrimination, les groupes nationaux, raciaux, ethniques et religieux. La jurisprudence internationale permet, dans une certaine mesure, d'éclairer ces notions. Un « groupe national » qualifie ainsi un ensemble de personnes considérées comme partageant un lien juridique basé sur une citoyenneté commune jointe à une réciprocité de droits et de devoirs[1095]. Le « groupe ethnique » se définit comme celui dont les membres ont en commun une langue et une culture[1096]. Selon la pratique judiciaire belge notamment, le groupe des Tutsis constitue un tel groupe ethnique[1097]. Un « groupe racial » est supposé se fonder sur des traits physiques héréditaires, souvent identifiés à une région géographique, indépendamment des facteurs linguistiques, culturels, nationaux ou religieux[1098]. Enfin, un « groupe religieux » correspond à un ensemble de personnes partageant la même religion, confession ou pratique de culte[1099].

(1091) TPIY, *Le Procureur c. Mladić*, IT-09-92-T, Ch. pr. inst. I, Jugement, 22 novembre 2017, § 3437.
(1092) TPIY, *Le Procureur c. Krstić*, IT-98-33-A, Ch. d'appel, Arrêt, 19 avril 2004, § 12.
(1093) D. Vandermeersch, « Les violations du droit international humanitaire », in H. D. Bosly et Chr. De Valkeneer (dir.), *Les infractions. Volume 5 : les infractions contre l'ordre public*, Bruxelles, Larcier, 2013, p. 115.
(1094) TPIY, *Le Procureur c. Jelišić*, IT-95-10-T, Ch. pr. inst. I, Jugement, 14 décembre 1999, § 100 ; TPIY, *Le Procureur c. Jelišić*, IT-95-10-A, Ch. d'appel, Arrêt, 5 juillet 2001, § 66.
(1095) TPIR, *Le Procureur c. Akayesu*, ICTR-96-4-T, Ch. pr. inst. I, Jugement, 2 septembre 1998, § 512 ; TPIR, *Le Procureur c. Kayishemana & Ruzidana*, ICTR-95-1-T, Ch. pr. inst. I, Jugement, 21 mai 1999, § 98.
(1096) TPIR, *Le Procureur c. Akayesu*, ICTR-96-4-T, Ch. pr. inst. I, Jugement, 2 septembre 1998, § 513 ; TPIR, *Le Procureur c. Kayishemana & Ruzidana*, ICTR-95-1-T, Ch. pr. inst. I, Jugement, 21 mai 1999, § 98.
(1097) Not. Bruxelles (ass.), 19 décembre 2019, n° 30025, inédit, p. 19 ; Bruxelles (ass.), 6 juin 2024, n° 4093, inédit, p. 23.
(1098) TPIR, *Le Procureur c. Akayesu*, ICTR-96-4-T, Ch. pr. inst. I, Jugement, 2 septembre 1998, § 514 ; TPIR, *Le Procureur c. Kayishemana & Ruzidana*, ICTR-95-1-T, Ch. pr. inst. I, Jugement, 21 mai 1999, § 98.
(1099) TPIR, *Le Procureur c. Akayesu*, ICTR-96-4-T, Ch. pr. inst. I, Jugement, 2 septembre 1998, § 515 ; TPIR, *Le Procureur c. Kayishemana & Ruzidana*, ICTR-95-1-T, Ch. pr. inst. I, Jugement, 21 mai 1999, § 98.

Une certaine pratique internationale a pu admettre l'extension, par analogie, du génocide à d'autres types de groupes n'étant ni raciaux, ni nationaux, ni ethniques, ni religieux, mais connaissant de la même manière une forme de stabilité, voire de permanence[1100]. Eu égard au principe d'interprétation restrictive de la loi pénale[1101], une telle approche, du reste minoritaire et en rupture avec les termes de la Convention de 1948[1102], ne nous paraît pas pouvoir être envisagée en Belgique. Au demeurant, le génocide, même selon la pratique la plus souple que nous évoquions, ne concerne en aucun cas les groupes mouvants tels que les groupes sociaux, professionnels, ou encore politiques[1103].

184 ▸ **Comme tel.** L'intention consiste à viser un groupe protégé « comme tel ». C'est donc le groupe qui doit être visé et non simplement un ou plusieurs individus qui, par coïncidence, se trouvent en être membres[1104].

185 ▸ **Preuve de l'intention génocidaire.** L'intention génocidaire peut être déduite d'un certain nombre de faits, en particulier les déclarations, textes, paroles ou actes posés par l'auteur, ou encore l'échelle des crimes en cause[1105]. Dans la pratique internationale, ont ainsi été retenus comme pertinents pour établir une ligne de conduite génocidaire, le fait de s'attaquer physiquement au groupe ou à ses biens, l'usage de termes insultants à l'égard des membres du groupe, la nature des armes utilisées, la gravité des blessures infligées aux victimes, le caractère méthodique de la planification ou encore le nombre de victimes[1106].

Dans un arrêt du 6 décembre 2018 afférent à plusieurs dossiers « Rwanda » joints, la chambre des mises en accusation de la cour d'appel de Bruxelles a confirmé l'existence de charges suffisantes d'une intention génocidaire, et ce en s'appuyant notamment sur les déclarations de dirigeants politiques, les slogans et chansons de milices Interahamwe, l'identité des victimes, la propagande des médias et les tris opérés aux barrages routiers[1107]. Dans son arrêt

---

(1100) TPIR, *Le Procureur c. Akayesu*, ICTR-96-4-T, Ch. pr. inst. I, Jugement, 2 septembre 1998, § 516.

(1101) Art. 4 du C. pén.

(1102) W. A. SCHABAS, *Genocide in International Law: The Crime of Crimes*, 2e éd., Cambridge, CUP, 2009, p. 117.

(1103) G. SCHAMPS, « L'incrimination du crime de génocide, du crime contre l'humanité et des crimes de guerre en droit belge à la lumière du droit international humanitaire », in A. JACOBS (dir.), *Actualités de droit pénal et de procédure pénale (II)*, coll. CUP, vol. 69, Bruxelles, Larcier, 2004, p. 354.

(1104) CPI, *Le Procureur c. Al Bashir*, ICC-02/05-01/09-3-tFRA, Ch. prélim. I, Décision relative à la requête de l'Accusation aux fins de délivrance d'un mandat d'arrêt à l'encontre d'Omar Hassan Ahmad Al Bashir, 4 mars 2009, § 114 ; TPIR, *Le Procureur c. Akayesu*, ICTR-96-4-T, Ch. pr. inst. I, Jugement, 2 septembre 1998, § 521.

(1105) TPIR, *Le Procureur c. Akayesu*, ICTR-96-4-T, Ch. pr. inst. I, Jugement, 2 septembre 1998, § 523.

(1106) TPIR, *Le Procureur c. Kayishemana & Ruzidana*, ICTR-95-1-T, Ch. pr. inst. I, Jugement, mai 1999, § 93.

(1107) Bruxelles (mis. acc.), 6 décembre 2018, n° 4279, inédit, p. 8.

de motivation sur le fond à l'issue de cette même affaire, la cour d'assises de Bruxelles-Capitale a notamment retenu, parmi les éléments factuels pertinents et outre la participation directe de l'accusé aux faits incriminés, les propos tenus par celui-ci, la crainte qu'il inspirait aux victimes, les contacts qu'il a continué d'entretenir avec d'autres responsables du génocide après les faits, ainsi que le changement d'identité auquel il s'est livré à la suite des événements[1108].

Dans l'arrêt de motivation du 19 décembre 2023 prononcé à l'issue du procès contre *S. T. & P. B.*, la cour d'assises du même ressort épingle en outre l'ampleur, la préparation minutieuse et la rapidité des tueries, de même que la circonstance que les attaques visaient toujours des personnes de l'ethnie tutsie (ou, plus rarement, des Hutus qui représentaient un obstacle potentiel à la réalisation du génocide des Tutsis)[1109].

Dans son arrêt du 6 juin 2024 en l'affaire *E. N.*, la même cour se fonde sur des éléments comparables et ajoute que l'intention génocidaire « n'est pas contredite par le fait que l'accusé a "sauvé" quelques personnes d'ethnie tutsie pendant le génocide, ces quelques "sauvetages" concernant des connaissances de l'accusé ou des membres de sa famille, ou ayant été effectués moyennant contrepartie financière »[1110].

À défaut de pouvoir rapporter la preuve – naturellement délicate s'agissant d'un élément psychologique[1111] – de cet élément d'intentionnalité contextuel, certains actes criminels pourraient être qualifiés, le cas échéant, d'infractions de droit commun (p. ex. le meurtre ou le viol), voire, selon les cas, de crimes de guerre ou contre l'humanité[1112].

2. La question du plan génocidaire

186 ▶ **TPIY et TPIR (non).** À l'occasion du processus de négociation et de rédaction de la Convention des Nations unies de 1948, les auteurs n'ont pas souhaité introduire l'existence d'un projet préalable en tant qu'élément constitutif du crime de génocide[1113]. La notion est ainsi absente du statut des tribunaux

(1108) Bruxelles (ass.), 19 décembre 2019, n° 30025, inédit, pp. 19-21.
(1109) Bruxelles (ass.), 19 décembre 2023, n° 7445, inédit, p. 116.
(1110) Bruxelles (ass.), 6 juin 2024, n° 4093, inédit, p. 22.
(1111) G. SCHAMPS, « L'incrimination du crime de génocide, du crime contre l'humanité et des crimes de guerre en droit belge à la lumière du droit international humanitaire », in A. JACOBS (dir.), *Actualités de droit pénal et de procédure pénale (II)*, coll. CUP, vol. 69, Bruxelles, Larcier, 2004, p. 356.
(1112) Voy. N. COLETTE-BASECQZ et N. BLAISE, *Manuel de droit pénal général*, 4e éd., Limal, Anthemis, 2019, p. 647.
(1113) O. DE FROUVILLE, *Droit international pénal. Sources, incriminations, responsabilité*, Paris, Pedone, 2012, p. 99.

pénaux internationaux pour l'ex-Yougoslavie et pour le Rwanda[1114], de même qu'elle est étrangère à la pratique fondatrice de ces deux juridictions, du moins en tant qu'élément constitutif autonome[1115].

187 ▶ **CPI (oui).** Selon les Éléments des crimes de la Cour pénale internationale, l'infraction de génocide réclame pourtant, outre les éléments constitutifs traditionnellement reconnus dans la pratique pénale internationale, un « plan génocidaire »[1116]. Il est ainsi requis, selon les Éléments des crimes, que tout acte de génocide ait été commis « dans le cadre d'une série manifeste de comportements analogues dirigés contre ce groupe, ou [ait pu] en lui-même produire une telle destruction ».

À l'occasion de l'émission d'un mandat d'arrêt à l'encontre de l'ancien président soudanais Omar Al Bashir, la Cour pénale internationale a, pour la première fois, fait application de cet élément. La majorité de la chambre préliminaire I a estimé être tenue par les Éléments des crimes à cet égard[1117].

L'introduction, dans le contexte de la Cour pénale internationale, de cet élément empreint de systématicité a soulevé une importante série de critiques, doctrinales[1118] mais aussi au sein de la Cour elle-même[1119], principalement en raison du rapprochement qu'elle induit avec les crimes contre l'humanité[1120]. Il appartiendra à la Cour – et en particulier à sa Chambre d'appel – de confirmer ou d'infirmer la portée de cet élément contextuel nouveau lorsque celui-ci sera pour la première fois éprouvé à l'occasion du fond d'une affaire.

(1114) Voy. l'art. 4 du Statut du TPIY (résolution 827 (1993) adoptée par le Conseil de sécurité le 25 mai 1993) et l'art. 2 du Statut du TPIR (résolution 955 (1994) adoptée par le Conseil de sécurité le 8 novembre 1994).

(1115) TPIR, *Le Procureur c. Kayishemana & Ruzidana*, ICTR-95-1-T, Ch. pr. inst. I, Jugement, 21 mai 1999, § 94. Le « plan génocidaire » a toutefois été retenu en tant que facteur indicatif d'une « intention génocidaire » (voy. p. ex. TPIY, *Le Procureur c. Jelišić*, IT-95-10-A, Ch. d'appel, Arrêt, 5 juillet 2001, § 48 ; TPIR, *Le Procureur c. Akayesu*, ICTR-96-4-T, Ch. pr. inst. I, Jugement, 2 septembre 1998, § 523).

(1116) CPI, *Le Procureur c. Al Bashir*, ICC-02/05-01/09-3-tFRA, Ch. prélim. I, Décision relative à la requête de l'Accusation aux fins de délivrance d'un mandat d'arrêt à l'encontre d'Omar Hassan Ahmad Al Bashir, 4 mars 2009, § 119.

(1117) CPI, *Le Procureur c. Al Bashir*, ICC-02/05-01/09-3-tFRA, Ch. prélim. I, Décision relative à la requête de l'Accusation aux fins de délivrance d'un mandat d'arrêt à l'encontre d'Omar Hassan Ahmad Al Bashir, 4 mars 2009, §§ 128-133.

(1118) K. AMBOS, *Treatise on International Criminal Law. Volume II: The Crimes and Sentencing*, Oxford, OUP, 2014, p. 17.

(1119) CPI, *Le Procureur c. Al Bashir*, ICC-02/05-01/09-3-tFRA, Ch. prélim. I, Décision relative à la requête de l'Accusation aux fins de délivrance d'un mandat d'arrêt à l'encontre d'Omar Hassan Ahmad Al Bashir, Opinion individuelle et partiellement dissidente de la juge Anita Ušacka, 4 mars 2009.

(1120) G. WERLE et F. JESSBERGER, *Principles of International Criminal Law*, 4e éd., Oxford, OUP, 2020, p. 356.

188 ▶ **Droit coutumier (non).** Quoi qu'il en soit, l'exigence de « plan génocidaire » ainsi identifiée dans le contexte de la Cour pénale internationale ne reflète pas le droit international pénal coutumier[1121]. Cette exigence ne trouve en effet, sinon dans les Éléments des crimes, qu'un bien maigre écho. Elle est étrangère à l'article II de la Convention des Nations unies de 1948 et ne trouve une forme de prolongement, selon les travaux de T. Hoffmann, qu'au sein de onze ordres juridiques nationaux sur 196[1122]. Nous l'avons vu : elle est également absente du statut des tribunaux pénaux internationaux pour l'ex-Yougoslavie et pour le Rwanda et étrangère à leur pratique (en tant qu'élément constitutif autonome).

189 ▶ **Droit belge (non).** C'est donc à raison, à notre avis, que la Cour de cassation a rejeté l'application de cet élément contextuel supplémentaire pour la mise en œuvre du crime de génocide dans l'ordre juridique belge. Au terme de l'affaire *F. N.*, en effet, comme nous l'avons vu plus tôt[1123], l'accusé et demandeur en cassation reprochait à la cour d'assises de Bruxelles-Capitale de l'avoir reconnu coupable sans avoir égard à cet élément, c'est-à-dire, à son avis, en étendant les contours du crime de génocide et en méconnaissant la portée de l'article 6 du Statut de Rome telle que clarifiée par les Éléments des crimes. Jugeant que le fondement de l'infraction reprochée à l'accusé ne devait pas être recherché dans le Statut de Rome, mais bien dans l'actuel article 136*bis* du Code pénal, auquel l'exigence de « plan génocidaire » est étrangère, la Cour rejeta le moyen[1124].

Dans un arrêt prononcé le 19 septembre 2022 dans l'affaire *S. T. & P. B.*, la cour d'appel de Bruxelles a suivi cette approche :

> « [s]i les infractions de droit international humanitaire s'apprécient à la lumière du droit pénal international (et donc du Statut de Rome), c'est le Code pénal belge qui s'applique, et non directement le Statut.
>
> Les éléments constitutifs du crime de génocide sont définis par l'article 136*bis du* Code pénal [...].
>
> Cette disposition légale n'exige pas de préméditation collective spécifique, comme le soutient à tort l'inculpé »[1125].

(1121) En ce sens, voy. not. G. Werle et F. Jessberger, *Principles of International Criminal Law*, 4e éd., Oxford, OUP, 2020, p. 356 ; K. Ambos, *Treatise on International Criminal Law. Volume II: The Crimes and Sentencing*, Oxford, OUP, 2014, p. 17 ; G. Mettraux, *International Crimes: Law and Practice. Volume I: Genocide*, Oxford, OUP, 2019, p. 157. Sur la question de savoir si les Éléments des crimes ne seraient pas, en tant que tels, de nature à modifier les contours du droit coutumier, voy. F. Lafontaine, « Canada's Crimes against Humanity and War Crimes Act on Trial: An Analysis of the *Munyaneza* Case », *J.I.C.J.*, 2010, vol. 8, spéc. pp. 276-277 et pp. 279-280.

(1122) T. Hoffmann, « The Crime of Genocide in Its (Nearly) Infinite Domestic Variety », in M. Odello et P. Łubiński (dir.), *The Concept of Genocide in International Criminal Law: Developments after Lemkin*, New York, Routledge, 2020, pp. 72-73.

(1123) *Supra*, n° 76.

(1124) Cass., 27 mai 2020, R.G. n° P.20.0146.F, *R.D.P.C.*, 2020, p. 959.

(1125) Bruxelles (mis. acc.), 19 septembre 2022, n° 3813, inédit, p. 11.

3. La question du lien avec un conflit armé

190 ▶ **Non requis.** Le crime de génocide n'exige pas de lien avec ni même l'existence d'un conflit armé[1126]. En dépit de son intégration au titre I*bis* actuel (titre Ier futur) du livre II du Code pénal, qui est réputé être consacré aux « violations graves du droit international humanitaire », cette infraction est donc, du point de vue juridique, strictement étrangère au champ des conflits armés et du droit humanitaire[1127]. L'article 136*bis* du Code pénal le rappelle explicitement en énonçant que le génocide constitue un crime de droit international « qu'il soit commis en temps de paix ou en temps de guerre »[1128].

Section 3.
Les crimes sous-jacents

191 ▶ **Généralités – *Actus reus* et *mens rea* associée.** Outre l'élément psychologique contextuel faisant office de « chapeau » commun à toutes les formes de crime de génocide (soit l'intention de détruire, en tout ou en partie, un groupe protégé comme tel), l'infraction est constituée de l'un quelconque des crimes sous-jacents limitativement énumérés à l'actuel article 136*bis* du Code pénal, à savoir :

— le meurtre de membres du groupe ;
— l'atteinte grave à l'intégrité physique ou mentale de membres du groupe ;
— la soumission intentionnelle du groupe à des conditions d'existence devant entraîner sa destruction physique totale ou partielle ;
— les mesures visant à entraver les naissances au sein du groupe ; ou
— le transfert forcé d'enfants du groupe à un autre groupe.

Chacun de ces crimes sous-jacents est constitué d'un ou de plusieurs éléments matériels et d'un ou de plusieurs éléments psychologiques (qui, pour ces derniers, s'ajoutent à l'intention génocidaire contextuelle[1129]). Nous rendrons

(1126) G. SCHAMPS, « L'incrimination du crime de génocide, du crime contre l'humanité et des crimes de guerre en droit belge à la lumière du droit international humanitaire », in A. JACOBS (dir.), *Actualités de droit pénal et de procédure pénale (II)*, coll. CUP, vol. 69, Bruxelles, Larcier, 2004, p. 352.
(1127) N. COLETTE-BASECQZ et N. BLAISE, *Manuel de droit pénal général*, 4e éd., Limal, Anthemis, 2019, p. 665. Voy. égal. Exposé des motifs, *Doc. parl.*, Ch. repr., sess. 2022-2023, n° 55-3518/001, p. 331 ; Amendements déposés en séance plénière, *Doc. parl.*, Ch. repr., sess. 2023-2024, n° 55-3322/014, p. 77.
(1128) Voy. de même l'art. 1er de la Convention des Nations unies de 1948.
(1129) Cass., 27 mai 2020, R.G. n° P.20.0146.F, *R.D.P.C.*, 2020, p. 959. Voy. égal. CPI, *Le Procureur c. Al Bashir*, ICC-02/05-01/09-3-tFRA, Ch. prélim. I, Décision relative à la requête de l'Accusation aux fins de délivrance d'un mandat d'arrêt à l'encontre d'Omar Hassan Ahmad Al Bashir, 4 mars 2009, §§ 138-139. Voy. égal. K. AMBOS, *Treatise on International Criminal Law. Volume II: The Crimes and Sentencing*, Oxford, OUP, 2014, pp. 18-19.

brièvement compte, ci-dessous, des éléments constitutifs requis pour chacun des crimes sous-jacents (*infra*, n°s 194 et s.).

192 ▶ **Généralités – Article 30 du Statut de Rome (*mens rea* par défaut).** À titre liminaire et transversal, notons l'importance de l'article 30 du Statut de Rome de la Cour pénale internationale pour éclairer les éléments psychologiques afférents aux crimes sous-jacents des différents crimes internationaux, dont le génocide[1130]. L'article 30 énonce en effet, dans le contexte de la Cour, un élément moral par défaut qui trouve à s'appliquer en l'absence de disposition contraire. Pour qu'un crime relevant de la compétence de la Cour soit établi, l'article 30 prévoit ainsi qu'en règle, l'élément matériel doive être commis avec « intention et connaissance »[1131].

L'intention et la connaissance sont requises de façon cumulative – mais l'une et l'autre s'appliquent à des paramètres différents[1132]. Il y a « intention », relativement à un *comportement*, lorsque la personne entend adopter ce comportement, et relativement à une *conséquence*, lorsque la personne entend causer cette conséquence ou est consciente que celle-ci adviendra dans le cours normal des événements[1133]. Il y a par ailleurs « connaissance » lorsque la personne est consciente qu'une *circonstance* existe ou qu'une *conséquence* adviendra dans le cours normal des événements[1134].

En bref et de façon imparfaite (car sans plus différencier ici selon les paramètres exacts auxquels se rapporte l'élément psychologique : comportement, conséquence ou circonstance selon les cas), on peut ainsi poser que, par défaut, un crime international est constitué lorsque son auteur est animé d'un dol direct de premier degré (intention de voir les éléments matériels du crime réalisés) ou d'un dol direct de deuxième degré (conscience que lesdits éléments matériels vont se réaliser dans le cours normal des événements). À l'inverse, la notion de dol éventuel (tenant à la simple probabilité que surviennent des conséquences non souhaitées), comme celle de négligence coupable (*recklessness*), a été délibérément exclue du cadre par défaut instauré par le Statut[1135].

(1130) Voy. en général F. GANTHERET, « Article 30 », in J. FERNANDEZ, X. PACREAU et M. UBÉDA-SAILLARD (dir.), *Statut de Rome de la Cour pénale internationale. Commentaire article par article*, t. I, 2e éd., Paris, Pedone, 2019, pp. 1135-1150. Dans une perspective comparée, voy. égal. S. FINNIN, « Mental Elements Under Article 30 of the Rome Statute of the International Criminal Court: A Comparative Analysis », *International & Comparative Law Quarterly*, 2012, vol. 61, pp. 325-359.

(1131) Art. 30, § 1er, du Statut de Rome.

(1132) O. DE FROUVILLE, *Droit international pénal. Sources, incriminations, responsabilité*, Paris, Pedone, 2012, p. 76.

(1133) Art. 30, § 2, du Statut de Rome.

(1134) Art. 30, § 3, du Statut de Rome.

(1135) CPI, *Le Procureur c. Lubanga*, ICC-01/04-01/06-2842-tFRA, Ch. pr. inst. I, Jugement rendu en application de l'article 74 du Statut, 14 mars 2012, § 1011 ; CPI, *Le Procureur c. Katanga*, ICC-01/04-01/07-3436, Ch. pr. inst. I, Jugement rendu en application de l'article 74 du Statut, 7 mars 2014, § 775.

Pour certains crimes sous-jacents, les Éléments des crimes s'écartent toutefois de la règle applicable par défaut pour énoncer un élément d'intentionnalité plus souple ou, à l'inverse, réclamer un élément supplémentaire.

Dans les pages qui suivent (nos 194 et s.), nous n'évoquerons spécifiquement la *mens rea* liée aux différents crimes sous-jacents examinés que dans la mesure où celle-ci s'écarte de la règle visée à l'article 30 du Statut de Rome. À défaut, en inspiration de ce qui prévaut dans le contexte de la Cour pénale internationale, les crimes sous-jacents concernés sont établis dès lors que leurs éléments matériels sont commis avec « intention et connaissance ».

193 ▸ **Généralités – Infractions commises par négligence.** Au moment de l'adoption de la première loi du 16 juin 1993, le législateur a souhaité réserver explicitement le cas des infractions commises par négligence. La loi prévoyait ainsi que son article 1er, qui a eu pour effet d'introduire certains crimes de guerre dans le droit pénal belge, devait s'entendre « sans préjudice des dispositions pénales applicables aux infractions commises par négligence ». La formule a été reprise telle quelle, en 1999, dans la nouvelle disposition introduisant le crime de génocide[1136]. Elle figure toujours à l'article 136*quater* du Code pénal et la réforme du livre II du Code pénal n'a pas prévu d'en changer[1137].

Bien que les travaux préparatoires soient peu explicites à ce sujet, il semble que l'objectif de cette disposition était d'éviter de donner à penser que la *mens rea* habituellement requise en matière de crimes internationaux (c'est-à-dire, comme on vient de le rappeler à la lumière de l'article 30 du Statut de Rome, l'intention) pourrait, en quelque sorte, venir contaminer les autres infractions belges de droit commun, et en particulier celles qui se satisfont d'une simple négligence[1138]. Elle permettrait ainsi de rappeler que les dispositions pénales réprimant le défaut de prévoyance demeurent applicables en période de conflit armé[1139]. La précaution, si c'est bien celle-là que le législateur avait à l'esprit[1140], nous semble exagérée : il va de soi que les éléments constitutifs (ici psychologiques) d'infractions particulières (ici les crimes internationaux) n'ont pas vocation à s'appliquer à d'autres.

(1136) Rapport fait au nom de la commission de la Justice, *Doc. parl.*, Sénat, sess. 1998-1999, n° 1-749/3, p. 9.
(1137) Art. 82 du futur C. pén.
(1138) Exposé des motifs, *Doc. parl.*, Sénat, sess. 1990-1991, n° 1317-1, p. 7. Voy. égal. A. ANDRIES, E. DAVID, Chr. VAN DEN WYNGAERT et J. VERHAEGEN, « Commentaire de la loi du 16 juin 1993 relative à la répression des infractions graves au droit international humanitaire », *R.D.P.C.*, 1994, n° 11, pp. 1140-1141.
(1139) J. VERHAEGEN, « Les fleurons sauvegardés de la loi belge du 16 juin 1993 », *J.T.*, 2004, n° 6133, p. 351.
(1140) Pour un essai d'explication différente, voy. P. D'ARGENT, « La loi du 10 février 1999 relative à la répression des violations graves du droit international humanitaire », *J.T.*, 1999, n° 5935, p. 550 (rejoint par J. FIERENS, « Le problème de la définition internationale des crimes contre l'humanité », *J.T.*, 2021, n° 6875, p. 763, à la note 57).

Au demeurant, en matière de génocide, la pure négligence ne peut réellement se concevoir, quel que soit le crime sous-jacent en cause, dès lors qu'un dol spécial[1141] est par ailleurs requis à titre d'élément psychologique contextuel[1142]. Comme nous le verrons, la négligence demeure toutefois pertinente (en sus du dol spécial) en lien avec le crime sous-jacent spécifiquement visé à l'article 136*bis*, 5°, du Code pénal. Dans tous les cas, énoncer que l'article 136*bis* est « sans préjudice des dispositions pénales applicables aux infractions commises par négligence » est à notre avis superfétatoire et source d'ambiguïté. En amont de l'adoption de la loi de 1993, le Conseil d'État avait recommandé le retrait de cette disposition[1143]. Il a encore émis des réserves lors de l'élaboration de la loi du 23 avril 2003[1144]. Celles-ci n'ont pas été entendues.

194 ▶ **Meurtre.** L'article 136*bis*, 1°, du Code pénal vise le meurtre en tant que crime de génocide. Ce crime sous-jacent suppose, sur le plan matériel, que l'auteur ait causé la mort d'une ou de plusieurs personnes[1145].

Une intention de causer la mort étant requise (ou, à tout le moins, la conscience que la mort résultera du comportement adopté dans le cours normal des événements)[1146], l'homicide involontaire échappe à l'incrimination du génocide[1147]. La préméditation n'est, quant à elle, pas requise[1148].

195 ▶ **Atteinte grave à l'intégrité physique ou mentale.** Les atteintes incriminées au titre du génocide par l'article 136*bis*, 2°, du Code pénal, qui ne nécessitent pas d'être permanentes ou irrémédiables[1149], concernent l'intégrité physique

(1141) *Supra*, n°s 180 et s.

(1142) G. Schamps, « L'incrimination du crime de génocide, du crime contre l'humanité et des crimes de guerre en droit belge à la lumière du droit international humanitaire », in A. Jacobs (dir.), *Actualités de droit pénal et de procédure pénale (II)*, coll. CUP, vol. 69, Bruxelles, Larcier, 2004, p. 357.

(1143) Voy. A. Andries, E. David, Chr. Van den Wyngaert et J. Verhaegen, « Commentaire de la loi du 16 juin 1993 relative à la répression des infractions graves au droit international humanitaire », *R.D.P.C.*, 1994, n° 11, p. 1140 ; G. Schamps, « L'incrimination du crime de génocide, du crime contre l'humanité et des crimes de guerre en droit belge à la lumière du droit international humanitaire », in A. Jacobs (dir.), *Actualités de droit pénal et de procédure pénale (II)*, coll. CUP, vol. 69, Bruxelles, Larcier, 2004, p. 357.

(1144) Avis sur une proposition de loi modifiant la loi du 16 juin 1993 relative à la répression des violations graves du droit international humanitaire, n° 34.154/VR/2, 16 décembre 2002, pp. 4-5.

(1145) CPI, *Le Procureur c. Al Bashir*, ICC-02/05-01/09-94-tFRA, Ch. prélim. I, Deuxième décision relative à la requête de l'Accusation aux fins de délivrance d'un mandat d'arrêt à l'encontre d'Omar Hassan Ahmad Al Bashir, 12 juillet 2010, § 20 ; TPIR, *Le Procureur c. Kajelijeli*, ICTR-98-44A-T, Ch. pr. inst. I, Jugement, 1er décembre 2003, § 813. Voy. égal. art. 6, a), 1°, des Éléments des crimes.

(1146) *Supra*, n° 192.

(1147) TPIR, *Le Procureur c. Akayesu*, ICTR-96-4-T, Ch. pr. inst. I, Jugement, 2 septembre 1998, § 500.

(1148) TPIR, *Le Procureur c. Kajelijeli*, ICTR-98-44A-T, Ch. pr. inst. I, Jugement, 1er décembre 2003, § 813 ; TPIR, *Le Procureur c. Akayesu*, ICTR-96-4-T, Ch. pr. inst. I, Jugement, 2 septembre 1998, § 501.

(1149) TPIR, *Le Procureur c. Akayesu*, ICTR-96-4-T, Ch. pr. inst. I, Jugement, 2 septembre 1998, § 502 ; TPIR, *Le Procureur c. Kajelijeli*, ICTR-98-44A-T, Ch. pr. inst. I, Jugement, 1er décembre 2003,

ou l'intégrité mentale. Les premières impliquent certains types de blessures physiques et, les secondes, une certaine dégradation de la santé mentale[1150].

Les atteintes graves à l'intégrité physique – autres que le meurtre, qui est spécifiquement visé à l'article 136*bis*, 1°, du Code pénal – peuvent comprendre, sans s'y limiter, des actes de torture, de viol, de violences sexuelles, ou encore des traitements inhumains ou dégradants[1151].

La jurisprudence associe les atteintes graves à l'intégrité mentale à celles résultant, par exemple, de la soumission à une peur intense, à la terreur, à l'intimidation ou à des menaces[1152].

Le viol et les violences sexuelles peuvent être constitutifs d'atteintes graves de nature tant physique que mentale[1153]. Dans l'affaire *S. T. & P. B.*, la cour d'assises de Bruxelles-Capitale a estimé que « [l]a pratique du viol à grande échelle est l'un des moyens qui peuvent tendre à conduire à la destruction d'un groupe ethnique, tant par les atteintes portées à la fécondité des femmes de ce groupe que par la perturbation complète des liens sociaux, en particulier dans des sociétés où subsistent des tabous profonds quant à la simple évocation des questions sexuelles »[1154].

196 ▶ **Soumission à des conditions d'existence devant entraîner la destruction physique.** L'article 136*bis*, 3°, du Code pénal incrimine le génocide consistant à avoir, sur le plan matériel, soumis une ou plusieurs personnes à des conditions d'existence devant entraîner la destruction physique du groupe de rattachement. C'est donc l'idée de la « mort à petit feu » qui est visée[1155], soit celle qui découle de méthodes de destruction non immédiates (dans le cas contraire, c'est au crime sous-jacent de meurtre, spécifiquement visé à l'article 136*bis*, 1°, du Code pénal, qu'il faut se référer[1156]). Ceci peut notamment recouvrir, sans s'y limiter, la privation délibérée des moyens indispensables à la survie (tels

---

§ 815 ; TPIR, *Le Procureur c. Kayishemana & Ruzidana*, ICTR-95-1-T, Ch. pr. inst. I, Jugement, 21 mai 1999, § 108.

(1150) TPIR, *Le Procureur c. Kajelijeli*, ICTR-98-44A-T, Ch. pr. inst. I, Jugement, 1er décembre 2003, § 814.

(1151) CPI, *Le Procureur c. Al Bashir*, ICC-02/05-01/09-94-tFRA, Ch. prélim. I, Deuxième décision relative à la requête de l'Accusation aux fins de délivrance d'un mandat d'arrêt à l'encontre d'Omar Hassan Ahmad Al Bashir, 12 juillet 2010, § 26 ; TPIR, *Le Procureur c. Kajelijeli*, ICTR-98-44A-T, Ch. pr. inst. I, Jugement, 1er décembre 2003, § 815. Voy. égal. art. 6, b), 1° (note 3), des Éléments des crimes.

(1152) TPIR, *Le Procureur c. Kajelijeli*, ICTR-98-44A-T, Ch. pr. inst. I, Jugement, 1er décembre 2003, § 815.

(1153) TPIR, *Le Procureur c. Akayesu*, ICTR-96-4-T, Ch. pr. inst. I, Jugement, 2 septembre 1998, § 504.

(1154) Bruxelles (ass.), 19 décembre 2023, n° 7445, inédit, p. 117.

(1155) TPIR, *Le Procureur c. Kayishemana & Ruzidana*, ICTR-95-1-T, Ch. pr. inst. I, Jugement, 21 mai 1999, § 115.

(1156) O. DE FROUVILLE, *Droit international pénal. Sources, incriminations, responsabilité*, Paris, Pedone, 2012, p. 107.

que l'eau, la nourriture ou les services médicaux minimums) et l'expulsion systématique des logements[1157]. La jurisprudence livre encore une série d'autres exemples comme l'assujettissement à des travaux ou à des efforts excessifs, ou encore la détention des membres du groupe pendant une durée excessive dans des locaux dont la surface ne répond pas au minimum requis[1158].

197 ▶ **Mesures visant à entraver les naissances.** L'article 136*bis*, 4°, du Code pénal incrimine les mesures visant à entraver les naissances au sein d'un groupe. Il faut comprendre ici, notamment, la mutilation sexuelle, la pratique de la stérilisation, l'utilisation forcée de moyens contraceptifs, la séparation des sexes ou encore l'interdiction des mariages[1159]. De même, certaines mesures d'ordre mental peuvent tomber sous le coup de l'incrimination, telles que le viol et, dans certains contextes, les menaces ou d'autres traumatismes[1160].

198 ▶ **Transfert forcé d'enfants.** Enfin, l'article 136*bis*, 5°, du Code pénal incrimine le transfert forcé d'enfants. L'*actus reus* suppose un transfert du groupe protégé vers un autre groupe, ainsi que la qualité des victimes en tant qu'enfants[1161]. Il ne s'agit pas seulement de sanctionner un acte physique et contraint de transfert, mais aussi des actes de menaces ou traumatismes qui aboutiraient à forcer le transfert d'enfants d'un groupe à un autre[1162]. Ainsi, le terme de « force » ne se limite pas à la force physique et peut comprendre un acte commis en usant de la menace de la force ou de la coercition, telle que celle causée par la menace de violences, la contrainte, la détention, des pressions psychologiques, abus de pouvoir ou autre forme de climat coercitif[1163].

Une spécificité doit être observée quant à la dimension psychologique de l'infraction. Alors que l'application de l'élément moral par défaut en matière de crimes internationaux aurait conduit à réclamer l'*intention* de procéder au transfert et la *connaissance* de l'état de minorité des victimes, la pratique

---

(1157) TPIR, *Le Procureur c. Akayesu*, ICTR-96-4-T, Ch. pr. inst. I, Jugement, 2 septembre 1998, § 506. S'agissant de la contamination de puits et pompes à eau notamment, voy. CPI, *Le Procureur c. Al Bashir*, ICC-02/05-01/09-3-tFRA, Ch. prélim. I, Décision relative à la requête de l'Accusation aux fins de délivrance d'un mandat d'arrêt à l'encontre d'Omar Hassan Ahmad Al Bashir, 4 mars 2009, § 93 ; CPI, *Le Procureur c. Al Bashir*, ICC-02/05-01/09-94-tFRA, Ch. prélim. I, Deuxième décision relative à la requête de l'Accusation aux fins de délivrance d'un mandat d'arrêt à l'encontre d'Omar Hassan Ahmad Al Bashir, 12 juillet 2010, § 38. Voy. égal. art. 6, c), 4° (note 4), des Éléments des crimes.

(1158) TPIR, *Le Procureur c. Kayishemana & Ruzidana*, ICTR-95-1-T, Ch. pr. inst. I, Jugement, 21 mai 1999, §§ 115-116.

(1159) TPIR, *Le Procureur c. Akayesu*, ICTR-96-4-T, Ch. pr. inst. I, Jugement, 2 septembre 1998, § 507.

(1160) TPIR, *Le Procureur c. Akayesu*, ICTR-96-4-T, Ch. pr. inst. I, Jugement, 2 septembre 1998, § 508.

(1161) Art. 6, e), 1°, 2°, 4° et 5°, des Éléments des crimes.

(1162) TPIR, *Le Procureur c. Akayesu*, ICTR-96-4-T, Ch. pr. inst. I, Jugement, 2 septembre 1998, § 509.

(1163) Art. 6, e), 1° (note 5), des Éléments des crimes.

internationale et les Éléments des crimes de la Cour pénale internationale sont plus exigeants (c'est-à-dire plus répressifs) : le crime est constitué dès lors que l'auteur savait *ou aurait dû savoir* que la ou les personnes transférées étaient âgées de moins de 18 ans[1164].

Section 4.
Les peines

199 **Principes.** L'alinéa 1er de l'actuel article 136*quinquies* du Code pénal attache au crime de génocide une peine de réclusion à perpétuité. La réforme du livre II du Code pénal, dont l'esprit général est de conserver les peines actuelles en les adaptant à la nouvelle échelle[1165], prévoit que le génocide sera puni d'une peine de niveau 8[1166], ce qui correspond à un emprisonnement à perpétuité ou à un traitement sous privation de liberté de plus de 18 ans à 20 ans au plus[1167].

En application du régime général des peines prévu par le nouveau Code pénal, la peine de niveau 8 peut être remplacée par une des peines de niveau 7, 6, 5, 4 ou 3 en cas d'admission de circonstances atténuantes[1168]. Pour rappel, les circonstances atténuantes, telles que prévues par le nouveau livre Ier du Code pénal, n'ont plus pour effet de correctionnaliser un crime ni d'impacter la compétence du juge, le mécanisme de la correctionnalisation associé à l'admission de circonstances atténuantes étant amené à disparaître. Elles constituent uniquement un mécanisme permettant au *juge* de réduire ou de modifier les peines de principe, dans la mesure et les conditions précisées par le Code, en raison de circonstances factuelles qu'il ou elle considère comme favorables à l'intéressé[1169].

Les circonstances atténuantes doivent à ce titre être distinguées des causes d'excuse atténuantes[1170], mécanisme par lequel la *loi* prévoit, le cas échéant, un abaissement – de droit – du niveau de la peine dans certaines circonstances qu'elle énonce (p. ex., en matière de disparition forcée, dans l'hypothèse d'une

---

(1164) Art. 6, e), 6°, des Éléments des crimes.
(1165) Exposé des motifs, *Doc. parl.*, Ch. repr., sess. 2022-2023, n° 55-3518/001, p. 90.
(1166) Art. 82, al. 2, du futur C. pén.
(1167) Art. 36, al. 1er, du futur C. pén.
(1168) Art. 36, al. 1er, du futur C. pén.
(1169) Art. 30 du futur C. pén. Voy. J. DE HERDT, J. ROZIE et D. VANDERMEERSCH, *Le livre Ier du nouveau Code pénal. Les principes généraux du droit pénal revisités*, Bruges, la Charte, 2024, pp. 208-210.
(1170) Voy. J. DE HERDT, J. ROZIE et D. VANDERMEERSCH, *Le livre Ier du nouveau Code pénal. Les principes généraux du droit pénal revisités*, Bruges, la Charte, 2024, pp. 220-223.

libération volontaire de la personne dans les cinq jours[1171]). L'incrimination du génocide ne connaît pas de telles causes d'excuses atténuantes.

200 ▶ **Correctionnalisation (non).** Dès lors qu'il emporte une peine de réclusion à perpétuité, le crime de génocide échappe à toute possibilité de correctionnalisation[1172]. Pour l'avenir, l'article 35 de la loi du 29 février 2024 introduisant le livre Ier du Code pénal prévoit en tout état de cause d'abroger la loi du 4 octobre 1867 et le mécanisme de la correctionnalisation des crimes[1173].

Sur la question de savoir si, jusqu'à l'entrée en vigueur de la loi du 29 février 2024 introduisant le livre Ier du Code pénal, la *tentative* de commettre un crime de génocide est néanmoins admissible à la correctionnalisation, il est renvoyé aux développements repris *infra*, relativement à la tentative[1174].

201 ▶ **Imprescriptibilité.** Nous verrons que les crimes internationaux – dont le génocide – sont, dans l'ordre juridique belge, imprescriptibles[1175]. Les peines qui s'attachent à de tels crimes sont également imprescriptibles[1176]. Partant, elles ont uniquement vocation à s'éteindre par la mort du condamné[1177].

(1171) Art. 89, § 2, du futur C. pén.
(1172) Th. MOREAU et D. VANDERMEERSCH, *Éléments de droit pénal*, Bruges, la Charte, 2022, p. 356 (à la note 49).
(1173) Voy. à ce sujet J. DE HERDT, J. ROZIE et D. VANDERMEERSCH, *Le livre Ier du nouveau Code pénal. Les principes généraux du droit pénal revisités*, Bruges, la Charte, 2024, pp. 68-71.
(1174) *Infra*, n° 363.
(1175) *Infra*, n° 367.
(1176) Art. 91 du C. pén. actuel (art. 74, § 1er, futur), *a contrario*. Voy. D. VANDERMEERSCH, « Les violations du droit international humanitaire », in H. D. BOSLY et Chr. DE VALKENEER (dir.), *Les infractions. Volume 5 : les infractions contre l'ordre public*, Bruxelles, Larcier, 2013, p. 139.
(1177) Art. 86 du C. pén. actuel (art. 73 futur).

Chapitre 4
Les crimes contre l'humanité

Section 1.
Notions générales

1. Les crimes contre l'humanité en droit international

202 ▶ **Origine et définition.** La notion de crime contre l'humanité[1178], qui désigne de façon générale la violation grave ou systématique de certains droits les plus fondamentaux des personnes civiles, voit traditionnellement ses origines rapprochées de la « clause de Martens »[1179]. Selon cette clause, dont la portée est discutée[1180] et que l'on retrouve dans plusieurs instruments fondateurs du droit international humanitaire, les belligérants restent, dans tous les cas, soumis aux « principes du droit des gens, tels qu'ils résultent des usages établis entre nations civilisées, des lois de l'humanité et des exigences de la conscience publique »[1181].

(1178) Voy. en général Ch. M. Bassiouni, *Crimes Against Humanity: Historical Evolution and Contemporary Application*, Cambridge, CUP, 885 p. ; Ph. Currat, *Les crimes contre l'humanité dans le Statut de la Cour pénale internationale*, Genève, Schulthess, 2006, 806 p. ; K. Ambos, *Treatise on International Criminal Law. Volume II: The Crimes and Sentencing*, 2e éd., Oxford, OUP, 2022, pp. 46-116 ; G. Mettraux, *International Crimes: Law and Practice. Volume II: Crimes Against Humanity*, Oxford, OUP, 2020, 888 p. ; G. Boas, J. L. Bischoff et N. L. Reid, *International Criminal Law Practitioner Library. Volume 2: Elements of Crimes under International Law*, Cambridge, CUP, 2009, pp. 14-137 ; O. de Frouville, *Droit international pénal. Sources, incriminations, responsabilité*, Paris, Pedone, 2012, pp. 119-192 ; J. Fierens, « Le problème de la définition internationale des crimes contre l'humanité », *J.T.*, 2021, n° 6875, pp. 758-763.

(1179) O. de Frouville, *Droit international pénal. Sources, incriminations, responsabilité*, Paris, Pedone, 2012, p. 119 ; I. Fouchard, *Crimes internationaux : entre internationalisation du droit pénal et pénalisation du droit international*, Bruxelles, Bruylant, 2014, p. 126 ; J. Fernandez, *Droit international pénal*, 2e éd., Paris, L.G.D.J., 2022, p. 167.

(1180) Voy. sur le sujet Th. Meron, « The Martens Clause, Principles of Humanity, and Dictates of Public Conscience », *A.J.I.L.*, 2000, vol. 94, pp. 78-89 ; R. Ticehurst, « La clause de Martens et le droit des conflits armés », *R.I.C.R.*, 1997, n° 824, pp. 133-142.

(1181) Préambule de la Convention (II) concernant les lois et coutumes de la guerre sur terre, La Haye, 29 juillet 1899, notamment.

La traduction du concept dans le champ international pénal, c'est-à-dire la criminalisation des « lois de l'humanité » insinuées par la clause de Martens, intervint toutefois de façon beaucoup plus tardive. Sa première concrétisation doit être recherchée dans le Statut du Tribunal militaire international de Nuremberg.

203 ▶ **Les crimes contre l'humanité dans le statut des juridictions pénales internationales.** Au sortir de la Seconde Guerre mondiale, il parut impensable que demeurent impunis les auteurs des crimes commis par les puissances de l'Axe à l'encontre de leur propre population, juive notamment, alors même que les crimes commis contre les populations ennemies relevaient du droit international humanitaire et pouvaient, à ce titre, donner lieu à des poursuites en tant que crimes de guerre[1182]. C'est ainsi que fut insérée, à l'article 6 du Statut du Tribunal de Nuremberg, une disposition destinée à incriminer les violations graves de certains droits fondamentaux commises à l'encontre de *toute* population civile. La disposition visait alors « l'assassinat, l'extermination, la réduction en esclavage, la déportation, et tout autre acte inhumain commis contre toutes populations civiles, avant ou pendant la guerre, ou bien les persécutions pour des motifs politiques, raciaux ou religieux, lorsque ces actes ou persécutions, qu'ils aient constitué ou non une violation du droit interne du pays où ils ont été perpétrés, ont été commis à la suite de tout crime rentrant dans la compétence du Tribunal, ou en liaison avec ce crime »[1183].

La Charte du Tribunal militaire international pour l'Extrême-Orient, ou Tribunal de Tokyo, contient une disposition similaire[1184].

En 1993, l'article 5 du Statut du Tribunal pénal international pour l'ex-Yougoslavie[1185] reprend l'incrimination en y apportant une série d'ajustements importants. En particulier, l'exigence historique de lien avec un crime contre la paix ou un crime de guerre[1186] est abandonnée au profit d'un simple lien avec un conflit armé, international ou non. Plusieurs crimes sous-jacents sont en outre ajoutés à la liste historique du statut des tribunaux militaires internationaux : l'emprisonnement, la torture et le viol. Un an plus tard, l'article 3 du Statut du

(1182) R. Kolb et D. Scalia, *Droit international pénal : précis*, 2e éd., Bâle, Helbing Lichtenhahn, 2012, p. 98 ; J. Fernandez, *Droit international pénal*, 2e éd., Paris, L.G.D.J., 2022, p. 167 ; G. Mettraux, *International Crimes: Law and Practice. Volume II: Crimes Against Humanity*, Oxford, OUP, 2020, p. 56 ; G. Schamps, « L'incrimination du crime de génocide, du crime contre l'humanité et des crimes de guerre en droit belge à la lumière du droit international humanitaire », in A. Jacobs (dir.), *Actualités de droit pénal et de procédure pénale (II)*, coll. CUP, vol. 69, Bruxelles, Larcier, 2004, pp. 363-364.
(1183) Art. 6(c) du Statut du TMI de Nuremberg tel qu'annexé à l'Accord de Londres concernant la poursuite et le châtiment des grands criminels de guerre des Puissances européennes de l'Axe, adopté le 8 août 1945.
(1184) Art. 5(c) de la Charte du TMI de Tokyo telle que proclamée le 19 janvier 1946 par le Général MacArthur, Commandant suprême des forces alliées en Extrême-Orient.
(1185) CSNU, résolution 827 (1993) du 25 mai 1993.
(1186) *Infra*, n° 216.

Tribunal pénal international pour le Rwanda modifie encore les contours de l'infraction, principalement pour supprimer toute exigence de lien avec un conflit armé et introduire la notion, devenue centrale, d'« attaque généralisée et systématique » contre la population civile.

L'article 7, paragraphe 1er, du Statut de Rome de la Cour pénale internationale définit pour sa part les crimes contre l'humanité comme une série de crimes sous-jacents – le Statut les regroupe en onze actes inhumains ou catégories d'actes inhumains – « commis dans le cadre d'une attaque généralisée ou systématique lancée contre toute population civile et en connaissance de cette attaque ». Ainsi, le Statut de Rome marque une évolution en faveur d'un élément contextuel plus étendu (c'est-à-dire plus répressif) tenant à l'existence d'une attaque généralisée *ou* systématique (et non plus généralisée *et* systématique) contre la population civile.

204 ▶ **Absence de convention-cadre.** Les fortes disparités normatives en matière de crime contre l'humanité[1187], qui contrastent avec la stabilité que nous avons observée s'agissant du génocide[1188], s'expliquent aisément par l'absence de convention-cadre sur le sujet. En effet, contrairement au génocide et aux crimes de guerre, qui trouvent tous les deux leur source dans le droit international conventionnel – la Convention des Nations unies de 1948 pour le premier, les Conventions de Genève de 1949 et leur premier Protocole additionnel de 1977 pour les seconds –, aucune convention internationale globale ne régit les crimes contre l'humanité. Quoique ceci ne concerne pas la Belgique, c'est d'ailleurs l'inexistence d'un standard international écrit qui explique que nombre d'États n'ont pas (encore) incorporé ce crime dans leur arsenal juridique interne[1189].

Les travaux destinés à parvenir à l'élaboration et à l'adoption d'une convention internationale en la matière vont toutefois bon train[1190]. Les premières avancées concrètes sur ce terrain remontent à 1996, avec le Projet de code des crimes contre la paix et la sécurité de l'humanité dressé par la Commission du droit international des Nations unies[1191]. On sait toutefois

(1187) J. FIERENS, « Le problème de la définition internationale des crimes contre l'humanité », *J.T.*, 2021, n° 6875, pp. 761-763 ; E. DAVID, *Éléments de droit pénal international et européen*, vol. 2, 2e éd., Bruxelles, Bruylant, 2018, pp. 1460-1461 ; O. DE FROUVILLE, *Droit international pénal. Sources, incriminations, responsabilité*, Paris, Pedone, 2012, pp. 120-124.
(1188) *Supra*, n° 173.
(1189) Voy. p. ex., du côté centrasiatique, R. ATADJANOV, « Domestic Implementation of Crimes Against Humanity in Central Asia? », *Asian Journal of International Law*, 2022, vol. 17, pp. 268-285.
(1190) P. PILLAI, « Draft Convention on Crimes Against Humanity: A Window of Opportunity », *EJIL: Talk!*, 22 novembre 2022, disponible sur https://opiniojuris.org/2022/11/22/draft-convention-on-crimes-against-humanity-a-window-of-opportunity/.
(1191) Art. 18 du Projet de code des crimes contre la paix et la sécurité de l'humanité, adopté par la Commission du droit international à sa quarante-huitième session, en 1996, et soumis à l'Assemblée générale dans le cadre de son rapport sur les travaux de ladite session (*Annuaire de la Commission du droit international*, 1996, vol. II(2)).

que celui-ci n'a jamais été adopté, et ce n'est qu'en 2012 que le sujet fut à nouveau inscrit à l'agenda de la Commission[1192]. En 2019, ce processus conduisit à l'adoption d'un projet d'articles thématiques spécifiques par la Commission du droit international[1193]. Le projet a été communiqué à la Sixième Commission de l'Assemblée générale des Nations unies, en charge des affaires juridiques, dans la perspective de discussions destinées à ouvrir prochainement la voie à un processus formel de négociation d'un traité international[1194].

2. Les crimes contre l'humanité dans le Code pénal belge

205 ▶ **Évolution législative.** Comme celle du génocide, l'origine de l'incrimination des crimes contre l'humanité dans le droit belge remonte à la loi du 10 février 1999 relative à la répression des violations graves de droit international humanitaire[1195]. L'introduction des crimes contre l'humanité devait permettre d'anticiper la ratification future du Statut de Rome[1196]. Alors que l'adoption d'une loi séparée avait initialement été envisagée[1197], les crimes contre l'humanité ont finalement été intégrés, comme le génocide, à l'acquis législatif existant en matière de violations graves du droit international humanitaire, c'est-à-dire la loi du 16 juin 1993[1198].

(1192) M. CHAKOUB et A. MARECHAL « Convention sur la prévention et la répression des crimes contre l'humanité : réelle opportunité au regard des lacunes du droit international ? », *Le Blog – Droit international pénal*, 5 novembre 2023, disponible sur https://www.blogdip.org/actualites/crimes-contre-lhumanite-projet-articles.

(1193) CDI, Projet d'articles sur la prévention et la répression des crimes contre l'humanité, 2019, *Documents officiels de l'Assemblée générale*, 71e session.

(1194) Voy. L. N. SADAT, « A Draft Treaty on Crimes Against Humanity Draws More Engagement from States », *Just Security*, 22 mai 2024, disponible sur https://www.justsecurity.org/95850/crimes-against-humanity-draft-treaty-states-engagement/.

(1195) *M.B.*, 23 mars 1999 (vig. 2 avril 1999). Voy. P. D'ARGENT, « La loi du 10 février 1999 relative à la répression des violations graves du droit international humanitaire », *J.T.*, 1999, n° 5935, pp. 549-555.

(1196) Amendements, *Doc. parl.*, Sénat, sess. 1998-1999, n° 1-749/2, p. 5 ; Rapport fait au nom de la commission de la Justice, *Doc. parl.*, Sénat, sess. 1998-1999, n° 1-749/3, p. 14.

(1197) Rapport fait au nom de la commission de la Justice, *Doc. parl.*, Ch. repr., sess. 1998-1999, n° 1863/2, p. 2 ; voy. égal. G. SCHAMPS, « L'incrimination du crime de génocide, du crime contre l'humanité et des crimes de guerre en droit belge à la lumière du droit international humanitaire », in A. JACOBS (dir.), *Actualités de droit pénal et de procédure pénale (II)*, coll. CUP, vol. 69, Bruxelles, Larcier, 2004, p. 351.

(1198) Art. 3, § 2, de la L. 10 février 1999.

La loi du 23 avril 2003[1199] est ensuite venue étendre l'incrimination belge des crimes contre l'humanité à trois crimes sous-jacents repris par le Statut de Rome mais qui avaient été omis, sans raison évidente[1200], en 1993 :

— les disparitions forcées de personnes (art. 136*ter*, 9°, de l'actuel C. pén.) ;
— le crime d'*apartheid* (art. 136*ter*, 10°, de l'actuel C. pén.) ;
— les autres actes inhumains de caractère analogue causant intentionnellement de grandes souffrances ou des atteintes graves à l'intégrité physique ou à la santé physique ou mentale (art. 136*ter*, 11°, de l'actuel C. pén.)[1201].

Ceci devait permettre d'affiner la mise en conformité du droit belge avec le Statut de Rome qui, selon les travaux préparatoires, doit servir de base d'interprétation pour les notions reprises dans la loi[1202].

Enfin, l'incrimination a été transférée dans le Code pénal à l'occasion de la refonte de la matière opérée par la loi du 5 août 2003[1203]. Les crimes contre l'humanité figurent depuis lors à l'article 136*ter* de l'actuel Code pénal.

206 ▶ **Article 136*ter* du Code pénal.** L'actuel article 136*ter* du Code pénal – qui restera inchangé sur le fond mais deviendra l'article 83 à compter de l'entrée en vigueur du nouveau livre II[1204] – énonce, de façon conforme à l'article 7, paragraphe 1er, du Statut de Rome, que « le crime contre l'humanité s'entend de l'un des actes ci-après commis dans le cadre d'une attaque généralisée ou systématique lancée contre une population civile et en connaissance de cette attaque :

1° meurtre ;

2° extermination ;

3° réduction en esclavage ;

4° déportation ou transfert forcé de population ;

5° emprisonnement ou autre forme de privation grave de liberté physique en violation des dispositions fondamentales du droit international ;

6° torture ;

7° viol, esclavage sexuel, prostitution forcée, grossesse forcée, stérilisation forcée et toute autre forme de violence sexuelle de gravité comparable ;

(1199) *M.B.*, 7 mai 2003 (vig. 17 mai 2003).
(1200) P. D'ARGENT, « La loi du 10 février 1999 relative à la répression des violations graves du droit international humanitaire », *J.T.*, 1999, n° 5935, p. 551 ; L. DE SMET et Fr. NAERT, « Making or Breaking International Law? An International Law Analysis of Belgium's Act Concerning the Punishment of Grave Breaches of International Humanitarian Law », *R.B.D.I.*, 2002, nos 1-2, p. 475.
(1201) Art. 2 et art. 3 de la L. 23 avril 2003.
(1202) Développements, *Doc. parl.*, Sénat, sess. 2001-2002, n° 2-1256/1, p. 2.
(1203) *M.B.*, 7 août 2003 (vig. 7 août 2003).
(1204) L. 29 février 2024 introduisant le livre II du Code pénal, *M.B.*, 8 avril 2024 (vig. 8 avril 2026).

8° persécution de tout groupe ou de toute collectivité identifiable pour des motifs d'ordre politique, racial, national, ethnique, culturel, religieux ou sexiste ou en fonction d'autres critères universellement reconnus comme inadmissibles en droit international, en corrélation avec tout acte visé dans les articles 136*bis*, 136*ter* et 136*quater* ;

9° disparitions forcées de personnes ;

10° crime d'*apartheid* ;

11° autres actes inhumains de caractère analogue causant intentionnellement de grandes souffrances ou des atteintes graves à l'intégrité physique ou à la santé physique ou mentale ».

Comme pour les autres crimes internationaux[1205], cette définition est construite autour de deux axes : d'une part, un « chapeau » commun (l'attaque généralisée ou systématique contre une population civile et un élément de connaissance en lien avec cette attaque) et, d'autre part, différents crimes sous-jacents (le meurtre, p. ex.) qui, commis dans un tel contexte et avec l'intention qui leur est propre, sont susceptibles de constituer un crime contre l'humanité. Nous reviendrons tour à tour sur ces différents éléments dans les sections 2 et 3 du présent chapitre.

207 ▶ **Précédents.** La justice belge connaît ou a eu à connaître de diverses affaires sur le fondement de l'incrimination des crimes contre l'humanité. Certaines plaintes ont ainsi fait l'objet d'une instruction mais n'ont pas abouti – tel est notamment le cas de l'affaire *Pinochet*[1206], de l'affaire *M. D.* (dite des *Diamants de sang*)[1207], ou encore du dossier lié aux sévices subis par *R. S.* en Arabie saoudite[1208]. D'autres affaires sont en cours d'instruction – tel est le cas, à l'heure de clore cet ouvrage, d'une autre affaire saoudienne : celle emmenée par les deux

(1205) Voy. O. DE FROUVILLE, *Droit international pénal. Sources, incriminations, responsabilité*, Paris, Pedone, 2012, pp. 71-73.

(1206) J.I. Bruxelles, 6 novembre 1998, *R.D.P.C.*, 1999, p. 289. Voy. à ce sujet J. GOFFIN *et al.*, « La mise en œuvre du droit pénal international dans l'ordre juridique belge : perspectives au regard de l'ordonnance du 6 novembre 1998 », *Rev. dr. étr.*, 1999, n° 104, pp. 413-437 ; J. BURNÉO LABRIN et H. D. BOSLY, « L'extradition pour crime contre l'humanité d'un ancien chef d'État étranger », *R.D.P.C.*, 1999, n° 2, pp. 278-290 ; J. VERHOEVEN, « M. Pinochet, la coutume internationale et la compétence universelle », *J.T.*, 1999, n° 5924, pp. 311-318 ; A. BAILLEUX, *La compétence universelle au carrefour de la pyramide et du réseau : de l'expérience belge à l'exigence d'une justice pénale transnationale*, Bruxelles, Bruylant, 2005, pp. 34-37.

(1207) J.I. Bruxelles fr., 8 septembre 2015, inédit ; Corr. Bruxelles fr. (ch. cons.), 30 septembre 2015, inédit ; Bruxelles (mis. acc.), 10 novembre 2015, n° 1975, inédit ; Cass., 25 novembre 2015, R.G. n° P.15.1461.F, *Pas.*, 2015, n° 702, avec concl. M.P. Voy. à ce sujet C. SERON, « L'exploitation illicite de ressources naturelles par des opérateurs économiques privés durant les conflits armés est-elle constitutive du crime de guerre de pillage ? Réflexions sur l'affaire des "diamants de sang" en Sierra Leone », *Rev. dr. ULiège*, 2019, n° 3, pp. 399-427.

(1208) Bruxelles (mis. acc.), 11 juin 2009, n° 2508, inédit ; Bruxelles (mis. acc.), 11 juin 2009, n° 2509, inédit. Voy. à ce sujet L. WALLEYN, *Droits sans frontières*, Limal, Anthemis, 2023, pp. 171-180.

sœurs de *J. A.-H.*, affaire qui a fait l'objet d'un renvoi préjudiciel devant la Cour de justice de l'Union européenne à la demande de la chambre des mises en accusation de la cour d'appel de Bruxelles[1209].

Une seule condamnation peut être comptée à ce jour : celle qui concerne les faits commis au Guatemala à l'encontre de missionnaires belges dans les années 1978-1982, qualifiés de meurtres, disparitions forcées, emprisonnement et torture en tant que crimes contre l'humanité[1210]. Le 14 décembre 2023, la cour d'assises de Louvain a ainsi condamné cinq responsables de l'appareil militaire et politique guatémaltèque par défaut[1211]. La réclusion à perpétuité a été retenue à leur encontre[1212].

Rappelons[1213] en outre que les (allégations de fautes prises de) crimes contre l'humanité font aussi l'objet d'une certaine activité devant les juridictions civiles. Peuvent à ce titre être citées, l'affaire dite des *Enfants métis*[1214] et celle des *Hotspots grecs*[1215].

208 ▶ **Droit coutumier et rétroactivité.** L'incrimination des crimes contre l'humanité, introduite dans le droit belge par la loi du 10 février 1999[1216], peut-elle rétroagir, c'est-à-dire trouver à s'appliquer à des faits commis avant l'entrée en vigueur de la loi[1217] ? Telle était en tout cas l'intention du législateur, qui s'appuie à cette fin sur le droit international coutumier et sur le droit commun préexistants :

> « il est à noter que la nouvelle loi sera de toute façon applicable aux violations du droit humanitaire international commises avant son entrée en vigueur [...] parce que l'incrimination de ces violations trouve son fondement dans les principes généraux du droit pénal reconnus par toutes les nations civilisées

---

(1209) Bruxelles (mis. acc.), 12 décembre 2023, inédit. *Supra*, n° 148.

(1210) TRIAL INTERNATIONAL, *Universal Jurisdiction Annual Review 2024*, Rapport, 2023, pp. 28-29, disponible sur https://trialinternational.org/wp-content/uploads/2024/04/UJAR-2024_digital.pdf.

(1211) Louvain (ass.), 14 décembre 2023, n° 9/2023, inédit.

(1212) M. STAPPERS et S. WEBER, « Quand un tribunal belge crée l'espoir d'une justice au Guatemala », *JusticeInfo.net*, 30 janvier 2024, disponible sur https://www.justiceinfo.net/fr/127853-tribunal-belge-espoir-justice-guatemala.html.

(1213) *Supra*, n°s 60 et 61.

(1214) Civ. Bruxelles fr. (4e ch.), 8 décembre 2021, n° 282, *J.L.M.B.*, 2022, pp. 984-989. Voy. F. ROYEN, « La politique de placement d'enfants métis à l'épreuve du temps : juger aujourd'hui selon la vision du monde "à l'époque des faits" », *J.L.M.B.*, 2022, n° 22, pp. 990-996 ; J. VERVOORT, « La Belgique face à son passé colonial : l'affaire des enfants métis et la qualification de crime contre l'humanité », *Revue des droits de l'homme*, 2023, n° 23, disponible sur https://journals.openedition.org/revdh/17004.

(1215) Civ. Bruxelles fr. (4e ch.), 26 octobre 2023, n° 27859, inédit.

(1216) *M.B.*, 23 mars 1999 (vig. 2 avril 1999).

(1217) Voy. égal. sur cette question G. SCHAMPS, « L'incrimination du crime de génocide, du crime contre l'humanité et des crimes de guerre en droit belge à la lumière du droit international humanitaire », in A. JACOBS (dir.), *Actualités de droit pénal et de procédure pénale (II)*, coll. CUP, vol. 69, Bruxelles, Larcier, 2004, pp. 362-363.

par, entre autres, la ratification de conventions internationales et qui constituent le droit coutumier pénal international [et] parce que le génocide et les crimes contre l'humanité sont par définition constitutifs d'infractions au droit commun (meurtre, coups et blessures volontaires, viol, privation illégitime de la liberté, ...) et peuvent dès lors toujours être poursuivis sur cette base »[1218].

Les juges souscrivent à ce raisonnement, implicitement ou explicitement selon les cas[1219]. Une ordonnance prononcée dans l'affaire *Yerodia* peut tenir lieu d'illustration :

« Avant l'entrée en vigueur de la loi du 10 février 1999, le crime contre l'humanité n'était pas incriminé expressément dans le droit interne belge mais des actes tombant sous la définition de crime contre l'humanité pouvaient recouper certaines incriminations existantes (telles que l'assassinat, le meurtre, les coups et blessures, la séquestration avec torture, la prise d'otage, le crime de guerre, ...).
Si l'on admet que la coutume internationale est une source de droit au même titre que le traité, et qu'elle résulte d'une pratique où les États concernés montrent qu'ils ont le sentiment de se conformer à ce qui équivaut à une règle juridique, l'incrimination de crime contre l'humanité peut apparaître comme coutumière »[1220].

De la même manière, dans l'affaire guatémaltèque précitée, les faits en cause avaient été commis durant les années 1980, c'est-à-dire avant l'entrée en vigueur de la loi du 10 février 1999. Ceci ne fit pas obstacle à la recevabilité des poursuites :

« les juridictions belges sont compétentes pour connaître des faits [...], quand bien même les infractions [...] ont été commises avant l'entrée en vigueur de la loi du 16 juin 1993, telle que modifiée par la loi du 19 février 1999 et par l'article 136*ter* du Code pénal.
Les crimes contre l'humanité font partie du droit international coutumier et sont donc punissables en tant que tels conformément aux principes généraux de droit reconnus par l'ensemble des nations (articles 7, alinéa 2, de la CEDH et 15, alinéa 2, du PIDCP) »[1221].

(1218) Rapport fait au nom de la commission de la Justice, *Doc. parl.*, Sénat, sess. 1998-1999, n° 1-749/3, p. 3 ; Rapport fait au nom de la commission de la Justice, *Doc. parl.*, Ch. repr., sess. 1998-1999, n° 1863/2, p. 3.

(1219) S'agissant du génocide, voy., *mutatis mutandis*, *supra*, n° 178.

(1220) J.I. Bruxelles, 11 avril 2000, inédit (réf. omise). Voy. de même Bruxelles (mis. acc.), 26 juin 2002, *J.T.*, 2002, p. 540 (implicite).

(1221) Bruxelles (mis. acc.), 10 novembre 2022, inédit (notre traduction de « [...] zijn de Belgische rechtbanken bevoegd om van de [...] feiten kennis te nemen, zelfs indien de [...] gelegde feiten gepleegd zijn geweest vóór de inwerkingtreding van de wet van 16 juni 1993, zoals gewijzigd bij de wet van 10 februari 1999 en van artikel 136*ter* strafwetboek. Misdaden tegen de mensheid maken deel uit van het internationaal gewoonterecht en zijn als dusdanig strafbaar overeenkomstig de algemene rechtsbeginselen welke door de volkerengemeenschap worden erkend (artikelen 7, tweede alinea van het EVRM en 15, tweede alinea van het IVBPR) »). Voy. de même Bruxelles (mis. acc.), 20 mai 2009, n° 2634, inédit (et ce qu'en dit E. DAVID, *Éléments de droit pénal international et européen*, vol. 2, 2e éd., Bruxelles, Bruylant, 2018, p. 729).

Nous avons vu qu'un raisonnement plus audacieux encore peut être observé dans l'ordonnance *Pinochet*, par laquelle le juge d'instruction Vandermeersch s'est, le 6 novembre 1998 (soit avant même l'adoption de la loi de 1999), estimé compétent en matière de crimes contre l'humanité sur le fondement exclusif du droit international coutumier[1222].

Que le droit international coutumier soit, sur le principe, considéré comme propre à fonder une infraction pénale (ou à atténuer la rétroactivité de la loi belge d'incrimination) est une chose[1223]. Encore faut-il déterminer, pour chaque cas d'espèce, le contenu précis du droit international coutumier (en l'espèce, en matière de crimes contre l'humanité) tel qu'il existait à l'époque des faits. C'est à cet exercice difficile qu'a notamment été amené à se livrer le tribunal de première instance francophone de Bruxelles, chambre civile, dans l'affaire dite des *Enfants métis*. Celle-ci concerne la politique d'enlèvement et de placement forcé, dans des institutions religieuses, d'enfants nés d'un père blanc et d'une mère noire durant la période coloniale au Congo[1224]. En juin 2020, cinq victimes de cette politique assignèrent l'État belge au civil, estimant le comportement de celui-ci fautif car caractéristique d'un crime contre l'humanité. Les faits étant antérieurs à la loi du 10 février 1999, ceci supposait que le sort des enfants métis pût déjà être considéré comme relevant d'une incrimination coutumière des crimes contre l'humanité au cours de la période 1948-1961, ce que le tribunal ne s'estima pas en position de constater :

> « [l]e recours au droit coutumier international est [...] indispensable pour pouvoir qualifier de crimes contre l'humanité des faits antérieurs à la création d'une telle incrimination en droit interne belge, tout en assurant le respect des principes de légalité et de non-rétroactivité du droit pénal au sens large.
> En l'espèce, il y a lieu d'examiner si, et le cas échéant depuis quand, les faits dénoncés par les demanderesses, à savoir la politique de placement des enfants métis dans des institutions religieuses pour des motifs raciaux, sont constitutifs d'un crime contre l'humanité en vertu du droit pénal coutumier international.
> [Même à considérer] qu'une incrimination coutumière de crime contre l'humanité était consacrée à partir du procès de Nuremberg, celui-ci ne peut, en tout état de cause, pas être assimilé à une pratique d'États visant

(1222) J.I. Bruxelles, 6 novembre 1998, *R.D.P.C.*, 1999, p. 289. Voy. J. GOFFIN *et al.*, « La mise en œuvre du droit pénal international dans l'ordre juridique belge : perspectives au regard de l'ordonnance du 6 novembre 1998 », *Rev. dr. étr.*, 1999, n° 104, pp. 413-437 ; J. BURNÉO LABRIN et H. D. BOSLY, « L'extradition pour crime contre l'humanité d'un ancien chef d'État étranger », *R.D.P.C.*, 1999, n° 2, pp. 278-290 ; J. VERHOEVEN, « M. Pinochet, la coutume internationale et la compétence universelle », *J.T.*, 1999, n° 5924, pp. 311-315.
(1223) Sur ce débat, voy. *supra*, n° 80.
(1224) Voy. Résolution relative à la ségrégation subie par les métis issus de la colonisation belge en Afrique, *Doc. parl.*, Ch. repr., sess. 2017-2018, 29 mars 2018, n° 55-2952/007.

à incriminer le placement d'enfants métis dans des institutions religieuses pour des motifs raciaux.
Certes, [...] la notion de crime contre l'humanité s'est graduellement élargie en manière telle que, menée aujourd'hui, une politique de placement d'enfants métis comparable à celle dénoncée par les demanderesses tomberait vraisemblablement sous le coup de cette incrimination.
Il n'en demeure pas moins que ces éléments contextuels ne permettent pas d'établir qu'entre 1948 et 1961, la politique de placement d'enfants métis dans des institutions religieuses pour des motifs raciaux était considérée par la Communauté des États comme un crime contre l'humanité et incriminée comme telle »[1225].

Section 2.
Les éléments constitutifs contextuels

1. Une attaque généralisée ou systématique contre la population civile

209 ▶ **Notion.** L'infraction visée à l'article 136*ter* du Code pénal est construite autour d'un élément contextuel commun à toutes les formes de crimes contre l'humanité : l'existence d'une « attaque généralisée ou systématique lancée contre une population civile »[1226].

Ce concept, qui constitue le cœur intellectuel même des crimes contre l'humanité, peut être éclairé par le droit et la pratique de la Cour pénale internationale, qui ont vocation à servir de guide interprétatif pour les notions correspondantes dans la loi belge[1227].

(1225) Civ. Bruxelles fr. (4e ch.), 8 décembre 2021, n° 282, *J.L.M.B.*, 2022, pp. 988-989 (dont appel ; réf. omises). Voy. F. ROYEN, « La politique de placement d'enfants métis à l'épreuve du temps : juger aujourd'hui selon la vision du monde "à l'époque des faits" », *J.L.M.B.*, 2022, n° 22, pp. 990-996.
(1226) Louvain (ass.), 14 décembre 2023, n° 9/2023, inédit, p. 18 ; Bruxelles (mis. acc.), 9 janvier 2020, n° 153, inédit, p. 8 ; Bruxelles (mis. acc.), 10 novembre 2015, n° 1975, inédit, p. 4 ; J.I. Bruxelles, 6 novembre 1998, *R.D.P.C.*, 1999, p. 284 ; J.I. Bruxelles, 11 avril 2000, inédit.
(1227) Développements, *Doc. parl.*, Sénat, sess. 2001-2002, n° 2-1256/1, p. 2. Voy. égal. P. D'ARGENT, « La loi du 10 février 1999 relative à la répression des violations graves du droit international humanitaire », *J.T.*, 1999, n° 5935, p. 551 ; L. DE SMET et Fr. NAERT, « Making or Breaking International Law? An International Law Analysis of Belgium's Act Concerning the Punishment of Grave Breaches of International Humanitarian Law », *R.B.D.I.*, 2002, nos 1-2, p. 477 ; A. WEYEMBERGH et L. KENNES, *Droit pénal spécial*, Limal, Anthemis, 2011, p. 90.

210 ▶ **Une attaque.** L'« attaque », au sens de l'article 136*ter* du Code pénal, n'implique pas nécessairement l'existence d'un conflit armé[1228], ni même le recours à la force armée[1229]. La notion suppose uniquement la commission multiple d'actes susceptibles d'entrer dans le champ des crimes contre l'humanité[1230].

211 ▶ **Contre toute population civile.** L'exigence d'attaque contre la population civile supposait, selon la première pratique de la Cour pénale internationale, que les civils fussent la cible *principale* de l'attaque[1231]. La Cour comprend aujourd'hui son Statut de façon plus souple et réclame que l'attaque fût simplement dirigée contre la population civile, ce qui n'a pas pour effet d'exclure les attaques poursuivant d'autres objectifs et constitue une question essentiellement factuelle relevant de l'appréciation du juge du fond[1232].

La population civile, estime la Cour pénale internationale (selon une lecture plutôt large), s'entend de toute personne véritablement « civile » au sens du droit international humanitaire, mais également des personnes qui ne le sont pas mais que celui-ci protège par ailleurs, c'est-à-dire d'autres personnes ne participant pas ou plus aux hostilités (en particulier les prisonniers de guerre et les combattants hors de combat)[1233].

212 ▶ **Caractère systématique ou généralisé de l'attaque.** Le caractère généralisé tient à l'échelle des crimes, c'est-à-dire au nombre de victimes qui en est résulté[1234]. La nature systématique reflète pour sa part le caractère

(1228) TPIY, *Le Procureur c. Kunarac et al.*, IT-96-23-T & IT-96-23/1-T, Ch. pr. inst. I, Jugement, 22 février 2001, § 415.

(1229) CPI, *Le Procureur c. Katanga*, ICC-01/04-01/07-3436, Ch. pr. inst. I, Jugement rendu en application de l'article 74 du Statut, 7 mars 2014, § 1101 ; CPI, *Le Procureur c. Bemba Gombo*, ICC-01/05-01/08-3343-tFRA, Ch. pr. inst. III, Jugement en application de l'article 74 du Statut, 21 mars 2016, § 149 ; CPI, *Le Procureur c. Ntaganda*, ICC-01/04-02/06-2359-tFRA, Ch. pr. inst. VI, Jugement, 8 juillet 2019, § 663.

(1230) Art. 7, § 2, a), du Statut de Rome.

(1231) CPI, *Le Procureur c. Ntaganda*, ICC-01/04-02/06-2359-tFRA, Ch. pr. inst. VI, Jugement, 8 juillet 2019, § 668 ; CPI, *Le Procureur c. Ongwen*, ICC-02/04-01/15-1762-Red, Ch. pr. inst. IX, Trial Judgment, 4 février 2021, § 2675.

(1232) CPI, *Le Procureur c. Ntaganda*, ICC-01/04-02/06-2666-Red, Ch. d'appel, Judgment on the appeals of Mr Bosco Ntaganda and the Prosecutor against the decision of Trial Chamber VI of 8 July 2019 entitled "Judgment", 30 mars 2021, § 424 ; CPI, *Le Procureur c. Al Hassan*, ICC-01/12-01/18-2594-Red, Ch. pr. inst. X, Judgment, 26 juin 2024, § 1107.

(1233) CPI, *Le Procureur c. Bemba Gombo*, ICC-01/05-01/08-3343-tFRA, Ch. pr. inst. III, Jugement en application de l'article 74 du Statut, 21 mars 2016, § 156 ; CPI, *Le Procureur c. Ntaganda*, ICC-01/04-02/06-2359-tFRA, Ch. pr. inst. VI, Jugement, 8 juillet 2019, § 669. *Contra*, dans la première jurisprudence de la Cour, voy. CPI, *Le Procureur c. Katanga*, ICC-01/04-01/07-3436, Ch. pr. inst. I, Jugement rendu en application de l'article 74 du Statut, 7 mars 2014, § 1102.

(1234) CPI, *Le Procureur c. Katanga*, ICC-01/04-01/07-3436, Ch. pr. inst. I, Jugement rendu en application de l'article 74 du Statut, 7 mars 2014, § 1123 ; CPI, *Le Procureur c. Bemba Gombo*, ICC-01/05-01/08-3343-tFRA, Ch. pr. inst. III, Jugement en application de l'article 74 du Statut, 21 mars 2016, § 163 ; CPI, *Le Procureur c. Ntaganda*, ICC-01/04-02/06-2359-tFRA, Ch. pr. inst. VI, Jugement, 8 juillet 2019, § 691. Pour un cas d'application en Belgique, voy. Louvain (ass.), 14 décembre 2023, n° 9/2023, inédit, p. 14.

organisé des actes de violence commis et l'improbabilité de leur caractère fortuit[1235].

Les crimes contre l'humanité, tels qu'ils sont visés à l'article 136*ter* du Code pénal, mais aussi à l'article 7, paragraphe 1er, du Statut de Rome de la Cour pénale internationale, supposent un contexte de violences systématiques *ou* généralisées. Ainsi, il n'est pas nécessaire qu'un nombre important de victimes résulte du crime, pourvu que les actes de violence en cause se traduisent par la répétition délibérée et régulière d'agissements criminels similaires (et *vice versa*)[1236].

213 ▶ **Politique d'État ou d'organisation.** L'article 7, paragraphe 2, a), du Statut de Rome, qui prétend définir la notion d'attaque contre une population civile, ajoute incidemment que celle-ci doit intervenir « en application ou dans la poursuite de la politique d'un État ou d'une organisation ayant pour but une telle attaque ». La Cour pénale internationale y voit un élément constitutif supplémentaire qui serait distinct du caractère généralisé de l'attaque[1237]. Elle se montre toutefois relativement souple sur le fond : pareille politique, indique-t-elle, n'a « pas besoin d'être énoncée de façon formelle » mais suppose simplement que les agissements aient été perpétrés « selon un modèle régulier »[1238]. Les Éléments des crimes de la Cour pénale internationale précisent que dans « [d]es circonstances exceptionnelles, une telle politique peut prendre la forme d'une abstention délibérée d'agir, par laquelle l'État ou l'organisation entend consciemment encourager une telle attaque »[1239].

Quoi qu'il en soit, on peut douter que la condition de « politique d'État ou d'organisation » trouve à s'appliquer en droit belge[1240]. Celle-ci ne ressort en effet pas du libellé de l'article 136*ter* du Code pénal. Certes, ce dernier a vocation à être interprété à la lumière du Statut de Rome[1241]. Mais le critère apparaît de façon nouvelle

---

(1235) CPI, *Le Procureur c. Katanga*, ICC-01/04-01/07-3436, Ch. pr. inst. I, Jugement rendu en application de l'article 74 du Statut, 7 mars 2014, § 1123 ; CPI, *Le Procureur c. Ntaganda*, ICC-01/04-02/06-2359-tFRA, Ch. pr. inst. VI, Jugement, 8 juillet 2019, § 692. Pour un cas d'application en Belgique, voy. Louvain (ass.), 14 décembre 2023, n° 9/2023, inédit, p. 15.

(1236) CPI, *Le Procureur c. Bemba Gombo*, ICC-01/05-01/08-3343-tFRA, Ch. pr. inst. III, Jugement en application de l'article 74 du Statut, 21 mars 2016, § 162.

(1237) CPI, *Le Procureur c. Bemba Gombo*, ICC-01/05-01/08-3343-tFRA, Ch. pr. inst. III, Jugement en application de l'article 74 du Statut, 21 mars 2016, § 157 ; CPI, *Le Procureur c. Al Hassan*, ICC-01/12-01/18-2594-Red, Ch. pr. inst. X, Judgment, 26 juin 2024, § 1108.

(1238) CPI, *Le Procureur c. Bemba Gombo*, ICC-01/05-01/08-3343-tFRA, Ch. pr. inst. III, Jugement en application de l'article 74 du Statut, 21 mars 2016, §§ 159-160 ; CPI, *Le Procureur c. Ruto et al.*, ICC-01/09-01/11-1-tFRA, Ch. prélim. II, Décision relative à la requête du Procureur aux fins de délivrance de citations à comparaître à William Samoei Ruto, Henry Kiprono Kosgey et Joshua Arap Sang, 8 mars 2011, §§ 24-25.

(1239) Art. 7 des Éléments des crimes (introduction, note 6).

(1240) Voy. *mutatis mutandis*, s'agissant de la condition de « plan génocidaire » introduite par les Éléments des crimes, *supra*, n° 189.

(1241) Développements, *Doc. parl.*, Sénat, sess. 2001-2002, n° 2-1256/1, p. 2.

dans le Statut[1242] ; il ne trouve pas de traduction dans le droit international pénal coutumier[1243]. C'est donc, à notre avis, de « relativité normative »[1244] qu'il est question ici : les crimes contre l'humanité supposent une politique d'État ou d'organisation lorsqu'ils sont mis en œuvre devant la Cour pénale internationale, mais pas lorsqu'ils font l'objet de poursuites devant les juridictions belges[1245].

214 ▸ **Un lien de rattachement entre le crime sous-jacent et l'attaque.** Pour constituer un crime contre l'humanité, le crime sous-jacent doit avoir été commis « dans le cadre de » – c'est-à-dire en lien avec – l'attaque généralisée ou systématique lancée contre la population civile. Ainsi, les actes isolés qui, par leur contexte et leurs circonstances, diffèrent clairement d'autres actes s'inscrivant dans le cadre d'une attaque ne constituent pas des crimes contre l'humanité[1246].

2. Un élément de connaissance

215 ▸ **Élément moral contextuel.** En énonçant que, pour être qualifié de crime contre l'humanité, le crime sous-jacent doit être commis « en connaissance » de l'attaque générale ou systématique contre la population civile, l'article 136*ter* du Code pénal réclame un élément psychologique commun à toutes les formes de crimes contre l'humanité[1247]. Cette *mens rea* contextuelle s'ajoute à l'élément moral propre à chaque crime sous-jacent[1248].

Selon la jurisprudence pénale internationale, cet élément psychologique contextuel est double puisqu'il tient à la conscience, d'une part, de *l'existence d'une attaque* généralisée ou systématique contre la population civile et, d'autre part, du *rattachement* de ses propres actes à cette attaque[1249]. Ceci ne suppose pas que l'auteur ait eu connaissance de toutes les caractéristiques de l'attaque ou des détails précis du plan ou de la politique de l'État ou de l'organisation, mais bien qu'il fût conscient que son comportement faisait partie d'une attaque plus globale contre une population civile ou ait entendu qu'il en fasse partie[1250].

(1242) Voy. p. ex. son rejet par TPIY, *Le Procureur c. Kunarac et al.*, IT-96-23 & IT-96-23/1-A, Ch. d'appel, Arrêt, 12 juin 2002, § 98.

(1243) G. Mettraux, *International Crimes: Law and Practice. Volume II: Crimes Against Humanity*, Oxford, OUP, 2020, pp. 285-287.

(1244) *Supra*, n° 4.

(1245) En ce sens, voy. O. Bekou, « Crimes at Crossroads: Incorporating International Crimes at the National Level », *J.I.C.J.*, 2012, vol. 10, p. 685.

(1246) CPI, *Le Procureur c. Bemba Gombo*, ICC-01/05-01/08-3343-tFRA, Ch. pr. inst. III, Jugement en application de l'article 74 du Statut, 21 mars 2016, § 165.

(1247) Louvain (ass.), 14 décembre 2023, n° 9/2023, inédit, p. 18 ; Bruxelles (mis. acc.), 10 novembre 2015, n° 1975, inédit, p. 4.

(1248) J. Fernandez, *Droit international pénal*, 2e éd., Paris, L.G.D.J., 2022, p. 176.

(1249) CPI, *Le Procureur c. Bemba Gombo*, ICC-01/05-01/08-3343-tFRA, Ch. pr. inst. III, Jugement en application de l'article 74 du Statut, 21 mars 2016, § 167.

(1250) Art. 7 des Éléments des crimes. Voy. égal., p. ex., CPI, *Le Procureur c. Al Hassan*, ICC-01/12-01/18-2594-Red, Ch. pr. inst. X, Judgment, 26 juin 2024, § 1117.

3. La question du lien avec un conflit armé

216 **Notion.** Les crimes contre l'humanité, tels que conçus à Nuremberg et à Tokyo, réclamaient un *nexus* avec un autre crime prévu par le statut de ces juridictions – c'est-à-dire un rattachement au crime contre la paix ou aux crimes de guerre[1251]. Ce lien était supposé atténuer la nouveauté de l'incrimination et l'indélicatesse faite aux principes de prévisibilité et de non-rétroactivité de la loi pénale[1252]. D'autres y voient plutôt l'influence du champ des conflits armés – et en particulier de la « clause de Martens » – en tant que terreau historique des crimes contre l'humanité[1253].

Quoi qu'il en soit, cette exigence, qui avait déjà été atténuée dans le statut et par la pratique des deux tribunaux *ad hoc*[1254], est étrangère au Statut de Rome, de même que, pour ce qui concerne ce *verbo* plus spécifiquement, au Code pénal belge[1255]. L'article 136*ter* du Code pénal le rappelle explicitement en énonçant que le crime contre l'humanité constitue un crime de droit international « qu'il soit commis en temps de paix ou en temps de guerre ». Ceci est conforme au droit international coutumier, qui dévoile aujourd'hui une conception des crimes contre l'humanité en tant qu'incrimination résolument indépendante des autres crimes internationaux[1256].

Section 3.
Les crimes sous-jacents

217 **Généralités – *Mens rea* par défaut (rappel).** Dans les pages qui suivent, comme en matière de génocide, nous ne spécifierons la *mens rea* propre aux crimes sous-jacents examinés que dans la mesure où celle-ci s'écarte de la règle visée à l'article 30 du Statut de Rome. À défaut, conformément au droit international pénal, les crimes sous-jacents sont établis dès lors que leurs éléments matériels sont commis avec « intention et connaissance »[1257].

(1251) Art. 6(c) du Statut du TMI de Nuremberg ; art. 5(c) de la Charte du TMI de Tokyo.
(1252) R. Kolb et D. Scalia, *Droit international pénal : précis*, 2e éd., Bâle, Helbing Lichtenhahn, 2012, p. 98 ; G. Mettraux, *International Crimes: Law and Practice. Volume II: Crimes Against Humanity*, Oxford, OUP, 2020, p. 46.
(1253) K. Ambos, *Treatise on International Criminal Law. Volume II: The Crimes and Sentencing*, 2e éd., Oxford, OUP, 2022, p. 50.
(1254) J. Fernandez, *Droit international pénal*, 2e éd., Paris, L.G.D.J., 2022, p. 170 ; O. de Frouville, *Droit international pénal. Sources, incriminations, responsabilité*, Paris, Pedone, 2012, p. 122.
(1255) J.I. Bruxelles, 6 novembre 1998, *R.D.P.C.*, 1999, p. 284 ; J.I. Bruxelles, 11 avril 2000, inédit.
(1256) G. Mettraux, *International Crimes: Law and Practice. Volume II: Crimes Against Humanity*, Oxford, OUP, 2020, p. 49 ; K. Ambos, *Treatise on International Criminal Law. Volume II: The Crimes and Sentencing*, 2e éd., Oxford, OUP, 2022, pp. 54-55.
(1257) *Supra*, n° 192.

218 ▶ **Meurtre.** Le meurtre en tant que crime contre l'humanité (art. 136*ter*, 1°, du C. pén.) est identique au meurtre susceptible de constituer un crime de génocide. Seul le contexte général varie : une attaque généralisée ou systématique contre la population civile dans le premier cas, une intention génocidaire dans le second.

Il est ainsi requis, sur le plan matériel, que l'auteur ait causé la mort d'une ou de plusieurs personnes[1258].

Conformément à l'article 30 du Statut de Rome[1259], l'infraction suppose une intention de causer la mort ou la conscience que la mort résultera dans le cours normal des événements[1260]. La préméditation n'est donc pas requise[1261].

219 ▶ **Extermination.** L'extermination en tant que crime contre l'humanité (art. 136*ter*, 2°, du C. pén.) se distingue du meurtre par sa dimension quantitative[1262]. L'extermination se définit en effet comme le « massacre de membres d'une population civile »[1263]. Elle peut être le résultat de la soumission des personnes à des conditions d'existence indirectement propres à entraîner leur destruction, telles que la privation d'accès à la nourriture ou aux médicaments[1264].

220 ▶ **Réduction en esclavage.** La réduction en esclavage en tant que crime contre l'humanité (art. 136*ter*, 3°, du C. pén.) s'entend de l'exercice de l'un quelconque des pouvoirs liés au droit de propriété sur une ou plusieurs personnes, par exemple en achetant, vendant, prêtant ou troquant ladite ou lesdites personnes, ou en leur imposant une privation de liberté similaire[1265]. La liste n'est pas

---

(1258) CPI, *Le Procureur c. Katanga*, ICC-01/04-01/07-3436, Ch. pr. inst. I, Jugement rendu en application de l'article 74 du Statut, 7 mars 2014, § 767 ; CPI, *Le Procureur c. Bemba Gombo*, ICC-01/05-01/08-3343-tFRA, Ch. pr. inst. III, Jugement en application de l'article 74 du Statut, 21 mars 2016, § 87 ; CPI, *Le Procureur c. Ntaganda*, ICC-01/04-02/06-2359-tFRA, Ch. pr. inst. VI, Jugement, 8 juillet 2019, § 859. Voy. égal. art. 7, 1), a), 1°, des Éléments des crimes.

(1259) CPI, *Le Procureur c. Katanga*, ICC-01/04-01/07-3436, Ch. pr. inst. I, Jugement rendu en application de l'article 74 du Statut, 7 mars 2014, § 781 ; CPI, *Le Procureur c. Bemba Gombo*, ICC-01/05-01/08-3343-tFRA, Ch. pr. inst. III, Jugement en application de l'article 74 du Statut, 21 mars 2016, § 90.

(1260) *Supra*, n° 192.

(1261) Louvain (ass.), 14 décembre 2023, n° 9/2023, inédit, p. 13. Voy. égal. J. FERNANDEZ, *Droit international pénal*, 2e éd., Paris, L.G.D.J., 2022, p. 178 ; G. METTRAUX, *International Crimes: Law and Practice. Volume II: Crimes Against Humanity*, Oxford, OUP, 2020, p. 49.

(1262) J. FERNANDEZ, *Droit international pénal*, 2e éd., Paris, L.G.D.J., 2022, p. 170 ; R. KOLB et D. SCALIA, *Droit international pénal : précis*, 2e éd., Bâle, Helbing Lichtenhahn, 2012, p. 106.

(1263) Art. 7, 1), b), 2°, des Éléments des crimes.

(1264) Art. 7, 2), b), du Statut de Rome. Voy. aussi art. 7, 1), b), 1° (et note 9), des Éléments des crimes.

(1265) Art. 7, 1), c), 1°, des Éléments des crimes. Voy. égal. Parquet fédéral, FD.30.98.60/11, Réquisitoire dans le cadre de l'appel de l'inculpé d'une ordonnance maintenant la détention préventive, 14 octobre 2015, inédit, §§ 28-29.

conçue pour être exhaustive[1266]. Elle peut inclure la soumission à des travaux forcés et la traite des êtres humains, notamment de femmes ou d'enfants[1267].

221 ▶ **Déportation ou transfert forcé de population.** La déportation ou le transfert forcé de population en tant que crime contre l'humanité (art. 136*ter*, 4°, du C. pén.) suppose que l'auteur ait déporté ou transféré de force une ou plusieurs personnes dans un autre État ou un autre lieu, en les expulsant ou par d'autres moyens coercitifs[1268]. Selon les Éléments des crimes de la Cour pénale internationale, le terme de « force » ne se limite pas à la force physique et peut comprendre un acte commis en usant, à l'encontre des personnes directement concernées ou de tiers, de la menace de la force ou de la coercition, telle que celle causée par la menace de violence, contrainte, détention, pressions psychologiques, abus de pouvoir, ou autre climat coercitif[1269]. Contrairement à la déportation, qui suppose le franchissement d'une frontière internationale, le transfert forcé vise le déplacement au sein d'un même État[1270].

Il est requis que les personnes concernées fussent légalement présentes dans la région où elles se trouvaient[1271], et que le transfert ou déplacement ne soit fondé sur aucun motif admis en droit international[1272]. N'est donc pas répréhensible, par exemple, l'évacuation pour des raisons de sécurité ou d'impérieuses raisons militaires, telle que légalement autorisée par le droit international humanitaire dans le cadre d'un conflit armé[1273].

Sur le plan psychologique, l'article 30 du Statut de Rome trouve à s'appliquer[1274]. Sont donc exigées une intention de procéder au transfert ou à la déportation, mais aussi – précisent explicitement les Éléments des crimes – une connaissance, de la part de l'auteur, des circonstances de fait établissant la légalité de la présence des personnes concernées dans la région d'où elles ont été déportées ou transférées.

222 ▶ **Emprisonnement ou autre forme de privation grave de liberté.** Le crime sous-jacent visé à l'article 136*ter*, 5°, du Code pénal suppose soit un emprisonnement, soit une autre forme de privation de liberté. Est donc également visée la

---

(1266) CPI, *Le Procureur c. Ongwen*, ICC-02/04-01/15-1762-Red, Ch. pr. inst. IX, Trial Judgment, 4 février 2021, § 2712.
(1267) Art. 7, 1), c), 1° (note 11), des Éléments des crimes.
(1268) Art. 7, 1), d), 1°, des Éléments des crimes.
(1269) Art. 7, 1), d), 1° (note 12), des Éléments des crimes.
(1270) CPI, *Situation au Bangladesh/Myanmar*, ICC-01/19-27, Ch. prélim. III, Decision Pursuant to Article 15 of the Rome Statute on the Authorisation of an Investigation into the Situation in the People's Republic of Bangladesh/Republic of the Union of Myanmar, 14 novembre 2019, § 52 ; TPIY, *Le Procureur c. Krstić*, IT-98-33-T, Ch. pr. inst. I, Jugement, 2 août 2001, § 521.
(1271) Art. 7, 1), d), 2°, des Éléments des crimes.
(1272) Art. 7, 1), d), 1°, des Éléments des crimes.
(1273) Art. 49, al. 2, de la quatrième Convention de Genève du 12 août 1949. Voy. TPIY, *Le Procureur c. Krstić*, IT-98-33-T, Ch. pr. inst. I, Jugement, 2 août 2001, § 524.
(1274) *Supra*, n° 192.

restriction illégale des mouvements d'une personne à un espace spécifique tel qu'un ghetto, un camp ou une maison, par exemple[1275]. Dans tous les cas, la privation de liberté doit être arbitraire (en ce sens qu'il n'existe pas de base légale justifiant la détention ou que la personne soit privée de tout droit procédural) et un certain seuil de gravité est exigé[1276]. L'exigence de gravité est interprétée de façon souple par la Cour pénale internationale ; on ne saurait faire valoir la seule brièveté de la détention pour contester la gravité de la privation de liberté[1277].

Selon les Éléments des crimes, il est notamment requis, au titre d'élément moral, que l'auteur ait eu *connaissance* des circonstances de fait établissant la gravité de son comportement. Ceci s'ajoute naturellement à l'*intention* de poser ledit comportement[1278].

223 ▶ **Torture.** La torture en tant que crime contre l'humanité se définit, selon l'article 7, paragraphe 2, e), du Statut de Rome, comme « le fait d'infliger intentionnellement une douleur ou des souffrances aiguës, physiques ou mentales, à une personne se trouvant sous sa garde ou sous son contrôle ; l'acception de ce terme ne s'étend pas à la douleur ou aux souffrances résultant uniquement de sanctions légales, inhérentes à ces sanctions ou occasionnées par elles »[1279]. Cette définition appelle plusieurs observations.

Premièrement, sur le plan de l'*actus reus*, l'incrimination a un champ d'application plus étendu que la définition « source » de la torture en droit international des droits humains[1280] puisqu'il n'est pas requis que les actes de torture soient le fait de personnes dépositaires de l'autorité publique. Cette conception ample de la torture correspond à la fois au droit international pénal coutumier[1281] et à la compréhension de la torture en tant qu'infraction de droit commun en droit belge[1282]. Aussi, il ne fait aucun doute, à notre avis, que la torture, en tant que

(1275) CPI, *Situation au Burundi*, ICC-01/17-9-Red-tFRA, Ch. prélim. III, Version publique expurgée de la Décision relative à la demande d'autorisation d'ouvrir une enquête dans le cadre de la situation au Burundi rendue en application de l'article 15 du Statut de Rome le 25 octobre 2017 (ICC-01/17-X-9-US-Exp), 9 novembre 2017, § 68.
(1276) Art. 7, 1), e), 2°, des Éléments des crimes. Voy. égal. G. Mettraux, *International Crimes: Law and Practice. Volume II: Crimes Against Humanity*, Oxford, OUP, 2020, pp. 490-491.
(1277) CPI, *Situation au Burundi*, ICC-01/17-9-Red-tFRA, Ch. prélim. III, Version publique expurgée de la Décision relative à la demande d'autorisation d'ouvrir une enquête dans le cadre de la situation au Burundi rendue en application de l'article 15 du Statut de Rome le 25 octobre 2017 (ICC-01/17-X-9-US-Exp), 9 novembre 2017, § 68.
(1278) *Supra*, n° 192.
(1279) Voy. égal. art. 7, 1), f), 1° et 2°, des Éléments des crimes.
(1280) Voy. en particulier l'article 1er de la Convention contre la torture et autres peines ou traitements cruels, inhumains ou dégradants.
(1281) G. Mettraux, *International Crimes: Law and Practice. Volume II: Crimes Against Humanity*, Oxford, OUP, 2020, p. 518 ; R. Kolb et D. Scalia, *Droit international pénal : précis*, 2e éd., Bâle, Helbing Lichtenhahn, 2012, p. 110.
(1282) D. Chichoyan, « Torture », in *Postal Memorialis. Lexique du droit pénal et des lois spéciales*, Liège, Wolters Kluwer, suppl. mai 2022, n° T 105, p. 509.

crime contre l'humanité de droit belge (art. 136*ter*, 6°, du C. pén.), ne réclame pas davantage l'intervention d'une personne dépositaire de l'autorité publique[1283].

Deuxièmement, le droit de la Cour pénale internationale réserve l'hypothèse de la douleur ou de souffrances qui résulteraient uniquement de sanctions légales[1284]. La Cour n'accorde pas beaucoup de poids à cet élément dès lors qu'elle juge qu'une sanction judiciaire qui condamnerait à des traitements contraires aux standards internationaux contre la torture ne pourrait aucun cas être considérée comme « légale »[1285]. Quoi qu'il en soit, pareille réserve ne trouve pas de traduction dans le droit international coutumier[1286], pas plus que dans la définition commune de la torture en droit belge[1287]. Elle est donc étrangère, elle aussi, au périmètre de l'article 136*ter*, 6°, du Code pénal.

Troisièmement et en sens inverse, la définition de l'*actus reus* selon le Statut de Rome voit la torture limitée à l'hypothèse dans laquelle la victime se trouve sous la garde ou sous le contrôle de l'auteur[1288]. Ceci ne correspond pas au droit international pénal coutumier[1289], pas plus qu'au droit commun de la torture en droit pénal belge[1290]. Il n'y a donc pas lieu de transposer ce critère à l'article 136*ter*, 6°, du Code pénal.

Quatrièmement et enfin, s'agissant de la *mens rea*, le droit international des droits humains suppose un dol spécial, soit la recherche d'un but particulier à travers les sévices infligés (obtenir des aveux, p. ex.)[1291]. La pratique des tribunaux pénaux internationaux est conforme à cette exigence[1292] mais le cadre de la Cour pénale internationale s'en distingue puisque les Éléments des crimes

(1283) Voy. toutefois, paraissant suggérer le contraire, Louvain (ass.), 14 décembre 2023, n° 9/2023, inédit, p. 17 (« [...] tonen onweerlegbaar aan dat de wederrechtelijke ontvoering, gevangenhouding en marteling het werk was van een door de hoogste gezagsdragers van het land gecontroleerde dienst »).

(1284) Art. 7, § 2, e), du Statut de Rome.

(1285) CPI, *Le Procureur c. Al Hassan*, ICC-01/12-01/18-2594-Red, Ch. pr. inst. X, Judgment, 26 juin 2024, § 1306.

(1286) G. METTRAUX, *International Crimes: Law and Practice. Volume II: Crimes Against Humanity*, Oxford, OUP, 2020, p. 521.

(1287) D. CHICHOYAN, « Torture », in *Postal Memorialis. Lexique du droit pénal et des lois spéciales*, Liège, Wolters Kluwer, suppl. mai 2022, n° T 105, p. 512.

(1288) Répété à l'art. 7, 1), f), 2°, des Éléments des crimes.

(1289) G. METTRAUX, *International Crimes: Law and Practice. Volume II: Crimes Against Humanity*, Oxford, OUP, 2020, pp. 519-520.

(1290) Art. 417*ter* du C. pén. actuel.

(1291) Art. 1er de la Convention contre la torture et autres peines ou traitements cruels, inhumains ou dégradants (« aux fins notamment d'obtenir d'elle ou d'une tierce personne des renseignements ou des aveux, de la punir d'un acte qu'elle ou une tierce personne a commis ou est soupçonnée d'avoir commis, de l'intimider ou de faire pression sur elle ou d'intimider ou de faire pression sur une tierce personne, ou pour tout autre motif fondé sur une forme de discrimination quelle qu'elle soit »).

(1292) O. DE FROUVILLE, *Droit international pénal. Sources, incriminations, responsabilité*, Paris, Pedone, 2012, pp. 156-157.

énoncent qu'aucune intention spécifique ne doit être établie pour constituer le crime[1293]. De la même manière, aucun dol spécial n'est requis, en droit belge, pour la torture en tant qu'infraction de droit commun (art. 417*ter* du C. pén.)[1294]. Rien ne permet de penser, à notre avis, qu'il devrait en aller différemment pour la torture en tant que crime contre l'humanité[1295].

224 ▶ **Viol et violences sexuelles.** L'article 136*ter*, 7°, du Code pénal incrimine le viol et les autres formes de violences sexuelles au titre des crimes contre l'humanité. Sont ainsi spécifiquement visés :

— le viol (soit, selon les Éléments des crimes, la pénétration, même superficielle, d'une partie du corps de la victime ou de l'auteur par un organe sexuel, ou de l'anus ou du vagin de la victime par un objet ou toute partie du corps[1296], et ce par la force, la menace de la force, la coercition ou encore en profitant de l'incapacité de la personne de donner son libre consentement[1297]) ;

— l'esclavage sexuel (soit la contrainte à accomplir un acte ou plusieurs actes de nature sexuelle associée à l'exercice de l'un quelconque ou de l'ensemble des pouvoirs associés au droit de propriété sur la ou les personnes concernées[1298]) ;

— la prostitution forcée (soit le fait d'amener une personne à accomplir un ou plusieurs actes de nature sexuelle par la force, la menace de la force ou la coercition, pour espérer obtenir un avantage pécuniaire[1299]) ;

— la grossesse forcée (soit le fait de détenir une ou plusieurs femmes rendues enceintes de force, dans l'intention de modifier la composition ethnique d'une population ou de commettre d'autres violations graves du droit international[1300]) ;

— la stérilisation forcée (soit la privation de la capacité biologique de se reproduire, sans que de tels actes soient justifiés par un traitement médical ou hospitalier ni effectués avec le libre consentement de la victime)[1301] ;

— toute autre forme de violence sexuelle, pourvu que sa gravité soit comparable et que l'auteur ait eu connaissance des circonstances de fait établissant la gravité de son comportement[1302].

(1293) Art. 7, 1), f), des Éléments des crimes (intitulé, note 14).

(1294) Cass., 1er décembre 2010, *Pas.*, 2010, p. 3051 ; Cass., 9 mars 2021, *T. Strafr.*, 2021, p. 149.

(1295) Voy. toutefois, paraissant suggérer le contraire, Louvain (ass.), 14 décembre 2023, n° 9/2023, inédit, p. 17 (« [d]e wijze waarop de ontvoering is tot stand gebracht, de bewaring van de gevangenen in een militair kamp, het verhoor tijdens deze gevangenschap *dat er duidelijk op gericht was informatie te bekomen in verband met vermeende subversieve activiteiten van leden van de Kerk* [...] », nos italiques).

(1296) Art. 7, 1), g)-1, 1°, des Éléments des crimes.

(1297) Art. 7, 1), g)-1, 2°, des Éléments des crimes.

(1298) Art. 7, 1), g)-2, 1° et 2°, des Éléments des crimes.

(1299) Art. 7, 1), g)-3, 1° et 2°, des Éléments des crimes.

(1300) Art. 7, 1), g)-4, 1°, des Éléments des crimes.

(1301) Art. 7, 1), g)-5, 1° et 2°, des Éléments des crimes.

(1302) Art. 7, 1), g)-6, 1°, 2° et 3°, des Éléments des crimes.

225 **Persécution.** La persécution comme crime contre l'humanité (art. 136*ter*, 8°, du C. pén.) peut consister en une variété d'atteintes graves aux droits fondamentaux, en lien avec le droit à la vie, le droit à la liberté individuelle, la protection contre les mauvais traitements, la liberté d'expression, ou encore la liberté de réunion et d'association, notamment[1303].

L'élément le plus distinctif de ce crime tient à l'intention discriminatoire qui le caractérise : les victimes doivent avoir été ciblées pour (répondre ou ne pas répondre à[1304]) des motifs d'ordre politique, racial, national, ethnique, culturel, religieux, sexiste ou liés à d'autres critères universellement reconnus comme inadmissibles en droit international[1305].

Il ne s'agit pas d'une infraction totalement autonome en droit (international) pénal : elle suppose d'être commise « en corrélation avec tout acte visé dans les articles 136*bis*, 136*ter* et 136*quater* » du Code pénal, c'est-à-dire tout autre crime sous-jacent constitutif de crime contre l'humanité ou tout chef de génocide ou de crime de guerre.

226 **Disparitions forcées.** La disparition forcée de personnes en tant que crime contre l'humanité (art. 136*ter*, 9°, du C. pén.) a été introduite dans le droit belge par la loi du 23 avril 2003[1306]. Son contenu peut être rapproché de la disparition forcée en tant que telle[1307], à ceci près qu'elle suppose naturellement de s'inscrire dans le contexte plus global d'un crime contre l'humanité tel que nous l'avons décrit plus tôt, c'est-à-dire une attaque généralisée ou systématique contre la population civile et la connaissance de cette attaque. La compréhension belge de la notion est ainsi conforme à celle visée à l'article 7, paragraphe 1, i), et paragraphe 2, i), du Statut de Rome[1308].

227 ***Apartheid.*** L'*apartheid* (art. 136*ter*, 10°, du C. pén.) a lui aussi été ajouté à la liste belge des crimes contre l'humanité dans un second temps, par la loi du 23 avril 2003[1309]. Il tient à la commission d'un ou de plusieurs actes inhumains d'une gravité et d'une nature similaires aux autres crimes sous-jacents constitutifs de crime contre l'humanité[1310], dans le cadre d'un régime institutionnalisé d'oppression et de domination systématiques par un groupe racial à l'encontre d'un ou de plusieurs autres groupes raciaux[1311].

(1303) CPI, *Le Procureur c. Al Hassan*, ICC-01/12-01/18-2594-Red, Ch. pr. inst. X, Judgment, 26 juin 2024, § 1201.
(1304) CPI, *Le Procureur c. Ntaganda*, ICC-01/04-02/06-2359-tFRA, Ch. pr. inst. VI, Jugement, 8 juillet 2019, § 1009 ; CPI, *Le Procureur c. Al Hassan*, ICC-01/12-01/18-2594-Red, Ch. pr. inst. X, Judgment, 26 juin 2024, § 1206.
(1305) Art. 136*ter*, 8°, du C. pén.
(1306) *M.B.*, 7 mai 2003 (vig. 17 mai 2003).
(1307) *Supra*, n°s 19 à 25.
(1308) Louvain (ass.), 14 décembre 2023, n° 9/2023, inédit, p. 13.
(1309) *M.B.*, 7 mai 2003 (vig. 17 mai 2003).
(1310) Art. 7, 1), j), 1° et 2°, des Éléments des crimes.
(1311) Art. 7, 1), j), 4°, des Éléments des crimes.

Sur le plan psychologique, les Éléments des crimes épinglent deux éléments particuliers : l'intention de maintenir un tel régime institutionnalisé d'oppression et de domination[1312], et la connaissance des circonstances de fait établissant les caractéristiques (c'est-à-dire la grave inhumanité) de l'acte commis[1313].

228 ▸ **Autres actes inhumains.** L'introduction des autres actes inhumains en tant que crime contre l'humanité de droit belge (art. 136*ter*, 11°, du C. pén.) est, elle aussi, le fait de la loi du 23 avril 2003[1314]. Il s'agit d'une catégorie ouverte[1315] comprenant tout autre acte inhumain, d'une nature et d'une gravité similaires aux autres crimes sous-jacents constitutifs de crime contre l'humanité[1316], par lequel l'auteur inflige de grandes souffrances ou porte gravement atteinte à l'intégrité corporelle ou à la santé physique ou mentale de ses victimes[1317]. Selon la chambre préliminaire II de la Cour pénale internationale, cette catégorie supplétive de crimes contre l'humanité « doit être interprétée avec prudence et ne doit pas être utilisée pour élargir inconsidérément la notion de crimes contre l'humanité »[1318].

Dans l'affaire des *Hotspots grecs*, le tribunal de première instance francophone de Bruxelles jugea ne pouvoir constater que les conditions indignes indubitablement observées dans certains camps pour migrants en Grèce « étaient le résultat d'une volonté délibérée de causer des atteintes graves à l'intégrité physique ou à la santé physique ou mentale d'une population civile »[1319]. On peut toutefois de demander s'il s'agit précisément là du standard psychologique requis pour constituer l'infraction[1320]. L'article 30

(1312) Art. 7, 1), j), 5°, des Éléments des crimes.
(1313) Art. 7, 1), j), 3°, des Éléments des crimes.
(1314) *M.B.*, 7 mai 2003 (vig. 17 mai 2003).
(1315) Parmi bien des travaux sur la compatibilité de cette approche avec les principes de légalité et de prévisibilité de la loi pénale, voy. G. MACNEIL, *Legality Matters. Crimes Against Humanity and the Problems and Promise of the Prohibition on Other Inhumane Acts*, La Haye, Asser, 2021, 196 p.
(1316) Développements, *Doc. parl.*, Sénat, sess. 2001-2002, n° 2-1256/1, p. 3. Voy. égal. art. 7, 1), k), 2°, des Éléments des crimes.
(1317) Art. 7, 1), k), 1°, des Éléments des crimes. Pour une liste d'exemples concrets issus de la jurisprudence internationale, voy. CPI, *Le Procureur c. Al Hassan*, ICC-01/12-01/18-2594-Red, Ch. pr. inst. X, Judgment, 26 juin 2024, § 1186.
(1318) CPI, *Le Procureur c. Muthaura et al.*, ICC-01/09-02/11-382-Red-tFRA, Décision relative à la confirmation des charges rendue en application des alinéas a) et b) de l'article 61-7 du Statut de Rome, 23 janvier 2012, § 269.
(1319) Civ. Bruxelles fr. (4e ch.), 26 octobre 2023, n° 27859, inédit, pp. 15-16.
(1320) Il faut en outre observer que la partie demanderesse semblait rechercher la responsabilité de l'État belge, non pour avoir commis ou participé à ce crime contre l'humanité à proprement parler, mais pour avoir omis d'agir dans la mesure de ses possibilités pour l'empêcher, au sens de l'article 136*septies*, 5°, du C. pén. Or, nous verrons que ce mécanisme constitue une infraction *sui generis*. C'est donc, à notre avis, l'élément moral propre à cette infraction *sui generis* qui aurait dû être recherché par le tribunal, et non la *mens rea* afférente aux autres actes inhumains en tant que crime contre l'humanité. Voy. *infra*, nos 336 et 340.

du Statut de Rome, nous l'avons vu, énonce en effet que les éléments matériels des crimes internationaux doivent être accomplis avec « intention et connaissance »[1321]. Mais l'« intention » et la « connaissance » se comprennent de façon différente selon la nature de l'élément matériel auquel ils se rapportent[1322]. Il y a « intention », relativement à un *comportement*, lorsque la personne entend adopter ce comportement ; il y a « intention », relativement à une *conséquence*, lorsque la personne entend causer cette conséquence *ou est consciente que celle-ci adviendra dans le cours normal des événements*[1323]. À notre avis[1324], les atteintes graves à l'intégrité corporelle ou à la santé physique ou mentale ne constituent pas un comportement, mais bien une *conséquence* d'un comportement. Aussi nous paraît-il que les « autres actes inhumains » en tant que crime contre l'humanité supposent, en guise d'éléments moraux :

— l'intention de tenir l'acte inhumain litigieux ;
— la connaissance des circonstances de fait établissant les caractéristiques (c'est-à-dire la nature et la gravité) de pareil acte[1325] ;
— l'intention de causer de grandes souffrances ou de porter gravement atteinte à l'intégrité corporelle ou à la santé physique ou mentale des victimes, *ou la connaissance que ceci se produira dans le cours normal des événements*[1326].

(1321) *Supra*, n° 192.

(1322) O. DE FROUVILLE, *Droit international pénal. Sources, incriminations, responsabilité*, Paris, Pedone, 2012, p. 76.

(1323) Art. 30, §§ 2-3, du Statut de Rome.

(1324) Voy. égal., p. ex., G. METTRAUX, *International Crimes: Law and Practice. Volume II: Crimes Against Humanity*, Oxford, OUP, 2020, p. 699. *Contra*, voy. toutefois K. AMBOS, *Treatise on International Criminal Law. Volume II: The Crimes and Sentencing*, 2e éd., Oxford, OUP, 2022, p. 116 (suggérant probablement qu'à son avis, le recours explicite au vocable « intentionnellement » aurait ici pour effet de faire échapper le crime sous-jacent de l'art. 7, § 1er, k), du Statut à l'élément moral par défaut visé à l'art. 30, pour couvrir plutôt, dans cette hypothèse, le seul dol général de premier degré).

(1325) Voy. sur ce point l'art. 7, 1), k), 3°, des Éléments des crimes.

(1326) En ce sens, voy. CPI, *Le Procureur c. Al Hassan*, ICC-01/12-01/18-2594-Red, Ch. pr. inst. X, Judgment, 26 juin 2024, § 1191 ; CPI, *Le Procureur c. Katanga*, ICC-01/04-01/07-3436, Ch. pr. inst. I, Décision relative à la confirmation des charges, 7 mars 2014, § 776 ; CPI, *Le Procureur c. Gbagbo*, ICC-02/11-01/11-656-Red-tFRA, Ch. prélim. I, Décision relative à la confirmation des charges portées contre Laurent Gbagbo, 12 juin 2014, § 249 ; CPI, *Le Procureur c. Blé Goudé*, ICC-02/11-02/11-186-tFRA, Ch. prélim. I, Décision relative à la confirmation des charges portées contre Charles Blé Goudé, 11 décembre 2014, § 154. La pratique des TPI était plus partagée sur la question de savoir si l'incrimination suppose nécessairement l'intention de causer les souffrances ou peut se contenter de la connaissance que de telles souffrances seraient vouées à se produire dans le cours normal des événements (voy. G. METTRAUX, *International Crimes: Law and Practice. Volume II: Crimes Against Humanity*, Oxford, OUP, 2020, pp. 698-699).

Section 4.
Les peines

229 ▶ **Principes.** L'alinéa 1er de l'actuel article 136*quinquies* du Code pénal attache aux crimes contre l'humanité une peine de réclusion à perpétuité. La réforme du livre II du Code pénal, qui a simplement entendu adapter les peines actuelles à la nouvelle échelle[1327], a prévu de punir les crimes contre l'humanité d'une peine de niveau 8[1328]. Ceci correspond à un emprisonnement à perpétuité ou à un traitement sous privation de liberté de plus de 18 ans à 20 ans au plus[1329].

Selon le nouveau Code pénal, la peine de niveau 8 peut être remplacée par une peine de niveau 7, 6, 5, 4 ou 3 en cas d'admission de circonstances atténuantes[1330].

230 ▶ **Correctionnalisation (non).** Dès lors qu'ils emportent une peine de réclusion à perpétuité, les crimes contre l'humanité (consommés) échappent à toute possibilité de correctionnalisation[1331]. Sur la question de savoir si la tentative de commettre un crime contre l'humanité est néanmoins admissible à la correctionnalisation, il est renvoyé aux développements repris *infra*, en matière de tentative[1332].

Rappelons que, pour l'avenir, l'article 35 de la loi du 29 février 2024 introduisant le livre Ier du Code pénal prévoit en tout état de cause l'abrogation de la loi du 4 octobre 1867 sur les circonstances atténuantes et du mécanisme de la correctionnalisation des crimes[1333].

231 ▶ **Imprescriptibilité.** Nous verrons que les crimes internationaux – dont les crimes contre l'humanité – sont, dans l'ordre juridique belge, imprescriptibles[1334]. Les peines qui s'attachent à de tels crimes sont également imprescriptibles[1335]. Elles ont uniquement vocation à s'éteindre par la mort du condamné[1336].

(1327) Exposé des motifs, *Doc. parl.*, Ch. repr., sess. 2022-2023, n° 55-3518/001, p. 90.
(1328) Art. 83, al. 2, du futur C. pén.
(1329) Art. 36, al. 1er, du futur C. pén.
(1330) Art. 36, al. 1er, du futur C. pén.
(1331) Th. MOREAU et D. VANDERMEERSCH, *Éléments de droit pénal*, Bruges, la Charte, 2022, p. 356 (à la note 49).
(1332) *Infra*, n° 348.
(1333) Voy. à ce sujet J. DE HERDT, J. ROZIE et D. VANDERMEERSCH, *Le livre Ier du nouveau Code pénal. Les principes généraux du droit pénal revisités*, Bruges, la Charte, 2024, pp. 68-71.
(1334) *Infra*, nos 362 et s.
(1335) Art. 91 du C. pén. actuel (art. 74, § 1er, futur), *a contrario*. Voy. D. VANDERMEERSCH, « Les violations du droit international humanitaire », in H. D. BOSLY et Chr. DE VALKENEER (dir.), *Les infractions. Volume 5 : les infractions contre l'ordre public*, Bruxelles, Larcier, 2013, p. 139.
(1336) Art. 86 du C. pén. actuel (art. 73 futur).

Chapitre 5
Les crimes de guerre

Section 1.
Notions générales

1. Les crimes de guerre en droit international

232 ► **Origine et définition.** Les crimes de guerre[1337] constituent l'incrimination des violations les plus graves du droit international humanitaire. Cette branche du droit international, qui vise à limiter les effets des conflits armés, regroupe les règles destinées, d'une part, à protéger les personnes tombées au pouvoir de l'ennemi et, d'autre part, à restreindre les moyens et méthodes de guerre[1338]. Traditionnellement, les règles visant à protéger les personnes ne participant pas ou plus aux combats étaient regroupées sous la dénomination « droit de Genève »[1339], alors que celles déterminant les méthodes et moyens de guerre autorisés dans le cadre de la conduite des hostilités répondaient à l'appellation « droit de La Haye »[1340]. Les unes et les autres forment aujourd'hui un ensemble

(1337) Voy. en général K. Ambos, *Treatise on International Criminal Law. Volume II: The Crimes and Sentencing*, 2e éd., Oxford, OUP, 2022, pp. 117-183 ; G. Boas, J. L. Bischoff et N. L. Reid, *International Criminal Law Practitioner Library. Volume 2: Elements of Crimes under International Law*, Cambridge, CUP, 2009, pp. 213-317 ; O. de Frouville, *Droit international pénal. Sources, incriminations, responsabilité*, Paris, Pedone, 2012, pp. 193-311 ; K. Dörmann, *Elements of War Crimes under the Rome Statute of the International Criminal Court*, Cambridge, CUP, 2003, 524 p. ; E. David, *Éléments de droit pénal international et européen*, vol. 2, 2e éd., Bruxelles, Bruylant, 2018, pp. 1203-1286.

(1338) Voy. en général E. David, *Principes de droit des conflits armés*, 6e éd., Bruxelles, Bruylant, 2019, 1424 p. ; J. d'Aspremont et J. de Hemptinne, *Droit international humanitaire*, Paris, Pedone, 2012, 508 p. ; N. Melzer, *Droit international humanitaire : introduction détaillée*, Genève, CICR, 2019, 356 p.

(1339) Voy. en particulier Convention de Genève (I) du 12 août 1949 pour l'amélioration du sort des blessés et des malades dans les forces armées en campagne ; Convention de Genève (II) du 12 août 1949 pour l'amélioration du sort des blessés, des malades et des naufragés des forces armées sur mer ; Convention de Genève (III) du 12 août 1949 relative au traitement des prisonniers de guerre ; Convention de Genève (IV) du 12 août 1949 relative à la protection des personnes civiles en temps de guerre.

(1340) Voy. en particulier Convention (IV) de La Haye concernant les lois et coutumes de la guerre sur terre et son annexe : le Règlement concernant les lois et coutumes de la guerre sur terre, adoptés à La Haye le 18 octobre 1907.

normatif unique[1341], d'autant que nombre d'instruments du droit international humanitaire contemporain s'intéressent aux deux catégories de règles – les deux protocoles additionnels de 1977 aux quatre Conventions de Genève de 1949 peuvent à cet égard être pris en exemple[1342].

Les crimes de guerre constituent l'infraction la plus ancienne en droit international pénal[1343]. La poursuite et le jugement de crimes de guerre devant certaines juridictions nationales remontent en effet à plusieurs décennies et même plusieurs siècles[1344], en témoignent notamment les procès tenus devant les juridictions militaires belges, à la suite de la Première Guerre mondiale puis de la Seconde Guerre mondiale, principalement à l'encontre de personnes de nationalité ou d'allégeance allemande[1345].

Au départ confinée aux conflits internationaux[1346], la notion de crime de guerre s'étend aujourd'hui aux violations graves du droit international humanitaire commises dans le contexte des conflits armés non internationaux[1347].

233 ▶ **Les crimes de guerre dans le statut des juridictions pénales internationales.** L'article 6, b), du Statut du Tribunal de Nuremberg[1348] et l'article 5, b), de la Charte du Tribunal de Tokyo[1349] définissent les crimes de guerre, de façon particulièrement large[1350], comme l'ensemble des « violations des lois et coutumes de la guerre ». Le Statut du Tribunal de Nuremberg ajoute une liste exemplative[1351] de comportements susceptibles de constituer de telles violations : l'assassinat de personnes civiles, les mauvais traitements contre des prisonniers de guerre et le pillage de biens publics ou privés, notamment. Ainsi

---

(1341) CIJ, *Licéité de la menace ou de l'emploi d'armes nucléaires*, avis consultatif du 8 juillet 1996, § 75.
(1342) Protocole additionnel (I) aux Conventions de Genève du 12 août 1949 relatif à la protection des victimes des conflits armés internationaux, adopté à Genève le 8 juin 1977 ; Protocole additionnel (II) aux Conventions de Genève du 12 août 1949 relatif à la protection des victimes des conflits armés non internationaux, adopté à Genève le 8 juin 1977.
(1343) R. KOLB et D. SCALIA, *Droit international pénal : précis*, 2e éd., Bâle, Helbing Lichtenhahn, 2012, p. 127.
(1344) F. BELLIVIER, I. FOUCHARD et M. EUDES, *Droit des crimes internationaux*, Paris, PUF, 2018, p. 111.
(1345) *Supra*, n° 65.
(1346) Voy. l'article 50/51/130/147 commun aux quatre Conventions de Genève de 1949 et, à leur suite, l'article 85 de leur premier Protocole additionnel de 1977.
(1347) *Infra*, n° 233.
(1348) Annexe à l'Accord de Londres concernant la poursuite et le châtiment des grands criminels de guerre des Puissances européennes de l'Axe, adopté le 8 août 1945.
(1349) Charte proclamée le 19 janvier 1946 par le Général MacArthur, Commandant suprême des forces alliées en Extrême-Orient.
(1350) E. DAVID, *Éléments de droit pénal international et européen*, vol. 2, 2e éd., Bruxelles, Bruylant, 2018, p. 1212.
(1351) O. DE FROUVILLE, *Droit international pénal. Sources, incriminations, responsabilité*, Paris, Pedone, 2012, p. 194.

conçus, les crimes de guerre s'entendaient donc de toute violation quelconque du droit international humanitaire, conception qui serait aujourd'hui fort peu compatible avec les principes de légalité et de prévisibilité de la loi pénale.

Près d'un demi-siècle plus tard, le Tribunal pénal international pour l'ex-Yougoslavie a vu sa compétence en la matière fondée sur les articles 2 et 3 de son Statut[1352]. Le premier est consacré aux « infractions graves des Conventions de Genève », tandis que l'intitulé du second fait référence aux « violations des lois ou coutumes de la guerre ». *A priori*, ceci paraît refléter la dichotomie historique[1353] entre les règles relatives à la protection des personnes au pouvoir de l'ennemi (« droit de Genève ») et celles destinées à régir la conduite des hostilités (« droit de La Haye »)[1354]. C'est toutefois de façon fort différente que le Tribunal interpréta son Statut. Confronté à une critique postulant l'inexistence d'une incrimination des crimes de guerre dans les conflits armés non internationaux (et donc son incompétence à l'égard des séquences de faits devant être rattachées aux aspects internes du conflit en ex-Yougoslavie), le Tribunal jugea que l'article 2 de son Statut était certes applicable aux conflits internationaux, mais que l'article 3 consistait quant à lui en une clause résiduelle couvrant *l'ensemble* des violations du droit international humanitaire autres que les « infractions graves » aux Conventions de Genève, y compris en période de conflit armé non international[1355]. Cette décision du Tribunal cristallise, de la façon la plus claire et incontestée, l'extension du domaine des crimes de guerre aux conflits armés non internationaux.

La création du Tribunal pénal international pour le Rwanda s'inscrit dans un contexte fort différent : celui du génocide et du conflit armé interne intervenu sur le territoire du Rwanda et de certains États voisins. Le Conseil de sécurité tint compte de cette réalité lorsqu'il élabora les contours de l'article 4 du Statut de cette juridiction, qui couvre logiquement les seules violations graves des instruments de droit international humanitaire applicables dans les conflits armés non internationaux – soit l'article 3 commun aux quatre Conventions de Genève de 1949 et leur deuxième Protocole additionnel de 1977[1356].

C'est dans un esprit fort différent encore que fut adopté l'article 8 du Statut de Rome de la Cour pénale internationale. Il ne s'agissait en effet plus uniquement, avec cette Cour permanente, de donner compétence à une juridiction *ad hoc* – c'est-à-dire destinée à intervenir en lien avec un conflit aux paramètres matériels connus –, mais bien de concevoir un catalogue exhaustif de

(1352) CSNU, résolution 827 (1993) du 25 mai 1993.
(1353) *Supra*, n° 232.
(1354) O. de Frouville, *Droit international pénal. Sources, incriminations, responsabilité*, Paris, Pedone, 2012, p. 198.
(1355) TPIY, *Le Procureur c. Tadić*, IT-94-1-AR72, Ch. d'appel, Arrêt relatif à l'appel de la défense concernant l'exception préjudicielle d'incompétence, 2 octobre 1995, §§ 100-102.
(1356) CSNU, résolution 955 (1994) du 8 novembre 1994.

l'ensemble des crimes de guerre, supposé refléter, en 1998, l'état du droit international coutumier[1357]. C'est ainsi que le deuxième paragraphe de l'article 8 du Statut énonce une longue liste d'infractions regroupées en quatre catalogues :

— les violations graves des règles relatives à la protection des personnes tombées au pouvoir de l'ennemi en période de conflit armé international (art. 8, § 2, a), du Statut) ;
— les violations graves des règles relatives à la conduite des hostilités en période de conflit armé international (art. 8, § 2, b), du Statut) ;
— les violations graves des règles relatives à la protection des personnes tombées au pouvoir de l'ennemi en période de conflit armé non international (art. 8, § 2, c), du Statut) ;
— les violations graves des règles relatives à la conduite des hostilités en période de conflit armé non international (art. 8, § 2, e), du Statut).

En 2010[1358], en 2017[1359], puis en 2019[1360], les deux catalogues visés aux lettres b) et e) de l'article 8, paragraphe 2, ont été successivement amendés pour couvrir des armes ou des méthodes de guerre supplémentaires.

2. Les crimes de guerre dans le Code pénal belge

234 ▶ **Évolution législative – Avant la loi du 16 juin 1993.** Les Conventions de Genève de 1949 et leur premier Protocole additionnel de 1977, qui font obligation aux États parties d'incriminer dans leur arsenal législatif certaines violations graves des règles qu'ils énoncent[1361], ont été ratifiés par la Belgique le 3 septembre 1952 et le 20 mai 1986, respectivement[1362]. Il appartenait donc

(1357) F. BELLIVIER, I. FOUCHARD et M. EUDES, *Droit des crimes internationaux*, Paris, PUF, 2018, p. 114 ; O. DE FROUVILLE, *Droit international pénal. Sources, incriminations, responsabilité*, Paris, Pedone, 2012, p. 198 ; Y. TAN, *The Rome Statute as Evidence of Customary International Law*, La Haye, Brill/Nijhoff, 2021, pp. 66-133.

(1358) AEP, résolution RC/Res.5 du 10 juin 2010 (art. 8, § 2, e), xiii), xiv) et xv), du Statut de Rome).

(1359) AEP, résolution ICC-ASP/16/Res.4 du 14 décembre 2017 (art. 8, § 2, b), xxvii), xxviii), et xxvix), et art. 8, § 2, e), xvi), xvii), et xviii), du Statut de Rome).

(1360) AEP, résolution ICC-ASP/18/Res.5 du 6 décembre 2019 (art. 8, § 2, e), xix), du Statut de Rome).

(1361) Art. 50/51/130/147 commun aux quatre Conventions de Genève de 1949 ; art. 85 de leur premier Protocole additionnel de 1977.

(1362) Collection des traités des Nations unies, disponible sur https://treaties.un.org/. Voy. égal. L. 3 septembre 1952 portant approbation des actes internationaux suivants : A) convention internationale pour l'amélioration du sort des blessés et malades dans les forces armées en campagne, et annexes, signées à Genève le 12 août 1949 ; B) convention internationale pour l'amélioration du sort des blessés, des malades et des naufragés des forces armées sur mer, et annexe, signées à Genève le 12 août 1949 ; C) convention internationale relative au traitement des prisonniers de guerre, et annexes, signées à Genève le 12 août 1949 ; D) convention internationale relative à la protection des personnes civiles en temps de guerre, et annexes, signées à Genève le 12 août 1949, *M.B.*, 26 septembre 1952 ; L. 16 avril 1986 portant approbation des Actes internationaux

au législateur d'incriminer les crimes de guerre concernés dans le droit belge, ce qu'il tarda largement à faire[1363], en dépit d'un projet de loi préparé à cette fin dès le début des années 1960[1364].

Certes, après la Première Guerre mondiale, les juridictions militaires belges ont été amenées à se prononcer en lien avec une série de violations du droit des conflits armés[1365]. Mais la qualification juridique de « crime de guerre » était inconnue du droit belge à cette époque, de sorte que ces procédures s'appuyèrent principalement sur le droit commun ; si les principes du droit international humanitaire ont pu être convoqués également, c'est au travers d'un raisonnement combinatoire ou en tant qu'argument contextuel complémentaire[1366].

La première apparition du concept de « crime de guerre » dans le droit belge remonte à la loi du 20 juin 1947 relative à la compétence des juridictions militaires en matière de crimes de guerre[1367]. Nous avons toutefois vu qu'il n'en découlait pas un crime international autonome : le « crime de guerre », au sens de la loi de 1947, ne pouvait être poursuivi qu'à la double condition de constituer une violation du droit humanitaire et de tomber sous le coup d'une infraction de droit commun[1368].

235 ▶ **Évolution législative – La loi du 16 juin 1993, ses modifications successives et son intégration au Code pénal.** C'est finalement la loi du 16 juin 1993[1369] qui introduisit une première liste de crimes de guerre en tant qu'infractions autonomes de droit belge. L'article 1er de la loi incriminait alors, sous cette qualification, 20 comportements.

Quelque dix années plus tard, la loi du 23 avril 2003[1370] vint compléter ce catalogue d'une nouvelle vingtaine de crimes sous-jacents, et ce, afin de tenir

---

suivants : a) Protocole additionnel aux Conventions de Genève du 12 août 1949 relatif à la protection des victimes des conflits armés internationaux (Protocole I) ; b) Protocole additionnel aux Conventions de Genève du 12 août 1949 relatif à la protection des victimes des conflits armés non internationaux (Protocole II), adoptés à Genève le 8 juin 1977, *M.B.*, 7 novembre 1986.

(1363) Voy. Chr. VAN DEN WYNGAERT, « Le droit pénal belge et la répression des délits internationaux : problèmes légaux surgissant de la mise en œuvre de délits internationaux », *R.D.P.C.*, 1988, n° 6, p. 605.

(1364) Projet de loi relatif à la répression des manquements graves aux conventions de Genève de 1949, Ch. repr., sess. 1962-1963, n° 577-1. Voy. J. VERHAEGEN, « Le vote du projet de loi belge n° 577 (1962-1963) : un enjeu international », *J.T.*, 1982, n° 5200, pp. 227-230.

(1365) Voy. P. LAGROU (dir.), *A Century of Pioneering Case-Law. A Digital Database of Belgian Precedents of International Justice, 1914-2014*, Bruxelles, Belspo, 2020, disponible sur https://www.belspo.be/belspo/brain-be/projects/FinalReports/JUSINBELLGIUM_FinRep.pdf.

(1366) *Supra*, n° 65.

(1367) *M.B.*, 26 juin 1947 (vig. 26-27 juin 1947). Voy. R. GREVY, « La répression des crimes de guerre en droit belge », *R.D.P.C.*, 1947, n° 9, pp. 806-823 ; M. RIGAUX et P.-E. TROUSSE, « La qualification des crimes de guerre en droit pénal belge », *J.T.*, 1948, n° 3764, pp. 229-232.

(1368) R. GREVY, « La répression des crimes de guerre en droit belge », *R.D.P.C.*, 1947, n° 9, p. 808.

(1369) *M.B.*, 5 août 1993 (vig. 15 août 1993).

(1370) *M.B.*, 7 mai 2003 (vig. 17 mai 2003).

compte de certains développements intervenus en droit international – en particulier l'entrée en vigueur du Statut de Rome le 1er juillet 2002 et la signature, par la Belgique, du deuxième Protocole de 1999 relatif à la Convention de La Haye de 1954 pour la protection des biens culturels en cas de conflit armé[1371]. Une loi du 5 mai 2019[1372] en fit de même pour trois incriminations nouvellement intégrées au Statut de Rome[1373].

Avec la loi du 5 août 2003[1374], les crimes de guerre ont été transférés dans le Code pénal. Ils figurent aujourd'hui dans son article 136*quater*.

236 ▶ **Évolution législative – L'article 136*quater* du Code pénal actuel.** Il faut bien admettre que l'article 136*quater* du Code pénal est, en l'état, « fort long et peu lisible »[1375]. La disposition est en effet structurée en trois paragraphes :

— le premier vise un nombre important de comportements variés, relevant tantôt du « droit de Genève », tantôt du « droit de La Haye », et qui sont susceptibles d'être qualifiés de crimes de guerre lorsqu'ils sont commis dans le cadre d'un conflit armé international ou non international ;

— le deuxième vise quatre comportements constitutifs de crimes de guerre s'ils sont commis dans le cadre d'un conflit armé non international ;

— le troisième incrimine les violations graves de la protection internationalement due aux biens culturels.

Ce triptyque est le fait de circonstances historiques qui ne nous paraissent plus vraiment d'actualité. En effet, la spécificité du paragraphe 2 était censée reposer sur son champ d'application perçu, au départ, comme plus restrictif que le paragraphe 1er (dans son volet relatif aux conflits armés non internationaux) – mais nous verrons que la pratique de la Cour pénale internationale infirme aujourd'hui une telle lecture[1376]. En outre, le paragraphe 3 isolait les infractions graves établies par le deuxième Protocole de 1999 relatif à la Convention de La Haye de 1954 pour la protection des biens culturels en cas de conflit armé afin de souligner le fait que ledit Protocole n'était pas encore entré en vigueur à l'égard de la Belgique au moment de l'adoption de la loi – mais ceci n'est plus d'actualité depuis le 13 janvier 2011, la Belgique ayant procédé à la ratification de cet instrument le 13 octobre 2010[1377].

237 ▶ **Évolution législative – Les articles 84 à 88 du futur Code pénal.** La réforme du livre II du Code pénal prévoit de restructurer – dans une certaine

(1371) Développements, *Doc. parl.*, Sénat, sess. 2001-2002, n° 2-1256/1, p. 1.
(1372) L. 5 mai 2019 portant des dispositions diverses en matière pénale et en matière de cultes, et modifiant la loi du 28 mai 2002 relative à l'euthanasie et le Code pénal social, *M.B.*, 24 mai 2019 (vig. 3 juin 2019).
(1373) *Supra*, n° 233.
(1374) *M.B.*, 7 août 2003 (vig. 7 août 2003).
(1375) Exposé des motifs, *Doc. parl.*, Ch. repr., sess. 2022-2023, n° 55-3518/001, p. 90.
(1376) *Infra*, n° 247.
(1377) Voy. la page https://www.unesco.org/fr/legal-affairs/second-protocol-hague-convention-1954-protection-cultural-property-event-armed-conflict.

mesure – la disposition et de classifier les crimes de guerre en quatre catégories suivant la gravité de la peine applicable :

— les crimes de guerre de « catégorie 1 », passibles d'une peine de niveau 8 (art. 85 futur) ;
— les crimes de guerre de « catégorie 2 », passibles d'une peine de niveau 7 ou de niveau 8 en cas d'élément aggravant (art. 86 futur) ;
— les crimes de guerre de « catégorie 3 », passibles d'une peine de niveau 5 ou supérieure en cas d'élément aggravant (art. 87 futur) ;
— les crimes de guerre de « catégorie 4 », passibles d'une peine de niveau 4 ou supérieure en cas d'élément aggravant (art. 88 futur)[1378].

Deux crimes sous-jacents supplémentaires seront en outre ajoutés aux trois que connaît déjà l'actuel article 136*quater*, paragraphe 3, du Code pénal en matière de protection des biens culturels. Il s'agit de deux comportements dont l'incrimination est également requise par l'article 15, paragraphe 1er, du deuxième Protocole de 1999 relatif à la Convention de La Haye de 1954, mais que le législateur n'avait, en 2003, pas jugé suffisamment graves pour les ériger, comme les trois autres, au rang de crimes de guerre[1379].

238 ▶ **Évolution législative – Tableau récapitulatif.** En définitive, la chronologie législative en matière de crimes de guerre peut être schématisée comme suit :

C. pén. actuel	Futur C. pén.	Incrimination	Origine
136*quater*, § 1er, 1°	85, 1°, a)	Homicide	L. 16 juin 1993
136*quater*, § 1er, 2°	85, 1°, b)	Torture et traitements inhumains	L. 16 juin 1993
136*quater*, § 1er, 3°	86, § 1er, a)	Atteintes graves à l'intégrité physique	L. 16 juin 1993
136*quater*, § 1er, 4°	86, § 1er, b)	Viol et violences sexuelles	L. 23 avril 2003
136*quater*, § 1er, 5°	88, § 1er, 1°, g)	Autres atteintes à la dignité humaine	L. 23 avril 2003
136*quater*, § 1er, 6°	88, § 1er, 1°, a)	Contrainte à servir dans l'armée ennemie	L. 16 juin 1993
136*quater*, § 1er, 7°	88, § 1er, 1°, b)	Enfants soldats	L. 23 avril 2003
136*quater*, § 1er, 8°	88, § 1er, 1°, c)	Jugement impartial	L. 16 juin 1993

(1378) Art. 2 de la L. 29 février 2024 introduisant le livre II du Code pénal, *M.B.*, 8 avril 2024 (vig. 8 avril 2026).
(1379) Développements, *Doc. parl.*, Sénat, sess. 2001-2002, n° 2-1256/1, p. 7.

C. pén. actuel	**Futur C. pén.**	**Incrimination**	**Origine**
136*quater*, § 1er, 9°	88, § 1er, 1°, d)	Déplacement ou détention illicite	L. 16 juin 1993
136*quater*, § 1er, 10°	86, § 1er, c)	Famine	L. 23 avril 2003
136*quater*, § 1er, 11°	88, § 1er, 1°, e)	Prise d'otages	L. 16 juin 1993
136*quater*, § 1er, 12°	87, § 1er, 1°, a)	Destruction ou saisie de biens de l'ennemi	L. 23 avril 2003
136*quater*, § 1er, 13°	87, § 1er, 1°, b)	Destruction ou appropriation de biens	L. 16 juin 1993
136*quater*, § 1er, 14°	87, § 1er, 1°, c)	Attaque de biens civils	L. 23 avril 2003
136*quater*, § 1er, 15°	85, 1°, c)	Attaque d'unités sanitaires	L. 23 avril 2003
136*quater*, § 1er, 16°	86, § 1er, d)	Boucliers humains	L. 23 avril 2003
136*quater*, § 1er, 17°	85, 1°, d)	Attaque d'une mission humanitaire	L. 23 avril 2003
136*quater*, § 1er, 18°	88, § 1er, 1°, l)	Atteintes à la santé	L. 16 juin 1993
136*quater*, § 1er, 19°	86, § 1er, e)	Mutilations physiques	L. 16 juin 1993
136*quater*, § 1er, 20°	85, 1°, e)	Attaque de la population civile	L. 16 juin 1993
136*quater*, § 1er, 21°	85, 1°, f)	Malades et blessés	L. 23 avr. 2003
136*quater*, § 1er, 22°	85, 1°, g)	Attaque disproportionnée	L. 16 juin 1993
136*quater*, § 1er, 22°	85, 1°, g)	Attaque dommageable à l'environnement	L. 23 avril 2003
136*quater*, § 1er, 23°	85, 1°, h)	Forces dangereuses	L. 16 juin 1993
136*quater*, § 1er, 24°	85, 1°, i)	Zones démilitarisées	L. 16 juin 1993
136*quater*, § 1er, 25°	87, § 1er, 1°, d)	Pillage	L. 23 avril 2003
136*quater*, § 1er, 26°	85, 1°, j)	Attaque d'une personne hors de combat	L. 16 juin 1993
136*quater*, § 1er, 27°	85, 1°, k)	Tuer ou blesser par traîtrise	L. 23 avril 2003

C. pén. actuel	Futur C. pén.	Incrimination	Origine
136*quater*, § 1er, 28°	85, 1°, l)	Défaut de quartier	L. 23 avril 2003
136*quater*, § 1er, 29°	86, § 1er, j)	Signes distinctifs et emblèmes	L. 16 juin 1993
136*quater*, § 1er, 30°	86, § 1er, k)	Utilisation indue de drapeaux ou d'uniformes	L. 23 avril 2003
136*quater*, § 1er, 31°	88, § 1er, 1°, f)	Transfert de population	L. 16 juin 1993
136*quater*, § 1er, 32°	88, § 1er, 1°, h)	Rapatriement des prisonniers	L. 16 juin 1993
136*quater*, § 1er, 33°	88, § 1er, 1°, i)	*Apartheid* et discrimination raciale	L. 16 juin 1993
136*quater*, § 1er, 34°	88, § 1er, 1°, j)	Patrimoine culturel ou spirituel des peuples	L. 16 juin 1993
136*quater*, § 1er, 35°	88, § 1er, 1°, k)	Bâtiments consacrés à la religion ou à l'art	L. 23 avril 2003
136*quater*, § 1er, 36°	86, § 1er, f)	Poison	L. 23 avril 2003
136*quater*, § 1er, 37°	86, § 1er, g)	Gaz	L. 23 avril 2003
136*quater*, § 1er, 38°	86, § 1er, h)	Balles qui s'aplatissent dans le corps	L. 23 avril 2003
136*quater*, § 1er, 39°	88, § 1er, 1°, m)	Droits et actions des nationaux adverses	L. 23 avril 2003
136*quater*, § 1er, 40°	86, § 1er, i)	Maux superflus et non-discrimination	L. 23 avril 2003
136*quater*, § 1er, 41°	86, § 1er, l)	Armes toxiques ou biologiques	L. 5 mai 2019
136*quater*, § 1er, 42°	86, § 1er, m)	Éclats non localisables	L. 5 mai 2019
136*quater*, § 1er, 43°	86, § 1er, n)	Armes à laser aveuglantes	L. 5 mai 2019
136*quater*, § 2, 1°	85, 2°	Atteintes à la vie/intégrité corporelle	L. 23 avril 2003
136*quater*, § 2, 2°	88, § 1er, 2°, a)	Atteintes à la dignité	L. 23 avril 2003
136*quater*, § 2, 3°	88, § 1er, 2°, c)	Prise d'otages	L. 23 avril 2003
136*quater*, § 2, 4°	88, § 1er, 2°, b)	Condamnation sans jugement	L. 23 avril 2003

C. pén. actuel	Futur C. pén.	Incrimination	Origine
136*quater*, § 3, 1°	87, § 1er, 2°, a)	Attaque bien culturel (protection renforcée)	L. 23 avril 2003
136*quater*, § 3, 2°	87, § 1er, 2°, b)	Utilisation bien culturel (protection renforcée)	L. 23 avril 2003
136*quater*, § 3, 3°	87, § 1er, 2°, c)	Destruction ou appropriation bien culturel	L. 23 avril 2003
/	87, § 1er, 2°, d)	Attaque bien culturel	L. 29 février 2024
/	87, § 1er, 2°, e)	Vol, pillage, vandalisme bien culturel	L. 29 février 2024

239 ▶ **Précédents.** Sept procès d'assises qui virent des personnes condamnées de différents chefs de crime de guerre (dans certains cas, en parallèle à des charges de génocide) ont été conduits à ce jour. Il s'agit de sept dossiers « Rwanda », dans l'affaire des *Quatre de Butare* (2001)[1380], l'affaire *S. N. & E. N.* (2005)[1381], l'affaire des *Casques bleus belges* (2007)[1382], l'affaire *E. N.* (2009)[1383], l'affaire *F. N.* (2019)[1384], l'affaire *S. T. & P. B.* (2023)[1385] et l'affaire *E. N.* (2024)[1386].

Ces dossiers ont vu la mobilisation de différentes infractions sous-jacentes en tant que crimes de guerre : principalement l'homicide (art. 136*quater*, § 1er, 1°, du C. pén.)[1387], mais également le viol (art. 136*quater*, § 1er, 4°, du C. pén.)[1388] et l'attaque délibérée contre la population civile (art. 136*quater*, § 1er, 20°, du C. pén.)[1389].

L'instruction d'autres dossiers, qui n'ont pas pu conduire à un procès au fond, a également permis d'éclairer, dans une certaine mesure, le périmètre d'autres chefs de crime de guerre au sens du droit belge. Il en va par exemple ainsi de

(1380) Bruxelles (ass.), 8 juin 2001, inédit.
(1381) Bruxelles (ass.), 29 juin 2005, inédit.
(1382) Bruxelles (ass.), 5 juillet 2007, n° 5417, inédit.
(1383) Bruxelles (ass.), 1er décembre 2009, n° 1848/10, inédit. Cette condamnation ne peut être considérée comme définitive car l'accusé est décédé après qu'une opposition a été formée et reçue à l'encontre de l'arrêt (« Décédé, l'ancien banquier du génocide ne sera pas rejugé », *JusticeInfo.net*, 24 juin 2010, disponible sur https://www.justiceinfo.net/fr/12243-240610-rwandabelgique-decede-lancien-banquier-du-genocide-ne-sera-pas-rejuge9051.html).
(1384) Bruxelles (ass.), 19 décembre 2019, n° 30025, inédit.
(1385) Bruxelles (ass.), 19 décembre 2023, n° 7445, inédit.
(1386) Bruxelles (ass.), 6 juin 2024, n° 4093, inédit.
(1387) Bruxelles (ass.), 8 juin 2001, inédit ; Bruxelles (ass.), 29 juin 2005, inédit ; Bruxelles (ass.), 5 juillet 2007, n° 5417, inédit ; Bruxelles (ass.), 1er décembre 2009, n° 1848/10, inédit (non définitif car frappé d'opposition) ; Bruxelles (ass.), 19 décembre 2019, n° 30025, inédit ; Bruxelles (ass.), 19 décembre 2023, n° 7445, inédit ; Bruxelles (ass.), 6 juin 2024, n° 4093, inédit.
(1388) Bruxelles (ass.), 1er décembre 2009, n° 1848/10, inédit (non définitif car frappé d'opposition) ; Bruxelles (ass.), 19 décembre 2023, n° 7445, inédit ; Bruxelles (ass.), 6 juin 2024, n° 4093, inédit.
(1389) Bruxelles (ass.), 19 décembre 2023, n° 7445, inédit.

l'affaire des *Diamants de sang*, qui vit *M. D.* inculpé notamment du chef de pillage (art. 136*quater*, § 1er, 25°, du C. pén.)[1390].

Au 31 décembre 2023, quelque 170 dossiers étaient ouverts en Belgique, à l'information ou à l'instruction, en matière de violations graves du droit international humanitaire et des droits humains[1391]. Bien que cela concerne également le génocide et les crimes contre l'humanité, on peut supposer qu'une très grande majorité de ces dossiers dévoilent (notamment) des suspicions de crimes de guerre.

240 ▶ **Droit coutumier et rétroactivité.** Dès les procès de Nuremberg et de Tokyo, les tribunaux militaires internationaux se sont appuyés sur le droit international coutumier pour repousser la critique prise de la rétroactivité de leur statut – et ce, s'agissant des crimes de guerre notamment[1392]. Le caractère coutumier de l'incrimination des crimes de guerre est en effet bien établi[1393]. Dès lors, à considérer que le droit coutumier puisse valablement servir de fondement normatif (autonome ou complémentaire à une loi d'incrimination postérieure aux faits) à une infraction et à une peine[1394], la seule discussion qui subsiste tient à l'identification, au cas par cas, des contours du droit international coutumier tel qu'il ressortait de la pratique et de l'*opinio juris* des États *au cours de la période de référence*. Une chose est en effet d'affirmer que l'incrimination des crimes de guerre est aujourd'hui coutumière (ceci est en soi incontestable[1395]) ; tout autre chose est de déterminer, pour des faits commis à un temps « T », le périmètre exact de la couverture coutumière de l'incrimination des crimes de guerre telle qu'elle prévalait à ce même temps « T ».

L'affaire *Lumumba* illustre bien cette problématique[1396]. Après le dépôt de plainte avec constitution de partie civile à l'origine de ce dossier, l'affaire fut

(1390) J.I. Bruxelles fr., 8 septembre 2015, inédit ; Corr. Bruxelles fr. (ch. cons.), 30 septembre 2015, inédit ; Bruxelles (mis. acc.), 10 novembre 2015, n° 1975, inédit ; Cass., 25 novembre 2015, R.G. n° P.15.1461.F, *Pas.*, 2015, n° 702, avec concl. M.P. Voy. C. Seron, « L'exploitation illicite de ressources naturelles par des opérateurs économiques privés durant les conflits armés est-elle constitutive du crime de guerre de pillage ? Réflexions sur l'affaire des "diamants de sang" en Sierra Leone », *Rev. dr. ULiège*, 2019, n° 3, pp. 399-427.

(1391) Actualisation, fondée sur nos propres informations, du nombre de 135 repris in Parquet fédéral, *Rapport annuel 2021*, p. 182, disponible sur https://www.om-mp.be/.

(1392) O. de Frouville, *Droit international pénal. Sources, incriminations, responsabilité*, Paris, Pedone, 2012, p. 194 ; E. David, *Éléments de droit pénal international et européen*, vol. 2, 2e éd., Bruxelles, Bruylant, 2018, pp. 1256-1258.

(1393) J.-M. Henckaerts et L. Doswald-Beck (dir.), *Droit international humanitaire coutumier. Volume I : Règles*, Bruxelles, Bruylant, 2006 (règle 158).

(1394) Sur ce débat, voy. *supra*, n° 80.

(1395) F. Bellivier, I. Fouchard et M. Eudes, *Droit des crimes internationaux*, Paris, PUF, 2018, p. 114.

(1396) Voy. Chr. Marchand, Cr. Uwashema, et Chr. Deprez, « Possible Impediments to Justice for Colonial Crimes: A Belgian Perspective », in M. Bergsmo, W. Kaleck et K. Yin Hlaing (dir.), *Colonial Wrongs and Access to International Law*, Bruxelles, TOAEP, 2021, pp. 411-430 ; P. d'Huart, « Affaire *Lumumba* : vers un non-lieu ? », *J.T.*, 2013, n° 6517, pp. 282-285.

rapidement présentée à la chambre des mises en accusation de la cour d'appel de Bruxelles aux fins d'un contrôle liminaire de la régularité de l'instruction. La qualification pénale avancée – le crime de guerre – était décisive, dès lors qu'à défaut de pouvoir s'appuyer sur celle-ci, les faits, datant de 1961, eussent été manifestement prescrits. S'agissant de faits commis bien avant l'introduction des crimes de guerre dans le droit belge, le secours du droit international coutumier était en outre indispensable.

Mais l'incrimination des crimes de guerre pouvait-elle être considérée comme connue du droit international coutumier *de 1961* – un moment où, en particulier, le Tribunal pénal international pour l'ex-Yougoslavie n'avait pas encore constaté, d'une manière qui est depuis lors incontestée, l'extension du domaine des crimes de guerre aux conflits armés non internationaux[1397] ? La partie civile estimait que la question ne se posait pas dans la mesure où le conflit au Congo en 1961 était, à son avis, international. La position du ministère public était différente : celui-ci estimait que le conflit au Congo était de nature non internationale, mais que le droit coutumier couvrait, déjà en 1961, l'incrimination des crimes de guerre commis au cours de tels conflits non internationaux[1398]. Sans trancher définitivement la question, la cour considéra que les qualifications et arguments en faveur de la régularité de la procédure étaient, *prima facie*, susceptibles d'emporter la conviction du juge du fond. Elle ne vit dès lors pas d'obstacle à la poursuite de l'instruction[1399].

3. L'arrimage international des crimes de guerre de droit belge

241 ▶ **Le droit international comme moyen d'interprétation.** Puisque l'incrimination des crimes de guerre dans le droit belge trouve son fondement dans le droit international humanitaire conventionnel et coutumier[1400], et qu'elle répond à un vœu d'alignement sur le Statut de Rome[1401], la portée des notions et des incriminations contenues dans le Code pénal peut être interprétée à la lumière de ces sources internationales[1402].

(1397) *Supra*, n° 233.

(1398) Parquet fédéral, FD.30.99.10/11, réquisitoire de contrôle de l'instruction par la chambre des mises en accusation, 7 juin 2012, inédit.

(1399) Bruxelles (mis. acc.), 12 décembre 2012, n° 4358, inédit. Pour une critique, voy. P. D'HUART, « Affaire *Lumumba* : vers un non-lieu ? », *J.T.*, 2013, n° 6517, pp. 282-285. Pour une critique de cette critique, voy. J. B. MBOKANI, « Le lien de connexité entre le crime et le conflit armé dans la définition des crimes de guerre », in D. BERNARD et D. SCALIA (dir.), *Vingt ans de justice internationale pénale*, Bruxelles, la Charte, 2014, p. 44.

(1400) D. VANDERMEERSCH, « Les violations du droit international humanitaire », in H. D. BOSLY et Chr. DE VALKENEER (dir.), *Les infractions. Volume 5 : les infractions contre l'ordre public*, Bruxelles, Larcier, 2013, p. 125.

(1401) Développements, *Doc. parl.*, Sénat, sess. 2001-2002, n° 2-1256/1, p. 4.

(1402) A. ANDRIES, « Commentaire des articles 1 et 2 de la loi belge du 16 juin 1993 relative à la répression des infractions graves au droit international humanitaire », *Rev. dr. mil.*, 1997, vol. 36,

242 **L'arrimage dans le droit international comme exigence constitutive ?** Au-delà de l'éclairage que peut apporter le droit international, est-il requis, aux fins de constituer un crime de guerre en droit belge, que l'infraction sous-jacente soit reflétée dans le droit international conventionnel ou coutumier ? Autrement dit, un comportement visé à l'article 136*quater* du Code pénal constitue-t-il un crime de guerre s'il n'est pas, par ailleurs, prohibé en vertu du droit international ? La question est plus complexe qu'il y paraît[1403], en particulier car la loi et l'intention du législateur ne sont, à notre avis, pas totalement claires.

D'un côté, il est certain qu'en 1993, le législateur a souhaité, dans une certaine mesure, aller au-delà des standards internationaux applicables. Nous nous référons principalement ici à l'extension de l'ensemble des crimes de guerre actuellement visés au paragraphe 1er de l'article 136*quater* du Code pénal aux conflits armés *non internationaux* – une démarche particulièrement novatrice et certainement inconnue du cadre juridique international à cette époque[1404]. Ce faisant, le législateur constate, en 1993, que « dans l'état actuel du droit international positif, les violations graves du droit de la guerre commises dans les conflits armés non internationaux ne constituent pas des "infractions graves" *stricto sensu* », mais que, le droit international pénal se bornant à énoncer des standards répressifs minimums, « [l]e fait que cela ne soit pas explicitement prévu par le droit international n'empêche pas les États d'agir de la sorte »[1405].

D'un autre côté, il se dégage de façon tout aussi franche, de l'histoire du droit belge des crimes internationaux, une volonté inverse de ne pas incriminer des comportements qui ne seraient pas explicitement interdits par le droit

p. 119 ; E. DAVID, « La loi belge sur les crimes de guerre », *R.B.D.I.*, 1995, n° 2, p. 672. Voy. égal. Cour militaire (nl.), 17 décembre 1997, *J.T.*, 1998, p. 286 (« la portée de la loi est [...] étroitement liée à celle des Traités et Protocoles »).

(1403) Sur ce débat de façon générale, voy. L. MONACO et Chr. DEPREZ, « Écocide et Cour pénale internationale : quelques réflexions sur la mécanique des crimes internationaux », *Rev. dr. ULiège*, 2021, n° 3, pp. 461-462.

(1404) E. DAVID, « L'application aux conflits armés non internationaux de l'article 1er de la loi belge du 16 juin 1993 relative à la répression des infractions graves au droit international humanitaire », *Rev. dr. mil.*, 1997, vol. 36, pp. 115-117 ; A. BAILLEUX, *La compétence universelle au carrefour de la pyramide et du réseau : de l'expérience belge à l'exigence d'une justice pénale transnationale*, Bruxelles, Bruylant, 2005, p. 33 ; Ph. MEIRE et D. VANDERMEERSCH, *Génocide rwandais : le récit de quatre procès devant la cour d'assises de Bruxelles*, Bruges, la Charte, 2011, p. 16.

(1405) Amendement proposé par M. Lallemand et consorts, *Doc. parl.*, Sénat, sess. 1991-1992, n° 481-4, p. 2. Voy. de même Rapport complémentaire fait au nom de la commission de la Justice, *Doc. parl.*, Sénat, sess. 1991-1992, n° 481-5, p. 8. Selon les rédacteurs de la loi, ceci ne porte pas atteinte au principe de légalité internationale pourvu qu'une exigence de double incrimination soit appliquée à la poursuite de tels faits commis à l'étranger (A. ANDRIES, E. DAVID, Chr. VAN DEN WYNGAERT et J. VERHAEGEN, « Commentaire de la loi du 16 juin 1993 relative à la répression des infractions graves au droit international humanitaire », *R.D.P.C.*, 1994, n° 11, p. 1175 ; voy. égal. D. VANDERMEERSCH, « Évolution pénale de la répression du génocide. Les pratiques judiciaires et la compétence universelle : l'expérience belge », *Histoire de la justice*, 2022, n° 33, p. 146). Voy., toujours en ce sens, Développements, *Doc. parl.*, Sénat, sess. 2001-2002, n° 2-1256/1, p. 7.

international conventionnel ou coutumier[1406]. Ainsi, selon les travaux préparatoires de la même loi de 1993, « il va de soi que, pour être punissables, les faits doivent avoir été commis en violation des dispositions des Conventions »[1407], et encore, « le projet a pour objet de transposer en droit interne belge les Conventions de Genève et le protocole additionnel I du 8 juin 1977, si bien que le législateur doit rester dans le cadre de ces conventions et du protocole qui y fut annexé »[1408].

Que retenir de ceci ? À la lecture littérale de la loi, cette dernière tendance paraît se trouver exprimée. Chacun des trois paragraphes de l'article 136*quater* du Code pénal est en effet doté d'un chapeau énonçant que constituent les crimes de guerre ensuite énumérés, les violations graves *des standards internationaux pertinents*. Ainsi :

— constituent des crimes de guerre au sens de l'article 136*quater*, paragraphe 1er, du Code pénal, les comportements « visés aux Conventions adoptées à Genève le 12 août 1949 et aux Protocoles I et II additionnels à ces Conventions, [...] par les lois et coutumes applicables aux conflits armés [...], ainsi qu'à l'article 8, § 2, f) du Statut de la Cour pénale internationale » qui sont ensuite énumérés par le Code ;

— constituent des crimes de guerre au sens de l'article 136*quater*, paragraphe 2, du Code pénal, « les violations graves de l'article 3 commun » aux Conventions de Genève qui sont ensuite énumérées par le Code ;

— constituent des crimes de guerre au sens de l'article 136*quater*, paragraphe 3, du Code pénal, « les violations graves définies à l'article 15 du Deuxième Protocole relatif à la Convention de La Haye de 1954 » qui sont ensuite énumérées par le Code.

Partant, selon une lecture littérale, le fait d'être spécifiquement visé par une règle du droit international paraît représenter, en droit belge, une exigence constitutive des crimes de guerre.

Les travaux préparatoires suggèrent toutefois une autre lecture, selon laquelle le renvoi aux différentes sources internationales servirait uniquement ici à permettre de définir les conflits armés dans le cadre desquels les crimes de guerre listés doivent être réprimés[1409].

(1406) Voy. à ce sujet A. WEYEMBERGH, « La notion de conflit armé, le droit international humanitaire et les forces des Nations unies en Somalie (à propos de l'arrêt de la Cour militaire du 17 décembre 1997) », *R.D.P.C.*, 1999, p. 191 (spéc. à la note 60).

(1407) Exposé des motifs, *Doc. parl.*, Sénat, sess. 1990-1991, n° 1317-1, p. 8.

(1408) Rapport fait au nom de la commission de la Justice, *Doc. parl.*, Sénat, sess. 1991-1992, n° 481-2, p. 2.

(1409) Rapport fait au nom de la commission de la Justice, *Doc. parl.*, Ch. repr., sess. 2002-2003, n° 50-2265/003, p. 29.

La question est essentiellement théorique s'agissant des paragraphes 2 et 3 de l'article 136*quater* du Code pénal qui, *de facto*, énumèrent des crimes sous-jacents explicitement visés par l'article 3 commun aux Conventions de Genève et par le deuxième Protocole relatif à la Convention de La Haye, respectivement.

Si l'on doit favoriser une lecture littérale de la loi, l'article 136*quater*, paragraphe 1er, pourrait quant à lui soulever quelques questions. Il n'est en effet pas certain que l'ensemble des – 43 – comportements qui s'y trouvent énumérés constituent, dans toutes les circonstances visées par la loi belge, une violation grave du droit international humanitaire conventionnel ou coutumier. Pourraient spécifiquement donner lieu à débat, certains comportements que le droit belge incrimine également dans le contexte des conflits armés non internationaux, bien qu'ils ne soient, dans un tel cas, ni interdits par le deuxième Protocole additionnel aux Conventions de Genève, ni incriminés par le Statut de Rome. L'interdiction des attaques disproportionnées (22°) et l'enrôlement forcé de prisonniers appartenant à la partie adverse (6°) peuvent être pris en exemple. En période de conflit interne, ces comportements ne sont ni interdits par le droit international humanitaire conventionnel, ni *a fortiori* incriminés dans le Statut de Rome. Seules « les lois et coutumes applicables aux conflits armés » – c'est-à-dire le droit coutumier[1410] – sont dès lors susceptibles d'être invoquées en guise d'éventuel fondement international. Mais, si l'on peut assurément justifier de la nature coutumière de l'interdiction des attaques disproportionnées en période de conflit armé non international[1411], il n'est pas certain qu'il en aille autant de l'enrôlement forcé de prisonniers ennemis[1412].

En pratique, il est difficile de savoir si les juridictions belges entendent avoir égard – fût-ce implicitement – à cet élément de concordance avec le droit international car les crimes sous-jacents qui ont été mobilisés jusqu'à présent[1413] sont incontestablement le reflet fidèle du droit international.

(1410) Développements, *Doc. parl.*, Sénat, sess. 2001-2002, n° 2-1256/1, p. 2.

(1411) Voy. la règle 14 de l'Étude du CICR sur le droit international coutumier : J.-M. HENCKAERTS et L. DOSWALD-BECK (dir.), *Droit international humanitaire coutumier. Volume I : Règles*, Bruxelles, Bruylant, 2006 (encore que le caractère coutumier de l'interdiction n'ait pas en soi vocation à se confondre avec le caractère coutumier de l'incrimination pénale de la violation d'une telle interdiction).

(1412) Voy. à ce sujet G. SCHAMPS, « L'incrimination du crime de génocide, du crime contre l'humanité et des crimes de guerre en droit belge à la lumière du droit international humanitaire », in A. JACOBS (dir.), *Actualités de droit pénal et de procédure pénale (II)*, coll. CUP, vol. 69, Bruxelles, Larcier, 2004, p. 380 ; A. ANDRIES, E. DAVID, Chr. VAN DEN WYNGAERT et J. VERHAEGEN, « Commentaire de la loi du 16 juin 1993 relative à la répression des infractions graves au droit international humanitaire », *R.D.P.C.*, 1994, n° 11, p. 1175 ; E. DAVID, « La loi belge sur les crimes de guerre », *R.B.D.I.*, 1995, n° 2, p. 672.

(1413) *Supra*, n° 239.

Section 2. Les éléments constitutifs contextuels

1. Un conflit armé

243 **Conflit armé.** Tout crime de guerre réclame l'existence d'un conflit armé[1414]. Celui-ci se définit, de façon bien établie dans la pratique belge et internationale, comme le « recours à la force armée entre États ou un conflit armé prolongé entre les autorités gouvernementales et des groupes armés organisés ou entre de tels groupes au sein d'un État »[1415]. L'existence d'un conflit armé est une question factuelle dépendant du constat objectif d'hostilités armées entre les parties ; elle ne dépend pas de la position exprimée par les belligérants ni de l'existence d'une déclaration de guerre formelle[1416]. Elle est, de même, totalement étrangère à la question de savoir si le conflit concerné a été déclenché de façon conforme ou non à la Charte des Nations unies, une stricte distinction devant être maintenue entre le droit international humanitaire (ou *jus in bello*) et le droit international contre le recours à la force (ou *jus contra bellum*)[1417].

Pour le reste, il ressort de la définition jurisprudentielle reproduite ci-dessus que deux types de conflits armés sont susceptibles d'exister en droit international humanitaire : les conflits armés internationaux et les conflits armés non internationaux – l'une et l'autre catégories étant essentiellement fonction de la qualité des parties impliquées dans les hostilités[1418].

244 **Conflit armé international.** Tout usage de la force armée entre États constitue un conflit armé international, quels que soient les motifs ou l'intensité des affrontements[1419]. La notion couvre également les situations d'occupation militaire[1420], soit celles dans lesquelles un territoire se trouve

(1414) J.I. Bruxelles, 6 novembre 1998, *J.T.*, 1999, p. 309.
(1415) TPIY, *Procureur c. Tadić*, IT-94-1-AR72, Ch. d'appel, Arrêt relatif à l'appel de la Défense concernant l'exception préjudicielle d'incompétence, 2 octobre 1995, § 70. Dans la pratique belge, voy. p. ex. Cass., 24 mai 2016, R.G. n° P.16.0244.N, disponible sur Juportal ; Cass., 4 septembre 2019, R.G. n° P.19.0349.F, disponible sur Juportal ; Cass., 28 janvier 2020, R.G. n° P.19.0310.N, disponible sur Juportal ; Cass., 14 juin 2022, R.G. n° P.22.0053.N, *N.C.*, 2023, p. 111 ; Bruxelles (16e ch. corr.), 7 décembre 2023, n° 5471, inédit, p. 24. Dans la pratique internationale, voy. p. ex. CPI, *Le Procureur c. Lubanga*, ICC-01/04-01/06-2842-tFRA, Ch. pr. inst. I, Jugement rendu en application de l'article 74 du Statut, 14 mars 2012, § 533.
(1416) CICR, Commentaire de l'article 2 de la C.G. I, 2016, en ligne, §§ 210-213.
(1417) CICR, Commentaire de l'article 2 de la C.G. I, 2016, en ligne, §§ 215-216.
(1418) CICR, « Le droit international humanitaire et les défis posés par les conflits armés contemporains », in *Rapport de la XXXIe Conférence internationale de la Croix-Rouge et du Croissant-Rouge*, Genève, 2011, p. 9.
(1419) CICR, Commentaire de l'article 2 de la C.G. I, 2016, en ligne, § 218. Dans la pratique belge, voy. p. ex. Bruxelles (16e ch. corr.), 7 décembre 2023, n° 5471, inédit, p. 24.
(1420) Art. 2 commun aux quatre Conventions de Genève de 1949.

placé de fait sous l'autorité de forces armées étrangères ennemies, appelées puissance occupante[1421].

La notion de conflit armé international s'étend par ailleurs à l'hypothèse dans laquelle des États s'opposent à travers des acteurs agissant en leur nom[1422]. Tel est le cas lorsqu'un groupe armé est, de fait, placé sous le « contrôle global » d'un État belligérant[1423]. Un tel niveau de contrôle est caractérisé lorsque l'État en cause « joue un rôle dans l'organisation, la coordination ou la planification des actions militaires du groupe militaire, en plus de le financer, l'entraîner, l'équiper ou lui apporter son soutien opérationnel »[1424]. Dans la situation en Géorgie, par exemple, une chambre préliminaire de la Cour pénale internationale a considéré que la Fédération de Russie avait exercé un contrôle global sur les forces armées de l'Ossétie du Sud, de sorte que les affrontements qui avaient opposé ces dernières à la Géorgie devaient être qualifiés de conflit armé international[1425].

Plus discutée est la nature d'un conflit opposant un État à un groupe armé non étatique, mais qui connaît une intervention militaire tierce, du fait soit d'un État, soit d'une force de maintien de la paix ou d'un autre contingent international. Le conflit entre l'État territorial et le groupe armé demeure-t-il alors non international ? Ou faut-il plutôt considérer que l'intervention directe de l'acteur tiers dans le conflit a pour effet d'internationaliser la relation de belligérance initiale ? Et y a-t-il du reste lieu de distinguer, sur ce terrain, le cas dans lequel l'acteur tiers intervient en soutien de l'État territorial de celui dans lequel il appuie plutôt le groupe armé ? La réponse à ces questions fait l'objet de nombreuses controverses[1426]. Bien que sa pratique révèle à notre avis certaines ambiguïtés, la Cour pénale internationale ne semble généralement pas considérer qu'une intervention militaire étrangère soit susceptible de modifier la nature intrinsèquement non internationale d'une relation de belligérance (sinon, comme nous l'avons vu, dans l'hypothèse où l'État tiers exercerait un « contrôle global » sur l'acteur non étatique concerné). Dans l'affaire *Lubanga*, elle a ainsi jugé que, comme le groupe rebelle de l'accusé était opposé à d'autres groupes

(1421) Art. 42 du Règlement de La Haye de 1907 concernant les lois et coutumes de la guerre sur terre. Voy. en général E. LIEBLICH et E. BENVENISTI, *Occupation in International Law*, Oxford, OUP, 2022.
(1422) CPI, *Le Procureur c. Lubanga*, ICC-01/04-01/06-2842-tFRA, Ch. pr. inst. I, Jugement rendu en application de l'article 74 du Statut, 14 mars 2012, § 541 ; CPI, *Le Procureur c. Katanga*, ICC-01/04-01/07-3436, Ch. pr. inst. I, Jugement rendu en application de l'article 74 du Statut, 7 mars 2014, § 1177.
(1423) CPI, *Le Procureur c. Ntaganda*, ICC-01/04-02/06-2359-tFRA, Ch. pr. inst. VI, Jugement, 8 juillet 2019, § 726.
(1424) TPIY, *Procureur c. Tadić*, IT-94-1-A, Ch. d'appel, Arrêt, 15 juillet 1999, § 137.
(1425) CPI, *Situation en Géorgie*, ICC-01/15-12, Ch. prélim. I, Decision on the Prosecutor's request for authorization of an investigation, 27 janvier 2016, § 27.
(1426) Voy. not. T. FERRARO, « La position juridique du CICR sur la qualification des conflits armés incluant une intervention étrangère et sur les règles du DIH applicables à ces situations », *R.I.C.R.*, 2015, n° 97, pp. 181-206.

non gouvernementaux, le conflit demeurait non international, « en dépit de sa coexistence avec tout conflit armé international pouvant opposer l'Ouganda à la RDC »[1427]. En Belgique à présent, dans l'affaire *C. & B.* relative à des faits commis par deux paras-commandos belges dans le cadre des opérations onusiennes de maintien de la paix en Somalie, la Cour militaire considéra que les activités de maintien de la paix menées ne faisaient pas de l'ONU une partie au conflit et ne pouvaient donc conduire à qualifier le conflit d'international[1428].

245 ▶ **Conflit armé non international – Article 3 commun aux Conventions de Genève.** Contrairement au conflit armé international, qui suppose uniquement le recours à la force armée entre États, l'existence d'un conflit armé non international – au sens de l'article 3 commun aux Conventions de Genève de 1949 – est subordonnée à deux exigences de base : l'une relative à l'*intensité* des hostilités, l'autre à l'*organisation* des parties impliquées[1429]. Dans le cadre d'affrontements internes, il faut en effet pouvoir distinguer un véritable conflit armé de situations de troubles ou de tensions internes ne relevant pas du droit humanitaire, comme les émeutes, les actes isolés et sporadiques de violence ou les actes de nature similaire[1430].

La jurisprudence met en lumière une série de critères indicatifs aux fins de déterminer si des hostilités sont suffisamment intenses pour constituer un conflit armé non international. Retenons, parmi ceux-ci, la durée et l'étendue du conflit, la gravité et la fréquence des actes de violence et des opérations militaires, la nature des armes utilisées, le nombre de victimes, le caractère collectif de la lutte, la mobilisation et la répartition des armes entre les parties au conflit, ou encore l'engagement du Conseil de sécurité en lien avec celui-ci[1431].

(1427) CPI, *Le Procureur c. Lubanga*, ICC-01/04-01/06-2842-tFRA, Ch. pr. inst. I, Jugement rendu en application de l'article 74 du Statut, 14 mars 2012, § 563. Voy. égal. CPI, *Le Procureur c. Ntaganda*, ICC-01/04-02/06-2359-tFRA, Ch. pr. inst. VI, Jugement, 8 juillet 2019, §§ 726 et s. ; CPI, *Le Procureur c. Ongwen*, ICC-02/04-01/15-1762-Red, Ch. pr. inst. IX, Trial Judgment, 4 février 2021, §§ 2686 et s.

(1428) Cour militaire (nl.), 17 décembre 1997, *J.T.*, 1998, p. 286. Pour une critique, voy. A. WEYEMBERGH, « La notion de conflit armé, le droit international humanitaire et les forces des Nations unies en Somalie (à propos de l'arrêt de la Cour militaire du 17 décembre 1997) », *R.D.P.C.*, 1999, pp. 177-201 ; A. WEYEMBERGH et L. KENNES, *Droit pénal spécial*, Limal, Anthemis, 2011, p. 95. Voy. égal. L. WALLEYN, *Droits sans frontières*, Limal, Anthemis, 2023, pp. 117-121.

(1429) TPIY, *Le Procureur c. Tadić*, IT-94-1-T, Ch. pr. inst. I, Jugement, 7 mai 1997, § 562 ; CPI, *Le Procureur c. Ntaganda*, ICC-01/04-02/06-2359-tFRA, Ch. pr. inst. VI, Jugement, 8 juillet 2019, § 703 ; CPI, *Le Procureur c. Al Hassan*, ICC-01/12-01/18-2594-Red, Ch. pr. inst. X, Judgment, 26 juin 2024, §§ 1095-1097. Dans la pratique belge, voy. p. ex. Cass., 24 mai 2016, R.G. n° P.16.0244.N, disponible sur Juportal ; Cass., 4 septembre 2019, R.G. n° P.19.0349.F, disponible sur Juportal ; Cass., 14 juin 2022, R.G. n° P.22.0053.N, *N.C.*, 2023, p. 111 ; Bruxelles (16e ch. corr.), 7 décembre 2023, n° 5471, inédit, p. 25.

(1430) Art. 1er, § 2, du P.A. II.

(1431) TPIY, *Le Procureur c. Limaj*, IT-03-66-T, Ch. pr. inst. II, Jugement, 30 novembre 2005, § 90 ; CPI, *Le Procureur c. Al Hassan*, ICC-01/12-01/18-2594-Red, Ch. pr. inst. X, Judgment, 26 juin 2024, § 1097.

De la même manière, afin de déterminer si une faction armée non étatique justifie du degré minimum d'organisation requis, des critères d'appréciation indicatifs ont été dégagés, tels que l'existence d'une structure de commandement, de règles de discipline, d'un contrôle territorial, la capacité à planifier et mener des opérations militaires, à se procurer des armes ou à recruter des membres, par exemple[1432]. Dans l'affaire susmentionnée, en cause de *C. & B.*, la Cour militaire belge a estimé que les milices locales actives en Somalie ne présentaient pas le niveau d'organisation requis pour être considérées comme des parties à un conflit armé non international – il ne pouvait donc pas (non plus) y avoir de conflit armé non international[1433].

246 ▶ **Conflit armé non international – Deuxième Protocole additionnel aux Conventions de Genève.** En droit international humanitaire, le deuxième Protocole additionnel de 1977 présente un champ d'application plus restreint que le « droit commun » des conflits armés non internationaux consigné dans l'article 3 commun aux quatre Conventions de 1949. Ce Protocole s'applique en effet uniquement aux conflits « qui se déroulent sur le territoire d'une Haute Partie contractante entre ses forces armées et des forces armées dissidentes ou des groupes armés organisés qui, sous la conduite d'un commandement responsable, exercent sur une partie de son territoire un contrôle tel qu'il leur permette de mener des opérations militaires continues et concertées et d'appliquer le présent Protocole »[1434]. Ainsi, l'application du deuxième Protocole additionnel suppose deux conditions complémentaires aux minimums d'intensité et d'organisation caractéristiques de tout conflit armé non international : d'une part, la présence d'un *commandement responsable* à la tête des groupes armés impliqués et, d'autre part, le *contrôle d'une partie du territoire* par ceux-ci (mainmise territoriale supposée propre à donner aux groupes la faculté de mener des opérations militaires continues et concertées et de respecter les règles contenues dans le Protocole). En outre, le deuxième Protocole additionnel concerne uniquement les conflits qui se déroulent sur le territoire d'un État partie entre ses forces armées et un ou plusieurs groupes armés organisés[1435]. Il ne peut donc trouver à s'appliquer à des affrontements opposant plusieurs groupes armés entre eux (seul le cas de la guerre civile « classique » impliquant des forces armées gouvernementales est ainsi visé), pas plus qu'à des hostilités entre un État et un groupe armé qui se dérouleraient en dehors du territoire de cet État (c'est-à-dire un conflit armé non international de nature extraterritoriale)[1436].

(1432) TPIY, *Le Procureur c. Haradinaj*, IT-04-84-T, Ch. pr. inst. I, Jugement, 3 avril 2008, § 60 ; CPI, *Le Procureur c. Al Hassan*, ICC-01/12-01/18-2594-Red, Ch. pr. inst. X, Judgment, 26 juin 2024, § 1096.
(1433) Cour militaire (nl.), 17 décembre 1997, *J.T.*, 1998, p. 286.
(1434) Art. 1er, § 1er, du P.A. II.
(1435) Art. 1er, § 1er, du P.A. II.
(1436) D. AKANDE, « Classification of Armed Conflicts: Relevant Legal Concepts », in E. WILMSHURST (dir.), *International Law and the Classification of Conflicts*, Oxford, OUP, 2012, pp. 55-56.

Ces exigences supplémentaires pour l'application du deuxième Protocole additionnel aux Conventions de Genève *en droit international humanitaire* sont toutefois étrangères au droit international pénal tel que consolidé dans le Statut de Rome. Aux fins de la mise en œuvre des crimes de guerre contenus dans l'article 8 de son Statut (et en particulier des catalogues visés au paragraphe 2, c) et e), de cet article, qui concernent spécifiquement les conflits armés non internationaux), la Cour pénale internationale retient en effet deux critères uniquement pour déterminer l'existence d'un conflit armé : l'organisation minimale des parties en présence et l'intensité suffisante des affrontements[1437].

247 ▸ **Conflit armé non international – Article 8, § 2, f), du Statut de Rome.** L'article 8, paragraphe 2, f), du Statut de Rome énonce que le catalogue des crimes de guerre visé à l'article 8, paragraphe 2, e), du Statut (soit les violations graves des règles du « droit de La Haye » commises en période de conflit armé non international[1438]) s'applique uniquement aux conflits armés « qui opposent *de manière prolongée* sur le territoire d'un État les autorités du gouvernement de cet État et des groupes armés organisés ou des groupes armés organisés entre eux »[1439]. L'article 8, paragraphe 2, d), du Statut de Rome ne rend pas cette idée de caractère prolongé des hostilités applicable au catalogue de crimes de guerre visé à l'article 8, paragraphe 2, c), du Statut (soit les violations graves du « droit de Genève » commises en période de conflit armé non international[1440]). Comment comprendre ceci ?

Selon la Cour pénale internationale[1441], cette notion de « prolongation » du conflit ne constitue pas une exigence supplémentaire en tant que telle ; elle se confond avec la condition d'*intensité minimale* requise pour tout conflit armé non international, dont elle constituerait en quelque sorte un facteur indicatif[1442]. Comme l'article 3 commun aux quatre Conventions de Genève et comme l'article 8, paragraphe 2, d), du Statut de Rome, le « conflit armé non international », au sens de l'article 8, paragraphe 2, f), du Statut de Rome suppose donc deux – et deux seules – conditions : l'*organisation* minimale des parties en présence et l'*intensité* suffisante des affrontements.

(1437) CPI, *Le Procureur c. Lubanga*, ICC-01/04-01/06-2842-tFRA, Ch. pr. inst. I, Jugement rendu en application de l'article 74 du Statut, 14 mars 2012, §§ 535-538 ; CPI, *Le Procureur c. Ntaganda*, ICC-01/04-02/06-2359-tFRA, Ch. pr. inst. VI, Jugement, 8 juillet 2019, §§ 703-725 ; CPI, *Le Procureur c. Al Hassan*, ICC-01/12-01/18-2594-Red, Ch. pr. inst. X, Judgment, 26 juin 2024, §§ 1095-1097.

(1438) *Supra*, n° 233.

(1439) Nos italiques.

(1440) *Supra*, n° 233.

(1441) Voy. déjà, dans la même veine, TPIY, *Le Procureur c. Haradinaj*, IT-04-84-T, Ch. pr. inst. I, Jugement, 3 avril 2008, §§ 37-49.

(1442) CPI, *Le Procureur c. Ongwen*, ICC-02/04-01/15-1762-Red, Ch. pr. inst. IX, Trial Judgment, 4 février 2021, § 2684 ; CPI, *Le Procureur c. Al Hassan*, ICC-01/12-01/18-2594-Red, Ch. pr. inst. X, Judgment, 26 juin 2024, § 1097.

248 **Qualification du conflit et droit belge – Généralités.** Que retenir de tout ceci pour les besoins de la poursuite et du jugement des crimes de guerre tels qu'ils sont incriminés dans le droit belge ? Il s'impose de distinguer selon les différents paragraphes de l'actuel article 136*quater* du Code pénal.

249 **Qualification du conflit et droit belge – Article 136*quater*, § 1er, du Code pénal.** L'article 136*quater*, paragraphe 1er, du Code pénal – cœur historique de l'incrimination des crimes de guerre en droit belge et qui vise une longue liste de comportements relevant tantôt du « droit de Genève », tantôt du « droit de La Haye » – s'applique indistinctement aux conflits armés internationaux et non internationaux[1443]. La qualification du conflit, pour les besoins de cette disposition, est donc en règle indifférente[1444].

Il s'agit là d'un trait particulier des crimes de guerre en droit belge, qui est le fait d'un amendement introduit en cours d'élaboration de la loi (seuls les conflits armés internationaux devaient, selon le projet de loi initial, être visés)[1445]. Ceci va au-delà de ce que réclament les instruments internationaux dont la mise en œuvre était recherchée[1446] et est d'autant plus remarquable et pionnier qu'à l'époque où la loi fut adoptée, le Tribunal pénal international pour l'ex-Yougoslavie n'avait pas encore constaté l'extension du droit des crimes de guerre aux conflits armés non internationaux – il le ferait dans son célèbre arrêt *Tadić* du 2 octobre 1995[1447]. Selon les travaux préparatoires, cette extension se justifiait toutefois car, « d'un point de vue politique et moral, il serait profondément choquant qu'à l'heure où des violations effroyables du droit international sont commises dans des conflits armés purement internes (Bosnie-Herzégovine,

(1443) E. David, *Éléments de droit pénal international et européen*, vol. 2, 2e éd., Bruxelles, Bruylant, 2018, p. 1229 ; A. Andries, E. David, Chr. Van den Wyngaert et J. Verhaegen, « Commentaire de la loi du 16 juin 1993 relative à la répression des infractions graves au droit international humanitaire », *R.D.P.C.*, 1994, n° 11, p. 1132 ; D. Vandermeersch, « Les violations du droit international humanitaire », in H. D. Bosly et Chr. De Valkeneer (dir.), *Les infractions. Volume 5 : les infractions contre l'ordre public*, Bruxelles, Larcier, 2013, p. 122 ; G. Schamps, « L'incrimination du crime de génocide, du crime contre l'humanité et des crimes de guerre en droit belge à la lumière du droit international humanitaire », in A. Jacobs (dir.), *Actualités de droit pénal et de procédure pénale (II)*, coll. CUP, vol. 69, Bruxelles, Larcier, 2004, p. 374 et encore p. 376.

(1444) Il pourrait toutefois en aller différemment dans l'hypothèse où l'on prétendrait, droit coutumier à l'appui, appliquer la disposition à des faits antérieurs à son introduction dans le C. pén. Voy. *supra*, n° 240.

(1445) Amendement proposé par M. Lallemand et consorts, *Doc. parl.*, Sénat, sess. 1991-1992, n° 481-4.

(1446) E. David, « L'application aux conflits armés non internationaux de l'article 1er de la loi belge du 16 juin 1993 relative à la répression des infractions graves au droit international humanitaire », *Rev. dr. mil.*, 1997, vol. 36, pp. 115-117 ; A. Bailleux, *La compétence universelle au carrefour de la pyramide et du réseau : de l'expérience belge à l'exigence d'une justice pénale transnationale*, Bruxelles, Bruylant, 2005, p. 33 ; Ph. Meire et D. Vandermeersch, *Génocide rwandais : le récit de quatre procès devant la cour d'assises de Bruxelles*, Bruges, la Charte, 2011, p. 16.

(1447) TPIY, *Le Procureur c. Tadić*, IT-94-1-AR72, Ch. d'appel, Arrêt relatif à l'appel de la défense concernant l'exception préjudicielle d'incompétence, 2 octobre 1995, §§ 100-102.

Somalie, Sri Lanka, Azerbaïdjan, Géorgie, Afghanistan, etc.), on adopte une loi qui se limiterait à des situations relativement exceptionnelles du type guerre Irak-Iran ou Irak-Koweit tout en ignorant des situations quotidiennes et récurrentes. L'opinion publique ne manquerait pas de relever une fois de plus le caractère partiel, voire sélectif, de l'application du droit international »[1448].

Un dernier commentaire s'impose, qui concerne les conflits armés non internationaux. Nous avons vu que ceux-ci ne font pas l'objet d'une conception uniforme dans le droit international humanitaire[1449]. S'agissant des conflits internes, le catalogue des crimes de guerre incriminés dans l'article 136*quater*, paragraphe 1er, du Code pénal, est-il dès lors applicable en cas de conflit armé non international « simple », au sens de l'article 3 commun aux Conventions de Genève, ou uniquement dans les contextes – plus limitatifs – de conflit armé non international au sens du deuxième Protocole additionnel à ces Conventions ? En 1993, l'intention du législateur était indiscutablement de limiter les crimes de guerre à cette dernière catégorie, plus restrictive, de conflits armés non internationaux[1450]. La pratique de nos juridictions s'est inscrite en ce sens[1451].

La situation a toutefois évolué puisque, dans l'intervalle, par la loi du 23 avril 2003, le législateur a souhaité adapter le droit belge « aux dernières évolutions pertinentes du droit international, en particulier [...] l'entrée en vigueur [...] du Statut de la Cour pénale internationale »[1452]. C'est ainsi qu'a été introduite, dans le chapeau de l'article 136*quater*, paragraphe 1er, du Code pénal, une référence à l'article 8, paragraphe 2, f), du Statut de Rome, dont l'« acception du conflit armé non international est plus large que celle du Protocole II et permet donc d'étendre le champ d'application de la loi »[1453]. Or, comme nous l'avons vu, la Cour pénale internationale estime que le périmètre des crimes de guerre

(1448) Amendement proposé par M. Lallemand et consorts, *Doc. parl.*, Sénat, sess. 1991-1992, n° 481-4, pp. 4-5.
(1449) *Supra*, nos 245 à 247.
(1450) Rapport complémentaire fait au nom de la commission de la Justice, *Doc. parl.*, Sénat, sess. 1991-1992, n° 481-5, pp. 9-11. Voy. égal. E. DAVID, « La loi belge sur les crimes de guerre », *R.B.D.I.*, 1995, n° 2, p. 671 ; E. DAVID, « Le champ d'application de la loi belge du 16 juin 1993 relative à la répression des infractions graves au droit international humanitaire », *Rev. dr. mil.*, 1997, vol. 36, p. 113 ; G. SCHAMPS, « L'incrimination du crime de génocide, du crime contre l'humanité et des crimes de guerre en droit belge à la lumière du droit international humanitaire », in A. JACOBS (dir.), *Actualités de droit pénal et de procédure pénale (II)*, coll. CUP, vol. 69, Bruxelles, Larcier, 2004, p. 370.
(1451) Voy. p. ex. Bruxelles (ass.), 8 juin 2001, inédit (mettant en œuvre l'art. 136*quater*, § 1er, 1°, du C. pén. en particulier, et tenant dûment compte, à cet égard, du fait que les faits incriminés étaient intervenus « dans le cadre d'un conflit armé non international se déroulant sur le territoire du Rwanda entre les forces armées de cet État et des forces armées dissidentes ou des groupes armés organisés qui, sous la conduite d'un commandement responsable, exercent sur une partie du territoire de cet État un contrôle tel qu'il leur permette de mener des opérations militaires continues et concertées et d'appliquer le Protocole II du 8 juin 1977 »).
(1452) Développements, *Doc. parl.*, Sénat, sess. 2001-2002, n° 2-1256/1, p. 1.
(1453) Développements, *Doc. parl.*, Sénat, sess. 2001-2002, n° 2-1256/1, p. 3.

définis à l'article 8, paragraphe 2, f), de son Statut se confond, en pratique, avec celui des crimes de guerre au sens de l'article 3 commun aux Conventions de Genève[1454]. Aussi nous paraît-il que, dans son libellé actuel et vu l'éclairage apporté par la Cour pénale internationale, l'article 136*quater*, paragraphe 1er, du Code pénal a aujourd'hui vocation à s'appliquer à tout conflit armé non international quel qu'il soit, pourvu que les exigences générales d'intensité des affrontements et d'organisation minimale des parties soient rencontrées.

250 ▸ **Qualification du conflit et droit belge – Article 136*quater*, § 2, du Code pénal.** L'article 136*quater*, paragraphe 2, du Code pénal vise quatre comportements constitutifs de crimes de guerre lorsqu'ils sont commis dans le cadre d'un conflit armé non international au sens de l'article 3 commun aux Conventions de Genève.

Le législateur a pu légitimement voir, dans cette disposition introduite en 2003, un « champ d'application *ratione contextu* [...] plus large que celui des infractions couvertes au paragraphe 1er »[1455], lequel concerne (notamment) les conflits armés non internationaux lui aussi, mais selon une définition plus restrictive – pensait alors le législateur – car renvoyant au deuxième Protocole additionnel et à l'article 8, paragraphe 2, f), du Statut de Rome[1456]. Nous avons toutefois vu que, selon la Cour pénale internationale, la définition des conflits armés non internationaux au sens de cette dernière disposition n'est pas plus restrictive mais se confond avec celle de l'article 3 commun aux Conventions de Genève[1457]. Cet éclairage de la Cour, qui paraît aujourd'hui parfaitement stabilisé[1458], conduit en pratique, à notre avis, à priver largement d'effet l'article 136*quater*, paragraphe 2, du Code pénal. En effet, si l'on admet que le conflit armé non international visé au paragraphe 2 est aujourd'hui le même que celui visé au paragraphe 1er :

— les atteintes à la vie et à l'intégrité corporelle (art. 136*quater*, § 2, 1°) se confondent avec l'article 136*quater*, paragraphe 1er, 3°, du Code pénal ;
— les atteintes à la dignité de la personne (art. 136*quater*, § 2, 2°) se confondent dans une large mesure avec l'article 136*quater*, paragraphe 1er, 5°, du Code pénal[1459] ;

(1454) *Supra*, n° 247.
(1455) Développements, *Doc. parl.*, Sénat, sess. 2001-2002, n° 2-1256/1, p. 3.
(1456) Voy. G. SCHAMPS, « L'incrimination du crime de génocide, du crime contre l'humanité et des crimes de guerre en droit belge à la lumière du droit international humanitaire », in A. JACOBS (dir.), *Actualités de droit pénal et de procédure pénale (II)*, coll. CUP, vol. 69, Bruxelles, Larcier, 2004, pp. 374-375.
(1457) *Supra*, n° 247.
(1458) CPI, *Le Procureur c. Ntaganda*, ICC-01/04-02/06-2359-tFRA, Ch. pr. inst. VI, Jugement, 8 juillet 2019, §§ 701-725 ; CPI, *Le Procureur c. Ongwen*, ICC-02/04-01/15-1762-Red, Ch. pr. inst. IX, Trial Judgment, 4 février 2021, § 2684 ; CPI, *Le Procureur c. Al Hassan*, ICC-01/12-01/18-2594-Red, Ch. pr. inst. X, Judgment, 26 juin 2024, § 1097.
(1459) À cette nuance près que l'art. 136*quater*, § 2, 2°, du C. pén. voit son domaine d'application limité aux personnes protégées (*infra*, n° 304).

— les prises d'otage (art. 136*quater*, § 2, 3°) se confondent avec l'article 136*quater*, paragraphe 1er, 11°, du Code pénal[1460].

Seule l'incrimination des condamnations et exécutions effectuées sans jugement préalable (art. 136*quater*, § 2, 4°, du C. pén.) ne connaît pas d'équivalent dans le paragraphe 1er.

251 ▶ **Qualification du conflit et droit belge – Article 136*quater*, § 3, du Code pénal.** L'article 136*quater*, paragraphe 3, du Code pénal incrimine trois – et prochainement cinq[1461] – violations graves visées à l'article 15, paragraphe 1er, du deuxième Protocole de 1999 relatif à la Convention de La Haye de 1954 pour la protection des biens culturels en cas de conflit armé. Cet instrument concerne les conflits armés non internationaux (*sensu lato*[1462]) comme internationaux[1463]. La qualification du conflit armé est donc indifférente aux fins de l'application de l'article 136*quater*, paragraphe 3, du Code pénal[1464].

252 ▶ **Pratique liée à l'article 141*bis* du Code pénal.** Notons que, dans la pratique belge, la notion de « conflit armé » fait incidemment l'objet de discussions et d'une activité judiciaire importantes au départ de l'article 141*bis* du Code pénal. Celui-ci relève de l'actuel titre I*ter* du livre II du Code pénal relatif aux infractions terroristes, de sorte que son examen est en soi étranger au champ de notre étude.

Pour les besoins de ce *verbo*, bornons-nous à rappeler que la disposition contient une clause d'exclusion, à certaines conditions, du catalogue des infractions terroristes dans les situations de conflit armé. L'objectif est de garantir l'effectivité du droit international humanitaire et d'assurer le maintien du principe d'égalité des belligérants, essentiel pour la mise en œuvre de cette branche du droit[1465]. La clause vise ainsi à empêcher que le droit antiterroriste ne se substitue, dans les situations de conflit armé, au droit international humanitaire, en rendant illicites et pénalement répréhensibles des actes de violence qui ne le seraient pas en vertu du droit humanitaire[1466]. Au départ

(1460) En ce sens, voy. D. VANDERMEERSCH, « Les violations du droit international humanitaire », in H. D. BOSLY et Chr. DE VALKENEER (dir.), *Les infractions. Volume 5 : les infractions contre l'ordre public*, Bruxelles, Larcier, 2013, p. 133 (« [p]our la définition et la portée de ces notions, on peut se référer à ce qui vient d'être exposé dans le cadre de l'examen des actes similaires incriminés également dans le paragraphe 1er de l'article 136*quater* »).

(1461) *Supra*, n° 237.

(1462) *Supra*, n° 245.

(1463) Art. 3, § 1er, du Protocole.

(1464) G. SCHAMPS, « L'incrimination du crime de génocide, du crime contre l'humanité et des crimes de guerre en droit belge à la lumière du droit international humanitaire », in A. JACOBS (dir.), *Actualités de droit pénal et de procédure pénale (II)*, coll. CUP, vol. 69, Bruxelles, Larcier, 2004, p. 387.

(1465) Voy., au-delà du cas belge, Th. VAN POECKE, Fr. VERBRUGGEN et W. YPERMAN, « Terrorist Offences and International Humanitarian Law: The Armed Conflict Exclusion Clause », *International Review of the Red Cross*, 2021, vol. 103, pp. 295-324.

(1466) Cass., 22 mai 2024, R.G. n° P.24.0088.F, disponible sur Juportal.

conçue selon un périmètre « exceptionnellement large »[1467], la clause a récemment vu ses contours fortement restreints puisque, depuis l'entrée en vigueur d'une loi du 18 janvier 2024, son bénéfice est désormais limité aux actes qui sont couverts par les règles applicables du droit international humanitaire « et sont conformes à celles-ci »[1468].

Quoi qu'il en soit, pour intéressante qu'elle puisse être aux fins d'éclairer la compréhension judiciaire belge de la notion de « conflit armé », la prise en compte de la jurisprudence « 141*bis* » réclame à notre avis une certaine prudence, ou à tout le moins un certain degré de contextualisation. Il faut bien constater, en effet, que la (version ancienne de la) clause a rencontré une résistance prétorienne fort importante. Diverses formes de « contournements judiciaires » ont ainsi été observées, qui ont vu les magistrats s'appuyer sur des interprétations – de l'avis d'une doctrine pour une fois unanime – particulièrement restrictives, voire dans certains cas clairement erronées, des principes pertinents du droit international humanitaire[1469]. Ces lectures fort particulières du droit humanitaire – consistant par exemple à interpréter le degré d'organisation requis en conflit armé non international de façon extrêmement stricte, ou à exclure certains groupes de la notion de « groupes armés » sur la base des objectifs poursuivis par ceux-ci – ont, en définitive, permis aux juges d'affirmer l'inexistence d'un conflit armé, et donc d'exclure l'application de la clause, dans presque toutes les affaires concernées[1470]. L'objectif poursuivi par la réforme

(1467) R. VAN STEENBERGHE, « Les interventions militaires étrangères récentes contre le terrorisme international. Seconde partie : droit applicable (*jus in bello*) », *A.F.D.I.*, 2017, vol. 60, p. 86.
(1468) Art. 141*bis* du C. pén. tel que modifié par la L. 18 janvier 2024 visant à rendre la justice plus humaine, plus rapide et plus ferme III, *M.B.*, 26 janvier 2024 (vig. 5 février 2024). La Cour de cassation considère, selon une lecture téléologique qui est, à notre avis, fort difficilement compatible avec les termes du droit ancien comme avec l'histoire législative de la disposition, que la conformité au droit humanitaire conditionnait déjà le bénéfice de la clause dans son libellé d'origine (Cass., 22 mai 2024, R.G. n° P.24.0088.F, disponible sur Juportal).
(1469) Voy. not. M. WÉRY, « La jurisprudence relative à la clause d'exclusion prévue à l'article 141*bis* du Code pénal : la difficile application du droit international humanitaire par les cours et tribunaux belges », *Rev. dr. mil.*, 2018, vol. 57, pp. 103-143 ; R. VAN STEENBERGHE, « Les interventions militaires étrangères récentes contre le terrorisme international. Seconde partie : droit applicable (*jus in bello*) », *A.F.D.I.*, 2017, vol. 60, pp. 83-91 ; V. KOUTROULIS, « How Have the Belgian Courts Dealt With the Interplay Between IHL and Counter-Terrorism Offences? », *Collegium*, 2017, n° 47, pp. 107-118 ; R. BARTELS, « Terrorist Groups as Parties to an Armed Conflict », *Collegium*, 2017, n° 47, pp. 56-66 ; T. VAN POECKE, « The IHL Exclusion Clause, and why Belgian Courts Refuse to Convict PKK Members for Terrorist Offences », *EJIL: Talk!*, 20 mars 2019, disponible sur https://www.ejiltalk.org/the-ihl-exclusion-clause-and-why-belgian-courts-refuse-to-convict-pkk-members-for-terrorist-offences/ ; A. BOUNJOUA, « L'article 141*bis* du Code pénal face à l'ambiguïté des juridictions pénales belges », *Village de la Justice*, 23 octobre 2019, disponible sur https://www.village-justice.com/articles/article-141bis-code-penal-face-ambiguite-des-juridictions-penales-belges,32741.html.
(1470) À l'exception notable de Cass., 28 janvier 2020, R.G. n° P.19.0310.N, disponible sur Juportal. Voy. Ph. JACQUES et R. VAN STEENBERGHE, « L'article 141*bis* du Code pénal : première application dans l'affaire du PKK. À propos de l'interaction entre la législation antiterroriste et le droit international humanitaire », *J.T.*, 2019, n° 6763, pp. 178-181.

intégrée à la loi du 18 janvier 2024 était ainsi, au départ du constat de cette « jurisprudence contrastée et contestée, parfois surprenante », de solutionner une série de « difficultés dans l'interprétation et l'application de notions fondamentales du droit international humanitaire »[1471].

C'est dans ce contexte que nous pensons devoir inviter à une certaine prudence quant au recours éventuel à cet acquis jurisprudentiel, périphérique et fort particulier, aux fins d'éclairer la notion de « conflit armé » en droit belge des crimes de guerre.

253 ▶ **Pratique en matière de droit des étrangers.** La pratique des juridictions compétentes en matière de « droit des étrangers » apporte également un certain éclairage du domaine des crimes de guerre en droit belge. D'une part, en effet, l'article 48/4 de la loi du 15 décembre 1980[1472] énonce que le bénéfice de la protection subsidiaire est notamment conditionné à un risque d'« atteintes graves », lesquelles peuvent consister, entre autres, en des « menaces graves contre la vie ou la personne d'un civil en raison d'une violence aveugle en cas de *conflit armé interne ou international* » (nos italiques)[1473]. D'autre part, et de façon plus directe encore, l'article 55/4 de la même loi, qui donne effet à l'article 1.F. de la Convention de Genève de 1951 relative au statut des réfugiés, exclut notamment du statut de réfugié la personne dont on a des motifs sérieux de penser qu'elle a commis un crime de guerre[1474]. La pratique des juges « étrangéristes », qui sont à ce double titre amenés à interpréter et à appliquer les notions de conflit armé et de crime de guerre, échappe toutefois au périmètre de ce *verbo*.

2. Un lien entre le conflit armé et l'acte sous-jacent

254 ▶ ***Nexus.*** L'existence d'un conflit armé n'est pas tout. Encore faut-il que le comportement, réputé crime de guerre, soit associé à celui-ci[1475]. Ce *nexus* devrait, dans la rigueur des principes, être apprécié selon des paramètres à la fois matériels, temporels et territoriaux (le comportement reproché

(1471) Exposé des motifs, *Doc. parl.*, Ch. repr., sess. 2022-2023, n° 55-3518/001, p. 327.
(1472) L. 15 décembre 1980 sur l'accès au territoire, le séjour, l'établissement et l'éloignement des étrangers, *M.B.*, 31 décembre 1980 (vig. 1er juillet 1981).
(1473) Voy. toutefois, y voyant une notion autonome qui la distinguerait de sa portée en droit international humanitaire, CJUE, 30 janvier 2014, *Diakité*, C-285/12. Voy., sur le sujet, I. WITTORSKI, M. WÉRY et A. DEFOSSEZ, « La difficile autonomisation du droit européen de l'asile », *Rev. dr. ULiège*, 2014, n° 2, pp. 342-357.
(1474) Pour un cas d'application de cette clause d'exclusion, voy. CCE (Ve ch.), 30 novembre 2021, n° 264.717, *J.L.M.B.*, 2022, p. 971 (et les obs. de A. ERNOUX et L. MONACO, « Quand Genève et Rome se rencontrent à Bruxelles : l'exclusion du statut de réfugié pour crime de guerre », *J.L.M.B.*, 2022, n° 22, pp. 976-984).
(1475) Art. 8 des Éléments des crimes.

peut-il ainsi être raccroché, dans sa matérialité mais aussi dans sa temporalité et dans sa localisation, au conflit ?)[1476].

Selon la jurisprudence, il n'est pas nécessaire que le comportement incriminé se soit inscrit dans les hostilités ou ait eu lieu au moment ou à l'endroit où les combats se sont effectivement déroulés, mais il doit avoir été étroitement lié aux hostilités ou au contrôle exercé sur une certaine partie du territoire par la partie au conflit à laquelle il est attribué[1477]. Le fait reproché a ainsi vocation à constituer un crime de guerre si l'existence du conflit armé a « considérablement contribué à la capacité de l'auteur à commettre le crime, à sa décision d'y procéder, au but dans lequel il l'a commis ou à la manière dont il l'a commis »[1478].

Bien souvent, dans la pratique des juridictions belges en matière de crimes de guerre, ce lien est présumé, ou son examen se confond avec l'appréciation de l'existence même du conflit[1479].

La pratique au départ de l'article 141*bis* du Code pénal permet également de mettre en lumière cette exigence de lien avec le conflit[1480], même si nous avons vu que celle-ci s'est développée dans un contexte assez particulier qui la rend, à notre avis, sujette à caution[1481].

3. Un élément de connaissance

255 ▶ **Élément moral contextuel.** Selon les Éléments des crimes de la Cour pénale internationale, tout crime de guerre suppose que l'auteur ait eu connaissance des circonstances établissant l'existence d'un conflit armé[1482]. Ce faisant, les Éléments des crimes énoncent un élément psychologique commun à toutes les

(1476) Pour un examen détaillé des champs d'application *ratione materiae*, *ratione temporis* et *ratione loci* du droit international humanitaire, voy. E. DAVID, *Principes de droit des conflits armés*, 6e éd., Bruxelles, Bruylant, 2019, pp. 114-312.
(1477) CPI, *Le Procureur c. Ntaganda*, ICC-01/04-02/06-2359-tFRA, Ch. pr. inst. VI, Jugement, 8 juillet 2019, § 731.
(1478) CPI, *Le Procureur c. Ntaganda*, ICC-01/04-02/06-2359-tFRA, Ch. pr. inst. VI, Jugement, 8 juillet 2019, § 731. Voy. égal. CPI, *Le Procureur c. Ntaganda*, ICC-01/04-02/06-1962-tFRA, Ch. d'appel, Arrêt relatif à l'appel interjeté par Bosco Ntaganda contre la deuxième décision rendue concernant l'exception d'incompétence de la Cour soulevée par la Défense s'agissant des chefs 6 et 9, 15 juin 2017, § 68 ; CPI, *Le Procureur c. Katanga*, ICC-01/04-01/07-3436, Ch. pr. inst. I, Jugement rendu en application de l'article 74 du Statut, 7 mars 2014, § 1176.
(1479) Voy. p. ex. Bruxelles (ass.), 6 juin 2024, n° 4093, inédit, p. 17. Voy., en général sur ce sujet, J. B. MBOKANI, « Le lien de connexité entre le crime et le conflit armé dans la définition des crimes de guerre », in D. BERNARD et D. SCALIA (dir.), *Vingt ans de justice internationale pénale*, Bruxelles, la Charte, 2014, pp. 35-46.
(1480) Corr. Bruxelles fr. (90e ch.), 19 janvier 2023, n° 372, inédit, p. 17 ; Bruxelles (ass.), 26 juillet 2023, inédit, p. 215.
(1481) *Supra*, n° 252.
(1482) Art. 8 des Éléments des crimes.

formes de crimes de guerre, qui s'ajoute à l'élément moral propre à chacun des crimes sous-jacents[1483].

L'auteur doit uniquement avoir eu connaissance des circonstances factuelles établissant l'existence du conflit[1484]. Il importe donc peu qu'il n'ait pas eu connaissance des faits établissant le caractère international ou non international du conflit, ou qu'il ait procédé à une analyse juridique erronée de sa qualification[1485].

Bien souvent, dans la pratique des juridictions belges en matière de crimes de guerre, cette *mens rea* contextuelle est présumée ou se confond avec l'examen de l'élément moral propre aux crimes sous-jacents[1486].

Section 3.
Les crimes sous-jacents

1. Généralités

256 ▶ ***Actus reus* et *mens rea* associée (rappel).** Un crime de guerre est constitué dès lors que, outre les éléments contextuels examinés plus tôt (*supra*, n°s 243 et s.), l'un quelconque des crimes sous-jacents énumérés dans l'article 136*quater* du Code pénal – meurtre, torture, etc. – est commis (*actus reus*) avec le degré d'intention qui lui est propre (*mens rea*).

257 ▶ ***Actus reus* par action ou par omission (renvoi).** L'article 136*quater* énonce, selon une formule commune aux paragraphes 1er, 2, et 3, que les crimes de guerre sont constitués lorsqu'ils portent atteinte, « par action ou omission », aux intérêts protégés par le droit international humanitaire. Autrement dit, l'élément matériel (*actus reus*) du crime sous-jacent constitutif de crime de guerre peut prendre la forme d'une omission[1487].

258 ▶ ***Mens rea* par défaut (rappel).** Dans les pages qui suivent, comme en matière de génocide et de crimes contre l'humanité, nous ne spécifierons la *mens rea* afférente aux différents crimes sous-jacents examinés que dans la mesure où celle-ci s'écarte de la règle visée à l'article 30 du Statut de Rome. À défaut, conformément au droit international pénal, les crimes sous-jacents constitutifs

(1483) Pour un cas d'application, voy. p. ex. CPI, *Le Procureur c. Al Hassan*, ICC-01/12-01/18-2594-Red, Ch. pr. inst. X, Judgment, 26 juin 2024, § 1101.

(1484) Art. 8 des Éléments des crimes, introduction.

(1485) G. WERLE et F. JESSBERGER, *Principles of International Criminal Law*, 4e éd., Oxford, OUP, 2020, pp. 476-477 ; K. AMBOS, *Treatise on International Criminal Law. Volume II: The Crimes and Sentencing*, 2e éd., Oxford, OUP, 2022, p. 143.

(1486) Voy. p. ex. Bruxelles (ass.), 6 juin 2024, n° 4093, inédit, pp. 14-15.

(1487) Sur la question de savoir dans quelle mesure il faut y voir une dérogation au droit commun (c'est-à-dire une précision utile), voy. *infra*, n° 322.

de crime de guerre sont établis dès lors que leurs éléments matériels sont commis avec « intention et connaissance »[1488].

259 ▶ ***Mens rea* sans préjudice des infractions commises par négligence.** L'article 136*quater* du Code pénal énonce, selon une formule commune aux paragraphes 1er, 2, et 3, que les crimes de guerre qui y sont incriminés le sont « sans préjudice des dispositions pénales applicables aux infractions commises par négligence ». Cette précision nous paraît superflue (et n'est d'ailleurs pas reprise en matière de crimes contre l'humanité). Nous renvoyons à cet égard aux développements repris sous le chapitre relatif au génocide[1489].

2. L'article 136*quater*, paragraphe 1er, du Code pénal

260 ▶ **Homicide intentionnel (1°).** L'homicide intentionnel suppose que l'auteur ait causé la mort d'une ou de plusieurs personnes protégées par les Conventions Genève[1490].

Les personnes protégées par les Conventions de Genève sont celles qui ne participent pas ou plus aux hostilités[1491]. L'on pourrait ajouter à ceci l'exigence que les personnes, prisonniers de guerre ou civils[1492], se trouvent au pouvoir de l'ennemi, puisque telle est bien la portée des Conventions[1493]. S'agissant des décès causés, non alors que les prisonniers de guerre ou civils se trouvaient au pouvoir de l'ennemi (« droit de Genève »), mais dans le cadre de la conduite des hostilités (« droit de La Haye »), l'on aura plutôt égard, selon les cas, à l'incrimination des attaques contre des personnes civiles (art. 136*quater*, § 1er, 20°, du C. pén.) ou à celle des attaques contre des personnes hors de combat (art. 136*quater*, § 1er, 26°, du C. pén.).

(1488) *Supra*, n° 192. Voy. égal. Développements, *Doc. parl.*, Sénat, sess. 2001-2002, n° 2-1256/1, p. 5 (« [l]orsque la disposition ne précise pas [...] l'élément psychologique requis, il s'agit du dol général »).
(1489) *Supra*, n° 193.
(1490) Bruxelles (ass.), 8 juin 2001, inédit, p. 7 ; Bruxelles (ass.), 6 juin 2024, n° 4093, inédit, p. 7. Voy. égal. l'article 8, 2), a), i), 1° et 2°, des Éléments des crimes.
(1491) Bruxelles (ass.), 19 décembre 2023, n° 7445, inédit, p. 85 ; Bruxelles (ass.), 6 juin 2024, n° 4093, inédit.
(1492) La protection due aux soldats blessés, malades et naufragés en vertu de la C.G. I et de la C.G. II est, quant à elle, indépendante de la circonstance que les personnes visées soient tombées aux mains de l'ennemi (CICR, Commentaire de l'article 13 de la C.G. I, 2016, en ligne, § 1444 ; CICR, Commentaire de l'article 13 de la C.G. II, 2017, en ligne, § 1485).
(1493) Art. 4, A), de la C.G. III ; art. 4, al. 1er, de la C.G. IV. Cette notion doit toutefois être entendue dans un sens large. Elle n'est pas limitée aux situations dans lesquelles la victime est physiquement entre les mains de la partie ennemie (TPIY, *Le Procureur c. Tadić*, IT-94-1-T, Ch. pr. inst. I, Jugement, 7 mai 1997, § 579). L'expression n'a pas forcément un sens matériel mais signifie simplement que la victime se trouve dans un territoire dont la puissance ennemie est maîtresse (J. PICTET [dir.], *Commentaire de la quatrième Convention de Genève*, Genève, Éditions du CICR, 1958, p. 47).

Conformément à l'article 30 du Statut de Rome[1494], l'infraction suppose, outre l'intention de causer la mort ou la conscience que la mort résultera dans le cours normal des événements, la connaissance des circonstances de fait établissant le statut de personne protégée de la victime[1495].

261 ▶ **Torture et autres traitements inhumains (2°).** La torture et les traitements inhumains constituent une infraction grave aux Conventions de Genève[1496]. Comme les Conventions elles-mêmes, l'article 136*quater*, paragraphe 1er, 2°, du Code pénal y associe explicitement les expériences biologiques.

Sur le plan de l'*actus reus*, l'infliction d'une douleur ou de souffrances aiguës, physiques ou mentales, est requise[1497]. Les victimes doivent être des personnes protégées par une ou plusieurs Conventions de Genève de 1949[1498]. Il n'est pas requis, pas plus que pour la torture en tant que crime contre l'humanité[1499], que les actes soient le fait d'une personne dépositaire de l'autorité publique.

S'agissant de la *mens rea* pour la torture en particulier, le droit international des droits humains suppose un dol spécial, soit la recherche d'un but particulier à travers les sévices infligés (obtenir des aveux, p. ex.)[1500]. De même, selon les Éléments des crimes de la Cour pénale internationale, il est requis, pour constituer le crime de guerre de torture, que l'auteur ait agi notamment dans le but « d'obtenir des renseignements ou des aveux, de punir, d'intimider ou de contraindre »[1501]. Il n'est toutefois pas certain qu'une telle exigence de dol spécial trouve à s'appliquer en droit belge[1502] car celle-ci est étrangère au libellé de l'article 136*quater*, paragraphe 1er, 2°, du Code pénal. En outre, aucun dol spécial n'est requis, en droit belge, pour la torture en tant qu'infraction de droit commun (art. 417*ter* du C. pén.)[1503].

(1494) *Supra*, n° 192.
(1495) Art. 8, 2), a), i), 3°, des Éléments des crimes.
(1496) Art. 50/51/130/147 commun aux quatre Conventions de Genève de 1949.
(1497) Art. 8, 2), a), ii)-1, 1°, des Éléments des crimes, notamment.
(1498) Art. 8, 2), a), ii)-1, 3°, des Éléments des crimes, notamment. Sur cette notion, voy. *supra*, n° 260.
(1499) *Supra*, n° 223.
(1500) Art. 1er de la Convention contre la torture et autres peines ou traitements cruels, inhumains ou dégradants.
(1501) Art. 8, 2), a), ii)-1, 2°, des Éléments des crimes. Par contraste, en matière de torture comme crime contre l'humanité, voy. *supra*, n° 223. Voy., observant cet étrange distinguo, O. DE FROUVILLE, *Droit international pénal. Sources, incriminations, responsabilité*, Paris, Pedone, 2012, p. 157 ; G. METTRAUX, *International Crimes: Law and Practice. Volume II: Crimes Against Humanity*, Oxford, OUP, 2020, p. 519.
(1502) *Contra* : A. ANDRIES, E. DAVID, Chr. VAN DEN WYNGAERT et J. VERHAEGEN, « Commentaire de la loi du 16 juin 1993 relative à la répression des infractions graves au droit international humanitaire », *R.D.P.C.*, 1994, n° 11, p. 1142.
(1503) Cass., 1er décembre 2010, *Pas.*, 2010, p. 3051 ; Cass., 9 mars 2021, *T. Strafr.*, 2021, p. 149.

Outre l'intention relative aux sévices infligés, l'auteur doit avoir eu connaissance des circonstances de fait établissant le statut de personne protégée de la ou des victimes[1504].

262 ▶ **Fait de causer de grandes souffrances ou de porter des atteintes graves à l'intégrité physique ou à la santé (3°).** La disposition énoncée à l'article 136*quater*, paragraphe 1er, 3°, du Code pénal correspond à une infraction grave aux Conventions de Genève[1505]. Elle concerne uniquement les personnes protégées au sens de ces instruments[1506] et suppose notamment que l'auteur ait eu connaissance du statut de personne protégée des victimes[1507].

263 ▶ **Viol et violences sexuelles (4°).** L'article 136*quater*, paragraphe 1er, 4°, du Code pénal incrimine, en tant que crimes de guerre, le viol, l'esclavage sexuel, la prostitution forcée, la grossesse forcée, la stérilisation forcée et toute autre forme de violence sexuelle constituant une infraction grave aux Conventions de Genève ou une violation grave de l'article 3 commun à ces Conventions.

Ces incriminations sont calquées sur l'article 8, paragraphe 2, b), xxii), et e), vi), du Statut de Rome[1508] et ont donné lieu à différents cas d'application dans la pratique judiciaire belge[1509].

Sur la portée des comportements incriminés par la loi, il est renvoyé au point correspondant en matière de crimes contre l'humanité[1510].

264 ▶ **Autres atteintes à la dignité humaine (5°).** Sont ici visés les traitements humiliants ou dégradants, de même que tout autre traitement d'une gravité suffisante pour être reconnu généralement comme une atteinte à la dignité de la personne[1511].

Il est question, dans la loi belge, des « *autres* atteintes à la dignité », tandis que le Statut de Rome parle simplement d'« atteintes »[1512]. Ceci vise à souligner le fait que le même paragraphe du Code pénal incrimine par ailleurs la torture et les traitements inhumains (2°), le fait de causer de grandes souffrances ou de porter des atteintes graves à l'intégrité physique ou à la santé (3°) et les violences sexuelles (4°)[1513].

(1504) Art. 8, 2), a), ii)-1, 4°, des Éléments des crimes, notamment.
(1505) Art. 50/51/130/147 commun aux quatre Conventions de Genève de 1949.
(1506) Art. 8, 2), a), iii), 2°, des Éléments des crimes. Voy. *supra*, n° 260.
(1507) Art. 8, 2), a), iii), 3°, des Éléments des crimes.
(1508) Développements, *Doc. parl.*, Sénat, sess. 2001-2002, n° 2-1256/1, p. 4.
(1509) Bruxelles (ass.), 1er décembre 2009, inédit ; Bruxelles (ass.), 19 décembre 2023, n° 7445, inédit ; Bruxelles (ass.), 6 juin 2024, n° 4093, inédit.
(1510) *Supra*, n° 224.
(1511) Art. 8, 2), b), xxi), 1° et 2°, et art. 8, 2), c), ii), 1° et 2°, des Éléments des crimes.
(1512) Art. 8, § 2, b), xxi), et art. 8, § 2, c), ii), du Statut de Rome.
(1513) Développements, *Doc. parl.*, Sénat, sess. 2001-2002, n° 2-1256/1, p. 4.

265 ▶ **Contrainte à servir dans les forces armées ou groupes armés de la puissance ennemie ou de la partie adverse (6°).** Cette incrimination est basée sur l'article 8, paragraphe 2, a), v), du Statut de Rome qui, contrairement à la loi belge[1514], vise uniquement les conflits armés internationaux[1515].

L'infraction est constituée dès lors que l'auteur a contraint une ou plusieurs personnes, par un acte ou sous la menace, à prendre part à des opérations militaires ou à servir de toute autre manière dans les forces d'une puissance ennemie[1516]. Selon les travaux préparatoires de la loi belge, ceci est sans préjudice du pouvoir de mobilisation générale dont dispose un État en cas de guerre civile[1517].

Outre l'intention de poser le comportement répréhensible, il est requis que l'auteur ait eu connaissance des circonstances de fait établissant le statut de personne protégée de la ou des victimes[1518].

266 ▶ **Fait de procéder à la conscription ou à l'enrôlement d'enfants de moins de 15 ans dans des forces armées ou groupes armés, ou de les faire participer activement à des hostilités (7°).** Cette infraction est basée sur l'article 8, paragraphe 2, b), xxvi), et e), vii), du Statut de Rome[1519]. Elle suppose que l'auteur ait procédé à la conscription, à l'enrôlement d'une ou de plusieurs personnes de moins de 15 ans dans les forces armées nationales ou les ait fait participer activement aux hostilités[1520]. La Cour pénale internationale entend la notion de « participation active » de façon large, comme couvrant les actes de participation tant directe qu'indirecte, propres à exposer l'enfant à un danger réel faisant de lui une cible potentielle[1521]. Sur le plan psychologique, l'infraction est constituée lorsque l'auteur savait ou aurait dû savoir que les victimes étaient âgées de moins de 15 ans[1522].

267 ▶ **Privation du droit d'être jugé régulièrement et impartialement (8°).** L'article 136*quater*, paragraphe 1er, 8°, du Code pénal vise le fait de priver un prisonnier de guerre ou une personne civile protégée de son droit d'être jugé régulièrement et impartialement selon les prescriptions des troisième et

(1514) *Supra*, n° 249.
(1515) Voy. A. ANDRIES, E. DAVID, Chr. VAN DEN WYNGAERT et J. VERHAEGEN, « Commentaire de la loi du 16 juin 1993 relative à la répression des infractions graves au droit international humanitaire », *R.D.P.C.*, 1994, n° 11, p. 1146.
(1516) Art. 8, 2), a), v), 1°, des Éléments des crimes.
(1517) Développements, *Doc. parl.*, Sénat, sess. 2001-2002, n° 2-1256/1, p. 4.
(1518) Art. 8, 2), a), v), 3°, des Éléments des crimes.
(1519) Développements, *Doc. parl.*, Sénat, sess. 2001-2002, n° 2-1256/1, p. 4.
(1520) Art. 8, 2), b), xxvi), 1° et 2°, et art. 8, 2), e), vii), 1° et 2°, des Éléments des crimes.
(1521) CPI, *Le Procureur c. Lubanga*, ICC-01/04-01/06-2842-tFRA, Ch. pr. inst. I, Jugement rendu en application de l'article 74 du Statut, 14 mars 2012, § 628 ; CPI, *Le Procureur c. Lubanga*, ICC-01/04-01/06-3121-Red, Ch. d'appel, Public redacted Judgment on the appeal of Mr Thomas Lubanga Dyilo against his conviction, 1er décembre 2014, § 340.
(1522) Art. 8, 2), b), xxvi), 3°, et art. 8, 2), e), vii), 3°, des Éléments des crimes.

quatrième Conventions de Genève. La loi belge est plus large que le droit de la Cour pénale internationale qui limite l'incrimination aux contextes de conflit armé international[1523]. Selon A. Andries, E. David, Chr. Van den Wyngaert et J. Verhaegen, l'infraction suppose qu'un élément essentiel à la conduite d'un procès équitable ait fait défaut, en lien avec la compétence du juge, l'applicabilité de la loi pénale, la régularité des preuves ou le respect des droits de la défense en particulier[1524]. Est à nouveau requise, la connaissance par l'auteur du statut de personne protégée de la ou des victimes[1525].

268 ▶ **Déportation, transfert, déplacement ou détention illicite (9°).** Cette incrimination met en œuvre le « droit de Genève ». Elle ne peut dès lors être constituée que lorsqu'elle est dirigée contre une personne protégée par le droit international humanitaire ou, selon les termes du Code pénal, « une personne civile protégée par la Convention sur la protection des personnes civiles en temps de guerre ou une personne protégée à ces mêmes égards par les Protocoles I et II additionnels aux Conventions de Genève du 12 août 1949 ». La connaissance des circonstances de fait établissant le statut de personne protégée est requise[1526].

L'incrimination, telle qu'énoncée en droit belge, concerne les conflits armés tant internationaux que non internationaux[1527], alors que seuls les premiers sont visés par le Statut de Rome[1528].

269 ▶ **Fait d'affamer délibérément des civils (10°).** L'article 136*quater*, paragraphe 1er, 10°, du Code pénal incrimine le fait d'affamer délibérément des civils comme méthode de guerre en les privant de biens indispensables à leur survie, y compris en empêchant intentionnellement l'envoi des secours prévus par les Conventions de Genève. La disposition est basée sur l'article 8, paragraphe 2, b), xxv), du Statut de Rome[1529]. Contrairement à la loi belge[1530], ce dernier incrimine uniquement le comportement lorsqu'il est commis en période de conflit armé international.

270 ▶ **Prise d'otage (11°).** Selon les Éléments des crimes de la Cour pénale internationale, il y a prise d'otage, en tant que crime de guerre, lorsque l'auteur a capturé, détenu ou autrement pris en otage une ou plusieurs personnes protégées, en menaçant de la ou de les tuer, blesser ou maintenir en détention[1531]. La

(1523) Art. 8, § 2, a), vi), du Statut de Rome.
(1524) A. ANDRIES, E. DAVID, Chr. VAN DEN WYNGAERT et J. VERHAEGEN, « Commentaire de la loi du 16 juin 1993 relative à la répression des infractions graves au droit international humanitaire », *R.D.P.C.*, 1994, n° 11, p. 1146.
(1525) Art. 8, 2), a), vi), 3°, des Éléments des crimes.
(1526) Art. 8, 2), a), vii)-1, 3° et vii)-2, 3°, des Éléments des crimes.
(1527) *Supra*, n° 249.
(1528) Art. 8, § 2, a), vii), du Statut de Rome.
(1529) Développements, *Doc. parl.*, Sénat, sess. 2001-2002, n° 2-1256/1, p. 4.
(1530) *Supra*, n° 249.
(1531) Art. 8, 2), a), viii), 1°, 2°, et 4°, et art. 8, 2), c), iii), 1°, 2°, et 4°, des Éléments des crimes.

connaissance des circonstances de fait établissant le statut de personne protégée de la ou des victimes est requise[1532]. Un dol spécial est en outre exigé, soit l'intention de contraindre un État, une organisation internationale, une personne physique ou morale ou un groupe de personnes à agir ou à s'abstenir d'agir en subordonnant explicitement ou implicitement la sécurité ou la mise en liberté des victimes à une telle action ou abstention[1533].

271 ▶ **Destruction ou saisie de biens de l'ennemi ou de l'adversaire** (12°). L'infraction vise la destruction des biens de l'ennemi en cas de conflit armé international, ou d'un adversaire en cas de conflit armé non international. Elle consiste en une adaptation de l'article 8, paragraphe 2, b), xiii), et e), xii), du Statut de Rome, selon une terminologie propre à couvrir les deux types de conflits armés[1534]. Conformément au droit international[1535], la loi réserve le cas où les destructions ou saisies seraient impérieusement commandées par les nécessités militaires.

272 ▶ **Destruction et appropriation de biens exécutée sur une grande échelle de façon illicite et arbitraire** (13°). Ce crime sous-jacent constitue une infraction grave aux Conventions de Genève[1536]. Il concerne donc les biens protégés par une ou plusieurs Conventions[1537]. Il s'agit par exemple de l'ensemble des biens mobiliers et immobiliers en territoire occupé[1538]. La connaissance des circonstances de fait établissant le statut de bien protégé est requise[1539]. Conformément au droit international[1540], la loi belge réclame que la destruction ou l'appropriation soit exécutée sur une grande échelle de façon illicite et arbitraire, et réserve l'hypothèse dans laquelle elle répondrait à des nécessités militaires. En droit belge, l'incrimination concerne les conflits armés internationaux comme non internationaux[1541], tandis que le Statut de Rome limite son périmètre aux seuls conflits internationaux[1542].

273 ▶ **Attaques délibérées contre des biens civils** (14°). Cette disposition est basée sur l'article 8, paragraphe 2, b), xxv), du Statut de Rome[1543] qui, contrairement à la loi belge[1544], incrimine uniquement ce comportement en période de conflit armé international. Les biens civils sont tous ceux qui ne sont pas des objectifs

(1532) Art. 8, 2), a), viii), 5°, et art. 8, 2), c), iii), 5°, des Éléments des crimes.
(1533) Art. 8, 2), a), viii), 3°, et art. 8, 2), c), iii), 3°, des Éléments des crimes.
(1534) Développements, *Doc. parl.*, Sénat, sess. 2001-2002, n° 2-1256/1, p. 4.
(1535) Art. 8, § 2, b), xiii), et art. 8, § 2, e), xii), du Statut de Rome. Voy. égal. art. 54, § 5, du P.A. I.
(1536) Art. 50/51/130/147 commun aux quatre Conventions de Genève de 1949.
(1537) Art. 8, 2), a), iv), 4°, des Éléments des crimes.
(1538) Art. 53 de la C.G. IV.
(1539) Art. 8, 2), a), iv), 5°, des Éléments des crimes.
(1540) Art. 8, § 2, a), iv), du Statut de Rome.
(1541) *Supra*, n° 249.
(1542) Art. 8, § 2, a), iv), du Statut de Rome.
(1543) Développements, *Doc. parl.*, Sénat, sess. 2001-2002, n° 2-1256/1, p. 5.
(1544) *Supra*, n° 249.

militaires[1545]. Constituent des objectifs militaires, les biens qui, par leur nature, leur emplacement, leur destination ou leur utilisation apportent une contribution effective à l'action militaire et dont la destruction totale ou partielle, la capture ou la neutralisation offre en l'occurrence un avantage militaire précis[1546].

274 ▶ **Attaques délibérées contre les bâtiments, le matériel, les unités et les moyens de transport sanitaires, ou le personnel utilisant les signes distinctifs prévus par le droit international humanitaire (15°).** Cette disposition est basée sur l'article 8, paragraphe 2, b), xxiv), et e), ii), du Statut de Rome[1547]. Selon les travaux préparatoires, la formule générale « signes distinctifs prévus par le droit international humanitaire » fait référence aux signes distinctifs actuellement prévus par les Conventions de Genève et leurs Protocoles additionnels, mais permet également de couvrir les signes distinctifs nouveaux qui seraient adoptés à l'avenir[1548].

275 ▶ **Recours à des « boucliers humains » (16°).** L'article 136*quater*, paragraphe 1er, 16°, du Code pénal incrimine le fait d'utiliser la présence d'un civil ou d'une autre personne protégée par le droit international humanitaire pour éviter que certains points, zones ou forces militaires ne soient la cible d'opérations militaires. La disposition est basée sur l'article 8, paragraphe 2, b), xxiii), du Statut de Rome[1549] qui, contrairement à la loi belge[1550], incrimine uniquement ce comportement en période de conflit armé international. Les travaux préparatoires relèvent que la notion de « personne protégée par le droit international humanitaire » varie en fonction de la source internationale applicable[1551]. Il convient dès lors, pour la définir au cas par cas, de se référer directement à la source de droit international dont la mise en œuvre est recherchée[1552].

276 ▶ **Attaques délibérées contre le personnel, les installations, le matériel, les unités ou les véhicules employés dans le cadre d'une mission humanitaire ou de maintien de la paix conformément à la Charte des Nations unies (17°).** Cette incrimination reflète l'article 8, paragraphe 2, b), iii), et e), iii), du Statut de Rome[1553]. Conformément au droit international[1554], elle n'est constituée que si les personnes ou les biens visés avaient droit à la protection

(1545) Art. 52, § 1er, du P.A. I.
(1546) Art. 52, § 2, du P.A. I.
(1547) Développements, *Doc. parl.*, Sénat, sess. 2001-2002, n° 2-1256/1, p. 5.
(1548) Développements, *Doc. parl.*, Sénat, sess. 2001-2002, n° 2-1256/1, p. 5.
(1549) Développements, *Doc. parl.*, Sénat, sess. 2001-2002, n° 2-1256/1, p. 5.
(1550) *Supra*, n° 249.
(1551) Rapport fait au nom de la commission de la Justice, *Doc. parl.*, Ch. repr., sess. 2002-2003, n° 50-2265/003, p. 32.
(1552) G. SCHAMPS, « L'incrimination du crime de génocide, du crime contre l'humanité et des crimes de guerre en droit belge à la lumière du droit international humanitaire », in A. JACOBS (dir.), *Actualités de droit pénal et de procédure pénale (II)*, coll. CUP, vol. 69, Bruxelles, Larcier, 2004, p. 377.
(1553) Développements, *Doc. parl.*, Sénat, sess. 2001-2002, n° 2-1256/1, p. 5.
(1554) Art. 8, 2), b), iii), 4°, des Éléments des crimes.

que le droit international humanitaire garantit aux civils et aux biens de caractère civil. La connaissance des circonstances de fait établissant cette protection est requise dans le chef de l'auteur[1555].

277 **Actes susceptibles de compromettre la santé et l'intégrité physique ou mentale des personnes protégées par le droit international humanitaire (18°).** La loi incrimine ici l'ensemble des actes et omissions, non légalement justifiés, qui sont susceptibles de compromettre la santé ou l'intégrité physique ou mentale des personnes protégées par le droit international humanitaire, notamment tout acte médical qui ne serait pas justifié par l'état de santé de ces personnes ou ne serait pas conforme aux règles de l'art médical généralement reconnues. La connaissance des circonstances de fait établissant le statut de personne protégée de la ou des victimes est requise[1556].

Ceci semble correspondre à une version atténuée de l'infraction visée à l'article 136*quater*, paragraphe 1er, 3°, du Code pénal, puisqu'il est seulement requis ici que les actes soient susceptibles de compromettre la santé ou l'intégrité physique ou mentale – et plus nécessairement qu'il y ait une atteinte *effective* (qui soit du reste grave) à l'intégrité physique ou à la santé. Cette disposition, par laquelle le législateur a souhaité donner un prolongement pénal à l'article 11, paragraphe 1er, du premier Protocole additionnel aux Conventions de Genève[1557], ne connaît pas d'équivalent direct dans le Statut de Rome. Elle concerne toutes les catégories de personnes protégées[1558].

278 **Actes consistant à pratiquer, sur des personnes protégées par le droit international humanitaire, des mutilations physiques, des expériences médicales ou scientifiques ou des prélèvements de tissus ou d'organes pour des transplantations (19°).** Cette disposition reflète l'article 8, paragraphe 2, b), x), et e), xi), du Statut de Rome. Elle concerne les personnes au pouvoir d'une partie adverse[1559]. L'acte demeure répréhensible indépendamment du consentement de la victime. Est seule réservée par la loi, l'hypothèse de dons de sang en vue de transfusions ou de dons de peau destinée à des greffes, pour autant que ces dons soient volontaires, consentis et destinés à des fins thérapeutiques.

(1555) Art. 8, 2), b), iii), 5°, des Éléments des crimes.

(1556) Art. 8, 2), a), viii), 5°, et art. 8, 2), c), iii), 5°, des Éléments des crimes.

(1557) A. ANDRIES, E. DAVID, Chr. VAN DEN WYNGAERT et J. VERHAEGEN, « Commentaire de la loi du 16 juin 1993 relative à la répression des infractions graves au droit international humanitaire », *R.D.P.C.*, 1994, n° 11, p. 1150.

(1558) A. ANDRIES, E. DAVID, Chr. VAN DEN WYNGAERT et J. VERHAEGEN, « Commentaire de la loi du 16 juin 1993 relative à la répression des infractions graves au droit international humanitaire », *R.D.P.C.*, 1994, n° 11, p. 1150.

(1559) Art. 8, 2), b), x)-1, 4°, art. 8, 2), b), x)-2, 4°, art. 8, 2), e), xi)-1, 4°, et art. 8, 2), e), xi)-2, 4°, des Éléments des crimes.

279 ▸ **Attaque délibérée de la population civile ou de personnes civiles qui ne prennent pas directement part aux hostilités (20°).** L'article 136*quater*, paragraphe 1er, 20°, du Code pénal reflète l'article 8, paragraphe 2, b), i), et e), i), du Statut de Rome. Il met en œuvre le « droit de La Haye » relatif à la conduite des hostilités[1560], de sorte que, s'agissant du comportement consistant à causer la mort d'une personne qui se trouve au pouvoir de l'ennemi – en particulier une personne civile ou un prisonnier de guerre –, on aura plutôt égard à l'homicide tel qu'incriminé dans l'article 36*quater*, paragraphe 1er, 1°, du Code pénal.

Cette infraction a donné lieu à un cas d'application dans l'affaire *S. T. & P. B.*[1561].

280 ▸ **Fait de lancer une attaque délibérée contre des lieux où des malades et des blessés sont rassemblés (21°).** Avec cette disposition, le législateur belge a fait le choix d'isoler et de distinguer cette incrimination de l'interdiction générale des attaques contre les hôpitaux (art. 136*quater*, § 1er, 35°, du C. pén.). Le Statut de Rome regroupe pour sa part les deux incriminations au sein d'une même disposition qu'est son article 8, paragraphe 2, b), ix), et e), iv). Selon les travaux préparatoires, ceci est supposé permettre « une distinction dans la gravité de ces deux catégories de faits »[1562].

L'infraction suppose, selon la loi, que les lieux visés ne soient pas des objectifs militaires. Pour rappel, constituent de tels objectifs militaires en droit international humanitaire, les biens qui, par leur nature, leur emplacement, leur destination ou leur utilisation apportent une contribution effective à l'action militaire et dont la destruction totale ou partielle, la capture ou la neutralisation offre en l'occurrence un avantage militaire précis[1563].

281 ▸ **Attaques disproportionnées ou propres à causer des dommages étendus, durables et graves à l'environnement naturel (22°).** Au départ, la disposition incriminait uniquement les attaques disproportionnées, soit celles causant des pertes en vies humaines, des blessures aux personnes civiles ou des dommages aux biens de caractère civil qui sont excessifs par rapport à l'avantage militaire concret et direct attendu[1564]. C'est avec la loi du 23 avril 2003 que la disposition a ensuite été étendue à l'incrimination de certaines attaques dommageables à l'environnement, et ce, afin d'adapter la loi à l'article 8, paragraphe 2, b), iv), du Statut de Rome[1565].

À titre d'élément psychologique, la loi évoque une attaque lancée « en sachant » qu'elle aura des conséquences disproportionnées ou dommageables

(1560) *Supra*, n° 232.
(1561) Bruxelles (ass.), 19 décembre 2023, n° 7445, inédit.
(1562) Développements, *Doc. parl.*, Sénat, sess. 2001-2002, n° 2-1256/1, p. 5.
(1563) Art. 52, § 2, du P.A. I.
(1564) Voy. égal. art. 51, § 5, b), du P.A. I.
(1565) Développements, *Doc. parl.*, Sénat, sess. 2001-2002, n° 2-1256/1, p. 5.

pour l'environnement. Selon A. Andries, E. David, Chr. Van den Wyngaert et J. Verhaegen, un dol direct de premier degré est donc requis : il n'y a d'infraction « que si l'auteur sait de façon certaine que les résultats décrits se produiront »[1566]. Ainsi comprise, la *mens rea* paraît plus restrictive que celle énoncée par défaut à l'article 30 du Statut de Rome, qui se satisfait de conséquences devant se produire « dans le cours normal des événements »[1567].

Le législateur belge a souhaité adjoindre à la disposition une clause de sauvegarde, à telle enseigne que les incriminations visées par le 22° sont « sans préjudice de la criminalité de l'attaque dont les effets dommageables, même proportionnés à l'avantage militaire attendu, seraient incompatibles avec les principes du droit des gens, tels qu'ils résultent des usages établis, des principes de l'humanité et des exigences de la conscience publique ». Selon les travaux préparatoires, il faut y voir une référence à « la limite absolue apportée à l'application du principe de proportionnalité par la clause dite "de Martens" [...] : une conception abusivement extensive de la notion d'avantage militaire permettrait en effet de vider de toute consistance les interdictions du droit des conflits armés »[1568].

282 ▶ **Attaques contre des ouvrages ou installations contenant des forces dangereuses (23°).** Est ici incriminée la conduite d'une attaque contre des ouvrages ou installations contenant des forces dangereuses, c'est-à-dire les barrages, les digues et les centrales nucléaires de production d'énergie électrique[1569]. Cette disposition consiste en la mise en œuvre pénale de l'article 56 du premier Protocole additionnel aux Conventions de Genève. Elle est étrangère au Statut de Rome et constitue donc une particularité du droit belge des crimes internationaux.

La loi subordonne l'infraction à un test de proportionnalité : seules sont incriminées les attaques conduites en sachant qu'elles causeront des pertes en vies humaines, des blessures aux personnes civiles ou des dommages aux biens de caractère civil, qui seraient excessifs par rapport à l'avantage militaire concret et direct attendu. Dans cette mesure, la disposition ne nous paraît pas avoir de réelle valeur ajoutée par rapport au numéro précédent : à notre avis, tout acte répréhensible au titre de l'article 136*quater*, paragraphe 1er, 23°, le sera aussi nécessairement au titre du 22°.

Une clause de sauvegarde est énoncée, identique à celle que connaît l'article 136*quater*, paragraphe 1er, 22°, du Code pénal[1570].

(1566) A. ANDRIES, E. DAVID, Chr. VAN DEN WYNGAERT et J. VERHAEGEN, « Commentaire de la loi du 16 juin 1993 relative à la répression des infractions graves au droit international humanitaire », *R.D.P.C.*, 1994, n° 11, p. 1152 et encore p. 1154.
(1567) *Supra*, n° 192.
(1568) Exposé des motifs, *Doc. parl.*, Sénat, sess. 1990-1991, n° 1317-1, pp. 9-10. Voy. égal. E. DAVID, « La loi belge sur les crimes de guerre », *R.B.D.I.*, 1995, n° 2, p. 674.
(1569) Art. 56, § 1er, du P.A. I.
(1570) *Supra*, n° 281.

283 ▸ **Attaques de zones démilitarisées ou de villes, villages, habitations ou bâtiments non défendus (24°).** L'infraction concerne le fait de soumettre à une attaque ou de bombarder, par quelque moyen que ce soit, les zones démilitarisées, les villes, villages, habitations ou bâtiments non défendus. Ces notions sont régies et explicitées par les articles 59 et 60 du premier Protocole additionnel aux Conventions de Genève. La loi de 1993 visait uniquement les attaques contre les localités non défendues ou zones démilitarisées ; le texte d'origine a été complété en 2003 afin d'adapter la loi à l'article 8, paragraphe 2, b), v), du Statut de la Cour pénale internationale[1571]. Contrairement au Statut de Rome, le comportement, tel qu'incriminé dans le Code pénal, concerne aussi les contextes de conflit armé non international[1572].

284 ▸ **Pillage d'une ville ou d'une localité (25°).** Cette disposition reflète l'article 8, paragraphe 2, b), xvi), et e), v), du Statut de Rome[1573]. Le pillage suppose l'appropriation de biens à des fins privées ou personnelles, effectuée sans le consentement du propriétaire[1574]. Il n'y a pas d'infraction lorsque l'appropriation est justifiée par les nécessités militaires[1575].

285 ▸ **Attaque d'une personne hors de combat (26°).** La disposition est inspirée de l'article 8, paragraphe 2, b), vi), du Statut de Rome[1576] qui, contrairement à la loi belge[1577], incrimine uniquement ce comportement en période de conflit armé international. Le libellé du droit belge se distingue toutefois du Statut de Rome, lequel vise plutôt le fait « de tuer ou de blesser un combattant qui, ayant déposé les armes ou n'ayant plus de moyens de se défendre, s'est rendu à discrétion ». Selon les travaux préparatoires, ces termes du Statut sont compris dans l'expression « hors de combat » utilisée par la loi belge[1578].

Est « hors de combat », toute personne :

— qui est au pouvoir d'une partie adverse ;

— qui exprime clairement son intention de se rendre ; ou

— qui a perdu connaissance ou est autrement en état d'incapacité du fait de blessures ou de maladie et en conséquence incapable de se défendre, à condition que, dans tous les cas, elle s'abstienne de tout acte d'hostilité et ne tente pas de s'évader[1579].

(1571) Développements, *Doc. parl.*, Sénat, sess. 2001-2002, n° 2-1256/1, p. 5.
(1572) *Supra*, n° 249.
(1573) Développements, *Doc. parl.*, Sénat, sess. 2001-2002, n° 2-1256/1, p. 5.
(1574) Art. 8, 2), b), xvi), 2°, et 3°, et art. 8, 2), e), xv), 2° et 3°, des Éléments des crimes. Pour un commentaire beaucoup plus détaillé, voy. C. SERON, « L'exploitation illicite de ressources naturelles par des opérateurs économiques privés durant les conflits armés est-elle constitutive du crime de guerre de pillage ? Réflexions sur l'affaire des "diamants de sang" en Sierra Leone », *Rev. dr. ULiège*, 2019, n° 3, pp. 399-427.
(1575) Art. 8, 2), b), xvi), 2° (note 47), et art. 8, 2), e), xv), 2° (note 62), des Éléments des crimes.
(1576) Développements, *Doc. parl.*, Sénat, sess. 2001-2002, n° 2-1256/1, p. 6.
(1577) *Supra*, n° 249.
(1578) Développements, *Doc. parl.*, Sénat, sess. 2001-2002, n° 2-1256/1, p. 6.
(1579) Art. 41, § 2, du P.A. II.

Selon le Code pénal, l'infraction suppose que l'attaque ait causé la mort ou des blessures graves à la personne hors de combat. Elle réclame en outre que l'auteur ait eu connaissance des circonstances de fait établissant le fait que la victime fût hors de combat[1580].

286 ▶ **Fait de tuer ou blesser par traîtrise des individus appartenant à la nation ou à l'armée ennemie ou un adversaire combattant (27°).** Cette incrimination est basée sur l'article 8, paragraphe 2, b), xi), et e), ix), du Statut de Rome[1581]. Elle suppose que l'auteur ait tué ou blessé les personnes en faisant appel à leur bonne foi ou en leur faisant croire qu'elles avaient le droit de recevoir ou l'obligation d'accorder la protection prévue par les règles du droit international applicables dans les conflits armés[1582].

287 ▶ **Fait de déclarer qu'il ne sera pas fait de quartier (28°).** Ce crime de guerre est fondé sur l'article 8, paragraphe 2, b), xii), et e), x), du Statut de Rome[1583]. Il réclame, à titre d'élément matériel, une déclaration selon laquelle il n'y aura pas de survivant ou l'ordre qu'il n'y en ait pas, et ce, de la part d'une personne en position de commandement ou de contrôle effectif des forces auxquelles la déclaration ou l'ordre est adressé[1584]. En guise d'élément moral, la déclaration ou l'ordre doit avoir été émis pour menacer un adversaire ou pour conduire les hostilités sur la base d'un refus de faire des survivants[1585].

288 ▶ **Fait d'utiliser perfidement le signe distinctif de la croix rouge ou du croissant rouge ou d'autres signes protecteurs reconnus par le droit international humanitaire (29°).** La disposition est inspirée de l'article 8, paragraphe 2, b), vii), du Statut de Rome. Contrairement à la loi belge[1586], ce dernier incrimine uniquement le comportement en période de conflit armé international. L'infraction n'est constituée, aux termes du Code pénal, qu'à la condition que le comportement ait entraîné la mort ou des blessures graves. Selon les travaux préparatoires, la formulation utilisée – « signes protecteurs reconnus par le droit international humanitaire » – fait référence au contenu des Conventions de Genève et des Protocoles additionnels, mais permet également de couvrir les signes qui seraient adoptés à l'avenir[1587].

289 ▶ **Fait d'utiliser indûment le pavillon parlementaire, le drapeau ou les insignes militaires et l'uniforme de l'ennemi ou de l'Organisation des Nations unies (30°).** La disposition est inspirée de l'article 8, paragraphe 2, b),

(1580) Art. 8, 2), b), vi), 3°, des Éléments des crimes.
(1581) Développements, *Doc. parl.*, Sénat, sess. 2001-2002, n° 2-1256/1, p. 6.
(1582) Art. 8, 2), b), xi), 1°, et 3°, et 8, 2), e), ix), 1°, et 3°, des Éléments des crimes.
(1583) Développements, *Doc. parl.*, Sénat, sess. 2001-2002, n° 2-1256/1, p. 6.
(1584) Art. 8, 2), b), xii), 1°, et 3°, et 8, 2), e), x), 1°, et 3°, des Éléments des crimes.
(1585) Art. 8, 2), b), xii), 2°, et 8, 2), e), x), 2°, des Éléments des crimes.
(1586) *Supra*, n° 249.
(1587) Développements, *Doc. parl.*, Sénat, sess. 2001-2002, n° 2-1256/1, p. 6.

vii), du Statut de Rome[1588]. Contrairement à la loi belge[1589], celui-ci incrimine uniquement le comportement en période de conflit armé international. L'infraction n'est constituée, selon les termes du Code pénal, qu'à la condition que le comportement ait entraîné la mort ou des blessures graves.

290 ▶ **Transfert, dans un territoire occupé, d'une partie de la population civile de la puissance occupante ou de l'autorité occupante (31°).** La disposition est inspirée de l'article 8, paragraphe 2, b), viii), du Statut de Rome[1590]. Contrairement à la loi belge[1591], celui-ci incrimine uniquement le comportement en période de conflit armé international. Sont visées par la loi, les opérations consistant en un transfert tant direct qu'indirect.

291 ▶ **Fait de retarder sans justification le rapatriement des prisonniers de guerre ou des civils (32°).** Cette incrimination n'a pas d'équivalent dans le Statut de Rome. Elle vise à donner corps à certaines dispositions des troisième et quatrième Conventions de Genève. Puisque le but de la détention des prisonniers de guerre est uniquement de les empêcher de prendre part aux hostilités, ceux-ci doivent être libérés et rapatriés lorsqu'ils n'ont plus vocation à y participer. L'article 109 de la troisième Convention prévoit ainsi le principe du rapatriement au cours même des hostilités et l'hospitalisation en pays neutre pour les blessés et les malades dont l'aptitude intellectuelle ou physique paraît avoir subi une diminution considérable. Pour les autres, l'article 118 de la même Convention dispose que le rapatriement aura lieu « sans délai après la fin des hostilités actives », c'est-à-dire après le cessez-le-feu. Quant aux civils internés pour des raisons de sécurité, l'article 134 de la quatrième Convention prévoit que les États s'efforceront, à la fin des hostilités ou de l'occupation, d'assurer leur retour à leur dernière résidence ou de faciliter leur rapatriement. Selon A. Andries, E. David, Chr. Van den Wyngaert et J. Verhaegen, ce crime sous-jacent n'a pas vocation à s'appliquer aux conflits armés non internationaux, dans le cadre desquels les notions de prisonnier de guerre et de civil-personne protégée sont inconnues[1592].

292 ▶ ***Apartheid* ou autres pratiques inhumaines ou dégradantes fondées sur la discrimination raciale (33°).** L'incrimination de l'*apartheid* en tant que crime de guerre est une spécificité du droit belge ; elle est étrangère au Statut de Rome. Sur la notion d'*apartheid*, il est renvoyé au point correspondant en matière de crimes contre l'humanité[1593]. Quant aux pratiques inhumaines ou dégradantes, rappelons qu'elles constituent par ailleurs,

---

(1588) Développements, *Doc. parl.*, Sénat, sess. 2001-2002, n° 2-1256/1, p. 6.
(1589) *Supra*, n° 249.
(1590) Développements, *Doc. parl.*, Sénat, sess. 2001-2002, n° 2-1256/1, p. 6.
(1591) *Supra*, n° 249.
(1592) A. ANDRIES, E. DAVID, Chr. VAN DEN WYNGAERT et J. VERHAEGEN, « Commentaire de la loi du 16 juin 1993 relative à la répression des infractions graves au droit international humanitaire », *R.D.P.C.*, 1994, n° 11, p. 1152 et encore p. 1159.
(1593) *Supra*, n° 227.

quels que soient les motifs qui les sous-tendent, un crime de guerre au titre de l'article 136*quater*, paragraphe 1er, 5°, du Code pénal[1594].

293 ▶ **Attaques contre les monuments historiques, les œuvres d'art ou les lieux de culte clairement reconnus qui constituent le patrimoine culturel ou spirituel des peuples (34°).** Cette disposition peut, dans une certaine mesure, être rapprochée de l'article 8, paragraphe 2, b), ix), et e), iv), du Statut de Rome. Le droit belge y criminalise toutefois la violation de l'article 51 du premier Protocole additionnel aux Conventions de Genève de façon plus littérale que ne le fait le Statut. La disposition est sans préjudice du paragraphe 2 de l'article 136*quater* du Code pénal, qui concerne pour sa part la violation de la Convention de La Haye de 1954 et de son deuxième Protocole. Le Code pénal subordonne l'infraction à la circonstance « qu'il n'existe aucune preuve de violation par la partie adverse de l'interdiction d'utiliser ces biens à l'appui de l'effort militaire ». Si l'on considère que ceci « ne doit pas être confondu avec une réserve de réciprocité »[1595], on peine alors à comprendre la portée ou la nature exacte de la réserve énoncée par le texte. Le Code pénal indique qu'il n'y a pas d'infraction lorsque les biens attaqués se situent à proximité immédiate d'objectifs militaires.

294 ▶ **Attaques délibérées contre des bâtiments consacrés à la religion, à l'enseignement, à l'art, à la science ou à l'action caritative, des monuments historiques, des hôpitaux (35°).** Cette disposition correspond à l'article 8, paragraphe 2, b), ix), et e), iv), du Statut de la Cour pénale internationale[1596]. Elle suppose que les bâtiments concernés ne soient pas des objectifs militaires. Pour rappel, constituent de tels objectifs militaires en droit international humanitaire, les biens qui, par leur nature, leur emplacement, leur destination ou leur utilisation apportent une contribution effective à l'action militaire et dont la destruction totale ou partielle, la capture ou la neutralisation offre en l'occurrence un avantage militaire précis[1597].

295 ▶ **Utilisation de poison ou d'armes empoisonnées (36°).** Ce crime de guerre reflète l'article 8, paragraphe 2, b), xvii), et e), xiii), du Statut de Rome. Il suppose que la substance employée soit de nature à causer la mort ou à porter gravement atteinte à la santé dans le cours normal des événements du fait de ses propriétés toxiques[1598].

(1594) A. Andries, E. David, Chr. Van den Wyngaert et J. Verhaegen, « Commentaire de la loi du 16 juin 1993 relative à la répression des infractions graves au droit international humanitaire », *R.D.P.C.*, 1994, n° 11, p. 1152 et encore p. 1160.

(1595) A. Andries, E. David, Chr. Van den Wyngaert et J. Verhaegen, « Commentaire de la loi du 16 juin 1993 relative à la répression des infractions graves au droit international humanitaire », *R.D.P.C.*, 1994, n° 11, p. 1152 et encore p. 1160.

(1596) Développements, *Doc. parl.*, Sénat, sess. 2001-2002, n° 2-1256/1, p. 6.

(1597) Art. 52, § 2, du P.A. I.

(1598) Art. 8, 2, b), xvii), 2°, et art. 8, 2), e), xiii, 2), des Éléments des crimes.

296 ▶ **Utilisation de gaz asphyxiants, toxiques ou assimilés (37°).** Cette infraction est calquée sur l'article 8, paragraphe 2, b), xviii), et e), xiv), du Statut de Rome. Elle concerne tous liquides, matières, engins ou procédés étant de nature à causer la mort ou à porter gravement atteinte à la santé dans le cours normal des événements du fait de leurs propriétés asphyxiantes ou toxiques[1599].

297 ▶ **Utilisation de balles qui se dilatent ou s'aplatissent facilement dans le corps humain (38°).** Ce crime sous-jacent reflète le contenu de l'article 8, paragraphe 2, b), xix), et e), xv), du Statut de Rome. Il vise les balles connues sous l'appellation générique de « balles dum-dum ». Le Code pénal en fournit un exemple concret en évoquant spécifiquement les « balles dont l'enveloppe dure ne recouvre pas entièrement le centre ou est percée d'entailles ».

298 ▶ **Fait de déclarer éteints, suspendus ou non recevables en justice les droits et actions des personnes appartenant à la partie adverse (39°).** L'article 136*quater*, paragraphe 1er, 39°, du Code pénal incrimine le fait de déclarer éteints, suspendus ou non recevables en justice les droits et actions des personnes appartenant à la partie adverse. La disposition est fondée sur l'article 8, paragraphe 2, b), xiv), du Statut de Rome[1600]. Contrairement à la loi belge[1601], celui-ci incrimine uniquement le comportement en période de conflit armé international.

299 ▶ **Emploi d'armes, projectiles, matières et méthodes de guerre de nature à causer des maux superflus ou des souffrances inutiles ou à frapper sans discrimination (40°).** Cette disposition doit être lue en regard de l'article 8, paragraphe 2, b), xx), du Statut de Rome. Il s'agit d'une infraction qui demeure théorique à ce stade, puisque son activation est subordonnée à la double condition que ces armes, projectiles, matières et méthodes de guerre fassent l'objet d'une interdiction générale et qu'ils soient inscrits dans une annexe au Statut de la Cour pénale internationale. Cette annexe, qui devrait se traduire par un amendement au Statut de Rome, n'a jamais vu le jour[1602].

300 ▶ **Emploi d'armes qui utilisent des agents microbiens ou autres agents biologiques, ainsi que des toxines (41°).** Cette disposition a été introduite en 2019[1603] avec pour objectif de mettre le droit belge en concordance avec les amendements apportés au Statut de Rome en 2017[1604]. L'incrimination dans le

(1599) Art. 8, 2, b), xviii), 2°, et art. 8, 2), e), xiv, 2), des Éléments des crimes.
(1600) Développements, *Doc. parl.*, Sénat, sess. 2001-2002, n° 2-1256/1, p. 6.
(1601) *Supra*, n° 249.
(1602) Voy. M. EUDES, « Article 8 », in J. FERNANDEZ, X. PACREAU et M. UBÉDA-SAILLARD (dir.), *Statut de Rome de la Cour pénale internationale. Commentaire article par article*, t. I, 2e éd., Paris, Pedone, 2019, p. 676.
(1603) L. 5 mai 2019 portant des dispositions diverses en matière pénale et en matière de cultes, et modifiant la loi du 28 mai 2002 relative à l'euthanasie et le Code pénal social.
(1604) *Supra*, n° 233.

droit belge correspond exactement au libellé de l'article 8, paragraphe 2, b), xxvii), et e), xvi), du Statut de Rome[1605].

301 ▶ **Utilisation d'armes ayant comme principal effet de blesser par des éclats qui ne sont pas localisables par rayons X dans le corps humain (42°).** Introduite en 2019 également[1606], cette infraction reprend le libellé de l'article 8, paragraphe 2, b), xxviii), et e), xvii), du Statut de Rome[1607].

302 ▶ **Utilisation d'armes à laser aveuglantes (43°).** Ce crime sous-jacent est le dernier issu de la réforme de 2019[1608]. Il reprend les termes de l'article 8, paragraphe 2, b), xxiv), et e), xviii), du Statut de Rome[1609]. Est ainsi énoncée par la disposition, la condition que les armes à laser utilisées soient conçues de telle façon que leur seule fonction de combat ou une de leurs fonctions de combat soit de provoquer la cécité permanente chez des personnes dont la vision est non améliorée, c'est-à-dire qui regardent à l'œil nu ou qui portent des dispositifs de correction de la vue.

3. L'article 136*quater*, paragraphe 2, du Code pénal

303 ▶ **Atteintes à la vie et à l'intégrité corporelle (1°).** Sont notamment concernés par cette incrimination le meurtre sous toutes ses formes, ainsi que les mutilations, les traitements cruels et la torture. Comme l'article 3 commun aux Conventions de Genève – dont la traduction pénale est ici recherchée –, la disposition concerne la protection des personnes au pouvoir de l'ennemi[1610]. En pratique, elle se confond, à notre avis, avec l'article 136*quater*, paragraphe 1er, 3°, du Code pénal[1611].

304 ▶ **Atteintes à la dignité de la personne (2°).** Cette incrimination concerne notamment les traitements humiliants et dégradants. Comme l'article 3 commun aux Conventions de Genève – dont elle vise à assurer la criminalisation –, la disposition concerne uniquement les personnes au pouvoir de l'ennemi[1612].

(1605) Développements, *Doc. parl.*, Ch. repr., sess. 2018-2019, n° 54-3515/001, p. 97.
(1606) L. 5 mai 2019 portant des dispositions diverses en matière pénale et en matière de cultes, et modifiant la loi du 28 mai 2002 relative à l'euthanasie et le Code pénal social.
(1607) Développements, *Doc. parl.*, Ch. repr., sess. 2018-2019, n° 54-3515/001, p. 97.
(1608) L. 5 mai 2019 portant des dispositions diverses en matière pénale et en matière de cultes, et modifiant la loi du 28 mai 2002 relative à l'euthanasie et le Code pénal social.
(1609) Développements, *Doc. parl.*, Ch. repr., sess. 2018-2019, n° 54-3515/001, p. 97.
(1610) G. SCHAMPS, « L'incrimination du crime de génocide, du crime contre l'humanité et des crimes de guerre en droit belge à la lumière du droit international humanitaire », in A. JACOBS (dir.), *Actualités de droit pénal et de procédure pénale (II)*, coll. CUP, vol. 69, Bruxelles, Larcier, 2004, p. 386. Sur cette notion, voy. *supra*, n° 260.
(1611) *Supra*, n° 250.
(1612) G. SCHAMPS, « L'incrimination du crime de génocide, du crime contre l'humanité et des crimes de guerre en droit belge à la lumière du droit international humanitaire », in A. JACOBS (dir.), *Actualités de droit pénal et de procédure pénale (II)*, coll. CUP, vol. 69, Bruxelles, Larcier, 2004, p. 386. Voy. égal. l'article 8, 2), c), ii), 3°, des Éléments des crimes. Sur la notion de « personne protégée », voy. *supra*, n° 260.

Ceci la distingue, dans une certaine mesure, de l'incrimination énoncée à l'article 136*quater*, paragraphe 1er, 5°, du Code pénal[1613].

305 ▶ **Prise d'otage (3°).** Comme l'article 3 commun aux Conventions de Genève – dont elle vise à assurer la mise en œuvre –, l'incrimination de la prise d'otage visée par cette disposition concerne les personnes au pouvoir de l'ennemi[1614]. En pratique, ceci se confond, à notre avis, avec l'article 136*quater*, paragraphe 1er, 11°, du Code pénal[1615].

306 ▶ **Condamnations prononcées et exécutions effectuées sans un jugement préalable, rendu par un tribunal régulièrement constitué, assorti des garanties judiciaires généralement reconnues comme indispensables (4°).** Selon l'article 3 commun aux quatre Conventions de Genève, « les condamnations prononcées et les exécutions effectuées sans un jugement préalable, rendu par un tribunal régulièrement constitué, assorti des garanties judiciaires reconnues comme indispensables par les peuples civilisés » sont et demeurent prohibées, en tout temps et en tout lieu. L'article 136*quater*, paragraphe 2, 4°, du Code pénal vise à assurer la transposition pénale de ce texte. Il s'applique uniquement aux personnes au pouvoir de l'ennemi[1616].

4. L'article 136*quater*, paragraphe 3, du Code pénal

307 ▶ **Attaque d'un bien culturel sous protection renforcée (1°).** La « protection renforcée » est un mécanisme fondé sur les articles 10 et suivants du deuxième Protocole de 1999 relatif à la Convention de La Haye de 1954, qui vise à assurer une protection particulière, en période de conflit armé, au bénéfice de biens culturels expressément désignés et repris sur une liste. Pour la Belgique, cette liste inclut par exemple la maison de Victor Horta à Bruxelles[1617]. L'article 136*quater*, paragraphe 3, 1°, du Code pénal incrimine l'attaque de tels biens culturels sous protection renforcée.

308 ▶ **Utilisation d'un bien culturel sous protection renforcée ou de ses abords immédiats à l'appui d'une action militaire (2°).** L'article 12 du deuxième Protocole de 1999 relatif à la Convention de La Haye de 1954 n'interdit pas

(1613) *Supra*, n° 250.
(1614) G. Schamps, « L'incrimination du crime de génocide, du crime contre l'humanité et des crimes de guerre en droit belge à la lumière du droit international humanitaire », in A. Jacobs (dir.), *Actualités de droit pénal et de procédure pénale (II)*, coll. CUP, vol. 69, Bruxelles, Larcier, 2004, p. 386. Sur cette notion, voy. *supra*, n° 260.
(1615) *Supra*, n° 250.
(1616) G. Schamps, « L'incrimination du crime de génocide, du crime contre l'humanité et des crimes de guerre en droit belge à la lumière du droit international humanitaire », in A. Jacobs (dir.), *Actualités de droit pénal et de procédure pénale (II)*, coll. CUP, vol. 69, Bruxelles, Larcier, 2004, p. 386. Sur cette notion, voy. *supra*, n° 260.
(1617) UNESCO, *International List of Cultural Property Under Enhanced Protection*, 2023, pp. 13-14, disponible sur https://www.unesco.org/sites/default/files/medias/fichiers/2024/05/Enhanced-Protection-List-2023_Eng.pdf.

seulement l'attaque des biens culturels sous protection renforcée, mais également l'utilisation de ces biens[1618] ou de leurs abords immédiats à l'appui d'une action militaire. L'article 136*quater*, paragraphe 3, 2°, du Code pénal incrimine pareil comportement dans le droit belge.

309 ▶ **Destruction ou appropriation sur une grande échelle de biens culturels (3°).** La destruction et l'appropriation sur une grande échelle de biens culturels protégés par la Convention de La Haye de 1954 et son deuxième Protocole de 1999 constituent des infractions graves à ces instruments[1619] et, en vertu de l'article 136*quater*, paragraphe 3, 3°, du Code pénal, un crime de guerre en droit belge.

Selon l'article 1er de la Convention de La Haye de 1954, on entend par biens culturels, quels que soient leur origine ou leur propriétaire :

a) les biens, meubles ou immeubles, qui présentent une grande importance pour le patrimoine culturel des peuples, tels que les monuments d'architecture, d'art ou d'histoire, religieux ou laïques, les sites archéologiques, les ensembles de constructions qui, en tant que tels, présentent un intérêt historique ou artistique, les œuvres d'art, les manuscrits, livres et autres objets d'intérêt artistique, historique ou archéologique, ainsi que les collections scientifiques et les collections importantes de livres, d'archives ou de reproductions des biens définis ci-dessus ;

b) les édifices dont la destination principale et effective est de conserver ou d'exposer les biens culturels meubles définis à l'alinéa a), tels que les musées, les grandes bibliothèques, les dépôts d'archives, ainsi que les refuges destinés à abriter, en cas de conflit armé, les biens culturels meubles définis à l'alinéa a) ;

c) les centres comprenant un nombre considérable de biens culturels qui sont définis aux alinéas a) et b), dits « centres monumentaux ».

Le droit international reconnaît qu'il puisse être dérogé à cette interdiction de destruction ou d'appropriation dans le cas où une nécessité militaire l'exige de manière impérative[1620].

(1618) Sur cette notion, voy. *supra*, n° 307.

(1619) Art. 15, § 1er, c), du deuxième Protocole de 1999 relatif à la Convention de La Haye de 1954.

(1620) Art. 4, § 2, de la Convention de La Haye de 1954. Voy. égal. la règle 38 de l'Étude du CICR sur le droit international coutumier (J.-M. HENCKAERTS et L. DOSWALD-BECK [dir.], *Droit international humanitaire coutumier. Volume I : Règles*, Bruxelles, Bruylant, 2006).

310 ▸ **Attaque d'un bien culturel (art. 87, § 1er, 2°, d), du futur C. pén.).** Des cinq infractions graves que compte l'article 15, paragraphe 1er, du deuxième Protocole de 1999 à la Convention de La Haye de 1954, le législateur a, en 2003, décidé de n'en transposer que trois dans le droit belge des crimes de guerre. Les deux dernières avaient, à l'époque, été considérées comme insuffisamment graves pour déclencher l'application des règles exceptionnelles propres aux crimes internationaux[1621]. Le législateur y voit aujourd'hui une lacune du droit belge[1622] et, à compter du 8 avril 2026, l'incrimination de l'attaque d'un bien culturel[1623] sera introduite dans le nouveau Code pénal, en son futur article 87, paragraphe 1er, 2°, d)[1624].

311 ▸ **Vol, pillage ou détournement d'un bien culturel, acte de vandalisme dirigé contre un bien cultuel (art. 87, § 1er, 2°, e), du futur C. pén.).** Comme les attaques, le vol, le pillage, le détournement et les actes de vandalisme, dirigés contre un bien culturel au sens de l'article 1er de la Convention de La Haye de 1954[1625], seront incriminés dans le futur Code pénal, en son article 87, paragraphe 1er, 2°, e)[1626].

Section 4.
Les peines

312 ▸ **Droit actuel – Principes.** En fonction de la nature de l'infraction, des conséquences susceptibles d'en résulter pour les victimes et la société, ainsi que de l'existence d'éventuels éléments aggravants précisés par la loi, l'actuel article 136*quinquies* du Code pénal attache aux différents chefs de crime de guerre des peines de réclusion, soit à perpétuité, soit de 20 à 30 ans, soit de 15 à 20 ans, soit encore de 10 à 15 ans.

313 ▸ **Droit actuel – Correctionnalisation.** Nous avons rappelé plus tôt[1627] que les crimes dont la peine théorique n'excède pas 20 ans de réclusion sont, pour l'heure, admissibles à la correctionnalisation. Ceci concerne une série de crimes de guerre : ceux pour lesquels la loi prévoit une fourchette de 10

(1621) Développements, *Doc. parl.*, Sénat, sess. 2001-2002, n° 2-1256/1, p. 7. Voy. égal. D. VANDERMEERSCH, « Les violations du droit international humanitaire », in H. D. BOSLY et Chr. DE VALKENEER (dir.), *Les infractions. Volume 5 : les infractions contre l'ordre public*, Bruxelles, Larcier, 2013, p. 133.
(1622) Exposé des motifs, *Doc. parl.*, Ch. repr., sess. 2022-2023, n° 55-3518/001, p. 91.
(1623) Sur cette notion, voy. *supra*, n° 309.
(1624) L. 29 février 2024 introduisant le livre II du Code pénal, *M.B.*, 8 avril 2024 (vig. 8 avril 2026).
(1625) Sur cette notion, voy. *supra*, n° 309.
(1626) L. 29 février 2024 introduisant le livre II du Code pénal, *M.B.*, 8 avril 2024 (vig. 8 avril 2026).
(1627) *Supra*, n° 57.

à 15 ans ou de 15 à 20 ans de réclusion – nous renvoyons le lecteur au tableau récapitulatif repris ci-dessous[1628].

À l'inverse, mais à l'instar des crimes de génocide et contre l'humanité, la correctionnalisation ne peut jamais être envisagée pour les crimes de guerre dont la peine excède 20 ans de réclusion. En pratique, il s'agit des crimes de guerre qui sont actuellement visés aux 1° à 4°, 10°, 15° à 17°, 19° à 24°, 26° à 30°, 36° à 38°, et 40° à 43°, du premier paragraphe, ainsi qu'au 1°, du deuxième paragraphe, de l'article 136*quater* du Code pénal.

Rappelons qu'à ce jour, le domaine des crimes internationaux (ici nécessairement réduit aux crimes de guerre) n'a, en pratique, jamais donné lieu à correctionnalisation[1629].

Enfin, s'agissant de la question de savoir si la tentative de commettre un crime de guerre non correctionnalisable est elle-même admissible à la correctionnalisation, il est fait référence aux développements repris *infra*, sous la section relative à la tentative[1630].

314 ▶ **Droit futur.** La réforme du livre II du Code pénal prévoit, à compter du 8 avril 2026, de classifier les crimes de guerre en quatre catégories suivant la gravité de la peine applicable :

— les crimes de guerre de « catégorie 1 », passibles d'une peine de niveau 8 (art. 85 futur) ;
— les crimes de guerre de « catégorie 2 », passibles d'une peine de niveau 7 ou de niveau 8 en cas d'élément aggravant (art. 86 futur) ;
— les crimes de guerre de « catégorie 3 », passibles d'une peine de niveau 5 ou supérieure en cas d'élément aggravant (art. 87 futur) ;
— les crimes de guerre de « catégorie 4 », passibles d'une peine de niveau 4 ou supérieure en cas d'élément aggravant (art. 88 futur)[1631].

Rappelons que, s'agissant des personnes physiques et sauf admission de circonstances atténuantes :

— la peine de niveau 8 est constituée de l'emprisonnement à perpétuité ou, lorsque ce dispositif entrera en vigueur, d'un traitement sous privation de liberté de plus de 18 ans à 20 ans au plus ;
— la peine de niveau 7 est constituée d'un emprisonnement de plus de 20 ans à 30 ans au plus ou, lorsque ce dispositif entrera en vigueur, d'un traitement sous privation de liberté de plus de 16 ans à 18 ans au plus ;

(1628) *Infra*, n° 315.
(1629) *Supra*, n° 57.
(1630) *Infra*, n° 348.
(1631) Art. 2 de la L. 29 février 2024 introduisant le livre II du Code pénal, *M.B.*, 8 avril 2024 (vig. 8 avril 2026).

— la peine de niveau 5 est constituée d'un emprisonnement de plus de 10 ans à 15 ans au plus ou, lorsque ce dispositif entrera en vigueur, d'un traitement sous privation de liberté de plus de 6 ans à 11 ans au plus ;
— la peine de niveau 4 est constituée d'un emprisonnement de plus de 5 ans à 10 ans au plus ou, lorsque ce dispositif entrera en vigueur, d'un traitement sous privation de liberté de plus de 4 ans à 6 ans au plus[1632].

La réforme a ainsi, en règle, pour effet de maintenir les peines actuellement prévues par la loi (à un jour près[1633]), en les adaptant simplement à la nouvelle échelle[1634].

En matière de crimes (actuellement) correctionnalisables, les auteurs de la réforme ont toutefois souhaité tenir compte des conséquences de la suppression du mécanisme de la correctionnalisation[1635]. Ces crimes sont en effet toujours correctionnalisés en pratique, de sorte que l'on voit, à l'heure actuelle, leur fourchette systématiquement abaissée d'un palier[1636]. Afin de ne pas augmenter, *de facto*, le niveau global de la répression, les nouveaux niveaux de peine pour les crimes actuellement correctionnalisables ont donc été déterminés en tenant compte de la fourchette applicable après correctionnalisation[1637]. Par exemple, le crime de guerre de recrutement ou d'utilisation d'enfants soldats est actuellement puni d'une peine de 10 à 15 ans de réclusion – ce qui en fait un crime susceptible d'être correctionnalisé, et donc de voir sa fourchette ramenée à 5 à 10 ans de réclusion en pratique[1638]. Afin de conserver, *de facto*, cette fourchette, la réforme applique à ce crime une nouvelle peine de niveau 4 (et non de niveau 5).

315 ▶ **Tableau récapitulatif.** En définitive, les peines applicables, actuelles et futures, peuvent être schématisées comme suit en matière de crimes de guerre :

Art. 136*quater* actuel	**Réclusion (principe)**	**Réclusion (élém. aggr.)**	**Code pénal futur**	**Empris. (principe)**	**Empris. (élém. aggr.)**
§ 1er, 1°	Perpétuité	/	85, 1°, a)	Niveau 8	/
§ 1er, 2°	Perpétuité	/	85, 1°, b)	Niveau 8	/
§ 1er, 3°	20 à 30 ans	Perpétuité	86, § 1er, a)	Niveau 7	Niveau 8
§ 1er, 4°	20 à 30 ans	Perpétuité	86, § 1er, b)	Niveau 7	Niveau 8

(1632) Art. 2 de la L. 29 février 2024 introduisant le livre Ier du Code pénal, *M.B.*, 8 avril 2024 (vig. 8 avril 2026).
(1633) Voy. J. DE HERDT, J. ROZIE et D. VANDERMEERSCH, *Le livre Ier du nouveau Code pénal. Les principes généraux du droit pénal revisités*, Bruges, la Charte, 2024, p. 224.
(1634) Exposé des motifs, *Doc. parl.*, Ch. repr., sess. 2022-2023, n° 55-3518/001, p. 90.
(1635) *Supra*, n° 56.
(1636) J. DE HERDT, J. ROZIE et D. VANDERMEERSCH, *Le livre Ier du nouveau Code pénal. Les principes généraux du droit pénal revisités*, Bruges, la Charte, 2024, p. 68.
(1637) J. DE HERDT, J. ROZIE et D. VANDERMEERSCH, *Le livre Ier du nouveau Code pénal. Les principes généraux du droit pénal revisités*, Bruges, la Charte, 2024, p. 224.
(1638) Art. 136*quater*, § 1er, 7°, et art. 136*quinquies*, al. 5, du C. pén.

Art. 136*quater* actuel	**Réclusion (principe)**	**Réclusion (élém. aggr.)**	**Code pénal futur**	**Empris. (principe)**	**Empris. (élém. aggr.)**
§ 1er, 5°	10 à 15 ans	/	88, § 1er, 1°, g)	Niveau 4	/
§ 1er, 6°	10 à 15 ans	20 à 30 ans ou perpétuité	88, § 1er, 1°, a)	Niveau 4	Niveau 7 ou 8
§ 1er, 7°	10 à 15 ans	20 à 30 ans ou perpétuité	88, § 1er, 1°, b)	Niveau 4	Niveau 7 ou 8
§ 1er, 8°	10 à 15 ans	20 à 30 ans ou perpétuité	88, § 1er, 1°, c)	Niveau 4	Niveau 7 ou 8
§ 1er, 9°	10 à 15 ans	20 à 30 ans ou perpétuité	88, § 1er, 1°, d)	Niveau 4	Niveau 7 ou 8
§ 1er, 10°	20 à 30 ans	Perpétuité	86, § 1er, c)	Niveau 7	Niveau 8
§ 1er, 11°	10 à 15 ans	20 à 30 ans ou perpétuité	88, § 1er, 1°, e)	Niveau 4	Niveau 7 ou 8
§ 1er, 12°	15 à 20 ans	20 à 30 ans ou perpétuité	87, § 1er, 1°, a)	Niveau 5	Niveau 7 ou 8
§ 1er, 13°	15 à 20 ans	20 à 30 ans ou perpétuité	87, § 1er, 1°, b)	Niveau 5	Niveau 7 ou 8
§ 1er, 14°	15 à 20 ans	20 à 30 ans ou perpétuité	87, § 1er, 1°, c)	Niveau 5	Niveau 7 ou 8
§ 1er, 15°	Perpétuité	/	85, 1°, c)	Niveau 8	/
§ 1er, 16°	20 à 30 ans	Perpétuité	86, § 1er, d)	Niveau 7	Niveau 8
§ 1er, 17°	Perpétuité	/	85, 1°, d)	Niveau 8	/
§ 1er, 18°	10 à 15 ans	15 à 20 ans	88, § 1er, 1°, l)	Niveau 4	Niveau 5
§ 1er, 19°	20 à 30 ans	Perpétuité	86, § 1er, e)	Niveau 7	Niveau 8
§ 1er, 20°	Perpétuité	/	85, 1°, e)	Niveau 8	/
§ 1er, 21°	Perpétuité	/	85, 1°, f)	Niveau 8	/

Art. 136*quater* actuel	**Réclusion (principe)**	**Réclusion (élém. aggr.)**	**Code pénal futur**	**Empris. (principe)**	**Empris. (élém. aggr.)**
§ 1er, 22°	Perpétuité	/	85, 1°, g)	Niveau 8	/
§ 1er, 23°	Perpétuité	/	85, 1°, h)	Niveau 8	/
§ 1er, 24°	Perpétuité	/	85, 1°, i)	Niveau 8	/
§ 1er, 25°	15 à 20 ans	20 à 30 ans ou perpétuité	87, § 1er, 1°, d)	Niveau 5	Niveau 7 ou 8
§ 1er, 26°	Perpétuité	/	85, 1°, j)	Niveau 8	/
§ 1er, 27°	Perpétuité	/	85, 1°, k)	Niveau 8	/
§ 1er, 28°	Perpétuité	/	85, 1°, l)	Niveau 8	/
§ 1er, 29°	/	20 à 30 ans ou perpétuité	86, § 1er, j)	Niveau 7	Niveau 8
§ 1er, 30°	/	20 à 30 ans ou perpétuité	86, § 1er, k)	Niveau 7	Niveau 8
§ 1er, 31°	10 à 15 ans	20 à 30 ans ou perpétuité	88, § 1er, 1°, f)	Niveau 4	Niveau 7 ou 8
§ 1er, 32°	10 à 15 ans	/	88, § 1er, 1°, h)	Niveau 4	/
§ 1er, 33°	10 à 15 ans	/	88, § 1er, 1°, i)	Niveau 4	/
§ 1er, 34°	10 à 15 ans	/	88, § 1er, 1°, j)	Niveau 4	/
§ 1er, 35°	10 à 15 ans	/	88, § 1er, 1°, k)	Niveau 4	/
§ 1er, 36°	20 à 30 ans	Perpétuité	86, § 1er, f)	Niveau 7	Niveau 8
§ 1er, 37°	20 à 30 ans	Perpétuité	86, § 1er, g)	Niveau 7	Niveau 8
§ 1er, 38°	20 à 30 ans	Perpétuité	86, § 1er, h)	Niveau 7	Niveau 8
§ 1er, 39°	10 à 15 ans	/	88, § 1er, 1°, m)	Niveau 4	/
§ 1er, 40°	20 à 30 ans	Perpétuité	86, § 1er, i)	Niveau 7	Niveau 8
§ 1er, 41°	20 à 30 ans	Perpétuité	86, § 1er, l)	Niveau 7	Niveau 8
§ 1er, 42°	20 à 30 ans	Perpétuité	86, § 1er, m)	Niveau 7	Niveau 8

Art. 136*quater* actuel	Réclusion (principe)	Réclusion (élém. aggr.)	Code pénal futur	Empris. (principe)	Empris. (élém. aggr.)
§ 1er, 43°	20 à 30 ans	Perpétuité	86, § 1er, n)	Niveau 7	Niveau 8
§ 2, 1°	Perpétuité	/	85, 2°	Niveau 8	/
§ 2, 2°	10 à 15 ans	/	88, § 1er, 2°, a)	Niveau 4	/
§ 2, 3°	10 à 15 ans	20 à 30 ans ou perpétuité	88, § 1er, 2°, c)	Niveau 4	Niveau 7 ou 8
§ 2, 4°	10 à 15 ans	/	88, § 1er, 2°, b)	Niveau 4	/
§ 3, 1°	15 à 20 ans	/	87, § 1er, 2°, a)	Niveau 5	Niveau 7 ou 8
§ 3, 2°	15 à 20 ans	/	87, § 1er, 2°, b)	Niveau 5	Niveau 7 ou 8
§ 3, 3°	15 à 20 ans	/	87, § 1er, 2°, c)	Niveau 5	Niveau 7 ou 8
/	/	/	87, § 1er, 2°, d)	Niveau 5	Niveau 7 ou 8
/	/	/	87, § 1er, 2°, e)	Niveau 5	Niveau 7 ou 8

316 ▸ **Complément d'analyse (I).** Une petite difficulté de lecture, qui concerne le libellé de l'actuel article 136*quinquies*, alinéa 4, du Code pénal, doit être observée. Celui-ci porte que :

> « Les infractions énumérées aux 12° à 14° et 25° [de l'article 136*quater*, paragraphe 1er, du Code pénal] sont punies de la réclusion de quinze ans à vingt ans. La même infraction ainsi que celle visée aux 29° et 30° du même paragraphe du même article sont punies de la réclusion de vingt ans à trente ans si elles ont eu pour conséquence soit une maladie paraissant incurable, soit une incapacité de travail personnel de plus de quatre mois, soit la perte de l'usage absolu d'un organe soit une mutilation grave. Elles sont punies de la réclusion à perpétuité si elles ont eu pour conséquence la mort d'une ou plusieurs personnes ».

En prévoyant, à la deuxième phrase de l'alinéa reproduit, que « la même infraction » est punie de la réclusion de 20 à 30 ans en présence des circonstances aggravantes qu'elle désigne, la disposition n'indique pas clairement à laquelle ou lesquelles des infractions elle renvoie (celle énumérée au 12°, au 14°, au 25°, de l'article 136*quater*, paragraphe 1er, du Code, ou bien les trois ?). Le texte néerlandais contient une difficulté identique (« [h]etzelfde misdrijf »). On peut toutefois affirmer qu'il s'agit d'une erreur matérielle, et que la volonté du législateur était de rendre les circonstances aggravantes de la deuxième phrase applicables aux *trois* infractions visées par la première phrase.

Cette solution est confortée par le libellé de la troisième phrase du même alinéa, qui recourt pour sa part au pluriel (« [e]lles sont punies [...] »). L'histoire législative va de même en ce sens : à l'origine, la première phrase de l'alinéa, tel qu'introduit dans la loi du 16 juin 1993 par la loi du 10 février 1999, visait une seule infraction[1639], avant que la loi du 23 avril 2003 ne vienne en ajouter d'autres, sans toutefois substituer le pluriel au singulier de la deuxième phrase[1640].

Notons en outre qu'à la même deuxième phrase de l'alinéa sous examen, le pluriel aurait de même dû être de mise pour désigner les infractions (et non l'unique infraction) visées « aux 29° et 30° » de l'article 136*quater*, § 1er, du Code. Cette coquille nous paraît connaître une origine législative identique[1641].

La réforme du livre II du Code pénal aura pour effet de retrancher définitivement ces imperfections somme toute fort secondaires[1642].

317 ▶ **Complément d'analyse (II).** Pour les crimes de guerre consacrés par les 29° et 30° de l'actuel article 136*quater*, paragraphe 1er, du Code pénal, l'article 136*quinquies*, alinéa 4, prévoit uniquement le taux de la peine applicable face à d'éventuelles circonstances aggravantes : 20 à 30 ans (lorsque ces infractions ont eu pour conséquence une maladie paraissant incurable, une incapacité de travail personnel de plus de quatre mois, la perte de l'usage absolu d'un organe ou une mutilation grave) ou la réclusion à perpétuité (lorsqu'elles ont eu pour conséquence la mort d'une ou de plusieurs personnes). Le texte ne détermine pas de fourchette applicable en l'absence de telles circonstances.

Ceci paraît pouvoir s'expliquer par la nature de ces deux infractions. Le 29° de l'article 136*quater*, paragraphe 1er, du Code pénal vise en effet « le fait d'utiliser perfidement le signe distinctif de la croix rouge ou du croissant rouge ou d'autres signes protecteurs reconnus par le droit international humanitaire, *à la condition que ce fait entraîne la mort ou des blessures graves* »[1643]. Le 30° de la même disposition vise quant à lui « le fait d'utiliser indûment le pavillon parlementaire, le drapeau ou les insignes militaires et l'uniforme de l'ennemi ou de l'Organisation des Nations unies, *à la condition que ce fait entraîne la*

(1639) Art. 2 de la L. 16 juin 1993, tel que modifié par l'article 4 de la loi du 10 février 1999 (« [l]'infraction visée au 8° du paragraphe 3 du même article est punie de la réclusion de quinze à vingt ans. La même infraction [...]. »).
(1640) Art. 2 de la L. 16 juin 1993, tel que modifié par l'article 3 de la loi du 23 avril 2003 (« [l]es infractions énumérées aux 7°*bis*, 8°, 8°*bis* et 14°*bis* du même paragraphe du même article sont punies de la réclusion de quinze à vingt ans. La même infraction [...]. »).
(1641) Comp. l'art. 4 de la L. 10 février 1999 et l'art. 3 de la L. 23 avril 2003.
(1642) Art. 87, §§ 2 et 3, du futur C. pén.
(1643) Nos italiques.

perte de vies humaines ou des blessures graves »[1644]. Dans l'un et l'autre cas, la loi pose ainsi une condition se confondant, peu ou prou, avec la « circonstance aggravante » visée par l'article 136*quinquies*, alinéa 4, du Code – laquelle tient en fait plutôt lieu d'élément constitutif du crime.

318 ▸ **Imprescriptibilité.** Nous verrons que les crimes de guerre sont, en droit belge, imprescriptibles[1645]. Les peines qui s'attachent à de tels crimes le sont également[1646]. Elles ont uniquement vocation à s'éteindre par la mort du condamné[1647].

Section 5. Les infractions prévues par des lois spéciales

319 ▸ **Armes bactériologiques ou à toxines.** La Convention sur l'interdiction de la mise au point, de la fabrication et du stockage des armes bactériologiques (biologiques) ou à toxines et sur leur destruction, adoptée le 10 avril 1972, exige des États parties qu'ils prennent les mesures nécessaires pour interdire et empêcher la mise au point, la fabrication, le stockage, l'acquisition ou la conservation des agents et équipements visés par la Convention, sur leur territoire, sous leur juridiction ou sous leur contrôle en quelque lieu que ce soit[1648].

La Convention étant dépourvue d'effet direct[1649], la loi d'assentiment a transposé dans le droit belge l'incrimination des comportements interdits par la première[1650]. C'est ainsi que, selon l'article 2 de la loi du 10 juillet 1978, il est interdit de mettre au point, de fabriquer, de stocker, d'acquérir, de conserver, de garder, de détenir ainsi que de transférer :

1° des agents microbiologiques ou autres agents biologiques ainsi que des toxines, quelle qu'en soit l'origine ou le mode de production, de types ou de quantités qui ne sont pas destinés à des fins prophylactiques, de protection ou à d'autres fins pacifiques ;

(1644) Nos italiques.
(1645) *Infra*, n°s 362 et s.
(1646) Art. 91 du C. pén. actuel (art. 74, § 1er, futur), *a contrario*. Voy. D. VANDERMEERSCH, « Les violations du droit international humanitaire », in H. D. BOSLY et Chr. DE VALKENEER (dir.), *Les infractions. Volume 5 : les infractions contre l'ordre public*, Bruxelles, Larcier, 2013, p. 139.
(1647) Art. 86 du C. pén. actuel (art. 73 futur).
(1648) Art. IV de la Convention du 10 avril 1972.
(1649) Exposé des motifs, *Doc. parl.*, Ch. repr., sess. 1975-1976, n° 980-1, p. 3.
(1650) L. 10 juillet 1978 portant approbation de la Convention sur l'interdiction de la mise au point, de la fabrication et du stockage des armes bactériologiques (biologiques) ou à toxines et sur leur destruction, faite à Londres, Moscou et Washington le 10 avril 1972, *M.B.*, 6 juillet 1979 (vig. 16 juillet 1979).

2° des armes, de l'équipement ou des vecteurs spécifiquement conçus pour l'emploi de tels agents ou toxines à des fins hostiles ou dans des conflits armés.

Par « agents bactériologiques (biologiques) et microbiologiques », il faut entendre les organismes vivants, quelle que soit leur nature, et les substances infectieuses, quelle que soit leur origine, destinés à provoquer la mort ou la maladie chez l'homme, les animaux ou les plantes et dont les effets sont fonction de leur aptitude à se multiplier chez l'homme, l'animal ou la plante attaqués[1651]. Par « toxines », il faut entendre des agents produits par tout organisme vivant, mais qui ne se reproduisent pas par eux-mêmes, ainsi que leurs éléments actifs fabriqués artificiellement[1652].

Outre une amende et la confiscation des objets visés, la loi prévoit, en cas d'infraction, une peine d'emprisonnement de huit jours à un an.

Comme la Convention qui les fonde, ces infractions sont applicables indépendamment de l'existence d'un conflit armé (ceci les distingue de l'incrimination visée à l'article 136*quater*, paragraphe 1er, 41°, du Code pénal[1653]). Il ne s'agit donc pas, à proprement parler, de crimes de guerre.

320 ▸ **Techniques de modification de l'environnement.** La loi du 3 juin 1982 portant approbation de la Convention sur l'interdiction d'utiliser des techniques de modification de l'environnement à des fins militaires ou toutes autres fins hostiles (dite Convention « ENMOD »)[1654] procède d'une logique similaire. Elle incrimine, dans l'ordre juridique belge, le fait d'utiliser à des fins militaires ou toutes autres fins hostiles des techniques de modification de l'environnement ayant des effets étendus, durables ou graves, en tant que moyens de causer des destructions, des dommages ou des préjudices à un autre État partie à la Convention[1655]. Est de même interdit le fait d'aider, d'encourager ou d'inciter tout État, groupe d'États ou organisation internationale à mener de telles activités[1656].

Ces comportements sont punis d'un emprisonnement de huit jours à un an et d'une amende de 26 à 100.000 francs.

Il est en outre précisé que :

— par « technique de modification de l'environnement », il faut entendre toute technique ayant pour objet de modifier, grâce à une manipulation

(1651) Art. 2, al. 2, de la L. 10 juillet 1978.
(1652) Art. 2, al. 3, de la L. 10 juillet 1978.
(1653) *Supra*, n° 300.
(1654) L. 3 juin 1982 portant approbation de la Convention sur l'interdiction d'utiliser des techniques de modification de l'environnement à des fins militaires ou toutes autres fins hostiles, et de l'Annexe, faites à New York le 10 décembre 1976 et ouverte à la signature à Genève le 18 mai 1977, *M.B.*, 2 octobre 1982 (vig. 12 juillet 1982).
(1655) Art. 2, al. 1er, de la L. 3 juin 1982.
(1656) Art. 2, al. 2, de la L. 3 juin 1982.

délibérée de processus naturels, la dynamique, la composition ou la structure de la terre, y compris ses biotes, sa lithosphère, son hydrosphère ou son atmosphère, ou l'espace extra-atmosphérique[1657]. Les exemples classiques incluent le fait de provoquer un tremblement de terre, un tsunami ou un raz-de-marée[1658] ;

— par « étendus », il faut entendre les effets qui s'étendent à une superficie de plusieurs centaines de kilomètres carrés[1659] ;

— par « durables », il faut entendre les effets qui s'étendent à une période de plusieurs mois, ou environ une saison[1660] ;

— par « graves », il faut entendre les effets qui provoquent une perturbation ou un dommage sérieux ou marqué pour la vie humaine, les ressources naturelles et économiques ou d'autres richesses[1661].

La Convention ENMOD règlemente la protection de l'environnement en tout temps – donc pas nécessairement en période de conflit armé. Partant, il ne s'agit pas d'un texte de droit international humanitaire et les infractions énoncées dans la loi d'assentiment du 3 juin 1982 ne constituent pas à proprement parler des crimes de guerre.

(1657) Art. 2, al. 3, de la L. 3 juin 1982.
(1658) AGNU, Déclaration du Représentant de l'U.R.S.S., 21 octobre 1974, A/C.1/PV.1998, p. 17.
(1659) Art. 2, al. 4, de la L. 3 juin 1982.
(1660) Art. 2, al. 5, de la L. 3 juin 1982.
(1661) Art. 2, al. 6, de la L. 3 juin 1982.

Chapitre 6
Les spécificités du droit pénal matériel

321 ▶ **Généralités.** La loi s'écarte dans une certaine mesure, en matière de crimes internationaux, des règles ordinaires du droit pénal belge. Ceci est dicté par la nature particulière de ces infractions et témoigne de la volonté du législateur de faciliter leur poursuite et leur jugement. Le présent chapitre est consacré à l'étude de ces règles matérielles spécifiques au droit belge des crimes internationaux[1662].

Section 1.
La commission par omission (crimes de guerre)

322 ▶ **Principe.** L'article 136*quater* énonce, selon une disposition commune à ses paragraphes 1er, 2, et 3, que les crimes de guerre sont constitués lorsqu'ils portent atteinte, « par action ou omission », aux intérêts protégés par le droit international humanitaire. Ainsi, l'élément matériel du comportement constitutif de crime de guerre (*actus reus*) peut prendre la forme d'une omission. Cette précision n'est pas reproduite en matière de génocide ni de crime contre l'humanité mais le sera pour le futur crime d'écocide[1663]. Elle ne s'applique pas uniquement – car ceci irait de soi – aux crimes sous-jacents supposant intrinsèquement une obligation d'agir (tels que l'incrimination des actions ou omissions non légalement justifiées étant susceptibles de compromettre l'intégrité

(1662) Voy. à ce sujet V. Guerra et A. Berrendorf, « Droit international humanitaire », in *Postal Memorialis. Lexique du droit pénal et des lois spéciales*, Liège, Wolters Kluwer, suppl. août 2020, n° D 250, pp. 657-660 ; D. Vandermeersch, « Les violations du droit international humanitaire », in H. D. Bosly et Chr. De Valkeneer (dir.), *Les infractions. Volume 5 : les infractions contre l'ordre public*, Bruxelles, Larcier, 2013, pp. 140-149 ; A. Weyembergh et L. Kennes, *Droit pénal spécial*, Limal, Anthemis, 2011, pp. 95-97.
(1663) Art. 94 du futur C. pén.

physique ou mentale des personnes protégées[1664]), mais encore à l'ensemble des crimes de guerre visés par le Code pénal[1665].

Ceci constitue une dérogation au droit commun. Pour tomber sous le coup du droit pénal belge, l'*actus reus* suppose en effet, en règle, une action de l'agent[1666]. Occasionnellement, il est vrai, les cours et tribunaux ont admis la participation par omission, en particulier face à des inactions pouvant être assimilées à une forme d'approbation ou d'encouragement du crime[1667]. Mais pareille construction demeure relativement exceptionnelle dans la jurisprudence[1668], et fort discutée de façon générale[1669], de sorte que le législateur a souhaité sécuriser ici son existence à l'égard des crimes de guerre.

Selon A. Andries, E. David, Chr. Van den Wyngaert et J. Verhaegen, qui conçoivent la disposition comme un mode de participation nécessairement secondaire à un crime de guerre principal[1670], il est requis, pour tomber sous le coup de la loi :

— que l'omission se révèle de nature à favoriser la consommation du crime principal, c'est-à-dire qu'elle présente le double caractère d'une approbation et d'un stimulant ;
— que soit établi dans le chef de l'agent l'acceptation d'aider par cette attitude passive à la réalisation du crime ;
— que le crime principal soit effectivement réalisé ou à tout le moins tenté[1671].

(1664) Art. 136*quater*, § 1er, 18°, de l'actuel C. pén. Voy. *supra*, n° 277.
(1665) A. Andries, E. David, Chr. Van den Wyngaert et J. Verhaegen, « Commentaire de la loi du 16 juin 1993 relative à la répression des infractions graves au droit international humanitaire », *R.D.P.C.*, 1994, n° 11, p. 1138 ; D. Vandermeersch, « Les violations du droit international humanitaire », in H. D. Bosly et Chr. De Valkeneer (dir.), *Les infractions. Volume 5 : les infractions contre l'ordre public*, Bruxelles, Larcier, 2013, p. 142 ; D. Vandermeersch, « Chronique de Belgique – La répression en droit belge des crimes de droit international », *R.I.D.P.*, 1997, vol. 68, p. 1097.
(1666) Voy. déjà J. J. Haus, *Droit pénal belge*, t. I, 3e éd., Gand, Hoste, 1879, n° 486. Voy. encore, not., Th. Moreau et D. Vandermeersch, *Éléments de droit pénal*, Bruges, la Charte, 2022, p. 141 et encore p. 153.
(1667) N. Colette-Basecqz, « La répression de l'omission en droit international pénal et en droit belge », *Ann. Dr. Louvain*, 1995, nos 1-2, spéc. pp. 22-27.
(1668) Voy. N. Colette-Basecqz et N. Blaise, *Manuel de droit pénal général*, 4e éd., Limal, Anthemis, 2019, pp. 360-367 ; Th. Moreau et D. Vandermeersch, *Éléments de droit pénal*, Bruges, la Charte, 2022, pp. 154-158.
(1669) Voy., dans le cadre de la réforme du livre Ier du Code pénal, ce qu'écrivent J. De Herdt, J. Rozie et D. Vandermeersch, *Le livre Ier du nouveau Code pénal. Les principes généraux du droit pénal revisités*, Bruges, la Charte, 2024, pp. 39-40.
(1670) À notre avis, rien dans le libellé de la disposition n'exclut pourtant son application à un auteur principal.
(1671) A. Andries, E. David, Chr. Van den Wyngaert et J. Verhaegen, « Commentaire de la loi du 16 juin 1993 relative à la répression des infractions graves au droit international humanitaire », *R.D.P.C.*, 1994, n° 11, p. 1139.

D. Vandermeersch évoque, comme exemples d'homicides par omission en tant que crimes de guerre, le refus de soins aux blessés et le refus de nourriture aux prisonniers[1672].

Section 2.
L'incrimination autonome de certains actes périphériques

323 ▶ **Généralités.** En matière de crimes internationaux, le droit belge – et en particulier les articles 136*sexies* et 136*septies* du Code pénal – incriminent une série de comportements périphériques de façon autonome, c'est-à-dire indépendamment de la réalisation du crime principal ou de sa tentative. L'objectif poursuivi, à travers ces dispositions par lesquelles la loi belge « se montre particulièrement sévère »[1673], était d'« élever un obstacle » supplémentaire à la perpétration de ces infractions[1674]. Il s'agit de l'un des traits marquants du droit belge, par lequel le législateur est, dans bien des cas, allé au-delà de ce que réclame le droit international[1675]. Pour prendre un seul exemple, le Statut de Rome incrimine lui aussi l'ordre de commettre un crime international, mais uniquement « dès lors qu'il y a commission ou tentative de commission de ce crime »[1676].

Le droit belge détache ces infractions des crimes principaux pour en faire des « délits-obstacles » ; on doit y voir de véritables infractions autonomes plutôt que des modes de participation aux crimes principaux concernés[1677].

Dans la mesure où les actes périphériques visés aux articles 136*sexies* et 136*septies* du Code pénal constituent des infractions reprises sous l'actuel

(1672) D. Vandermeersch, « Les violations du droit international humanitaire », in H. D. Bosly et Chr. De Valkeneer (dir.), *Les infractions. Volume 5 : les infractions contre l'ordre public*, Bruxelles, Larcier, 2013, p. 142.
(1673) D. Vandermeersch, « Les violations du droit international humanitaire », in H. D. Bosly et Chr. De Valkeneer (dir.), *Les infractions. Volume 5 : les infractions contre l'ordre public*, Bruxelles, Larcier, 2013, p. 140. Voy. de même D. Vandermeersch, « Les poursuites et le jugement des infractions de droit international humanitaire en droit belge », in H. D. Bosly *et al.* (dir.), *Actualité du droit international humanitaire*, Bruges, la Charte, 2001, p. 139.
(1674) Exposé des motifs, *Doc. parl.*, Sénat, sess. 1990-1991, n° 1317-1, p. 12.
(1675) B. Swart, « La place des critères traditionnels de compétence dans la poursuite des crimes internationaux », in A. Cassese et M. Delmas-Marty (dir.), *Juridictions nationales et crimes internationaux*, Paris, PUF, 2002, p. 581.
(1676) Art. 25, § 3, b), du Statut de Rome.
(1677) D. Vandermeersch, « Les violations du droit international humanitaire », in H. D. Bosly et Chr. De Valkeneer (dir.), *Les infractions. Volume 5 : les infractions contre l'ordre public*, Bruxelles, Larcier, 2013, p. 141 ; D. Vandermeersch, « Les poursuites et le jugement des infractions de droit international humanitaire en droit belge », in H. D. Bosly *et al.* (dir.), *Actualité du droit international humanitaire*, Bruges, la Charte, 2001, p. 140.

titre I*bis* du livre II du Code pénal, ils tombent sous le coup des règles dérogatoires que nous avons décrites plus tôt relativement à la compétence extraterritoriale des juridictions répressives belges[1678].

1. L'ordre de commettre un crime international

324 ▶ **Principe.** L'article 136*septies*, 1°, du Code pénal incrimine l'ordre de commettre un crime de génocide, un crime contre l'humanité ou un crime de guerre. Selon l'exposé des motifs de la loi de 1993, qui a introduit cette disposition dans le droit belge, ceci « répond à une tendance du droit international pénal de considérer l'ordre de commettre un crime comme un fait susceptible d'être réprimé indépendamment de la suite donnée à cet ordre »[1679].

Il est indifférent que l'ordre ait été suivi d'effet, c'est-à-dire qu'il ait effectivement conduit à la commission ou à la tentative de commission du crime[1680]. Ici gît la véritable dérogation au droit pénal commun puisque, lorsqu'il est suivi d'effet, l'ordre de commettre une infraction tombe déjà sous le coup de l'article 66 du Code pénal, en vertu duquel « [s]eront punis comme auteurs d'un crime ou d'un délit : [...] [c]eux qui, par dons, promesses, menaces, abus d'autorité ou de pouvoir, machinations ou artifices coupables, auront directement provoqué à ce crime ou à ce délit »[1681]. Nous avons déjà observé que le droit belge est, dans cette mesure également, plus répressif que le Statut de Rome de la Cour pénale internationale, qui se borne à incriminer l'ordre de commettre un crime international « dès lors qu'il y a commission ou tentative de commission de ce crime »[1682].

325 ▶ **Peine.** L'ordre de commettre un crime international est puni d'une peine identique à celle prévue pour l'infraction consommée.

326 ▶ **Précédent.** L'article 136*septies*, 1°, du Code pénal a fait l'objet d'un cas d'application dans l'affaire des *Quatre de Butare*[1683], à l'encontre de l'ensemble des accusés[1684].

(1678) *Contra*, voy. J. VERHAEGEN, « Commentaire des articles 3 à 6 de la loi belge du 16 juin 1993 relative à la répression des infractions graves au droit international humanitaire », *Rev. dr. mil.*, 1997, vol. 36, p. 123.

(1679) Exposé des motifs, *Doc. parl.*, Sénat, sess. 1990-1991, n° 1317-1, p. 12.

(1680) Voy., outre le libellé même de la disposition, Rapport fait au nom de la commission de la Justice, *Doc. parl.*, Sénat, sess. 1991-1992, n° 481-2, p. 7.

(1681) Exposé des motifs, *Doc. parl.*, Sénat, sess. 1990-1991, n° 1317-1, p. 12.

(1682) Art. 25, § 3, b), du Statut de Rome.

(1683) Voy. not., sur cette affaire, P. MAY, *Quatre Rwandais aux Assises Belges : la compétence universelle à l'épreuve*, Paris, l'Harmattan, 2001 ; L. REYDAMS, « Belgium's First Judicial Application of Universal Jurisdiction: the *Butare Four* Case », *J.I.C.J.*, 2003, vol. 1, pp. 428-436.

(1684) Bruxelles (ass.), 8 juin 2001, inédit. Voy. Ph. MEIRE et D. VANDERMEERSCH, *Génocide rwandais : le récit de quatre procès devant la cour d'assises de Bruxelles*, Bruges, la Charte, 2011, pp. 59-61.

2. La proposition ou l'offre de commettre un crime international et l'acceptation de pareille proposition ou offre

327 ▶ **Principe.** L'article 136*septies*, 2°, du Code pénal incrimine la proposition ou l'offre de commettre un crime de génocide, un crime contre l'humanité ou un crime de guerre, de même que l'acceptation de pareille proposition ou offre. Cette disposition a été distinguée de l'ordre de commettre un crime international, visé au 1°, de la même disposition, afin de rendre compte de la gravité respective de ces deux (catégories de) comportements[1685].

Contrairement à l'ensemble des autres dispositions de l'article 136*septies* du Code pénal, le 2° ne précise pas explicitement que le comportement visé – la proposition, l'offre ou l'acceptation de la proposition ou de l'offre de commettre un crime international – est répréhensible même lorsqu'il n'est pas suivi d'effet. Est-ce à dessein ? Si les travaux préparatoires ne sont guère éclairants, nous considérons, avec le reste de la doctrine[1686], que tel n'est pas le cas. Pour source inutile d'ambiguïté qu'elle soit par comparaison avec les autres, la disposition révèle à notre avis, tout comme les autres numéros au sein du même article, un véritable « délit-obstacle ». Ceci nous paraît conforme au principe d'interprétation stricte de la loi pénale : puisque l'article 136*septies*, 2°, du Code pénal *ne réclame pas* que le comportement ait été suivi d'effet, l'infraction est constituée indépendamment de cette circonstance. Le droit belge peut à ce titre être distingué de l'article 25, paragraphe 3, b), du Statut de Rome, qui prévoit explicitement qu'une personne est pénalement responsable et peut être punie pour un crime relevant de la compétence de la Cour pénale internationale si elle « sollicite ou encourage la commission d'un tel crime, *dès lors qu'il y a commission ou tentative de commission de ce crime* »[1687].

328 ▶ **Peine.** La proposition et l'offre de commettre un crime international, de même que l'acceptation de pareille proposition ou offre, sont punies de la peine prévue pour l'infraction consommée. Ceci déroge au droit commun de la participation criminelle, en vertu duquel les complices du crime sont, en règle, punis de la peine immédiatement inférieure à celle qu'ils eussent encourue en tant qu'auteurs[1688].

(1685) Exposé des motifs, *Doc. parl.*, Sénat, sess. 1990-1991, n° 1317-1, p. 12.
(1686) D. VANDERMEERSCH, « Les violations du droit international humanitaire », in H. D. BOSLY et Chr. DE VALKENEER (dir.), *Les infractions. Volume 5 : les infractions contre l'ordre public*, Bruxelles, Larcier, 2013, p. 141 ; D. VANDERMEERSCH, « Les poursuites et le jugement des infractions de droit international humanitaire en droit belge », in H. D. BOSLY *et al.* (dir.), *Actualité du droit international humanitaire*, Bruges, la Charte, 2001, p. 146 ; V. GUERRA et A. BERRENDORF, « Droit international humanitaire », in *Postal Memorialis. Lexique du droit pénal et des lois spéciales*, Liège, Wolters Kluwer, suppl. août 2020, n° D 250, p. 658.
(1687) Nos italiques.
(1688) Art. 69 du C. pén.

329 **Précédent.** Dans l'affaire des *Quatre de Butare*[1689], l'article 136*septies*, 2°, du Code pénal a été mis en œuvre à l'encontre des quatre accusés[1690].

3. La provocation à commettre un crime international

330 **Principe.** L'article 136*septies*, 3°, du Code pénal incrimine la provocation à commettre un crime de génocide, un crime contre l'humanité ou un crime de guerre. Selon l'exposé des motifs de la loi de 1993, ceci « vise notamment à prévenir [...] la diffusion de commentaires ou de directives officiels ou officieux contrevenant au prescrit des engagements internationaux de la Belgique »[1691].

La valeur ajoutée de cette disposition paraît relativement secondaire eu égard au droit commun :

— l'article 1er de la loi du 25 mars 1891 portant répression à la provocation à commettre des crimes ou des délits[1692] incrimine déjà la provocation à commettre un crime, sans que cette provocation ait été suivie d'effet, pourvu qu'elle fût « publique », c'est-à-dire concrétisée « soit par des discours tenus dans des réunions ou lieux publics, soit par des écrits, des imprimés, des images ou emblèmes quelconques, qui auront été affichés, distribués ou vendus, mis en vente ou exposés aux regards du public » ;

— l'article 66 du Code pénal incrimine déjà la provocation « privée » en tant que mode de participation à un crime ou à un délit effectivement commis[1693].

Ainsi, l'utilité résiduelle de l'article 136*septies*, 3°, du Code pénal semble surtout tenir à l'hypothèse d'une provocation « privée » à commettre un crime international qui ne serait pas suivie d'effet.

Notons que le législateur n'a pas incriminé de façon spécifique, dans le droit belge, l'incitation publique et directe à commettre un génocide, au sens de l'article III, c), de la Convention des Nations unies pour la prévention et la répression du crime de génocide du 9 décembre 1948[1694]. On peut toutefois

(1689) Voy. not., sur cette affaire, P. MAY, *Quatre Rwandais aux Assises Belges : la compétence universelle à l'épreuve*, Paris, l'Harmattan, 2001 ; L. REYDAMS, « Belgium's First Judicial Application of Universal Jurisdiction: the *Butare Four* Case », *J.I.C.J.*, 2003, vol. 1, pp. 428-436.

(1690) Bruxelles (ass.), 8 juin 2001, inédit. Voy. Ph. MEIRE et D. VANDERMEERSCH, *Génocide rwandais : le récit de quatre procès devant la cour d'assises de Bruxelles*, Bruges, la Charte, 2011, pp. 59-61.

(1691) Exposé des motifs, *Doc. parl.*, Sénat, sess. 1990-1991, n° 1317-1, p. 12. Pour un éclairage complémentaire, voy. E. DAVID, « La loi belge sur les crimes de guerre », *R.B.D.I.*, 1995, n° 2, pp. 674-675.

(1692) *M.B.*, 26 mars 1891 (vig. 27 mars 1891).

(1693) Voy. A. ANDRIES, E. DAVID, Chr. VAN DEN WYNGAERT et J. VERHAEGEN, « Commentaire de la loi du 16 juin 1993 relative à la répression des infractions graves au droit international humanitaire », *R.D.P.C.*, 1994, n° 11, p. 1166.

(1694) Nations unies, *Recueil des Traités*, vol. 78, p. 277.

considérer, à notre avis, que l'article 136*septies*, 3°, du Code pénal – outre l'article 1er de la loi du 25 mars 1891 précitée – a vocation à couvrir tout comportement qui pourrait être constitutif d'une telle incitation. Une confirmation de cette hypothèse peut peut-être être décelée dans l'exposé des motifs de la loi d'assentiment à la Convention de 1948[1695] : « les principes inclus dans la Convention [peuvent] être considérés comme faisant déjà partie du système juridique belge »[1696].

331 ▶ **Peine.** La provocation à commettre un crime international est punie de la peine prévue pour l'infraction consommée.

332 ▶ **Précédent.** L'article 136*septies*, 3°, du Code pénal a été mis en œuvre à l'encontre des accusés dans l'affaire des *Quatre de Butare*[1697].

4. La participation à un crime international

333 ▶ **Principe.** L'article 136*septies*, 4°, du Code pénal incrimine la participation, au sens des articles 66 et 67 du Code pénal, à un crime de génocide, à un crime contre l'humanité ou à un crime de guerre. La disposition se démarque des articles 66 et 67 du Code pénal en ce que la participation est répréhensible « même [lorsqu'elle est] non suivie d'effet ».

Puisque l'article 67 du Code pénal vise notamment toute aide ou toute assistance de l'auteur dans les faits qui ont préparé le crime, l'article 136*septies*, 4°, du Code pénal a pour conséquence, en pratique, d'incriminer tout acte préparatoire – même non suivi d'effet – à un crime international[1698].

334 ▶ **Peine.** Toute forme de participation à un crime international est punie de la peine prévue pour l'infraction consommée. Ceci constitue un « écart considérable par rapport aux principes ordinaires de notre droit pénal »[1699], en vertu desquels les complices du crime sont, en principe, punis de la peine immédiatement inférieure à celle qu'ils encourraient en tant qu'auteurs ou coauteurs[1700].

(1695) L. 26 juin 1951 portant approbation de la Convention internationale pour la prévention et la répression du crime de génocide, adoptée à Paris le 9 décembre 1948, par l'Assemblée générale des Nations unies, au cours de sa troisième session, *M.B.*, 11 janvier 1952 (vig. 21 janvier 1952).
(1696) Exposé des motifs, *Doc. parl.*, Ch. repr., sess. extr. 1950, n° 201, p. 4.
(1697) Bruxelles (ass.), 8 juin 2001, inédit. Voy. Ph. MEIRE et D. VANDERMEERSCH, *Génocide rwandais : le récit de quatre procès devant la cour d'assises de Bruxelles*, Bruges, la Charte, 2011, pp. 59-61.
(1698) A. ANDRIES, E. DAVID, Chr. VAN DEN WYNGAERT et J. VERHAEGEN, « Commentaire de la loi du 16 juin 1993 relative à la répression des infractions graves au droit international humanitaire », *R.D.P.C.*, 1994, n° 11, pp. 1166-1167.
(1699) Amendements présentés par M. Bourgeois, *Doc. parl.*, Ch. repr., sess. 1974-1975, n° 645-1, p. 2.
(1700) Art. 69 du C. pén.

335 ▶ **Précédent.** L'arrêt de condamnation rendu par la cour d'assises de Bruxelles-Capitale dans l'affaire des *Quatre de Butare* s'appuie notamment sur l'actuel article 136*septies*, 4°, du Code pénal[1701].

5. L'omission d'empêcher ou de mettre fin à un crime international

336 ▶ **Principe et fondement.** L'article 136*septies*, 5°, du Code pénal, qui est issu de la loi du 16 juin 1993, prévoit une incrimination tout à fait spécifique prenant la forme d'une omission de prévenir ou de mettre fin à un crime de génocide, un crime contre l'humanité ou un crime de guerre. Celle-ci se distingue de l'omission générique en matière de crimes de guerre[1702], dont nous avons vu qu'elle est généralement conçue comme un mode de participation à de tels crimes et suppose donc que le crime de guerre principal soit réalisé ou à tout le moins tenté[1703]. Au contraire, le mécanisme examiné sous cette section constitue une infraction *sui generis*[1704].

L'incrimination de l'omission d'empêcher ou de mettre fin à un crime international a pour objectif de donner effet au principe de responsabilité des supérieurs en droit international humanitaire[1705]. Ce principe, qui est réputé avoir une portée coutumière[1706], se trouve le plus clairement exprimé dans le premier Protocole additionnel de 1977 aux Conventions de Genève de 1949. Celui-ci énonce notamment que « [l]e fait qu'une infraction aux Conventions ou au présent Protocole a été commise par un subordonné n'exonère pas

(1701) Bruxelles (ass.), 8 juin 2001, inédit. Voy. Ph. MEIRE et D. VANDERMEERSCH, *Génocide rwandais : le récit de quatre procès devant la cour d'assises de Bruxelles*, Bruges, la Charte, 2011, pp. 59-61.

(1702) N. COLETTE-BASECQZ, « La répression de l'omission en droit international pénal et en droit belge », *Ann. Dr. Louvain*, 1995, n°s 1-2, p. 20 ; P. D'ARGENT, « La loi du 10 février 1999 relative à la répression des violations graves du droit international humanitaire », *J.T.*, 1999, n° 5935, p. 551 ; A. ANDRIES, E. DAVID, Chr. VAN DEN WYNGAERT et J. VERHAEGEN, « Commentaire de la loi du 16 juin 1993 relative à la répression des infractions graves au droit international humanitaire », *R.D.P.C.*, 1994, n° 11, p. 1139 ; J. VERHAEGEN, « Commentaire des articles 3 à 6 de la loi belge du 16 juin 1993 relative à la répression des infractions graves au droit international humanitaire », *Rev. dr. mil.*, 1997, vol. 36, p. 124.

(1703) *Supra*, n° 322.

(1704) Amendement présenté par le Gouvernement, *Doc. parl.*, Sénat, sess. 1991-1992, n° 481-3, p. 2 ; Exposé des motifs, *Doc. parl.*, Sénat, sess. 1990-1991, n° 1317-1, p. 12. Voy. égal. P. D'ARGENT, « La loi du 10 février 1999 relative à la répression des violations graves du droit international humanitaire », *J.T.*, 1999, n° 5935, p. 551 ; D. VANDERMEERSCH, « Les violations du droit international humanitaire », in H. D. BOSLY et Chr. DE VALKENEER (dir.), *Les infractions. Volume 5 : les infractions contre l'ordre public*, Bruxelles, Larcier, 2013, p. 143 ; D. VANDERMEERSCH, « The ICC Statute and Belgian Law », *J.I.C.J.*, 2004, vol. 2, p. 140.

(1705) Amendement présenté par le Gouvernement, *Doc. parl.*, Sénat, sess. 1991-1992, n° 481-3, p. 2 ; Exposé des motifs, *Doc. parl.*, Sénat, sess. 1990-1991, n° 1317-1, p. 12.

(1706) Règle 153 de l'Étude du CICR sur le droit international coutumier (J.-M. HENCKAERTS et L. DOSWALD-BECK [dir.], *Droit international humanitaire coutumier. Volume I : Règles*, Bruxelles, Bruylant, 2006).

[nécessairement] ses supérieurs de leur responsabilité pénale ou disciplinaire »[1707], et que les commandants militaires se doivent « d'empêcher que soient commises des infractions aux Conventions et au présent Protocole et, au besoin, de les réprimer et de les dénoncer aux autorités compétentes »[1708].

337 ▶ ***Actus reus.*** Eu égard à la lettre du Code pénal et aux éclairages jurisprudentiels qui ont pu être apportés jusqu'ici, on retiendra en synthèse que l'infraction énoncée à l'article 136*septies*, 5°, du Code pénal suppose, en guise d'éléments matériels :

— qu'une personne ait eu la « capacité réelle » d'empêcher un crime international ou d'y mettre fin[1709]. Tel qu'il a été adopté en droit belge, le mécanisme va ainsi bien au-delà de la responsabilité des seuls commandants militaires, ou même des supérieurs hiérarchiques de façon plus générale[1710], puisqu'il concerne toutes les personnes étant effectivement en mesure d'empêcher un crime international ou d'y mettre fin[1711]. Cette capacité d'empêcher un crime international ou d'y mettre fin est une question qui relève de l'appréciation du juge[1712]. Puisque l'incrimination est fonction des capacités réelles d'influence, il nous paraît que l'article 136*septies*, 5°, du Code pénal dissimule des potentialités particulièrement importantes – et, à vrai dire, peut-être sous-estimées par le législateur – à l'égard des pouvoirs publics qui, plus encore que les personnes privées, sont fonctionnellement en mesure, bien souvent, d'empêcher ou de mettre fin à certains crimes. Rappelons à ce titre que, depuis l'entrée en vigueur de la loi du 11 juillet 2018 modifiant le Code pénal et le titre préliminaire du Code de procédure pénale en ce qui concerne la responsabilité pénale des personnes morales[1713], l'État

(1707) Art. 86, § 2, du P.A. I.
(1708) Art. 87, § 3, du P.A. I.
(1709) Civ. Bruxelles (71e ch.), 8 décembre 2010, *J.L.M.B.*, 2011, p. 1540.
(1710) Voy. toutefois ce qu'écrit N. COLETTE-BASECQZ, « La répression de l'omission en droit international pénal et en droit belge », *Ann. Dr. Louvain*, 1995, nos 1-2, pp. 39-40.
(1711) Civ. Bruxelles (71e ch.), 8 décembre 2010, n° 268, *J.L.M.B.*, 2011, p. 1527 (« [l]es défendeurs invoquent que [...] il ne peut y avoir d'omission d'agir [...] que dans le chef de supérieurs militaires ou hiérarchiques [...]. Une telle restriction ne figure pas dans le texte de [l'art. 136*septies*, 5°, du Code pénal], lequel a pour but de contraindre ceux qui en ont le pouvoir matériel à intervenir pour empêcher des violations du droit international humanitaire »). Voy. égal. E. DAVID, « La loi belge sur les crimes de guerre », *R.B.D.I.*, 1995, n° 2, p. 675 ; D. VANDERMEERSCH, « Les violations du droit international humanitaire », in H. D. BOSLY et Chr. DE VALKENEER (dir.), *Les infractions. Volume 5 : les infractions contre l'ordre public*, Bruxelles, Larcier, 2013, pp. 144-145 ; J. VERHAEGEN, « Commentaire des articles 3 à 6 de la loi belge du 16 juin 1993 relative à la répression des infractions graves au droit international humanitaire », *Rev. dr. mil.*, 1997, vol. 36, p. 124. À ce titre, l'intitulé du futur article 92 du nouveau Code pénal (« [l]a participation criminelle et *la responsabilité du supérieur* », nos italiques) paraît trop limitatif.
(1712) Rapport complémentaire fait au nom de la commission de la Justice, *Doc. parl.*, Sénat, sess. 1991-1992, n° 481-5, p. 15.
(1713) *M.B.*, 20 juillet 2018 (vig. 30 juillet 2018).

belge est responsable pénalement – y compris donc, le cas échéant, du fait de l'omission d'agir visée par la disposition sous examen ;

— que ladite personne ait omis d'agir en conséquence. La personne ne doit donc pas rendre compte – comme il est parfois affirmé – du crime d'autrui en tant que tel, mais bien de sa propre abstention d'agir pour le prévenir ou pour y mettre fin[1714].

338 ▶ ***Mens rea.*** Il n'y a infraction que dans le chef de ceux qui avaient « connaissance » d'ordres donnés en vue de l'exécution du crime international ou de faits qui en commencent l'exécution, la connaissance devant être entendue en ce sens que la personne ne pouvait ignorer pareilles circonstances[1715]. L'élément psychologique ne réclame donc pas une volonté de favoriser les crimes ni de les approuver[1716]. À l'inverse, telle que libellée dans le Code pénal, l'infraction ne peut se satisfaire d'une omission qui échapperait totalement à la conscience de son auteur – c'est-à-dire d'une pure négligence ou d'un simple défaut de prévoyance ou de précaution[1717].

339 ▶ **Comparaison avec le Statut de Rome.** Ainsi comprise, l'omission d'agir visée à l'article 136*septies*, 5°, du Code pénal se distingue à trois égards de la responsabilité du supérieur hiérarchique énoncée par l'article 28 du Statut de Rome[1718] :

— sur le plan de l'élément psychologique, la « connaissance » requise par le droit belge est plus restrictive (c'est-à-dire moins répressive) que le Statut de Rome, qui incrimine l'abstention du supérieur hiérarchique militaire qui « savait *ou aurait dû savoir* » (art. 28-a) et du supérieur hiérarchique civil qui « savait *ou a délibérément négligé de tenir compte d'informations* » indiquant que des crimes étaient commis ou allaient être commis[1719] ;

— par contraste avec le Statut de Rome, le droit belge ne vise pas uniquement l'omission d'agir du supérieur hiérarchique (militaire ou civil), mais bien celle de toute personne étant en mesure d'empêcher les crimes ou d'y mettre fin ;

(1714) E. DAVID, *Principes de droit des conflits armés*, 6e éd., Bruxelles, Bruylant, 2019, p. 918 ; D. VANDERMEERSCH, « Les violations du droit international humanitaire », in H. D. BOSLY et Chr. DE VALKENEER (dir.), *Les infractions. Volume 5 : les infractions contre l'ordre public*, Bruxelles, Larcier, 2013, p. 143.

(1715) Civ. Bruxelles (71e ch.), 8 décembre 2010, *J.L.M.B.*, 2011, p. 1539.

(1716) D. VANDERMEERSCH, « Chronique de Belgique – La répression en droit belge des crimes de droit international », *R.I.D.P.*, 1997, vol. 68, p. 1102. Voy. égal. M. FOROWICZ, « Implementation of the Rome Statute in Belgium », *Finnish Yearbook of International Law*, 2005, vol. 16, p. 61.

(1717) D. VANDERMEERSCH, « Les violations du droit international humanitaire », in H. D. BOSLY et Chr. DE VALKENEER (dir.), *Les infractions. Volume 5 : les infractions contre l'ordre public*, Bruxelles, Larcier, 2013, p. 143 ; N. COLETTE-BASECQZ, « La répression de l'omission en droit international pénal et en droit belge », *Ann. Dr. Louvain*, 1995, nos 1-2, p. 43.

(1718) Voy., sur cette disposition, M. WÉRY et Chr. DEPREZ, « La responsabilité du supérieur hiérarchique devant la Cour pénale internationale : une première synthèse à la lumière du jugement prononcé dans l'affaire *Bemba* », *Rev. dr. ULiège*, 2016, n° 2, pp. 319-341.

(1719) Nos italiques.

— l'omission incriminée dans le droit belge est celle qui aurait pu permettre d'empêcher les crimes ou d'y mettre fin, alors que le Statut de Rome fait en outre peser sur les supérieurs hiérarchiques un devoir de réprimer les crimes ou de les référer aux autorités compétentes[1720].

340 ▶ **Précédents.** L'article 136*septies*, 5°, du Code pénal a donné lieu à quelques cas d'application judiciaires. Dans l'affaire des *Quatre de Butare*, la cour d'assises de Bruxelles-Capitale a ainsi estimé que l'accusé V. M. avait omis d'agir dans les limites de ses possibilités afin d'empêcher un homicide intentionnel sur la personne d'une jeune fille blessée[1721].

Dans l'affaire des crimes contre l'humanité commis contre des missionnaires belges, la cour d'assises de Leuven a jugé, à l'égard de l'ex-chef des renseignements militaires guatémaltèques, qu'« alors qu'il en avait incontestablement le pouvoir, il s'est délibérément abstenu de mettre un terme à la perpétration généralisée de crimes contre l'humanité, y compris ceux dont il a été reconnu coupable par le jury »[1722].

Les juridictions civiles ont, elles aussi, été amenées à mettre en œuvre ce mécanisme sur le terrain de la responsabilité extracontractuelle. Appelé à se prononcer sur ses contours dans le cadre de l'affaire de l'*ETO*, le tribunal de première instance de Bruxelles a ainsi considéré que l'État belge et les trois militaires belges défendeurs, chacun à leur niveau, « ne pouvaient ignorer » les crimes internationaux commis dans le cadre du génocide rwandais, « et qui étaient immanquablement appelés à s'exercer sur les réfugiés de l'ETO dès lors que la protection par les soldats belges cesserait »[1723].

L'article 136*septies*, 5°, du Code pénal a encore fait l'objet d'un cas d'application dans l'affaire des *Hotspots grecs* introduite au civil contre l'État belge[1724]. À notre avis, le jugement ne convainc toutefois pas sur ce point puisque le tribunal voit dans l'omission d'agir un mode de participation au crime contre l'humanité principal épinglé par la partie demanderesse, et qu'il recherche dès

(1720) D. VANDERMEERSCH, « Les violations du droit international humanitaire », in H. D. BOSLY et Chr. DE VALKENEER (dir.), *Les infractions. Volume 5 : les infractions contre l'ordre public*, Bruxelles, Larcier, 2013, pp. 144-145 ; D. VANDERMEERSCH, « Les poursuites et le jugement des infractions de droit international humanitaire en droit belge », in H. D. BOSLY *et al.* (dir.), *Actualité du droit international humanitaire*, Bruges, la Charte, 2001, pp. 141-142.

(1721) Bruxelles (ass.), 8 juin 2001, inédit. Voy. Ph. MEIRE et D. VANDERMEERSCH, *Génocide rwandais : le récit de quatre procès devant la cour d'assises de Bruxelles*, Bruges, la Charte, 2011, p. 59. Pour une critique, voy. J. B. MBOKANI, « Le lien de connexité entre le crime et le conflit armé dans la définition des crimes de guerre », in D. BERNARD et D. SCALIA (dir.), *Vingt ans de justice internationale pénale*, Bruxelles, la Charte, 2014, pp. 42-43.

(1722) Louvain (ass.), 14 décembre 2023, n° 9/2023, inédit, p. 17 (notre traduction de « [h]oewel hij hiertoe ongetwijfeld de macht had, heeft hij bewust nagelaten het op grote schaal plegen van misdaden tegen de mensheid te doen ophouden, waaronder deze waaraan hij door de jury werd schuldig verklaard »).

(1723) Civ. Bruxelles (71e ch.), 8 décembre 2010, *J.L.M.B.*, 2011, p. 1539.

(1724) Civ. Bruxelles fr. (4e ch.), 26 octobre 2023, n° 27859, inédit, pp. 15-16.

lors, dans le chef de l'État belge, l'élément moral qui eût été requis pour une participation à un tel crime. Or, nous avons vu que l'omission d'agir consiste en une infraction *sui generis*, laquelle suppose un élément moral qui lui est propre et tient à un simple élément de connaissance[1725].

341 ▶ **Peine.** L'omission d'agir visée à l'article 136*septies*, 5°, du Code pénal est punie de la peine prévue pour l'infraction consommée. Ceci constitue un « écart considérable par rapport aux principes ordinaires de notre droit pénal »[1726] et même, pour certains, un « excès de sévérité à l'égard de la personne qui est restée passive devant la perpétration du crime alors qu'elle avait la possibilité d'intervenir »[1727].

6. Les actes préparatoires en matière d'armes

342 ▶ **Principe.** La disposition qui figure aujourd'hui à l'article 136*sexies* du Code pénal, mais qui est connue du droit belge depuis la loi 1993[1728], concerne celles et ceux qui fabriquent, détiennent ou transportent un instrument, engin ou objet quelconque, érigent une construction ou transforment une construction existante, sachant que l'instrument, l'engin, l'objet, la construction ou la transformation est destiné à commettre un crime international. L'objectif poursuivi par le législateur était d'« élever un obstacle à la perpétration des crimes [internationaux] en incriminant les actes préparatoires qui présentent une concrétisation matérielle »[1729]. Les travaux préparatoires enseignent que les actes de préparation tombent sous le coup de l'incrimination, qu'ils soient commis en temps de paix ou en temps de guerre[1730].

343 ▶ **Éléments constitutifs.** Deux éléments sont requis pour constituer l'infraction. En guise d'*actus reus*, la disposition vise le fait de fabriquer, détenir ou transporter un instrument, engin ou objet quelconque, ou encore d'ériger une construction ou de transformer une construction existante. D. Vandermeesch cite l'exemple de trafiquants d'armes qui livreraient du matériel à une partie belligérante qui se rendrait coupable de violations du droit international

(1725) *Supra*, spéc. n°s 336 et 338. Nous avons du reste observé plus tôt que l'élément moral que le tribunal pense pouvoir attacher au crime contre l'humanité principal ne correspond pas exactement, à notre avis, au droit international pertinent (*supra*, n° 228).
(1726) Amendements présentés par M. Bourgeois, *Doc. parl.*, Ch. repr., sess. 1974-1975, n° 645-1, p. 2.
(1727) D. VANDERMEERSCH, « Les poursuites et le jugement des infractions de droit international humanitaire en droit belge », in H. D. BOSLY *et al.* (dir.), *Actualité du droit international humanitaire*, Bruges, la Charte, 2001, p. 147.
(1728) Art. 3 de la L. 16 juin 1993.
(1729) Exposé des motifs, *Doc. parl.*, Sénat, sess. 1990-1991, n° 1317-1, p. 12.
(1730) Exposé des motifs, *Doc. parl.*, Sénat, sess. 1990-1991, n° 1317-1, p. 17. Voy. égal. A. ANDRIES, E. DAVID, Chr. VAN DEN WYNGAERT et J. VERHAEGEN, « Commentaire de la loi du 16 juin 1993 relative à la répression des infractions graves au droit international humanitaire », *R.D.P.C.*, 1994, n° 11, p. 1166.

humanitaire[1731]. V. Guerra et A. Berrendorf évoquent de façon comparable l'hypothèse de la « fourniture d'armes ou de matériel militaire à un gouvernement dont on peut raisonnablement craindre qu'il les utilise pour commettre un génocide, des crimes de guerre ou contre l'humanité »[1732].

Est par ailleurs requise, à titre de *mens rea*, la connaissance du fait que l'instrument, l'engin, l'objet, la construction ou la transformation est destiné à commettre ou faciliter un crime international. D. Vandermeersch relève que la preuve de cet élément psychologique pourrait être difficile à établir en pratique, en particulier en situation de guerre, et évoque la violation d'un embargo décrété par les Nations unies en guise d'élément d'appréciation éventuellement pertinent[1733].

Notons que la disposition incrimine un « délit-obstacle » : il n'est pas requis que les actes préparatoires visés aient été suivis d'effet[1734].

344 ▶ **Peine.** Les actes préparatoires sont punis de la même peine que l'infraction qu'ils sont destinés à permettre ou dont ils doivent faciliter la perpétration.

7. La négation ou la minimisation d'un crime international

345 ▶ **Le génocide commis par le régime national-socialiste allemand.** L'article 1er de la loi du 23 mars 1995 tendant à réprimer la négation, la minimisation, la justification ou l'approbation du génocide commis par le régime national-socialiste allemand pendant la Seconde Guerre mondiale[1735] punit d'un emprisonnement de huit jours à un an et d'une amende de vingt-six à cinq mille francs quiconque nie, minimise grossièrement, cherche à justifier ou approuve le génocide commis par le régime national-socialiste allemand

(1731) D. Vandermeersch, « Les violations du droit international humanitaire », in H. D. Bosly et Chr. De Valkeneer (dir.), *Les infractions. Volume 5 : les infractions contre l'ordre public*, Bruxelles, Larcier, 2013, pp. 144-145 ; D. Vandermeersch, « Les poursuites et le jugement des infractions de droit international humanitaire en droit belge », in H. D. Bosly *et al.* (dir.), *Actualité du droit international humanitaire*, Bruges, la Charte, 2001, p. 139.

(1732) V. Guerra et A. Berrendorf, « Droit international humanitaire », in *Postal Memorialis. Lexique du droit pénal et des lois spéciales*, Liège, Wolters Kluwer, suppl. août 2020, n° D 250, p. 658 (à la note 1).

(1733) D. Vandermeersch, « Les violations du droit international humanitaire », in H. D. Bosly et Chr. De Valkeneer (dir.), *Les infractions. Volume 5 : les infractions contre l'ordre public*, Bruxelles, Larcier, 2013, pp. 144-145 ; D. Vandermeersch, « Les poursuites et le jugement des infractions de droit international humanitaire en droit belge », in H. D. Bosly *et al.* (dir.), *Actualité du droit international humanitaire*, Bruges, la Charte, 2001, p. 139.

(1734) J. Verhaegen, « Commentaire des articles 3 à 6 de la loi belge du 16 juin 1993 relative à la répression des infractions graves au droit international humanitaire », *Rev. dr. mil.*, 1997, vol. 36, p. 123 ; A. Andries, E. David, Chr. Van den Wyngaert et J. Verhaegen, « Commentaire de la loi du 16 juin 1993 relative à la répression des infractions graves au droit international humanitaire », *R.D.P.C.*, 1994, n° 11, p. 1165.

(1735) *M.B.*, 30 mars 1995 (vig. 30 mars 1995). Voy. B. Blero, « La répression légale du révisionnisme », *J.T.*, 1996, n° 5800, pp. 333-337.

pendant la Seconde Guerre mondiale. Pour être répréhensibles, il est requis par la loi que les faits aient été commis dans l'une des conditions de publicité visées à l'article 444 de l'actuel Code pénal, c'est-à-dire :

— soit dans des réunions ou lieux publics ;
— soit en présence de plusieurs individus, dans un lieu non public mais ouvert à un certain nombre de personnes ayant le droit de s'y assembler ou de le fréquenter ;
— soit dans un lieu quelconque, en présence de la personne offensée et devant témoins ;
— soit par des écrits imprimés ou non, des images ou des emblèmes affichés, distribués ou vendus, mis en vente ou exposés aux regards du public ;
— soit par des écrits non rendus publics mais adressés ou communiqués à plusieurs personnes[1736].

Il faut entendre par « négation » le fait de contester l'existence du génocide dans sa totalité[1737]. « Approuver » le génocide consiste à lui donner son approbation et à souscrire dès lors sur ce point à l'idéologie nazie[1738]. Le fait de chercher à « justifier » va moins loin que l'approbation mais tend, par une réécriture des données historiques, à présenter le génocide sous un jour acceptable et à légitimer ainsi l'idéologie nazie[1739]. Enfin, concernant la répression du fait de « minimiser grossièrement », l'adjonction du terme « grossièrement » est d'une grande importance : le législateur vise uniquement le fait de minimiser à l'extrême et, par là même, de manière grave, outrancière ou offensante[1740]. Selon les travaux parlementaires, ceci permet de ne pas viser le véritable travail scientifique qui reste dans le cadre de la liberté d'opinion, mais de ne retenir que les thèses des révisionnistes[1741].

Les termes de la loi sont, de façon générale, d'interprétation restrictive eu égard à la nature pénale de la loi et aux ingérences dans la liberté d'expression qu'elle a vocation à fonder[1742].

346 ▶ **Les autres crimes internationaux.** La loi du 23 mars 1995 précitée a fait l'objet d'importantes critiques, notamment pour s'appliquer uniquement au génocide commis par le régime national-socialiste allemand pendant la Seconde Guerre mondiale, à l'exclusion, par exemple, de celui des Tutsis au Rwanda en

(1736) Voy. A. De Nauw et Fr. Kuty, *Manuel de droit pénal spécial*, Malines, Wolters Kluwer, 2018, pp. 593-600.
(1737) C.A., 12 juillet 1996, n° 45/96, B.7.9.
(1738) C.A., 12 juillet 1996, n° 45/96, B.7.9.
(1739) C.A., 12 juillet 1996, n° 45/96, B.7.9.
(1740) C.A., 12 juillet 1996, n° 45/96, B.7.9.
(1741) Rapport fait au nom de la commission de la Justice, *Doc. parl.*, Ch. repr., sess. 1994-1995, n° 557-5, p. 22.
(1742) C.A., 12 juillet 1996, n° 45/96, B.7.8.

1994 et de celui des Arméniens lors de la Première Guerre mondiale[1743]. Pendant de nombreuses années, les tentatives d'extension du champ d'application se sont toutefois heurtées à un blocage politique[1744].

Depuis l'entrée en vigueur d'une loi du 5 mai 2019[1745], le droit belge, poussé dans le dos par le droit européen[1746], connaît toutefois une nouveauté importante en matière de négationnisme. L'article 20 de la loi du 30 juillet 1981 tendant à réprimer certains actes inspirés par le racisme ou la xénophobie[1747] compte en effet désormais un 5°, aux termes duquel est puni d'un emprisonnement d'un mois à un an et d'une amende de cinquante euros à mille euros, ou de l'une de ces peines seulement :

> « [q]uiconque, dans l'une des circonstances indiquées à l'article 444 du Code pénal, nie, minimise grossièrement, cherche à justifier ou approuve des faits correspondant à un crime de génocide, à un crime contre l'humanité ou à un crime de guerre tel que visé à l'article 136*quater* du Code pénal, établis comme tels par une décision définitive rendue par une juridiction internationale, sachant ou devant savoir que ce comportement risque d'exposer soit une personne, soit un groupe, une communauté ou leurs membres, à la discrimination, à la haine ou à la violence, en raison d'un ou plusieurs des critères protégés ou de la religion, au sens de l'article 1er, § 3, de la décision-cadre du Conseil de l'Union européenne du 28 novembre 2008 sur la lutte contre certaines formes et manifestations de racisme et de xénophobie au moyen du droit pénal, et ce, même en dehors des domaines visés à l'article 5 »[1748].

L'infraction suppose les éléments suivants :

— une personne a nié, minimisé grossièrement, cherché à justifier ou approuvé des faits correspondant à un crime de génocide, un crime contre l'humanité ou un crime de guerre. Sur la portée de ces différents comportements, il est

(1743) E. DAVID, *Éléments de droit pénal international et européen*, vol. 2, 2e éd., Bruxelles, Bruylant, 2018, p. 1554. Voy. égal. A. WEYEMBERGH et L. KENNES, *Droit pénal spécial*, Limal, Anthemis, 2011, pp. 86-88.
(1744) G. GRANDJEAN, « La répression du négationnisme en Belgique : de la réussite législative au blocage politique », *Droit et société*, 2011, n° 77, pp. 137-160.
(1745) L. 5 mai 2019 portant des dispositions diverses en matière pénale et en matière de cultes, et modifiant la loi du 28 mai 2002 relative à l'euthanasie et le Code pénal social, *M.B.*, 24 mai 2019 (vig. 3 juin 2019).
(1746) Développements, *Doc. parl.*, Ch. repr., sess. 2018-2019, n° 54-3515/001, p. 140. Voy. l'art. 1er, § 1, c) et d), de la décision-cadre du Conseil de l'Union européenne du 28 novembre 2008 sur la lutte contre certaines formes et manifestations de racisme et de xénophobie au moyen du droit pénal et l'article 6 du Protocole du Conseil de l'Europe du 28 janvier 2003 additionnel à la Convention européenne sur la cybercriminalité du 23 novembre 2001.
(1747) *M.B.*, 8 août 1981 (vig. 18 août 1981).
(1748) Voy. le comm. de M. GIACOMETTI, « Les discours de haine en ligne : vers un cadre plus moderne ? », in V. FRANSSEN et A. MASSET (dir.), *Le droit pénal et la procédure pénale en constante évolution*, coll. CUP, vol. 217, Liège, Anthemis, 2022, pp. 185-187.

renvoyé à ce que nous avons dit en lien avec la loi du 23 mars 1995[1749]. La notion de « faits » est d'importance : il en résulte que la contestation de la *qualification juridique* d'événements en tant crime de génocide, crime contre l'humanité ou crime de guerre ne tombe pas sous le coup de la loi[1750] ;

— le comportement négationniste a été tenu en public au sens de l'article 444 du Code pénal[1751] ;
— le crime international nié a été établi comme tel par une décision définitive rendue par une juridiction internationale. Selon les travaux préparatoires, ceci renvoie à la Cour pénale internationale et aux juridictions pénales internationales établies par décision du Conseil de sécurité sur la base du chapitre VII de la Charte des Nations unies[1752]. À notre sens, il convient à tout le moins d'ajouter la Cour internationale de justice[1753] ;
— sur le plan psychologique, un dol spécial est requis : la personne « savait » ou « devait savoir » que ce comportement risquait d'exposer soit une personne, soit un groupe, une communauté ou leurs membres, à la discrimination, à la haine ou à la violence, en raison d'un ou plusieurs critères liés à la race, la couleur, la religion, l'ascendance ou l'origine nationale ou ethnique.

Nonobstant l'introduction de ce nouvel article 20, 5°, générique au sein de la loi « antiracisme » du 30 juillet 1981, il a été jugé préférable de maintenir la loi du 23 mars 1995 telle quelle[1754], « vu la spécificité du génocide commis par le régime national-socialiste allemand pendant la Seconde Guerre mondiale au regard du contexte historique belge »[1755]. Selon les travaux préparatoires, dans l'hypothèse où certains comportements tomberaient sous le coup des deux législations (qui prévoient des peines différentes), le juge devra appliquer les règles de droit pénal général relatives au concours idéal d'infractions et imposer la peine la plus élevée[1756].

Section 3.
La tentative

347 ▸ **Principe.** Selon le droit commun, la tentative de crime – correspondant à la résolution de commettre pareil crime, manifestée par des actes extérieurs qui forment un commencement d'exécution et n'ont été suspendus ou n'ont

(1749) *Supra*, n° 345.
(1750) Développements, *Doc. parl.*, Ch. repr., sess. 2018-2019, n° 54-3515/001, p. 154.
(1751) Voy. *supra*, n° 345.
(1752) Développements, *Doc. parl.*, Ch. repr., sess. 2018-2019, n° 54-3515/001, p. 151.
(1753) Voy. à cet égard ce que nous écrivions *supra*, n° 174.
(1754) *Supra*, n° 345.
(1755) Développements, *Doc. parl.*, Ch. repr., sess. 2018-2019, n° 54-3515/001, pp. 145-146.
(1756) Développements, *Doc. parl.*, Ch. repr., sess. 2018-2019, n° 54-3515/001, p. 147.

manqué leur effet que par des circonstances indépendantes de la volonté de l'auteur[1757] – est punie de la peine immédiatement inférieure à celle du crime consommé[1758]. Ainsi, en règle :

— la réclusion à perpétuité est remplacée par la réclusion de 20 à 30 ans ;
— la réclusion de 20 à 30 ans est remplacée par la réclusion de 15 à 20 ans ;
— la réclusion de 15 à 20 ans est remplacée par la réclusion de 10 à 15 ans ;
— la réclusion de 10 à 15 ans est remplacée par la réclusion de 5 à 10 ans ;
— la réclusion de 5 à 10 ans est remplacée par la réclusion d'un mois à 5 ans[1759].

Il en va toutefois différemment en matière de crimes internationaux, pour lesquels l'article 136*septies*, 6°, du Code pénal prévoit que la tentative est punie de la peine prévue pour l'infraction consommée. Il s'agit là, selon d'anciens travaux préparatoires qui conduiraient bien plus tard – en 1993 – à l'introduction de cette règle dérogatoire, d'un « écart considérable par rapport aux principes ordinaires de notre droit pénal »[1760].

348 ▸ **Tentative et correctionnalisation.** Le régime singulier de la tentative en matière de crimes internationaux n'est pas sans conséquence, à l'heure actuelle[1761], sur les possibilités de correctionnalisation de ces crimes. Trois cas de figure doivent être distingués :

— la tentative de commettre un crime de guerre puni d'une peine de *réclusion de 10 à 15 ans ou de 15 à 20 ans*[1762] peut faire l'objet d'une correctionnalisation, conformément au droit commun qui ouvre cette possibilité pour toutes les infractions punies d'une peine n'excédant pas 20 ans de réclusion (art. 2, al. 3, 1°, de la loi du 4 octobre 1867 sur les circonstances atténuantes) ;
— la tentative de commettre un crime de guerre puni d'une peine de *réclusion de 20 à 30 ans* ne peut faire l'objet d'une correctionnalisation dès lors

(1757) Art. 51 de l'actuel C. pén.

(1758) Art. 52, al. 1er, de l'actuel C. pén. Si la matière est amenée à connaître certaines modifications à compter de l'entrée en vigueur du nouveau Code pénal (voy. J. DE HERDT, J. ROZIE et D. VANDERMEERSCH, *Le livre Ier du nouveau Code pénal. Les principes généraux du droit pénal revisités*, Bruges, la Charte, 2024, pp. 84-94), le principe d'un saut de peine vers la fourchette immédiatement inférieure a vocation à demeurer (art. 9, § 1er, al. 4, du futur C. pén.).

(1759) Art. 52, al. 2, 80 et 81, de l'actuel C. pén. Voy. Th. MOREAU et D. VANDERMEERSCH, *Éléments de droit pénal*, Bruges, la Charte, 2022, p. 103.

(1760) Amendements présentés par M. Bourgeois, *Doc. parl.*, Ch. repr., sess. 1974-1975, n° 645-1, p. 2.

(1761) Rappelons que le mécanisme de la correctionnalisation est amené à disparaître à compter de l'entrée en vigueur de la réforme du livre Ier du Code pénal (art. 35 de la L. 29 février 2024 introduisant le livre Ier du Code pénal). Voy. à ce sujet J. DE HERDT, J. ROZIE et D. VANDERMEERSCH, *Le livre Ier du nouveau Code pénal. Les principes généraux du droit pénal revisités*, Bruges, la Charte, 2024, pp. 68-71.

(1762) Pour un aperçu récapitulatif, voy. *supra*, n° 315.

qu'elle emporte, à l'instar du crime consommé, une peine de 20 à 30 ans de réclusion[1763] ;

— la tentative de commettre un crime de guerre, de génocide ou contre l'humanité puni de la peine de *réclusion à perpétuité* emporte une situation paradoxale[1764]. L'article 2, alinéa 3, 2°, de la loi de 1867 porte en effet – sans réserver le cas particulier des crimes internationaux – qu'est généralement admissible à la correctionnalisation, la « tentative de crime qui est punie de la réclusion à perpétuité »[1765]. Ainsi, selon une lecture littérale de la loi de 1867, la correctionnalisation est, dans cette hypothèse, possible (alors qu'elle ne l'est pas pour le crime de guerre emportant une peine de 20 à 30 ans de réclusion). L'on pourrait considérer qu'à travers le régime particulier de la tentative visé à l'article 136*septies*, 6°, du Code pénal, l'intention du législateur était de mettre sur un pied d'égalité les crimes internationaux consommés et tentés, à telle enseigne que la tentative de tels crimes devrait échapper à la règle de l'article 2, alinéa 3, 2°, de la loi de 1867 et demeurer non correctionnalisable. Le principe d'interprétation stricte de la loi pénale nous paraît toutefois faire obstacle à une telle lecture[1766]. Il en va d'autant ainsi que la mise en œuvre de la loi de 1867 conduit à d'autres situations peu logiques, mais qui n'ont pas moins été confirmées, dans leur principe, par la Cour de cassation[1767].

349 ▶ **Tentative et compétence.** Sur l'impact de la tentative en relation avec la compétence des juridictions belges à connaître de crimes internationaux, il est renvoyé aux développements repris plus tôt, au sein du chapitre 2[1768].

(1763) Art. 136*septies*, 6°, du C. pén. Voy. *supra*, n° 347.

(1764) Th. MOREAU et D. VANDERMEERSCH, *Éléments de droit pénal*, Bruges, la Charte, 2022, p. 357. Voy. égal. ce qu'écrit, quoiqu'avec prudence, D. VANDERMEERSCH, « Les violations du droit international humanitaire », in H. D. BOSLY et Chr. DE VALKENEER (dir.), *Les infractions. Volume 5 : les infractions contre l'ordre public*, Bruxelles, Larcier, 2013, p. 159.

(1765) Sur le libellé peu heureux de cette disposition (« punie » au lieu de « puni »), voy. Cass., 3 novembre 2010, R.G. n° P.10.1611.F, *Pas.*, 2010, n° 652, avec concl. M.P. Voy. égal. ce qu'écrivent M.-A. BEERNAERT, H. D. BOSLY et D. VANDERMEERSCH, *Droit de la procédure pénale*, 9e éd., Bruges, la Charte, 2021, pp. 1008-1009.

(1766) En ce sens, voy. implicitement Th. MOREAU et D. VANDERMEERSCH, *Éléments de droit pénal*, Bruges, la Charte, 2022, p. 357.

(1767) Voy. M.-A. BEERNAERT, H. D. BOSLY et D. VANDERMEERSCH, *Droit de la procédure pénale*, 9e éd., Bruges, la Charte, 2021, p. 1009.

(1768) *Supra*, nos 115, 129, 150 et 165.

Section 4.
Les causes de justification

350 ▶ **Généralités.** L'article 136*octies* du Code pénal a pour effet d'exclure, en matière de crimes internationaux, le bénéfice des causes de justification que sont l'état de nécessité (*infra*, n° 351) et l'ordre du gouvernement ou du supérieur (*infra*, n° 352). Le cas particulier du privilège du combattant doit en outre être mentionné (*infra*, n° 353).

Ces dispositions dérogatoires du droit commun n'empêchent pas, en principe, que d'autres causes de justification, d'exonération de la responsabilité ou de non-imputabilité prévues par le droit belge – la contrainte par exemple – soient opposées à des allégations de participation à des crimes de guerre, de génocide ou contre l'humanité[1769].

1. L'état de nécessité

351 ▶ **Principe.** L'état de nécessité décrit la situation dans laquelle « l'auteur est amené à choisir entre le respect de la loi pénale et la violation de celle-ci en vue de sauver un bien, un intérêt ou un droit supérieur »[1770]. Bien que cette cause de justification ne soit pas explicitement consacrée dans le droit belge, la Cour de cassation l'admet au rang de principe général du droit[1771].

Cette construction se trouve toutefois exclue en matière de crimes internationaux. En effet, selon l'article 136*octies*, paragraphe 1er, du Code pénal, « aucun intérêt, aucune nécessité de nature politique, militaire ou nationale ne peut justifier les infractions définies aux articles 136*bis*, 136*ter*, 136*quater*, 136*sexies* et 136*septies*, même si celles-ci sont commises à titre de représailles »[1772].

(1769) Exposé des motifs, *Doc. parl.*, Sénat, sess. 1990-1991, n° 1317-1, p. 14. Voy. égal. D. VANDERMEERSCH, « Les violations du droit international humanitaire », in H. D. BOSLY et Chr. DE VALKENEER (dir.), *Les infractions. Volume 5 : les infractions contre l'ordre public*, Bruxelles, Larcier, 2013, pp. 147-148. S'agissant de la légitime défense, voy. toutefois ce qu'écrit G. SCHAMPS, « L'incrimination du crime de génocide, du crime contre l'humanité et des crimes de guerre en droit belge à la lumière du droit international humanitaire », in A. JACOBS (dir.), *Actualités de droit pénal et de procédure pénale (II)*, coll. CUP, vol. 69, Bruxelles, Larcier, 2004, p. 395.

(1770) R. LEGROS, *Avant-projet de Code pénal*, Bruxelles, Presses du Moniteur belge, 1985, pp. 19-20, cité par Fr. KUTY, *Principes généraux du droit pénal belge. Tome 2 : l'infraction pénale*, 2e éd., Bruxelles, Larcier, 2020, p. 528.

(1771) Th. MOREAU et D. VANDERMEERSCH, *Éléments de droit pénal*, Bruges, la Charte, 2022, p. 99 ; Fr. KUTY, *Principes généraux du droit pénal belge. Tome 2 : l'infraction pénale*, 2e éd., Bruxelles, Larcier, 2020, p. 529.

(1772) Voy., en général, O. DUBOIS, « Le droit pénal des conflits armés et la théorie de la nécessité », *Ann. Dr. Louvain*, 1995, n° 4, pp. 95-112.

Observons que l'exclusion légale vaut tant pour les crimes de génocide, contre l'humanité et de guerre que pour les délits-obstacles visés aux articles 136*sexies* et 136*septies* du Code pénal[1773].

L'exclusion légale du recours à l'état de nécessité est justifiée par le fait que cette construction, dans le contexte spécifique des conflits armés, risquerait de donner lieu à divers abus fondés sur la croyance que des « nécessités militaires » ou des « nécessités impérieuses de la nation » permettraient de faire fi des principes du droit international humanitaire[1774].

L'article 136*octies*, paragraphe 1er, réserve cependant le cas des points 18°, 22° et 23°, de l'article 136*quater*, paragraphe 1er, ce qui nous paraît superfétatoire dès lors que ces dispositions énoncent des circonstances dans lesquelles les crimes de guerre concernés ne sont, en tout état de cause, pas constitués. Par exemple, le point 18° incrimine l'acte médical, accompli sur une personne protégée par le droit international humanitaire, qui ne serait pas justifié par l'état de santé de cette dernière ; il s'entend dès lors que si l'acte est justifié par l'état de santé de l'intéressé, il n'y a pas crime de guerre, de sorte que le recours à l'état de nécessité paraît sans objet.

2. L'ordre du gouvernement ou du supérieur

352 ▶ **Principe.** L'article 70 du Code pénal énonce qu'il n'y a pas d'infraction lorsque le fait était ordonné par la loi et commandé par l'autorité. La disposition réserve toutefois le cas des infractions actuellement prévues dans le livre II, titre I*bis*, du Code, soit le crime de génocide, les crimes contre l'humanité et les crimes de guerre.

Ceci confirme – à titre sans doute superfétatoire – une disposition introduite dans le droit belge par la loi du 16 juin 1993, et qui figure aujourd'hui à l'article 136*octies*, paragraphe 2, du Code pénal : « [l]e fait que l'accusé ait agi sur ordre de son gouvernement ou d'un supérieur ne l'exempt[e] pas de sa responsabilité si, dans les circonstances données, l'ordre pouvait clairement entraîner la commission d'une des infractions visées aux articles 136*bis*, 136*ter* et 136*quater* ».

Une même idée figurait déjà à l'article 3 de la loi du 20 juin 1947 relative à la compétence des juridictions militaires en matière de crimes de guerre[1775], de

(1773) Voy. *supra*, nos 323 et s.
(1774) Exposé des motifs, *Doc. parl.*, Sénat, sess. 1990-1991, n° 1317-1, p. 14. Voy. égal. A. ANDRIES, E. DAVID, Chr. VAN DEN WYNGAERT et J. VERHAEGEN, « Commentaire de la loi du 16 juin 1993 relative à la répression des infractions graves au droit international humanitaire », *R.D.P.C.*, 1994, n° 11, pp. 1167-1169 ; J. VERHAEGEN, « Commentaire des articles 3 à 6 de la loi belge du 16 juin 1993 relative à la répression des infractions graves au droit international humanitaire », *Rev. dr. mil.*, 1997, vol. 36, p. 125.
(1775) *M.B.*, 26 juin 1947 (vig. 26-27 juin 1947).

même qu'à l'article 11, paragraphe 2, alinéa 2, de la loi du 14 janvier 1975 portant le règlement de discipline des Forces armées[1776].

Le texte se bornerait à consolider la jurisprudence historique des juridictions – militaires et civiles – belges sur ce terrain[1777].

On observera que, par contraste avec l'article 136*octies*, paragraphe 1er, du Code pénal, l'invocation de l'ordre du gouvernement ou du supérieur n'est pas ici explicitement exclue à l'égard des délits-obstacles visés aux actuels articles 136*sexies* et 136*septies* du Code pénal[1778]. A. Andries, E. David, Chr. Van den Wyngaert et J. Verhaegen estiment toutefois que l'article 136*octies*, paragraphe 2, du Code pénal devrait également trouver à s'appliquer à ces infractions *sui generis*[1779].

3. Le privilège du combattant

353 ▶ **Principe.** En droit international humanitaire, le statut de combattant garantit une immunité pénale pour les actes licites de guerre[1780]. Cela signifie qu'en théorie, en période de conflit armé international, le combattant ne peut voir sa responsabilité pénale engagée du simple fait d'avoir participé aux hostilités, mais seulement, le cas échéant, pour les violations du droit international humanitaire qu'il aurait commises, ou pour des infractions de droit commun indépendantes du conflit[1781]. On ne pourrait en effet tenir pour responsable de meurtre, par exemple, le militaire qui, déployé à l'étranger, recourrait à la force létale à l'encontre d'un combattant ennemi dans le strict respect du droit humanitaire et de ses règles d'engagement.

En pratique, toutefois, le droit international humanitaire ne livre aucune indication sur la façon dont les États doivent mettre en œuvre ce principe dans l'ordre juridique interne (simple application du principe d'opportunité des poursuites, adoption d'une cause de justification, d'une cause d'exonération de la responsabilité ou autre). À ce jour, l'arsenal législatif belge ne présente pas de mécanisme spécifique à cette fin. Ceci contraint le parquet et les juridictions à faire preuve d'une certaine créativité. Pour expliquer le caractère non pénalement répréhensible d'activités (conformes au droit humanitaire) conduites par les forces armées belges à l'étranger, ceux-ci font, en particulier,

(1776) *M.B.*, 1er février 1975 (vig. 11 février 1975).
(1777) Exposé des motifs, *Doc. parl.*, Sénat, sess. 1990-1991, n° 1317-1, p. 15.
(1778) Voy. *supra*, n°s 323 et s.
(1779) A. Andries, E. David, Chr. Van den Wyngaert et J. Verhaegen, « Commentaire de la loi du 16 juin 1993 relative à la répression des infractions graves au droit international humanitaire », *R.D.P.C.*, 1994, n° 11, p. 1169.
(1780) Art. 43, § 2, du P.A. I.
(1781) J. Pictet (dir.), *Commentaires des Conventions de Genève du 12 août 1949. Volume III*, Genève, Éditions du CICR, 1960, pp. 442-448.

une application analogique de l'article 70 du Code pénal[1782] relatif à l'ordre du gouvernement ou du supérieur[1783]. Cette solution a toutefois été décrite comme « fragile, voire bancale »[1784].

C'est ce qui a conduit le législateur à adopter, dans le cadre de la réforme du livre Ier du Code pénal[1785], un nouvel article 57*ter* du Code pénal militaire. Celui-ci énoncera, à compter du 8 avril 2026 :

> « [s]auf pour les infractions prévues dans le livre II, titre 1er, du Code pénal, il n'y a pas d'infraction lorsqu'un membre des Forces armées a recours à des mesures coercitives, emploie la force armée ou donne l'ordre à cet effet, dans le respect du droit international, lorsque cela s'avère nécessaire pour l'exécution de sa mission, dans le cadre d'un engagement opérationnel qui a lieu en dehors du territoire belge ou des eaux territoriales belges ou d'une opération militaire en haute mer ».

Le texte indique que cette future cause de justification ne pourra pas trouver à s'appliquer en matière de crime de génocide, de guerre ou contre l'humanité. Il faut donc y voir, en quelque sorte, une dérogation nouvelle au droit commun, s'agissant de la poursuite et du jugement des crimes internationaux. Cette dérogation tombe toutefois sous le sens – il ne peut, en soi, être question de privilège du combattant que pour des actes de guerre conformes au droit international humanitaire – et l'article 57*ter* du Code pénal militaire conditionne d'ailleurs clairement le bénéfice du mécanisme au « respect du droit international » de façon générale.

(1782) *Supra*, n° 352.

(1783) N. LANGE et Th. WERTS, « Les missions de la défense à l'étranger », in V. DE SAEDELEER *et al.* (dir.), *Questions juridiques d'actualité en lien avec la défense – Actuele juridische vraagstukken met betrekking tot defensie*, Bruges, la Charte, 2017, pp. 178-181.

(1784) N. LANGE et Th. WERTS, « Les missions de la défense à l'étranger », in V. DE SAEDELEER *et al.* (dir.), *Questions juridiques d'actualité en lien avec la défense – Actuele juridische vraagstukken met betrekking tot defensie*, Bruges, la Charte, 2017, p. 178.

(1785) Art. 4 de la L. 29 février 2024 introduisant le livre Ier du Code pénal, *M.B.*, 8 avril 2024 (vig. 8 avril 2026).

Chapitre 7

Les spécificités de la procédure pénale

354 ▶ **Généralités.** Certaines règles de la procédure pénale belge se sont vues ou se voient toujours modalisées, dans une certaine mesure, dans le contexte spécifique de la poursuite et du jugement des crimes internationaux. Nous savons déjà que tel est le cas en matière de compétence extraterritoriale des juridictions répressives[1786]. Le présent chapitre est consacré à l'examen des autres règles dérogatoires de la procédure pénale ordinaire en lien avec les « violations graves du droit international humanitaire »[1787].

Section 1. Les immunités

1. Le cadre international

355 ▶ **Représentants d'États étrangers.** La question des immunités des représentants d'États étrangers face aux crimes internationaux est, en droit international, particulièrement complexe – nous ne prétendons certainement pas l'épuiser ici[1788]. Pour les besoins de ce *verbo*, rappelons simplement qu'on distingue

(1786) *Supra*, n°s 117 et s.
(1787) Voy. à ce sujet V. Guerra et A. Berrendorf, « Droit international humanitaire », in *Postal Memorialis. Lexique du droit pénal et des lois spéciales*, Liège, Wolters Kluwer, suppl. août 2020, n° D 250, pp. 97-99 ; D. Vandermeersch, « Les violations du droit international humanitaire », in H. D. Bosly et Chr. De Valkeneer (dir.), *Les infractions. Volume 5 : les infractions contre l'ordre public*, Bruxelles, Larcier, 2013, pp. 149-152 et pp. 160-161 ; A. Weyembergh et L. Kennes, *Droit pénal spécial*, Limal, Anthemis, 2011, pp. 97-99.
(1788) Voy. en général R. Van Alebeek, *The Immunity of States and Their Officials in International Criminal Law and International Human Rights Law*, Oxford, OUP, 2008 ; P. Lesaffre, « Les immunités des représentants de l'État face aux crimes internationaux », *Rev. dr. mil.*, 2016, vol. 55, pp. 117-194 ; A. Cassese, « Peut-on poursuivre des hauts dirigeants des États pour des crimes internationaux ? À propos de l'affaire *Congo c/ Belgique* (C.I.J.) », *Revue de science criminelle et de droit pénal comparé*, 2002, n° 3, pp. 479-499 ; D. Akande et S. Shah, « Immunities of State Officials, International Crimes, and Foreign Domestic Courts », *EJIL*, 2011, vol. 21, pp. 815-852 ;

classiquement, en droit international conventionnel et coutumier, les immunités fonctionnelles des immunités personnelles.

Les immunités fonctionnelles (ou *ratione materiae*) profitent à tous les représentants de l'État, c'est-à-dire toutes les personnes qui représentent l'État ou qui exercent des fonctions étatiques[1789]. Elles empêchent de rechercher la responsabilité de leurs bénéficiaires pour les actes accomplis à titre officiel, tant pendant qu'après la période d'exercice des fonctions[1790]. Les immunités fonctionnelles sont généralement considérées comme sans pertinence s'agissant des crimes internationaux[1791], car elles sont limitées aux actes accomplis à titre officiel, les crimes internationaux ne pouvant être considérés comme de tels actes[1792].

Les immunités personnelles (ou *ratione personae*) s'attachent quant à elles à leurs bénéficiaires en tant que titulaires de fonctions protégées – celles de chef d'État, chef de gouvernement et ministre des Affaires étrangères à tout le moins – et leur profitent uniquement durant leur mandat[1793]. Dans son fameux arrêt du 14 février 2002[1794], la Cour internationale de justice a ainsi

---

R. VAN ALEBEEK, « Functional Immunity of State Officials from the Criminal Jurisdiction of Foreign National Courts », in T. RUYS, N. ANGELET et L. FERRO (dir.), *The Cambridge Handbook of Immunities and International Law*, Cambridge, CUP, 2018, pp. 496-524 ; Y. NAQVI, *Impediments to Exercising Jurisdiction over International Crimes*, La Haye, Asser, 2010, pp. 221-286.

(1789) CDI, Projet d'articles sur l'immunité de juridiction pénale étrangère des représentants de l'État, adopté en première lecture lors de sa soixante-treizième session, 2022, A/CN.4/L.969 (projet d'article 5).

(1790) Art. 6 du Projet d'articles sur l'immunité de juridiction pénale étrangère des représentants de l'État.

(1791) Art. 7 du Projet d'articles sur l'immunité de juridiction pénale étrangère des représentants de l'État. Ce projet de disposition suscite toutefois un certain débat. Voy. not., en sens contrastés, les commentaires de Ch. EBOE-OSUJI, « International Law Rejects Immunity for International Crimes – Full Stop », *J.I.C.J.*, 2023, vol. 21, pp. 461-485 ; M. FORTEAU, « Immunities and International Crimes before the ILC: Looking for Innovative Solutions », *A.J.I.L.*, 2018, vol. 112, pp. 22-26 ; et J. DE ANDRADE PACHECO, « Where do States Stand on Official Immunity Under International Law? », *Just Security*, 19 avril 2024, disponible sur https://www.justsecurity.org/94830/where-do-states-stand-on-official-immunity-under-international-law/.

(1792) Pour une critique de cette explication et la mise en lumière d'autres fondements possibles à l'inopposabilité des immunités fonctionnelles en matière de crimes internationaux, voy. D. AKANDE et S. SHAH, « Immunities of State Officials, International Crimes, and Foreign Domestic Courts », *EJIL*, 2011, vol. 21, pp. 825-851.

(1793) Art. 4 du Projet d'articles sur l'immunité de juridiction pénale étrangère des représentants de l'État.

(1794) Voy. not. J. D'ASPREMONT LYNDEN et Fr. DOPAGNE, « La loi "de compétence universelle" devant la Cour internationale de justice », *J.T.*, 2002, n° 6050, pp. 284-288 ; Ph. VINCENT, « L'arrêt *Yerodia* de la Cour internationale de justice et les avatars de la loi belge de compétence universelle », *Rev. dr. ULiège*, 2004, n° 4, pp. 387-407 ; P. MORLET, « Quelques considérations sur le statut pénal des gouvernants étrangers d'après l'arrêt de la Cour internationale de justice du 14 février 2002 ("Yerodia") », *R.D.P.C.*, 2002, n° 11, pp. 979-1003 ; J. SALMON, « Libres propos sur l'arrêt de la C.I.J. du 14 février 2002 dans l'affaire relative au *Mandat d'arrêt du 11 avril 2000 (R.D.C. c. Belgique)* », *R.B.D.I.*, 2002, n°s 1-2, pp. 512-517.

jugé « clairement établi en droit international que [...] certaines personnes occupant un rang élevé dans l'État, telles que le chef de l'État, le chef du gouvernement ou le ministre des Affaires étrangères, jouissent dans les autres États d'immunités de juridiction, tant civiles que pénales »[1795]. Ces immunités, estime la Cour, ne sont pas accordées pour l'avantage personnel des personnes à qui elles profitent, mais pour leur permettre de s'acquitter librement de leurs fonctions pour le compte de l'État qu'elles représentent, et ce, durant toute la durée de leur charge[1796]. La Cour ajoute qu'il n'est pas possible, en la matière, d'opérer une distinction entre les actes accomplis à titre officiel et ceux qui le seraient à titre privé, pas plus qu'entre les actes accomplis avant et durant l'exercice des fonctions[1797]. Enfin, la Cour rejette l'argument selon lequel les immunités personnelles céderaient face à des suspicions de crime international : après avoir « examiné avec soin la pratique des États », elle ne « parvient pas à déduire de cette pratique l'existence, en droit international coutumier, d'une exception quelconque » à la règle consacrant l'immunité de juridiction pénale des hauts représentants de l'État[1798].

Certains contestent toutefois cette approche consistant à écarter toute exception, en matière de crimes internationaux, au bénéfice d'immunités personnelles (approche qui, la Cour internationale de justice l'admet elle-même à demi-mot, pourrait trouver à évoluer)[1799]. On observera ainsi qu'à la suite d'une plaine déposée en France en lien avec une attaque chimique lancée par les forces armées syriennes en 2013, des magistrats instructeurs français ont, le 14 novembre 2023, délivré des mandats d'arrêt, du chef de complicité de crimes contre l'humanité et de crimes de guerre, à l'encontre de quatre hauts responsables politiques et militaires syriens, dont Bachar Al-Assad, président en exercice de la Syrie[1800]. Par une

---

(1795) CIJ, *Mandat d'arrêt du 11 avril 2000 (République démocratique du Congo c. Belgique)*, arrêt du 14 février 2002, § 52.

(1796) CIJ, *Mandat d'arrêt du 11 avril 2000 (République démocratique du Congo c. Belgique)*, arrêt du 14 février 2002, §§ 53-54.

(1797) CIJ, *Mandat d'arrêt du 11 avril 2000 (République démocratique du Congo c. Belgique)*, arrêt du 14 février 2002, § 55. Voy. de même l'article 4, § 2, du Projet d'articles sur l'immunité de juridiction pénale étrangère des représentants de l'État.

(1798) CIJ, *Mandat d'arrêt du 11 avril 2000 (République démocratique du Congo c. Belgique)*, arrêt du 14 février 2002, § 58.

(1799) A. Winants, « The Yerodia Ruling of the International Court of Justice and the 1993/1999 Belgian Law on Universal Jurisdiction », *L.J.I.L.*, 2003, vol. 16, pp. 497-499 ; E. David, « Règles de compétence en droit interne belge et régime de complémentarité, y compris les règles d'immunité après l'adoption de la loi du 29 mars 2004 », in *La Belgique et la Cour pénale internationale : complémentarité et coopération*, Bruxelles, S.P.F. Justice et Bruylant, 2005, pp. 84-86 ; E. David, « Le droit international humanitaire devant les juridictions nationales », in J.-F. Flauss (dir.), *Les nouvelles frontières du droit international humanitaire*, Bruxelles, Bruylant et Nemesis, 2003, pp. 158-159.

(1800) D. Rebut, « Quelle portée pour le mandat d'arrêt international visant Bachar al-Assad ? », *Le club des juristes*, 17 novembre 2023, disponible sur https://www.leclubdesjuristes.com/international/quelle-portee-pour-le-mandat-darret-international-visant-bachar-al-assad-1703/.

décision du 26 juin 2024, la chambre de l'instruction de la cour d'appel de Paris, saisie à la demande du parquet, a confirmé la validité du mandat d'arrêt délivré contre M. Al-Assad. Les juges ont en effet estimé que « l'interdiction de l'emploi des armes chimiques fait partie du droit international coutumier en tant que norme impérative », que « les crimes internationaux dont sont saisis les juges d'instruction ne peuvent être considérés comme faisant partie des fonctions officielles d'un chef de l'État », et « qu'en conséquence, ils sont détachables de la souveraineté naturellement attachée à ces fonctions »[1801].

La Cour de cassation française, il est vrai, avait laissé une (petite) porte ouverte sur ce terrain, à l'occasion d'une affaire en cause de l'ancien dirigeant libyen Mouammar Kadhafi. Plutôt que de constater fermement le caractère absolu de l'immunité personnelle du chef d'État étranger, elle avait alors jugé qu'« en l'état du droit international, le crime dénoncé [soit la complicité de destruction d'un bien par l'effet d'une substance explosive ayant entraîné la mort d'autrui, en relation avec une entreprise terroriste], quelle qu'en soit la gravité, ne relève pas des exceptions au principe de l'immunité de juridiction des chefs d'État étrangers en exercice »[1802]. Faut-il conclure que de telles exceptions existent (et, si oui, lesquelles)[1803] ? La Cour de cassation française devrait être amenée à préciser sa pensée, à brève échéance, dans le cadre de l'affaire en cours à l'encontre de M. Al-Assad[1804].

356 ▶ **États étrangers.** À côté des immunités individuelles, le droit international reconnaît aux États, en règle, des immunités de juridiction et d'exécution devant les tribunaux étrangers[1805]. Dans un arrêt du 3 février 2012 dans

(1801) Chr. Ayad, « Avec sa décision sur Bachar Al-Assad, la cour d'appel de Paris réduit le champ de l'immunité des chefs d'État étrangers mis en cause par la justice française », *Le Monde*, 28 juin 2024, disponible sur https://www.lemonde.fr/societe/article/2024/06/28/avec-sa-decision-sur-bachar-al-assad-la-cour-d-appel-de-paris-reduit-le-champ-de-l-immunite-des-chefs-d-etat-etrangers-mis-en-cause-par-la-justice-francaise_6245041_3224.html.

(1802) Cass. crim. (fr.), 13 mars 2001, pourvoi n° 00-87.215. Voy. O. Corten et A. Weyembergh, « Que penser de l'arrêt de la Cour de cassation française dans l'affaire *Kadhafi* après l'arrêt *Yerodia* rendu par la Cour internationale de justice ? », *J.T.*, 2002, n° 6057, pp. 430-434 ; S. Zappalà, « Do Heads of State in Office Enjoy Immunity from Jurisdiction for International Crimes? The *Ghaddafi* Case before the French *Cour de Cassation* », *J.I.C.J.*, 2001, vol. 12, pp. 595-612.

(1803) Voy., répondant par l'affirmative, E. David, « Le droit international humanitaire devant les juridictions nationales », in J.-F. Flauss (dir.), *Les nouvelles frontières du droit international humanitaire*, Bruxelles, Bruylant et Nemesis, 2003, p. 159.

(1804) *Le Monde* (avec AFP), « Attaques chimiques en Syrie : le parquet général français conteste en cassation le mandat d'arrêt visant Bachar Al-Assad », 2 juillet 2024, disponible sur https://www.lemonde.fr/international/article/2024/07/02/attaques-chimiques-en-syrie-le-parquet-general-francais-conteste-en-cassation-le-mandat-d-arret-visant-bachar-al-assad_6245995_3210.html.

(1805) Voy. not. l'art. 5 de la Convention des Nations unies de 2004 sur les immunités juridictionnelles des États et de leurs biens. À ce sujet, voy. en général X. Yang, *State Immunity in International Law*, Cambridge, CUP, 2012 ; R. Van Alebeek, *The Immunity of States and Their Officials in International Criminal Law and International Human Rights Law*, Oxford, OUP, 2008 ; E. K. Bankas, *The State Immunity Controversy in International Law: Private Suits against Sovereign States in Domestic Courts*, 2e éd., New York, Springer, 2022. Pour un cas d'application en Belgique, voy. Cass., 27 juin 2022, R.G. n° S.21.0003.F, disponible sur Juportal.

l'affaire des *Immunités juridictionnelles de l'État (Allemagne c. Italie)*, la Cour internationale de justice a considéré qu'en l'état actuel du droit international coutumier, un État n'est pas privé d'une telle immunité pour la seule raison qu'il est accusé de violations graves du droit international des droits de l'homme ou du droit international humanitaire[1806]. On sait toutefois que la question continue de nourrir un certain débat[1807], en témoignent les rebondissements qu'a connus, depuis l'arrêt précité, ce contentieux opposant, de longue date, l'Italie à l'Allemagne en lien avec la réparation de dommages causés par des violations du droit international commises par le IIIe Reich au cours de la Seconde Guerre mondiale[1808].

357 ▶ **Organisations internationales.** En vertu des instruments qui les fondent ou d'autres accords conclus avec l'État hôte et les autres États membres, les organisations internationales jouissent elles aussi, habituellement, de privilèges et d'immunités face aux tribunaux nationaux[1809].

2. Le droit belge

358 ▶ **Juridictions répressives – Rétroactes.** À l'origine, la loi du 16 juin 1993[1810] ne prévoyait pas de disposition particulière en matière d'immunités. C'est la loi du 10 février 1999[1811] qui changea la donne en ajoutant, à l'article 5 de la loi de 1993, un troisième paragraphe aux termes duquel « [l]'immunité attachée à la qualité officielle d'une personne n'empêche pas l'application de la présente loi ». Le législateur a cru y voir une règle générale du droit humanitaire international qu'il aurait simplement confirmée à travers la loi[1812].

(1806) CIJ, *Immunités juridictionnelles de l'État (Allemagne c. Italie)*, arrêt du 3 février 2012, § 88.
(1807) Voy. A. Wyrozumska, « Can Human Rights Overcome State Immunity? National Courts at the Crossroads », in R. Bismuth *et al.* (dir.), *Sovereign Immunity Under Pressure: Norms, Values and Interests*, New York, Springer, pp. 211-245 ; A. Lagerwall et A. Louwette, « La reconnaissance par le juge belge d'une immunité à un État ou à une organisation internationale viole-t-elle le droit d'accès à un tribunal », *Revue de droit commercial*, 2014, n° 1, pp. 30-51.
(1808) Le 29 avril 2022, la République fédérale d'Allemagne a introduit une nouvelle instance devant la Cour internationale de justice à l'encontre de la République italienne, au motif que les tribunaux italiens continuent, en dépit de l'arrêt de 2012, de contrevenir à l'immunité de juridiction de l'Allemagne en tant qu'État souverain : *Questions relatives aux immunités juridictionnelles de l'État et aux mesures de contrainte contre des biens appartenant à l'État (Allemagne c. Italie).* Voy. L. Gradoni, « Is the Dispute between Germany and Italy over State Immunities Coming to an End (Despite Being Back at the ICJ)? », *EJIL: Talk!*, 10 mai 2022, disponible sur https://www.ejiltalk.org/is-the-dispute-between-germany-and-italy-over-state-immunities-coming-to-an-end-despite-being-back-at-the-icj/.
(1809) Voy. N. Blokker, « Jurisdictional Immunities of International Organisations – Origins, Fundamentals and Challenges », in T. Ruys, N. Angelet et L. Ferro (dir.), *The Cambridge Handbook of Immunities and International Law*, Cambridge, CUP, 2018, pp. 185-200.
(1810) *M.B.*, 5 août 1993 (vig. 15 août 1993).
(1811) *M.B.*, 23 mars 1999 (vig. 2 avril 1999).
(1812) Rapport fait au nom de la commission de la Justice, *Doc. parl.*, Sénat, sess. 1990-1991, n° 1-749/3, pp. 15 et 21.

L'exclusion ainsi introduite, en 1999, dans l'article 5, paragraphe 3, de la loi de 1993 concernait l'ensemble des immunités, qu'elles soient conventionnelles, coutumières, internes ou internationales[1813]. P. d'Argent vit d'emblée dans la disposition, sur le plan juridique, une conception inexacte des immunités en droit international – « il n'appartient pas au législateur belge de dire que des immunités internationales n'existent pas, là où le droit des gens les consacre incontestablement » – et, sur le plan diplomatique, le risque « d'embarras politiques importants »[1814].

Fort de cette loi, le juge d'instruction Vandermeersch décerna, le 11 avril 2002, un mandat d'arrêt à l'encontre d'Abdulaye Yerodia Ndombasi, alors ministre des Affaires étrangères en exercice de la République démocratique du Congo, de chefs de crimes de guerre et de crimes contre l'humanité. Ceci conduisit la Belgique devant la Cour internationale de justice, et cette dernière à juger que « l'émission dudit mandat a constitué une violation d'une obligation de la Belgique à l'égard du Congo, en ce qu'elle a méconnu l'immunité de ce ministre et, plus particulièrement, violé l'immunité de juridiction pénale et l'inviolabilité dont il jouissait alors en vertu du droit international »[1815].

Un peu plus tard, après le prononcé de l'arrêt par la Cour internationale de justice mais avant la modification de la loi belge, la question des immunités s'est de nouveau posée dans le cadre de l'affaire *Sharon*. Pour confirmer la décision par laquelle la chambre des mises en accusation de la cour d'appel de Bruxelles avait, le 26 juin 2002[1816], déclaré les poursuites à l'encontre de l'ex-Premier ministre israélien irrecevables (quoique pour un autre motif), la Cour de cassation s'appuya sur le « principe de droit pénal coutumier international » ainsi confirmé par la Cour internationale de justice. La Cour de cassation estima ainsi – contre ce qu'avançaient les parties civiles – que les immunités internationales rappelées par la Cour internationale de justice s'opposaient

(1813) D. VANDERMEERSCH, « Compétence universelle et immunités en droit international humanitaire. La situation belge », in M. HENZELIN et R. ROTH (dir.), *Le droit pénal à l'épreuve de l'internationalisation*, Paris-Genève-Bruxelles, L.G.D.J.-Georg-Bruylant, 2002, p. 296.

(1814) P. D'ARGENT, « La loi du 10 février 1999 relative à la répression des violations graves du droit international humanitaire », *J.T.*, 1999, n° 5935, pp. 553-554. Voy., tout aussi critique, P. D'ARGENT, « Les nouvelles règles en matière d'immunités selon la loi du 5 août 2003 », *Ann. Dr. Louvain*, 2004, nos 1-2, p. 192.

(1815) CIJ, *Mandat d'arrêt du 11 avril 2000 (République démocratique du Congo c. Belgique)*, arrêt du 14 février 2002, § 70. Voy. not. J. D'ASPREMONT LYNDEN et Fr. DOPAGNE, « La loi "de compétence universelle" devant la Cour internationale de justice », *J.T.*, 2002, n° 6050, pp. 284-288 ; Ph. VINCENT, « L'arrêt *Yerodia* de la Cour internationale de justice et les avatars de la loi belge de compétence universelle », *Rev. dr. ULiège*, 2004, n° 4, pp. 387-407 ; P. MORLET, « Quelques considérations sur le statut pénal des gouvernants étrangers d'après l'arrêt de la Cour internationale de justice du 14 février 2002 ("Yerodia") », *R.D.P.C.*, 2002, n° 11, pp. 979-1003 ; J. SALMON, « Libres propos sur l'arrêt de la C.I.J. du 14 février 2002 dans l'affaire relative au *Mandat d'arrêt du 11 avril 2000 (R.D.C. c. Belgique)* », *R.B.D.I.*, 2002, nos 1-2, pp. 512-517.

(1816) Bruxelles (mis. acc.), 26 juin 2002, *J.T.*, 2002, p. 539.

non seulement à l'émission d'un mandat d'arrêt, mais également à la simple mise à l'instruction d'une affaire à l'encontre de leurs titulaires[1817]. La Cour ne jugea toutefois pas nécessaire d'écarter l'application de la loi belge au profit du droit international supérieur. Elle se livra plutôt à un exercice – il faut bien l'écrire, fort créatif[1818] – d'interprétation conciliante fondé sur une distinction entre immunité et irresponsabilité pénale :

> « [a]ttendu que, toutefois, cette règle de droit interne contreviendrait au principe de droit pénal coutumier international précité si elle était interprétée comme ayant pour objet d'écarter l'immunité que ce principe consacre ; que ladite règle ne peut donc avoir cet objet mais doit être comprise comme excluant seulement que la qualité officielle d'une personne puisse entraîner son irresponsabilité pénale à raison des crimes de droit international énumérés par la loi »[1819].

À ce stade, les juridictions belges de fond auraient pu, en théorie, se contenter de continuer à appliquer la solution conciliante ainsi dégagée par la Cour de cassation. Ou encore, le législateur avait la possibilité d'abroger l'article 5, paragraphe 3, de la loi du 16 juin 1993, à charge pour les juridictions de faire directement application, au besoin, de la règle coutumière confirmée par la Cour internationale de justice dans l'affaire du *Mandat d'arrêt*[1820]. Le législateur opta toutefois pour une modification législative claire, laquelle était considérée, à ce moment, comme « politiquement importante au regard du respect par la Belgique des obligations qui la lient dans le cadre de ses relations internationales »[1821]. Dans un premier temps, la loi du

(1817) Voy. P. D'ARGENT, « Monsieur Sharon et ses juges belges », *J.T.*, 2003, n° 6091, p. 251.

(1818) Voy., jugeant la décision *contra legem* et contraire à la sécurité juridique, D. VAN EECKHOUTTE et J. WOUTERS, « Le droit international devant le juge belge », *Revue belge de droit constitutionnel*, 2013, n° 3, p. 314. Voy. égal. P. D'ARGENT, « Monsieur Sharon et ses juges belges », *J.T.*, 2003, n° 6091, p. 252, et encore P. D'ARGENT, « Les nouvelles règles en matière d'immunités selon la loi du 5 août 2003 », *Ann. Dr. Louvain*, 2004, n°s 1-2, p. 194 (estimant que « [l]a volonté conciliatrice de la Cour de cassation, aussi sage et pacificatrice soit-elle, paraît toutefois ignorer la volonté du législateur »).

(1819) Cass., 12 février 2003, R.G. n° P.02.1139.F, *Pas.*, 2003, n° 98, *J.T.*, 2003, p. 243, avec concl. M.P. Voy. not. J. KIRKPATRICK, « À propos de l'arrêt de la Cour de cassation du 12 février 2003 relatif à la compétence universelle de la justice pénale belge en matière de violations graves du droit international humanitaire et à l'immunité de juridiction des chefs d'État et de gouvernement étrangers », *Journal des procès*, 2003, n° 455, pp. 16-23 ; H. PANKEN, C. RYNGAERT et D. VAN EECKHOUTTE, « Het arrest *Sharon* van het Hof van Cassatie: bouwstenen voor de verdere rol van universele jurisdictie, internationale immuniteiten en de doorwerking van het internationaal gewoonterecht », *R.B.D.I.*, 2004, vol. 37, pp. 211-254.

(1820) CIJ, *Mandat d'arrêt du 11 avril 2000 (République démocratique du Congo c. Belgique)*, arrêt du 14 février 2002.

(1821) Rapport fait au nom de la commission de la Justice, *Doc. parl.*, Ch. repr., sess. extr. 2003, n° 51-0103/003, p. 10. Voy., du même avis, P. D'ARGENT, « Les nouvelles règles en matière d'immunités selon la loi du 5 août 2003 », *Ann. Dr. Louvain*, 2004, n°s 1-2, pp. 198-199. Voy., plus critique, E. DAVID, « Règles de compétence en droit interne belge et régime de complémentarité, y compris les règles d'immunité après l'adoption de la loi du 29 mars 2004 », in *La Belgique et la Cour pénale internationale : complémentarité et coopération*, Bruxelles, S.P.F. Justice et Bruylant, 2005, p. 83.

23 avril 2003 consacra ainsi le retour, « dans les limites établies par le droit international », des immunités attachées à la qualité officielle d'une personne[1822]. La loi du 5 août 2003 alla ensuite un pas plus loin en substituant, à l'article 5, paragraphe 3, de la loi du 16 juin 1993, l'actuel article 1erbis, paragraphe 1er, du titre préliminaire du Code de procédure pénale[1823].

359 ▶ **Juridictions répressives – Droit positif (art. 1er*bis*, § 1er, du TPCPP).** L'article 1er*bis*, paragraphe 1er, du titre préliminaire du Code de procédure pénale exclut, « [c]onformément au droit international », les poursuites à l'égard « des chefs d'État, chefs de gouvernement et ministres des Affaires étrangères étrangers, pendant la période où ils exercent leur fonction, ainsi que des autres personnes dont l'immunité est reconnue par le droit international »[1824].

On observera que seules les immunités reconnues par le droit international sont visées, à l'exclusion des immunités de droit interne[1825]. Il peut s'agir du droit international tant conventionnel que coutumier[1826].

Selon P. d'Argent, la disposition doit être comprise « en ce sens que l'immunité fait obstacle aux poursuites lorsqu'elles n'existent pas encore, et qu'elle les suspend une fois qu'elles ont été intentées et que la personne concernée vient à bénéficier d'une immunité »[1827].

La Cour de cassation a rappelé, dans son arrêt *Sharon*, que les immunités s'opposent uniquement à ce que leurs titulaires fassent l'objet de poursuites « devant les juridictions pénales d'un État étranger »[1828]. Il s'entend donc que la règle énoncée à l'article 1er*bis*, paragraphe 1er, du titre préliminaire du Code de procédure pénale ne peut profiter à un représentant de l'État belge[1829].

La Cour de cassation a par ailleurs observé, dans le même arrêt, que les immunités profitent à leurs titulaires « en l'absence de dispositions internationales

(1822) Art. 4 de la L. 23 avril 2003.
(1823) Art. 13 de la L. 5 août 2003.
(1824) La disposition comporte un second tiret aux termes duquel les poursuites sont en outre exclues à l'égard « des personnes qui disposent d'une immunité, totale ou partielle, fondée sur un traité qui lie la Belgique ». Il n'est toutefois pas certain que cet ajout fût nécessaire, le premier tiret couvrant déjà la situation de toutes les « autres personnes dont l'immunité est reconnue par le droit international ». Sur l'ambiguïté susceptible de résulter de ce texte, voy. P. D'ARGENT, « L'expérience belge de la compétence universelle : beaucoup de bruit pour rien », *R.G.D.I.P.*, 2004, n° 3, p. 625.
(1825) P. D'ARGENT, « Les nouvelles règles en matière d'immunités selon la loi du 5 août 2003 », *Ann. Dr. Louvain*, 2004, nos 1-2, p. 199.
(1826) S'agissant du droit conventionnel, voy. l'essai de liste proposé par E. DAVID, « Règles de compétence en droit interne belge et régime de complémentarité, y compris les règles d'immunité après l'adoption de la loi du 29 mars 2004 », in *La Belgique et la Cour pénale internationale : complémentarité et coopération*, Bruxelles, S.P.F. Justice et Bruylant, 2005, pp. 86-84.
(1827) P. D'ARGENT, « Les nouvelles règles en matière d'immunités selon la loi du 5 août 2003 », *Ann. Dr. Louvain*, 2004, nos 1-2, p. 200.
(1828) Cass., 12 février 2003, R.G. n° P.02.1139.F, *Pas.*, 2003, n° 98, *J.T.*, 2003, p. 243, avec concl. M.P.
(1829) P. D'ARGENT, « Monsieur Sharon et ses juges belges », *J.T.*, 2003, n° 6091, p. 251.

contraires »[1830]. La Cour de cassation semble voir, dans les articles IV et VI de la Convention de 1948 pour la prévention et la répression du crime de génocide, de telles dispositions internationales contraires[1831]. L'article IV de la Convention énonce que « [l]es personnes ayant commis le génocide ou l'un quelconque des autres actes énumérés à l'article III seront punies, qu'elles soient des gouvernants, des fonctionnaires ou des particuliers ». Par ailleurs, selon l'article VI de la Convention, « [l]es personnes accusées de génocide [...] seront traduites devant les tribunaux compétents de l'État sur le territoire duquel l'acte a été commis [...] ». Selon la Cour de cassation, il ressort de la combinaison de ces deux dispositions que l'immunité de juridiction est exclue par le droit international en cas de poursuites, du chef de génocide, devant les juridictions de l'État sur le territoire duquel le crime aurait été commis[1832].

Dans l'affaire *Koweït*, initiée pour le compte de plusieurs milliers de Jordano-Palestiniens expulsés du Koweït vers la Jordanie à l'issue de la première guerre du Golfe, la chambre des mises en accusation de la cour d'appel de Bruxelles fut amenée à faire application de l'article 1er*bis* du titre préliminaire du Code de procédure pénale, au bénéfice de deux des suspects visés par la plainte, respectivement ministre des Affaires étrangères et chef de gouvernement du Koweït[1833].

360 ▸ **Juridictions répressives – Droit positif (art. 1er*bis*, § 2, du TPCPP).** Selon l'article 1er*bis*, paragraphe 2, du titre préliminaire du Code de procédure pénale, « nul acte de contrainte relatif à l'exercice de l'action publique ne peut être posé pendant la durée de leur séjour, à l'encontre de toute personne ayant été officiellement invitée à séjourner sur le territoire du Royaume par les autorités belges ou par une organisation internationale établie en Belgique et avec laquelle la Belgique a conclu un accord de siège ».

Cette disposition, qui est également le fruit de la loi du 5 août 2003[1834] et semble aller au-delà de ce que réclament les standards internationaux pertinents[1835], a été insérée « [e]u égard au rôle international de la Belgique et aux

(1830) Cass., 12 février 2003, R.G. n° P.02.1139.F, *Pas.*, 2003, n° 98, *J.T.*, 2003, p. 243, avec concl.M.P.
(1831) Voy. H. D. Bosly, « La compétence universelle : la perspective du droit de la procédure pénale », *Ann. Dr. Louvain*, 2005, nos 1-2, p. 259.
(1832) Ceci suppose que l'État acteur des poursuites et l'État dont le représentant est en cause soient tous deux parties à la Convention de 1948 (P. d'Argent, « Monsieur Sharon et ses juges belges », *J.T.*, 2003, n° 6091, p. 251).
(1833) Bruxelles (mis. acc.), 30 avril 2010, inédit. Voy. égal. Cass., 8 décembre 2010, R.G. n° P.10.0890.F, *Pas.*, 2010, n° 715, avec concl. M.P.
(1834) Art. 13 de la L. 5 août 2003.
(1835) Chr. Van den Wyngaert, « Rechtsmachtrecht en immuniteiten na de wet van 5 augustus 2003 », *Jura Falconis*, 2003, vol. 40, p. 108 ; P. d'Argent, « Les nouvelles règles en matière d'immunités selon la loi du 5 août 2003 », *Ann. Dr. Louvain*, 2004, nos 1-2, p. 206.

institutions qu'elle accueille »[1836]. C'est d'inviolabilité qu'il est ici question : la disposition exclut, de façon absolue, tout acte de contrainte à l'encontre de toute personne en visite officielle en Belgique à l'invitation d'une autorité ou d'une organisation internationale établie sur le territoire belge[1837]. Selon D. Vandermeersch, « [l]'accueil d'une telle personnalité étrangère en tant que représentant officiel d'un État souverain inclut en effet l'engagement de l'État accueillant de ne prendre aucune mesure coercitive à son égard »[1838].

361 ▶ **Juridictions civiles.** Nous avons vu[1839] que l'immunité de juridiction dont peuvent se prévaloir les États étrangers, les organisations internationales et certains hauts représentants d'États étrangers concerne également le contentieux civil. Les juridictions civiles belges ont été amenées à se prononcer à plusieurs reprises sur ce terrain[1840], y compris en lien avec des allégations de crimes internationaux. Dans l'affaire de l'*ETO*, notamment, la cour d'appel de Bruxelles estima que l'(in)action du contingent militaire belge au Rwanda devait être exclusivement imputée à la Mission d'assistance des Nations unies au Rwanda (MINUAR), celle-ci bénéficiant de l'immunité de juridiction prévue par son statut[1841]. Dans une autre affaire, la même cour se vit présenter une demande de mise en cause de responsabilités pour le décès de civils en Libye, en 2011, du fait de bombardements occidentaux. La cour jugea toutefois que les actes litigieux étaient attribuables à l'OTAN, que l'immunité de cette

(1836) Rapport fait au nom de la commission de la Justice, *Doc. parl.*, Ch. repr., sess. extr. 2003, n° 51-0103/003, p. 23.

(1837) P. D'ARGENT, « Les nouvelles règles en matière d'immunités selon la loi du 5 août 2003 », *Ann. Dr. Louvain*, 2004, n°s 1-2, pp. 205-206. Comme la majorité de la doctrine (E. DAVID, « Règles de compétence en droit interne belge et régime de complémentarité, y compris les règles d'immunité après l'adoption de la loi du 29 mars 2004 », in *La Belgique et la Cour pénale internationale : complémentarité et coopération*, Bruxelles, S.P.F. Justice et Bruylant, 2005, p. 89 ; V. GUERRA et A. BERRENDORF, « Droit international humanitaire », in *Postal Memorialis. Lexique du droit pénal et des lois spéciales*, Liège, Wolters Kluwer, suppl. août 2020, n° D 250, p. 669), les travaux préparatoires parlent pour leur part d'immunité d'exécution (Rapport fait au nom de la commission de la Justice, *Doc. parl.*, Ch. repr., sess. extr. 2003, n° 51-0103/003, p. 34). Sur la nuance entre inviolabilité et immunité d'exécution, voy. Th. WEATHERALL, « Inviolability Not Immunity: Re-evaluating the Execution of International Arrest Warrants by Domestic Authorities of Receiving States », *J.I.C.J.*, 2019, vol. 17, spéc. p. 51.

(1838) D. VANDERMEERSCH, « Les violations du droit international humanitaire », in H. D. BOSLY et Chr. DE VALKENEER (dir.), *Les infractions. Volume 5 : les infractions contre l'ordre public*, Bruxelles, Larcier, 2013, p. 151.

(1839) *Supra*, nos 355 à 357.

(1840) Voy. de façon générale Fr. DOPAGNE, « Le juge belge et l'immunité de juridiction de l'État étranger : à propos de l'approche du droit international coutumier », *J.T.*, 2020, n° 6825, pp. 581-586 ; N. ANGELET, « Les juges belges face aux actes des organisations internationales », in A. LAGERWALL (dir.), *Les juges belges face aux actes adoptés par les États étrangers et les organisations internationales*, Bruxelles, Bruylant, 2016, pp. 17-21.

(1841) Bruxelles (18e ch. civ.), 8 juin 2018, n° 5083, inédit. Voy. E. DAVID, « L'affaire dite de l'ETO (École technique officielle) au Rwanda : la Cour d'appel disculpe la Belgique – Commentaire critique », *Justice en ligne*, 10 novembre 2018, disponible sur https://www.justice-en-ligne.be/L-affaire-dite-de-l-ETO-Ecole ; L. WALLEYN, *Droits sans frontières*, Limal, Anthemis, 2023, pp. 201-207.

dernière (expressément consacrée par l'article V du statut de l'Organisation) trouvait à s'appliquer en droit belge, et que le droit d'accès à un juge (au sens de l'article 6, paragraphe 1er, de la Convention européenne des droits de l'homme) ne commandait pas d'écarter cette immunité de juridiction[1842].

Section 2. L'imprescriptibilité

1. Le cadre international

362 ▶ **Présentation.** Depuis un peu plus d'un demi-siècle, la notion d'imprescriptibilité des crimes internationaux[1843] a progressivement gagné du terrain, avec pour dessein général d'éviter l'impunité, en particulier s'agissant des faits commis au cours de la Seconde Guerre mondiale[1844].

Le 26 novembre 1968 était ainsi adoptée, sous les auspices des Nations unies, la Convention sur l'imprescriptibilité des crimes de guerre et des crimes contre l'humanité[1845]. En dépit de son intitulé, le texte concerne également l'imprescriptibilité du crime de génocide[1846]. Cette Convention connaît toutefois un succès mitigé : elle compte aujourd'hui 56 États parties, la Belgique n'étant pas de ceux-là[1847].

Dans le cadre du Conseil de l'Europe, la Belgique a souscrit à la Convention européenne du 25 janvier 1974 sur l'imprescriptibilité des crimes contre l'humanité et des crimes de guerre[1848]. Aux termes de son article 1er, tout État contractant s'engage à prendre les mesures nécessaires afin que la prescription soit inapplicable à la poursuite des crimes de génocide, de guerre et contre l'humanité, ainsi qu'à l'exécution des peines prononcées pour de telles infractions.

(1842) Bruxelles (18e ch. civ.), 23 novembre 2017, *J.T.*, 2019, p. 361.
(1843) Voy. en général P. MERTENS, *L'imprescriptibilité des crimes de guerre et contre l'humanité : étude de droit international et de droit pénal comparé*, Bruxelles, Éditions de l'Université de Bruxelles, 1974 ; R. A. KOK, *Statutory Limitations in International Criminal Law*, La Haye, Asser, 2007 ; Y. NAQVI, *Impediments to Exercising Jurisdiction over International Crimes*, La Haye, Asser, 2010, pp. 183-219.
(1844) F. BELLIVIER, M. EUDES et I. FOUCHARD, *Droit des crimes internationaux*, Paris, PUF, 2018, p. 351.
(1845) Nations unies, *Recueil des Traités*, vol. 754, p. 73.
(1846) Art. 1er, b), de la Convention du 26 novembre 1968.
(1847) Voy. la Collection des traités des Nations unies, disponible sur https://treaties.un.org/ (au 1er août 2024).
(1848) Voy. la L. 27 février 2003 portant assentiment à la Convention européenne sur l'imprescriptibilité des crimes contre l'humanité et des crimes de guerre, faite à Strasbourg le 25 janvier 1974, *M.B.*, 30 juillet 2003 (vig. 9 août 2003).

La même règle est de mise devant la Cour pénale internationale, l'article 29 de son Statut énonçant que « [l]es crimes relevant de la compétence de la Cour ne se prescrivent pas ». Elle est de même appliquée par un nombre important d'États, quoique pas de façon absolue ni uniforme. En France[1849], par exemple, seuls les crimes de génocide et contre l'humanité sont imprescriptibles, à l'exclusion des crimes de guerre[1850].

2. Le droit belge

363 ▶ **Principe.** L'article 8 de la loi du 16 juin 1993[1851] prévoyait déjà que « [n]e sont pas applicables aux infractions prévues à l'article premier de la présente loi, l'article 21 du Titre préliminaire du Code de procédure pénale et l'article 91 du Code pénal relatifs à la prescription de l'action publique et des peines ». À la lumière des deux conventions internationales précitées, le législateur avait en effet considéré comme « généralement accepté dans la doctrine que les crimes de guerre devraient être imprescriptibles »[1852].

La règle est aujourd'hui énoncée à l'article 21*bis*, 1°, du titre préliminaire du Code de procédure pénale. Elle concerne tant les crimes de guerre que le crime de génocide et les crimes contre l'humanité : l'action publique ne se prescrit pas « dans les cas visés aux articles 136*bis*, 136*ter* et 136*quater* du Code pénal ».

On observera que la loi n'étend pas l'imprescriptibilité aux délits-obstacles visés aux actuels articles 136*sexies* et 136*septies* du Code pénal[1853]. Quelle qu'ait pu être l'intention du législateur à cet égard, il nous paraît que le principe d'interprétation stricte de la loi pénale s'oppose à l'extension du régime d'imprescriptibilité à ces infractions, pour lesquelles c'est donc le droit commun de la prescription qui trouve à s'appliquer[1854].

364 ▶ **Champ d'application *ratione temporis* – Position du problème.** La règle selon laquelle les crimes internationaux sont imprescriptibles a été introduite dans le droit belge par la loi du 16 juin 1993[1855]. Peut-elle trouver à s'appliquer à des faits commis avant l'entrée en vigueur de cette loi mais non encore prescrits

(1849) Voy. généralement Ph. KALFAYAN, *La France et l'imprescriptibilité des crimes internationaux*, Paris, Pedone, 2015.
(1850) Loi n° 64-1326 du 26 décembre 1964 tendant à constater l'imprescriptibilité des crimes contre l'humanité.
(1851) *M.B.*, 5 août 1993 (vig. 15 août 1993).
(1852) Exposé des motifs, *Doc. parl.*, Sénat, sess. 1990-1991, n° 1317-1, p. 16.
(1853) Voy. *supra*, n°s 323 et s.
(1854) Voy., en ce sens, V. GUERRA et A. BERRENDORF, « Droit international humanitaire », in *Postal Memorialis. Lexique du droit pénal et des lois spéciales*, Liège, Wolters Kluwer, suppl. août 2020, n° D 250, p. 668. Voy. toutefois Civ. Bruxelles (71e ch.), 8 décembre 2010, n° 268, *J.L.M.B.*, 2011, p. 1535.
(1855) *M.B.*, 5 août 1993 (vig. 15 août 1993).

à cette date ? Voire à des faits déjà définitivement prescrits, en vertu des règles ordinaires de prescription, au 15 août 1993, date d'entrée en vigueur de la loi ?

Le droit international et la pratique comparée ne permettent pas de donner une réponse évidente à cette question. La Convention des Nations unies de 1968 – à laquelle il faut rappeler que la Belgique n'a pas souscrit – confère à la règle qu'elle énonce le champ d'application le plus large, puisque son article 1er prévoit, de façon absolue, que l'imprescriptibilité concerne les crimes internationaux « quelle que soit la date à laquelle ils ont été commis ». La règle contenue dans la Convention du Conseil de l'Europe de 1974 – qui lie la Belgique depuis le 27 juin 2003 – justifie d'un périmètre plus limité puisqu'elle trouve uniquement à s'appliquer, en vertu de son article 2, « aux infractions commises après son entrée en vigueur » à l'égard de l'État concerné, ainsi qu'aux « infractions commises avant cette entrée en vigueur dans les cas où le délai de prescription n'est pas encore venu à expiration à cette date ».

En vertu des règles ordinaires du droit de la procédure pénale, les règles de prescription, qui sont de nature procédurale, sont d'application immédiate[1856]. Les règles de prescription nouvelles s'appliquent ainsi immédiatement aux situations qui naissent après leur entrée en vigueur, ainsi qu'aux effets nouveaux des situations nées sous le régime de la loi ancienne[1857]. Cela signifie qu'en principe, une règle de prescription nouvelle s'applique immédiatement à toutes les infractions non encore prescrites au jour de l'entrée en vigueur de la loi nouvelle, mais ne peut permettre de faire renaître une action publique définitivement prescrite sous l'empire des règles anciennes[1858].

La question de savoir si ces principes – incontestés s'agissant du droit commun – trouvent à s'appliquer tels quels en matière de crimes internationaux est toutefois fortement discutée[1859]. Certains ont ainsi avancé que la prescription en matière de crimes internationaux ne courrait pas aussi longtemps que la machine judiciaire et policière de l'État en cause serait dysfonctionnelle[1860], pas plus qu'en cas d'inertie des autorités de poursuite de façon plus générale[1861]. Mais l'argument le plus récurrent, sur ce terrain, est pris du droit international coutumier.

(1856) Art. 2, al. 1er, du C. pén.

(1857) Cass., 7 mai 1980, *Pas.*, 1980, I, p. 1107 ; Cass., 24 avril 2008, *Pas.*, 2008, p. 993.

(1858) Cass., 12 novembre 1996, R.G. n° P.95.1171.N, disponible sur Juportal ; C. const., 4 avril 2019, n° 54/2019, *R.D.P.C.*, 2019, p. 824.

(1859) Voy. Y. NAQVI, *Impediments to Exercising Jurisdiction over International Crimes*, La Haye, Asser, 2010, pp. 211-214.

(1860) Pour un cas d'application judiciaire, voy. CETC, *Le Procureur c. Kaing Guek Eav (Duch)*, n° 001/18-07-2007-ECCC/TC (E187), Ch. pr. inst., Decision on the defence preliminary objection concerning the statute of limitations of domestic crimes, 26 juillet 2010, § 14.

(1861) Voy. A. ANDRIES, E. DAVID, Chr. VAN DEN WYNGAERT et J. VERHAEGEN, « Commentaire de la loi du 16 juin 1993 relative à la répression des infractions graves au droit international humanitaire », *R.D.P.C.*, 1994, n° 11, p. 1177 (à la note 153).

Comme certains auteurs[1862], le Comité international de la Croix-Rouge voit en effet dans l'imprescriptibilité des crimes de guerre une règle de droit international coutumier[1863]. C'est sur cette base que les juridictions de plusieurs États ont appliqué la règle d'imprescriptibilité à des crimes commis – et même, le cas échéant, prescrits – avant l'entrée en vigueur des lois nationales d'imprescriptibilité. Dans l'affaire *Barbie*, par exemple, la Cour de cassation française a jugé que la loi n° 64-1326 du 26 décembre 1964 sur l'imprescriptibilité des crimes contre l'humanité n'avait fait que constater une règle internationale préexistante, et qu'il ne pouvait dès lors être question de rétroactivité[1864].

365 ▸ **Champ d'application *ratione temporis* – Pratique belge.** Les juridictions belges n'ont pour leur part, à notre connaissance, abordé que de façon implicite la question du périmètre *ratione temporis* de la règle d'imprescriptibilité énoncée à l'article 21*bis*, 1°, du titre préliminaire du Code de procédure pénale.

Ainsi, pour se reconnaître compétent en lien avec les faits reprochés à l'ancien président chilien Pinochet, le juge d'instruction Vandermeersch considéra « que le principe de l'imprescriptibilité des crimes contre l'humanité est consacré par une règle coutumière de droit international applicable en droit interne »[1865]. Ceci correspond, à notre connaissance, dans la pratique belge, à l'unique constat judiciaire exprès de la nature coutumière de la règle d'imprescriptibilité des crimes internationaux. Mais on notera que le juge ne précise pas – pas plus que la Cour de cassation française ne l'avait fait dans l'affaire *Barbie* – si, à ses yeux, le caractère coutumier de l'imprescriptibilité des crimes contre l'humanité était *déjà acquis* au moment des faits – ou, plus exactement, au moment où les faits eussent atteint la prescription à défaut de la règle coutumière ainsi constatée (on peut toutefois le supposer, s'agissant en l'espèce de faits remontant à la période 1973-1990)[1866].

Dans l'affaire *Lumumba*, le ministère public et la cour d'appel de Bruxelles n'ont pas remis en cause l'applicabilité, à des faits de 1961, de la règle visée

(1862) Y. NAQVI, *Impediments to Exercising Jurisdiction over International Crimes*, La Haye, Asser, 2010, pp. 192-209 ; A. CASSESE et P. GAETA, *Cassese's International Criminal Law*, 3e éd., Oxford, OUP, 2013, p. 315.

(1863) J.-M. HENCKAERTS et L. DOSWALD-BECK (dir.), *Droit international humanitaire coutumier. Volume I : Règles*, Bruxelles, Bruylant, 2006 (règle 160).

(1864) Cass. crim. (fr.), 26 janvier 1984, pourvoi n° 83-94.425.

(1865) J.I. Bruxelles, 6 novembre 1998, *R.D.P.C.*, 1999, p. 289. Voy. à ce sujet J. GOFFIN *et al.*, « La mise en œuvre du droit pénal international dans l'ordre juridique belge : perspectives au regard de l'ordonnance du 6 novembre 1998 », *Rev. dr. étr.*, 1999, n° 104, pp. 413-437 ; J. BURNÉO LABRIN et H. D. BOSLY, « L'extradition pour crime contre l'humanité d'un ancien chef d'État étranger », *R.D.P.C.*, 1999, n° 2, pp. 278-290 ; J. VERHOEVEN, « M. Pinochet, la coutume internationale et la compétence universelle », *J.T.*, 1999, n° 5924, pp. 311-318 ; A. BAILLEUX, *La compétence universelle au carrefour de la pyramide et du réseau : de l'expérience belge à l'exigence d'une justice pénale transnationale*, Bruxelles, Bruylant, 2005, pp. 34-37.

(1866) Voy., observant de même cette limite, J. VERHOEVEN, « M. Pinochet, la coutume internationale et la compétence universelle », *J.T.*, 1999, n° 5924, § 7.

à l'article 21*bis*, 1°, du titre préliminaire. Le ministère public a estimé que « conformément à l'article 21 § 1er du titre préliminaire du code d'instruction criminelle, l'action publique relative à des [crimes internationaux] ne peut être prescrite »[1867], et la chambre des mises en accusation a convenu de ce que « le juge belge pourrait en effet [...] être compétent pour connaître de ces faits [qui] sont imprescriptibles en application de l'article 21, paragraphe 1er, de la loi du 17 avril 1878 contenant le titre préliminaire du Code d'instruction criminelle »[1868]. La cour ne dit pas si cela signifie qu'à ses yeux, l'imprescriptibilité des crimes internationaux (ici, les crimes de guerre) revêt une nature coutumière, ni si cette règle coutumière existait déjà au moment où le crime commis contre Patrice Lumumba eût normalement été prescrit en vertu des règles de prescription ordinaires qui trouvaient alors à s'appliquer.

Dans l'affaire des crimes commis contre des missionnaires belges au Guatemala, la chambre des mises en accusation de la cour d'appel de Bruxelles a de même appliqué l'article 21*bis*, 1°, du titre préliminaire du Code de procédure pénale à des faits de 1978-1982, sans plus de développements, mais sans en tout cas y voir d'atteinte au principe de non-rétroactivité de la loi pénale[1869].

366 ▶ **Imprescriptibilité de l'action civile découlant d'un crime international.** Nous savons déjà que tout crime international constitue en règle, en droit belge de la responsabilité extracontractuelle, une faute[1870]. À ce titre, mention doit être faite de l'article 26, alinéa 2, du titre préliminaire du Code de procédure pénale, aux termes duquel l'action civile résultant d'une infraction « ne peut se prescrire avant l'action publique ». Cette règle a « une réelle incidence » de façon générale[1871], et certainement pour la matière qui nous occupe puisqu'il en résulte concrètement que l'imprescriptibilité de l'action publique s'étend à l'action civile découlant d'un crime international – et ce, que l'action civile soit exercée devant le juge pénal ou le juge civil[1872].

Le bénéfice de l'article 26, alinéa 2, du titre préliminaire du Code de procédure pénale peut-il toutefois être admis dans l'hypothèse où la responsabilité de la partie défenderesse au civil n'eût pas pu être valablement recherchée au pénal ? L'affaire dite des *Enfants métis* a donné lieu à une intéressante discussion sur ce point. L'État belge, partie défenderesse, estimait que les demanderesses ne pouvaient se prévaloir, au civil, de l'imprescriptibilité des crimes internationaux – et donc des fautes – dénoncés, dès lors que les faits en cause remontaient

(1867) Parquet fédéral, FD.30.99.10/11, Réquisitoire de contrôle de l'instruction par la chambre des mises en accusation, 7 juin 2012, inédit, p. 10.
(1868) Bruxelles (mis. acc.), 12 décembre 2012, n° 4358, inédit, p. 5.
(1869) Bruxelles (mis. acc.), 10 novembre 2022, inédit, p. 8.
(1870) *Supra*, n° 59.
(1871) A. VERHEYLESONNE, « La prescription de l'action civile née d'une infraction pénale », in B. BOVY (dir.), *La prescription en matière pénale*, Bruxelles, Larcier, 2020, p. 126.
(1872) A. VERHEYLESONNE, *Manuel de l'action civile. L'action en réparation du dommage causé par une infraction pénale*, Liège, Wolters Kluwer, 2022, p. 319.

à la période 1948-1961, soit bien avant l'entrée en vigueur de la loi du 11 juillet 2018[1873] ayant mis fin à l'irresponsabilité pénale de l'État fédéral. L'argument n'a pas convaincu le tribunal : « [c]ontrairement à ce que soutient l'État belge, l'immunité pénale dont il bénéficiait encore à l'époque ne faisait pas obstacle à une action civile à son encontre sur la base de l'article 1382 du Code civil. [...] Par conséquent, si l'on admet – par hypothèse – que l'action publique visant à poursuivre l'auteur d'un crime contre l'humanité est imprescriptible, celle-ci entraîne l'imprescriptibilité de l'action civile par application de l'article 26 précité »[1874].

Dans l'affaire de l'*ETO*[1875], à l'inverse, le même tribunal avait écarté l'application de l'article 26, alinéa 2, du titre préliminaire du Code de procédure pénale au motif que la responsabilité pénale de l'État belge – défendeur au civil – n'eût pas pu être recherchée en 1994 : « faute d'action publique à l'égard de l'État belge, le délai de prescription de l'action civile introduite à son encontre ne peut, en principe, être prolongé [...]. L'action est prescrite en tant qu'elle se baserait sur une prétendue infraction commise par l'État belge »[1876].

Cette dernière décision nous paraît difficilement conciliable avec le positionnement de la Cour de cassation sur le terrain de l'article 26, alinéa 2, du titre préliminaire du Code de procédure pénale. La Cour a en effet admis, bien avant l'adoption de la loi précitée du 11 juillet 2018, l'application de cette disposition dans le contexte d'actions civiles exercées à l'encontre de l'État fédéral[1877]. La Cour de cassation estime au demeurant que le juge civil, appelé à mettre en œuvre l'article 26, alinéa 2, du titre préliminaire, « examine à cette occasion les éléments du délit qui influent sur l'appréciation de la prescription »[1878]. *A contrario*, les facteurs et mécanismes extrinsèques aux éléments constitutifs de l'infraction, tels que les éventuelles causes d'irresponsabilité pénale, n'ont pas vocation à être examinés dans ce cadre[1879].

367 ▶ **Imprescriptibilité des peines.** Comme les crimes internationaux eux-mêmes, les peines qui s'y attachent sont imprescriptibles en vertu de l'actuel article 91 du Code pénal[1880].

(1873) L. 11 juillet 2018 modifiant le Code pénal et le titre préliminaire du Code de procédure pénale en ce qui concerne la responsabilité pénale des personnes morales, *M.B.*, 20 juillet 2018 (vig. 30 juillet 2018).

(1874) Civ. Bruxelles fr. (4e ch.), 8 décembre 2021, n° 282, *J.L.M.B.*, 2022, p. 986 (réf. omises). Voy. F. ROYEN, « La politique de placement d'enfants métis à l'épreuve du temps : juger aujourd'hui selon la vision du monde "à l'époque des faits" », *J.L.M.B.*, 2022, n° 22, pp. 994-995.

(1875) Voy. *supra*, spéc. n° 60.

(1876) Civ. Bruxelles (71e ch.), 8 décembre 2010, *J.L.M.B.*, 2011, p. 1538. Voy. O. MICHIELS, « L'immunité pénale de certaines personnes morales de droit public et ses incidences sur le délai de prescription de l'action civile née d'une infraction », *J.L.M.B.*, 2011, n° 31, pp. 1542-1550.

(1877) Cass., 2 mars 2016, R.G. n° P.15.0929.F, disponible sur Juportal.

(1878) Cass., 24 février 2014, R.G. n° S.13.0031.N, disponible sur Juportal.

(1879) Cass., 27 juin 2022, R.G. n° S.21.0003.F, disponible sur Juportal.

(1880) *Supra*, nos 201, 231 et 318.

Section 3. Les méthodes d'enquête

368 ▶ **Principes.** Les crimes de génocide (art. 136*bis* du C. pén.), les crimes contre l'humanité (art. 136*ter* du C. pén.), les crimes de guerre (art. 136*quater* du C. pén.) et les délits-obstacles liés à ceux-ci (art. 136*sexies* et 136*septies* du C. pén.) ont, parmi d'autres infractions graves, pour effet de rendre possibles certaines méthodes particulières de recherche ou d'enquête. Les crimes internationaux sont, en particulier, repris dans la « liste des écoutes » visée à l'article 90*ter*, paragraphe 2, du Code d'instruction criminelle. Il en résulte qu'ils peuvent notamment justifier, aux conditions énoncées par la loi :

— des interceptions de communications téléphoniques et informatiques[1881] ; mais également

— le gel provisoire d'avoirs en l'attente des résultats d'une enquête bancaire[1882] ;

— le contrôle visuel discret[1883] ;

— l'infiltration policière[1884] ;

— l'infiltration civile[1885] ;

— l'observation dans un domicile à l'aide de moyens techniques[1886] ;

— le témoignage anonyme complet[1887] ;

— le repérage ou la localisation de (télé)communications à l'initiative du procureur du Roi[1888] ;

— l'octroi de mesures de protection spéciales à un témoin menacé[1889] ; ou encore

— le recours aux « repentis »[1890].

(1881) Art. 90*ter*, § 1er, du C.i.cr.
(1882) Art. 46*quater*, § 3, 2°, du C.i.cr.
(1883) Art. 46*quinquies*, § 1er, al. 1er, du C.i.cr.
(1884) Art. 47*octies*, § 1er, al. 1er, du C.i.cr.
(1885) Art. 47*novies*/1, § 1er, al. 1er, du C.i.cr.
(1886) Art. 56*bis*, al. 2, du C.i.cr.
(1887) Art. 86*bis*, § 2, du C.i.cr.
(1888) Art. 88*bis*, § 1er, al. 6, du C.i.cr.
(1889) Art. 104, § 2, du C.i.cr.
(1890) Art. 216/1, al. 1er, du C.i.cr.

Section 4. La coopération judiciaire internationale

369 **Coopération interétatique.** Plusieurs mécanismes de coopération judiciaire interétatique connaissent des règles particulières en matière de crimes internationaux. Ainsi :

- leur caractère imprescriptible a pour effet de rendre inopérant, à l'égard des crimes internationaux, l'article 7 de la loi du 15 mars 1874 sur les extraditions[1891], aux termes duquel « [l]'extradition ne peut avoir lieu si, depuis le fait imputé, les poursuites ou la condamnation, la prescription de l'action ou de la peine est acquise d'après les lois de la Belgique » ;
- en matière d'extradition toujours, ne sera pas réputé délit politique, ni fait connexe à un tel délit, le fait constitutif d'une infraction telle que définie par un instrument international touchant au droit international humanitaire, lorsque l'extradition est demandée sur la base de cet instrument et lorsque celui-ci lie la Belgique et l'État requérant et interdit explicitement le refus de l'extradition pour infraction politique, sans possibilité de réserve au regard du droit des traités[1892] ;
- s'agissant des crimes relevant de la compétence de la Cour pénale internationale (c'est-à-dire le crime de génocide, les crimes contre l'humanité, les crimes de guerre et le crime d'agression), l'absence de double incrimination ne peut constituer un motif de refus d'exécution d'une décision d'enquête européenne, lorsque les premiers sont punis dans l'État d'émission d'une peine ou d'une mesure de sûreté privative de liberté d'un maximum d'au moins trois ans[1893] ;
- s'agissant des crimes relevant de la compétence de la Cour pénale internationale toujours, l'absence de double incrimination ne peut davantage constituer un motif de refus d'exécution d'un mandat d'arrêt européen, lorsque les premiers sont punis dans l'État d'émission d'une peine privative de liberté d'un maximum d'au moins trois ans[1894] ;

(1891) *M.B.*, 17 mars 1874 (vig. 27 mars 1874).

(1892) Art. 6, al. 2, de la L. 1er octobre 1833 sur les extraditions, *M.B.*, 4 octobre 1833 (vig. 14 octobre 1833). Parmi de telles dispositions internationales interdisant explicitement le refus d'extradition pour infraction politique, voy. l'art. VII de la Convention du 9 décembre 1948 pour la prévention et la répression du crime de génocide.

(1893) Art. 11, § 3, 30°, de la L. 22 mai 2017 relative à la décision d'enquête européenne en matière pénale, *M.B.*, 23 mai 2017 (vig. 22 mai 2017).

(1894) Art. 5, § 2, 30°, de la L. 19 décembre 2003 relative au mandat d'arrêt européen, *M.B.*, 22 décembre 2003 (vig. 1er janvier 2004).

— la même règle trouve à s'appliquer en matière de reconnaissance des décisions de saisie et de confiscation en matière pénale[1895] ;

— la même règle trouve à s'appliquer en matière de reconnaissance des peines ou mesures privatives de liberté[1896] ;

— la même règle trouve à s'appliquer en matière de reconnaissance des décisions relatives à des mesures de contrôle à titre d'alternative à la détention préventive[1897] ;

— la même règle trouve à s'appliquer en matière de reconnaissance des jugements et décisions de probation aux fins de la surveillance des mesures de probation et des peines de substitution[1898].

370 ▶ **Coopération avec les mécanismes internationaux (renvoi).** La coopération entre la Belgique et les mécanismes (pénaux) internationaux – tels que la Cour pénale internationale – est régie par des règles particulières dont l'examen fait l'objet du chapitre 8.

(1895) Art. 6, § 2, 30°, de la L. 5 août 2006 relative à l'application du principe de reconnaissance mutuelle des décisions judiciaires en matière pénale entre les États membres de l'Union européenne, *M.B.*, 7 septembre 2006 (vig. 17 septembre 2006).

(1896) Art. 11, § 2, 30°, de la L. 12 mai 2012 relative à l'application du principe de reconnaissance mutuelle aux peines ou mesures privatives de liberté prononcées dans un État membre de l'Union européenne, *M.B.*, 8 juin 2012 (vig. 5 décembre 2011).

(1897) Art. 11, § 2, 30°, de la L. 23 mars 2017 relative à l'application du principe de reconnaissance mutuelle aux décisions relatives à des mesures de contrôles prononcées à titre d'alternative à la détention préventive, *M.B.*, 19 mai 2017 (vig. 29 mai 2017).

(1898) Art. 11, § 2, 30°, de la L. 21 mai 2013 relative à l'application du principe de reconnaissance mutuelle aux jugements et décisions de probation aux fins de la surveillance des mesures de probation et des peines de substitution prononcées dans un État membre de l'Union européenne, *M.B.*, 13 juin 2013 (vig. 23 juin 2013).

Chapitre 8

La coopération avec les mécanismes internationaux[1899]

371 ▶ **Généralités.** La Cour pénale internationale et les autres mécanismes judiciaires ou quasi judiciaires internationaux doivent – c'est le paradoxe au cœur de leur existence – composer avec le fait que leur fonctionnement suppose l'adhésion des États. D'un bout à l'autre du processus, la coopération active de ces derniers est en effet indispensable au déploiement des activités des juridictions pénales internationales et des autres mécanismes d'enquête en matière de crimes internationaux[1900].

Dans l'ordre juridique belge, cette matière est principalement régie par la loi du 29 mars 2004 concernant la coopération avec la Cour pénale internationale et les tribunaux pénaux internationaux[1901]. Accompagnée de ses mises à jour régulières, elle procède de la volonté bienvenue, et partagée par de nombreux États[1902], de fonder l'exécution des demandes d'entraide sur un cadre légal explicite et détaillé (alors même que, pour certaines formes de coopération d'ordre exclusivement administratif ou ne réclamant pas le concours d'autorités judiciaires, il n'est pas certain qu'un support législatif spécifique fût absolument nécessaire)[1903].

372 ▶ **Une coopération pénale d'un genre particulier.** La coopération judiciaire pénale régie par la loi du 29 mars 2004 a pour singularité de rapprocher non pas

(1899) Ce chapitre est inspiré de Chr. Deprez, « La coopération avec les mécanismes pénaux internationaux : la loi du 29 mars 2004 et ses modifications récentes », in V. Franssen et A. Masset (dir.), *Actualités de droit pénal et de procédure pénale*, coll. CUP, vol. 194, Liège, Anthemis, 2019, pp. 487-512.

(1900) B. Swart et G. Sluiter, « The ICC and International Criminal Co-operation », in H. von Hebel, J. G. Lammers et J. Schukking (dir.), *Reflections on the International Criminal Court. Essays in Honour of Adriaan Bos*, La Haye, Asser, 1998, p. 97 ; H. D. Bosly, « La coopération judiciaire avec la Cour pénale internationale », in *Mélanges Jacques van Compernolle*, Bruxelles, Bruylant, 2004, p. 12.

(1901) *M.B.*, 1er avril 2004 (vig. 1er avril 2004).

(1902) D. Vandermeersch, « La loi du 22 mars 1996 relative à la reconnaissance du Tribunal pour l'ex-Yougoslavie et du Tribunal international pour le Rwanda et à la coopération avec ces Tribunaux », *R.D.P.C.*, 1996, nos 7-8, p. 855.

(1903) Exposé des motifs, *Doc. parl.*, Ch. repr., sess. 2013-2014, n° 53-3299/001, p. 29.

des autorités nationales souveraines entre elles, mais bien un État avec des instances constituant des organes subsidiaires de, ou étant autrement apparentés à, l'Organisation des Nations unies[1904]. Une coopération optimale de la part de la Belgique et des autres États est indispensable au bon fonctionnement de ces institutions qui ne jouissent pas des attributs de la souveraineté indispensables au déploiement de l'action répressive (territoire, corps de police, établissements pénitentiaires, etc.)[1905]. Cette spécificité constitue certainement l'une des clés de lecture essentielles de la loi du 29 mars 2004, par comparaison avec les autres instruments destinés à encadrer, dans l'ordre juridique belge, la coopération judiciaire en matière pénale.

373 ▶ **Précédents.** Pour relativement méconnue qu'elle soit, la loi du 29 mars 2004 fait l'objet de cas d'application plus nombreux qu'il n'y paraît. En mars 2016, il était fait état d'approximativement 1.000 mesures de coopération belge avec les mécanismes internationaux[1906]. Certaines de ces mesures d'entraide ont fait l'objet d'une attention médiatique soutenue, dont l'arrestation de Jean-Pierre Bemba en mai 2008[1907], sa mise en liberté provisoire en juin 2018[1908], la libération sous conditions de Laurent Gbagbo à la suite de son acquittement par la Cour pénale internationale en janvier 2019[1909], ou encore le transfert de Bosco Ntaganda dans un établissement pénitentiaire belge en décembre 2022 aux fins d'y purger sa peine[1910].

374 ▶ **Structure.** Dans ce chapitre, nous tenterons de fournir quelques clés de lecture en lien avec la mise en œuvre belge de ce régime particulier de coopération. Nous reviendrons, dans un premier temps, sur le cadre normatif applicable (*infra*, sect. 1). Nous examinerons ensuite les acteurs impliqués (*infra*, sect. 2), puis les différentes formes spécifiques que peut revêtir la coopération avec les mécanismes internationaux (*infra*, sect. 3).

(1904) S'agissant de la CPI, voy. A. CIAMPI, « La Cour pénale internationale et les Nations unies », in J. FERNANDEZ, X. PACREAU et M. UBÉDA-SAILLARD (dir.), *Statut de Rome de la Cour pénale internationale. Commentaire article par article*, t. I, 2e éd., Paris, Pedone, 2019, pp. 77-90.

(1905) Voy. à ce titre, pour ce qui concerne la CPI, B. SWART et G. SLUITER, « The ICC and International Criminal Co-operation », in H. VON HEBEL, J. G. LAMMERS et J. SCHUKKING (dir.), *Reflections on the International Criminal Court – Essays in Honour of Adriaan Bos*, La Haye, Asser, 1998, p. 97.

(1906) G. DIVE et J. DE HULTS, « A State's Experience of Cooperation with the International Criminal Court: The Case of Belgium », in O. BEKOU et D. BIRKETT (dir.), *Cooperation and the International Criminal Court. Perspectives from Theory and Practice*, Leiden, Brill, 2016, p. 274 et encore p. 277.

(1907) Voy. CPI, *Le Procureur c. Bemba*, ICC-01/05-01/08-3, Ch. prélim. III, Demande d'arrestation provisoire de M. Jean-Pierre Bemba Gombo adressée au Royaume de Belgique, 23 mai 2008.

(1908) Voy. CPI, *Le Procureur c. Bemba et al.*, ICC-01/05-01/13-2291-tFRA, Ch. pr. inst. VII, Décision relative à la demande de mise en liberté de Jean-Pierre Bemba, 12 juin 2018.

(1909) Voy. CPI, *Le Procureur c. Gbagbo et Blé Goudé*, ICC-02/11-01/15-1251-Red2-tFRA, Ch. d'appel, Arrêt relatif à l'appel interjeté par le Procureur contre la décision rendue oralement par la Chambre de première instance I en application de l'article 81-3-c-i du Statut, 1er février 2019.

(1910) Voy. CPI, *Le Procureur c. Ntaganda*, ICC-01/04-02/06-2787-tFRA, Présidence, Décision portant désignation de l'État chargé de l'exécution de la peine et relative aux observations supplémentaires présentées par Bosco Ntaganda le 26 septembre 2022 concernant son transfèrement dans l'État chargé de l'exécution (ICC-01/04-02/06-2784-Conf-Exp), 27 octobre 2022.

Section 1. Le cadre normatif

1. Le droit belge

375 ▶ **Évolution législative.** La Belgique justifie d'une solide tradition de coopération avec les mécanismes pénaux internationaux et les autres mécanismes d'enquête internationaux[1911]. Le 22 mars 1996, le législateur adoptait une première loi relative à la reconnaissance du Tribunal international pour l'ex-Yougoslavie et du Tribunal international pour le Rwanda, et à la coopération avec ces tribunaux[1912]. À la suite de la ratification du Statut de Rome, une nouvelle loi est apparue nécessaire. C'est que le chapitre IX du Statut, tout entier consacré à la coopération, est particulièrement détaillé sur le sujet, et réclame notamment des États parties qu'ils prévoient dans leur législation nationale les procédures propres à permettre la réalisation de toutes les mesures d'assistance qu'il prévoit[1913].

376 ▶ **Adoption de la loi du 29 mars 2004.** C'est ce contexte qui déboucha sur l'adoption de la loi du 29 mars 2004, et l'abrogation corrélative de l'ancienne loi du 22 mars 1996, dans une volonté d'uniformisation et de centralisation du régime de coopération avec l'ensemble des juridictions pénales internationales[1914].

377 ▶ **Modifications successives de la loi du 29 mars 2004.** Par deux lois du 1er juillet 2006, la loi du 29 mars 2004 fut étendue à la coopération avec le Tribunal spécial pour la Sierra Leone et avec les Chambres extraordinaires au sein des Tribunaux cambodgiens, respectivement[1915]. Celle-ci fut encore modifiée le 26 mars 2014 pour donner un cadre aux relations avec le Tribunal spécial pour le Liban, pour étendre l'application du régime de coopération avec les deux tribunaux pénaux internationaux *ad hoc* au Mécanisme nouvellement chargé d'exercer leurs fonctions résiduelles, et pour apporter certaines modifications

---

(1911) Résumé, *Doc. parl.*, Ch. repr., sess. 2013-2014, n° 53-3299/001, p. 4 ; Exposé des motifs, *Doc. parl.*, Ch. repr., sess. 2017-2018, n° 54-2969/001, p. 33 ; Développements, *Doc. parl.*, Ch. repr., sess. 2018-2019, n° 54-3515/001, p. 222.

(1912) *M.B.*, 27 avril 1996 (vig. 27 avril 1996). Voy. D. VANDERMEERSCH, « La loi du 22 mars 1996 relative à la reconnaissance du Tribunal pour l'ex-Yougoslavie et du Tribunal international pour le Rwanda et à la coopération avec ces Tribunaux », *R.D.P.C.*, 1996, nos 7-8, pp. 855-888.

(1913) Art. 88 du Statut de Rome.

(1914) Exposé des motifs, *Doc. parl.*, Ch. repr., sess. 2003-2004, n° 51-0564/001, p. 4.

(1915) L. 1er juillet 2006 modifiant la loi du 29 mars 2004 concernant la coopération avec la Cour pénale internationale et les tribunaux pénaux internationaux, et insérant dans cette loi un nouveau Titre V concernant le Tribunal Spécial pour la Sierra Leone, *M.B.*, 28 juillet 2006 (vig. 7 août 2006) ; L. 1er juillet 2006 insérant dans la loi du 29 mars 2004 concernant la coopération avec la Cour pénale internationale et les tribunaux pénaux internationaux un nouveau titre VI concernant les Chambres extraordinaires chargées de poursuivre les crimes commis sous le régime du Kampuchéa démocratique, *M.B.*, 2 août 2006 (vig. 12 août 2006).

transversales au processus de coopération avec l'ensemble des mécanismes internationaux[1916]. Les modifications suivantes sont le fait d'une loi du 11 juillet 2018, qui a étendu le régime de la coopération aux Chambres spécialisées pour le Kosovo[1917], ainsi que de la loi du 5 mai 2019, en lien avec le Mécanisme d'enquête des Nations unies pour la Syrie et les équipes d'enquête des Nations unies[1918]. Une loi « pot-pourri » du 29 novembre 2021 a ensuite apporté une série de modifications visant notamment à préciser la procédure applicable pour l'exécution, en Belgique, de mesures de confiscation ordonnées par les juridictions internationales[1919]. Enfin, une loi du 6 décembre 2022 a eu pour principal effet de réorganiser le champ d'application respectif des titres VI*quater* et VI*quinquies* de la loi[1920].

Le législateur veille ainsi à tenir constamment à jour ce cadre normatif, lequel a donc déjà fait l'objet, depuis 2004, de nombreuses modifications. On peut toutefois supposer que la cadence législative a aujourd'hui vocation à connaître une certaine accalmie. En effet, alors que l'usage a longtemps consisté à consacrer un titre propre de la loi à chaque instance internationale nouvellement créée, deux titres connaissent désormais un champ d'application générique et évolutif : le titre VI*quater* (qui vise tout mécanisme d'enquête international ayant pour mandat de lutter contre l'impunité des crimes internationaux par l'exercice de certaines fonctions à caractère judiciaire[1921]) et le titre VI*quinquies* (qui couvre toute équipe d'enquête internationale créée par les Nations unies et ayant pour mandat de lutter contre l'impunité des crimes internationaux sans exercer d'activités à caractère judiciaire[1922]).

2. Le droit international

378 ▶ **Instrument fondateur des mécanismes internationaux.** Le cadre normatif pertinent, en matière de coopération entre la Belgique et les mécanismes (pénaux) internationaux, ne s'arrête pas à la loi du 29 mars 2004. En amont, la coopération est déterminée par les instruments fondateurs des juridictions ou des mécanismes concernés, dont la loi du 29 mars 2004 constitue la mise en

(1916) L. 26 mars 2014 modifiant la loi du 29 mars 2004 concernant la coopération avec la Cour pénale internationale et les tribunaux pénaux internationaux, *M.B.*, 28 mars 2014 (vig. 28 mars 2014).
(1917) L. 11 juillet 2018 portant des dispositions diverses en matière pénale, *M.B.*, 18 juillet 2018 (vig. 28 juillet 2018).
(1918) L. 5 mai 2019 portant des dispositions diverses en matière pénale et en matière de cultes, et modifiant la loi du 28 mai 2002 relative à l'euthanasie et le Code pénal social, *M.B.*, 24 mai 2019 (vig. 3 juin 2019).
(1919) L. 28 novembre 2021 visant à rendre la justice plus humaine, plus rapide et plus ferme, *M.B.*, 30 novembre 2021 (vig. 10 décembre 2021).
(1920) L. 6 décembre 2022 visant à rendre la justice plus humaine, plus rapide et plus ferme II*bis*, *M.B.*, 21 décembre 2022 (vig. 31 décembre 2022).
(1921) Art. 91 de la L. 29 mars 2004.
(1922) Art. 97 de la L. 29 mars 2004. Voy. égal. Exposé des motifs, *Doc. parl.*, Ch. repr., sess. 2021-2022, n° 55-2824/001, pp. 39-41.

œuvre à l'échelon national. Par exemple, en ce qui concerne la Cour pénale internationale, l'article 4 de la loi précise, selon un ordonnancement qui révèle la hiérarchie des sources applicables[1923], que la coopération est régie par les dispositions pertinentes du Statut de Rome, du Règlement de procédure et de preuve de la Cour pénale internationale, ainsi que de la loi du 29 mars 2004.

379 ▸ **Nature et contenu des instruments fondateurs – Impact sur le caractère obligatoire de la coopération.** Une distinction doit être faite, à cet égard, entre les instruments fondateurs de mécanismes internationaux qui, par leur nature, lient la Belgique, et ceux qui n'ont pas cet effet. C'est la nature et le contenu de ces instruments qui déterminent en effet si la coopération avec les mécanismes concernés est, pour la Belgique, obligatoire ou simplement volontaire.

Le statut des deux tribunaux pénaux internationaux *ad hoc* et de leur Mécanisme résiduel prévoit ainsi que les États « répondent sans retard à toute demande d'assistance » émanant de ces juridictions[1924] ; ils n'envisagent aucune possibilité de s'y opposer. L'article 45 de la loi du 29 mars 2004 fait écho à cette réalité statutaire en prévoyant que les autorités belges compétentes accordent à ces juridictions « leur pleine et entière coopération judiciaire »[1925].

S'il s'inscrit également dans une conception résolument verticale et obligatoire de la coopération, le Statut de Rome de la Cour pénale internationale fait montre d'un peu plus de souplesse[1926], et ce, à un triple égard. Premièrement, en vertu de l'article 86 du Statut[1927], il n'est question d'obligation de coopérer que « [c]onformément aux dispositions du présent Statut », c'est-à-dire en lien avec les mesures d'assistance qui sont concrètement et explicitement prévues ailleurs dans l'instrument fondateur de la Cour[1928]. Deuxièmement, le Statut de Rome prévoit deux possibilités de suspendre provisoirement – mais non de refuser – des demandes émises par la Cour : d'une part, en l'attente d'une décision de cette dernière sur la recevabilité de l'affaire concernée[1929] et, d'autre part, lorsque la demande d'entraide est susceptible de nuire au bon déroulement

(1923) Exposé des motifs, *Doc. parl.*, Ch. repr., sess. 2003-2004, n° 51-0564/001, p. 6.
(1924) Art. 29, § 2, du Statut du TPIY ; art. 28 du Statut du TPIR ; art. 28 du Statut du Mécanisme chargé d'exercer les fonctions résiduelles des tribunaux pénaux.
(1925) Voy. égal. le libellé de l'art. 44 de la L. 29 mars 2004.
(1926) À ce sujet, voy. en général G. DIVE, « Les refus de coopération, en ce compris la notion de sécurité nationale et l'application de l'article 99 § 4 du Statut de Rome », in *La Belgique et la Cour pénale internationale : complémentarité et coopération*, Bruxelles, S.P.F. Justice et Bruylant, 2005, pp. 193-208.
(1927) Voy., dans la même veine, l'art. 88 du Statut.
(1928) A. MBAYE et S. SHOAMANESH, « Article 86 », in J. FERNANDEZ, X. PACREAU et M. UBÉDA-SAILLARD (dir.), *Statut de Rome de la Cour pénale internationale. Commentaire article par article*, t. II, 2e éd., Paris, Pedone, 2019, p. 1793.
(1929) Art. 89, § 2, et art. 95 du Statut de Rome.

d'une enquête ou de poursuites relatives à un autre dossier en cours au sein de l'État requis[1930]. Troisièmement et enfin, l'article 97 du Statut de Rome prévoit la tenue de consultations avec la Cour à chaque fois qu'un État constate une difficulté susceptible de contrarier l'exécution d'une demande d'assistance[1931]. Mais, en dépit de ces trois vecteurs de conciliation (qui sont reproduits au sein de la loi[1932]), la coopération avec la Cour pénale internationale demeure, dans les limites prévues par le Statut de Rome, obligatoire, de sorte que l'article 3 de la loi du 29 mars 2004 porte que « la Belgique coopère pleinement avec la Cour dans les enquêtes et poursuites que celle-ci mène pour les crimes relevant de sa compétence ».

À l'inverse, dès lors que leur mode de création ne lie pas à proprement parler la Belgique[1933], la loi du 29 mars 2004 prévoit que la Belgique « peut » mais ne doit pas donner suite aux demandes de coopération formulées par le Tribunal spécial pour la Sierra Leone (art. 59), les Chambres extraordinaires au sein des Tribunaux cambodgiens (art. 65), le Tribunal spécial pour le Liban (art. 71), les Chambres spécialisées pour le Kosovo (art. 81) et le Mécanisme d'enquête des Nations unies pour la Syrie (art. 92)[1934]. Il semble toutefois qu'en pratique, les autorités belges, réputées justifier d'une tradition de contribution optimale à l'effort de lutte contre les crimes internationaux, ont à cœur de répondre favorablement aux demandes qui leur sont adressées, obligatoires ou non[1935].

380 ▸ **Droit international général.** Dans le cadre de la mise en œuvre des mesures d'entraide, la Belgique reste pleinement soumise au respect (du reste) du droit international, par exemple dans la mesure où celui-ci protège les droits humains[1936] ou confère à certains représentants d'États étrangers le bénéfice d'immunités[1937].

(1930) Art. 94 du Statut de Rome.

(1931) Voy. Chr. DEPREZ, « Article 97 », in J. FERNANDEZ, X. PACREAU et M. UBÉDA-SAILLARD (dir.), *Statut de Rome de la Cour pénale internationale. Commentaire article par article*, t. II, 2e éd., Paris, Pedone, 2019, pp. 2303-2308.

(1932) Art. 29 à 31 de la L. 29 mars 2004.

(1933) Le TSSL, pour prendre un seul exemple, a été établi en vertu de l'accord international du 16 janvier 2002 conclu entre l'ONU et le gouvernement de la Sierra Leone et découlant de la résolution 1315 (2000) adoptée par le Conseil de sécurité à sa 4186e séance le 14 août 2000.

(1934) Voy. dans le même sens les articles 61, 67, 73, 83 et 94 de la L. 29 mars 2004.

(1935) Voy. p. ex. Développements, *Doc. parl.*, Ch. repr., sess. 2018-2019, n° 54-3515/001, p. 222.

(1936) L'on pense, à titre d'exemple, à la protection contre le transfert entre les mains d'une autorité susceptible de soumettre un individu à des mauvais traitements ou à un déni flagrant de justice (voy. Cour eur. D.H., 7 juillet 1989, *Soering c. Royaume-Uni*, req. n° 14038/88, § 91 et § 113 en particulier). La L. 29 mars 2004 fait, du reste, explicitement écho à cette exigence dans ses articles 18, § 2, 54, 77 et 87. Voy. à ce sujet M.-A. BEERNAERT, H. D. BOSLY et D. VANDERMEERSCH, *Droit de la procédure pénale*, 9e éd., Bruges, la Charte, 2021, p. 2136.

(1937) Voy. à cet égard Amendements, *Doc. parl.*, Ch. repr., sess. 2018-2019, n° 54-3515/002, p. 28. Sur la question complexe de la tension entre l'obligation de coopérer avec les juridictions pénales internationales et celle de respecter certaines immunités, voy. p. ex., concernant la CPI, G. METTRAUX, J. DUGARD et M. DU PLESSIS, « Heads of State Immunities, International Crimes and

381 ▶ **Accords bilatéraux de coopération.** En aval, la Belgique a pour pratique courante de conclure des accords bilatéraux de coopération avec les mécanismes pénaux internationaux. Ces accords, dont le contenu est en règle confidentiel[1938], et dont l'existence peut l'être également, sont spécifiques à certaines catégories de demandes de coopération, soit que leur mise en œuvre présente une complexité particulière, soit qu'en dépit du niveau de détail de la loi du 29 mars 2004, ces formes d'assistance n'y soient pas explicitement réglées[1939]. Le plus souvent, ces accords concernent des mesures de coopération supplétives, ou volontaires, c'est-à-dire pour lesquelles le droit international pertinent ne prévoit pas d'obligation de coopérer dans le chef de la Belgique[1940]. L'on sait ainsi que, sans préjudice d'éventuels accords dont la conclusion n'aurait pas été rendue publique ou dont nous n'aurions pas connaissance, la Belgique a conclu des accords bilatéraux avec la Cour pénale internationale en matière de protection des témoins (2004), de coopération renforcée avec le Bureau du Procureur (2006), de transport aérien de personnes détenues et devant comparaître devant la Cour (2007), de protection de témoins à l'étranger (2009), d'exécution des peines (2010), de mise en liberté provisoire de détenus (2014) et de mise en liberté de personnes à la suite d'un acquittement ou à la suite de l'abandon des charges à leur encontre (2023)[1941].

President Bashir's Visit to South Africa », *I.C.L.R.*, 2018, vol. 18, pp. 577-622. Voy. égal. CPI, *Le Procureur c. Bashir*, Ch. d'appel, ICC-02/05-01/09-397-Corr, Judgment in the Jordan Referral re Al-Bashir Appeal, 6 mai 2019.

(1938) G. DIVE et J. DE HULTS, « A State's Experience of Cooperation with the International Criminal Court: The Case of Belgium », in O. BEKOU et D. BIRKETT (dir.), *Cooperation and the International Criminal Court. Perspectives from Theory and Practice*, Leiden, Brill, 2016, p. 280. Voy. toutefois, p. ex., CPI, ICC-PRES/16-03-14, Présidence, Accord entre la Cour pénale internationale et le Gouvernement du Royaume de Belgique sur l'exécution des peines prononcées par la Cour, vig. 8 décembre 2014, disponible sur https://www.legal-tools.org/doc/e017a3/pdf/.

(1939) G. DIVE et J. DE HULTS, « A State's Experience of Cooperation with the International Criminal Court: The Case of Belgium », in O. BEKOU et D. BIRKETT (dir.), *Cooperation and the International Criminal Court. Perspectives from Theory and Practice*, Leiden, Brill, 2016, p. 279.

(1940) G. DIVE et J. DE HULTS, « A State's Experience of Cooperation with the International Criminal Court: The Case of Belgium », in O. BEKOU et D. BIRKETT (dir.), *Cooperation and the International Criminal Court. Perspectives from Theory and Practice*, Leiden, Brill, 2016, p. 279.

(1941) Pour un aperçu de l'objet de la plupart de ces accords (à l'exception de celui conclu en 2023), voy. G. DIVE et J. DE HULTS, « A State's Experience of Cooperation with the International Criminal Court: The Case of Belgium », in O. BEKOU et D. BIRKETT (dir.), *Cooperation and the International Criminal Court. Perspectives from Theory and Practice*, Leiden, Brill, 2016, pp. 280-283.

Section 2.
Les sujets de la coopération

1. Les sujets passifs

382 ▶ **Mécanismes internationaux visés par la loi.** Les mécanismes internationaux, tels qu'ils sont visés par la loi du 29 mars 2004, ne se limitent pas aux juridictions pénales internationales *stricto sensu* : Cour pénale internationale, Tribunal pénal international pour l'ex-Yougoslavie, Tribunal pénal international pour le Rwanda et Mécanisme chargé d'exercer les fonctions résiduelles de ces deux tribunaux (l'intitulé de la loi paraît, dans cette mesure, réducteur). Sont également visés les mécanismes d'enquête internationaux, certaines équipes d'enquête n'exerçant pas de fonctions judiciaires, ainsi que certaines juridictions dites mixtes, hybrides ou internationalisées – c'est-à-dire relevant d'un ordre judiciaire domestique tout en présentant une ou plusieurs composantes internationales –, pour lesquels le législateur a estimé que l'ancrage international justifiait un rattachement à la loi du 29 mars 2004[1942].

383 ▶ **Caractère non limitatif de la loi.** Rappelons que, s'agissant des sujets passifs de la coopération, la loi du 29 mars 2004 dévoile aujourd'hui une liste ouverte et non limitative. Alors que la plupart des titres de la loi portent sur une juridiction ou un mécanisme bien spécifique (par exemple, la coopération avec la Cour pénale internationale pour le titre II de la loi), deux titres connaissent un champ d'application ouvert. À l'occasion des réformes de 2019 et de 2022, le législateur a en effet souhaité prendre en compte le caractère évolutif du paysage institutionnel des Nations unies et anticiper la création d'instances nouvelles qui pourront dorénavant, sans modification législative, bénéficier de la coopération de la Belgique[1943].

Ainsi, le titre VI*quater*, qui concernait au départ le seul « MIII » pour la Syrie[1944], vise aujourd'hui tout mécanisme d'enquête international créé par l'Organisation des Nations unies ou une autre organisation internationale dont la Belgique est membre et ayant pour mandat de lutter contre l'impunité des crimes internationaux par l'exercice de certaines fonctions à caractère judiciaire[1945]. Selon les travaux préparatoires, il en va ainsi, par exemple, du Mécanisme d'enquête indépendant pour le Myanmar, de l'Équipe d'enquêteurs

(1942) Exposé des motifs, *Doc. parl.*, Ch. repr., sess. 2017-2018, n° 54-2969/001, p. 27.
(1943) Développements, *Doc. parl.*, Ch. repr., sess. 2018-2019, n° 54-3515/001, p. 213.
(1944) Mécanisme international, impartial et indépendant chargé de faciliter les enquêtes sur les violations les plus graves du droit international commises en République arabe syrienne depuis mars 2011 et d'aider à juger les personnes qui en sont responsables. Ce Mécanisme, créé par la résolution 71/248 du 21 décembre 2016 de l'AGNU, est complémentaire de – et ne peut être confondu avec – la Commission d'enquête internationale indépendante sur la République arabe syrienne (établie par la résolution S-17/1 du 22 août 2011 du Conseil des droits de l'homme).
(1945) Art. 91 de la L. 29 mars 2004.

chargée d'appuyer les efforts engagés à l'échelle nationale pour amener l'État islamique d'Irak et du Levant (Daech) à rendre compte des actes susceptibles de constituer des crimes de guerre, des crimes contre l'humanité et des crimes de génocide perpétrés en Irak, et de structures mises en place par l'Organisation pour l'interdiction des armes chimiques dans le cadre des enquêtes relatives à l'utilisation d'armes chimiques en Syrie[1946].

Par ailleurs, le titre VI*quinquies* de la loi a vocation à régir la coopération avec tout mécanisme d'enquête des Nations unies ayant pour mandat de lutter contre l'impunité des crimes internationaux sans exercer d'activités à caractère judiciaire[1947]. Cela comprend les instances présentes et futures, et ce, indépendamment de leur dénomination précise[1948]. Les travaux parlementaires qui ont conduit à l'insertion de ce titre dans la loi épinglent, en guise d'exemple, le Groupe d'Experts sur la République démocratique du Congo établi en vertu de la résolution 1533 (2004) du Conseil de sécurité[1949].

À notre avis, en pratique, il sera parfois difficile, pour certains mécanismes des Nations unies, de déterminer s'ils tombent plutôt sous le coup du titre VI*quater* (mécanismes exerçant « certaines fonctions à caractère judiciaire ») ou du titre VI*quinquies* (autres mécanismes). Les travaux parlementaires avaient par exemple suggéré, en 2019, que l'Équipe d'enquêteurs des Nations unies à l'appui des efforts engagés à l'échelle nationale pour amener l'État islamique à rendre des comptes en Irak[1950] relevait de la deuxième catégorie, et donc du titre VI*quinquies* de la loi[1951]. En 2022, le même mécanisme était toutefois considéré comme tombant sous le coup du titre VI*quater*[1952].

2. Les sujets actifs

384 ▶ **Sujets actifs.** La loi du 29 mars 2004 désigne, en tant qu'« autorité centrale » servant de point de contact pour l'ensemble des mesures de coopération avec les instances (pénales) internationales, le service de droit international humanitaire du S.P.F. Justice, Direction générale de la Législation et des Libertés et Droits fondamentaux[1953]. Lorsqu'elle réceptionne une demande de coopération, l'autorité centrale procède à un contrôle préliminaire de sa compatibilité avec le cadre

(1946) Exposé des motifs, *Doc. parl.*, Ch. repr., sess. 2021-2022, n° 55-2824/001, p. 35.
(1947) Art. 97 de la L. 29 mars 2004.
(1948) Développements, *Doc. parl.*, Ch. repr., sess. 2018-2019, n° 54-3515/001, p. 229.
(1949) Développements, *Doc. parl.*, Ch. repr., sess. 2018-2019, n° 54-3515/001, p. 214.
(1950) Résolution 2379 (2017) adoptée par le Conseil de sécurité à sa 8052e séance le 21 septembre 2017.
(1951) Développements, *Doc. parl.*, Ch. repr., sess. 2018-2019, n° 54-3515/001, p. 214.
(1952) Exposé des motifs, *Doc. parl.*, Ch. repr., sess. 2021-2022, n° 55-2824/001, p. 35.
(1953) Art. 2, 5, 43, 46, 58, 60, 64, 66, 70, 72, 80, 82, 91, 93, 97 et 99 de la L. 29 mars 2004 en particulier. Voy. égal. art. 3 de l'A.R. 17 septembre 2005 relatif à la création d'un service de droit international humanitaire, *M.B.*, 31 mars 2006.

juridique applicable, puis la communique à l'autorité belge compétente[1954]. Il s'agira le plus souvent du ministère public[1955], c'est-à-dire, en règle, s'agissant de crimes internationaux, le parquet fédéral[1956]. Si la demande d'entraide porte sur une mesure de contrainte réservée au juge d'instruction, le procureur fédéral[1957] requiert le juge d'instruction territorialement compétent[1958]. La loi prévoit encore dans certains cas l'intervention des juridictions d'instruction, par exemple aux fins de procéder à l'*exequatur* des titres de détention émis par les juridictions pénales internationales en vue d'une arrestation et d'une remise[1959]. En toute hypothèse, une fois la mesure de coopération accomplie, son résultat et toute autre information utile sont communiqués à l'autorité centrale, laquelle s'en retourne vers l'instance pénale internationale demanderesse[1960].

385 ▶ **Coordination des sujets actifs : la « BTF ICJ » (renvoi).** Rappelons l'existence d'une plateforme créée notamment aux fins de coordonner les situations (que l'on suppose nombreuses) dans lesquelles une demande d'entraide réclame l'intervention concertée de plusieurs autorités belges : la *Belgian Task Force for International Criminal Justice* (« BTF ICJ »)[1961].

Section 3.
Les formes de la coopération

386 ▶ **Généralités.** Si la coopération entre la Belgique et les instances internationales est conçue comme bilatérale, c'est-à-dire qu'elle a vocation à être actionnée tantôt à la demande des autorités belges, tantôt au profit des instances internationales, la loi du 29 mars 2004 est, en pratique,

(1954) En pratique, ce contrôle paraît être essentiellement formel. Voy. ainsi, s'agissant de la CPI, l'art. 24 de la L. 29 mars 2004. Voy. égal. Exposé des motifs, *Doc. parl.*, Ch. repr., sess. 2003-2004, n° 51-0564/001, pp. 19-20. Voy. encore G. DIVE et J. DE HULTS, « A State's Experience of Cooperation with the International Criminal Court: The Case of Belgium », in O. BEKOU et D. BIRKETT (dir.), *Cooperation and the International Criminal Court. Perspectives from Theory and Practice*, Leiden, Brill, 2016, p. 272 (relevant qu'habituellement, l'autorité centrale communique la demande d'entraide à l'autorité belge compétente, et confirme sa bonne transmission à l'instance internationale demanderesse, le jour même de la réception de la demande).

(1955) Art. 2, 43, 58, 64, 70, 80, 91 et 97 de la L. 29 mars 2004 en particulier.

(1956) *Supra*, n° 47.

(1957) Les travaux préparatoires évoquent la volonté d'éviter, eu égard au principe de séparation des pouvoirs, les contacts directs entre le juge d'instruction et l'autorité centrale (Exposé des motifs, *Doc. parl.*, Ch. repr., sess. 2013-2014, n° 53-3299/001, p. 25).

(1958) Art. 26, § 1er, 50, § 2, 62, § 2, 68, § 2, 74, § 2, 84, § 2, 95, § 2, et 105, § 2, de la L. 29 mars 2004.

(1959) Art. 13, 53 et 76 de la L. 29 mars 2004.

(1960) G. DIVE et J. DE HULTS, « A State's Experience of Cooperation with the International Criminal Court: The Case of Belgium », in O. BEKOU et D. BIRKETT (dir.), *Cooperation and the International Criminal Court. Perspectives from Theory and Practice*, Leiden, Brill, 2016, p. 273.

(1961) *Supra*, n° 69.

essentiellement centrée sur les formes de coopération à la demande et au profit de ces dernières[1962].

Une longue liste de mesures de coopération est énoncée par la loi au profit des mécanismes internationaux, dont la plupart (mais pas toutes) sont prévues à l'égard de l'ensemble de ceux-ci. Ceci tient à l'histoire législative : la loi du 29 mars 2004 est le fruit des obligations de coopération détaillées issues du Statut de Rome (telles qu'affinées notamment en inspiration des outils plus classiques de coopération pénale interétatique), mais également de la volonté du législateur[1963] de tendre vers un modèle de coopération aussi uniforme que possible pour l'ensemble des mécanismes pénaux internationaux. Chacun des titres successifs de la loi du 29 mars 2004 – qui, à l'exception de deux d'entre eux[1964], sont respectivement consacrés à la coopération avec un mécanisme international en particulier – est donc calqué sur les titres qui précèdent, sous réserve des ajustements rendus nécessaires par les spécificités institutionnelles de chaque (catégorie de) mécanisme. Il résulte de tout ceci que la plupart des formes de coopération reproduites au sein des différents titres de la loi leur sont largement communes. Nous en proposons, dans les paragraphes qui suivent, un bref aperçu transversal et sélectif.

1. Le dessaisissement au profit de juridictions internationales

387 ▶ **Tribunaux pénaux internationaux *ad hoc*.** Le dessaisissement au profit de juridictions internationales revêt aujourd'hui une portée qui est surtout historique. Il est, au départ, le corollaire procédural indispensable du principe de primauté des deux tribunaux pénaux internationaux *ad hoc* et du Mécanisme chargé d'exercer leurs fonctions résiduelles[1965]. L'article 5, paragraphe 2, du Statut du Mécanisme, par exemple, prévoit qu'« [à] tout stade de la procédure [...], le Mécanisme peut demander officiellement aux juridictions nationales de se dessaisir en sa faveur conformément au présent Statut et à son Règlement de procédure et de preuve »[1966].

Les articles 47 à 49 de la loi du 29 mars 2004 mettent en œuvre ce système. Il est ainsi prévu que, face à une telle demande internationale, la Cour de cassation, sur réquisition du procureur général, prononce le dessaisissement de la

(1962) Voy. Ph. Meire et D. Vandermeersch, « La coopération avec la Cour Pénale Internationale à la lumière de l'expérience de la coopération avec les tribunaux internationaux *ad hoc* », in *La Belgique et la Cour pénale internationale : complémentarité et coopération*, Bruxelles, S.P.F. Justice et Bruylant, 2005, pp. 186-187.
(1963) Exposé des motifs, *Doc. parl.*, Ch. repr., sess. 2003-2004, n° 51-0564/001, p. 31 ; Exposé des motifs, *Doc. parl.*, Ch. repr., sess. 2013-2014, n° 53-3299/001, p. 7 ; Développements, *Doc. parl.*, Ch. repr., sess. 2018-2019, n° 54-3515/001, pp. 217-218.
(1964) *Supra*, n° 383.
(1965) *Supra*, n° 6.
(1966) Voy. de même l'art. 9, § 2, du Statut du TPIY et l'art. 8, § 2, du Statut du TPIR.

juridiction belge saisie du même fait, après avoir vérifié qu'il n'y a pas erreur sur la personne[1967]. Pour les besoins de ce contrôle très limité, qui n'implique aucun examen au fond, la Cour de cassation doit pouvoir prendre connaissance des données de base relatives à la compétence et à la personne[1968]. La Cour de cassation entend la personne intéressée[1969].

Le dessaisissement ne fait pas obstacle au droit de la partie civile de demander réparation devant les juridictions belges, mais l'exercice de ce droit est suspendu tant que l'affaire est pendante devant le tribunal international concerné[1970].

Lorsque le tribunal international fait savoir, après dessaisissement de la juridiction belge, que son procureur a décidé de ne pas établir d'acte d'accusation, que le tribunal ne l'a pas confirmé, ou que le tribunal s'est déclaré incompétent, la Cour de cassation, sur réquisition du procureur général, et après audition de la personne intéressée, règle la procédure et, s'il y a lieu, prononce le renvoi devant la juridiction belge compétente[1971].

388 ▶ **Cour pénale internationale.** La procédure de dessaisissement est également prévue au profit de la Cour pénale internationale, mais dans des termes fort différents puisque l'action de cette dernière est complémentaire (c'est-à-dire subsidiaire) à celle des juridictions nationales[1972]. L'enquête et les poursuites nationales étant ici prioritaires, un dessaisissement n'a vocation à intervenir que si et lorsque le procureur de la Cour pénale internationale notifie à la Belgique et aux autres États parties l'ouverture d'une enquête, à La Haye, en lien avec des faits dont les autorités judiciaires belges seraient elles-mêmes saisies[1973]. Ceci suppose que le procureur de la Cour pénale internationale soit convaincu qu'il existe une base raisonnable pour ouvrir une enquête[1974], et donc qu'il estime, parmi d'autres paramètres, que les autorités belges n'ont pas la volonté ou la capacité de mener véritablement à bien les poursuites[1975].

(1967) Art. 47 de la L. 29 mars 2004. Pour quelques cas d'application, voy. Cass., 15 mai 1996, R.G. n° P.96.0640.F, *Pas.*, 1996, I, n° 178 ; Cass., 9 juillet 1996, R.G. n° P.96.0869.F, *Pas.*, 1996, I, n° 274 ; Cass., 9 octobre 1996, R.G. n° P.96.1000.F, *Pas.*, 1996, I, n° 370 ; Cass., 12 avril 2000, R.G. n° P.00.0537.F, *Pas.*, 2000, n° 251.

(1968) Rapport fait au nom de la commission de la Justice, *Doc. parl.*, Sénat, sess. 1995-1996, n° 1-247/3, pp. 38-39.

(1969) Art. 47 de la L. 29 mars 2004.

(1970) Art. 48 de la L. 29 mars 2004.

(1971) Art. 49 de la L. 29 mars 2004. Pour un cas d'application, voy. Cass., 13 août 1996, R.G. n° P.96.1186.F, *Pas.*, 1996, I, n° 281. Voy. égal., à ce sujet, Cass., 9 janvier 2002, R.G. n° P.01.1035.F, *Pas.*, 2002, n° 17.

(1972) *Supra*, n° 7.

(1973) Art. 8, § 2, al. 2, de la L. 29 mars 2004.

(1974) Art. 18, § 1er, du Statut de Rome.

(1975) Art. 17, § 1er, a), du Statut de Rome.

Dans une telle hypothèse (*a priori* théorique), les contours de la procédure de dessaisissement sont comparables à ce qui prévaut à l'égard des tribunaux pénaux internationaux *ad hoc*[1976].

2. L'arrestation provisoire

389 ▶ **Notion.** Au sens de la loi du 29 mars 2004, l'arrestation provisoire est une mesure temporaire et urgente, comparable à l'arrestation provisoire dans le contexte extraditionnel[1977], qui vise à éviter la fuite d'un suspect lorsque la juridiction internationale demanderesse n'a pas encore pu accomplir toutes les formalités requises pour une demande complète d'arrestation et de remise. Elle est prévue au profit de la Cour pénale internationale[1978], des tribunaux pénaux internationaux *ad hoc*[1979] et des Chambres spécialisées pour le Kosovo[1980].

390 ▶ **Procédure.** L'arrestation provisoire trouve son origine dans une demande écrite adressée à la Belgique par la juridiction internationale demanderesse ou par son procureur. S'agissant de la Cour pénale internationale, la demande est accompagnée *a minima* des éléments d'identification du suspect, de l'exposé succinct des faits et crimes pour lesquels il est recherché, de l'affirmation de l'existence d'un mandat d'arrêt à son encontre[1981] et d'une déclaration indiquant qu'une demande complète de remise suivra[1982].

Le juge d'instruction territorialement compétent (c'est-à-dire celui du lieu où le suspect a sa résidence ou a été trouvé) exécute cette demande d'entraide en délivrant un mandat d'arrêt, après avoir entendu l'intéressé pour s'assurer que la demande est bien accompagnée des informations minimales requises et qu'il n'y a pas d'erreur sur la personne. Selon les travaux préparatoires et la jurisprudence, le contrôle du juge d'instruction porte uniquement sur ces dernières circonstances et ne s'étend pas, par exemple, à l'appréciation de l'urgence

(1976) Art. 8, § 2, de la L. 29 mars 2004.
(1977) M.-A. Beernaert, H. D. Bosly et D. Vandermeersch, *Droit de la procédure pénale*, 9e éd., Bruges, la Charte, 2021, p. 2128.
(1978) Art. 14-15 de la L. 29 mars 2004.
(1979) Art. 53, § 2, de la L. 29 mars 2004. Rappelons que les mesures de coopération au profit des deux tribunaux pénaux internationaux *ad hoc* visent également, systématiquement, le Mécanisme chargé d'exercer leurs fonctions résiduelles (art. 43 de la L. 29 mars 2004).
(1980) Art. 86, § 2, de la L. 29 mars 2004.
(1981) Cette exigence tranche avec ce qui est requis par la loi concernant les tribunaux pénaux internationaux *ad hoc* et les Chambres spécialisées pour le Kosovo, à savoir une simple demande émanant de leur procureur.
(1982) Voy. l'art. 92, § 2, du Statut de Rome, auquel l'art. 14, § 2, de la L. 29 mars 2004 renvoie. Dans le sillon de leur Statut, la loi est plus évanescente concernant les tribunaux pénaux internationaux *ad hoc* et les Chambres spécialisées pour le Kosovo, en faisant uniquement référence aux « pièces nécessaires à l'arrestation provisoire ».

de la demande[1983]. Le mandat d'arrêt doit être signifié dans les 24 heures de la privation de liberté[1984] et n'est, depuis la modification législative de 2014, plus susceptible d'aucun recours[1985]. Le législateur a expliqué cette réforme par l'exigence d'économie procédurale et par le fait que l'intéressé conserve la possibilité de solliciter à tout moment une mise en liberté provisoire[1986]. L'on peut toutefois regretter le fait qu'à la suite de cette évolution législative, la personne arrêtée provisoirement ne bénéficie plus d'aucune possibilité de contester la validité du mandat d'arrêt émis par le juge d'instruction – ce que ne permet pas, au demeurant, l'introduction d'une requête de mise en liberté provisoire[1987].

Par contraste avec les tribunaux pénaux internationaux *ad hoc* et les Chambres spécialisées pour le Kosovo, pour lesquels la loi est silencieuse, la Cour pénale internationale dispose d'un délai de trois mois à compter de l'arrestation provisoire pour présenter une demande complète d'arrestation et de remise. À défaut, l'intéressé est remis en liberté[1988].

3. L'arrestation et la remise

391 ▸ **Notion.** L'arrestation et la remise sont la procédure standard par laquelle, à la suite d'une demande de transfert émise par une juridiction pénale internationale, un individu se voit privé de liberté (ce qui a le cas échéant pour effet de mettre fin à et de remplacer la mesure préalable d'arrestation provisoire[1989]) et transféré à cette juridiction. L'on parle de « remise » (ou, plus couramment, en lien avec les juridictions pénales internationales autres que la Cour pénale internationale, de « transfert »), et non d'extradition, dès lors que le processus

(1983) Exposé des motifs, *Doc. parl.*, Ch. repr., sess. 2013-2014, n° 53-3299/001, p. 32 ; Cass., 18 juin 2008, R.G. n° P.08.0896.F, disponible sur Juportal, avec concl. M.P.
(1984) L'on imagine, à cet égard, que le législateur a omis de modifier la L. 29 mars 2004 lors de l'extension du délai de garde à vue de 24 à 48 heures (voy. la L. 31 octobre 2017 modifiant la loi du 20 juillet 1990 relative à la détention préventive, la loi du 7 juin 1969 fixant le temps pendant lequel il ne peut être procédé à des perquisitions, visites domiciliaires ou arrestations, la loi du 5 août 1992 sur la fonction de police et la loi du 19 décembre 2003 relative au mandat d'arrêt européen, *M.B.*, 29 novembre 2017 [vig. 29 novembre 2017]). Quoi qu'il en soit, dès lors qu'il est clairement prévu par la L. 29 mars 2004, c'est ce délai de 24 heures qui s'applique.
(1985) La question de savoir si le ministère public a pour sa part la possibilité d'interjeter appel d'un éventuel refus, par le juge d'instruction, d'émettre un mandat d'arrêt, n'est pas réglée par la loi. Voy., préconisant l'affirmative, M.-A. BEERNAERT, H. D. BOSLY et D. VANDERMEERSCH, *Droit de la procédure pénale*, 9e éd., Bruges, la Charte, 2021, p. 2130 et encore p. 2131.
(1986) Exposé des motifs, *Doc. parl.*, Ch. repr., sess. 2013-2014, n° 53-3299/001, pp. 15-17.
(1987) *Infra*, n° 394.
(1988) Art. 15 de la L. 29 mars 2004.
(1989) Cass., 1er juillet 2008, R.G. n° P.08.0971.F, disponible sur Juportal.

ne s'inscrit pas dans une relation interétatique horizontale et diffère à certains égards de la procédure classique d'extradition[1990].

La procédure d'arrestation et de remise est prévue par la loi du 29 mars 2004, ici aussi en des termes comparables mais non identiques, au profit de la Cour pénale internationale[1991], des tribunaux pénaux internationaux *ad hoc*[1992], du Tribunal spécial pour le Liban[1993] et des Chambres spécialisées pour le Kosovo[1994].

392 ▸ **Procédure.** La demande d'arrestation et de remise formulée par la juridiction internationale demanderesse doit faire l'objet d'un *exequatur* par la chambre du conseil territorialement compétente (soit celle du lieu où le suspect a sa résidence ou a été trouvé). À cette fin, la chambre du conseil vérifie qu'il n'y a pas d'erreur sur la personne et que les pièces justificatives pertinentes ont été fournies (il s'agit, concernant la Cour pénale internationale[1995], des éléments d'identification du suspect, d'une copie du mandat d'arrêt et des autres renseignements qui pourraient être requis par la Belgique pour procéder à la remise[1996]). La procédure est, à ce stade, non contradictoire : il n'est pas requis que l'intéressé soit entendu[1997].

Si la chambre du conseil refuse de rendre la demande d'arrestation et de remise exécutoire, le ministère public peut interjeter appel dans les 24 heures de l'ordonnance. La chambre des mises en accusation statue alors dans les huit jours, après avoir entendu le ministère public.

Lorsque la demande est rendue exécutoire (soit par la chambre du conseil, soit par la chambre des mises en accusation sur appel du ministère public), la personne est privée de liberté et se voit signifier la décision d'*exequatur* ainsi que les pièces pertinentes émanant de la juridiction internationale demanderesse. Elle peut alors interjeter appel dans les 24 heures de la signification[1998], mais

---

(1990) E. DAVID, *Éléments de droit pénal international et européen*, vol. 1, 2e éd., Bruxelles, Bruylant, 2018, p. 492.

(1991) Art. 11 à 13, 17 et 18 de la L. 29 mars 2004.

(1992) Art. 53, § 1er, et 54 de la L. 29 mars 2004.

(1993) Art. 76, § 1er, et 77 de la L. 29 mars 2004.

(1994) Art. 86, § 1er, et 87 de la L. 29 mars 2004.

(1995) Le cadre est, ici encore, moins clair en ce qui concerne les autres juridictions, pour lesquelles la loi fait uniquement référence aux « pièces nécessaires à l'arrestation ».

(1996) Art. 91, § 2, du Statut de Rome. L'art. 91, § 3, réclame, en outre, d'autres pièces dans l'hypothèse spécifique d'une demande d'arrestation et de remise relative à une personne faisant déjà l'objet d'une condamnation.

(1997) Cass., 1er juillet 2008, R.G. n° P.08.0987.F, disponible sur Juportal.

(1998) Y compris lorsque la décision d'*exequatur* émane de la chambre des mises en accusation, saisie sur appel du ministère public (voy. à cet égard M.-A. BEERNAERT, H. D. BOSLY et D. VANDERMEERSCH, *Droit de la procédure pénale*, 9e éd., Bruges, la Charte, 2021, p. 2133). Le principe *audi alteram partem* serait en effet compromis si l'intéressé ne se voyait offrir aucune possibilité d'être entendu. Précisons que, contrairement à ce qui prévaut en matière d'extradition (voy. l'art. 3 de la L. 15 mars 1874, relatif à la phase d'avis, que ne connaît pas la L. 29 mars 2004), le

reste en détention jusqu'à ce que la chambre des mises en accusation se prononce. La chambre des mises en accusation doit statuer dans les 15 jours, après avoir entendu le ministère public, la personne arrêtée et son conseil. L'arrêt de la chambre des mises en accusation n'est pas susceptible de pourvoi en cassation, et le transfert effectif doit avoir lieu dans les trois mois de la décision de remise (sans qu'une sanction soit toutefois prévue en cas de non-respect du délai[1999]).

Contrairement à ce qui prévaut en matière d'extradition, la loi n'exclut pas la remise de ressortissants belges. Pour le surplus, la loi ne précise pas si certains motifs de refus d'*exequatur* doivent, le cas échéant, être appréciés par les juridictions d'instruction[2000]. Elle suggère à tout le moins que le non-respect du principe *ne bis in idem* soit un argument valable dans la mesure où, s'agissant de la Cour pénale internationale, une suspension du délai dans lequel la chambre des mises en accusation doit statuer est prévue pour l'hypothèse spécifique dans laquelle cette question serait soulevée, et ce, en vue de permettre des consultations avec la Cour[2001].

Ajoutons enfin que, s'agissant de la Cour pénale internationale toujours, la loi prévoit un processus simplifié permettant de lever les exigences liées à la procédure d'*exequatur* dans l'hypothèse où l'intéressé, faisant l'objet d'une mesure d'arrestation provisoire[2002], consent à sa remise immédiate[2003].

4. La mise en liberté provisoire dans l'attente de la remise

393 ▶ **Notion.** À tout moment au cours de la procédure d'arrestation et de remise, mais également au cours de la procédure d'arrestation provisoire[2004], la loi donne à la personne le droit de demander sa mise en liberté dans l'attente de

---

passage devant la chambre des mises en accusation en vue de l'*exequatur* de la demande internationale constitue l'unique temps susceptible de permettre la contradiction du processus d'arrestation et de remise.

(1999) Voy. Rapport fait au nom de la commission de la Justice, *Doc. parl.*, Ch. repr., sess. 1995-1996, n° 359/7, p. 10.

(2000) Concernant l'impératif de respect du droit international dans le cadre des procédures de coopération avec les mécanismes pénaux internationaux, voy. *supra*, n° 380.

(2001) Art. 13, § 5, de la L. 29 mars 2004. La Cour de cassation a pu suggérer que ceci épuise l'étendue du contrôle exercé par les juridictions d'instruction, et singulièrement par la chambre des mises en accusation. La Cour a en effet jugé que l'appel contre l'ordonnance de la chambre du conseil statuant sur l'exécution de la demande d'arrestation et de remise « défèr[e] à la chambre des mises en accusation le contrôle de l'identité de la personne recherchée, la vérification des pièces justificatives requises [...] et, le cas échéant, le contrôle du respect du principe *non bis in idem* » (Cass., 18 juin 2008, R.G. n° P.08.0896.F, disponible sur Juportal).

(2002) *Supra*, n°s 389 et 390.

(2003) Art. 17 de la L. 29 mars 2004.

(2004) Cass., 18 juin 2008, R.G. n° P.08.0896.F, disponible sur Juportal (précisant au demeurant que l'introduction d'une requête de mise en liberté n'est en rien subordonnée à l'existence d'une décision statuant définitivement sur la demande d'arrestation provisoire ou sur la demande d'arrestation et de remise).

sa remise éventuelle à la juridiction demanderesse. Cette possibilité concerne tant la Cour pénale internationale[2005] que les tribunaux pénaux internationaux *ad hoc*[2006], le Tribunal spécial pour le Liban[2007] et les Chambres spécialisées pour le Kosovo[2008].

394 ▶ **Procédure.** La demande de mise en liberté doit être introduite par requête devant la chambre des mises en accusation, laquelle se prononce dans les 15 jours, après avoir entendu le ministère public, l'intéressé et son conseil. S'agissant de la Cour pénale internationale, un processus de dialogue (qui a pour effet incident de suspendre le délai de 15 jours précité) est engagé avec la Cour, conformément à l'article 59, paragraphe 5, du Statut de Rome. La chambre des mises en accusation doit, le cas échéant, motiver sa décision de ne pas suivre les recommandations émises par la Cour pénale internationale dans ce cadre.

La chambre des mises en accusation ne contrôle pas la régularité du mandat d'arrêt émis par la juridiction demanderesse. Elle se borne, selon la loi, à déterminer si « eu égard à la gravité des crimes allégués, l'urgence et des circonstances exceptionnelles justifient la mise en liberté provisoire »[2009]. La loi suggère que toute décision de mise en liberté provisoire doive nécessairement être assortie de conditions[2010] et énonce que leur non-respect conduit à l'émission d'un mandat d'arrêt par le juge d'instruction.

La décision de la chambre des mises en accusation est susceptible de pourvoi en cassation, lequel doit être introduit dans un délai de 24 heures à compter de la signification[2011]. La personne reste alors en détention pour autant que la décision de la Cour de cassation intervienne dans les 15 jours de la déclaration de pourvoi ; à défaut, elle est mise en liberté.

Lorsque la requête de mise en liberté provisoire est rejetée par la chambre des mises en accusation, la personne privée de liberté peut former une nouvelle demande après l'écoulement d'un délai d'un mois à compter de l'arrêt de rejet.

(2005) Art. 16 de la L. 29 mars 2004.
(2006) Art. 53, § 3, de la L. 29 mars 2004.
(2007) Art. 76, § 2, de la L. 29 mars 2004.
(2008) Art. 86, § 3, de la L. 29 mars 2004.
(2009) L'on peut certainement interroger la compatibilité de ce standard avec le droit international, qui pose comme principe universel la liberté avant jugement et, en guise d'exception, la détention préventive (voy., parmi de nombreux instruments, l'article 9, § 3, du PIDCP et l'article 5, § 1er, c), de la CEDH). Voy. à ce sujet Chr. Deprez, *La Cour pénale internationale à l'épreuve du droit à la liberté*, Louvain-la-Neuve, Anthemis, 2017, pp. 148-149.
(2010) Voy. en ce sens M.-A. Beernaert, H. D. Bosly et D. Vandermeersch, *Droit de la procédure pénale*, 9e éd., Bruges, la Charte, 2021, p. 2134.
(2011) Voy. l'art. 31 de la L. 20 juillet 1990 relative à la détention préventive, auquel renvoie la L. 29 mars 2004.

5. La mise en liberté provisoire dans l'attente du jugement

395 ▶ **Notion.** La mise en liberté provisoire en Belgique peut également intervenir postérieurement à la remise de la personne à la juridiction internationale demanderesse, c'est-à-dire au cours même de la phase préliminaire ou du procès pénal international. Dans cette configuration, la mise en liberté est ordonnée par la juridiction pénale internationale et exécutée en Belgique. La loi prévoit ce mécanisme au profit de la Cour pénale internationale[2012] et, depuis la modification législative de 2018, des Chambres spécialisées pour le Kosovo[2013].

396 ▶ **Procédure.** Ce type d'assistance relève du domaine de la coopération volontaire : la loi subordonne expressément sa mise en œuvre à l'accord de l'autorité centrale[2014]. Lorsque la Belgique et la juridiction internationale concernée s'entendent sur une telle mesure, le transfert est organisé et la libération a lieu, le cas échéant, aux conditions fixées par la juridiction internationale. Si celles-ci ne sont pas respectées, le juge d'instruction peut décerner un mandat d'arrêt à l'encontre de l'intéressé, valable pour une durée de 15 jours à compter de son exécution[2015]. Dans ce délai, la juridiction internationale a la possibilité d'adresser à l'autorité centrale une demande d'arrestation provisoire ou de remise ; à défaut, la personne est libérée, le cas échéant, aux conditions initialement imposées.

Dans le contexte de la coopération avec la Cour pénale internationale, cette forme d'assistance fait l'objet d'un accord bilatéral de coopération renforcée entre la Cour et la Belgique[2016], lequel constitue un outil pionnier en la matière[2017]. C'est cet accord qui, en avril 2014, a permis la mise en œuvre de la toute première décision[2018] de mise en liberté avant jugement prononcée par la Cour pénale internationale[2019].

(2012) Art. 20*bis* de la L. 29 mars 2004.
(2013) Art. 88 de la L. 29 mars 2004.
(2014) Réservons ici l'hypothèse spécifique – et qui soulève d'autres questions de droit international – dans laquelle la demande concernerait des ressortissants belges ou des personnes bénéficiant d'un titre de séjour permanent en Belgique (voy. G. DIVE et J. DE HULTS, « A State's Experience of Cooperation with the International Criminal Court: The Case of Belgium », in O. BEKOU et D. BIRKETT [dir.], *Cooperation and the International Criminal Court. Perspectives from Theory and Practice*, Leiden, Brill, 2016, p. 283).
(2015) La procédure n'étant pas détaillée, l'on pourra se référer, à notre avis, au droit commun visé à l'article 16, § 2, de la L. 20 juillet 1990 relative à la détention préventive (qui prévoit notamment l'interrogatoire de l'intéressé par le juge d'instruction avant la délivrance éventuelle d'un mandat d'arrêt).
(2016) *Supra*, n° 381.
(2017) CPI, « La Belgique et la CPI signent un accord sur la mise en liberté provisoire de détenus », Communiqué de presse, ICC-CPI-20140410-PR992, 10 avril 2014, disponible sur https://www.icc-cpi.int/Pages/item.aspx?name=pr993&ln=fr.
(2018) CPI, *Le Procureur c. Bemba et al.*, ICC-01/05-01/13-703, Ch. prélim. II, Décision ordonnant la mise en liberté d'Aimé Kilolo Musamba, Jean-Jacques Mangenda Kabongo, Fidèle Babala Wandu et Narcisse Arido, 24 octobre 2014.
(2019) CPI, « Aimé Kilolo Musamba, Narcisse Arido et Fidèle Babala Wandu mis en liberté provisoire par la CPI », Communiqué de presse, ICC-CPI -20141023-PR1054, 23 octobre 2014, disponible sur https://www.icc-cpi.int/Pages/item.aspx?name=PR1054&ln=fr.

6. L'exécution des peines d'emprisonnement

397 ▶ **Notion.** Cette forme de coopération concerne la Cour pénale internationale[2020], les tribunaux pénaux internationaux *ad hoc*[2021], le Tribunal spécial pour la Sierra Leone[2022], le Tribunal spécial pour le Liban[2023] et les Chambres spécialisées pour le Kosovo[2024].

Dans tous les cas, la loi prévoit que ce mécanisme de coopération a lieu sur une base volontaire et suppose la conclusion préalable d'un accord de coopération bilatéral et spécifique entre la Belgique et la juridiction concernée. Un tel accord a été conclu, à notre connaissance, avec la Cour pénale internationale[2025] et avec le Tribunal pénal international pour l'ex-Yougoslavie[2026]. C'est à ce titre que Bosco Ntaganda purge actuellement sa peine dans un établissement pénitentiaire belge[2027].

398 ▶ **Procédure.** Lorsqu'elles y sont mises en œuvre, les peines prononcées par les juridictions internationales sont directement et immédiatement exécutoires en Belgique. Dans les 24 heures de son arrivée dans un établissement pénitentiaire belge, le condamné est présenté au procureur du Roi territorialement compétent qui procède à son interrogatoire. Ceci a pour seul objet de confirmer l'identité de l'intéressé et de formaliser, sur la base de l'original ou d'une expédition du jugement international, un ordre national d'incarcération immédiate. Si les conditions de détention sont, en tant que telles, régies par la législation belge, les mécanismes de libération anticipée, de libération pour raisons médicales, les réductions de peine et les autres modalités d'exécution touchant au principe même de la détention appartiennent à la seule juridiction internationale[2028]. Le tribunal d'application des peines est donc sans compétence pour se prononcer sur les demandes que le condamné introduirait sur la base de la

(2020) Art. 33 à 39 de la L. 29 mars 2004.
(2021) Art. 55 de la L. 29 mars 2004.
(2022) Art. 63*bis* de la L. 29 mars 2004.
(2023) Art. 78 de la L. 29 mars 2004.
(2024) Art. 89 de la L. 29 mars 2004.
(2025) CPI, ICC-PRES/16-03-14, Présidence, Accord entre la Cour pénale internationale et le Gouvernement du Royaume de Belgique sur l'exécution des peines prononcées par la Cour, vig. 8 décembre 2014, disponible sur https://www.legal-tools.org/doc/e017a3/pdf/.
(2026) Accord entre l'Organisation des Nations unies et le Gouvernement du Royaume de Belgique concernant l'exécution des peines imposées par le TPIY, vig. 2 mai 2007, disponible sur http://www.icty.org/x/file/Legal%20Library/Member_States_Cooperation/enforcement_agreement_belgique_02_05_07_fr.pdf.
(2027) CPI, « Bosco Ntaganda transféré dans un établissement pénitentiaire belge pour y purger sa peine », Communiqué de presse, ICC-CPI-20221214-PR1695, 14 décembre 2022, disponible sur https://www.icc-cpi.int/fr/news/bosco-ntaganda-transfere-dans-un-etablissement-penitentiaire-belge-pour-y-purger-sa-peine.
(2028) Sur le conflit normatif que cette situation est susceptible d'engendrer s'agissant du droit de grâce spécifiquement prévu à l'article 110 de la Constitution, voy. M.-A. BEERNAERT, H. D. BOSLY et D. VANDERMEERSCH, *Droit de la procédure pénale*, 9e éd., Bruges, la Charte, 2021, p. 2283.

loi du 17 mai 2006 relative au statut juridique externe des personnes condamnées à une peine privative de liberté[2029].

S'agissant de la Cour pénale internationale, des règles plus précises s'ajoutent à ce cadre général, notamment en matière d'évasion, de mise en œuvre du principe de spécialité et de communications entre la Cour et le condamné détenu en Belgique[2030].

7. L'exécution des peines d'amende et des confiscations

399 ▶ **Notion.** La loi du 29 mars 2004 prévoit, dans son article 40, une procédure d'exécution des peines d'amende et des confiscations ordonnées par la Cour pénale internationale. Une procédure similaire existe, mais uniquement pour ce qui concerne les confiscations, s'agissant des tribunaux pénaux internationaux *ad hoc*[2031], du Tribunal spécial pour la Sierra Leone[2032], des Chambres extraordinaires au sein des Tribunaux cambodgiens[2033], du Tribunal spécial pour le Liban[2034] et des Chambres spécialisées pour le Kosovo[2035].

En ce qu'il porte sur les confiscations, ce mécanisme n'est pas neuf : il fut mis en place dès l'adoption de la loi du 29 mars 2004 pour ce qui concerne la Cour pénale internationale et les deux tribunaux pénaux internationaux *ad hoc*, et il a, depuis lors, été successivement étendu aux autres juridictions précitées.

400 ▶ **Procédure.** S'inspirant du modèle interétatique régi par la loi du 20 mai 1997 sur la coopération internationale en ce qui concerne l'exécution de saisies et de confiscations[2036], la loi du 29 mars 2004 prévoit[2037], de façon commune à l'égard de chaque mécanisme international bénéficiaire, que le tribunal correctionnel du lieu où sont situés les biens visés procède à l'*exequatur* de la décision internationale de confiscation. Lorsqu'il est impossible de donner effet à la décision de confiscation (p. ex. parce que les biens concernés ne sont pas ou plus retrouvés dans le patrimoine du condamné), le tribunal correctionnel peut ordonner une confiscation par équivalent sur le pied de l'article 43*bis*, alinéa 2, du Code pénal. Il est encore précisé que les confiscations ne peuvent porter préjudice aux droits des tiers de bonne foi. Contrairement à ce qui prévaut en matière de perquisitions et saisies[2038], la loi n'impose toutefois pas expressément la convocation de ces derniers à l'audience. En

(2029) Cass., 1er avril 2015, R.G. n° P.15.0356.F, disponible sur Juportal, avec concl. M.P.
(2030) Voy. spéc. les art. 36 à 39 de la L. 29 mars 2004.
(2031) Art. 55*bis* de la L. 29 mars 2004.
(2032) Art. 63*ter* de la L. 29 mars 2004.
(2033) Art. 69*bis* de la L. 29 mars 2004.
(2034) Art. 79 de la L. 29 mars 2004.
(2035) Art. 90 de la L. 29 mars 2004.
(2036) *M.B.*, 3 juillet 1997 (vig. 13 juillet 1997).
(2037) Art. 40, § 3, 55*bis*, 63*ter*, 69*bis*, 79 et 90 de la L. 29 mars 2004.
(2038) *Infra*, n° 401.

définitive, les biens ou sommes obtenus sont intégralement transférés à la juridiction internationale demanderesse à l'initiative du ministère public, lequel informe l'autorité centrale.

La loi prévoyait, également depuis 2004, mais sans toutefois préciser autrement la procédure applicable, que la Belgique exécute par ailleurs les peines d'amende prononcées par la Cour pénale internationale. Les autres juridictions internationales ne sont pas visées, ce qui s'explique par le simple fait que leur statut ne connaît pas ce type de peine. À l'inverse, les articles 70 et 77 du Statut de la Cour pénale internationale prévoient la possibilité d'une peine d'amende, dont il est précisé qu'elle ne peut dépasser les trois quarts de la valeur des avoirs du condamné, déduction faite d'un montant suffisant pour répondre à ses besoins financiers et à ceux des personnes à sa charge[2039]. Cette disposition ne paraît pas de nature à rester lettre morte dans la pratique de la Cour : le 22 mars 2017, Jean-Pierre Bemba et Aimé Kilolo furent ainsi condamnés au paiement d'une peine d'amende de 300.000 euros et de 30.000 euros, respectivement[2040].

Dans ce contexte, la loi du 5 mai 2019 est venue utilement préciser la procédure concrète d'exécution, par la Belgique, des peines d'amende prononcées par la Cour. Le législateur s'est inspiré du régime prévu par la loi du 5 août 2006 relative à l'application du principe de reconnaissance mutuelle des décisions judiciaires en matière pénale entre les États membres de l'Union européenne[2041]. À ce titre, aucune procédure d'*exequatur* n'est requise, de sorte que la peine d'amende prononcée par la Cour pénale internationale est directement exécutoire en Belgique[2042].

Concrètement, la demande émanant de la Cour doit être libellée ou convertie en euros. Il revient au ministère public de l'exécuter pourvu qu'elle porte sur une peine d'amende définitive, c'est-à-dire qui ne soit plus susceptible d'appel devant la Cour pénale internationale. Aucune autre cause de refus n'est formulée par la loi, mais les travaux préparatoires précisent que ce mécanisme d'entraide est mis en œuvre « sans préjudice des règles de droit international éventuellement applicables, relatives aux immunités »[2043]. La loi rend applicable la procédure prévue aux articles 464/1 et suivants du Code d'instruction criminelle relative à l'enquête

(2039) Art. 146 du Règlement de procédure et de preuve.
(2040) CPI, *Le Procureur c. Bemba et al.*, ICC-01/05-01/13-2123-Corr-tFRA, Ch. pr. inst. VII, Décision relative à la peine rendue en application de l'article 76 du Statut, 22 mars 2017 (confirmée sur ce point, après appel, par CPI, *Le Procureur c. Bemba et al.*, ICC-01/05-01/13-2312-tFRA, Ch. pr. inst. VII, Décision portant fixation d'une nouvelle peine pour Jean-Pierre Bemba Gombo, Aimé Kilolo Musamba et Jean-Jacques Mangenda Kabongo, 17 septembre 2018).
(2041) Selon le législateur, le recours à un tel modèle de coopération renforcée se justifie notamment à la lumière des « hauts standards observés par [la CPI], notamment en ce qui concerne les garanties liées aux droits de la défense » (Amendements, *Doc. parl.*, Ch. repr., sess. 2018-2019, n° 54-3515/002, p. 27).
(2042) Amendements, *Doc. parl.*, Ch. repr., sess. 2018-2019, n° 54-3515/002, p. 27.
(2043) Amendements, *Doc. parl.*, Ch. repr., sess. 2018-2019, n° 54-3515/002, p. 28.

pénale d'exécution, et ce, quel que soit le montant de l'amende[2044]. Toutes les sommes recouvrées par la Cour pénale internationale par d'autres voies sont naturellement déduites, et il est mis fin à la procédure d'exécution de la peine d'amende dès que le ministère public est informé par l'autorité centrale du paiement de la totalité de la peine d'amende au profit de la Cour.

En matière tant d'amendes que de confiscations, l'Organe central pour la Saisie et la Confiscation assiste, à sa demande, le ministère public pour la mise en œuvre de la demande formulée par la juridiction internationale concernée[2045].

8. Les autres formes de coopération

401 ▶ **Autres formes de coopération prévues par la loi.** La loi du 29 mars 2004 met encore en place une série d'autres formes de coopération, que nous ne pouvons toutes commenter ici, et pour lesquelles il est renvoyé aux dispositions applicables. Font, ainsi, également l'objet d'une réglementation spécifique :

- la mise en œuvre de conditions restrictives de liberté dans le cadre d'une citation à comparaître émise par la Cour pénale internationale[2046] ;
- l'exécution d'une ordonnance de mise à contribution prononcée par la Cour pénale internationale[2047] ;
- la mise en œuvre de perquisitions et saisies[2048] ;
- le transfert temporaire de personnes détenues en Belgique[2049] ;
- le transit en Belgique de personnes détenues à l'étranger[2050] ;
- le transit en Belgique de personnes remises par un autre État[2051] ;
- l'exécution directe d'actes en Belgique par le procureur de la Cour pénale internationale[2052] ;
- la transmission spontanée d'informations à la Cour pénale internationale[2053] ; et
- la protection de témoins[2054].

(2044) Par contraste, un seuil minimum de 10.000 euros est exigé dans le droit commun de l'enquête pénale d'exécution (art. 1er de l'A.R. 25 avril 2014 portant exécution de l'article 464/4, § 1er, du Code d'instruction criminelle, *M.B.*, 30 mai 2014).
(2045) Art. 40, § 5, 65*bis*, 63*ter*, 69*bis*, 79 et 90 de la L. 29 mars 2004.
(2046) Art. 16 de la L. 29 mars 2004.
(2047) Art. 26, § 3, de la L. 29 mars 2004.
(2048) Art. 26, § 2, 50, § 3, 62, § 3, 68, § 3, 74, § 3, 84, § 3, 95, § 3, et 101, § 3, de la L. 29 mars 2004.
(2049) Art. 27, 50, § 5, 62, § 5, 68, § 5, 74, § 5, et 84, § 5, de la L. 29 mars 2004.
(2050) Art. 20, § 2, 50, § 7, 62, § 7, 68, § 7, 74, § 7, et 84, § 7, de la L. 29 mars 2004.
(2051) Art. 20, § 1er, 50, § 6, 62, § 6, 68, § 6, 74, § 6, et 84, § 6, de la L. 29 mars 2004.
(2052) Art. 32 de la L. 29 mars 2004.
(2053) Art. 10 de la L. 29 mars 2004. En pratique, rien ne paraît s'opposer à une même prise d'initiative au bénéfice des autres instances internationales visées par la loi.
(2054) Art. 28, 50, § 4, 62, § 4, 68, § 4, 74, § 4, 84, § 4, 95, § 4, et 101, § 4, de la L. 29 mars 2004.

402 ▶ **Formes de coopération non prévues par la loi.** Pour le surplus, la loi du 29 mars 2004 ne contient pas une liste exhaustive des mesures de coopération susceptibles d'être envisagées au profit des mécanismes internationaux. Il est au contraire précisé, s'agissant de la Cour pénale internationale, que les demandes d'entraide « peuvent comprendre tout acte non interdit par la législation belge » et étant « propre à faciliter l'enquête et les poursuites relatives aux crimes relevant de la compétence de la Cour »[2055]. En inspiration de la liste exemplative reprise à l'article 93 du Statut de Rome, la loi évoque notamment, de façon non limitative, l'identification de personnes, le rassemblement d'éléments de preuve, la signification de documents ou encore la transmission de documents[2056]. S'agissant des instances autres que la Cour pénale internationale, la loi fait référence, dans le même esprit mais en des termes plus concis, à toutes les demandes « visant à l'accomplissement de mesures relatives à la collecte et à la production d'éléments »[2057] et qui sont « nécessaires à l'instruction ou à la bonne conduite du procès »[2058].

Dans ce contexte générique, la loi précise explicitement le contenu de, ou la nature des pièces devant être jointes à, toute demande d'entraide émanant de la Cour pénale internationale (mais non des autres instances internationales[2059]). En sus de tout autre renseignement utile, il s'agit de :

— l'exposé succinct de l'objet de la demande, y compris ses fondements juridiques et motifs ;
— renseignements aussi détaillés que possible sur la personne ou le lieu visés par la demande ;
— l'exposé succinct des faits essentiels qui justifient la demande ;
— l'exposé des motifs et l'explication détaillée des procédures ou des conditions à respecter ; et
— tout renseignement que peut exiger la législation belge pour qu'il soit donné suite à la demande[2060].

La procédure d'exécution de la demande d'entraide est commune aux différents mécanismes internationaux concernés et a déjà été ébauchée plus tôt[2061]. Schématiquement, elle implique un contrôle initial de la régularité de la demande par l'autorité centrale qui la réceptionne, puis sa transmission

(2055) Art. 22, al. 2, de la L. 29 mars 2004.
(2056) Art. 22, al. 2, de la L. 29 mars 2004.
(2057) Art. 50, § 1er, 62, § 1er, 68, § 1er, 74, § 1er, 84, § 1er, 95, § 1er, 101, § 1er, de la L. 29 mars 2004.
(2058) Art. 50, § 1er, 62, § 1er, 68, § 1er, 74, § 1er, 84, § 1er, de la L. 29 mars 2004.
(2059) Voy. M.-A. Beernaert, H. D. Bosly et D. Vandermeersch, *Droit de la procédure pénale*, 9e éd., Bruges, la Charte, 2021, p. 2276 (préconisant l'application de formes identiques à celles requises pour les demandes émanant de la CPI).
(2060) Art. 23 de la L. 29 mars 2004.
(2061) *Supra*, n° 384.

à l'autorité belge compétente[2062]. Lorsque la demande d'entraide suppose une mesure de contrainte réservée au juge d'instruction, le ministère public requiert le juge d'instruction du lieu où la mesure doit être exécutée (si la demande concerne plusieurs mesures d'exécution portant sur différents lieux, le ministère public peut charger l'un des juges territorialement compétents de l'ensemble de ces mesures)[2063]. La loi prévoit encore la possibilité, pour les représentants de la seule Cour pénale internationale, et sur demande expresse adressée à l'autorité centrale, d'être présents et d'assister passivement[2064] à l'exécution de la demande sur le sol belge[2065]. En toute hypothèse, une fois la mesure de coopération accomplie, son résultat est communiqué au mécanisme international demandeur par l'intermédiaire de l'autorité centrale[2066].

Observons enfin qu'en application du principe *locus regit actum*, les modalités concrètes de l'exécution de la demande sont régies par le droit belge[2067]. Les autorités belges ne peuvent ainsi faire droit à une demande d'entraide que dans la mesure où celle-ci est légale au regard du droit belge, et dans les limites et conditions dictées par celui-ci[2068]. La loi précise pour le surplus qu'à moins que la législation belge pertinente ne l'interdise, les mesures d'entraide sont accomplies « comme il est dit dans la demande »[2069].

(2062) Art. 24 de la L. 29 mars 2004.

(2063) Art. 26, 50, § 2, 62, § 2, 68, § 2, 74, § 2, 84, § 2, 95, § 2, 101, § 2, de la L. 29 mars 2004.

(2064) Exposé des motifs, *Doc. parl.*, Ch. repr., sess. 2003-2004, n° 51-0564/001, p. 20.

(2065) Art. 25, al. 2, de la L. 29 mars 2004.

(2066) G. DIVE et J. DE HULTS, « A State's Experience of Cooperation with the International Criminal Court: The Case of Belgium », in O. BEKOU et D. BIRKETT (dir.), *Cooperation and the International Criminal Court. Perspectives from Theory and Practice*, Leiden, Brill, 2016, p. 273.

(2067) Art. 25, 50, § 1er, 62, § 1er, 68, § 1er, 74, § 1er, 84, § 1er, 95, § 1er, 101, § 1er, de la L. 29 mars 2004.

(2068) Rapport fait au nom de la commission de la Justice, *Doc. parl.*, Sénat, sess. 1995-1996, n° 1-247/3, p. 33.

(2069) Art. 25, 50, § 1er, 62, § 1er, 68, § 1er, 74, § 1er, 84, § 1er, 95, § 1er, 101, § 1er, de la L. 29 mars 2004.

Conclusion

403 ▶ **Bilan et perspectives.** La Belgique entretient une relation particulière avec le champ des crimes internationaux. Longtemps pionnière dans la lutte contre l'impunité de leurs auteurs, au point parfois de contrarier d'autres règles du droit international ou de se heurter de front aux vents contraires de la diplomatie mondiale, elle développe aujourd'hui une pratique plus discrète en la matière. Les ressources policières et judiciaires actuellement consacrées à la poursuite et au jugement des crimes de guerre, de génocide et contre l'humanité sont, entre autres obstacles importants, manifestement insuffisantes pour rencontrer les attentes légitimement suscitées, auprès des victimes, par un arsenal législatif qui demeure globalement volontariste.

Faut-il y voir un traumatisme lié à l'expérience de la compétence universelle absolue de 1993 et la volonté consécutive de faire désormais profil bas, ou plus simplement le fruit circonstanciel de décisions budgétaires généralement difficiles ? Nous ne le savons pas. Quoi qu'il en soit, il faut bien constater que, malgré le fort engagement de nombreux acteurs de terrain – magistrats, policiers, avocats, associations de défense des droits humains, pour ne citer que ceux-là –, les trente premières années d'activité belge sur le terrain des crimes internationaux ont, pour l'heure, seulement vu l'aboutissement de huit procès.

Point n'est pourtant lieu d'être défaitiste : au 31 décembre 2023, quelque 170 dossiers étaient à l'information ou à l'instruction, dans cette matière, en Belgique[2070]. Tous nourrissent une pratique – notamment devant les juridictions d'instruction – qui, à défaut de connaître une grande publicité, a pour effet de continuer à clarifier pas à pas les contours du cadre normatif belge relatif aux crimes internationaux. C'est cette pratique, en particulier, que nous avons souhaité éclairer modestement à travers cet ouvrage. Puisse celui-ci contribuer à son tour, fût-ce dans une infime mesure, à un meilleur ancrage national d'un domaine du droit pour lequel l'essentiel reste à accomplir.

(2070) Actualisation, fondée sur nos propres informations, du nombre de 135 repris in Parquet fédéral, *Rapport annuel 2021*, p. 181, disponible sur https://www.om-mp.be/.

Bibliographie sélective

Sont seules reprises ci-après, les références directement pertinentes pour l'étude du droit et de la pratique belges en matière de crimes internationaux. Les ressources générales, en matière de droit pénal et de droit international notamment, sont omises.

ALIÉ, M., « L'affaire Lumumba : imprescriptibilité des crimes de guerre et feu vert à l'ouverture d'une instruction en Belgique », *Justice en ligne*, 22 février 2013, disponible sur https://www.justice-en-ligne.be/L-affaire-Lumumba.

ALIÉ, M. et DEPREZ, Chr., « Chronique de droit international pénal 2023/2 », *R.D.P.C.*, 2024, n° 4, pp. 382-417.

ANDRIES, A., « *De maximis non curat praetor.* Le droit pénal des conflits armés : un droit sans tribunal », in *Liber amicorum Jules D'Haenens*, Gand, Mys et Breesch, 1993, pp. 1-28.

ANDRIES, A., DAVID, E., VAN DEN WYNGAERT, Chr. et VERHAEGEN, J., « Commentaire de la loi du 16 juin 1993 relative à la répression des infractions graves au droit international humanitaire », *R.D.P.C.*, 1994, n° 11, pp. 1114-1184.

ANDRIES, A., « Genèse et enjeux du droit pénal et des conflits armés », *Rev. dr. mil.*, 1997, vol. 36, pp. 111-113.

ANDRIES, A., « Commentaire des articles 1 et 2 de la loi belge du 16 juin 1993 relative à la répression des infractions graves au droit international humanitaire », *Rev. dr. mil.*, 1997, vol. 36, pp. 119-121.

ANDRIES, A., « Commentaire de l'article 9 de la loi belge du 16 juin 1993 relative à la répression des infractions graves au droit international humanitaire », *Rev. dr. mil.*, 1997, vol. 36, pp. 129-131.

ANGELET, N., « Les juges belges face aux actes des organisations internationales », in LAGERWALL, A. (dir.), *Les juges belges face aux actes adoptés par les États étrangers et les organisations internationales*, Bruxelles, Bruylant, 2016, pp. 13-67.

AYAD, M., « La loi belge de compétence universelle », *Just News*, 2001, n° 7, pp. 8-10.

BAILLEUX, A., « L'histoire de la loi belge de compétence universelle. Une valse à trois temps : ouverture, étroitesse, modestie », *Droit et Société*, 2005, n° 59, pp. 107-134.

BAILLEUX, A., *La compétence universelle au carrefour de la pyramide et du réseau : de l'expérience belge à l'exigence d'une justice pénale transnationale*, Bruxelles, Bruylant, 2005, 225 p.

BAKER, R., « Universal Jurisdiction and the Case of Belgium: A Critical Assessment », *ISLA J. Comp. L.*, 2009, vol. 16, pp. 141-167.

BEERNAERT, M.-A., BOSLY, H. D. et VANDERMEERSCH, D., *Droit de la procédure pénale*, 9e éd., Bruges, la Charte, 2021, 2324 p.

BEHRENDT, Chr., « Le commandement de l'armée et la notion d'état de guerre », in JENART, C. (dir.), *De Grondwet en Jan Velaers, Een vriendschapsgewijze commentaar*, Bruges, la Charte, 2022, pp. 517-529.

BEKOU, O., « Crimes at Crossroads: Incorporating International Crimes at the National Level », *J.I.C.J.*, 2012, vol. 10, pp. 679-689.

BENAÏSSA, N., « La loi de compétence universelle. Commentaire des arrêts rendus les 23 mars et 13 avril 2005 par la Cour d'arbitrage », *J.T.*, 2005, n° 6184, pp. 389-391.

BENAÏSSA, N., « La loi sur la compétence universelle, acte III », *J.T.*, 2006, n° 6241, pp. 662-664.

BERNARD, N. B., *Défense nationale*, coll. R.P.D.B., Bruxelles, Larcier, 2022, 370 p.

BERTAM, D., « Écocide à la Bruxelloise », *Verfassungsblog*, 9 mars 2024, disponible sur https://verfassungsblog.de/ecocide-a-la-bruxelloise/.

BORN, M., DE HERDT, J., ROZIE, J. et VANDERMEERSCH, D., « Vers l'insertion d'un crime d'écocide au titre de crime de droit international dans le nouveau Code pénal », *J.T.*, 2022, n° 6898, pp. 297-307.

BORNEMAN, J. (dir.), *The Case of Ariel Sharon and the Fate of Universal Jurisdiction*, Princeton, Princeton University, 2004, 181 p.

BOSLY, H. D. *et al.* (dir.), *Actualité du droit international humanitaire*, Bruges, la Charte, 2001, 225 p.

BOSLY, H. D., « Les règles d'un jeu délicat », *Politique : revue belge d'analyse et de débat*, 2002, n° 23, pp. 20-23.

BOSLY, H. D., « La compétence universelle : la perspective du droit de la procédure pénale », in *La compétence universelle*, numéro commun *Ann. Dr. Louvain* (2004, nos 1-2) et *Rev. dr. ULB* (2004, n° 2), pp. 147-180.

BOSLY, H. D., « La coopération judiciaire avec la Cour pénale internationale », in *Mélanges Jacques van Compernolle*, Bruxelles, Bruylant, 2004, pp. 11-24.

BOSLY, H. D., « La compétence extraterritoriale relative aux crimes de droit international humanitaire : évolution du droit belge pendant une décennie », in *Le droit pénal à l'aube du troisième millénaire. Mélanges offerts à Jean Pradel*, Paris, Cujas, 2006, pp. 1021-1032.

BOSLY, H. D., « La jurisprudence de la Cour d'arbitrage et la notion de compétence extra-territoriale en matière pénale », in *En hommage à Francis Delpérée. Itinéraires d'un constitutionnaliste*, Bruxelles, Bruylant, 2007, pp. 231-241.

BOSLY, H. D. et MOREAU, Th., « Les Tribunaux militaires en Belgique », in LAMBERT-ABDELGAWAD, E. (dir.), *Juridictions militaires et tribunaux d'exception en mutation : perspectives comparées et internationales*, Paris, Contemporary Publishing International, 2007, pp. 33-48.

BOSLY, H. D. et VANDERMEERSCH, D., *Génocide, crimes contre l'humanité et crimes de guerre face à la justice : les juridictions internationales et les tribunaux nationaux*, 2e éd., Bruxelles, Bruylant, 2012, 294 p.

BOSSUYT, M., « Universele jurisdictie in België », *Juristenkrant*, 2001, n° 32, p. 3.

BOTHE, M., MACALISTER-SMITH, P. et KURZIDEM, Th. (dir.), *National Implementation of International Humanitarian Law*, Londres, Martinus Nijhoff, 1990, 260 p.

BRAMMERTZ, S. et *al.* (dir.), *Poursuites pénales et extraterritorialité*, Bruges, la Charte, 2002, 248 p.

BREMS, E., « Universal Criminal Jurisdiction for Grave Breaches of International Humanitarian Law: The Belgian Legislation », *Singapore Journal of International & Comparative Law*, 2002, vol. 6, pp. 909-952.

BRODY, R., *La traque de Hissène Habré. Juger un dictateur dans un monde d'impunité*, Paris, Karthala, 2024, 376 p.

BURNÉO LABRIN, J. et BOSLY, H. D., « La notion de crime contre l'humanité et le droit pénal interne », *R.D.P.C.*, 1999, n° 2, pp. 291-300.

BURNÉO LABRIN, J. et BOSLY, H. D., « L'extradition pour crime contre l'humanité d'un ancien chef d'État étranger », *R.D.P.C.*, 1999, n° 2, pp. 278-290.

CARTUYVELS, Y., « La justice belge face au génocide rwandais : la symbolique de la compétence universelle en question », *Oñati Socio-Legal Series*, 2018, vol. 8, pp. 419-436.

CASIER, Fr. et JANSSENS, A., « La Commission interministérielle de droit humanitaire de Belgique : un organe consultatif devenu incontournable dans la mise en œuvre et la promotion du droit international humanitaire », *R.I.C.R.*, 2014, vol. 96, pp. 209-227.

CASSESE, A. et DELMAS-MARTY, M. (dir.), *Juridictions nationales et crimes internationaux*, Paris, PUF, 2002, 680 p.

CASSESE, A., « L'incidence du droit international sur le droit interne », in CASSESE, A. et DELMAS-MARTY, M. (dir.), *Juridictions nationales et crimes internationaux*, Paris, PUF, 2002, pp. 553-566.

CASSESE, A., « When May Senior State Officials be Tried for International Crimes? Some Comments on the *Congo v. Belgium* Case », *EJIL*, 2002, vol. 14, pp. 853-875.

COLETTE-BASECQZ, N., « La répression de l'omission en droit international pénal et en droit belge », *Ann. Dr. Louvain*, 1995, n°s 1-2, pp. 19-52.

COLETTE-BASECQZ, N. et BLAISE, N., *Manuel de droit pénal général*, 4e éd., Limal, Anthemis, 2019, 684 p.

COLLECTIF, « Journées d'étude du 19 mai 1995 organisées par le Séminaire belge de droit pénal militaire et de Droit de la Guerre. Questions et réponses », *Rev. dr. mil.*, 1997, vol. 36, pp. 133-148.

COLLECTIF, « Législation et procédures nationales », in *Investigation et poursuites des violations du droit des conflits armés*, Bruxelles, Éditions de la Défense, 1999, pp. 49-296.

COLLECTIF, « Belgium – Belgique », in *Compatibilité des systèmes juridiques nationaux avec le Statut de la Cour pénale internationale permanente*, Bruxelles, Éditions de la Défense, 2003, pp. 145-208.

COLLECTIF, *La compétence universelle*, numéro commun *Ann. Dr. Louvain* (2004, n°s 1-2) et *Rev. dr. ULB* (2004, n° 2), 350 p.

COLLECTIF, *La Belgique et la Cour pénale internationale : complémentarité et coopération*, Bruxelles, S.P.F. Justice et Bruylant, 2005, 329 p.

COPPENS, Ph., « Compétence universelle et fonction de juger », *Politique : revue belge d'analyse et de débat*, 2002, n° 23, pp. 31-32.

COPPENS, Ph., « Compétence universelle et justice globale », in *La compétence universelle*, numéro commun *Ann. Dr. Louvain* (2004, n°s 1-2) et *Rev. dr. ULB* (2004, n° 2), pp. 15-49.

CORTEN, O. et SCHAUS, A., « Vers la fin de la compétence universelle ? », *Journal du juriste*, 2003, n° 21, p. 5.

CORTEN, O., « De quel droit ? Place et fonction du droit comme registre de légitimité dans le discours sur la "compétence universelle" », in *La compétence universelle*, numéro commun *Ann. Dr. Louvain* (2004, n°s 1-2) et *Rev. dr. ULB* (2004, n° 2), pp. 51-82.

CORTEN, O., « Une compétence universelle sans communauté internationale ? », *Politique : revue belge d'analyse et de débat*, 2002, n° 23, pp. 24-27.

COT, J.-P., « L'affaire du Mandat d'arrêt du 11/04/2000 », *R.T.D.H.*, 2002, n° 52, pp. 943-957.

D'ARGENT, P., « La loi du 10 février 1999 relative à la répression des violations graves du droit international humanitaire », *J.T.*, 1999, n° 5935, pp. 549-555.

D'ARGENT, P. et D'ASPREMONT LYNDEN, J., « La loi de compétence universelle revue mais pas corrigée », *J.T.*, 2003, n° 6101, pp. 480-481.

D'ARGENT, P., « Monsieur Sharon et ses juges belges », *J.T.*, 2003, n° 6091, pp. 247-252.

D'ARGENT, P., « Jurisprudence belge relative au droit international public (1993-2003) », *R.B.D.I.*, 2003, n° 2, pp. 625-635.

D'ARGENT, P., « Les nouvelles règles en matière d'immunités selon la loi du 5 août 2003 », *Jura Falconis*, 2003, vol. 40, pp. 73-85.

D'ARGENT, P., « Military Law in Belgium », in NOLTE, G. (dir.), *European Military Law Systems*, Berlin, De Gruyter, 2003, pp. 183-231.

D'ARGENT, P., « L'expérience belge de la compétence universelle : beaucoup de bruit pour rien », *R.G.D.I.P.*, 2004, n° 3, pp. 597-632.

D'ARGENT, P., « L'expérience belge de la compétence universelle : *much ado about nothing ?* », in JACOBS, A. (dir.), *Actualités de droit pénal et de procédure pénale (II)*, Bruxelles, Larcier, 2004, pp. 403-456.

D'ARGENT, P., « Les nouvelles règles en matière d'immunités selon la loi du 5 août 2003 », in *La compétence universelle*, numéro commun *Ann. Dr. Louvain* (2004, n°s 1-2) et *Rev. dr. ULB* (2004, n° 2), pp. 191-207.

D'ARGENT, P., « Jurisprudence belge relative au droit international public (2004-2007) », *R.B.D.I.*, 2007, n° 1, pp. 174-175 et pp. 189-191.

D'ARGENT, P. *et al.*, « Jurisprudence belge relative au droit international public (2012-2017) », *R.B.D.I.*, 2018, n° 1, pp. 222-223 et pp. 256-262.

D'ASPREMONT LYNDEN, J. et DOPAGNE, Fr., « La loi "de compétence universelle" devant la Cour internationale de justice », *J.T.*, 2002, n° 6050, pp. 284-288.

D'HUART, P., « Affaire *Lumumba* : vers un non-lieu ? », *J.T.*, 2013, n° 6517, pp. 282-285.

DAVID, E., « La loi belge sur les crimes de guerre », *R.B.D.I.*, 1995, n° 2, pp. 668-684.

DAVID, E., « Le champ d'application de la loi belge du 16 juin 1993 relative à la répression des infractions graves au droit international humanitaire », *Rev. dr. mil.*, 1997, vol. 36, pp. 111-113.

DAVID, E., « L'application aux conflits armés non internationaux de l'article 1er de la loi belge du 16 juin 1993 relative à la répression des infractions graves au droit international humanitaire », *Rev. dr. mil.*, 1997, vol. 36, pp. 115-117.

DAVID, E., « Chronique annuelle sur la pratique belge en matière de droit international humanitaire », *Y.I.H.L.*, vol. 3, 2000, pp. 426-431.

DAVID, E., « L'influence de la Cour pénale internationale sur la législation interne », in INSTITUT INTERNATIONAL DE DROIT HUMANITAIRE, *Current Problems of International Humanitarian Law. The International Criminal Court: Evaluation and Progress of the UN Diplomatic Conference*, Milan, Nagard, 2001, pp. 80-85.

DAVID, E., « Les conséquences du Statut de la Cour pénale internationale pour la répression en droit belge », in BOSLY, H. D. *et al.* (dir.), *Actualité du droit international humanitaire*, Bruges, la Charte, 2001, pp. 73-92.

DAVID, E., « Chronique annuelle sur la pratique belge en matière de droit international humanitaire », *Y.I.H.L.*, 2002, vol. 5, pp. 445-451.

DAVID, E., « La loi belge de 1993-1999 : conforme ou contraire au droit international ? », in WOUTERS, J. et PANKEN, H. (dir.), *De Genocidewet in internationaal perspectief*, Louvain-Bruxelles, Jura Falconis-Larcier, 2002, pp. 173-183.

DAVID, E., « Une règle à valeur de symbole », *Politique : revue belge d'analyse et de débat*, 2002, n° 23, pp. 12-17.

DAVID, E., « Universal Jurisdiction in Belgian Law », *P.Y.I.L.*, 2002-2003, vol. 12, pp. 77-115.

DAVID, E., « Le droit international humanitaire devant les juridictions nationales », in FLAUSS, J.-F. (dir.), *Les nouvelles frontières du droit international humanitaire*, Bruxelles, Bruylant-Nemesis, 2003, pp. 135-175.

DAVID, E., « Que reste-t-il de la compétence universelle dans la loi du 5 août 2003 ? », *Jura Falconis*, 2003, vol. 40, pp. 55-72.

DAVID, E., « Chronique annuelle sur la pratique belge en matière de droit international humanitaire », *Y.I.H.L.*, 2003, vol. 6, pp. 464-470.

DAVID, E., « La compétence universelle en droit belge », in *La compétence universelle*, numéro commun *Ann. Dr. Louvain* (2004, nos 1-2) et *Rev. dr. ULB* (2004, n° 2), pp. 83-150.

DAVID, E., « Règles de compétence en droit interne belge et régime de complémentarité, y compris les règles d'immunité après l'adoption de la loi du 29 mars 2004 », in *La Belgique et la Cour pénale internationale : complémentarité et coopération*, Bruxelles, S.P.F. Justice et Bruylant, 2005, pp. 75-97.

DAVID, E., « The Belgian Experience », in BASSIOUNI, M. C. (dir.), *International Criminal Law. Volume III: International Enforcement*, 3e éd., Leiden, Brill, 2008, pp. 359-384.

DAVID, E., « L'exercice de la compétence universelle en Belgique dans le cas du Sahara occidental », *R.B.D.I.*, 2010, n° 1, pp. 36-42.

DAVID, E., « Le droit international humanitaire et l'hypothétique amnistie, en Belgique, des crimes de guerre, des crimes contre l'humanité et des crimes de génocide », *Justice en ligne*, 5 novembre 2010, disponible sur https://www.justice-en-ligne.be/Le-droit-international-humanitaire.

DAVID, E., « 8 décembre 2010 : premier jugement belge dans l'affaire dite de l'ETO (École technique officielle) au Rwanda », *Justice en ligne*, 10 janvier 2011, disponible sur https://www.justice-en-ligne.be/8-decembre-2010-premier-jugement.

DAVID, E., « L'affaire dite de l'ETO (École technique officielle) au Rwanda : la Cour d'appel disculpe la Belgique – Commentaire critique », *Justice en ligne*, 10 novembre 2018, disponible sur https://www.justice-en-ligne.be/L-affaire-dite-de-l-ETO-Ecole.

DAVID, E., *Éléments de droit pénal international et européen*, 2e éd., Bruxelles, Bruylant, 2018, 1720 p.

DAVID, E., *Principes de droit des conflits armés*, 6e éd., Bruxelles, Bruylant, 2019, 1424 p.

DE SCHUTTER, O., « L'incrimination universelle de la violation des droits sociaux fondamentaux », in *La compétence universelle*, numéro commun *Ann. Dr. Louvain* (2004, nos 1-2) et *Rev. dr. ULB* (2004, n° 2), pp. 209-245.

DE SMET, L. et NAERT, Fr., « De wet betreffende bestraffing van ernstige schendingen van her internationaal humanitair recht: een internationaalrechtelijk perspectief », *Institute for International Law K.U.Leuven Working Papers*, 2001, n° 13, 39 p.

DE SMET, L. et NAERT, Fr., « Making or Breaking International Law? An International Law Analysis of Belgium's Act Concerning the Punishment of Grave Breaches of International Humanitarian Law », *R.B.D.I.*, 2002, nos 1-2, pp. 471-511.

DENIS, C., « Il nous aura fallu près de cinquante ans. Quelques remarques sur la compétence universelle en droit belge », *Journal des procès*, 2001, n° 416, pp. 10-13.

DEPREZ, Chr., « La coopération avec les mécanismes pénaux internationaux : la loi du 29 mars 2004 et ses modifications récentes », in FRANSSEN, V. et MASSET, A. (dir.), *Actualités de droit pénal et de procédure pénale*, coll. CUP, vol. 194, Liège, Anthemis, 2019, pp. 487-512.

DEPREZ, Chr., « À propos des fondements et éléments constitutifs du crime de génocide », *R.D.P.C.*, 2020, nos 9-10, pp. 965-975.

DEPREZ, Chr., « Crimes internationaux et compétence personnelle active : à quel moment apprécier la nationalité ou la résidence principale », *J.L.M.B.*, 2022, n° 22, pp. 966-970.

DEPREZ, Chr., « La Cour pénale internationale : bref bilan critique », *J.T.*, 2021, n° 6875, pp. 764-768.

DESTEXHE, A. et FORET, M. (dir.), *Justice internationale. De Nuremberg à La Haye et Arusha*, Bruxelles, Bruylant, 1997, 144 p.

DESTEXHE, A., « Justice internationale : les enjeux de la compétence universelle », *Journal des procès*, 2001, n° 417, pp. 17-18.

DEWULF, S., « De naweeën van de *Total*-zaak: rechtspreken op grond van een vernietigde wetsbepaling », *R.W.*, 2011-2012, n° 14, pp. 653-658.

DIGNEFFE, Fr., « Réflexions sur quelques difficultés du jugement pénal en situation. À propos du procès d'assises des quatre accusés rwandais », *R.D.P.C.*, 2001, n° 11, pp. 970-981.

DIVE, G. et DE HULTS, J., « A State's Experience of Cooperation with the International Criminal Court: The Case of Belgium », in BEKOU, O. et BIRKETT, D. (dir.), *Cooperation and the International Criminal Court*, Leiden, Brill, 2016, pp. 269-296.

DIVE, G., « Les refus de coopération, en ce compris la notion de sécurité nationale et l'application de l'article 99 § 4 du Statut de Rome », in *La Belgique et la Cour pénale internationale : complémentarité et coopération*, Bruxelles, S.P.F. Justice et Bruylant, 2005, pp. 193-208.

Dive, G., Goes, B. et Vandermeersch, D. (dir.), *From Rome to Kampala: The First 2 Amendments to the Rome Statute*, Bruxelles, Bruylant, 2012, 178 p.

Dopagne, Fr., « Le juge belge et l'immunité de juridiction de l'État étranger : à propos de l'approche du droit international coutumier », *J.T.*, 2020, n° 6825, pp. 581-586.

Dörmann, K., *Elements of War Crimes under the Rome Statute of the International Criminal Court*, Cambridge, CUP, 2003, 524 p.

Dörmann, K. et Geiß, R., « The Implementation of Grave Breaches into Domestic Legal Orders », *J.I.C.J.*, 2009, vol. 7, pp. 703-721.

Dubois, O., « Le droit pénal des conflits armés et la théorie de la nécessité », *Ann. Dr. Louvain*, 1995, n° 4, pp. 95-112.

Dubois, O., « Mise en œuvre du droit international humanitaire : chronique semestrielle de législation et de jurisprudence nationales – janvier-juin 1998 », *R.I.C.R.*, 1998, n° 832, pp. 790-793.

El Zeidy, M., « Universal Jurisdiction in Absentia: Is It a Legally Valid Option for Repressing Heinous Crimes? », *The International Lawyer*, 2003, vol. 37, pp. 835-861.

Ernoux, A. et Monaco, L., « Quand Genève et Rome se rencontrent à Bruxelles : l'exclusion du statut de réfugié pour crime de guerre », *J.L.M.B.*, 2022, n° 22, pp. 976-984.

Ferdinandusse, W., *Direct Application of International Criminal Law in National Courts*, La Haye, Asser, 2006, 338 p.

Ferdinandusse, W., « The Prosecution of Grave Breaches in National Courts », *J.I.C.J.*, 2009, vol. 7, pp. 723-741.

Fierens, J., *Droit humanitaire pénal*, Bruxelles, Larcier, 2014, 374 p.

Fierens, J., « Le problème de la définition internationale des crimes contre l'humanité », *J.T.*, 2021, n° 6875, pp. 758-763.

Finnin, S., *Surmonter les obstacles. L'accès à la justice en Europe pour les victimes de crimes internationaux*, Rapport publié par la FIDH, l'ECCHR et REDRESS, 2020, 142 p.

Forowicz, M., « Implementation of the Rome Statute in Belgium », *Finnish Yearbook of International Law*, 2005, vol. 16, pp. 55-78.

Fortin, K., « Interview with Luc Walleyn, Victims' Representative in the Case against Martina Johnson », *Armed Groups and International Law*, 7 octobre 2014, disponible sur https://armedgroups-internationallaw.org/2014/10/07/interview-with-luc-walleyn-victims-representative-in-the-case-against-martina-johnson/.

Franchimont, M., Jacobs, A. et Masset, A., *Manuel de procédure pénale*, 4e éd., Bruxelles, Larcier, 2012, 1608 p.

Fulton, S. *et al.*, *La compétence extraterritoriale dans l'Union européenne. Étude des lois et des pratiques dans les 27 États membres de l'Union européenne*, Rapport publié par la FIDH et REDRESS, 2010, 278 p.

Gallant, K. S., *International Criminal Jurisdiction: Whose Law Must We Obey?*, Oxford, OUP, 2022, 775 p.

Gautier, Ph., « Le législateur belge et la compétence universelle », in *La compétence universelle*, numéro commun *Ann. Dr. Louvain* (2004, nos 1-2) et *Rev. dr. ULB* (2004, n° 2), pp. 151-190.

GHISLAIN, N., « Belgique, justicière du monde... », *Journal du juriste*, 2001, n° 4, pp. 2-3.

GILLET, E., « La compétence universelle », in DESTEXHE, A. et FORET, M. (dir.), *Justice internationale. De Nuremberg à La Haye et Arusha*, Bruxelles, Bruylant, 1997, pp. 113-120.

GOFFIN, J. *et al.*, « La mise en œuvre du droit pénal international dans l'ordre juridique belge : perspectives au regard de l'ordonnance du 6 novembre 1998 », *Rev. dr. étr.*, 1999, n° 104, pp. 413-437.

GREVY, R., « La répression des crimes de guerre en droit belge », *R.D.P.C.*, 1947, n° 9, pp. 806-823.

GUERRA, V., « La compétence universelle en matière de droit international humanitaire : la Belgique. Un exemple d'application ou une application exemplaire ? », 2005 (mis à jour en 2010), inédit.

GUERRA, V. et BERRENDORF, A., « Droit international humanitaire », in *Postal Memorialis. Lexique du droit pénal et des lois spéciales*, Liège, Wolters Kluwer, suppl. août 2020, n° D 250, pp. 629-676.

HALBERSTAM, M., « Belgium's Universal Jurisdiction Law: Vindication of International Justice or Pursuit of Politics? », *Cardozo Law Review*, 2003, vol. 25, pp. 247-266.

HÉBERT-DOLBEC, M.-L. et MARCHAND, Chr., « La jurisdicción universal en Bélgica », in MARTÍNEZ JÍMENEZ, A. (dir.), *Derecho penal internacional. Evolución histórica, régimen jurídico y estudio de casos*, Cizur Menor, Thomson Reuters Aranzadi, 2022, pp. 397-420.

HELLER, K. J., « Belgium Set to Criminalise Ecocide (Kinda Sorta) », *OpinioJuris*, 8 novembre 2022, disponible sur http://opiniojuris.org/2022/11/08/belgium-set-to-criminalise-ecocide-kinda-sorta/.

HENKES, A., « La Cour de cassation et la coutume internationale – Des agressions territoriales aux immunités d'États – Propos d'actualité », Mercuriale prononcée à l'occasion de la rentrée judiciaire de la Cour de cassation, 2022, disponible sur https://courdecassation.be/fr/mercuriales.

HENNAU, Chr. et VERHAEGEN, J., *Droit pénal général*, 3e éd., Bruxelles, Bruylant, 2003, pp. 80-87.

HENNEBEL, L., « L'affaire *Total-Unocal* en Birmanie jugée en Europe et aux États-Unis », *CRIDHO Working Papers*, 2006, n° 9, 32 p.

HUMAN RIGHTS WATCH, *Universal Jurisdiction in Europe: The State of the Art*, Rapport, 2006, 105 p.

HURWITZ, D., « Universal Jurisdiction and the Dilemmas of International Criminal Justice: The *Sabra and Shatila* Case in Belgium », in HURWITZ, D., SATTERTHWAITE, M.-L. et FORD, D. (dir.), *Human Rights Advocacy Stories*, Eagan, Foundation Press, 2009, pp. 267-314.

HUYSE, L., « Alternatieven voor de strijd tegen de straffeloosheid », *Jura Falconis*, 2003, vol. 40, pp. 145-147.

KALECK, W., « From Pinochet to Rumsfeld: Universal Jurisdiction in Europe 1998-2008 », *Michigan Yearbook of International Law*, 2009, vol. 30, pp. 927-980.

KAMMINGA, M., « De externe effecten van het échec van de Belgische genocidewet », *Jura Falconis*, 2003, vol. 40, pp. 141-144.

KELLER, L. M., « Belgian Jury to Decide Case Concerning Rwandan Genocide », *A.S.I.L. Insights*, 2001, vol. 6, disponible sur https://www.asil.org/insights/volume/6/issue/13/belgian-jury-decide-case-concerning-rwandan-genocide.

KETTELS, A., « L'affaire *Total Fina* : quand le pragmatisme prend le pas sur la réalité intellectuelle », *J.L.M.B.*, 2006, n° 34, pp. 1503-1509.

KERZMANN, L., « La compétence territoriale des juridictions répressives : vers une théorie de l'ubiquité matérielle extensive ? », *Droit pénal de l'entreprise*, 2022, n° 1, pp. 34-40.

KIRKPATRICK, J., « À propos de l'arrêt de la Cour de cassation du 12 février 2003 relatif à la compétence universelle de la justice pénale belge en matière de violations graves du droit international humanitaire et à l'immunité de juridiction des chefs d'État et de gouvernement étrangers », *Journal des procès*, 2003, n° 455, pp. 16-23.

KLEFFNER, J. K., « The Impact of Complementarity on National Implementation of Substantive International Criminal Law », *J.I.C.J.*, 2003, vol. 1, pp. 86-113.

KUTY, Fr., « Le critère de la compétence territoriale des juridictions pénales », *J.L.M.B.*, 2021, n° 25, pp. 1126-1127.

KUTY, Fr., *Principes généraux du droit pénal belge. Tome 1 : la loi pénale*, 3e éd., Bruxelles, Larcier, 2018, 574 p.

LAGROU, P. (coord.), *A Century of Pioneering Case-Law. A Digital Database of Belgian Precedents of International Justice, 1914-2014*, Bruxelles, Belspo, 2020, disponible sur https://www.belspo.be/belspo/brain-be/projects/FinalReports/JUSINBELLGIUM_FinRep.pdf.

LAGROU, P., « "Poor Little Belgium ?" Les procès belges de criminels de guerre allemands, 1944-1951 », in BERLIÈRE, J.-M. *et al.* (dir.), *Justices militaires et guerres mondiales. Europe 1914-1950*, Louvain-la-Neuve, Presses universitaires de Louvain, 2013, pp. 337-361.

LAGERWALL, A., « Que reste-t-il de la compétence universelle au regard de certaines évolutions législatives récentes ? », *A.F.D.I.*, 2009, vol. 55, pp. 743-763.

LAGERWALL, A. (dir.), *Les juges belges face aux actes adoptés par les États étrangers et les organisations internationales*, Bruxelles, Bruylant, 2016, 188 p.

LANGE, N. et WERTS, Th., « Les missions de la défense à l'étranger », in DE SAEDELEER, V. *et al.* (dir.), *Questions juridiques d'actualité en lien avec la défense – Actuele juridische vraagstukken met betrekking tot defensie*, Bruges, la Charte, 2017, pp. 147-189.

LANGER, M., « The Diplomacy of Universal Jurisdiction: The Political Branches and the Transnational Prosecution of International Crimes », *A.J.I.L.*, 2011, vol. 105, pp. 1-49.

LOWENTHAL, P., « La compétence universelle n'est-elle qu'une farce ? », *Journal des procès*, 2001, n° 417, p. 16.

MAHILLON, P., « Des extensions récentes à la possibilité de poursuites à raison d'infractions commises hors du territoire du Royaume », *R.D.P.C.*, 1948-1949, n° 6, pp. 513-545.

MAISON, R., « Les premiers cas d'application des dispositions pénales des Conventions de Genève par les juridictions internes », *EJIL*, 1995, vol. 6, pp. 260-273.

MALAGNINI, R., « La poursuite en Belgique des infractions terroristes commises à l'étranger », *J.L.M.B.*, 2018, n° 30, pp. 1423-1429.

MARCHAND, Chr., UWASHEMA, Cr. et DEPREZ, Chr., « Possible Impediments to Justice for Colonial Crimes: A Belgian Perspective », in BERGSMO, M., KALECK, W. et YIN HLAING, K. (dir.), *Colonial Wrongs and Access to International Law*, Bruxelles, TOAEP, 2021, pp. 411-430.

MAY, P., *Quatre Rwandais aux Assises Belges : la compétence universelle à l'épreuve*, Paris, l'Harmattan, 2001, 130 p.

MBOKANI, J. B., « Le lien de connexité entre le crime et le conflit armé dans la définition des crimes de guerre », in BERNARD, D. et SCALIA, D. (dir.), *Vingt ans de justice internationale pénale*, Bruxelles, la Charte, 2014, pp. 33-46.

MEIRE, Ph., « Considérations quant à certains aspects politiques et techniques de dossiers judiciaires portant sur des violations graves du droit international humanitaire », in *La compétence universelle*, numéro commun *Ann. Dr. Louvain* (2004, n°s 1-2) et *Rev. dr. ULB* (2004, n° 2), pp. 305-348.

MEIRE, Ph. et VANDERMEERSCH, D., « La coopération avec la Cour Pénale Internationale à la lumière de l'expérience de la coopération avec les tribunaux internationaux *ad hoc* », in *La Belgique et la Cour pénale internationale : complémentarité et coopération*, Bruxelles, S.P.F. Justice et Bruylant, 2005, pp. 169-172.

MEIRE, Ph. et VANDERMEERSCH, D., *Génocide rwandais : le récit de quatre procès devant la cour d'assises de Bruxelles*, Bruges, la Charte, 2011, 166 p.

MEIRE, Ph. et FABRI, Ph., « La complémentarité de l'action des juridictions internationales et nationales : la situation de la Belgique », *J.T.*, 2021, n° 6875, pp. 764-768.

MICHIELS, O., « L'immunité pénale de certaines personnes morales de droit public et ses incidences sur le délai de prescription de l'action civile née d'une infraction », *J.L.M.B.*, 2011, n° 31, pp. 1542-1550.

MINISTÈRE DE LA DÉFENSE, *Manuel de droit opérationnel*, Bruxelles, House of Defense, 2017, 609 p.

MONACO, L. et DEPREZ, Chr., « Écocide et Cour pénale internationale : quelques réflexions sur la mécanique des crimes internationaux », *Rev. dr. ULiège*, 2021, n° 3, pp. 437-464.

MORLET, P., « Quelques considérations sur le statut pénal des gouvernants étrangers d'après l'arrêt de la Cour internationale de justice du 14 février 2002 ("Yerodia") », *R.D.P.C.*, 2002, n° 11, pp. 979-1003.

MOYSE, V. et DUMOULIN, A., « Le processus décisionnel belge en matière d'opérations civilo-militaires », *Courrier hebdomadaire du CRISP*, 2011, n°s 1-2, pp. 5-64.

OFFERMANS, M., « La Commission interdépartementale de droit humanitaire de Belgique », *R.I.C.R.*, 1991, vol. 73, pp. 164-177.

ONGENA, T. et VAN DAELE, I., « De zaak COBE voor het Internationaal Gerechtshof: gaat onze Wet Oorlogsmisdaden te ver? », *T. Strafr.*, 2001, pp. 178-193.

ONGENA, T. et VAN DAELE, I., « Universal Jurisdiction for International Core Crimes: Recent Developments in Belgium », *L.J.I.L.*, 2002, vol. 15, pp. 687-701.

ONGENA, T., « Universele rechtsmacht *versus* de complementariteit van het toekomstige Strafhof: een noodzakelijke aanvulling », *Orde van de Dag*, 2002, n° 17, pp. 29-38.

ONGENA, T., « The Implementation of the Rome Statute in Belgium », in *Rapports belges au Congrès de l'Académie Internationale de droit comparé à Brisbane*, Bruxelles, Bruylant, 2002, pp. 575-653.

ONU, *Observations de la Belgique sur la portée et l'application du principe de compétence universelle*, s.d., disponible sur https://www.un.org/en/ga/sixth/65/ScopeAppUniJuri_StatesComments/Belgium.pdf.

ONU, *Portée et application du principe de compétence universelle. Rapport du Secrétaire général établi sur la base d'observations de gouvernements*, A/65/181, 29 juillet 2010.

OSJI et TRIAL INTERNATIONAL, *Droit et pratique de la compétence universelle en Belgique*, Rapport, 2022, 42 p., disponible sur https://trialinternational.org/wp-content/uploads/2022/05/UJ-Belgium-FR-1.pdf.

PANKEN, H., RYNGAERT, C. et VAN EECKHOUTTE, D., « Het arrest *Sharon* van het Hof van Cassatie: bouwstenen voor de verdere rol van universele jurisdictie, internationale immuniteiten en de doorwerking van het internationaal gewoonterecht », *R.B.D.I.*, 2004, vol. 37, pp. 211-254.

PARLEMENT EUROPÉEN, *Universal jurisdiction and International Crimes: Constraints and Best Practices*, Workshop Report, 2018, 60 p.

PAULET, V. (coord.), *Droit et pratique de la compétence universelle en Belgique*, Rapport publié par l'Open Society Justice Initiative et TRIAL International, 2022, 41 p.

RATNER, S., « Belgium's War Crimes Statute: A Postmortem », *A.J.I.L.*, 2003, vol. 97, pp. 888-897.

REYCHLER, L., « Welke lessen uit de ervaringen met de genocidewet? Welke bijdrage kan België leveren aan de internationale strijd tegen de straffeloosheid? », *Jura Falconis*, 2003, vol. 40, pp. 149-152.

REYDAMS, L., « De Belgische wet ter bestraffing van inbreuken op het humanitaire recht: een papieren tijger? », *Zoeklicht*, 1998, vol. 7, pp. 4-9.

REYDAMS, L., « International Decision: Belgian Tribunal of First Instance of Brussels (investigating magistrate), November 8, 1998 », *A.J.I.L.*, 1999, vol. 93, pp. 700-703.

REYDAMS, L., « Universal Criminal Jurisdiction: The Belgian State of Affairs », *Criminal Law Forum*, 2000, vol. 11, pp. 183-216.

REYDAMS, L., « Prosecuting crimes under international law on the basis of universal jurisdiction – The experience of Belgium », in FISCHER, H., KREß, C. et ROLF LÜDER, S. (dir.), *International and National Prosecution of Crimes under International Law – Current Developments*, Berlin, Spitz Verlag, 2001, pp. 799-816.

REYDAMS, L., « Belgium's First Judicial Application of Universal Jurisdiction: the *Butare Four* Case », *J.I.C.J.*, 2003, vol. 1, pp. 428-436.

REYDAMS, L., « De Genocidewet in rechtsvergelijkend perspectief. Hoe andere ISH lidstaten omgaan met de core crimes genocide, misdaden tegen de mensheid, en oorlogsmisdaden », *Jura Falconis*, 2003, vol. 40, pp. 133-139.

REYDAMS, L., « Belgium Reneges on Universality: The 5 August 2003 Act on Grave Breaches of International Humanitarian Law », *J.I.C.J.*, 2003, vol. 1, pp. 679-689.

REYDAMS, L., *Universal Jurisdiction: International and Municipal Legal Perspectives*, Oxford, OUP, 2004, 258 p.

REYDAMS, L., « The Rise and Fall of Universal Jurisdiction », in SCHABAS, W. A. et BERNAZ, N. (dir.), *Handbook of International Criminal Law*, Londres, Routledge, 2010, pp. 337-354.

RIGAUX, M. et TROUSSE, P.-E., « La qualification des crimes de guerre en droit pénal belge », *J.T.*, 1948, n° 3764, pp. 229-232.

RIOS RODRIGUEZ, J., « La restriction de la compétence universelle des juridictions nationales : les exemples belge et espagnol », *R.G.D.I.P.*, 2010, n° 3, pp. 563-595.

ROTH-ARRIAZA, N., « Universal Jurisdiction: Steps Forward, Steps Back », *L.J.I.L.*, 2004, vol. 17, pp. 375-389.

ROYEN, F., « La politique de placement d'enfants métis à l'épreuve du temps : juger aujourd'hui selon la vision du monde "à l'époque des faits" », *J.L.M.B.*, 2022, n° 22, pp. 990-996.

RYDBERG, E., « Les tracas de la compétence universelle », *La Revue Nouvelle*, 2003, n° 8, pp. 7-13.

RYNGAERT, C., « Universal Criminal Jurisdiction over Torture: A State of Affairs », *Institute for International Law K.U.Leuven Working Papers Series*, 2005, n° 66, 57 p.

SALMON, J., « Libres propos sur l'arrêt de la C.I.J. du 14 février 2002 dans l'affaire relative au *Mandat d'arrêt du 11 avril 2000 (R.D.C. c. Belgique)* », *R.B.D.I.*, 2002, n°s 1-2, pp. 512-517.

SAVARD, A., « Belgium Recognises the Crime of Ecocide: A (Lukewarm) European First », *Oxford Human Rights Hub*, 5 mars 2024, disponible sur https://ohrh.law.ox.ac.uk/belgium-recognises-the-crime-of-ecocide-a-lukewarm-european-first/.

SCHABAS, W. A., « National Courts Finally Begin to Prosecute Genocide, the "Crime of Crimes" », *J.I.C.J.*, vol. 1, 2003, pp. 39-63.

SCHAMPS, G., « L'incrimination du crime de génocide, du crime contre l'humanité et des crimes de guerre en droit belge à la lumière du droit international humanitaire », in JACOBS, A. (dir.), *Actualités de droit pénal et de procédure pénale (II)*, Bruxelles, Larcier, 2004, pp. 329-401.

SCHAUS, A. et VIELLE, P., « La compétence universelle sur la sellette », *Politique : revue belge d'analyse et de débat*, 2002, n° 23, pp. 8-9.

SCHEIRS, T., « Enkele bedenkingen bij de universele bevoegdheid tot vervolging op grond van de Wet Oorlogsmisdaden », *Panopticon*, 2000, vol. 21, pp. 487-495.

SCHOLSEM, J.-Cl., « L'affaire "Total" : lacune ou pas ? », *J.L.M.B.*, 2006, n° 2, pp. 63-65.

SERON, C., « L'exploitation illicite de ressources naturelles par des opérateurs économiques privés durant les conflits armés est-elle constitutive du crime de guerre de pillage ? Réflexions sur l'affaire des "diamants de sang" en Sierra Leone », *Rev. dr. ULiège*, 2019, n° 3, pp. 399-427.

SINGLETON, M., « De l'incompétence universelle », *Politique : revue belge d'analyse et de débat*, 2002, n° 23, pp. 33-37.

SMIS, S. et VAN DER BORGHT, K., « Belgium: Act Concerning the Punishment of Grave Breaches of International Humanitarian Law », *International Legal Materials*, 1999, vol. 38, pp. 918-925.

SMIS, S. et VAN DER BORGHT, K., « De Wet betreffende de bestraffing van ernstige schendingen van het Internationaal Humanitair Recht », *A.J.T.*, 1999-2000, n° 10, pp. 229-233.

SMIS, S. et VAN DER BORGHT, K., « Belgian Law concerning the Punishment of Grave Breaches of International Humanitarian Law: A Contested Law with Uncontested Objectives », *A.S.I.L. Insights*, 2003, vol. 8, disponible sur https://www.asil.org/insights/volume/8/issue/18/belgian-law-concerning-punishment-grave-breaches-international.

SWARTENBROEKX, M.-A., « Détentions et poursuites judiciaires en Belgique », in DUPAQUIER, J.-F. (dir.), *La justice internationale face au drame rwandais*, Paris, Karthala, 1996, pp. 143-167.

SWARTENBROEKX, M.-A., « Moyens et limites du droit belge », in DESTEXHE, A. et FORET, M. (dir.), *Justice internationale. De Nuremberg à La Haye et Arusha*, Bruxelles, Bruylant, 1997, pp. 121-128.

TALLMAN, D. A., « Universal Jurisdiction: Lessons from Belgium's Experience », in STROMSETH, J. E. (dir.), *Accountability for Atrocities: National and International Responses*, Leiden, Brill, 2003, pp. 375-409.

VANDEKERCKHOVE, H., *International criminal justice and the role of national courts: a case study of Belgian courts and tribunals*, Proefschrift aangeboden tot het behalen van de titel Doctor in de Rechten, KULeuven, 2020, 252 p.

VAN DEN WYNGAERT, Chr., « Le droit pénal belge et la répression des délits internationaux : problèmes légaux surgissant de la mise en œuvre de délits internationaux », *R.D.P.C.*, 1988, n° 6, pp. 603-617.

VAN DEN WYNGAERT, Chr., « De wet oorlogsmisdaden 1993: toepassing *ratione loci* en verjaring », *Rev. dr. mil.*, 1997, vol. 36, pp. 127-128.

VAN DEN WYNGAERT, Chr., « Rechtsmachtrecht en immuniteiten na de wet van 5 augustus 2003 », *Jura Falconis*, 2003, vol. 40, pp. 87-110.

VAN DEN WYNGAERT, Chr., VANDROMME, S. et TRAEST, Ph., *Strafrecht en strafprocesrecht in hoofdlijnen*, 12e éd., Anvers, Gompel&Svacina, 2022, 1480 p.

VANDER BEKEN, T., « Nieuwe Genocidewet, nieuwe regels inzake rechtsmacht. Het actief en het passief personaliteitsbeginsel », *Jura Falconis*, 2003, vol. 40, pp. 43-54.

VANDERMEERSCH, D., « La loi du 22 mai 1996 relative à la reconnaissance du Tribunal pénal international pour l'ex-Yougoslavie et du Tribunal international pour le Rwanda et la coopération avec ces Tribunaux », *R.D.P.C.*, 1996, nos 7-8, pp. 855-888.

VANDERMEERSCH, D., « Chronique de Belgique – La répression en droit belge des crimes de droit international », *R.I.D.P.*, 1997, vol. 68, pp. 1092-1135.

VANDERMEERSCH, D., « La répression en droit belge des crimes de droit international », in *Répression nationale des violations du droit international humanitaire (systèmes romano-germaniques)*, Genève, Éditions du CICR, 1998, pp. 145-183.

VANDERMEERSCH, D., « Les poursuites et le jugement des infractions de droit international humanitaire en droit belge », in BOSLY, H. D. *et al.* (dir.), *Actualité du droit international humanitaire*, Bruges, la Charte, 2001, pp. 121-180.

VANDERMEERSCH, D., « Compétence universelle et immunités en droit international humanitaire. La situation belge », in HENZELIN, M. et ROTH, R. (dir.), *Le droit pénal à l'épreuve de l'internationalisation*, Genève-Bruxelles, L.G.D.J.-Bruylant, 2002, pp. 277-289.

VANDERMEERSCH, D., « Droit belge », in CASSESE, A. et DELMAS-MARTY, M. (dir.), *Juridictions nationales et crimes internationaux*, Paris, PUF, 2002, pp. 69-119.

VANDERMEERSCH, D., « La compétence universelle en droit belge », in BRAMMERTZ, S. *et al.* (dir.), *Poursuites pénales et extraterritorialité*, Bruges, la Charte, 2002, pp. 39-83.

VANDERMEERSCH, D., « La compétence universelle », in CASSESE, A. et DELMAS-MARTY, M. (dir.), *Juridictions nationales et crimes internationaux*, Paris, PUF, 2002, pp. 589-611.

VANDERMEERSCH, D., « Le principe de compétence universelle à la lumière de l'expérience belge : le mouvement du balancier », in *Terrorisme, victimes et responsabilité pénale internationale*, Paris, Calmann-Lévy, 2003, pp. 463-474.

VANDERMEERSCH, D., « Quel avenir pour la compétence universelle des juridictions belges en matière de crime de droit international humanitaire ? », *R.P.D.P.*, 2003, n° 2, pp. 229-248.

VANDERMEERSCH, D., « The ICC Statute and Belgian Law », *J.I.C.J.*, 2004, vol. 2, pp. 133-157.

VANDERMEERSCH, D., « Prosecuting International Crimes in Belgium », *J.I.C.J.*, 2005, vol. 3, pp. 400-421.

VANDERMEERSCH, D., « La mise en perspective dans le procès pénal de la responsabilité des auteurs de crimes de droit international humanitaire », in DIGNEFFE, Fr. et MOREAU, Th., *La responsabilité et la responsabilisation dans la justice pénale*, Bruxelles, De Boeck-Larcier, 2006, pp. 469-478.

VANDERMEERSCH, D., « Violations graves des droits de l'homme (crimes internationaux) et compétence pénale universelle », in FLAUSS, J.-F. (dir.), *La protection internationale des droits de l'homme et les droits des victimes*, Bruxelles, Bruylant, 2009, pp. 129-164.

VANDERMEERSCH, D., « Le procès des crimes de droit international humanitaire : première étape d'un processus de mémoire », in DANTI-JUAN, M. (dir.), *La mémoire et le crime*, Paris, Cujas, 2011, pp. 29-50.

VANDERMEERSCH, D., « Les violations du droit international humanitaire », in BOSLY, H. D. et DE VALKENEER, Chr. (dir.), *Les infractions. Volume 5 : les infractions contre l'ordre public*, Bruxelles, Larcier, 2013, pp. 85-162.

VANDERMEERSCH, D., « Évolution pénale de la répression du génocide. Les pratiques judiciaires et la compétence universelle : l'expérience belge », *Histoire de la justice*, 2022, n° 33, pp. 145-161.

VASILIEV, S., « National Prosecutions of International Crimes », in CRYER, R., ROBINSON, D. et VASILIEV, S. (dir.), *An Introduction to International Criminal Law and Procedure*, 4e éd., Cambridge, CUP, 2019, pp. 69-88.

VERBRUGGEN, Fr., « Eindstation Brussel-Sint-Pieters: strafprocesrechtelijke aspecten van de nieuwe wet », *Jura Falconis*, 2003, vol. 40, pp. 111-122.

VERHAEGHE, M., « De politieke begrafenisstoet van de Genocidewet », *Jura Falconis*, 2003, vol. 40, pp. 21-41.

VERHAEGEN, J., « Le vote du projet de loi belge n° 577 (1962-1963) : un enjeu international », *J.T.*, 1982, n° 5200, pp. 227-230.

VERHAEGEN, J., « Entraves juridiques à la poursuite des infractions au droit humanitaire », *R.D.P.C.*, 1988, n° 6, pp. 619-630.

VERHAEGEN, J., « Commentaire des articles 3 à 6 de la loi belge du 16 juin 1993 relative à la répression des infractions graves au droit international humanitaire », *Rev. dr. mil.*, 1997, vol. 36, pp. 123-126.

VERHAEGEN, J., *Le droit international pénal de Nuremberg – Acquis et régressions*, Bruxelles, Bruylant, 2003, 227 p.

VERHAEGEN, J., « Les fleurons sauvegardés de la loi belge du 16 juin 1993 », *J.T.*, 2004, n° 6133, pp. 349-354.

VERHOEVEN, J., « Le statut des bases militaires étrangères et des quartiers généraux interalliés implantés en Belgique », *R.B.D.I.*, 1969, n° 2, pp. 565-596.

VERHOEVEN, J., « M. Pinochet, la coutume internationale et la compétence universelle », *J.T.*, 1999, n° 5924, pp. 311-315.

VERHOEVEN, J., « Vers un ordre répressif universel ? Quelques observations », *A.F.D.I.*, 1999, vol. 45, pp. 55-71.

VERHOEVEN, J., « Mandat d'arrêt international et statut de ministre », *Journal des procès*, 2002, n° 435, pp. 20-23.

VERHOEVEN, J., « Prétentieuse et bricolée », *Politique : revue belge d'analyse et de débat*, 2002, n° 23, pp. 18-21.

VERRIJDT, W., « Universele jurisdictie na de Genocidewet. Invloed van de recente rechtspraak van het Arbitragehof en het Hof van Cassatie », *Chroniques de Droit Public/ Publiekrechtelijke Kronieken*, 2006, n° 1, pp. 84-118.

VERVOORT, J., « La Belgique face à son passé colonial : l'affaire des enfants métis et la qualification de crime contre l'humanité », *Revue des droits de l'homme*, 2023, n° 23, disponible sur https://journals.openedition.org/revdh/17004.

VINCENT, Ph., « L'arrêt *Yerodia* de la Cour internationale de justice et les avatars de la loi belge de compétence universelle », *Rev. dr. ULiège*, 2004, n° 4, pp. 387-407.

WAILLIEZ, G., « Règles et principes de base relatifs à l'application extra-territoriale du droit pénal aux militaires belges et aux civils à la suite des troupes », *R.D.P.C.*, 1994, n°s 7-8, pp. 840-846.

WALLEYN, L., « Universal Jurisdiction: Lessons from the Belgian Experience », *Y.I.H.L.*, 2002, vol. 5, pp. 394-406.

WALLEYN, L., « De strijd tegen de straffeloosheid: een processie richting Echternach – Interview », *Jura Falconis*, 2003, vol. 40, pp. 153-158.

WALLEYN, L., *Rechten zonder grenzen*, Berchem, EPO, 2022, 280 p.

WALLEYN, L., *Droits sans frontières*, Limal, Anthemis, 2023, 284 p.

WAUTELET, P., « Compétence universelle et droit international privé : un délicat mélange », *J.L.M.B.*, 2006, n° 22, pp. 977-980.

WEYEMBERGH, A., « La notion de conflit armé, le droit international humanitaire et les forces des Nations Unies en Somalie (à propos de l'arrêt de la Cour militaire du 17 décembre 1997) », *R.D.P.C.*, 1999, pp. 177-201.

WEYEMBERGH, A., « Sur l'ordonnance du juge d'instruction Vandermeersch rendue dans l'affaire *Pinochet* le 6 novembre 1998 », *R.B.D.I.*, 1999, n° 1, pp. 179-204.

WEYEMBERGH, A. et KENNES, L., *Droit pénal spécial*, Limal, Anthemis, 2011, 430 p.

WINANTS, A., « The *Yerodia* Ruling of the International Court of Justice and the 1993/1999 Belgian Law on Universal Jurisdiction », *L.J.I.L.*, 2003, vol. 16, pp. 491-509.

WIRTH, S., « Immunity for Core Crimes? The ICJ's Judgment in the *Congo v. Belgium* Case », *EJIL*, 2002, vol. 13, pp. 877-893.

WOUTERS, J., « The Judgement of the International Court of Justice in the Arrest Warrant Case: Some Critical Remarks », *L.J.I.L.*, 2003, vol. 16, pp. 253-267.

WOUTERS, J., « Tien jaar experimenteren met internationaal recht: van de Wet van 16 juni 1993 tot de Wet van 5 augustus 2003 », *Jura Falconis*, 2003, vol. 40, pp. 5-20.

WOUTERS, J., « Het Belgisch experiment met de Genocidewet en de oprichting van het Internationaal Strafhof », in RAYMAEKERS, B. et VAN RIEL, G. (dir.), *Wetenschappelijk denken: een laboratorium voor morgen? Lessen voor de eenentwintigste eeuw*, Louvain, Universitaire Pers, 2004, pp. 321-346.

WOUTERS, J. et PANKEN, H. (dir.), *De Genocidewet in internationaal perspectief*, Louvain-Bruxelles, Jura Falconis-Larcier, 2002, 377 p.

WOUTERS, J. et RYNGAERT, C., « De strafbaarstelling van misdaden tegen het internationaal humanitair recht in het Belgisch materieel strafrecht in het licht van het Statuut van het Internationaal Strafgerechtshof », in *La Belgique et la Cour pénale internationale : complémentarité et coopération*, Bruxelles, S.P.F. Justice et Bruylant, 2005, pp. 37-73.

WOUTERS, J. et RYNGAERT, C., « De toepassing van de (Belgische) wet van 5 augustus 2003 betreffende ernstige schendingen van het internationaal humanitair recht », *Nullum Crimen*, 2007, vol. 2, pp. 1-21.

Tables de concordance législative

Titre préliminaire du Code de procédure pénale

Droit ancien	Droit nouveau (vig. 28 avril 2024)	Thème
Art. 6, al. 1er, 1°*bis*	Art. 8, 1°	Compétence personnelle active (crimes internationaux)
Art. 7	Art. 6	Compétence personnelle active (droit commun)
Art. 10, 1°*bis*	Art. 13	Compétence personnelle passive (crimes internationaux)
Art. 10, 5°	Art. 12	Compétence personnelle passive (droit commun)
Art. 10*bis*	Art. 10	Loi du drapeau
Art. 11	Art. 14/11	Compétence personnelle active et coauteur/complice étranger
Art. 12	Art. 6 à 14/9	Présence de l'inculpé en Belgique (exigence)
/	Art. 14/13	Présence de l'inculpé en Belgique (définition)
Art. 12*bis*	Art. 14/10	Compétence universelle
Art. 13	Art. 14/14	*Ne bis in idem*
Art. 14	Art. 14/15	Droit applicable
/	Art. 7	Infraction commise pour le compte d'une personne morale
/	Art. 14/12	Tentative et compétence extraterritoriale

Code pénal

Droit actuel	**Droit futur (vig. 8 avril 2026)**	**Thème**
Art. 136*bis*	Art. 82	Génocide
Art. 136*ter*	Art. 83	Crimes contre l'humanité
Art. 136*quater*	Art. 84 à 88	Crimes de guerre*
Art. 136*quinquies*	Art. 82 à 89	Peines
Art. 136*sexies*	Art. 90	Actes préparatoires
Art. 136*septies*, 1° à 5°	Art. 92	Participation criminelle
Art. 136*septies*, 6°	Art. 91	Tentative
Art. 136*octies*	Art. 93	Justifications et excuses
/	Art. 89	Disparition forcée
/	Art. 94	Écocide

* Une table de concordance détaillée figure *supra*, n° 238.

Repères législatifs

Loi du 17 avril 1878 contenant le titre préliminaire du Code de procédure pénale, *M.B.*, 25 avril 1878 (vig. 5 mai 1878).

Arrêté-loi du 5 août 1943 conférant compétence exceptionnelle aux juridictions belges concernant certains crimes ou délits commis en temps de guerre hors du territoire national, *M.B.*, 20 septembre 1943 (vig. 20 septembre 1943).

Loi du 30 avril 1947 modifiant l'arrêté-loi du 5 août 1943 conférant compétence exceptionnelle aux juridictions belges concernant certains crimes ou délits commis en temps de guerre hors du territoire national, *M.B.*, 15 mai 1947 (vig. 15 mai 1947).

Loi du 20 juin 1947 relative à la compétence des juridictions militaires en matière de crimes de guerre, *M.B.*, 26-27 juin 1947 (vig. 26-27 juin 1947).

Loi du 26 juin 1951 portant approbation de la Convention internationale pour la prévention et la répression du crime de génocide, adoptée à Paris le 9 décembre 1948, par l'Assemblée générale des Nations Unies, au cours de sa troisième session, *M.B.*, 11 janvier 1952 (vig. 21 janvier 1952).

Loi du 14 juillet 1951 complétant la loi du 17 avril 1878 contenant le titre préliminaire du Code de procédure pénale, *M.B.*, 9 août 1951 (vig. 19 août 1951).

Loi du 3 septembre 1952 portant approbation des portant approbation des actes internationaux suivants : A) convention internationale pour l'amélioration du sort des blessés et malades dans les forces armées en campagne, et annexes, signées à Genève le 12 août 1949 ; B) convention internationale pour l'amélioration du sort des blessés, des malades et des naufragés des forces armées sur mer, et annexe, signées à Genève le 12 août 1949 ; C) convention internationale relative au traitement des prisonniers de guerre, et annexes, signées à Genève le 12 août 1949 ; D) convention internationale relative à la protection des personnes civiles en temps de guerre, et annexes, signées à Genève le 12 août 1949, *M.B.*, 26 septembre 1952.

Loi du 16 mars 1964 modifiant la loi du 17 avril 1878 contenant le titre préliminaire du Code de procédure pénale, *M.B.*, 20 mars 1964 (vig. 30 mars 1964).

Loi du 10 juillet 1978 portant approbation de la Convention sur l'interdiction de la mise au point, de la fabrication et du stockage des armes bactériologiques (biologiques) ou à toxines et sur leur destruction, faite à Londres, Moscou et Washington le 10 avril 1972, *M.B.*, 6 juillet 1979 (vig. 17 juillet 1979).

Loi du 3 juin 1982 portant approbation de la Convention sur l'interdiction d'utiliser des techniques de modification de l'environnement à des fins militaires ou toutes autres fins hostiles, et de l'Annexe, faites à New York le 10 décembre 1976 et ouverte à la signature à Genève le 18 mai 1977, *M.B.*, 2 octobre 1982 (vig. 12 juillet 1982).

Loi du 16 avril 1986 portant approbation des Actes internationaux suivants : a) Protocole additionnel aux Conventions de Genève du 12 août 1949 relatif à la protection des victimes des conflits armes internationaux (Protocole I) ; b) Protocole additionnel aux Conventions de Genève du 12 août 1949 relatif à la protection des victimes des conflits armés non internationaux (Protocole II), adoptés à Genève le 8 juin 1977, *M.B.*, 7 novembre 1986.

Loi du 16 juin 1993 relative à la répression des violations graves du droit international humanitaire, *M.B.*, 5 août 1993 (vig. 15 août 1993).

Loi du 22 mars 1996 relative à la reconnaissance du Tribunal international pour l'ex-Yougoslavie et du Tribunal international pour le Rwanda, et à la coopération avec ces Tribunaux, *M.B.*, 27 avril 1996 (vig. 27 avril 1996).

Loi du 10 février 1999 relative à la répression des violations graves de droit international humanitaire, *M.B.*, 23 mars 1999 (vig. 2 avril 1999).

Loi du 25 mai 2000 portant assentiment au Statut de Rome de la Cour pénale internationale, fait à Rome le 17 juillet 1998, *M.B.*, 1er décembre 2000 (vig. 11 décembre 2000).

Loi du 18 juillet 2001 portant modification de l'article 12*bis* de la loi du 17 avril 1878 contenant le Titre préliminaire du Code de procédure pénale, *M.B.*, 1er septembre 2001 (vig. 11 septembre 2001).

Loi du 27 février 2003 portant assentiment à la Convention européenne sur l'imprescriptibilité des crimes contre l'humanité et des crimes de guerre, faite à Strasbourg le 25 janvier 1974, *M.B.*, 30 juillet 2003 (vig. 9 août 2003).

Loi du 10 avril 2003 réglant la suppression des juridictions militaires en temps de paix ainsi que leur maintien en temps de guerre, *M.B.*, 7 mai 2003 (vig. 1er janvier 2004).

Loi du 10 avril 2003 réglant la procédure devant les juridictions militaires et adaptant diverses dispositions légales suite à la suppression des juridictions militaires en temps de paix, *M.B.*, 7 mai 2003 (vig. 1er janvier 2004).

Loi du 23 avril 2003 modifiant la loi du 16 juin 1993 relative à la répression des violations graves du droit international humanitaire et l'article 144*ter* du Code judiciaire, *M.B.*, 7 mai 2003 (vig. 17 mai 2003).

Loi du 5 août 2003 relative aux violations graves du droit international humanitaire, *M.B.*, 7 août 2003 (vig. 7 août 2003).

Loi-programme du 22 décembre 2003, *M.B.*, 31 décembre 2003 (vig. 10 janvier 2004).

Loi du 29 mars 2004 concernant la coopération avec la Cour pénale internationale et les tribunaux pénaux internationaux, *M.B.*, 1er avril 2004 (vig. 1er avril 2004).

Loi du 22 mai 2006 modifiant certaines dispositions de la loi du 17 avril 1878 contenant le Titre préliminaire du Code de procédure pénale, ainsi qu'une disposition de la loi du 5 août 2003 relative aux violations graves de droit international humanitaire, *M.B.*, 7 juillet 2006 (vig. 31 mars 2006).

Loi du 1er juillet 2006 modifiant la loi du 29 mars 2004 concernant la coopération avec la Cour pénale internationale et les tribunaux pénaux internationaux, et insérant dans cette loi un nouveau Titre V concernant le Tribunal Spécial pour la Sierra Leone, *M.B.*, 28 juillet 2006 (vig. 7 août 2006).

Loi du 1er juillet 2006 insérant dans la loi du 29 mars 2004 concernant la coopération avec la Cour pénale internationale et les tribunaux pénaux internationaux un nouveau titre VI concernant les Chambres extraordinaires chargées de poursuivre les crimes commis sous le régime du Kampuchéa démocratique, *M.B.*, 2 août 2006 (vig. 12 août 2006).

Loi du 22 novembre 2013 portant assentiment à l'Amendement à l'article 8 du Statut de Rome de la Cour pénale internationale, adopté à Kampala le 10 juin 2010 lors de la Conférence de révision du Statut de Rome, *M.B.*, 3 mars 2014 (vig. 26 novembre 2014).

Loi du 22 novembre 2013 portant assentiment aux Amendements au Statut de Rome de la Cour pénale internationale relatifs au crime d'agression, adoptés à Kampala le 11 juin 2010 lors de la Conférence de révision du Statut de Rome, *M.B.*, 3 mars 2014 (vig. 26 novembre 2014).

Loi du 26 mars 2014 modifiant la loi du 29 mars 2004 concernant la coopération avec la Cour pénale internationale et les tribunaux pénaux internationaux, *M.B.*, 28 mars 2014 (vig. 28 mars 2014).

Loi du 11 juillet 2018 portant des dispositions diverses en matière pénale, *M.B.*, 18 juillet 2018 (vig. 28 juillet 2018).

Loi du 19 mars 2019 portant assentiment à l'Amendement de l'article 124 du Statut de Rome de la Cour pénale internationale, adopté à La Haye le 26 novembre 2015 à la onzième séance plénière de l'Assemblée des États parties au Statut de Rome, *M.B.*, 14 juin 2019 (vig. 24 juin 2019).

Loi du 5 mai 2019 portant des dispositions diverses en matière pénale et en matière de cultes, et modifiant la loi du 28 mai 2002 relative à l'euthanasie et le Code pénal social, *M.B.*, 24 mai 2019 (vig. 3 juin 2019).

Loi du 28 novembre 2021 visant à rendre la justice plus humaine, plus rapide et plus ferme, *M.B.*, 30 novembre 2021 (vig. 10 décembre 2021).

Loi du 6 décembre 2022 visant à rendre la justice plus humaine, plus rapide et plus ferme II*bis*, *M.B.*, 21 décembre 2022 (vig. 31 décembre 2022).

Loi du 18 janvier 2024 visant à rendre la justice plus humaine, plus rapide et plus ferme III, *M.B.*, 26 janvier 2024 (vig. 5 février 2024).

Loi du 29 février 2024 introduisant le livre Ier du Code pénal, *M.B.*, 8 avril 2024 (vig. 8 avril 2026).

Loi du 29 février 2024 introduisant le livre II du Code pénal, *M.B.*, 8 avril 2024 (vig. 8 avril 2026).

Loi du 9 avril 2024 droit de la procédure pénale I, *M.B.*, 18 avril 2024 (vig. 28 avril 2024).

Loi du 2 juin 2024 portant assentiment aux amendements à l'article 8-2-b) et e) du Statut de Rome de la Cour pénale internationale, adoptés par consensus le 14 décembre 2017, par la Résolution ICC-ASP/16/Res.4, lors de la 12ème séance plénière de la 16ème session de l'Assemblée des États Parties au Statut de Rome, et à l'amendement à l'article 8-2-e) du Statut de Rome de la Cour pénale internationale, adopté par consensus le 6 décembre 2019, par la Résolution ICC-ASP/18/Res.5, lors de la 9ème séance plénière de la 18ème session de l'Assemblée des États Parties au Statut de Rome, *M.B.*, 28 août 2024 (vig. 7 septembre 2024).

Repères jurisprudentiels

Sont seules reprises ci-après, les décisions directement pertinentes pour l'étude du droit et de la pratique belges en matière de crimes internationaux. La jurisprudence pénale de droit commun et la jurisprudence internationale pénale, notamment, sont omises.

Cass., 5 juin 1950, *Pas.*, 1950, I, p. 696.

Cass., 4 juillet 1949, *Pas.*, 1949, I, p. 506.

Cass., 12 octobre 1964, *Pas.*, 1964, I, p. 154.

Cons. de guerre Bruxelles, 18 mai 1966, disponible sur http://www.legal-tools.org/.

Cour militaire, 14 juillet 1966, disponible sur http://www.legal-tools.org/.

Cour eur. D.H., 26 mai 1988, *Pauwels c. Belgique*, req. n° 10208/82.

Corr. Bruxelles (ch. cons.), 2 mai 1995, inédit.

Bruxelles (mis. acc.), 17 mai 1995, *J.T.*, 1995, p. 542.

Cour militaire, 24 mai 1995, *R.D.P.C.*, 1996, p. 45.

Cour militaire, 24 mai 1995, disponible sur https://ihl-databases.icrc.org/.

Cass., 31 mai 1995, R.G. n° P.95.0678.F, *R.D.P.C.*, 1996, p. 198.

Cass., 15 mai 1996, R.G. n° P.96.0640.F, *Pas.*, 1996, I, n° 178.

Cour militaire, 4 juillet 1996, disponible sur https://ihl-databases.icrc.org/.

Cass., 9 juillet 1996, R.G. n° P.96.0869.F, *Pas.*, 1996, I, n° 274.

Corr. Bruxelles (ch. cons.), 22 juillet 1996, inédit.

Cass., 13 août 1996, R.G. n° P.96.1186.F, *Pas.*, 1996, I, n° 281.

Cass., 9 octobre 1996, R.G. n° P.96.1000.F, *Pas.*, 1996, I, n° 370.

Cons. de guerre Bruxelles, 30 juin 1997, inédit.

Cour militaire, 17 décembre 1997, *J.T.*, 1998, p. 286.

Cons. de guerre Bruxelles, 30 avril 1998, inédit.

Cour militaire, 7 avril 1998, inédit.

J.I. Bruxelles, 6 novembre 1998, *R.D.P.C.*, 1999, p. 289.

Corr. Bruxelles (ch. cons.), 28 mars 2000, inédit.

J.I. Bruxelles, 11 avril 2000, inédit.

Cass., 12 avril 2000, R.G. n° P.00.0537.F, *Pas.*, 2000, n° 251.

Bruxelles (mis. acc.), 27 juin 2000, n° 1939, inédit.
Bruxelles (ass.), 17 avril 2001, inédit.
Bruxelles (ass.), 8 juin 2001, inédit.
Cass., 9 janvier 2002, R.G. n° P.01.1035.F, *Pas.*, 2002, n° 17.
CIJ, *Mandat d'arrêt du 11 avril 2000 (République démocratique du Congo c. Belgique)*, Arrêt, 14 février 2002.
Bruxelles (mis. acc.), 16 février 2002, inédit.
Bruxelles (mis. acc.), 16 avril 2002, *J.L.M.B.*, 2002, p. 918.
Bruxelles (mis. acc.), 26 juin 2002, n° 1981, inédit.
Bruxelles (mis. acc.), 26 juin 2002, *J.T.*, 2002, p. 539.
CIJ, *Questions concernant l'obligation de poursuivre ou d'extrader (Belgique c. Sénégal)*, Arrêt, 20 juillet 2002.
Cass., 20 novembre 2002, R.G. n° P.02.0708.F, *Pas.*, 2002, n° 616.
Cass., 12 février 2003, R.G. n° P.02.1139.F, *Pas.*, 2003, n° 98 ; *J.T.*, 2003, p. 243, avec concl. M.P.
Bruxelles (mis. acc.), 10 juin 2003, inédit.
Bruxelles (mis. acc.), 23 septembre 2003, inédit.
Cass., 24 septembre 2003, R.G. n° P.03.1216.F, *Pas.*, 2003, n° 451, avec concl. M.P.
Cass., 24 septembre 2003, R.G. n° P.03.1217.F, *Pas.*, 2003, n° 452, avec concl. M.P.
Cass., 24 septembre 2003, R.G. n° P.03.1218.F, inédit.
Cass., 10 décembre 2003, R.G. n° P.03.1469.F, inédit.
Cass., 10 décembre 2003, R.G. n° P.03.1506.F, inédit.
Cass., 17 décembre 2003, R.G. n° P.03.1475.F, inédit.
Cass., 17 décembre 2003, R.G. n° P.03.1476.F, inédit.
Cass., 17 décembre 2003, R.G. n° P.03.1517.F, *Pas.*, 2003, n° 656.
Cass., 14 janvier 2004, R.G. n° P.03.1310.F, *Pas.*, 2004, n° 19, avec concl. M.P.
Cass., 10 mars 2004, R.G. n° P.04.0231.F, inédit.
Bruxelles (mis. acc.), 27 avril 2004, inédit.
Cass., 5 mai 2004, R.G. n° P.04.0482.F, *Pas.*, 2004, n° 237.
Cass., 19 mai 2004, R.G. n° P.04.0352.F, *Pas.*, 2004, n° 270.
Bruxelles (mis. acc.), 27 août 2004, n° 2157, inédit.
Bruxelles (mis. acc.), 27 août 2004, n° 2158, inédit.
Bruxelles (mis. acc.), 20 décembre 2004, n° 3325, inédit.
Bruxelles (mis. acc.), 20 décembre 2004, n° 3326, inédit.
C.A., 23 mars 2005, n° 62/2005.
C.A., 13 avril 2005, n° 68/2005.
C.A., 20 avril 2005, n° 73/2005.
Cass., 1er juin 2005, R.G. n° P.04.0352.F, *Pas.*, 2005, n° 306.
Cass., 29 juin 2005, R.G. n° P.04.0482.F, *Pas.*, 2005, n° 381.
Bruxelles (ass.), 29 juin 2005, inédit.
Bruxelles (ass.), 7 juillet 2005, *J.L.M.B.*, 2006, p. 973.

Civ. Bruxelles (4e ch.), 18 mai 2006, inédit.
C.A., 21 juin 2006, n° 104/2006.
Bruxelles (mis. acc.), 7 septembre 2006, inédit.
Cass., 28 mars 2007, R.G. n° P.07.0031.F, *Pas.*, 2007, n° 157.
Gand (mis. acc.), 29 mars 2007, inédit.
Cass., 30 mai 2007, R.G. n° P.07.0216.F, *Pas.*, 2007, n° 282, avec concl. M.P.
Bruxelles (ass.), 4 juillet 2007, inédit.
Bruxelles (ass.), 5 juillet 2007, n° 5417, inédit.
Cass., 18 septembre 2007, R.G. n° P.07.0571.N, *Pas.*, 2007, n° 415, avec concl. M.P.
Corr. Bruxelles (ch. cons.), 20 février 2008, inédit.
C. const., 21 février 2008, n° 21/2008.
Bruxelles (mis. acc.), 5 mars 2008, inédit.
Bruxelles (mis. acc.), 8 mars 2008, inédit.
Bruxelles (mis. acc.), 21 mai 2008, n° 1919, inédit.
Corr. Bruxelles (ch. cons.), 28 mai 2008, inédit.
Corr. Bruxelles (ch. cons.), 13 juin 2008, inédit.
Cass., 18 juin 2008, R.G. n° P.08.0896.F, *Pas.*, 2008, n° 382.
Bruxelles (mis. acc.), 19 juin 2008, inédit.
Cass., 1er juillet 2008, R.G. n° P.08.0971.F, *Pas.*, 2008, n° 419.
Cass., 1er juillet 2008, R.G. n° P.08.0987.F, *Pas.*, 2008, n° 420.
Corr. Bruxelles (ch. cons.), 14 juillet 2008, inédit.
Cass., 29 octobre 2008, R.G. n° P.08.0547.F, *Pas.*, 2008, n° 594.
Bruxelles (mis. acc.), 20 mai 2009, n° 2634, inédit.
Bruxelles (mis. acc.), 11 juin 2009, n° 2508, inédit.
Bruxelles (mis. acc.), 11 juin 2009, n° 2509, inédit.
Bruxelles (ass.), 10 novembre 2009, *J.T.*, 2010, p. 77.
Bruxelles (ass.), 1er décembre 2009, n° 1848/10, inédit.
Cass., 19 janvier 2010, *J.T.*, 2010, p. 142.
Bruxelles (mis. acc.), 30 avril 2010, inédit.
Bruxelles (mis. acc.), 19 mai 2010, n° 2135, inédit.
Cass., 3 novembre 2010, R.G. n° P.10.1611.F, *Pas.*, 2010, n° 652, avec concl. M.P.
Cass., 8 décembre 2010, R.G. n° P.10.0890.F, *Pas.*, 2010, n° 715, avec concl. M.P.
Civ. Bruxelles (71e ch.), 8 décembre 2010, n° 268, *J.L.M.B.*, 2011, p. 1527.
Bruxelles (mis. acc.), 9 juin 2011, n° 2450, inédit.
Cass., 18 janvier 2012, R.G. n° P.11.1163.F, *Pas.*, 2012, n° 48, avec concl. M.P.
Civ. Bruxelles fr., 22 octobre 2012, inédit.
Bruxelles (mis. acc.), 12 décembre 2012, n° 4358, inédit.
Bruxelles (2e ch. civ.), 16 mai 2013, partiellement reproduit in A. LAGERWALL (dir.), *Les juges belges face aux actes adoptés par les États étrangers et les organisations internationales*, Bruxelles, Bruylant, 2016, pp. 58-67.

Cass., 30 octobre 2013, R.G. n° P.13.1573.F, *R.D.P.C.*, 2014, p. 213, avec concl. M.P.
Cass., 22 janvier 2014, R.G. n° P.14.0065.F, *Pas.*, 2014, n° 55, avec concl. M.P.
Corr. Bruxelles fr. (TAP), 23 février 2015, inédit.
Cass., 1er avril 2015, R.G. n° P.15.0356.F, *Pas.*, 2015, n° 237, avec concl. M.P.
J.I. Bruxelles fr., 8 septembre 2015, inédit.
Corr. Bruxelles fr. (ch. cons.), 30 septembre 2015, inédit.
Corr. Bruxelles fr. (70e ch.), 6 novembre 2015, n° 4601, inédit.
Bruxelles (mis. acc.), 10 novembre 2015, n° 1975, inédit.
Cass., 25 novembre 2015, R.G. n° P.15.1461.F, *Pas.*, 2015, n° 702, avec concl. M.P.
Corr. Bruxelles fr. (ch. cons.), 5 janvier 2016, inédit.
Cass., 24 mai 2016, R.G. n° P.16.0244.N, disponible sur Juportal.
Cass., 9 février 2017, R.G. n° C.13.0528.F, *J.T.*, 2019, p. 33, avec concl. M.P.
Corr. Hainaut (6e ch.), 27 septembre 2017, *J.L.M.B.*, 2018, p. 1421.
Civ. Bruxelles fr. (4e ch.), 29 septembre 2017, n° 23592, inédit.
Corr. Bruxelles fr. (ch. cons.), 20 octobre 2017, *J.L.M.B.*, 2018, p. 259.
Bruxelles (18e ch. civ.), 23 novembre 2017, *J.T.*, 2019, p. 361.
Bruxelles (18e ch. civ.), 8 juin 2018, n° 5083, inédit.
Bruxelles (mis. acc.), 6 décembre 2018, n° 7082, inédit.
Bruxelles (mis. acc.), 6 décembre 2018, n° 4279, inédit.
Bruxelles (mis. acc.), 12 décembre 2018, n° 7083, inédit.
Bruxelles (mis. acc.), 10 janvier 2019, n° 142, inédit.
Bruxelles (mis. acc.), 10 janvier 2019, n° 143, inédit.
Bruxelles (mis. acc.), 24 janvier 2019, n° 509, inédit.
Bruxelles (30e ch. corr.), 25 février 2019, n° 714, inédit.
C. const., 4 avril 2019, n° 54/2019.
Cass., 4 septembre 2019, R.G. n° P.19.0349.F, disponible sur Juportal.
Cour eur. D.H., 3 octobre 2019 (irrecev.), *K. A. et autres c. Belgique*, req. n° 37256/19, inédit.
Bruxelles (mis. acc.), 19 décembre 2019, n° 4645, inédit.
Bruxelles (ass.), 19 décembre 2019, n° 30025, inédit.
Bruxelles (ass.), 20 décembre 2019, n° 30026, inédit.
Bruxelles (mis. acc.), 9 janvier 2020, n° 153, inédit.
Cass., 28 janvier 2020, R.G. n° P.19.0310.N, disponible sur Juportal.
Bruxelles (ass.), 30 janvier 2020, n° 691, inédit.
Civ. Bruxelles fr. (4e ch.), 26 février 2020, inédit.
Cass., 27 mai 2020, R.G. n° P.20.0146.F, *R.D.P.C.*, 2020, p. 959.
Bruxelles (mis. acc.), 14 octobre 2020, n° 3513, inédit.
Bruxelles (mis. acc.), 14 octobre 2020, n° 3514, inédit.
Bruxelles (mis. acc.), 21 octobre 2020, inédit.
Cass., 4 novembre 2020, R.G. n° P.20.1061.F, *J.L.M.B.*, 2022, p. 965.

Cour eur. D.H., 16 mars 2021, *Hussein et autres c. Belgique*, req. n° 45187/12.
Bruxelles (mis. acc.), 24 novembre 2021, n° 4806, inédit.
C.C.E. (V[e] ch.), 30 novembre 2021, n° 264.717, *J.L.M.B.*, 2022, p. 971.
Civ. Bruxelles fr. (4e ch.), 8 décembre 2021, *J.L.M.B.*, 2022, p. 984.
Bruxelles (mis. acc.), 9 février 2022, n° 642, inédit.
Bruxelles (18e ch. civ.), 26 avril 2022, n° 3100, inédit.
Corr. Bruxelles nl. (ch. cons.), 14 juin 2022, inédit (en cause de *A. A. G. R.*).
Corr. Bruxelles nl. (ch. cons.), 14 juin 2022, inédit (en cause de *D. A. R.*).
Corr. Bruxelles nl. (ch. cons.), 14 juin 2022, inédit (en cause de *P. G. A.*).
Corr. Bruxelles nl. (ch. cons.), 14 juin 2022, inédit (en cause de *M. B. L. G.*).
Corr. Bruxelles nl. (ch. cons.), 14 juin 2022, inédit (en cause de *M. A. C. Y. C.*).
Cass., 14 juin 2022, R.G. n° P.22.0053.N, *N.C.*, 2023, p. 111.
Cass., 27 juin 2022, R.G. n° S.21.0003.F, disponible sur Juportal.
Corr. Bruxelles fr. (ch. cons.), 29 juin 2022, inédit.
Bruxelles (mis. acc.), 19 septembre 2022, n° 3813, inédit.
Bruxelles (mis. acc.), 2 novembre 2022, n° 4596, inédit.
Bruxelles (mis. acc.), 10 novembre 2022, inédit.
Civ. Bruxelles fr. (4e ch.), 26 octobre 2023, n° 27859, inédit.
Bruxelles (16e ch. corr.), 7 décembre 2023, n° 5471, inédit.
Bruxelles (mis. acc.), 12 décembre 2023, inédit.
Louvain (ass.), 14 décembre 2023, n° 9, inédit.
Bruxelles (ass.), 19 décembre 2023, n° 7445, inédit.
Bruxelles (ass.), 22 décembre 2023, n° 7447, inédit.
Bruxelles (ass.), 22 décembre 2023, n° 7448, inédit.
Bruxelles (ass.), 6 juin 2024, n° 4093, inédit.
Bruxelles (ass.), 10 juin 2024, n° 4210, inédit.

Index alphabétique

(avec renvoi aux numéros des paragraphes)

Table des matières

(avec renvoi aux pages)

Parus dans la branche « droit européen et international » :

VANDERSANDEN, G., *Renvoi préjudiciel en droit européen*, 2013, 208 p.

VELU, J. et ERGEC, R., *Convention européenne des droits de l'homme*, 2014, 1252 p.

DONY, M., *Aides d'État*, 2019, 444 p.